메가스터디
문제기본서
CPR

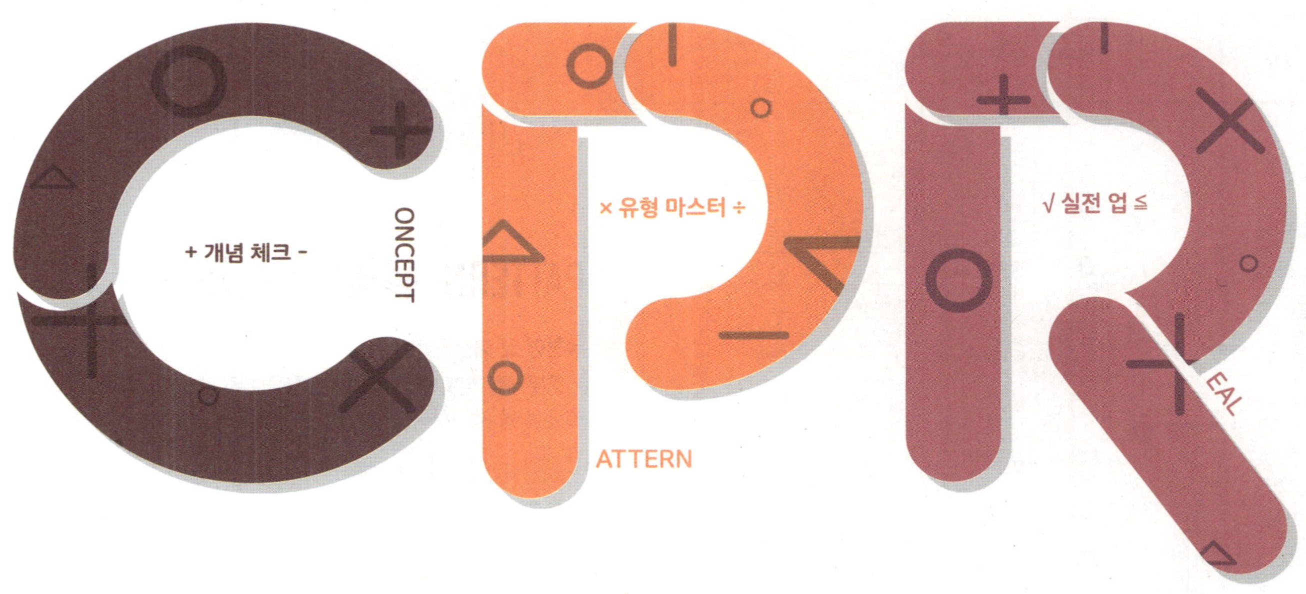

중학수학

3·1

구성 과 특징

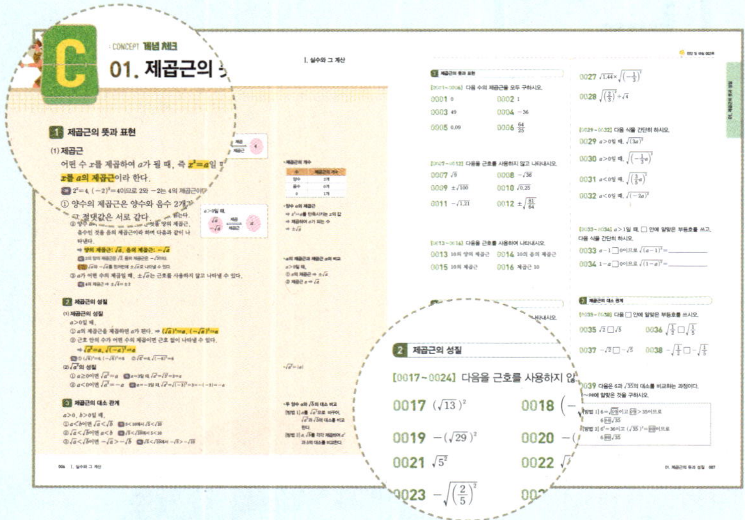

: CONCEPT 개념 체크

핵심 개념 정리
교과서의 내용을 철저히 분석하여 학습할 내용의 기본적인 개념, 원리, 법칙을 정리하였습니다.

개념 확인 문제
왼쪽 페이지에서 학습한 내용을 바로 적용하여 풀 수 있는 문제를 제시하여 핵심 개념을 제대로 파악했는지 확인할 수 있게 하였습니다.

: PATTERN 유형 마스터

유형명 및 해결 전략
기출문제를 철저히 분석하여 유형을 분류하고, 각 유형에 따른 해결 전략을 제시하여 해당 유형을 완전하게 학습할 수 있도록 하였습니다.

대표문제
분석한 기출문제를 바탕으로 해당 유형의 대표문제를 선정하였습니다.

바꾼 대표문제
대표문제에서 숫자, 표현, 조건 등을 바꾼 변형 문제를 대표문제 다음으로 제시하여, 한 번 더 푸는 반복 학습을 통해 해당 유형에 익숙해질 수 있도록 하였습니다.

新 유형
교과서를 분석하여 창의·융합, 추론, 문제 해결 등의 수학적 사고력을 키울 수 있는 문제를 신유형 문제로 제시하였습니다.

서술형
시험에서 비중이 높아지는 서술형 문제를 제시하였습니다.

교과서를 분석한 3단계 시스템
교과서의 흐름인 '예제 – 유제(따라하기) – 문제'의 3단계를 통하여 각각의 유형을 완벽하게 마스터할 수 있도록 하였습니다.

: REAL 실전 업

완벽한 실전 대비 문제

실제 학교에서 출제하는 시험 문제 수준의 문제를 제시하여 학습한 내용을 스스로 평가하고, 실전에 대비할 수 있도록 하였습니다. 이때 문항별로 해당 유형을 링크하여 어떤 유형의 문제인지 알 수 있게 하였습니다.

창의력 +

수학적 창의력을 기를 수 있는 소재를 선정하여 단원당 1~2문제의 창의력 + 문제를 제시하여 종합적인 문제 해결 능력을 기를 수 있도록 하였습니다.

서술형 문제

시험에서 비중이 높아지는 서술형 문제를 제시하였습니다. 이때 꼭 이용해야 하는 개념 및 공식을 함께 제시하여 서술하는 과정에 도움을 줄 수 있도록 하였습니다.

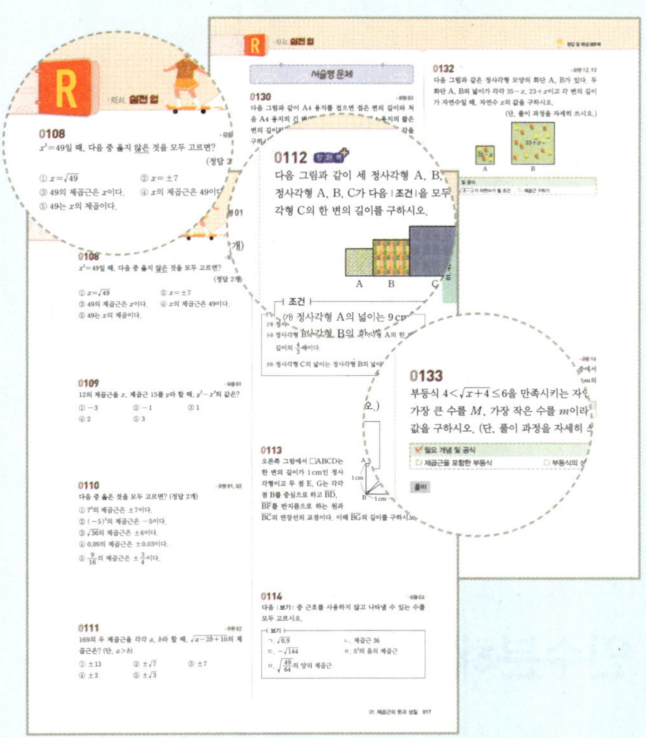

정답 및 해설

다른 풀이

일반적인 풀이 방법 이외에 더 쉽고 빠르게 풀 수 있는 다른 풀이를 제시하여 문제를 다각도로 볼 수 있게 하였습니다.

선생님 톡톡

선생님이 직접 전하는 문제 해결의 노하우 또는 주의 사항 등을 제시하였습니다.

해결 속 칠판

문제를 해결하기 위해 필요한 추가적인 개념 또는 원리를 제시하였습니다.

新 유형 접근하기

신유형 문제에 대한 접근 방법을 제시하여 문제 해결에 도움이 될 수 있도록 하였습니다.

창의력 + 해결 단계

창의력 + 문제를 해결하기 위한 논리적 사고 과정의 흐름을 단계별로 제시하여, 어떤 과정을 거쳐 답이 도출되는지를 파악할 수 있게 하였습니다.

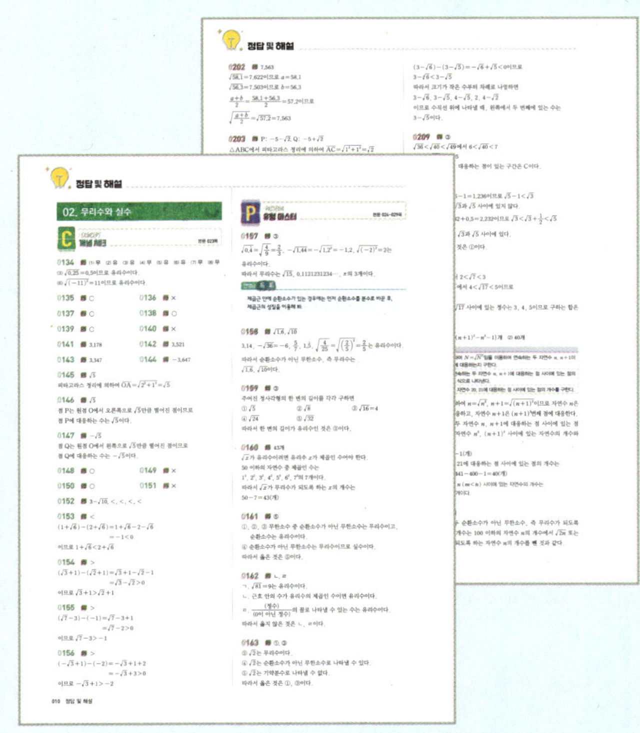

SPEED CHECK(빠른 정답)

정답만을 모아 빠르게 확인할 수 있도록 SPEED CHECK를 해설 앞에 첨부하였습니다. 자세한 해설은 정답 및 해설을, 채점을 위한 정답 확인은 SPEED CHECK를 이용하면 편리합니다.

차 례

01

제곱근의 뜻과 성질

01. 제곱근의 뜻과 성질

1 제곱근의 뜻과 표현

(1) 제곱근

어떤 수 x를 제곱하여 a가 될 때, 즉 $x^2=a$일 때, x를 a의 제곱근이라 한다.

[예] $2^2=4$, $(-2)^2=4$이므로 2와 -2는 4의 제곱근이다.

① 양수의 제곱근은 양수와 음수 2개가 있으며, 그 절댓값은 서로 같다.
② 0의 제곱근은 0뿐이다.
③ 음수의 제곱근은 없다.

(2) 제곱근의 표현

① 제곱근은 기호 $\sqrt{}$ 를 사용하여 나타내는데 이것을 근호라 하며 '제곱근' 또는 '루트(root)'라 읽는다.
② 양수 a의 제곱근 중에서 양수인 것을 양의 제곱근, 음수인 것을 음의 제곱근이라 하며 다음과 같이 나타낸다.

➡ 양의 제곱근: $\sqrt{a}$, 음의 제곱근: $-\sqrt{a}$

[예] 2의 양의 제곱근은 $\sqrt{2}$, 음의 제곱근은 $-\sqrt{2}$이다.

[참고] $\sqrt{a}$와 $-\sqrt{a}$를 한꺼번에 $\pm\sqrt{a}$로 나타낼 수 있다.

③ a가 어떤 수의 제곱일 때, $\pm\sqrt{a}$는 근호를 사용하지 않고 나타낼 수 있다.

[예] 4의 제곱근 ➡ $\pm\sqrt{4}=\pm2$

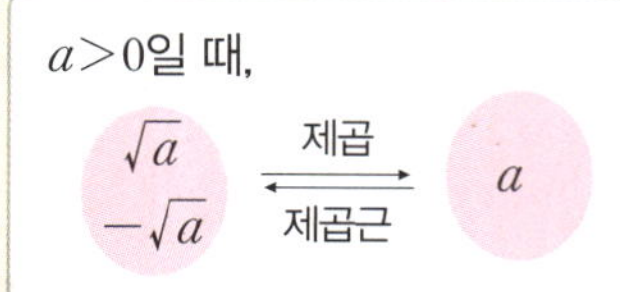

• 제곱근의 개수

수	제곱근의 개수
양수	2개
음수	0개
0	1개

• 양수 a의 제곱근

➡ $x^2=a$를 만족시키는 x의 값
➡ 제곱하여 a가 되는 수
➡ $\pm\sqrt{a}$

• a의 제곱근과 제곱근 a의 비교

$a>0$일 때,
① a의 제곱근 ➡ $\pm\sqrt{a}$
② 제곱근 a ➡ $\sqrt{a}$

2 제곱근의 성질

(1) 제곱근의 성질

$a>0$일 때,
① a의 제곱근을 제곱하면 a가 된다. ➡ $(\sqrt{a})^2=a$, $(-\sqrt{a})^2=a$
② 근호 안의 수가 어떤 수의 제곱이면 근호 없이 나타낼 수 있다.

➡ $\sqrt{a^2}=a$, $\sqrt{(-a)^2}=a$

[예] ① $(\sqrt{6})^2=6$, $(-\sqrt{6})^2=6$　② $\sqrt{6^2}=6$, $\sqrt{(-6)^2}=6$

(2) $\sqrt{a^2}$의 성질

① $a\geq0$이면 $\sqrt{a^2}=a$　[예] $a=3$일 때, $\sqrt{a^2}=\sqrt{3^2}=3=a$
② $a<0$이면 $\sqrt{a^2}=-a$　[예] $a=-3$일 때, $\sqrt{a^2}=\sqrt{(-3)^2}=3=-(-3)=-a$

• $\sqrt{a^2}=|a|$

3 제곱근의 대소 관계

$a>0$, $b>0$일 때,
① $a<b$이면 $\sqrt{a}<\sqrt{b}$　[예] $5<10$에서 $\sqrt{5}<\sqrt{10}$
② $\sqrt{a}<\sqrt{b}$이면 $a<b$　[예] $\sqrt{5}<\sqrt{10}$에서 $5<10$
③ $\sqrt{a}<\sqrt{b}$이면 $-\sqrt{a}>-\sqrt{b}$　[예] $\sqrt{5}<\sqrt{10}$에서 $-\sqrt{5}>-\sqrt{10}$

• 두 양수 a와 $\sqrt{b}$의 대소 비교

[방법 1] a를 $\sqrt{a^2}$으로 바꾸어, $\sqrt{a^2}$과 $\sqrt{b}$의 대소를 비교한다.
[방법 2] a, $\sqrt{b}$를 각각 제곱하여 a^2과 b의 대소를 비교한다.

1 제곱근의 뜻과 표현

[0001~0006] 다음 수의 제곱근을 모두 구하시오.

0001 0

0002 1

0003 49

0004 -36

0005 0.09

0006 $\dfrac{64}{25}$

[0007~0012] 다음을 근호를 사용하지 않고 나타내시오.

0007 $\sqrt{9}$

0008 $-\sqrt{36}$

0009 $\pm\sqrt{100}$

0010 $\sqrt{0.25}$

0011 $-\sqrt{1.21}$

0012 $\pm\sqrt{\dfrac{81}{64}}$

[0013~0016] 다음을 근호를 사용하여 나타내시오.

0013 10의 양의 제곱근

0014 10의 음의 제곱근

0015 10의 제곱근

0016 제곱근 10

2 제곱근의 성질

[0017~0024] 다음을 근호를 사용하지 않고 나타내시오.

0017 $(\sqrt{13})^2$

0018 $\left(-\sqrt{\dfrac{8}{7}}\right)^2$

0019 $-(\sqrt{29})^2$

0020 $-(-\sqrt{0.7})^2$

0021 $\sqrt{5^2}$

0022 $\sqrt{(-13)^2}$

0023 $-\sqrt{\left(\dfrac{2}{5}\right)^2}$

0024 $-\sqrt{(-0.8)^2}$

[0025~0028] 다음을 계산하시오.

0025 $(\sqrt{2})^2+(-\sqrt{11})^2$

0026 $\sqrt{7^2}-\sqrt{(-3)^2}$

0027 $\sqrt{1.44}\times\sqrt{\left(-\dfrac{1}{3}\right)^2}$

0028 $\sqrt{\left(\dfrac{2}{3}\right)^2}\div\sqrt{4}$

[0029~0032] 다음 식을 간단히 하시오.

0029 $a>0$일 때, $\sqrt{(3a)^2}$

0030 $a>0$일 때, $\sqrt{\left(-\dfrac{1}{3}a\right)^2}$

0031 $a<0$일 때, $\sqrt{\left(\dfrac{3}{5}a\right)^2}$

0032 $a<0$일 때, $\sqrt{(-2a)^2}$

[0033~0034] $a>1$일 때, $\square$ 안에 알맞은 부등호를 쓰고, 다음 식을 간단히 하시오.

0033 $a-1\ \square\ 0$이므로 $\sqrt{(a-1)^2}=$ ___________

0034 $1-a\ \square\ 0$이므로 $\sqrt{(1-a)^2}=$ ___________

3 제곱근의 대소 관계

[0035~0038] 다음 $\square$ 안에 알맞은 부등호를 쓰시오.

0035 $\sqrt{2}\ \square\ \sqrt{5}$

0036 $\sqrt{\dfrac{1}{2}}\ \square\ \sqrt{\dfrac{1}{5}}$

0037 $-\sqrt{2}\ \square\ -\sqrt{5}$

0038 $-\sqrt{\dfrac{1}{2}}\ \square\ -\sqrt{\dfrac{1}{5}}$

0039 다음은 6과 $\sqrt{35}$의 대소를 비교하는 과정이다. ㈎~㈐에 알맞은 것을 구하시오.

[방법 1] $6=\sqrt{\boxed{㈎}}$ 이고 $\boxed{㈎}>35$이므로
$\qquad 6\ \boxed{㈏}\ \sqrt{35}$
[방법 2] $6^2=36$이고 $(\sqrt{35}\,)^2=\boxed{㈐}$이므로
$\qquad 6\ \boxed{㈑}\ \sqrt{35}$

: PATTERN **유형 마스터**

유형 01 제곱근의 이해

(1) x는 a의 제곱근이다. ➡ x를 제곱하면 a가 된다.
➡ $x^2=a$

참고 제곱근의 개수
- 양수의 제곱근 ➡ $\pm\sqrt{}$ ➡ 2개
- 0의 제곱근 ➡ 0 ➡ 1개
- 음수의 제곱근 ➡ 없음 ➡ 0개

(2) a의 제곱근과 제곱근 a (단, $a>0$)
① a의 제곱근 ➡ 제곱하여 a가 되는 수 ➡ $\pm\sqrt{a}$
② 제곱근 a ➡ a의 양의 제곱근 ➡ $\sqrt{a}$

0040 대표문제

다음 중 옳은 것을 모두 고르면? (정답 2개)

① 제곱근 7은 $\sqrt{7}$이다.
② 0.25의 제곱근은 0.5이다.
③ -4의 제곱근은 ±2이다.
④ 9의 제곱근은 2개이다.
⑤ 제곱근 2와 2의 제곱근은 서로 같다.

0041 표현 바꾼 대표문제

다음 |보기| 중 제곱근에 대한 설명으로 옳은 것을 모두 고르시오.

┤ 보기 ├
ㄱ. $-\sqrt{10}$은 10의 제곱근이다.
ㄴ. 제곱근 0.04는 0.2이다.
ㄷ. 16의 제곱근은 ±4이다.
ㄹ. 제곱하여 0.5가 되는 수는 없다.

0042

다음 중 'x는 5의 제곱근이다.'를 식으로 바르게 나타낸 것은?

① $x=5^2$ ② $x^2=5$ ③ $x^2=5^2$
④ $5=\sqrt{x}$ ⑤ $5=-\sqrt{x}$

0043

9의 제곱근을 A, 11의 제곱근을 B라 할 때, A^2+B^2의 값을 구하시오.

0044

다음 중 그 값이 나머지 넷과 다른 하나는?

① 4의 제곱근   ② 제곱근 4
③ 제곱하여 4가 되는 수   ④ ±2
⑤ $x^2=4$를 만족시키는 x의 값

0045

다음은 $\sqrt{4^2}$에 대하여 두 학생이 나눈 대화이다. ㉠, ㉡에 들어갈 수가 바르게 짝 지어진 것은?

진희: 동주야, $\sqrt{4^2}$의 값이 왜 ㉠ 일까?
동주: 잘 들어 봐. $\sqrt{4^2}$은 ㉡ 의 양의 제곱근이잖아. ㉡ 의 양의 제곱근은 제곱했을 때, ㉡ 이(가) 되는 수 중 양수인 값이야. 그래서 $\sqrt{4^2}=$ ㉠ 이(가) 되는 거지.
진희: 아, 잘 알겠어!

	㉠	㉡		㉠	㉡
①	2	2	②	2	4
③	4	4	④	4	16
⑤	16	16			

유형 02 제곱근 구하기

중요

어떤 수의 제곱으로 나타낸 수 또는 근호를 포함한 수의 제곱근을 구할 때는 먼저 주어진 수를 간단히 한다.

0046 대표문제

$(-5)^2$의 양의 제곱근을 A, $\sqrt{81}$의 음의 제곱근을 B라 할 때, $A-B$의 값을 구하시오.

0047 _{숫자}바꾼 대표문제

$\dfrac{121}{49}$의 음의 제곱근을 a, $(-14)^2$의 양의 제곱근을 b라 할 때, ab의 값을 구하시오.

0048

다음 중 $0.\dot{4}$의 제곱근을 모두 고르면? (정답 2개)

① $-\dfrac{4}{3}$ ② $-\dfrac{2}{3}$ ③ $-\dfrac{4}{9}$

④ $\dfrac{4}{9}$ ⑤ $\dfrac{2}{3}$

0049 서술형

오른쪽 그림과 같이 정사각형과 삼각형을 붙여 놓은 모양의 잔디밭이 있다. 이 잔디밭과 넓이가 같은 정사각형 모양의 잔디밭을 새로 만들 때, 새로 만든 잔디밭의 한 변의 길이를 구하시오. (단, 풀이 과정을 자세히 쓰시오.)

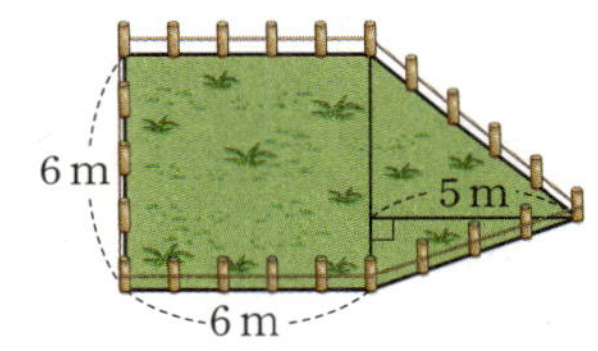

新 유형
0050

오른쪽 그림과 같이 각 면에 $\sqrt{7}$, 3^2, 16, a, b, c의 수가 적혀 있는 정육면체의 전개도가 있다. 다음 |조건|을 모두 만족시키는 세 자연수 a, b, c의 값을 각각 구하시오.

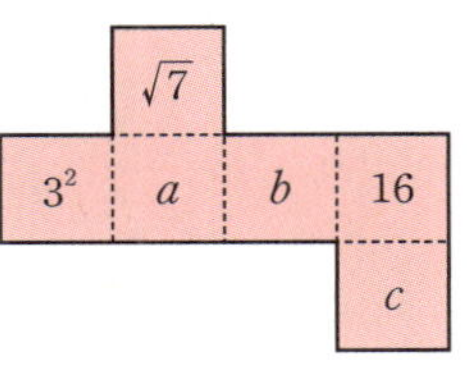

┌ 조건 ┐
㈎ 전개도로 정육면체를 만들었을 때, 마주 보는 면에 적힌 두 수 중 한 수는 다른 한 수의 양의 제곱근이다.
㈏ a, b, c는 모두 10 이하이다.

유형 03 피타고라스 정리를 이용하여 제곱근 구하기

직각삼각형에서 직각을 낀 두 변의 길이를 각각 a, b라 하고 빗변의 길이를 c라 하면 $a^2+b^2=c^2$임을 이용하여 제곱근으로 나타나는 변의 길이를 구할 수 있다.

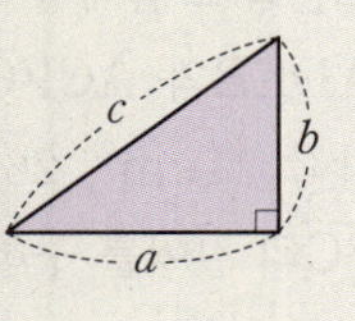

0051 대표문제

오른쪽 그림에서 $\overline{AB}=\overline{BC}=\overline{CD}=1\,\mathrm{cm}$일 때, $\overline{AD}$의 길이는?

① $\sqrt{2}\,\mathrm{cm}$ ② $1.5\,\mathrm{cm}$

③ $\sqrt{3}\,\mathrm{cm}$ ④ $2\,\mathrm{cm}$

⑤ $\sqrt{5}\,\mathrm{cm}$

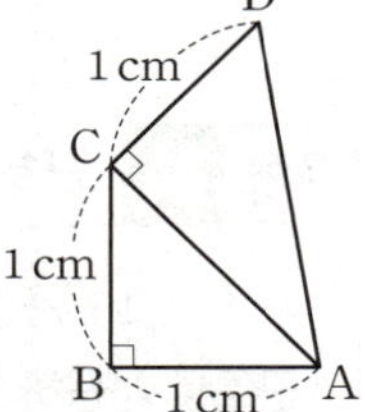

0052 _{도형}바꾼 대표문제

오른쪽 그림에서 x, y의 값을 각각 구하시오.

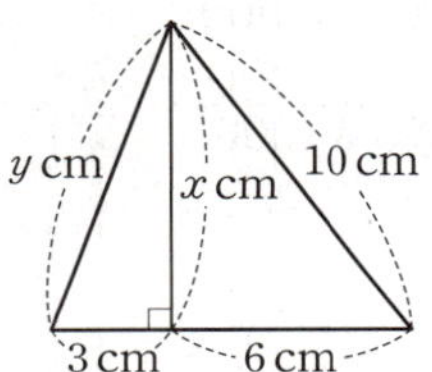

0053

다음 그림과 같은 직각삼각형에서 x의 값을 구하시오.

(1) 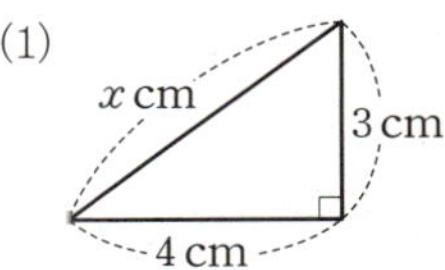

(2) 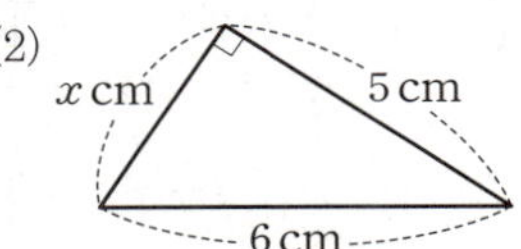

0054

오른쪽 그림과 같이 넓이가 각각 $1\,\mathrm{cm}^2$, $4\,\mathrm{cm}^2$인 두 정사각형 ABCD, ECGF를 붙여 놓았다. 이때 $\overline{BF}$의 길이를 구하시오.

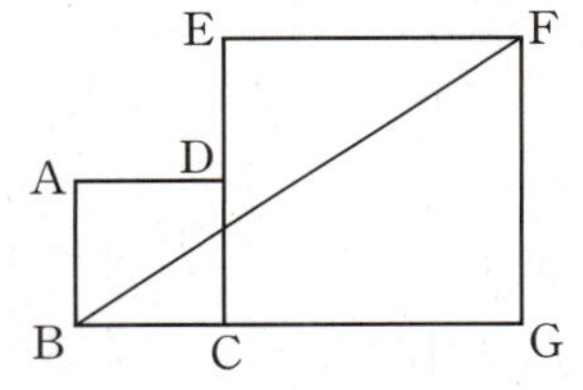

新 유형

0055

오른쪽 그림에서 두 정사각형 ADEB와 ACFG의 넓이가 각각 $21\,cm^2$, $26\,cm^2$일 때, $\overline{BC}$의 길이를 구하시오.

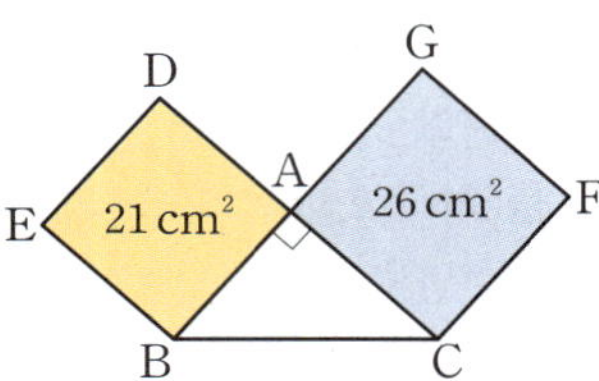

유형 04 근호를 사용하지 않고 제곱근 나타내기

1, 4, 9, 16, …과 같이 어떤 수의 제곱인 수의 제곱근은 근호를 사용하지 않고 나타낼 수 있다.

➡ a^2의 제곱근은 $\pm\sqrt{a^2}=\pm a$

0056 대표문제

다음 수 중 근호를 사용하지 않고 나타낼 수 있는 것은?

① $\sqrt{0.009}$ ② $\sqrt{8}$ ③ $-\sqrt{1.6}$

④ $\sqrt{1000}$ ⑤ $-\sqrt{\dfrac{25}{64}}$

0057 숫자 바꾼 대표문제

다음 수 중 근호를 사용하지 않고 나타낼 수 <u>없는</u> 것은?

① $\sqrt{0.49}$ ② $\sqrt{0.4}$ ③ $\sqrt{144}$

④ $-\sqrt{\dfrac{1}{400}}$ ⑤ $-\sqrt{\dfrac{625}{121}}$

0058

다음 수의 제곱근 중 근호를 사용하지 않고 나타낼 수 있는 것의 개수는?

$$12, \quad 0.4, \quad \dfrac{16}{81}, \quad 0.\dot{1}, \quad \dfrac{4}{49}$$

① 1개 ② 2개 ③ 3개

④ 4개 ⑤ 5개

중요

유형 05 제곱근의 성질

$a>0$일 때,

(1) $(\sqrt{a})^2=(-\sqrt{a})^2=a$ ➡ $(a$의 제곱근$)^2=a$

(2) $\sqrt{a^2}=\sqrt{(-a)^2}=a$

0059 대표문제

다음 중 그 값이 나머지 넷과 <u>다른</u> 하나는?

① $(\sqrt{5})^2$ ② $\sqrt{5^2}$ ③ $\sqrt{(-5)^2}$

④ $(-\sqrt{5})^2$ ⑤ $-\sqrt{(-5)^2}$

0060 숫자 바꾼 대표문제

다음 중 옳지 <u>않은</u> 것은?

① $\sqrt{(-3)^2}=3$ ② $\sqrt{0.5^2}=0.5$

③ $(-\sqrt{4})^2=4$ ④ $-\sqrt{(-27)^2}=-27$

⑤ $\sqrt{\left(-\dfrac{2}{9}\right)^2}=-\dfrac{2}{9}$

0061

다음 |보기| 중 옳은 것을 모두 고르시오.

|보기|

ㄱ. $-\sqrt{0.6^2}$의 제곱근은 -0.6이다.

ㄴ. $\sqrt{(-1)^2}$의 제곱근은 ±1이다.

ㄷ. $\sqrt{(-3)^2}$의 음의 제곱근은 $-\sqrt{3}$이다.

ㄹ. $-\sqrt{\left(-\dfrac{4}{25}\right)^2}=-\dfrac{2}{5}$

0062

다음 중 그 값이 가장 큰 것은?

① $-\sqrt{\left(\dfrac{1}{3}\right)^2}$ ② $\sqrt{1.44^2}$ ③ $\sqrt{(-6)^2}$

④ $\sqrt{4^2}$ ⑤ 64의 양의 제곱근

유형 06 제곱근의 성질을 이용한 계산

제곱근의 성질을 이용하여 근호를 없앤 후 계산한다.

예 $(\sqrt{2})^2+\sqrt{(-3)^2}=2+3=5$
$(-\sqrt{3})^2-\sqrt{(-2)^2}=3-2=1$

0063 대표문제

$\sqrt{(-11)^2}-\sqrt{25}\div\sqrt{\dfrac{25}{16}}-(-\sqrt{3})^2$을 계산하면?

① -4　　　② -2　　　③ 2

④ 4　　　⑤ 5

0064 숫자 바꾼 대표문제

다음 중 계산 결과가 가장 작은 것은?

① $\sqrt{0.04}\div\sqrt{0.1^2}$

② $\sqrt{3^2}\times\sqrt{\left(-\dfrac{5}{3}\right)^2}$

③ $(\sqrt{4})^2-\sqrt{(-6)^2}+\sqrt{81}$

④ $\sqrt{(-20)^2}-\sqrt{169}+(-\sqrt{2})^2$

⑤ $\sqrt{(-9)^2}\div\sqrt{\dfrac{9}{16}}+(-\sqrt{7})^2$

0065

다음 주어진 식이 참이 되도록 하는 □ 안의 수로 옳지 <u>않은</u> 것은?

$$\sqrt{(-2)^2}+\square=5$$

① 3　　　② $\sqrt{3^2}$　　　③ $\sqrt{(-3)^2}$

④ $(-\sqrt{3})^2$　　　⑤ $-\sqrt{3^2}$

0066 서술형

다음을 계산하시오. (단, 풀이 과정을 자세히 쓰시오.)

$$\sqrt{10^2}\times\sqrt{\dfrac{49}{25}}+\sqrt{\left(-\dfrac{3}{2}\right)^2}\div\left(-\sqrt{\dfrac{1}{4}}\right)^2$$

유형 07 $\sqrt{a^2}$의 성질

$$\sqrt{a^2}=|a|=\begin{cases} a\ (a>0) \Rightarrow \sqrt{(양수)^2}=(양수) \\ -a\ (a<0) \Rightarrow \sqrt{(음수)^2}=-\underline{(음수)} \end{cases}$$
$$양수$$

0067 대표문제

$a>0$일 때, 다음 중 옳은 것은?

① $\sqrt{a^2}=-a$　　　　② $\sqrt{(-a)^2}=-a$

③ $(-\sqrt{a})^2=-a$　　　④ $\sqrt{-a^2}=a$

⑤ $-\sqrt{(-a)^2}=-a$

0068 조건 바꾼 대표문제

$a<0$일 때, 다음 |보기| 중 옳지 <u>않은</u> 것을 모두 고른 것은?

┤ 보기 ├

ㄱ. $-\sqrt{a^2}=a$　　　　ㄴ. $\sqrt{(-2a)^2}=2a$

ㄷ. $-\sqrt{(-5a)^2}=-5a$　　ㄹ. $-\sqrt{4a^2}=2a$

① ㄱ, ㄴ　　　② ㄱ, ㄹ　　　③ ㄴ, ㄷ

④ ㄴ, ㄹ　　　⑤ ㄷ, ㄹ

0069

$a<0$일 때, $\sqrt{49a^2}$을 간단히 하시오.

0070

$a>0$일 때, 다음 중 가장 큰 수와 가장 작은 수를 차례로 구하시오.

$$\sqrt{(-5a)^2},\quad \sqrt{\dfrac{81}{4}a^2},\quad -\sqrt{(-6a)^2},\quad -\dfrac{\sqrt{16a^2}}{3}$$

0071
$a<0$이고 $\sqrt{a^2}=16$, $\sqrt{-a}=b$일 때, $b-a$의 값은?

① -20 ② -16 ③ 12

④ 16 ⑤ 20

유형 08 $\sqrt{a^2}$의 꼴을 포함한 식 간단히 하기

$\sqrt{a^2}$의 꼴을 포함한 식을 간단히 할 때는 먼저 a의 부호를 조사한다.

(1) $a>0$이면 ➡ $\sqrt{a^2}=a$ ← 부호 그대로

(2) $a<0$이면 ➡ $\sqrt{a^2}=-a$ ← 부호 반대로

0072 대표문제
두 수 a, b에 대하여 $a>0$, $b<0$일 때, $\sqrt{(-5a)^2}-3\sqrt{(-b)^2}$을 간단히 하면?

① $5a+3b$ ② $5a-3b$ ③ $-5a+3b$

④ $-5a-3b$ ⑤ $-15ab$

0073 조건 바꾼 대표문제
두 수 a, b에 대하여 $a<0$, $b>0$일 때, 다음 식을 간단히 하시오.

$$\sqrt{(-3a)^2}+\sqrt{a^2}-\sqrt{(2b)^2}+\sqrt{(-b)^2}$$

0074
$a<0$일 때, $\sqrt{a^2}-\sqrt{(-5a)^2}+\sqrt{9a^2}$을 간단히 하면?

① a ② $2a$ ③ $3a$

④ $4a$ ⑤ $5a$

0075
$a-b>0$, $ab<0$일 때, $\sqrt{a^2}+\sqrt{(-2a)^2}-\sqrt{b^2}$을 간단히 하면?

① $a+b$ ② $-a-b$ ③ $-3a-b$

④ $-3a+b$ ⑤ $3a+b$

유형 09 (중요) $\sqrt{(a-b)^2}$의 꼴을 포함한 식 간단히 하기

$\sqrt{(a-b)^2}$의 꼴을 포함한 식을 간단히 할 때는 먼저 $a-b$의 부호를 조사한다.

(1) $a-b>0$이면 ➡ $\sqrt{(a-b)^2}=a-b$

(2) $a-b<0$이면 ➡ $\sqrt{(a-b)^2}=-(a-b)$

0076 대표문제
$-3<x<2$일 때, $\sqrt{(x-2)^2}+\sqrt{(x+3)^2}$을 간단히 하면?

① -5 ② 5 ③ $x-2$

④ $x+3$ ⑤ $2x+1$

0077 조건 바꾼 대표문제
$a<b$일 때, $\sqrt{(a-b)^2}-\sqrt{(b-a)^2}$을 간단히 하면?

① 0 ② $2a$ ③ $2b$

④ $-2b$ ⑤ $a+b$

0078
$3<a<b$일 때, $\sqrt{(3-a)^2}+\sqrt{(b-3)^2}-\sqrt{(a-b)^2}$을 간단히 하면?

① $2a-6$ ② $2b+6$ ③ -6

④ $2a-2b$ ⑤ $2a+6$

0079

$0<a<1$일 때, $\sqrt{\left(a+\dfrac{1}{a}\right)^2}-\sqrt{\left(a-\dfrac{1}{a}\right)^2}$을 간단히 하면?

① $-2a$ ② $2a$ ③ $-\dfrac{2}{a}$

④ $\dfrac{2}{a}$ ⑤ $\dfrac{2}{a}+2a$

0080

$A=\sqrt{(x+1)^2}-\sqrt{(1-x)^2}$일 때, 다음 |보기| 중 옳은 것을 모두 고른 것은?

┌ 보기 ┐
ㄱ. $x<-1$이면 $A=-2$이다.
ㄴ. $-1<x<1$이면 $A=2x$이다.
ㄷ. $x>1$이면 $A=0$이다.

① ㄴ ② ㄱ, ㄴ ③ ㄱ, ㄷ
④ ㄴ, ㄷ ⑤ ㄱ, ㄴ, ㄷ

유형 10 (중요) $\sqrt{Ax}$가 자연수가 되도록 하는 자연수 x의 값 구하기

$\sqrt{Ax}$ (A는 자연수)의 꼴을 자연수로 만들려면
❶ A를 소인수분해한다.
❷ 소인수의 지수가 모두 짝수가 되도록 x의 값을 정한다.
[예] $\sqrt{20x}$가 자연수가 되도록 하는 가장 작은 자연수 x의 값은
➡ $20x=2^2\times5\times x$ ∴ $x=5$

0081 대표문제

$\sqrt{180a}$가 자연수가 되도록 하는 가장 작은 자연수 a의 값은?

① 1 ② 3 ③ 5
④ 7 ⑤ 9

0082 표현 바꾼 대표문제

다음 중 $\sqrt{3^2\times5^5\times x}$가 자연수가 되도록 하는 자연수 x의 값이 될 수 <u>없는</u> 것은?

① 5 ② 20 ③ 25
④ 45 ⑤ 125

0083

$\sqrt{\dfrac{72}{5}b}$가 자연수가 되도록 하는 가장 작은 자연수 b의 값을 구하시오.

0084

롤러코스터가 지나는 가장 낮은 지점이 지면과 일치한다고 할 때, 지면으로부터의 높이가 h m인 곳에서 내려오는 롤러코스터 차량의 최대 속력은 $\sqrt{19.6h}$ m/초라 한다. 이때 최대 속력이 자연수가 되도록 하는 두 자리의 자연수 h의 값 중 가장 큰 수를 구하시오.

0085

$1<n<30$인 자연수 n에 대하여 $\sqrt{24n}$이 정수가 되도록 하는 모든 n의 값의 합은?

① 6 ② 12 ③ 18
④ 24 ⑤ 30

유형 11 $\sqrt{\dfrac{A}{x}}$가 자연수가 되도록 하는 자연수 x의 값 구하기

$\sqrt{\dfrac{A}{x}}$ (A는 자연수)의 꼴을 자연수로 만들려면

❶ A를 소인수분해한다.

❷ 소인수의 지수가 모두 짝수가 되도록 x의 값을 정한다.

예 $\sqrt{\dfrac{12}{x}}$가 자연수가 되도록 하는 가장 작은 자연수 x의

값은

➡ $\dfrac{12}{x} = \dfrac{2^2 \times 3}{x}$ ∴ $x = 3$

0086 대표문제

$\sqrt{\dfrac{96}{x}}$이 자연수가 되도록 하는 가장 작은 자연수 x의 값을 구하시오.

0087 숫자 바꾼 대표문제

$\sqrt{\dfrac{540}{x}}$이 자연수가 되도록 하는 가장 큰 두 자리의 자연수 x의 값을 구하시오.

0088

넓이가 $\dfrac{63}{x}$인 정사각형 모양의 색종이가 있다. 이 색종이의 한 변의 길이가 자연수가 되도록 하는 가장 작은 자연수 x의 값을 구하시오.

0089

$\sqrt{\dfrac{360}{a}}$이 가장 큰 자연수가 되도록 하는 자연수 a의 값을 구하시오.

유형 12 $\sqrt{A+x}$가 자연수가 되도록 하는 자연수 x의 값 구하기

$\sqrt{A+x}$ (A는 자연수)의 꼴을 자연수로 만들려면

➡ A보다 큰 제곱수를 찾는다.

예 $\sqrt{10+x}$가 자연수가 되도록 하는 가장 작은 자연수 x의 값은

➡ 10보다 큰 제곱수는 16, 25, 36, $\cdots$이므로

$10+x = 16, 25, 36, \cdots$

∴ $x = 6, 15, 26, \cdots$

따라서 가장 작은 자연수 x의 값은 6이다.

0090 대표문제

$\sqrt{69+x}$가 자연수가 되도록 하는 가장 작은 자연수 x의 값은?

① 6   ② 8   ③ 12

④ 24   ⑤ 31

0091 숫자 바꾼 대표문제

다음 중 $\sqrt{27+a}$가 자연수가 되도록 하는 자연수 a의 값이 아닌 것은?

① 9   ② 22   ③ 37

④ 51   ⑤ 73

0092

$\sqrt{35+x}$가 자연수가 되도록 하는 두 자리의 자연수 x의 개수를 구하시오.

0093

$\sqrt{42+x} = y$에서 y가 자연수가 되도록 하는 자연수 x의 최솟값을 a, 이때의 y의 값을 b라 하자. 이때 $a+b$의 값을 구하시오.

유형 13 $\sqrt{A-x}$가 자연수 또는 정수가 되도록 하는 자연수 x의 값 구하기 · 발전

(1) $\sqrt{A-x}$ (A는 자연수)의 꼴을 자연수로 만들려면
  ➡ A보다 작은 제곱수를 찾는다.
(2) $\sqrt{A-x}$ (A는 자연수)의 꼴을 정수로 만들려면
  ➡ A보다 작은 제곱수 또는 0을 찾는다.

예 (1) $\sqrt{10-x}$가 자연수가 되도록 하는 자연수 x의 값은
   $10-x=1,\ 4,\ 9$이므로 $x=9,\ 6,\ 1$
  (2) $\sqrt{10-x}$가 정수가 되도록 하는 자연수 x의 값은
   $10-x=0,\ 1,\ 4,\ 9$이므로 $x=10,\ 9,\ 6,\ 1$

0094 대표문제

$\sqrt{24-x}$가 자연수가 되도록 하는 자연수 x의 값을 모두 구하시오.

0095 초건 바꾼 대표문제

$\sqrt{64-x}$가 정수가 되도록 하는 자연수 x의 개수를 구하시오.

0096

$\sqrt{13-a}$가 자연수가 되도록 하는 모든 자연수 a의 값의 합을 구하시오.

新 유형

0097

어느 수학 체험전에서 홍보 신문을 만들려고 한다. 홍보 기사를 넣기 위해 오른쪽 그림과 같이 직사각형 모양의 종이를 정사각형 모양인 A, B 두 부분과 직사각형 모양인 C부분으로 나누었다. A, B 두 부분은 넓이가 각각 $48n\,\mathrm{cm}^2$, $(36-n)\,\mathrm{cm}^2$이고 변의 길이가 모두 자연수일 때, C부분의 넓이를 구하시오.
(단, n은 자연수)

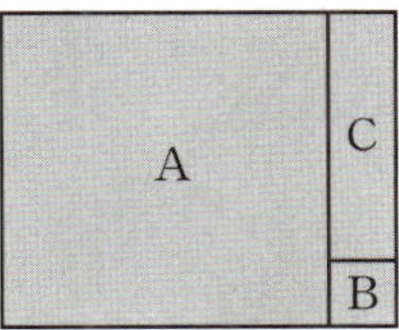

유형 14 제곱근의 대소 관계 · 중요

(1) $a>0$, $b>0$일 때,
  ① $a<b$이면 $\sqrt{a}<\sqrt{b}$
  ② $\sqrt{a}<\sqrt{b}$이면 $a<b$, $-\sqrt{a}>-\sqrt{b}$
(2) 두 양수 a와 $\sqrt{b}$의 대소 비교
  [방법 1] 근호가 없는 수를 근호가 있는 수로 바꾸어 비교한다. ➡ $\sqrt{a^2}$과 $\sqrt{b}$의 대소 비교
  [방법 2] 두 수를 제곱하여 비교한다.
   ➡ a^2과 b의 대소 비교

예 4와 $\sqrt{5}$의 대소 비교
  [방법 1] $4=\sqrt{16}$이고, $\sqrt{16}>\sqrt{5}$이므로 $4>\sqrt{5}$
  [방법 2] $(\sqrt{5})^2=5$이고, $4^2>5$이므로 $4>\sqrt{5}$

0098 대표문제

다음 중 두 수의 대소 관계가 옳은 것을 모두 고르면?
(정답 2개)

① $\sqrt{3}>2$ ② $-3>-\sqrt{8}$
③ $\sqrt{0.1}<0.1$ ④ $\sqrt{5^2}<\sqrt{(-6)^2}$
⑤ $-\sqrt{\dfrac{1}{3}}<-\dfrac{1}{2}$

0099 표현 바꾼 대표문제

다음 수를 크기가 작은 것부터 차례로 나열하였을 때, 네 번째에 오는 수를 구하시오.

$$-\sqrt{2}, \quad 3, \quad -\sqrt{\frac{1}{2}}, \quad \sqrt{2}, \quad \frac{2}{3}$$

0100

$a=\dfrac{1}{3}$일 때, 다음 중 그 값이 가장 작은 것은?

① a ② a^2 ③ $\dfrac{1}{a}$
④ $\sqrt{a}$ ⑤ $\sqrt{\dfrac{1}{a}}$

유형 15 제곱근의 성질과 대소 관계

$\sqrt{(A-B)^2}$의 꼴을 포함한 식을 간단히 할 때는 먼저 두 수 A, B의 대소를 비교한다.

(1) $A>B$이면 $\Rightarrow \sqrt{(A-B)^2}=\underset{A-B>0}{A-B}$

(2) $A<B$이면 $\Rightarrow \sqrt{(A-B)^2}=\underset{A-B<0}{-(A-B)}$

0101 대표문제

$\sqrt{(\sqrt{3}-2)^2}-\sqrt{(2-\sqrt{3})^2}$을 간단히 하면?

① $\sqrt{3}-4$ ② 0 ③ $4-\sqrt{3}$

④ 4 ⑤ $\sqrt{3}+4$

0102 숫자 바꾼 대표문제

$\sqrt{(2-\sqrt{2})^2}+\sqrt{(1-\sqrt{2})^2}$을 간단히 하시오.

0103 서술형

다음 식을 간단히 하시오. (단, 풀이 과정을 자세히 쓰시오.)

$$\sqrt{(3-\sqrt{8})^2}+\sqrt{(2-\sqrt{8})^2}+\sqrt{(2-\sqrt{5})^2}$$

0104

$x=5$, $y=3+\sqrt{5}$일 때, $\sqrt{(x-y)^2}-\sqrt{(y-x)^2}$의 값을 구하시오.

유형 16 제곱근을 포함한 부등식

$a>0$, $b>0$, $c>0$일 때,

$\sqrt{a}<\sqrt{b}<\sqrt{c} \Rightarrow (\sqrt{a})^2<(\sqrt{b})^2<(\sqrt{c})^2$

$\Rightarrow a<b<c$

예 $1<\sqrt{x}<2$이면 $1^2<(\sqrt{x})^2<2^2$

$\therefore 1<x<4$

0105 대표문제

$5<\sqrt{3x}<6$을 만족시키는 정수 x의 개수는?

① 2개   ② 3개   ③ 4개

④ 5개   ⑤ 6개

0106 표현 바꾼 대표문제

다음 중 부등식 $2\leq\sqrt{x-1}<3$을 만족시키는 자연수 x의 값이 아닌 것은?

① 6   ② 7   ③ 8

④ 9   ⑤ 10

0107

$-4<-\sqrt{2x}<-3$을 만족시키는 모든 정수 x의 값의 합을 구하시오.

: REAL 실전 업

0108
·유형 01

$x^2=49$일 때, 다음 중 옳지 <u>않은</u> 것을 모두 고르면?

(정답 2개)

① $x=\sqrt{49}$ ② $x=\pm7$

③ 49의 제곱근은 x이다. ④ x의 제곱근은 49이다.

⑤ 49는 x의 제곱이다.

0109
·유형 01

12의 제곱근을 x, 제곱근 15를 y라 할 때, y^2-x^2의 값은?

① -3 ② -1 ③ 1

④ 2 ⑤ 3

0110
·유형 01, 02

다음 중 옳은 것을 모두 고르면? (정답 2개)

① 7^2의 제곱근은 ±7이다.

② $(-5)^2$의 제곱근은 -5이다.

③ $\sqrt{36}$의 제곱근은 ±6이다.

④ 0.09의 제곱근은 ±0.03이다.

⑤ $\dfrac{9}{16}$의 제곱근은 $\pm\dfrac{3}{4}$이다.

0111
·유형 02

169의 두 제곱근을 각각 a, b라 할 때, $\sqrt{a-2b+10}$의 제곱근은? (단, $a>b$)

① ±13 ② $\pm\sqrt{7}$ ③ ±7

④ ±3 ⑤ $\pm\sqrt{3}$

0112 창의력+
·유형 02

다음 그림과 같이 세 정사각형 A, B, C가 붙어 있다. 세 정사각형 A, B, C가 다음 |조건|을 모두 만족시킬 때, 정사각형 C의 한 변의 길이를 구하시오.

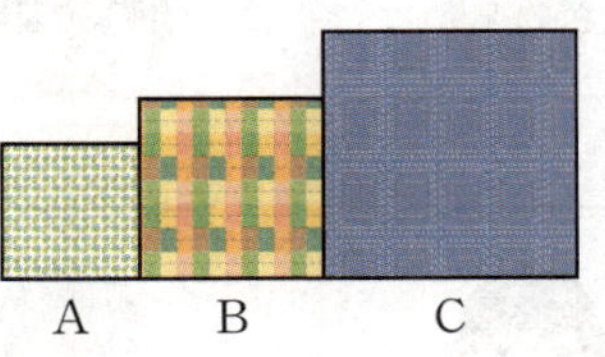

| 조건 |

㈎ 정사각형 A의 넓이는 $9\,\text{cm}^2$이다.

㈏ 정사각형 B의 한 변의 길이는 정사각형 A의 한 변의 길이의 $\dfrac{4}{3}$배이다.

㈐ 정사각형 C의 넓이는 정사각형 B의 넓이의 $\dfrac{15}{8}$배이다.

0113
·유형 03

오른쪽 그림에서 □ABCD는 한 변의 길이가 $1\,\text{cm}$인 정사각형이고 두 점 E, G는 각각 점 B를 중심으로 하고 $\overline{BD}$, $\overline{BF}$를 반지름으로 하는 원과 $\overline{BC}$의 연장선의 교점이다. 이때 $\overline{BG}$의 길이를 구하시오.

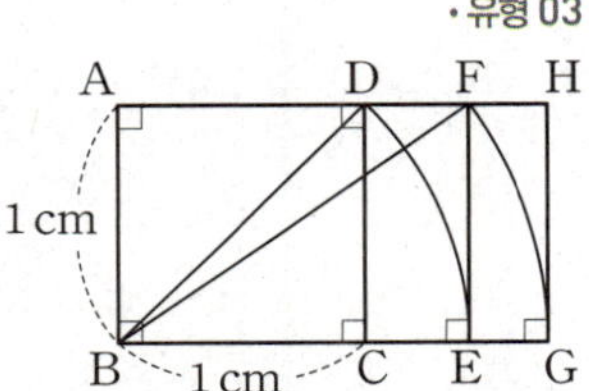

0114
·유형 04

다음 |보기| 중 근호를 사용하지 않고 나타낼 수 있는 수를 모두 고르시오.

| 보기 |

ㄱ. $\sqrt{0.9}$ ㄴ. 제곱근 36

ㄷ. $-\sqrt{144}$ ㄹ. 5^2의 음의 제곱근

ㅁ. $\sqrt{\dfrac{49}{64}}$의 양의 제곱근

0115
·유형 05

다음 네 학생 중 나머지 셋과 다른 값을 갖고 있는 학생을 말하시오.

0116
·유형 06

$\sqrt{(-5)^2} \times \sqrt{9} - (-\sqrt{5})^2$을 계산하면?

① 2　　　　② 4　　　　③ 8

④ 10　　　⑤ 14

0117
·유형 07

$a<0$일 때, 다음 중 옳은 것은?

① $\sqrt{(2a)^2} = 2a$　　　② $\sqrt{(-3a)^2} = 3a$

③ $-\sqrt{(4a)^2} = 4a$　　④ $-\sqrt{9a^2} = -3a$

⑤ $-\sqrt{(-8a)^2} = -8a$

0118
·유형 08

$a>0$, $b<0$일 때, $\sqrt{(-a)^2} - \sqrt{(2a)^2} + \sqrt{9b^2}$을 간단히 하시오.

0119
·유형 09

$a>b>c>0$일 때, $\sqrt{(a-b)^2} - \sqrt{(b-c)^2} + \sqrt{(c-a)^2}$을 간단히 하면?

① b　　　　② $2a$　　　　③ $2a-2b$

④ $-b+c$　　⑤ $-a+2c$

0120
·유형 09

$x<2$일 때, $\sqrt{(x-2)^2} + \sqrt{(x-4)^2} = 4$를 만족시키는 x의 값을 구하시오.

0121
·유형 10, 11

$\sqrt{\dfrac{108}{a}}$과 $\sqrt{12a}$가 모두 자연수가 되도록 하는 가장 작은 자연수 a의 값을 구하시오.

0122 창의력⁺
·유형 11

$\sqrt{2\times3\times4\times5\times6\times7\times8\times9\times10}$에서 근호 안의 2부터 10까지의 자연수 중 몇 개의 수를 제외하여 계산한 결과가 가장 큰 자연수가 되게 할 때, 제외해야 하는 수를 모두 구하시오.

0123
·유형 12

$\sqrt{50+n}$이 자연수가 되도록 하는 100 이하의 자연수 n의 개수는?

① 3개 ② 4개 ③ 5개
④ 6개 ⑤ 7개

0124
·유형 13

다음 두 학생의 대화를 읽고, $\sqrt{42-x}$가 정수가 되도록 하는 자연수 x의 최댓값과 최솟값의 합을 구하시오.

> 진희: 어떤 경우에 $\sqrt{42-x}$가 정수가 되지?
> 윤수: $42-x$가 어떤 자연수를 제곱한 수이어야 해.
> 진희: 0이 되는 경우도 생각해야 할까?
> 윤수: 물론이지!

0125
·유형 14

다음 중 두 수의 대소 관계가 옳지 <u>않은</u> 것은?

① $\sqrt{63}<8$ ② $-\sqrt{5}<-2$

③ $0.5>\sqrt{0.5}$ ④ $\sqrt{\dfrac{1}{5}}<\sqrt{\dfrac{1}{3}}$

⑤ $-\sqrt{35}>-6$

0126
·유형 14

$0<a<1$일 때, 다음 중 그 값이 가장 큰 것은?

① a ② a^2 ③ $\sqrt{a}$
④ $\dfrac{1}{a}$ ⑤ $\sqrt{\dfrac{1}{a}}$

0127
·유형 15

$\sqrt{(\sqrt{3}-2)^2}+\sqrt{(\sqrt{3}-1)^2}$을 간단히 하면?

① -1 ② $\sqrt{3}-3$ ③ 1
④ $3-\sqrt{3}$ ⑤ $\sqrt{3}+3$

0128
·유형 16

$\sqrt{\dfrac{n}{2}}$이 2와 3 사이의 값이 되도록 하는 자연수 n의 개수를 구하시오.

0129
·유형 16

자연수 x에 대하여 $\sqrt{x}$ 이하의 자연수의 개수가 a개일 때, $N(x)=a$라 하자. 예를 들어, $2<\sqrt{5}<3$이므로 $N(5)=2$이다. 이때 $N(100)-N(40)$의 값은?

① 4 ② 5 ③ 6
④ 7 ⑤ 8

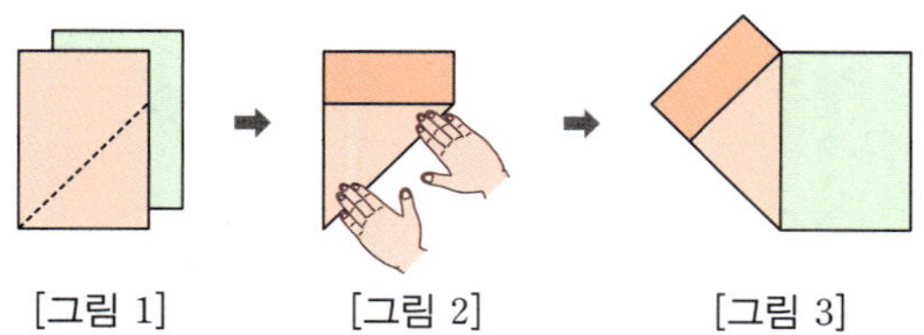

서술형 문제

0130
· 유형 03

다음 그림과 같이 A4 용지를 접으면 접은 변의 길이와 처음 A4 용지의 긴 변의 길이가 서로 같다. A4 용지의 짧은 변의 길이와 긴 변의 길이의 비를 $1 : x$라 할 때, x의 값을 구하시오. (단, 풀이 과정을 자세히 쓰시오.)

[그림 1]　　　[그림 2]　　　[그림 3]

☑ **필요 개념 및 공식**
☐ 제곱근 구하기　　　☐ 피타고라스 정리

풀이

답

0131
· 유형 06

A, B가 다음과 같을 때, $A+B$의 값을 구하시오.
(단, 풀이 과정을 자세히 쓰시오.)

$$A = (-\sqrt{15})^2 - \sqrt{2^4}$$
$$B = \sqrt{(-13)^2} + \sqrt{25} - \sqrt{2^2 \times (-3)^2}$$

☑ **필요 개념 및 공식**
☐ 제곱근의 성질을 이용한 계산　　　☐ 거듭제곱의 뜻

풀이

답

0132
· 유형 12, 13

다음 그림과 같은 정사각형 모양의 화단 A, B가 있다. 두 화단 A, B의 넓이가 각각 $35-x$, $23+x$이고 각 변의 길이가 자연수일 때, 자연수 x의 값을 구하시오.
(단, 풀이 과정을 자세히 쓰시오.)

☑ **필요 개념 및 공식**
☐ $\sqrt{A+x}$, $\sqrt{A-x}$가 자연수가 될 조건　　　☐ 제곱근 구하기

풀이

답

0133
· 유형 16

부등식 $4 < \sqrt{x+4} \leq 6$을 만족시키는 자연수 x의 값 중에서 가장 큰 수를 M, 가장 작은 수를 m이라 할 때, $M+m$의 값을 구하시오. (단, 풀이 과정을 자세히 쓰시오.)

☑ **필요 개념 및 공식**
☐ 제곱근을 포함한 부등식　　　☐ 부등식의 성질

풀이

답

02

무리수와 실수

02. 무리수와 실수

1 무리수와 실수

(1) **무리수**: 유리수가 아닌 수, 즉 순환소수가 아닌 무한소수로 나타내어지는 수

[예] $\sqrt{2}=1.4142135\cdots$, $\pi=3.141592\cdots$

(2) **실수**: 유리수와 무리수를 통틀어 실수라 한다.

(3) **실수의 분류**

$$\text{실수}\begin{cases}\text{유리수}\begin{cases}\text{정수}\begin{cases}\text{양의 정수(자연수): } 1,\ 2,\ 3,\ \cdots\\ 0\\ \text{음의 정수: } -1,\ -2,\ -3,\ \cdots\end{cases}\\ \text{정수가 아닌 유리수: } \dfrac{1}{2},\ -0.3,\ 0.\dot{8},\ \cdots\end{cases}\\ \text{무리수: } \sqrt{2},\ -\sqrt{3},\ \pi,\ \cdots\end{cases}$$

[참고] 앞으로 특별한 언급이 없으면 수는 실수를 의미한다.

• **소수의 분류**

$$\text{소수}\begin{cases}\text{유한소수}\\ \text{무한소수}\begin{cases}\text{순환소수} \to \text{유리수}\\ \text{순환소수가 아닌 무한소수} \to \text{무리수}\end{cases}\end{cases}$$

2 제곱근표

(1) **제곱근표**: 1.00부터 99.9까지의 수에 대한 양의 제곱근의 값을 반올림하여 소수점 아래 셋째 자리까지 나타낸 표

(2) **제곱근표를 읽는 방법**: 처음 두 자리의 수의 가로줄과 끝자리의 수의 세로줄이 만나는 곳에 적혀 있는 수를 읽는다.

[예] $\sqrt{2.02}=1.421$, $\sqrt{2.11}=1.453$

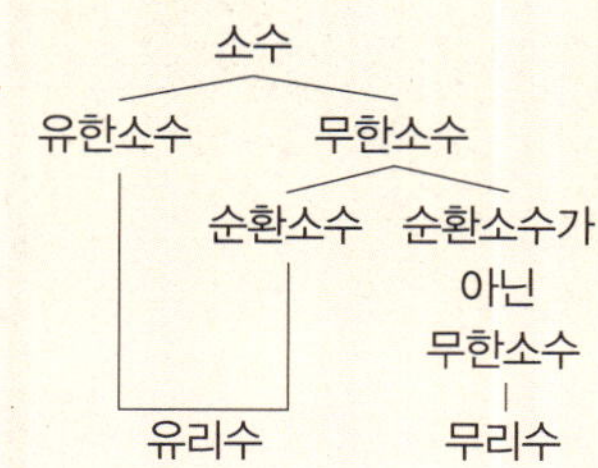

수	0	1	2	3	⋯
⋮					
2.0	1.414	1.418	1.421	1.425	⋯
2.1	1.449	1.453	1.456	1.459	⋯
⋮					

• 이 책의 162~165쪽에서 제곱근표를 확인할 수 있고, 제곱근표에는 1.00부터 9.99까지의 수는 0.01의 간격으로, 10.0부터 99.9까지의 수는 0.1의 간격으로 양의 제곱근의 값이 나와 있다.

3 무리수를 수직선 위에 나타내기

무리수 $-\sqrt{2}$, $\sqrt{2}$를 수직선 위에 나타내기

❶ 오른쪽 그림과 같이 수직선 위에 직각이등변삼각형 AOB를 그린다.

❷ 원점 O를 중심으로 하고 $\overline{OA}$를 반지름으로 하는 원을 그릴 때, 수직선과 만나는 두 점에 대응하는 수가 각각 $-\sqrt{2}$, $\sqrt{2}$이다.

[참고] $\overline{OA}$의 길이를 x라 하면 피타고라스 정리에 의하여 $x^2=1^2+1^2=2$ $\therefore x=\sqrt{2}$

• **실수와 수직선**

(1) 수직선은 유리수와 무리수, 즉 실수에 대응하는 점들 전체로 완전히 메울 수 있다.

(2) 모든 실수는 각각 수직선 위의 한 점에 대응하고 거꾸로 수직선 위의 모든 점에는 각각 한 실수가 대응한다.

(3) 서로 다른 두 실수 사이에는 무수히 많은 실수가 있다.

4 실수의 대소 관계

두 실수 a, b의 대소 관계는 $a-b$의 값의 부호에 따라 다음과 같이 정한다.

① $a-b>0$이면 $a>b$ ② $a-b=0$이면 $a=b$

③ $a-b<0$이면 $a<b$

[예] $\sqrt{2}+3\ \square\ 4 \Rightarrow (\sqrt{2}+3)-4=\sqrt{2}-1>0$ $\therefore \sqrt{2}+3\ \boxed{>}\ 4$

1　무리수와 실수

0134 다음 수가 유리수이면 '유'를, 무리수이면 '무'를 ( ) 안에 쓰시오.

(1) $\sqrt{7}$　　　　（　　）　　(2) -2　　　　（　　）

(3) $\sqrt{0.25}$　　（　　）　　(4) π　　　　（　　）

(5) $1.\dot{2}$　　　（　　）　　(6) $\sqrt{(-11)^2}$　（　　）

(7) $\sqrt{24}$　　（　　）　　(8) $1.2345\cdots$　（　　）

[0135~0140] 다음 중 옳은 것은 ○표를, 옳지 않은 것은 ×표를 ( ) 안에 쓰시오.

0135 유한소수는 유리수이다.　　　　　　（　　）

0136 무한소수는 무리수이다.　　　　　　（　　）

0137 $\dfrac{\pi}{2}$ 는 순환소수가 아닌 무한소수이다.　（　　）

0138 유리수가 아닌 실수는 무리수이다.　　（　　）

0139 무리수는 모두 무한소수로 나타내어진다.（　　）

0140 양수의 제곱근은 무리수이다.　　　　（　　）

2　제곱근표

[0141~0144] 다음 제곱근표를 이용하여 주어진 제곱근의 값을 구하시오.

수	0	1	2	3	4
10	3.162	3.178	3.194	3.209	3.225
11	3.317	3.332	3.347	3.362	3.376
12	3.464	3.479	3.493	3.507	3.521
13	3.606	3.619	3.633	3.647	3.661

0141 $\sqrt{10.1}$　　　　　**0142** $\sqrt{12.4}$

0143 $\sqrt{11.2}$　　　　　**0144** $-\sqrt{13.3}$

3　무리수를 수직선 위에 나타내기

[0145~0147] 오른쪽 그림은 한 눈금의 길이가 1인 모눈종이 위에 정사각형 OABC와 수직선을 나타낸 것이다. 다음 물음에 답하시오.

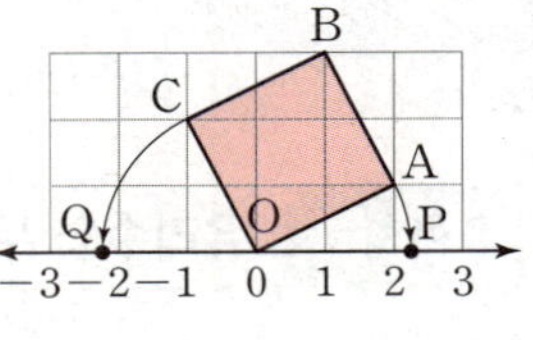

0145 $\overline{OA}$의 길이

0146 점 P에 대응하는 수

0147 점 Q에 대응하는 수

[0148~0151] 다음 중 옳은 것은 ○표를, 옳지 않은 것은 ×표를 ( ) 안에 쓰시오.

0148 1과 2 사이에는 무수히 많은 유리수가 있다.
　　　　　　　　　　　　　　　　　（　　）

0149 $\sqrt{6}$과 $\sqrt{7}$ 사이에는 유리수가 없다.　（　　）

0150 수직선 위의 점 중에는 유리수에 대응하지 않는 점이 있다.　　　　　　　　　　　（　　）

0151 실수에 대응하는 점만으로는 수직선을 완전히 메울 수 없다.　　　　　　　　　（　　）

4　실수의 대소 관계

0152 다음은 두 수 $6-\sqrt{10}$과 3의 대소를 비교하는 과정이다. □ 안에는 알맞은 수를, ○ 안에는 알맞은 부등호를 쓰시오.

$$(6-\sqrt{10})-3=\boxed{}$$

이때 $3 \bigcirc \sqrt{10}$에서 $3-\sqrt{10} \bigcirc 0$이므로

$$(6-\sqrt{10})-3 \bigcirc 0$$

$$\therefore 6-\sqrt{10} \bigcirc 3$$

[0153~0156] 다음 □ 안에 알맞은 부등호를 쓰시오.

0153 $1+\sqrt{6}\ \square\ 2+\sqrt{6}$　**0154** $\sqrt{3}+1\ \square\ \sqrt{2}+1$

0155 $\sqrt{7}-3\ \square\ -1$　**0156** $-\sqrt{3}+1\ \square\ -2$

: PATTERN 유형 마스터

(1) 정수, 유한소수, 순환소수, 근호를 없앨 수 있는 수
→ 유리수
(2) 순환소수가 아닌 무한소수, 근호를 없앨 수 없는 수
→ 무리수

0157 대표문제

다음 중 무리수의 개수는?

$$\sqrt{0.\dot{4}}, \quad -\sqrt{1.44}, \quad \sqrt{15},$$
$$0.1121231234\cdots, \quad \sqrt{(-2)^2}, \quad \pi$$

① 1개   ② 2개   ③ 3개
④ 4개   ⑤ 5개

0158 표현 바꾼 대표문제

다음 |보기| 중 순환소수가 아닌 무한소수를 모두 고르시오.

┤ 보기 ├
$$3.14, \quad -\sqrt{36}, \quad \frac{5}{7}, \quad 1.\dot{5}, \quad \sqrt{1.6}, \quad \sqrt{\frac{4}{25}}, \quad \sqrt{10}$$

0159

다음 정사각형 중 한 변의 길이가 유리수인 것은?

① 넓이가 5인 정사각형   ② 넓이가 8인 정사각형
③ 넓이가 16인 정사각형   ④ 넓이가 24인 정사각형
⑤ 넓이가 32인 정사각형

0160

x가 50 이하의 자연수일 때, $\sqrt{x}$가 무리수가 되도록 하는 x의 개수를 구하시오.

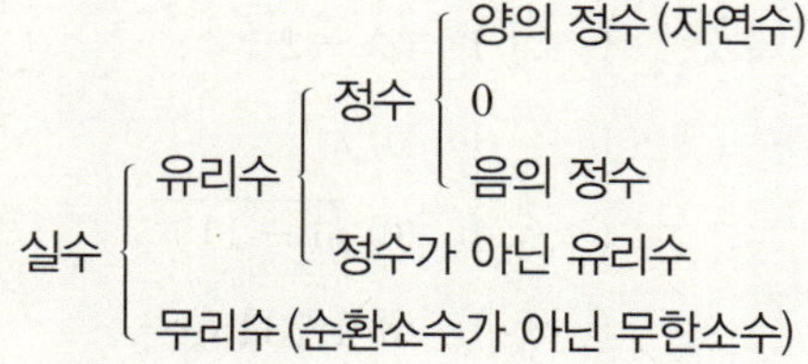

유리수와 무리수를 통틀어 실수라 하고, 실수는 다음과 같이 분류한다.

$$\text{실수}\begin{cases}\text{유리수}\begin{cases}\text{정수}\begin{cases}\text{양의 정수 (자연수)}\\ 0\\ \text{음의 정수}\end{cases}\\ \text{정수가 아닌 유리수}\end{cases}\\ \text{무리수 (순환소수가 아닌 무한소수)}\end{cases}$$

0161 대표문제

다음 중 옳은 것은?

① 무한소수는 모두 유리수이다.
② 순환소수는 모두 무리수이다.
③ 유리수는 순환소수가 아닌 무한소수이다.
④ 순환소수가 아닌 무한소수는 실수가 아니다.
⑤ 실수는 유리수와 무리수로 이루어져 있다.

0162 표현 바꾼 대표문제

다음 |보기| 중 옳지 않은 것을 모두 고르시오.

┤ 보기 ├
ㄱ. $\sqrt{81}$은 유리수이다.
ㄴ. 근호를 사용하여 나타낸 수는 모두 무리수이다.
ㄷ. 실수 중에서 유리수가 아닌 수는 모두 무리수이다.
ㄹ. 무리수는 $\dfrac{\text{(정수)}}{\text{(0이 아닌 정수)}}$의 꼴로 나타낼 수 있다.

0163

다음 중 $\sqrt{2}$에 대한 설명으로 옳은 것을 모두 고르면?

(정답 2개)

① 제곱근 2이다.
② 정수가 아닌 유리수이다.
③ 제곱하면 유리수가 된다.
④ 순환소수로 나타낼 수 있다.
⑤ 기약분수로 나타낼 수 있다.

0164

다음 수 중 실수의 개수를 a개, 유리수의 개수를 b개라 할 때, $a-b$의 값을 구하시오.

$$-\sqrt{1.7}, \quad \frac{3}{4}, \quad 0, \quad \sqrt{21}$$
$$2.444\cdots, \quad -\sqrt{16}, \quad \sqrt{\frac{9}{64}}, \quad \sqrt{0.001}$$

0165

다음 중 □ 안의 수에 해당하는 것은?

실수 ─ 유리수 ─ 정수 ─ 양의 정수
                        0
                        음의 정수
                    정수가 아닌 유리수
        □

① $\sqrt{16}$ ② 0.1 ③ $\sqrt{\dfrac{25}{81}}$

④ $\sqrt{12}$ ⑤ 17

유형 03 제곱근표를 이용하여 제곱근의 값 구하기

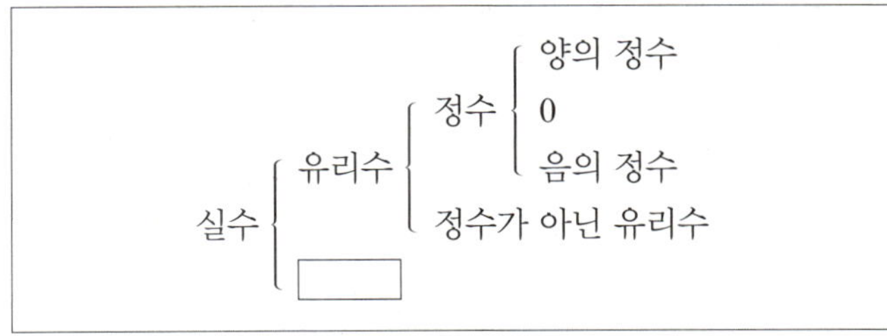

예 $\sqrt{6.12}$의 값은 6.1의 가로줄과 2의 세로줄이 만나는 곳에 있는 수를 읽는다.

수	0	1	2
6.0	2.449	2.452	2.454
6.1	2.470	2.472	2.474
6.2	2.490	2.492	2.494

➡ $\sqrt{6.12}=2.474$

0166 대표문제

다음 제곱근표에서 $\sqrt{18.3}=a$, $\sqrt{b}=4.135$일 때, $1000a-100b$의 값은?

수	0	1	2	3	4	5	6	7	8
16	4.000	4.012	4.025	4.037	4.050	4.062	4.074	4.087	4.099
17	4.123	4.135	4.147	4.159	4.171	4.183	4.195	4.207	4.219
18	4.243	4.254	4.266	4.278	4.290	4.301	4.313	4.324	4.336

① 685 ② 1356 ③ 2258

④ 2568 ⑤ 4101

0167 숫자 바꾼 대표문제

다음 제곱근표에서 $\sqrt{47.4}=a$, $\sqrt{b}=6.935$일 때, $1000a+10b$의 값을 구하시오.

수	0	1	2	3	4	5
46	6.782	6.790	6.797	6.804	6.812	6.819
47	6.856	6.863	6.870	6.877	6.885	6.892
48	6.928	6.935	6.943	6.950	6.957	6.964
49	7.000	7.007	7.014	7.021	7.029	7.036

0168

다음 제곱근표를 이용하여 제곱근의 값을 구한 것으로 옳지 않은 것은?

수	0	1	2	3	4	5
2.4	1.549	1.552	1.556	1.559	1.562	1.565
2.5	1.581	1.584	1.587	1.591	1.594	1.597
2.6	1.612	1.616	1.619	1.622	1.625	1.628
2.7	1.643	1.646	1.649	1.652	1.655	1.658

① $\sqrt{2.42}=1.556$ ② $\sqrt{2.53}=1.591$

③ $\sqrt{2.55}=1.597$ ④ $\sqrt{2.60}=1.612$

⑤ $\sqrt{2.74}=1.625$

新 유형

0169

맑은 날 어느 지역의 해발 h m인 곳에서 사람의 눈으로 볼 수 있는 가장 먼 거리는 $\sqrt{0.2h}$ km의 8배라 한다. 다음 제곱근표를 이용하여 이 지역의 해발 32 m인 곳에서 사람의 눈으로 볼 수 있는 가장 먼 거리를 반올림하여 소수점 아래 첫째 자리까지 구하시오.

수	0	1	2	3	4
6.3	2.510	2.512	2.514	2.516	2.518
6.4	2.530	2.532	2.534	2.536	2.538
6.5	2.550	2.551	2.553	2.555	2.557
63	7.937	7.944	7.950	7.956	7.962
64	8.000	8.006	8.012	8.019	8.025
65	8.062	8.068	8.075	8.081	8.087

중요
유형 04 도형을 이용하여 무리수를 수직선 위에 나타내기

$\sqrt{2}$, $\sqrt{3}$과 같이 간단한 무리수를 빗변의 길이로 하는 직각삼각형 또는 이 길이를 한 변으로 하는 정사각형을 이용하여 무리수를 수직선 위에 나타낼 수 있다.

0170 대표문제

오른쪽 그림은 한 눈금의 길이가 1인 모눈종이 위에 직각삼각형 ABC와 수직선을 나타낸 것이다. $\overline{AC}=\overline{AQ}=\overline{AP}$일 때, 다음 |보기| 중 옳지 <u>않은</u> 것을 모두 고르시오.

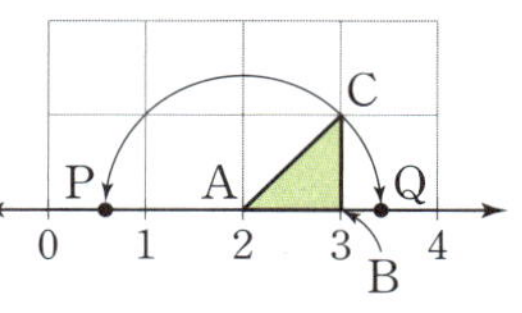

┤ 보기 ├
ㄱ. $\overline{AC}=\sqrt{2}$
ㄴ. $\overline{AP}=-\sqrt{2}$
ㄷ. 점 P에 대응하는 수는 $\sqrt{2}-2$이다.
ㄹ. 점 Q에 대응하는 수는 $2+\sqrt{2}$이다.

0171 도형 바꾼 대표문제

다음 그림은 한 눈금의 길이가 1인 모눈종이 위에 두 직각삼각형 ABC, DEF와 수직선을 나타낸 것이다. 점 A를 중심으로 하고 $\overline{AC}$를 반지름으로 하는 원과 점 D를 중심으로 하고 $\overline{DF}$를 반지름으로 하는 원을 그려 수직선과 만나는 점을 각각 P, Q, R, S라 할 때, 네 점 P, Q, R, S에 대응하는 수를 각각 구하시오.

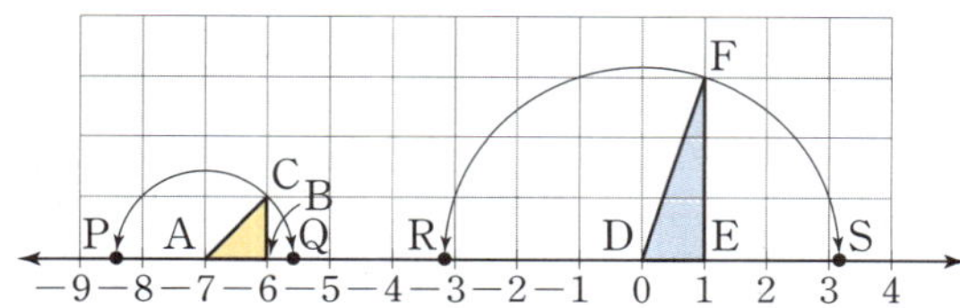

0172

다음 그림에서 수직선 위의 5개의 점 A~E 중 $-1+\sqrt{2}$에 대응하는 점을 구하시오.
(단, 모눈 한 칸은 한 변의 길이가 1인 정사각형이다.)

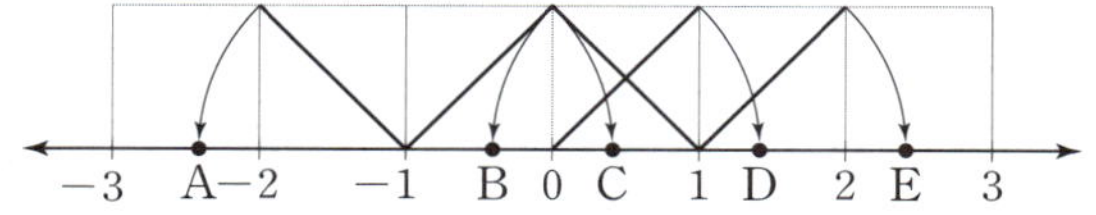

0173

오른쪽 그림의 정사각형 ABCD에서 $\overline{AC}=\overline{AQ}$, $\overline{BD}=\overline{BP}$일 때, 두 점 P, Q에 대응하는 수를 각각 구하시오.

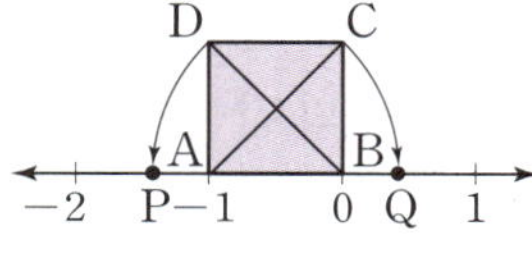

0174

오른쪽 그림은 한 눈금의 길이가 1인 모눈종이 위에 정사각형 ABCD와 수직선을 나타낸 것이다. 다음 중 옳지 <u>않은</u> 것을 모두 고르면? (정답 2개)

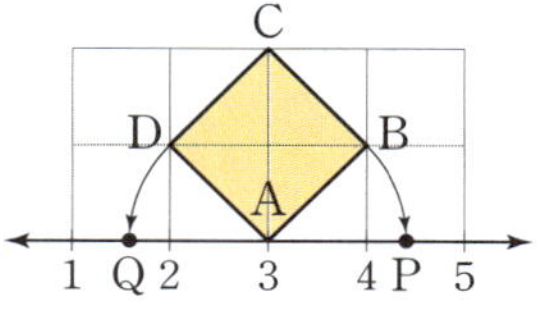

① $\overline{AB}=\sqrt{2}$
② $\overline{AP}=3+\sqrt{2}$
③ 정사각형 ABCD의 넓이는 2이다.
④ 점 P에 대응하는 수는 $3+\sqrt{2}$이다.
⑤ 점 Q에 대응하는 수는 $-\sqrt{2}$이다.

0175

아래 그림은 한 눈금의 길이가 1인 모눈종이 위에 두 정사각형 ㈎, ㈏와 수직선을 나타낸 것이다. 다음 중 옳은 것을 모두 고르면? (정답 2개)

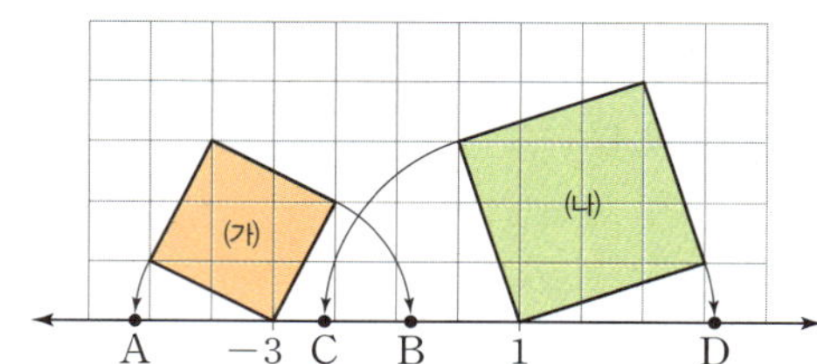

① 두 정사각형 ㈎, ㈏의 넓이의 차는 5이다.
② 점 A에 대응하는 수는 $-3-\sqrt{2}$이다.
③ 점 B에 대응하는 수는 $-3+\sqrt{2}$이다.
④ 점 C에 대응하는 수는 $\sqrt{10}$이다.
⑤ 점 D에 대응하는 수는 $1+\sqrt{10}$이다.

0176

오른쪽 그림은 한 눈금의 길이가 1인 모눈종이 위에 직각삼각형 ABC와 수직선을 나타낸 것이다. $1+\sqrt{8}$에 대응하는 점을 수직선 위에 나타내시오.

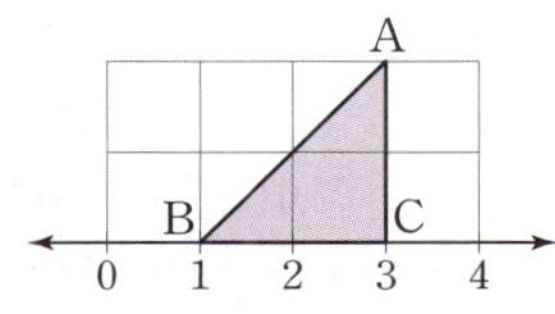

0177

다음 그림은 한 눈금의 길이가 1인 모눈종이 위에 점 O에서 만나는 정사각형 두 개와 수직선을 나타낸 것이다. $\overline{OA}=\overline{OP}$, $\overline{OB}=\overline{OQ}$일 때, 두 점 P, Q 사이의 거리를 구하시오.

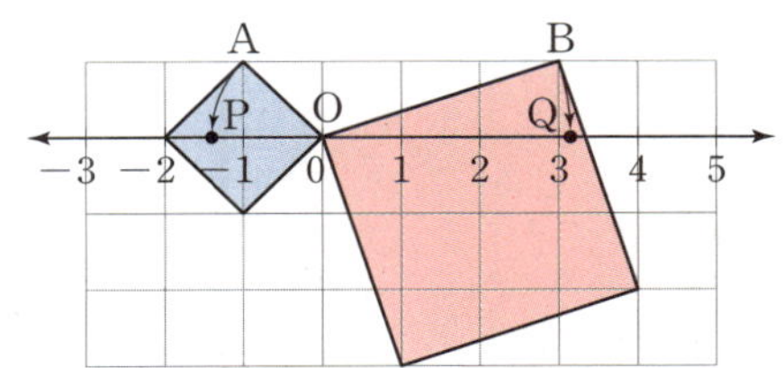

0178 서술형

오른쪽 그림은 한 눈금의 길이가 1인 모눈종이 위에 정사각형과 수직선을 나타낸 것이다. $\overline{AP}=\overline{AP'}$, $\overline{AQ}=\overline{AQ'}$일 때, 두 점 P′, Q′에 대응하는 수가 각각 $-3-\sqrt{5}$, $-3+\sqrt{2}$이다. 이때 두 점 B, C에 대응하는 수를 각각 구하시오. (단, 풀이 과정을 자세히 쓰시오.)

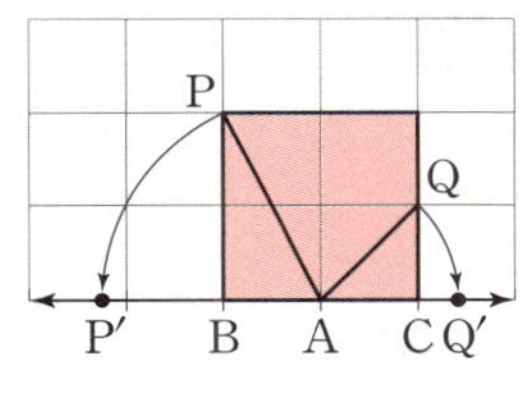

新 유형

0179

다음 그림과 같이 지름의 길이가 2인 원이 수직선 위의 점 A에서 접하고 있다. 원을 수직선을 따라 시계 방향으로 두 바퀴 굴려 점 A가 다시 수직선과 만나는 점을 B라 하자. 점 A에 대응하는 수가 1일 때, 점 B에 대응하는 수를 구하시오.

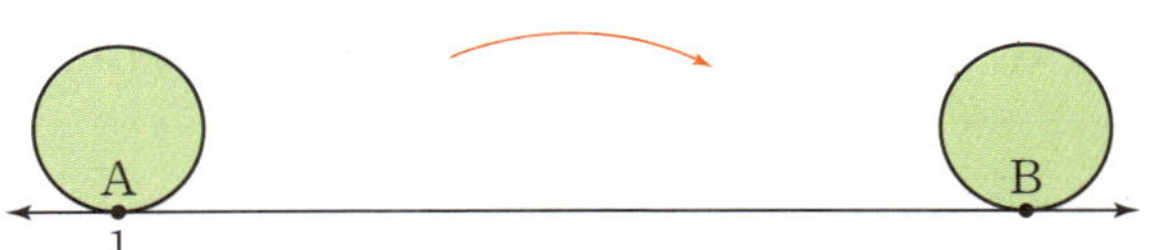

---

(1) 수직선은 유리수와 무리수, 즉 실수에 대응하는 점들 전체로 완전히 메울 수 있다.

(2) 모든 실수는 수직선 위의 점에 하나씩 대응하고 거꾸로 수직선 위의 모든 점에는 실수가 하나씩 대응한다.

참고 (1) 서로 다른 두 실수 사이에는 무수히 많은 실수가 있다.

(2) 수직선을 유리수만으로 또는 무리수만으로 완전히 메울 수 없다.

0180 대표문제

다음 중 옳은 것은?

① 두 정수 사이에는 또 다른 정수가 있다.

② 서로 다른 두 무리수 사이에는 무리수만 있다.

③ 실수 중에서 유리수이면서 동시에 무리수인 수가 있다.

④ 무리수에 대응하는 점으로 수직선을 완전히 메울 수 있다.

⑤ 서로 다른 두 유리수 사이에는 무수히 많은 유리수가 있다.

0181 표현 바꾼 대표문제

다음은 어느 반 학생들이 실수에 대하여 토론한 내용이다. 바르게 말한 학생의 이름을 말하시오.

동주: -1과 0 사이에는 무리수가 없어.

진희: $\sqrt{6}$은 2와 3 사이에 있는 유일한 무리수야.

석민: $\sqrt{12}$와 $\sqrt{15}$ 사이에는 자연수가 1개 있어.

주영: 실수 중에서 수직선 위의 점에 대응하지 않는 수는 하나도 없어.

민건: 서로 다른 두 무리수 사이에는 유리수가 없어.

0182

다음 중 옳지 <u>않은</u> 것을 모두 고르면? (정답 2개)

① 모든 실수는 수직선 위의 점에 대응시킬 수 있다.

② 0과 1 사이에는 무수히 많은 유리수가 있다.

③ -10과 10 사이에는 무수히 많은 정수가 있다.

④ 1에 가장 가까운 무리수는 $\sqrt{2}$이다.

⑤ 서로 다른 두 무리수 사이에는 무수히 많은 유리수가 있다.

중요
유형 06 두 실수의 대소 관계

두 실수 a, b의 대소 관계는 $a-b$의 값의 부호로 판단한다.
(1) $a-b>0$이면 $a>b$
(2) $a-b=0$이면 $a=b$
(3) $a-b<0$이면 $a<b$

0183 대표문제

다음 중 두 실수의 대소 관계가 옳은 것은?

① $1<3-\sqrt{5}$ 　　② $\sqrt{15}-3>1$
③ $\sqrt{3}+\sqrt{5}>\sqrt{5}+\sqrt{7}$ 　　④ $-\sqrt{15}-4>-\sqrt{17}-4$
⑤ $2-\sqrt{3}>\sqrt{5}-\sqrt{3}$

0184 숫자 바꾼 대표문제

$A=\sqrt{10}-\sqrt{5}$, $B=\sqrt{10}-\sqrt{(-2)^2}$일 때, 두 수 A, B의 대소를 비교하시오.

0185

다음 중 □ 안에 들어갈 부등호의 방향이 나머지 넷과 <u>다른</u> 하나는?

① $\sqrt{10}-1$ □ 2 　　② $\sqrt{5}+1$ □ 3
③ $\sqrt{2}+1$ □ 3 　　④ $3+\sqrt{5}$ □ $\sqrt{5}+\sqrt{8}$
⑤ $2-\sqrt{7}$ □ $1-\sqrt{7}$

0186

다음 |보기| 중 두 실수의 대소 관계가 옳은 것의 개수를 구하시오.

| 보기 |

ㄱ. $5-\sqrt{3}>3$ 　　　　ㄴ. $\sqrt{\dfrac{1}{3}}>\dfrac{1}{3}$

ㄷ. $\sqrt{13}+2<6$ 　　　ㄹ. $-\sqrt{6}-\sqrt{2}<-\sqrt{6}-\sqrt{3}$

ㅁ. $\sqrt{24}-\sqrt{11}<5-\sqrt{11}$ 　　ㅂ. $\sqrt{7}+2<\sqrt{6}+2$

유형 07 세 실수의 대소 관계

세 실수 a, b, c의 대소 관계는
　$a<b$이고 $b<c$이면 $a<b<c$
임을 이용하여 판단한다.

0187 대표문제

다음 세 수 a, b, c의 대소 관계로 옳은 것은?

$$a=\sqrt{3}+4, \qquad b=5, \qquad c=6-\sqrt{2}$$

① $a<b<c$ 　　② $b<a<c$ 　　③ $b<c<a$
④ $c<a<b$ 　　⑤ $c<b<a$

0188 숫자 바꾼 대표문제

$a=\sqrt{6}+\sqrt{3}$, $b=\sqrt{7}+\sqrt{3}$, $c=2+\sqrt{7}$일 때, 세 수 a, b, c의 대소를 비교하시오.

0189

한 변의 길이가 각각 $\sqrt{5}+\sqrt{2}$, $\sqrt{5}+1$, $3+\sqrt{2}$인 세 정사각형을 각각 A, B, C라 할 때, 넓이가 가장 큰 정사각형을 말하시오.

0190 서술형

다음 수를 크기가 작은 것부터 차례로 나열할 때, 두 번째에 오는 수를 구하시오. (단, 풀이 과정을 자세히 쓰시오.)

$$\sqrt{5}+\sqrt{3}, \quad -1-\sqrt{5}, \quad \sqrt{5}+3, \quad -3, \quad -\sqrt{5}$$

유형 08 수직선에서 무리수에 대응하는 점 찾기

수직선에서 무리수 $\sqrt{x}$에 대응하는 점을 찾을 때는 먼저 x에 가장 가까운 제곱인 자연수를 찾아 x의 값의 범위를 구한다.

[예] 수직선에서 A, B, C 중 $\sqrt{18}$에 대응하는 점이 있는 구간은 $\sqrt{16}<\sqrt{18}<\sqrt{25}$에서 $4<\sqrt{18}<5$이므로 B이다.

0191 대표문제

다음 수직선에서 $\sqrt{43}$에 대응하는 점이 있는 구간은?

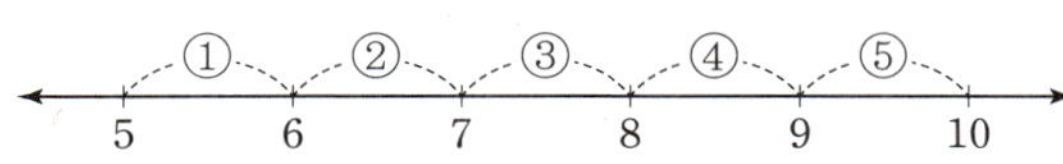

0192 초건바꾼 대표문제

다음 중 수직선 위의 점 A에 대응하는 수로 가장 적당한 것은?

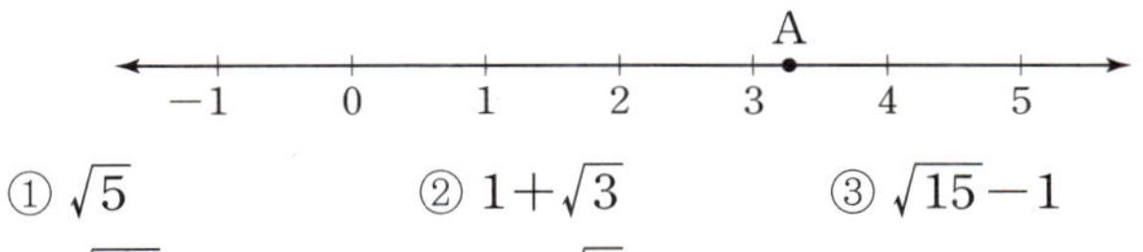

① $\sqrt{5}$ ② $1+\sqrt{3}$ ③ $\sqrt{15}-1$
④ $\sqrt{19}-1$ ⑤ $2+\sqrt{5}$

0193

다음 수직선 위의 점 A, B, C, D, E 중에서 한 점이 $3-\sqrt{2}$에 대응하는 점일 때, 이 점을 구하시오.

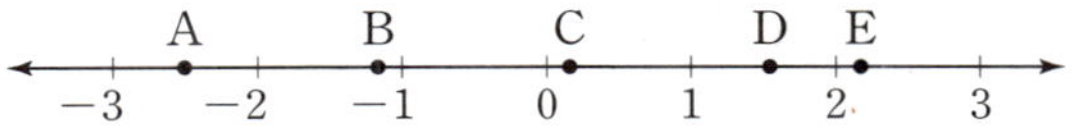

0194

다음 수직선에서 $-\sqrt{6}$, $\sqrt{10}$, $\sqrt{3}+1$에 대응하는 점이 있는 구간을 차례로 구하시오.

유형 09 두 실수 사이의 수 

두 실수 a, b 사이에 있는 실수를 구할 때는

[방법 1] 평균을 이용한다. ➡ $\dfrac{a+b}{2}$

[방법 2] a, b의 차보다 작은 수를 a, b 중 작은 수에 더하거나 큰 수에서 뺀다.

[예] 1과 $\sqrt{2}$ 사이에 있는 수 구하기 (단, $\sqrt{2}=1.414$)

[방법 1] $\dfrac{1+\sqrt{2}}{2}$ ← 1과 $\sqrt{2}$의 평균

[방법 2] $1+0.1$, $1+0.01$, $\sqrt{2}-0.1$, $\sqrt{2}-0.01$, …

0195 대표문제

다음 중 두 수 $\sqrt{5}$와 $\sqrt{10}$ 사이에 있는 수가 아닌 것은?
(단, $\sqrt{5}=2.236$, $\sqrt{10}=3.162$)

① $\sqrt{7}$ ② 3 ③ $\sqrt{5}+1$
④ $\sqrt{10}-0.2$ ⑤ $\dfrac{\sqrt{5}+\sqrt{10}}{2}$

0196 표현바꾼 대표문제

다음 수 중 두 수 3과 4 사이에 있는 것의 개수는?

$$\sqrt{8}, \quad \sqrt{14}, \quad \sqrt{24.5}, \quad \sqrt{\dfrac{11}{2}}, \quad \sqrt{\dfrac{28}{3}}, \quad \sqrt{\dfrac{30}{7}}$$

① 2개 ② 3개 ③ 4개
④ 5개 ⑤ 6개

0197

다음 |보기| 중 두 수 $\sqrt{10}$과 $\sqrt{30}$ 사이에 있는 실수에 대한 설명으로 옳은 것을 모두 고른 것은?

| 보기 |
ㄱ. 두 수 사이에는 2개의 정수가 있다.
ㄴ. 5.3은 두 수 사이에 있는 유리수이다.
ㄷ. $\sqrt{12}+1$은 두 수 사이에 있는 무리수이다.

① ㄱ ② ㄴ ③ ㄱ, ㄷ
④ ㄴ, ㄷ ⑤ ㄱ, ㄴ, ㄷ

0198

·유형 01, 02

다음 중 유리수가 아닌 실수인 것은?

① 제곱근 36 ② $\sqrt{0.\dot{1}}$ ③ $\sqrt{0.16}-\sqrt{4}$

④ $\sqrt{\dfrac{5}{9}}$ ⑤ 1.69의 제곱근

0199

·유형 01

a가 무리수일 때, 다음 |보기| 중 항상 무리수인 것을 모두 고르시오.

| 보기 |

ㄱ. $a+1$ ㄴ. $2a$ ㄷ. $\sqrt{2}a$
ㄹ. a^2 ㅁ. $a-\sqrt{3}$

0200

·유형 01, 02

다음 □ 안의 수에 대한 설명으로 옳지 않은 것을 모두 고르면? (정답 2개)

$$\text{소수} \begin{cases} \text{유한소수} \\ \text{무한소수} \begin{cases} \text{순환소수} \\ \boxed{} \end{cases} \end{cases}$$

① 유리수가 아닌 실수

② 순환소수가 아닌 무한소수

③ 근호를 사용하여 나타낸 수

④ 유한소수로 나타낼 수 없는 수

⑤ $\dfrac{(\text{정수})}{(0\text{이 아닌 정수})}$ 의 꼴로 나타낼 수 없는 수

0201

·유형 02

다음 중 옳지 않은 것은?

① 무리수는 모두 실수이다.

② 자연수는 모두 정수이다.

③ 유리수이면서 무리수인 수는 없다.

④ 실수 중에서 정수가 아닌 수는 모두 무리수이다.

⑤ 실수는 유리수와 무리수로 이루어져 있다.

0202

·유형 03

다음 제곱근표에서 $\sqrt{a}=7.622$, $\sqrt{b}=7.503$일 때, $\sqrt{\dfrac{a+b}{2}}$ 의 값을 구하시오.

수	0	1	2	3	4
56	7.483	7.490	7.497	7.503	7.510
57	7.550	7.556	7.563	7.570	7.576
58	7.616	7.622	7.629	7.635	7.642

0203

·유형 04

다음 그림에서 □ABCD는 한 변의 길이가 1인 정사각형이고, 점 A를 중심으로 하고 대각선 AC를 반지름으로 하는 원을 그렸을 때, 수직선과 만나는 점을 각각 P, Q라 하자. 이때 두 점 P, Q에 대응하는 수를 각각 구하시오.

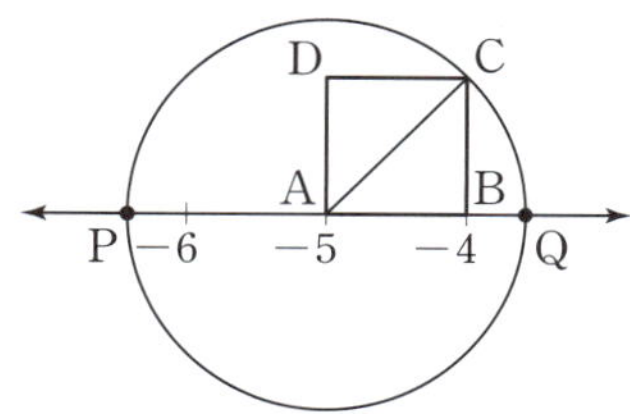

0204
•유형 04

다음 그림은 한 눈금의 길이가 1인 모눈종이 위에 두 개의 정사각형과 수직선을 나타낸 것이다. 수직선 위의 네 점 A, B, C, D의 좌표를 바르게 나타낸 것을 모두 고른 것은?

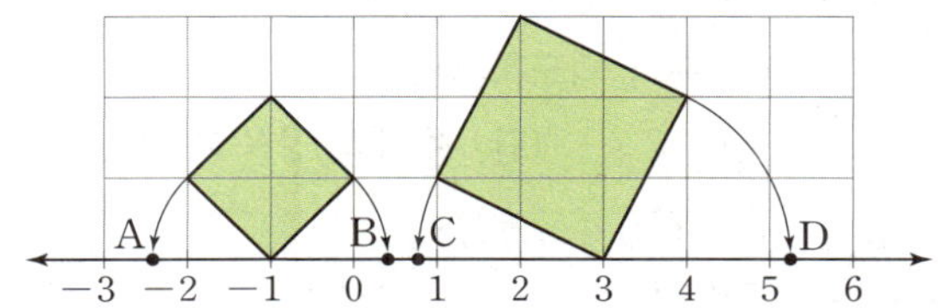

$$A(-\sqrt{2}), \quad B(-1+\sqrt{2}), \quad C(\sqrt{5}-3), \quad D(3+\sqrt{5})$$

① 점 A, 점 B 　② 점 A, 점 C 　③ 점 B, 점 C
④ 점 B, 점 D 　⑤ 점 C, 점 D

0205
•유형 04

다음 그림은 한 눈금의 길이가 1인 모눈종이 위에 정사각형 PQRS와 수직선을 나타낸 것이다. $\overline{PS}=\overline{PA}$, $\overline{PQ}=\overline{PB}$ 이고, 점 B에 대응하는 수가 $\sqrt{13}-3$일 때, 점 A에 대응하는 수를 구하시오.

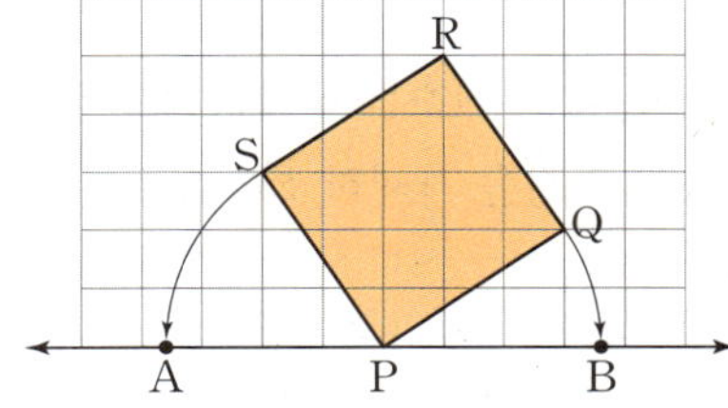

0206
•유형 05

다음 중 옳지 않은 것은?

① 2와 $\sqrt{6}$ 사이에는 무수히 많은 무리수가 있다.
② $\sqrt{10}$과 $\sqrt{11}$ 사이에는 유리수가 없다.
③ $\dfrac{1}{3}$과 $\dfrac{1}{2}$ 사이에는 무수히 많은 무리수가 있다.
④ 수직선 위의 점 중에는 무리수에 대응되지 않는 점이 있다.
⑤ 유리수와 무리수로 수직선을 완전히 메울 수 있다.

0207
•유형 06

다음 ㈎~㈐의 □ 안에 알맞은 부등호를 바르게 짝 지은 것은?

㈎ $\sqrt{8}-2$ □ 1
㈏ $\sqrt{5}$ □ $-2+\sqrt{7}$
㈐ $4-\sqrt{3}$ □ $\sqrt{15}-\sqrt{3}$

	㈎	㈏	㈐		㈎	㈏	㈐
①	<	<	<	②	<	>	<
③	<	>	>	④	>	<	>
⑤	>	>	>				

0208
•유형 07

다음 수를 수직선 위에 나타낼 때, 왼쪽에서 두 번째에 있는 수를 구하시오.

$$3-\sqrt{6}, \quad 4-\sqrt{5}, \quad 4-\sqrt{2}, \quad 3-\sqrt{5}, \quad 2$$

0209
•유형 08

다음 수직선에서 $\sqrt{40}-2$에 대응하는 점이 있는 구간은?

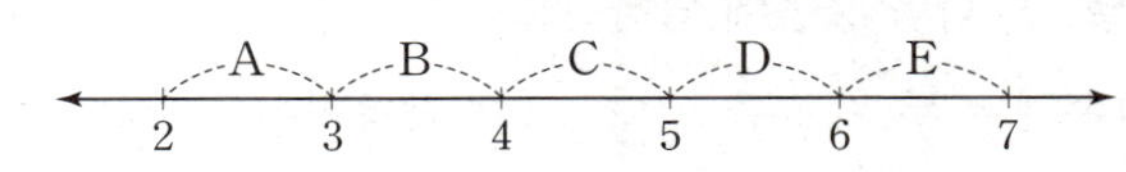

① A 　　② B 　　③ C
④ D 　　⑤ E

0210
·유형 05, 09

다음 중 옳지 <u>않은</u> 것은? (단, $\sqrt{3}=1.732$, $\sqrt{5}=2.236$)

① $\sqrt{5}-1$은 $\sqrt{3}$과 $\sqrt{5}$ 사이에 있는 무리수이다.

② $\sqrt{3}+\dfrac{1}{2}$은 $\sqrt{3}$과 $\sqrt{5}$ 사이에 있는 무리수이다.

③ $\dfrac{\sqrt{3}+\sqrt{5}}{2}$는 $\sqrt{3}$과 $\sqrt{5}$ 사이에 있는 무리수이다.

④ $\sqrt{3}$과 $\sqrt{5}$ 사이에는 무수히 많은 유리수가 있다.

⑤ $\sqrt{3}$과 $\sqrt{5}$ 사이에는 1개의 정수가 있다.

0211
·유형 09

두 수 $\sqrt{7}$과 $1+\sqrt{17}$ 사이에 있는 모든 정수의 합을 구하시오.

0212 창의력➕
·유형 08, 09

수직선 위에 자연수의 양의 제곱근 1, $\sqrt{2}$, $\sqrt{3}$, 2, $\sqrt{5}$, $\sqrt{6}$, $\sqrt{7}$, $\sqrt{8}$, 3에 대응하는 점을 차례로 나타내면 다음 그림과 같다.

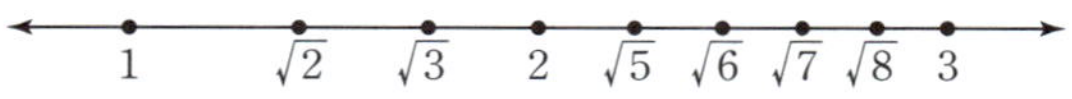

위의 그림에서 무리수에 대응하는 점은 1과 2 사이에 2개, 2와 3 사이에 4개가 있다. 이와 같은 방법으로 계속 점을 나타낼 때, 다음 물음에 답하시오.

(1) 연속하는 두 자연수 n, $n+1$에 대응하는 점 사이에 있는 점의 개수를 n에 대한 식으로 나타내시오.

(2) (1)의 결과를 이용하여 두 자연수 20, 21에 대응하는 점 사이에 있는 점의 개수를 구하시오.

서술형 문제

0213
·유형 01

100 이하의 자연수 n에 대하여 $\sqrt{2n}$, $\sqrt{3n}$이 모두 순환소수가 아닌 무한소수가 되도록 하는 n의 개수를 구하시오.

(단, 풀이 과정을 자세히 쓰시오.)

☑ 필요 개념 및 공식	
☐ 유리수와 무리수의 뜻	☐ 제곱근의 성질

풀이

답

0214
·유형 07

다음 세 수 A, B, C의 대소를 비교하려고 한다. 물음에 답하시오. (단, 풀이 과정을 자세히 쓰시오.)

$$A=\sqrt{13}+4, \qquad B=\sqrt{13}+\sqrt{15}, \qquad C=4+\sqrt{15}$$

(1) A, B의 대소를 비교하시오.

(2) A, C의 대소를 비교하시오.

(3) A, B, C의 대소를 비교하시오.

☑ 필요 개념 및 공식	
☐ 실수의 대소 관계	☐ 부등호의 사용

풀이

답

03

근호를 포함한 식의 계산

: CONCEPT 개념 체크

03. 근호를 포함한 식의 계산

1 제곱근의 곱셈

(1) **제곱근의 곱셈**: $a>0$, $b>0$이고 m, n이 유리수일 때,

① $\sqrt{a}\sqrt{b}=\sqrt{ab}$ 　　　② $m\sqrt{a}\times n\sqrt{b}=mn\sqrt{ab}$

(2) **근호가 있는 식의 변형**: $\sqrt{a^2b}=a\sqrt{b}$ (단, $a>0$, $b>0$)

예 $\sqrt{12}=\sqrt{2^2\times3}=2\sqrt{3}$, $3\sqrt{2}=\sqrt{3^2\times2}=\sqrt{18}$

• $a>0$, $b>0$, $c>0$일 때,
$$\sqrt{a}\sqrt{b}\sqrt{c}=\sqrt{abc}$$

• 일반적으로 $a\sqrt{b}$의 꼴로 나타낼 때는 b가 가장 작은 자연수가 되도록 한다.

2 제곱근의 나눗셈

(1) **제곱근의 나눗셈**: $a>0$, $b>0$이고 m, n이 유리수일 때,

① $\dfrac{\sqrt{b}}{\sqrt{a}}=\sqrt{\dfrac{b}{a}}$

② $m\sqrt{a}\div n\sqrt{b}=m\sqrt{a}\times\dfrac{1}{n\sqrt{b}}=\dfrac{m}{n}\sqrt{\dfrac{a}{b}}$ (단, $n\neq0$)

(2) **근호가 있는 식의 변형**: $\sqrt{\dfrac{b}{a^2}}=\dfrac{\sqrt{b}}{a}$ (단, $a>0$, $b>0$)

예 $\sqrt{\dfrac{3}{16}}=\sqrt{\dfrac{3}{4^2}}=\dfrac{\sqrt{3}}{4}$, $\dfrac{\sqrt{5}}{2}=\sqrt{\dfrac{5}{2^2}}=\sqrt{\dfrac{5}{4}}$

• 제곱근의 나눗셈은 역수의 곱셈으로 바꾸어 계산할 수 있다.

예 $\dfrac{\sqrt{8}}{\sqrt{15}}\div\dfrac{\sqrt{2}}{\sqrt{3}}=\dfrac{\sqrt{8}}{\sqrt{15}}\times\dfrac{\sqrt{3}}{\sqrt{2}}$
$$=\sqrt{\dfrac{8\times3}{15\times2}}$$
$$=\sqrt{\dfrac{4}{5}}$$

3 분모의 유리화

(1) **분모의 유리화**: 분수의 분모가 근호를 포함한 무리수일 때, 분모와 분자에 0이 아닌 같은 수를 곱하여 분모를 유리수로 고치는 것

(2) **분모를 유리화하는 방법**: $a>0$이고 a, b가 유리수일 때,

① $\dfrac{b}{\sqrt{a}}=\dfrac{b\times\sqrt{a}}{\sqrt{a}\times\sqrt{a}}=\dfrac{b\sqrt{a}}{a}$ 　　② $\dfrac{\sqrt{b}}{\sqrt{a}}=\dfrac{\sqrt{b}\times\sqrt{a}}{\sqrt{a}\times\sqrt{a}}=\dfrac{\sqrt{ab}}{a}$ (단, $b>0$)

예 ① $\dfrac{2}{\sqrt{3}}=\dfrac{2\times\sqrt{3}}{\sqrt{3}\times\sqrt{3}}=\dfrac{2\sqrt{3}}{3}$ 　　② $\dfrac{\sqrt{2}}{\sqrt{3}}=\dfrac{\sqrt{2}\times\sqrt{3}}{\sqrt{3}\times\sqrt{3}}=\dfrac{\sqrt{6}}{3}$

• 분모의 근호 안의 수를 소인수분해하였을 때, 제곱인 인수가 포함되어 있으면 $\sqrt{a^2b}=a\sqrt{b}$임을 이용하여 제곱인 인수를 근호 밖으로 꺼낸 후 분모를 유리화한다.

예 $\dfrac{1}{\sqrt{20}}=\dfrac{1}{\sqrt{2^2\times5}}=\dfrac{1}{2\sqrt{5}}$
$$=\dfrac{\sqrt{5}}{2\sqrt{5}\times\sqrt{5}}=\dfrac{\sqrt{5}}{10}$$

4 제곱근표에 없는 제곱근의 값 구하기

제곱근표에 없는 수의 제곱근의 값은 $\sqrt{a^2b}=a\sqrt{b}$임을 이용하여 근호 안의 수를 제곱근표에 있는 수로 바꾸어 구한다.

(1) 근호 안의 수가 100 이상인 경우

➡ $\sqrt{100a}=10\sqrt{a}$, $\sqrt{10000a}=100\sqrt{a}$, … 임을 이용한다.

예 $\sqrt{3.02}=1.738$일 때, $\sqrt{302}=\sqrt{3.02\times100}=10\sqrt{3.02}=10\times1.738=17.38$

(2) 근호 안의 수가 0 이상 1 미만인 경우

➡ $\sqrt{\dfrac{a}{100}}=\dfrac{\sqrt{a}}{10}$, $\sqrt{\dfrac{a}{10000}}=\dfrac{\sqrt{a}}{100}$, … 임을 이용한다.

예 $\sqrt{3.02}=1.738$일 때, $\sqrt{0.0302}=\sqrt{\dfrac{3.02}{100}}=\dfrac{\sqrt{3.02}}{10}=\dfrac{1.738}{10}=0.1738$

1 제곱근의 곱셈

[0215~0218] 다음을 간단히 하시오.

0215 $\sqrt{3} \times \sqrt{5}$

0216 $-\sqrt{6} \times 2\sqrt{7}$

0217 $3\sqrt{2} \times 5\sqrt{5}$

0218 $\sqrt{\dfrac{5}{3}} \times \sqrt{\dfrac{18}{5}}$

[0219~0221] 다음 □ 안에 공통으로 들어갈 수를 구하시오.

0219 $\sqrt{20} = \sqrt{\square^2 \times 5} = \square\sqrt{5}$

0220 $\sqrt{75} = \sqrt{\square^2 \times 3} = \square\sqrt{3}$

0221 $\sqrt{200} = \sqrt{\square^2 \times 2} = \square\sqrt{2}$

[0222~0225] 다음 수를 $a\sqrt{b}$의 꼴로 나타내시오.

(단, a는 유리수, b는 가장 작은 자연수)

0222 $\sqrt{28}$

0223 $-\sqrt{54}$

0224 $\sqrt{288}$

0225 $\sqrt{1000}$

2 제곱근의 나눗셈

[0226~0229] 다음을 간단히 하시오.

0226 $\dfrac{\sqrt{55}}{\sqrt{11}}$

0227 $\sqrt{56} \div (-\sqrt{8})$

0228 $3\sqrt{6} \div 4\sqrt{54}$

0229 $\sqrt{21} \div \dfrac{\sqrt{7}}{\sqrt{10}}$

[0230~0231] 다음 □ 안에 알맞은 양수를 쓰시오.

0230 $\sqrt{\dfrac{11}{36}} = \sqrt{\dfrac{11}{\square^2}} = \dfrac{\sqrt{11}}{\square}$

0231 $\sqrt{0.18} = \sqrt{\dfrac{\square}{100}} = \sqrt{\dfrac{\square^2 \times 2}{10^2}} = \dfrac{\square\sqrt{2}}{10}$

[0232~0235] 다음 수를 $\dfrac{\sqrt{b}}{a}$의 꼴로 나타내시오.

(단, a는 유리수, b는 가장 작은 자연수)

0232 $\sqrt{\dfrac{10}{9}}$

0233 $-\sqrt{\dfrac{7}{25}}$

0234 $\sqrt{\dfrac{35}{144}}$

0235 $\sqrt{0.12}$

3 분모의 유리화

0236 다음은 $\dfrac{\sqrt{2}}{\sqrt{5}}$의 분모를 유리화하는 과정이다. (가)~(라)에 알맞은 수를 구하시오.

$$\dfrac{\sqrt{2}}{\sqrt{5}} = \dfrac{\sqrt{2} \times \boxed{(가)}}{\sqrt{5} \times \boxed{(나)}} = \dfrac{\sqrt{\boxed{(다)}}}{(\sqrt{5})^2} = \dfrac{\sqrt{\boxed{(라)}}}{5}$$

[0237~0240] 다음 수의 분모를 유리화하시오.

0237 $\dfrac{1}{\sqrt{2}}$

0238 $\dfrac{3}{\sqrt{5}}$

0239 $-\dfrac{\sqrt{7}}{\sqrt{3}}$

0240 $\dfrac{7}{3\sqrt{5}}$

4 제곱근표에 없는 제곱근의 값 구하기

[0241~0244] 제곱근표에서 $\sqrt{2} = 1.414$, $\sqrt{20} = 4.472$일 때, 다음 □ 안에 알맞은 수를 쓰시오.

0241 $\sqrt{200} = \sqrt{2 \times \boxed{}} = \sqrt{2} \times \boxed{} = 1.414 \times \boxed{}$
$= \boxed{}$

0242 $\sqrt{2000} = \sqrt{20 \times \boxed{}} = \sqrt{20} \times \boxed{}$
$= 4.472 \times \boxed{} = \boxed{}$

0243 $\sqrt{0.02} = \sqrt{2 \times \dfrac{1}{\boxed{}}} = \sqrt{2} \times \dfrac{1}{\boxed{}}$
$= 1.414 \times \dfrac{1}{\boxed{}} = \boxed{}$

0244 $\sqrt{0.2} = \sqrt{\boxed{} \times \dfrac{1}{100}} = \sqrt{\boxed{}} \times \dfrac{1}{10}$
$= \boxed{} \times \dfrac{1}{10} = \boxed{}$

5 제곱근의 덧셈과 뺄셈

제곱근의 덧셈과 뺄셈은 다항식의 덧셈, 뺄셈에서 동류항끼리 계산하는 것과 같이 근호 안의 수가 같은 것끼리 계산한다.

l, m, n은 유리수이고 $\sqrt{a}$는 무리수일 때,

(1) $m\sqrt{a}+n\sqrt{a}=(m+n)\sqrt{a}$

(2) $m\sqrt{a}-n\sqrt{a}=(m-n)\sqrt{a}$

(3) $m\sqrt{a}+n\sqrt{a}-l\sqrt{a}=(m+n-l)\sqrt{a}$

$$4\sqrt{2}+3\sqrt{2}=(4+3)\sqrt{2}=7\sqrt{2}$$
$$4x + 3x = (4+3)x = 7x$$

> • 유리수와 무리수의 혼합 계산에서는 유리수끼리, 무리수끼리 계산한다.

[참고] 근호 안의 수가 제곱인 인수를 갖는 경우에는 $a\sqrt{b}$의 꼴로 고친 후 계산한다.

[주의] 근호 안의 수가 서로 다르면 더 이상 간단히 할 수 없다.

예를 들어, $\sqrt{2}+\sqrt{3}\neq\sqrt{2+3}$, $\sqrt{5}-\sqrt{3}\neq\sqrt{5-3}$

6 근호를 포함한 복잡한 식의 계산

(1) 근호를 포함한 식의 분배법칙

$a>0$, $b>0$, $c>0$일 때,

① $\sqrt{a}(\sqrt{b}\pm\sqrt{c})=\sqrt{a}\sqrt{b}\pm\sqrt{a}\sqrt{c}=\sqrt{ab}\pm\sqrt{ac}$ (복호동순)

② $(\sqrt{a}\pm\sqrt{b})\sqrt{c}=\sqrt{a}\sqrt{c}\pm\sqrt{b}\sqrt{c}=\sqrt{ac}\pm\sqrt{bc}$ (복호동순)

[예] ① $\sqrt{3}(2+\sqrt{5})=\sqrt{3}\times2+\sqrt{3}\times\sqrt{5}=2\sqrt{3}+\sqrt{15}$

② $(\sqrt{5}-2)\sqrt{2}=\sqrt{5}\times\sqrt{2}-2\times\sqrt{2}=\sqrt{10}-2\sqrt{2}$

> • 근호를 포함한 식에서도 유리수와 마찬가지로 분배법칙이 성립한다.
> ① $a(b+c)=ab+ac$
> ② $(a+b)c=ac+bc$

(2) 근호를 포함한 복잡한 식의 계산

❶ 괄호가 있으면 분배법칙을 이용하여 괄호를 푼다.

❷ 근호 안에 제곱인 인수가 있으면 근호 밖으로 꺼내고, 분모에 무리수가 있으면 분모를 유리화한다.

❸ 곱셈, 나눗셈을 먼저 한 후 덧셈, 뺄셈을 한다.

[예] $\dfrac{1}{\sqrt{5}}(\sqrt{5}-5)+\sqrt{7}\left(1-\dfrac{1}{\sqrt{7}}\right)$ 분배법칙을 이용하여 괄호를 푼다.

$=1-\dfrac{5}{\sqrt{5}}+\sqrt{7}-1$ 분모를 유리화한다.

$=1-\dfrac{5\sqrt{5}}{5}+\sqrt{7}-1$ 덧셈과 뺄셈을 한다.

$=-\sqrt{5}+\sqrt{7}$

7 분배법칙을 이용한 분모의 유리화

$a>0$, $b>0$, $c>0$일 때,

$$\frac{\sqrt{b}\pm\sqrt{c}}{\sqrt{a}}=\frac{(\sqrt{b}\pm\sqrt{c})\times\sqrt{a}}{\sqrt{a}\times\sqrt{a}}=\frac{\sqrt{ab}\pm\sqrt{ac}}{a} \text{ (복호동순)}$$

[예] $\dfrac{\sqrt{3}+\sqrt{2}}{\sqrt{5}}=\dfrac{(\sqrt{3}+\sqrt{2})\times\sqrt{5}}{\sqrt{5}\times\sqrt{5}}=\dfrac{\sqrt{15}+\sqrt{10}}{5}$

> • 분자, 분모가 약분되는 경우 약분을 한 후 분모를 유리화하면 편리하다.

[참고] 분모, 분자에 공통인 인수가 있으면 바로 약분할 수 있다.

➡ $\dfrac{\sqrt{3}+\sqrt{6}}{\sqrt{3}}=\dfrac{\sqrt{3}}{\sqrt{3}}+\dfrac{\sqrt{6}}{\sqrt{3}}=1+\sqrt{2}$

5 제곱근의 덧셈과 뺄셈

[0245~0252] 다음을 간단히 하시오.

0245 $4\sqrt{3}+\sqrt{3}$

0246 $\sqrt{5}+2\sqrt{5}$

0247 $5\sqrt{3}-3\sqrt{3}$

0248 $5\sqrt{6}-9\sqrt{6}$

0249 $3\sqrt{7}+6\sqrt{7}+\sqrt{7}$

0250 $-8\sqrt{5}-3\sqrt{5}-2\sqrt{5}$

0251 $-3\sqrt{3}+9\sqrt{3}-2\sqrt{3}$

0252 $\sqrt{10}-\dfrac{\sqrt{10}}{4}+\dfrac{\sqrt{10}}{3}$

[0253~0255] 다음을 간단히 하시오.

0253 $\sqrt{2}+\sqrt{5}-2\sqrt{2}+4\sqrt{5}$

0254 $\sqrt{3}-\sqrt{13}+5\sqrt{3}+2\sqrt{13}$

0255 $4\sqrt{10}-2\sqrt{5}-6\sqrt{5}-7\sqrt{10}$

[0256~0258] 다음을 간단히 하시오.

0256 $\sqrt{45}+\sqrt{125}$

0257 $\sqrt{18}-\sqrt{32}$

0258 $\sqrt{3}+\sqrt{12}-\sqrt{27}$

[0259~0261] 다음을 간단히 하시오.

0259 $\sqrt{3}+\dfrac{12}{\sqrt{3}}$

0260 $-\dfrac{7}{\sqrt{6}}+\dfrac{13\sqrt{6}}{6}$

0261 $\sqrt{45}-\sqrt{5}+\dfrac{10}{\sqrt{5}}$

6 근호를 포함한 복잡한 식의 계산

[0262~0266] 다음을 간단히 하시오.

0262 $2\sqrt{6}(\sqrt{7}+\sqrt{5})$

0263 $-\sqrt{7}(\sqrt{2}-\sqrt{5})$

0264 $(2\sqrt{11}-\sqrt{2})\sqrt{3}$

0265 $(2\sqrt{7}+4\sqrt{5})\times\left(-\dfrac{\sqrt{2}}{2}\right)$

0266 $(\sqrt{42}-\sqrt{18})\div\sqrt{6}$

[0267~0270] 다음을 간단히 하시오.

0267 $\sqrt{72}+\sqrt{24}\times\sqrt{3}$

0268 $\sqrt{60}-\sqrt{30}\div(-\sqrt{2})$

0269 $\sqrt{27}-\sqrt{2}(\sqrt{14}+\sqrt{6})$

0270 $\sqrt{3}(2-\sqrt{6})-\dfrac{9}{\sqrt{3}}$

7 분배법칙을 이용한 분모의 유리화

0271 다음은 $\dfrac{\sqrt{7}-\sqrt{6}}{\sqrt{3}}$의 분모를 유리화하는 과정이다. ㈎~㈃에 알맞은 수를 구하시오.

$$\dfrac{\sqrt{7}-\sqrt{6}}{\sqrt{3}}=\dfrac{(\sqrt{7}-\sqrt{6})\times\boxed{㈎}}{\sqrt{3}\times\boxed{㈎}}=\dfrac{\sqrt{21}-\sqrt{\boxed{㈐}}}{\boxed{㈏}}$$
$$=\dfrac{\sqrt{21}-3\sqrt{\boxed{㈑}}}{\boxed{㈏}}$$

[0272~0275] 다음 수의 분모를 유리화하시오.

0272 $\dfrac{\sqrt{3}+\sqrt{5}}{\sqrt{2}}$

0273 $\dfrac{\sqrt{5}-\sqrt{6}}{\sqrt{7}}$

0274 $\dfrac{\sqrt{5}+\sqrt{3}}{4\sqrt{2}}$

0275 $\dfrac{\sqrt{8}-\sqrt{3}}{3\sqrt{2}}$

: PATTERN **유형 마스터**

유형 01 제곱근의 곱셈

제곱근의 곱셈을 할 때는 근호 안의 수끼리, 근호 밖의 수끼리 곱한다.

$a>0$, $b>0$이고 m, n이 유리수일 때,

(1) $\sqrt{a}\sqrt{b}=\sqrt{ab}$

(2) $m\sqrt{a}\times n=mn\sqrt{a}$

(3) $m\sqrt{a}\times n\sqrt{b}=mn\sqrt{ab}$

0276 대표문제

다음 중 옳지 <u>않은</u> 것은?

① $\sqrt{3}\sqrt{5}=\sqrt{15}$　　② $-\sqrt{3}\sqrt{27}=-9$

③ $2\sqrt{2}\sqrt{5}=2\sqrt{10}$　　④ $\sqrt{\dfrac{3}{5}}\times\sqrt{\dfrac{10}{3}}=2$

⑤ $\sqrt{\dfrac{3}{5}}\times 3\sqrt{\dfrac{7}{6}}=3\sqrt{\dfrac{7}{10}}$

0277 숫자 바꾼 대표문제

다음을 간단히 하시오.

$$3\sqrt{5}\times\left(-\sqrt{\dfrac{7}{5}}\right)\times(-2\sqrt{3})$$

0278

$\sqrt{\dfrac{5}{9}}\times 3=\sqrt{a}$일 때, 유리수 a의 값은?

① 1　　　② 3　　　③ 5

④ 9　　　⑤ 10

0279

$\sqrt{1.5}\times\sqrt{\dfrac{3}{50}}$ 을 간단히 하시오.

0280

$3\times\sqrt{2}\times\sqrt{k}=\sqrt{3}\times\sqrt{12}$를 만족시키는 유리수 k의 값을 구하시오.

유형 02 근호가 있는 식의 변형 (1)

$a>0$, $b>0$일 때, $\sqrt{a^2b}=\sqrt{a^2}\sqrt{b}=a\sqrt{b}$

(1) 근호 안의 제곱인 인수는 근호 밖으로 꺼낼 수 있다.

예 $\sqrt{12}=\sqrt{2^2\times 3}=2\sqrt{3}$

(2) 근호 밖의 양수는 제곱하여 근호 안으로 넣을 수 있다.

예 $3\sqrt{2}=\sqrt{3^2\times 2}=\sqrt{18}$

0281 대표문제

$2\sqrt{3}=\sqrt{a}$, $\sqrt{112}=4\sqrt{b}$일 때, 유리수 a, b에 대하여 $a+b$의 값은?

① 19　　　② 20　　　③ 21

④ 22　　　⑤ 23

0282 숫자 바꾼 대표문제

$\sqrt{180}=a\sqrt{5}$, $\sqrt{75}=5\sqrt{b}$일 때, 유리수 a, b에 대하여 $\sqrt{ab}$의 값은?

① $2\sqrt{2}$　　② $3\sqrt{2}$　　③ $4\sqrt{2}$

④ 12　　　⑤ 18

0283

$\sqrt{320}$을 근호 안의 수가 가장 작은 자연수가 되도록 $a\sqrt{b}$의 꼴로 나타내었을 때, 유리수 a, b에 대하여 $a-b$의 값은?

① -6　　② -1　　③ 2

④ 3　　　⑤ 5

0284

$\sqrt{18} \times \sqrt{24} \times \sqrt{50} = a\sqrt{6}$을 만족시키는 자연수 a의 값은?

① 40　　　　② 42　　　　③ 50

④ 56　　　　⑤ 60

0285

다음 수를 크기가 작은 것부터 차례로 나열하시오.

$$3\sqrt{3}, \quad 5, \quad 2\sqrt{5}, \quad \sqrt{21}$$

0286

$2\sqrt{15+a} = 4\sqrt{5}$, $\sqrt{30-b} = 3\sqrt{2}$를 만족시키는 유리수 a, b에 대하여 $a+b$의 값을 구하시오.

新 유형

0287

수면으로부터의 높이가 $h\,$m인 점프대에서 뛰어내렸을 때, 수면에 닿을 때까지 걸리는 시간은 $\sqrt{\dfrac{h}{4.9}}$ 초라 한다. 수면으로부터의 높이가 $98\,$m인 점프대에서 뛰어내렸을 때, 수면에 닿을 때까지 걸리는 시간을 $a\sqrt{b}$의 꼴로 나타내시오.

(단, a는 유리수, b는 가장 작은 자연수)

유형 03　제곱근의 나눗셈

제곱근의 나눗셈을 할 때는 근호 안의 수끼리, 근호 밖의 수끼리 나눈다.

$a>0$, $b>0$, $c>0$, $d>0$이고 m, n이 유리수일 때,

(1) $\dfrac{\sqrt{b}}{\sqrt{a}} = \sqrt{\dfrac{b}{a}}$

(2) $m\sqrt{a} \div n\sqrt{b} = m\sqrt{a} \times \dfrac{1}{n\sqrt{b}} = \dfrac{m}{n}\sqrt{\dfrac{a}{b}}$ (단, $n \neq 0$)

(3) $\dfrac{\sqrt{b}}{\sqrt{a}} \div \dfrac{\sqrt{d}}{\sqrt{c}} = \dfrac{\sqrt{b}}{\sqrt{a}} \times \dfrac{\sqrt{c}}{\sqrt{d}} = \sqrt{\dfrac{b}{a} \times \dfrac{c}{d}} = \sqrt{\dfrac{bc}{ad}}$

0288　대표문제

다음 중 옳지 <u>않은</u> 것은?

① $\dfrac{\sqrt{15}}{\sqrt{5}} = \sqrt{3}$　　　　② $-\dfrac{\sqrt{10}}{\sqrt{5}} = -\sqrt{2}$

③ $\sqrt{168} \div \sqrt{6} = 2\sqrt{7}$　　　　④ $4\sqrt{12} \div 3\sqrt{6} = \dfrac{8}{3}$

⑤ $\sqrt{\dfrac{14}{3}} \div \dfrac{\sqrt{7}}{\sqrt{3}} = \sqrt{2}$

0289　표현 바꾼 대표문제

$\sqrt{35} \div \sqrt{\dfrac{10}{9}} \div \sqrt{\dfrac{3}{14}} = n\sqrt{3}$일 때, 자연수 n의 값을 구하시오.

0290

다음 중 그 값이 가장 작은 것은?

① $\dfrac{\sqrt{42}}{\sqrt{7}}$　　　　② $\sqrt{\dfrac{21}{3}}$　　　　③ $\sqrt{25} \div \sqrt{5}$

④ $\dfrac{3\sqrt{8}}{2\sqrt{2}}$　　　　⑤ $\dfrac{3\sqrt{20}}{\sqrt{10}}$

0291

제곱근의 나눗셈을 이용하여 $\sqrt{6}$은 $\dfrac{\sqrt{2}}{\sqrt{3}}$의 몇 배인지 구하시오.

0292 ✏️서술형

다음을 만족시키는 유리수 a, b에 대하여 $\dfrac{\sqrt{a}}{\sqrt{b}}$의 값을 구하시오. (단, 풀이 과정을 자세히 쓰시오.)

$$\dfrac{\sqrt{72}}{\sqrt{6}}=\sqrt{a}, \qquad \sqrt{\dfrac{40}{3}}\div\sqrt{\dfrac{20}{9}}=\sqrt{b}$$

유형 04 근호가 있는 식의 변형(2)

(1) $a>0$, $b>0$일 때, $\sqrt{\dfrac{b}{a^2}}=\dfrac{\sqrt{b}}{\sqrt{a^2}}=\dfrac{\sqrt{b}}{a}$

예 $\sqrt{\dfrac{3}{4}}=\dfrac{\sqrt{3}}{\sqrt{2^2}}=\dfrac{\sqrt{3}}{2}$

(2) 근호 안의 소수는 분수로 고쳐서 계산하면 편리하다.

예 $\sqrt{0.03}=\sqrt{\dfrac{3}{100}}=\dfrac{\sqrt{3}}{\sqrt{10^2}}=\dfrac{\sqrt{3}}{10}$

0293 대표문제

다음 중 옳은 것을 모두 고르면? (정답 2개)

① $\sqrt{\dfrac{10}{81}}=\dfrac{\sqrt{10}}{9}$
② $\sqrt{\dfrac{20}{25}}=\dfrac{\sqrt{2}}{5}$
③ $\sqrt{\dfrac{15}{27}}=\dfrac{\sqrt{5}}{3}$
④ $\sqrt{0.24}=\dfrac{\sqrt{6}}{10}$
⑤ $-\sqrt{\dfrac{18}{64}}=-\dfrac{3}{8}$

0294 숫자 바꾼 대표문제

다음 |보기| 중 옳은 것을 모두 고른 것은?

┤ 보기 ├
ㄱ. $\sqrt{\dfrac{3}{121}}=\dfrac{3\sqrt{11}}{11}$　　ㄴ. $\sqrt{\dfrac{11}{100}}=\dfrac{\sqrt{11}}{10}$

ㄷ. $\sqrt{0.75}=\dfrac{\sqrt{3}}{2}$　　ㄹ. $-\sqrt{\dfrac{32}{144}}=-\dfrac{2}{3}$

① ㄱ, ㄴ　　② ㄱ, ㄷ　　③ ㄴ, ㄷ
④ ㄴ, ㄹ　　⑤ ㄷ, ㄹ

0295

$\sqrt{0.005}=k\sqrt{2}$일 때, 유리수 k의 값을 구하시오.

0296

$\dfrac{3\sqrt{2}}{\sqrt{10}}=\sqrt{a}$, $\sqrt{\dfrac{128}{25}}=b\sqrt{2}$를 만족시키는 유리수 a, b에 대하여 $5(a-b)$의 값을 구하시오.

유형 05 제곱근표에 없는 제곱근의 값 구하기

(1) 근호 안의 수가 100 이상인 수의 제곱근의 값
→ 근호 안의 수를 10^2, 10^4, 10^6, …과의 곱으로 나타낸 후 $\sqrt{a^2b}=a\sqrt{b}$임을 이용한다.

(2) 근호 안의 수가 0 이상 1 미만인 수의 제곱근의 값
→ 근호 안의 수를 $\dfrac{1}{10^2}$, $\dfrac{1}{10^4}$, $\dfrac{1}{10^6}$, …과의 곱으로 나타낸 후 $\sqrt{\dfrac{b}{a^2}}=\dfrac{\sqrt{b}}{a}$임을 이용한다.

0297 대표문제

$\sqrt{4.5}=2.121$, $\sqrt{45}=6.708$일 때, 다음 중 옳지 않은 것은?

① $\sqrt{4500}=67.08$
② $\sqrt{450}=21.21$
③ $\sqrt{0.45}=0.6708$
④ $\sqrt{0.045}=0.2121$
⑤ $\sqrt{0.0045}=0.006708$

0298 표현 바꾼 대표문제

다음 중 주어진 제곱근표를 이용하여 그 값을 구할 수 없는 것은?

수	0	1	2	3	4
20	4.472	4.483	4.494	4.506	4.517
21	4.583	4.593	4.604	4.615	4.626
22	4.690	4.701	4.712	4.722	4.733
23	4.796	4.806	4.817	4.827	4.837
24	4.899	4.909	4.919	4.930	4.940

① $\sqrt{20.4}$　　② $\sqrt{211}$　　③ $\sqrt{2230}$
④ $\sqrt{0.233}$　　⑤ $\sqrt{0.00242}$

0299 ✏️서술형

$\sqrt{9.1}=3.017$, $\sqrt{91}=9.539$일 때, 다음 제곱근의 값을 구하시오. (단, 풀이 과정을 자세히 쓰시오.)

(1) $\sqrt{0.091}$

(2) $\sqrt{910000}$

0300

넓이가 $1400\,cm^2$인 정사각형의 한 변의 길이는?

(단, $\sqrt{1.4}=1.183$, $\sqrt{14}=3.742$)

① $11.83\,cm$ ② $14\,cm$ ③ $37.42\,cm$

④ $118.3\,cm$ ⑤ $374.2\,cm$

0301

$\sqrt{4.25}=2.062$일 때, $\sqrt{a}=206.2$를 만족시키는 유리수 a의 값은?

① 42.5 ② 425 ③ 4250

④ 42500 ⑤ 425000

유형 06 문자를 사용한 제곱근의 표현

제곱근을 주어진 문자를 사용하여 나타낼 때는

❶ 근호 안의 수를 소인수분해한다.

❷ 근호 안의 제곱인 인수는 근호 밖으로 꺼낸다.

❸ 주어진 문자를 사용하여 나타낸다.

예 $\sqrt{2}=a$, $\sqrt{3}=b$일 때, $\sqrt{12}$를 a, b를 사용하여 나타내면

$\sqrt{12}=\sqrt{2^2\times3}=\sqrt{2^2}\times\sqrt{3}=(\sqrt{2})^2\times\sqrt{3}=a^2b$

0302 대표문제

$\sqrt{3}=a$, $\sqrt{5}=b$일 때, $\sqrt{60}$을 a, b를 사용하여 나타내면?

① $2ab$ ② $3ab$ ③ a^2b

④ $2a^2b$ ⑤ $2ab^2$

0303 숫자바꾼 대표문제

$\sqrt{3}=a$, $\sqrt{7}=b$일 때, $\sqrt{63}$을 a, b를 사용하여 나타내면?

① a^2+b^2 ② $\sqrt{a+b}$ ③ ab

④ ab^2 ⑤ a^2b

0304

$\sqrt{2}=a$, $\sqrt{7}=b$일 때, 다음 중 옳지 <u>않은</u> 것은?

① $\sqrt{14}=ab$ ② $\sqrt{\dfrac{2}{7}}=\dfrac{a}{b}$

③ $\sqrt{\dfrac{8}{7}}=\dfrac{2a}{b}$ ④ $\sqrt{0.02}=\dfrac{a}{10}$

⑤ $\sqrt{700}=10a^2b$

0305

$\sqrt{2}=a$, $\sqrt{3}=b$일 때, $\sqrt{1.5}$를 a, b를 사용하여 나타내면?

① $\dfrac{1}{4}ab$ ② $\dfrac{1}{2}ab$ ③ ab

④ $2ab$ ⑤ ab^2

0306

$\sqrt{2}=x$, $\sqrt{5}=y$일 때, $\sqrt{50}-\sqrt{180}=ax+by$이다. 이때 유리수 a, b에 대하여 $a+b$의 값을 구하시오.

유형 07 분모의 유리화

$a>0$이고 a, b, c가 유리수일 때,

(1) $\dfrac{b}{\sqrt{a}}=\dfrac{b\times\sqrt{a}}{\sqrt{a}\times\sqrt{a}}=\dfrac{b\sqrt{a}}{a}$

(2) $\dfrac{\sqrt{b}}{\sqrt{a}}=\dfrac{\sqrt{b}\times\sqrt{a}}{\sqrt{a}\times\sqrt{a}}=\dfrac{\sqrt{ab}}{a}$ (단, $b>0$)

(3) $\dfrac{c}{b\sqrt{a}}=\dfrac{c\times\sqrt{a}}{b\sqrt{a}\times\sqrt{a}}=\dfrac{c\sqrt{a}}{ab}$ (단, $b\neq0$)

0307 대표문제

$\dfrac{7}{\sqrt{18}}=a\sqrt{2}$, $\dfrac{1}{2\sqrt{3}}=b\sqrt{3}$일 때, 유리수 a, b에 대하여 $a-b$의 값을 구하시오.

0308 표현 바꾼 대표문제

다음 중 분모를 유리화한 것으로 옳지 <u>않은</u> 것은?

① $\dfrac{1}{\sqrt{15}}=\dfrac{\sqrt{15}}{15}$

② $\dfrac{\sqrt{2}}{\sqrt{7}}=\dfrac{\sqrt{14}}{7}$

③ $\dfrac{\sqrt{6}}{\sqrt{20}}=\dfrac{3\sqrt{10}}{10}$

④ $\dfrac{2}{3\sqrt{2}}=\dfrac{\sqrt{2}}{3}$

⑤ $\dfrac{3\sqrt{2}}{\sqrt{3}\sqrt{5}}=\dfrac{\sqrt{30}}{5}$

0309

$\dfrac{3\sqrt{a}}{2\sqrt{6}}$의 분모를 유리화하였더니 $\dfrac{\sqrt{30}}{4}$이 되었다. 이때 자연수 a의 값은?

① 3　　　　② 5　　　　③ 6

④ 7　　　　⑤ 9

0310

다음 수를 크기가 작은 것부터 차례로 나열할 때, 세 번째에 오는 수를 구하시오.

$$\dfrac{2}{3}, \quad \sqrt{3}, \quad \dfrac{\sqrt{2}}{3}, \quad \dfrac{2}{\sqrt{3}}$$

유형 08 제곱근의 곱셈과 나눗셈의 혼합 계산

❶ 근호 안의 제곱인 인수는 근호 밖으로 꺼낸다.

❷ 나눗셈은 역수의 곱셈으로 고친다.

❸ 앞에서부터 순서대로 계산한다. 이때 제곱근의 성질과 분모의 유리화를 이용한다.

0311 대표문제

$\sqrt{\dfrac{6}{5}}\div\dfrac{\sqrt{2}}{\sqrt{45}}\times\dfrac{8}{3\sqrt{2}}$ 을 간단히 하면?

① $4\sqrt{6}$　　　　② $6\sqrt{6}$　　　　③ $4\sqrt{5}$

④ $6\sqrt{5}$　　　　⑤ $8\sqrt{5}$

0312 숫자 바꾼 대표문제

다음 중 옳지 <u>않은</u> 것을 모두 고르면? (정답 2개)

① $\sqrt{32}\div\sqrt{6}\times\sqrt{3}=4$

② $2\sqrt{7}\times12\sqrt{3}\div6\sqrt{21}=2$

③ $\sqrt{\dfrac{27}{2}}\times\dfrac{\sqrt{20}}{\sqrt{6}}\div\dfrac{\sqrt{5}}{2}=6$

④ $\dfrac{\sqrt{3}}{2}\div\dfrac{\sqrt{14}}{2\sqrt{5}}\times\dfrac{\sqrt{6}}{\sqrt{45}}=\sqrt{7}$

⑤ $\sqrt{\dfrac{4}{3}}\times\sqrt{\dfrac{2}{15}}\div\sqrt{\dfrac{32}{9}}=\dfrac{\sqrt{5}}{10}$

0313

$\dfrac{3\sqrt{18}}{2\sqrt{3}}\times\dfrac{\sqrt{12}}{\sqrt{5}}\div\dfrac{\sqrt{27}}{\sqrt{15}}$ 을 간단히 하였더니 $k\sqrt{2}$가 되었다. 이때 유리수 k의 값을 구하시오.

0314

다음과 같이 $\sqrt{14}$에서 시작하여 화살표 위에 쓰여 있는 계산을 차례로 할 때, ㈎에 알맞은 수를 구하시오.

$$\sqrt{14} \xrightarrow{\div 3\sqrt{7}} \boxed{} \xrightarrow{\times\sqrt{32}} \boxed{㈎}$$

新 유형

0315

오른쪽 표에서 두 대각선에 있는 세 수의 곱이 서로 같을 때, A의 값을 구하시오.

$3\sqrt{3}$		$\sqrt{5}$
	$\dfrac{\sqrt{6}}{3}$	
A		$\dfrac{1}{6}$

유형 09 제곱근의 곱셈과 나눗셈의 도형에의 활용

변의 길이가 무리수인 도형의 둘레의 길이, 넓이, 부피를 구할 때는

❶ 공식을 이용하여 조건에 맞는 식을 세운다.

❷ 제곱근의 성질과 분모의 유리화를 이용하여 식을 간단히 한다.

예 밑변의 길이가 $\sqrt{18}$, 높이가 $\sqrt{12}$인 삼각형의 넓이는
$$\frac{1}{2}\times\sqrt{18}\times\sqrt{12}=\frac{1}{2}\times3\sqrt{2}\times2\sqrt{3}=3\sqrt{6}$$

0316 대표문제

오른쪽 그림과 같이 넓이가 각각 $108\,\mathrm{cm}^2$, $24\,\mathrm{cm}^2$인 두 정사각형의 각 변을 한 변으로 하는 직사각형 ABCD가 있다. 이때 직사각형 ABCD의 넓이를 구하시오.

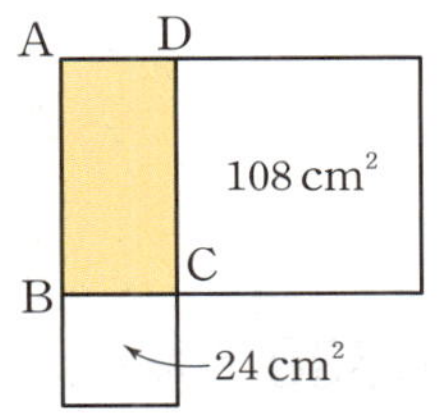

0317

다음 그림의 삼각형과 직사각형의 넓이가 서로 같을 때, 삼각형의 높이 x의 값을 구하시오.

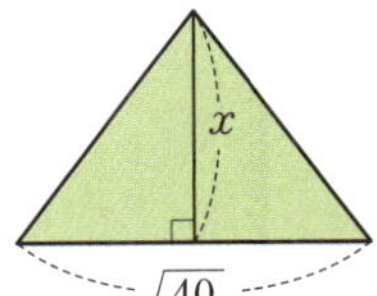

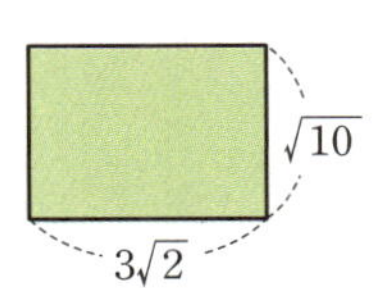

0318

넓이가 $160\,\mathrm{cm}^2$인 정사각형의 한 변의 길이는 넓이가 $5\pi\,\mathrm{cm}^2$인 원의 반지름의 길이의 몇 배인지 구하시오.

0319 서술형

오른쪽 그림과 같이 밑면의 가로, 세로의 길이가 각각 $3\sqrt{3}\,\mathrm{cm}$, $2\sqrt{5}\,\mathrm{cm}$인 직육면체가 있다. 이 직육면체의 부피가 $30\sqrt{10}\,\mathrm{cm}^3$일 때, 높이를 구하시오. (단, 풀이 과정을 자세히 쓰시오.)

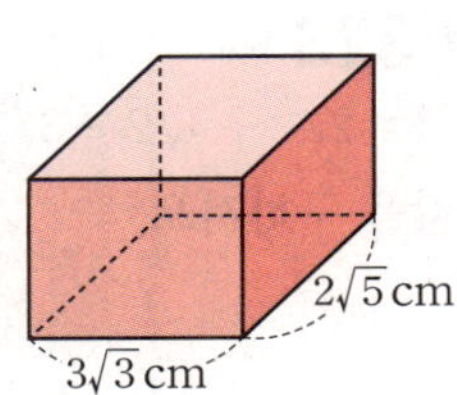

유형 10 제곱근의 덧셈과 뺄셈 중요

제곱근의 덧셈과 뺄셈은 근호 안의 수가 같은 것끼리 계산한다.

a, b, c, d는 유리수, $\sqrt{x}$, $\sqrt{y}$는 무리수일 때,
$$a\sqrt{x}+b\sqrt{y}+c\sqrt{x}+d\sqrt{y}=a\sqrt{x}+c\sqrt{x}+b\sqrt{y}+d\sqrt{y}$$
$$=(a+c)\sqrt{x}+(b+d)\sqrt{y}$$

참고 $\sqrt{a^2 b}$의 꼴은 $a\sqrt{b}$의 꼴로 고친 후 계산한다.

0320 대표문제

$\sqrt{50}-\sqrt{8}+\sqrt{32}-\sqrt{18}=k\sqrt{2}$를 만족시키는 유리수 k의 값을 구하시오.

0321 숫자 바꾼 대표문제

$4\sqrt{12}+2\sqrt{24}-\sqrt{54}-3\sqrt{3}=a\sqrt{3}+b\sqrt{6}$일 때, 유리수 a, b에 대하여 $a+b$의 값은?

① -6 ② -4 ③ 2

④ 4 ⑤ 6

0322

다음 중 옳은 것은?

① $\sqrt{15}+\sqrt{5}=\sqrt{10}$ ② $6\sqrt{3}-2\sqrt{3}=4\sqrt{3}$

③ $3\sqrt{2}+2\sqrt{3}=5\sqrt{5}$ ④ $\sqrt{6}-3\sqrt{6}=-3$

⑤ $3\sqrt{6}+\sqrt{3}-2\sqrt{3}=3\sqrt{3}$

0323

$A=2\sqrt{2}+4\sqrt{2}-3\sqrt{2}$, $B=4\sqrt{3}-3\sqrt{3}+5\sqrt{3}$일 때, AB의 값을 구하시오.

0324

다음을 간단히 하시오.

(1) $\sqrt{45}-\sqrt{27}+3\sqrt{12}-\sqrt{80}$

(2) $\dfrac{\sqrt{50}}{2}-\dfrac{\sqrt{72}}{6}-\dfrac{4\sqrt{2}}{3}+2\sqrt{2}$

0325

$\sqrt{32}-a\sqrt{50}+3\sqrt{18}=23\sqrt{2}$에서 유리수 a의 값은?

① -2 ② -1 ③ 1

④ 2 ⑤ 3

0326

$7\sqrt{a}-4=2\sqrt{a}+6$을 만족시키는 양수 a의 값을 구하시오.

0327

$x=\dfrac{\sqrt{3}+\sqrt{2}}{2}$, $y=\dfrac{\sqrt{3}-\sqrt{2}}{2}$일 때, $(x+y)(x-y)$의 값은?

① $2\sqrt{3}$ ② $\sqrt{10}$ ③ $2\sqrt{2}$

④ $\sqrt{6}$ ⑤ $\sqrt{3}$

0328

$x=\sqrt{2}$일 때, 다음 식의 값을 구하시오.

$$x^2+5x-4\sqrt{2}+1$$

유형 11 분모에 근호를 포함한 제곱근의 덧셈과 뺄셈

분모가 무리수이면 분모를 유리화한 후 근호 안의 수가 같은 수끼리 덧셈, 뺄셈을 한다.

예 $\sqrt{12}-\dfrac{3}{\sqrt{3}}=2\sqrt{3}-\sqrt{3}=\sqrt{3}$

0329 대표문제

$\dfrac{3\sqrt{6}}{\sqrt{2}}-\sqrt{75}-\dfrac{6}{\sqrt{3}}=k\sqrt{3}$일 때, 유리수 k의 값은?

① -6 ② -4 ③ -2

④ 2 ⑤ 4

0330 숫자 바꾼 대표문제

$5\sqrt{12}-\dfrac{\sqrt{32}}{4}+\sqrt{108}+\dfrac{12}{\sqrt{8}}=a\sqrt{2}+b\sqrt{3}$일 때, 유리수 a, b에 대하여 $b-a$의 값은?

① 12 ② 14 ③ 16

④ 18 ⑤ 20

0331

$\sqrt{50}-\dfrac{6}{\sqrt{2}}$을 간단히 하면?

① $\sqrt{2}$ ② $2\sqrt{2}$ ③ $3\sqrt{2}$

④ $5\sqrt{2}$ ⑤ $8\sqrt{2}$

0332 ◖◗

다음을 간단히 하시오.

$$2\sqrt{75}-\sqrt{108}+\frac{5}{\sqrt{12}}-\frac{\sqrt{27}}{2}$$

0333 ◖◗

$a=\sqrt{2}$이고 $b=a+\dfrac{1}{a}$일 때, b는 a의 몇 배인가?

① $\dfrac{1}{3}$배 ② $\dfrac{1}{2}$배 ③ $\dfrac{2}{3}$배

④ $\dfrac{4}{3}$배 ⑤ $\dfrac{3}{2}$배

유형 12 분배법칙을 이용한 제곱근의 덧셈과 뺄셈

괄호가 있으면 분배법칙을 이용하여 괄호를 푼 후 근호 안의 수가 같은 것끼리 덧셈, 뺄셈을 한다.

$a>0$, $b>0$, $c>0$일 때,

(1) $\sqrt{a}(\sqrt{b}+\sqrt{c})=\sqrt{ab}+\sqrt{ac}$
　　$\sqrt{a}(\sqrt{b}-\sqrt{c})=\sqrt{ab}-\sqrt{ac}$
(2) $(\sqrt{a}+\sqrt{b})\sqrt{c}=\sqrt{ac}+\sqrt{bc}$
　　$(\sqrt{a}-\sqrt{b})\sqrt{c}=\sqrt{ac}-\sqrt{bc}$

0334 대표문제

$\sqrt{3}(\sqrt{15}-\sqrt{12})-\sqrt{2}(\sqrt{8}+\sqrt{10})$을 간단히 하면 $a+b\sqrt{5}$가 된다. 이때 유리수 a, b에 대하여 $a+b$의 값은?

① -10 ② -9 ③ -8
④ -6 ⑤ -5

0335 표현바꾼 대표문제

$\dfrac{3}{\sqrt{3}}-\sqrt{3}(\sqrt{8}-1)+\dfrac{12}{\sqrt{6}}$ 를 간단히 하시오.

0336 ◖◗

$a=\sqrt{3}+\sqrt{5}$, $b=\sqrt{3}-\sqrt{5}$일 때, $\sqrt{3}a+\sqrt{5}b$의 값은?

① -8 ② 8 ③ $-2+2\sqrt{15}$
④ $2+2\sqrt{15}$ ⑤ $-2-2\sqrt{15}$

0337 ◖◗

오른쪽 그림과 같이 밑변의 길이가 $2+\sqrt{32}$, 높이가 $\sqrt{27}$인 삼각형의 넓이를 구하시오.

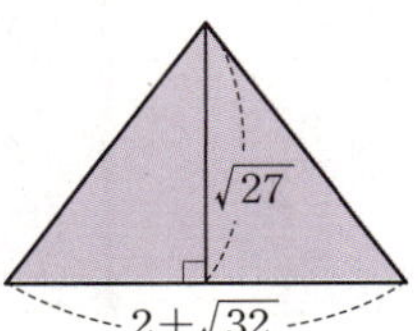

유형 13 분배법칙을 이용한 분모의 유리화

$a>0$, $b>0$, $c>0$일 때,
$$\frac{\sqrt{a}+\sqrt{b}}{\sqrt{c}}=\frac{(\sqrt{a}+\sqrt{b})\times\sqrt{c}}{\sqrt{c}\times\sqrt{c}}=\frac{\sqrt{ac}+\sqrt{bc}}{c}$$

0338 대표문제

$\dfrac{\sqrt{3}-2}{\sqrt{12}}$의 분모를 유리화하면?

① $\dfrac{2-\sqrt{3}}{3}$ ② $\dfrac{4-2\sqrt{3}}{3}$ ③ $\dfrac{2-\sqrt{3}}{6}$

④ $\dfrac{3-2\sqrt{3}}{6}$ ⑤ $\dfrac{6-\sqrt{3}}{12}$

0339 표현바꾼 대표문제

$\dfrac{4+\sqrt{6}}{\sqrt{32}}$의 분모를 유리화하면 $a\sqrt{2}+b\sqrt{3}$이 된다. 이때 유리수 a, b에 대하여 $a-b$의 값은?

① $\dfrac{1}{4}$ ② $\dfrac{1}{2}$ ③ $\dfrac{3}{4}$

④ 1 ⑤ $\dfrac{3}{2}$

0340 ✏️서술형

$\dfrac{\sqrt{3}-\sqrt{6}}{\sqrt{2}}-\dfrac{\sqrt{8}-6}{\sqrt{3}}$ 을 간단히 하시오.

(단, 풀이 과정을 자세히 쓰시오.)

0341

$A=\dfrac{\sqrt{5}+\sqrt{18}}{\sqrt{2}}$, $B=\dfrac{\sqrt{5}-\sqrt{18}}{\sqrt{2}}$ 일 때, $\dfrac{A-B}{A+B}$ 의 값은?

① $\dfrac{3\sqrt{5}}{2}$ ② $\dfrac{2\sqrt{2}}{3}$ ③ $\dfrac{2\sqrt{6}}{3}$

④ $\dfrac{2\sqrt{5}}{5}$ ⑤ $\dfrac{3\sqrt{10}}{5}$

유형 14   근호를 포함한 복잡한 식의 계산

❶ 괄호가 있으면 분배법칙을 이용하여 괄호를 푼다.
❷ 근호 안에 제곱인 인수가 있으면 근호 밖으로 꺼내고, 분모에 무리수가 있으면 분모를 유리화한다.
❸ 곱셈, 나눗셈을 먼저 한 후 덧셈, 뺄셈을 한다.

0342   대표문제

$\sqrt{2}(\sqrt{8}+3\sqrt{5})-\dfrac{5\sqrt{2}-\sqrt{5}}{\sqrt{5}}$ 를 간단히 하면?

① $-5-\sqrt{10}$ ② $-5+\sqrt{10}$
③ $5-2\sqrt{10}$ ④ $5+2\sqrt{10}$
⑤ $2\sqrt{10}$

0343   표현 바꾼 대표문제

다음을 만족시키는 유리수 a, b에 대하여 ab의 값은?

$$\sqrt{75}-\dfrac{2\sqrt{15}}{\sqrt{3}}+\dfrac{\sqrt{6}-3\sqrt{10}}{\sqrt{2}}=a\sqrt{3}+b\sqrt{5}$$

① -30 ② -10 ③ -6
④ 10 ⑤ 30

0344

$A=\sqrt{3}-\dfrac{5}{\sqrt{2}}$, $B=\sqrt{10}-\sqrt{15}$일 때, $\sqrt{24}A-\sqrt{5}B$의 값은?

① $2\sqrt{2}-3\sqrt{3}$ ② $2\sqrt{2}+3\sqrt{3}$
③ $\sqrt{2}-5\sqrt{3}$ ④ $-\sqrt{2}+5\sqrt{3}$
⑤ $\sqrt{2}+5\sqrt{3}$

0345

두 수 A, B가 다음과 같을 때, $A-2B$의 값을 구하시오.

$$A=\dfrac{6}{\sqrt{3}}(\sqrt{3}-\sqrt{2}), \qquad B=\dfrac{\sqrt{8}-\sqrt{12}}{\sqrt{2}}$$

0346

$\dfrac{4}{\sqrt{2}}(a+4\sqrt{2})-\sqrt{3}(\sqrt{3}+\sqrt{6})$ 을 계산한 결과가 유리수가 되도록 하는 유리수 a의 값을 구하시오.

유형 15   무리수의 정수 부분과 소수 부분   

(1) (무리수)=(정수 부분)+(소수 부분)
(2) 무리수의 소수 부분은 그 수에서 정수 부분을 뺀 것과 같다. 즉, 무리수 $\sqrt{a}$의 소수 부분은 $\sqrt{a}-(\sqrt{a}$의 정수 부분)

예 $1<\sqrt{2}<2$이므로
     $\sqrt{2}$의 정수 부분은 1이고,
     $\sqrt{2}$의 소수 부분은 $\sqrt{2}-1$이다.

0347   대표문제

$1+\sqrt{3}$의 정수 부분을 a, 소수 부분을 b라 할 때, $a-b$의 값은?

① $2-\sqrt{3}$ ② $3-\sqrt{3}$ ③ $4-\sqrt{3}$
④ $5-\sqrt{3}$ ⑤ $6-\sqrt{3}$

0348 초건 바꾼 대표문제

$3+\sqrt{6}$의 정수 부분을 a, $\sqrt{5}$의 소수 부분을 b라 할 때, $a+b$의 값을 구하시오.

0349

$\sqrt{2}$의 소수 부분을 a, $\sqrt{11}$의 소수 부분을 b라 할 때, $\sqrt{11}a-2\sqrt{2}b+\sqrt{11}$을 간단히 하시오.

0350

$\sqrt{7}-1$의 소수 부분을 a라 할 때, 다음 중 유리수인 것은?

① a ② $\sqrt{7}a$ ③ $a+\sqrt{7}$

④ $a(a+2)$ ⑤ $\dfrac{a+2}{\sqrt{7}}$

유형 16 중요 제곱근의 덧셈과 뺄셈의 도형에의 활용

변의 길이가 무리수인 도형의 둘레의 길이, 넓이, 부피를 구할 때는

❶ 공식을 이용하여 조건에 맞는 식을 세운다.

❷ 제곱근의 혼합 계산을 이용하여 식을 간단히 한다.

[예] 가로의 길이가 $\sqrt{3}$, 세로의 길이가 $\sqrt{12}$인 직사각형의 둘레의 길이는

$2(\sqrt{3}+\sqrt{12})=2(\sqrt{3}+2\sqrt{3})=2\times3\sqrt{3}=6\sqrt{3}$

0351 대표문제

오른쪽 그림과 같은 사다리꼴의 넓이를 구하시오.

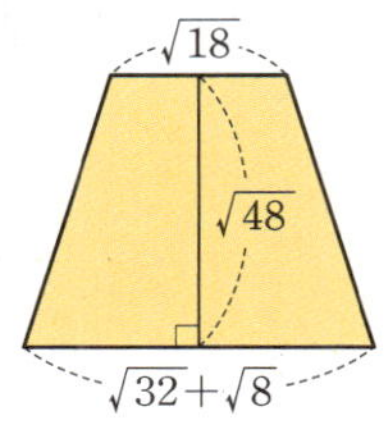

0352

오른쪽 그림과 같은 직육면체의 부피가 $36\sqrt{2}$일 때, 이 직육면체의 모든 모서리의 길이의 합을 구하시오.

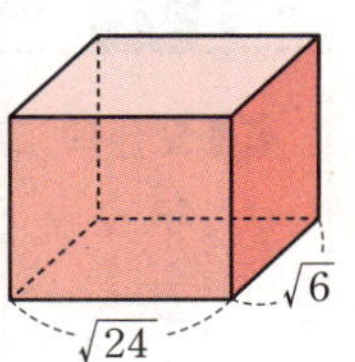

0353

다음 그림에서 세 정사각형 ㈎, ㈏, ㈐의 넓이가 각각 $6\,\mathrm{cm}^2$, $54\,\mathrm{cm}^2$, $24\,\mathrm{cm}^2$일 때, $\overline{AB}$의 길이를 구하시오.

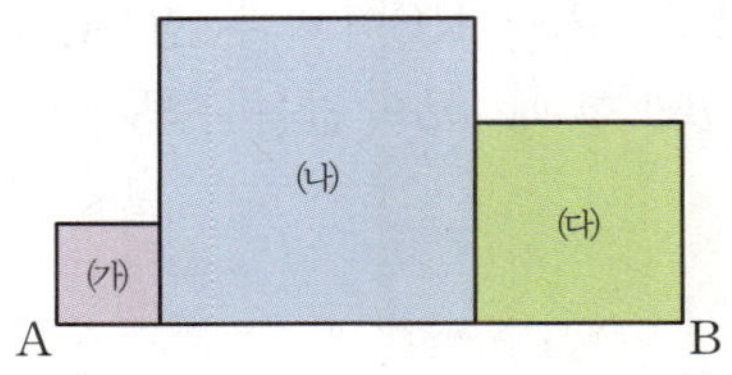

0354

오른쪽 그림과 같이 가로, 세로의 길이가 각각 $\sqrt{147}\,\mathrm{cm}$, $\sqrt{75}\,\mathrm{cm}$인 직사각형 모양의 종이의 네 귀퉁이에서 각각 한 변의 길이가 $\sqrt{3}\,\mathrm{cm}$인 정사각형을 잘라 내었다. 이때 만들어지는 뚜껑이 없는 직육면체 모양의 상자의 부피를 구하시오.

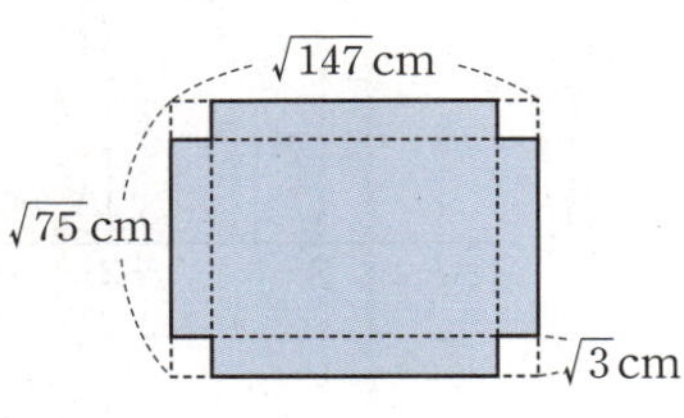

0355 新 유형

오른쪽 그림과 같이 세 모서리의 길이가 각각 $2\,\mathrm{cm}$, $4\,\mathrm{cm}$, $4\,\mathrm{cm}$인 직육면체가 있다. 이때 $\triangle ABC$의 둘레의 길이를 구하시오.

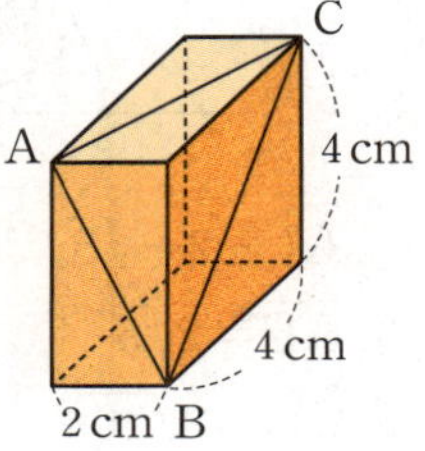

유형 17 제곱근의 덧셈과 뺄셈의 수직선에의 활용 발전

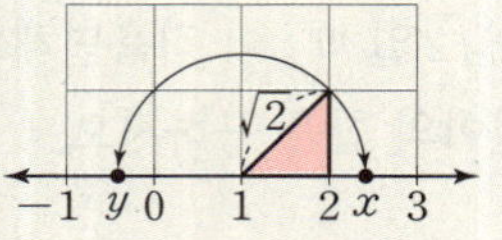

예 오른쪽 그림의 수직선 위의 두 수 x, y에 대하여 $x-y$의 값은

➡ $x=1+\sqrt{2}$, $y=1-\sqrt{2}$
이므로 $x-y=(1+\sqrt{2})-(1-\sqrt{2})=2\sqrt{2}$

0356 대표문제

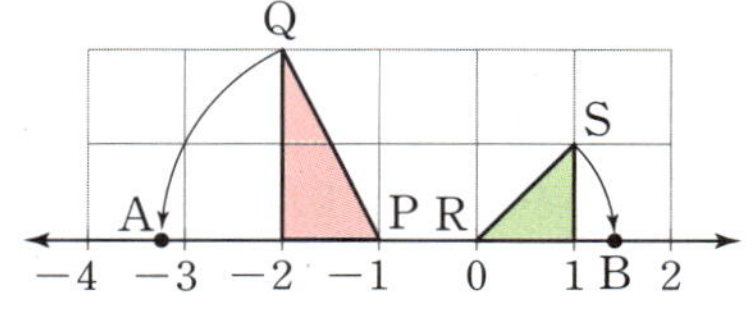

오른쪽 그림은 한 눈금의 길이가 1인 모눈종이 위에 두 직각삼각형과 수직선을 나타낸 것이다. $\overline{PQ}=\overline{PA}$, $\overline{RS}=\overline{RB}$이고 두 점 A, B에 대응하는 수를 각각 a, b라 할 때, ab의 값을 구하시오.

0357 ✏

다음 그림은 한 눈금의 길이가 1인 모눈종이 위에 정사각형과 직각삼각형, 수직선을 나타낸 것이다. $\overline{AB}=\overline{AP}$, $\overline{AC}=\overline{AQ}$이고 두 점 P, Q에 대응하는 수를 각각 p, q라 할 때, $\sqrt{2}(q-p)$의 값을 구하시오.

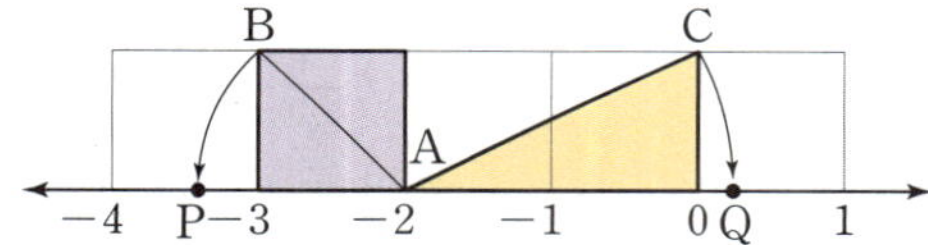

0358 ✏

아래 그림과 같이 수직선 위에 넓이가 각각 5, 10인 두 정사각형이 있다. 두 점 P, Q에 대응하는 수가 각각 -2, 2일 때, 다음 중 옳지 __않은__ 것은?

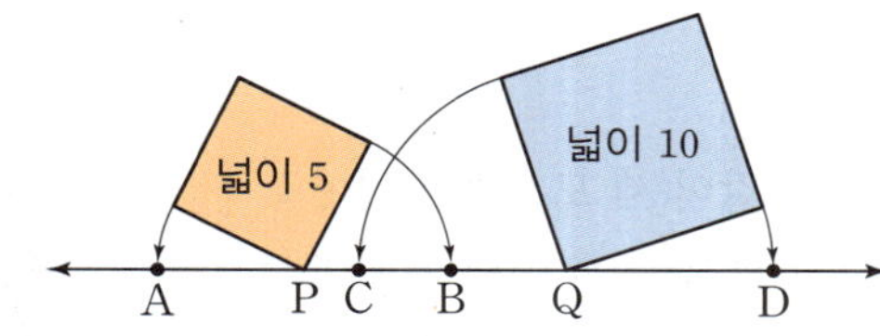

① $A(-2-\sqrt{5})$
② $D(2+\sqrt{10})$
③ $\overline{AB}=2\sqrt{5}$
④ $\overline{BC}=\sqrt{5}+\sqrt{10}$
⑤ $\overline{CD}=2\sqrt{10}$

유형 18 실수의 대소 관계

두 실수 A, B의 대소 관계는 $A-B$의 부호로 판단한다.
(1) $A-B>0$이면 $A>B$
(2) $A-B=0$이면 $A=B$
(3) $A-B<0$이면 $A<B$

0359 대표문제

다음 중 두 실수의 대소 관계가 옳은 것은?

① $-2\sqrt{5}>-4$
② $4+\sqrt{2}>\sqrt{16}+2$
③ $\sqrt{5}+\sqrt{2}<\sqrt{5}+1$
④ $\sqrt{3}+3\sqrt{5}>\sqrt{3}+2\sqrt{11}$
⑤ $4\sqrt{2}-3\sqrt{3}<\sqrt{8}-\sqrt{12}$

0360 숫자 바꾼 대표문제

다음 |보기| 중 두 실수의 대소 관계가 옳은 것을 모두 고른 것은?

| 보기 |

ㄱ. $2\sqrt{7}+\sqrt{2}<\sqrt{7}+3\sqrt{2}$
ㄴ. $\sqrt{18}>6-\sqrt{2}$
ㄷ. $\sqrt{27}-\sqrt{32}>2\sqrt{2}-2\sqrt{3}$
ㄹ. $\sqrt{6}+1<2\sqrt{6}-2$

① ㄱ, ㄴ
② ㄱ, ㄷ
③ ㄴ, ㄷ
④ ㄴ, ㄹ
⑤ ㄷ, ㄹ

0361 ✏ 서술형

다음 세 수 a, b, c의 대소를 비교하시오.

(단, 풀이 과정을 자세히 쓰시오.)

$$a=2\sqrt{6}-\sqrt{3}, \quad b=\sqrt{6}+\sqrt{3}, \quad c=3\sqrt{3}-\sqrt{6}$$

: REAL **실전업**

0362

· 유형 01, 02, 03

다음 중 옳은 것은?

① $\sqrt{2}+\sqrt{5}=\sqrt{7}$ ② $\sqrt{9}-\sqrt{6}=\sqrt{3}$

③ $3\times\sqrt{2}=\sqrt{6}$ ④ $\sqrt{3}\div\dfrac{\sqrt{2}}{2}=\sqrt{6}$

⑤ $\sqrt{24}\div4=\sqrt{6}$

0363

· 유형 02

다음 □ 안에 들어갈 수 중 가장 큰 것은?

① $\sqrt{54}=\square\sqrt{6}$ ② $\sqrt{108}=\square\sqrt{3}$

③ $\sqrt{125}=\square\sqrt{5}$ ④ $-\sqrt{112}=-4\sqrt{\square}$

⑤ $-\sqrt{90}=-3\sqrt{\square}$

0364

· 유형 02, 04

$\sqrt{80}=a\sqrt{5}$, $\sqrt{\dfrac{175}{4}}=b\sqrt{7}$일 때, 유리수 a, b에 대하여 ab의 값은?

① 5   ② 6   ③ 8
④ 10   ⑤ 12

0365

· 유형 03, 04

다음 중 그 값이 가장 작은 것은?

① $\dfrac{\sqrt{2}}{\sqrt{3}}$ ② $\dfrac{\sqrt{24}}{\sqrt{16}}$ ③ $\sqrt{48}\div\sqrt{27}$

④ $\dfrac{3\sqrt{8}}{2\sqrt{2}}$ ⑤ $\sqrt{3}$

0366

· 유형 05

다음 중 옳지 <u>않은</u> 것은?

수	0	1	2	3	4
5.4	2.324	2.326	2.328	2.330	2.332
5.5	2.345	2.347	2.349	2.352	2.354
5.6	2.366	2.369	2.371	2.373	2.375
54	7.348	7.355	7.362	7.369	7.376
55	7.416	7.423	7.430	7.436	7.443
56	7.483	7.490	7.497	7.503	7.510

① $\sqrt{541}=23.26$ ② $\sqrt{5420}=73.62$

③ $\sqrt{0.544}=0.2332$ ④ $\sqrt{0.056}=0.2366$

⑤ $\sqrt{0.00563}=0.07503$

0367

· 유형 06

$\sqrt{5}=a$, $\sqrt{10}=b$일 때, $\sqrt{0.125}$를 a, b를 사용하여 나타내면?

① $\dfrac{b}{a}$ ② $\dfrac{a}{b}$ ③ $\dfrac{b}{2a}$

④ $\dfrac{a}{2b}$ ⑤ $\dfrac{a}{5b}$

0368

· 유형 07

다음 중 분모를 유리화한 것으로 옳지 <u>않은</u> 것을 모두 고르면? (정답 2개)

① $\dfrac{1}{\sqrt{10}}=\dfrac{\sqrt{10}}{10}$ ② $\dfrac{\sqrt{3}}{\sqrt{5}}=\dfrac{\sqrt{15}}{5}$

③ $\dfrac{\sqrt{7}}{\sqrt{18}}=\dfrac{\sqrt{14}}{3}$ ④ $\dfrac{12}{5\sqrt{6}}=\dfrac{2\sqrt{6}}{5}$

⑤ $\dfrac{3\sqrt{2}}{\sqrt{3}\sqrt{5}}=\dfrac{3\sqrt{30}}{5}$

0369
·유형 07

$\dfrac{1}{\sqrt{18}}=A\sqrt{2}$, $\dfrac{5}{2\sqrt{3}}=B\sqrt{3}$일 때, 유리수 A, B에 대하여 $A+B$의 값을 구하시오.

0370
·유형 02, 04, 05, 07

$\sqrt{5}=2.236$일 때, $\sqrt{80}+\sqrt{\dfrac{1}{20}}$ 의 값을 구하시오.

0371
·유형 08

$\sqrt{0.6}\div\dfrac{\sqrt{3}}{\sqrt{5}}\times\sqrt{5}$ 를 간단히 하시오.

0372
·유형 09

윗변의 길이와 아랫변의 길이의 비가 $3:5$이고 넓이가 $200\,\mathrm{cm}^2$인 사다리꼴이 있다. 이 사다리꼴의 높이를 한 변의 길이로 하는 정사각형의 넓이가 $200\,\mathrm{cm}^2$일 때, 사다리꼴의 윗변의 길이는 $p\sqrt{2}\,\mathrm{cm}$이다. 이때 유리수 p의 값은?

① 6   ② $\dfrac{13}{2}$ ③ 7

④ $\dfrac{15}{2}$ ⑤ 8

0373
·유형 10

$\sqrt{75}-3\sqrt{12}-\sqrt{48}+2\sqrt{3}$ 을 간단히 하면?

① $-3\sqrt{3}$ ② $-\sqrt{3}$ ③ $\sqrt{3}$

④ $3\sqrt{3}$ ⑤ $4\sqrt{3}$

0374
·유형 10

다음 □ 안에 알맞은 수를 구하시오.

$$2\sqrt{63}-\sqrt{28}-\boxed{}=-\sqrt{7}$$

0375
·유형 11

$\dfrac{1}{\sqrt{3}}-\dfrac{3}{\sqrt{5}}-\dfrac{\sqrt{8}}{\sqrt{10}}+\dfrac{5}{\sqrt{3}}=a\sqrt{3}+b\sqrt{5}$일 때, 유리수 a, b에 대하여 $a+b$의 값은?

① 2   ② 1   ③ 0

④ -1 ⑤ -2

0376
·유형 13

$\dfrac{\sqrt{72}-\sqrt{12}}{\sqrt{18}}$ 의 분모를 유리화하면 $a+b\sqrt{6}$이다. 이때 유리수 a, b에 대하여 $a+3b$의 값은?

① -3 ② -2 ③ 1

④ 2   ⑤ 3

0377 ·유형 12, 13

$x=\dfrac{10-\sqrt{10}}{\sqrt{2}}$, $y=\dfrac{10+\sqrt{10}}{\sqrt{2}}$일 때, $\sqrt{5}x-\sqrt{2}y$를 간단히 하시오.

0378 ·유형 14

다음을 간단히 하시오.

$$\dfrac{3}{\sqrt{3}}+\sqrt{6}\times\sqrt{30}-\dfrac{\sqrt{10}-\sqrt{24}}{\sqrt{2}}$$

0379 ·유형 14

$\sqrt{5}(3-\sqrt{60})-3\left(\dfrac{\sqrt{45}}{2}+\dfrac{2}{\sqrt{3}}\right)=m\sqrt{3}+n\sqrt{5}$일 때, 유리수 m, n에 대하여 $\sqrt{mn}$의 값은?

① $3\sqrt{2}$　　　② $3\sqrt{3}$　　　③ $5\sqrt{2}$
④ $5\sqrt{3}$　　　⑤ $6\sqrt{3}$

0380 ·유형 15

자연수 n에 대하여 $\sqrt{n}$의 소수 부분을 $f(n)$이라 할 때, $f(18)-f(32)$의 값은?

① $-\sqrt{2}$　　　② -1　　　③ $1-\sqrt{2}$
④ $\sqrt{2}-1$　　　⑤ $\sqrt{2}$

0381 ·유형 06, 15

$\sqrt{2}$의 소수 부분을 a라 할 때, $\sqrt{18}$의 소수 부분을 a를 사용하여 나타내면?

① $3a-1$　　　② $3a$　　　③ $3a+1$
④ $2a-1$　　　⑤ $2a+1$

0382 창의력 ·유형 16

넓이가 각각 $1\,\text{cm}^2$, $4\,\text{cm}^2$, $9\,\text{cm}^2$인 직각이등변삼각형 3개를 다음 그림과 같이 빗변이 한 직선 위에 있도록 붙였을 때, 이 도형의 둘레의 길이를 구하시오.

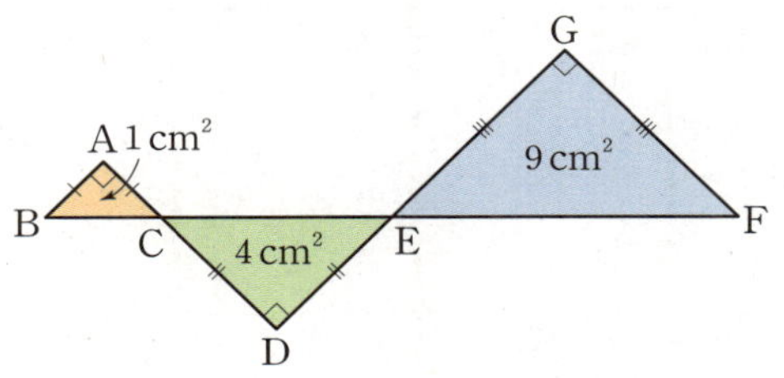

0383 ·유형 18

다음 세 수 A, B, C의 대소 관계를 바르게 나타내면?

$$A=2(\sqrt{5}+1),\qquad B=9-\sqrt{5},\qquad C=2+\sqrt{18}$$

① $A<B<C$　　　② $B<A<C$
③ $B<C<A$　　　④ $C<A<B$
⑤ $C<B<A$

서술형 문제

0384
·유형 02

다음 그림과 같이 한 변의 길이가 각각 $6\,\text{cm}$, $6\sqrt{2}\,\text{cm}$인 두 정사각형 모양의 종이를 오려 붙여 새로운 정사각형을 만들었다. 이때 새로 만들어진 정사각형의 한 변의 길이를 $a\sqrt{b}$의 꼴로 나타내시오. (단, a는 유리수, b는 가장 작은 자연수이고, 풀이 과정을 자세히 쓰시오.)

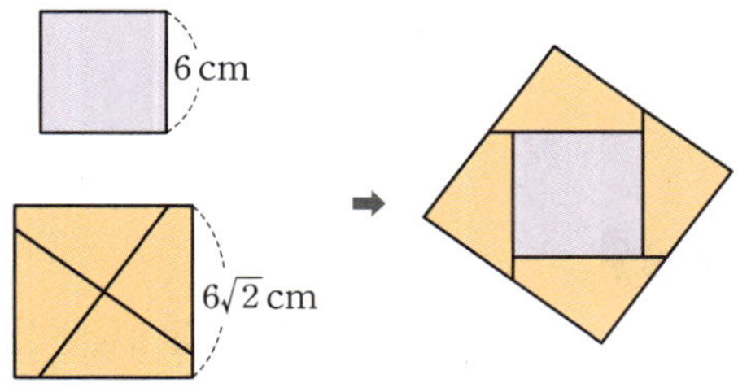

> ☑ **필요 개념 및 공식**
> ☐ 근호가 있는 식의 변형   ☐ 제곱근의 뜻

풀이

답

0385
·유형 10

다음을 간단히 하시오. (단, 풀이 과정을 자세히 쓰시오.)

$$\sqrt{(2-\sqrt{5})^2}-\sqrt{(3-\sqrt{5})^2}$$

> ☑ **필요 개념 및 공식**
> ☐ 제곱근의 덧셈과 뺄셈   ☐ 제곱근의 성질과 대소 관계

풀이

답

0386
·유형 05, 13

$\sqrt{10}=3.162$일 때, $\dfrac{\sqrt{5}+\sqrt{2}}{\sqrt{2}}$의 값을 소수점 아래 둘째 자리에서 반올림하여 구하시오. (단, 풀이 과정을 자세히 쓰시오.)

> ☑ **필요 개념 및 공식**
> ☐ 분배법칙을 이용한 분모의 유리화
> ☐ 제곱근표에 없는 제곱근의 값 구하기

풀이

답

0387
·유형 15, 17

오른쪽 그림은 한 눈금의 길이가 1인 모눈종이 위에 두 직각삼각형과 수직선을 나타낸 것이다. 점 A에 대응하는 수가 -2이고, $\overline{AB}=\overline{AQ}$, $\overline{AC}=\overline{AP}$일 때, 점 P에 대응하는 수의 소수 부분을 a, 점 Q에 대응하는 수의 정수 부분을 b라 하자. 이때 $2a+b$의 값을 구하시오.

(단, 풀이 과정을 자세히 쓰시오.)

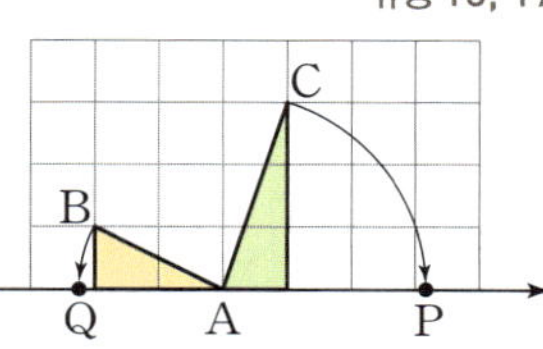

> ☑ **필요 개념 및 공식**
> ☐ 제곱근의 덧셈과 뺄셈의 수직선에의 활용
> ☐ 무리수의 정수 부분과 소수 부분   ☐ 피타고라스 정리

풀이

답

04

다항식의 곱셈

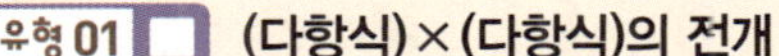

04. 다항식의 곱셈

1 다항식의 곱셈

분배법칙을 이용하여 전개하고 동류항이 있으면 간단히 한다.

$$\Rightarrow (a+b)(c+d)=\underset{①}{ac}+\underset{②}{ad}+\underset{③}{bc}+\underset{④}{bd}$$

• 직사각형의 넓이를 이용하여 $(a+b)(c+d)$를 전개하기

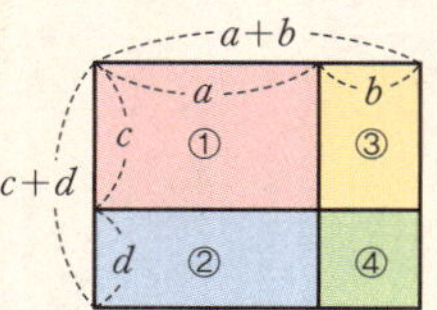

$$(a+b)(c+d)$$
$$=①+②+③+④$$
$$=ac+ad+bc+bd$$

2 곱셈 공식

(1) $(a+b)^2=a^2+2ab+b^2$ ← 합의 제곱
$(a-b)^2=a^2-2ab+b^2$ ← 차의 제곱

(2) $(a+b)(a-b)=a^2-b^2$ ← 합과 차의 곱

(3) $(x+a)(x+b)=x^2+(a+b)x+ab$ ← x의 계수가 1인 두 일차식의 곱

(4) $(ax+b)(cx+d)=acx^2+(ad+bc)x+bd$ ← x의 계수가 1이 아닌 두 일차식의 곱

주의 $(a+b)^2 \neq a^2+b^2$, $(a-b)^2 \neq a^2-b^2$

예 (1) $(a+2)^2=a^2+2\times a\times 2+2^2=a^2+4a+4$, $(a-3)^2=a^2-2\times a\times 3+3^2=a^2-6a+9$
(2) $(2x+3y)(2x-3y)=(2x)^2-(3y)^2=4x^2-9y^2$
(3) $(x-3)(x+1)=x^2+(-3+1)x+(-3)\times 1=x^2-2x-3$
(4) $(3x+4)(2x-3)=(3\times 2)x^2+\{3\times(-3)+4\times 2\}x+4\times(-3)=6x^2-x-12$

3 곱셈 공식을 이용한 수의 계산

(1) 수의 제곱의 계산
$(a+b)^2=a^2+2ab+b^2$ 또는 $(a-b)^2=a^2-2ab+b^2$을 이용한다.
예 • $(2+\sqrt{3})^2=2^2+2\times 2\times\sqrt{3}+(\sqrt{3})^2=7+4\sqrt{3}$
• $97^2=(100-3)^2=100^2-2\times 100\times 3+3^2=9409$

(2) 두 수의 곱의 계산
$(a+b)(a-b)=a^2-b^2$ 또는 $(x+a)(x+b)=x^2+(a+b)x+ab$를 이용한다.
예 • $101\times 99=(100+1)(100-1)=100^2-1^2=9999$
• $102\times 103=(100+2)(100+3)=100^2+(2+3)\times 100+2\times 3=10506$

• 곱셈 공식을 이용한 분모의 유리화
곱셈 공식 $(a+b)(a-b)=a^2-b^2$ 을 이용하면 분모에 근호가 있는 분수의 분모를 유리화할 수 있다.
예를 들어, $\dfrac{2}{\sqrt{3}+1}$의 분모, 분자 에 각각 $\sqrt{3}-1$을 곱하면
$$\frac{2}{\sqrt{3}+1}=\frac{2(\sqrt{3}-1)}{(\sqrt{3}+1)(\sqrt{3}-1)}$$
$$=\frac{2(\sqrt{3}-1)}{(\sqrt{3})^2-1^2}=\sqrt{3}-1$$

4 곱셈 공식의 변형

(1) $a^2+b^2=(a+b)^2-2ab=(a-b)^2+2ab$

(2) $(a+b)^2=(a-b)^2+4ab$, $(a-b)^2=(a+b)^2-4ab$

(3) $a^2+\dfrac{1}{a^2}=\left(a+\dfrac{1}{a}\right)^2-2=\left(a-\dfrac{1}{a}\right)^2+2$

(4) $\left(a+\dfrac{1}{a}\right)^2=\left(a-\dfrac{1}{a}\right)^2+4$, $\left(a-\dfrac{1}{a}\right)^2=\left(a+\dfrac{1}{a}\right)^2-4$

예 두 수의 합과 곱이 주어질 때, 식의 값 구해 보자.
(1) $a+b=5$, $ab=4$이면 $a^2+b^2=(a+b)^2-2ab=5^2-2\times 4=17$
(2) $a+\dfrac{1}{a}=3$이면 $a^2+\dfrac{1}{a^2}=\left(a+\dfrac{1}{a}\right)^2-2=3^2-2=7$

• 공통부분이 있는 식의 전개 방법
❶ 공통부분을 한 문자로 놓는다.
❷ ❶의 식을 곱셈 공식을 이용하여 전개한다.
❸ ❷의 식에 한 문자로 놓은 공통 부분을 대입한다.
❹ ❸의 식을 전개한 후 동류항끼리 계산하여 정리한다.

1 다항식의 곱셈

[0388~0391] 다음 식을 전개하시오.

0388 $(3x+2)(y+4)$

0389 $(2a+1)(b-2)$

0390 $(4x+3y)(2x-5y)$

0391 $(a+b-1)(a-2)$

2 곱셈 공식

[0392~0395] 다음 식을 전개하시오.

0392 $(a+3)^2$

0393 $(x+2y)^2$

0394 $(5a+4b)^2$

0395 $\left(x+\dfrac{1}{2}\right)^2$

[0396~0399] 다음 식을 전개하시오.

0396 $(3x-1)^2$

0397 $(x-4y)^2$

0398 $(2a-5b)^2$

0399 $\left(x-\dfrac{1}{2}\right)^2$

[0400~0403] 다음 식을 전개하시오.

0400 $(a+7)(a-7)$

0401 $(3x+2)(3x-2)$

0402 $(4a-3b)(4a+3b)$

0403 $\left(a-\dfrac{1}{3}b\right)\left(a+\dfrac{1}{3}b\right)$

[0404~0407] 다음 식을 전개하시오.

0404 $(x+1)(x+2)$

0405 $(y+3)(y-4)$

0406 $(a-8)(a+3)$

0407 $(b-5)(b-1)$

[0408~0411] 다음 식을 전개하시오.

0408 $(x+3)(2x+1)$

0409 $(5a+6)(4a-3)$

0410 $(2y-1)(2y+2)$

0411 $(3b-5)(5b-1)$

3 곱셈 공식을 이용한 수의 계산

[0412~0413] 다음은 곱셈 공식을 이용하여 수를 계산하는 과정이다. □ 안에 알맞을 수를 쓰시오.

0412 $102^2=(100+\square)^2$
$$=100^2+2\times100\times\square+\square^2$$
$$=10000+\square+\square=\square$$

0413 $(\sqrt{7}-1)^2=(\sqrt{7})^2-2\times\square\times1+\square^2$
$$=7-\square+\square=\square$$

[0414~0417] 다음 수의 분모를 유리화하시오.

0414 $\dfrac{1}{\sqrt{5}-2}$

0415 $\dfrac{\sqrt{2}-1}{\sqrt{2}+1}$

0416 $\dfrac{\sqrt{3}}{\sqrt{3}-\sqrt{2}}$

0417 $\dfrac{\sqrt{7}+\sqrt{5}}{\sqrt{7}-\sqrt{5}}$

4 곱셈 공식의 변형

[0418~0419] $x-y=2$, $xy=3$일 때, 다음 □ 안에 알맞은 것을 쓰시오.

0418 $x^2+y^2=(x-y)^2+\square=2^2+\square=\square$

0419 $(x+y)^2=(x-y)^2+\square=2^2+\square=\square$

[0420~0421] 다음을 구하시오.

0420 $x+y=5$, $x^2+y^2=15$일 때, xy의 값

0421 $x-y=3$, $x^2+y^2=29$일 때, xy의 값

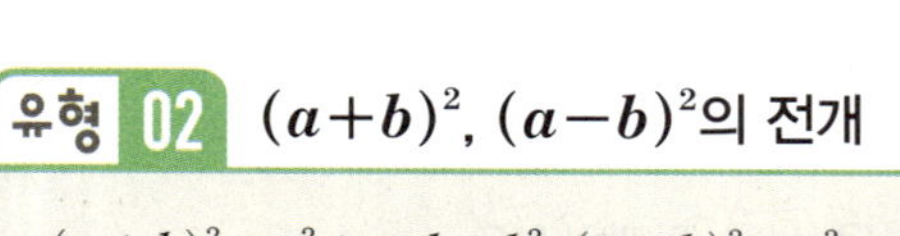 : PATTERN 유형 마스터

유형 01 (다항식)×(다항식)의 전개

(1) 분배법칙을 이용하여 전개하고 동류항이 있으면 간단히 한다.

$$\Rightarrow (a+b)(c+d)=\underset{①}{ac}+\underset{②}{ad}+\underset{③}{bc}+\underset{④}{bd}$$

(2) 계수를 비교할 때는 필요한 항이 나오는 부분만 전개하면 편리하다.

0422 대표문제

$(2a+b)(-3b+a-3)$의 전개식에서 ab의 계수를 구하시오.

0423 숫자 바꾼 대표문제

$(x-y+3)(x+2y-1)$의 전개식에서 xy의 계수와 y의 계수를 차례로 구하시오.

0424 ◗

다음 중 옳지 <u>않은</u> 것은?

① $(x-1)(y+3)=xy+3x-y-3$

② $(3x+y)(4x-2y)=12x^2-2xy-2y^2$

③ $(2a+1)(2a+b)=4a^2+2ab+2a+b$

④ $(2a-b)(3a+b+1)=6a^2-ab-b^2$

⑤ $(5a-4b)(c-2d)=5ac-10ad-4bc+8bd$

0425 ◗

$(x+3y-2)(ax+4y)$의 전개식에서 xy의 계수가 1일 때, 상수 a의 값을 구하시오.

유형 02 $(a+b)^2$, $(a-b)^2$의 전개

$$(a+b)^2=a^2+2ab+b^2, \quad (a-b)^2=a^2-2ab+b^2$$

곱의 2배

0426 대표문제

$(2x-3y)^2$을 전개하면?

① $4x^2-6xy+9y^2$

② $4x^2-6xy+6y^2$

③ $4x^2-12xy+9y^2$

④ $4x^2-12xy+6y^2$

⑤ $4x^2-12xy-9y^2$

0427 표현 바꾼 대표문제

$(5x+4)^2=25x^2+ax+b$일 때, 상수 a, b에 대하여 $a+b$의 값을 구하시오.

0428 ◗

다음 중 $(-2a+b)^2$과 전개식이 같은 것은?

① $(2a+b)^2$

② $(2a-b)^2$

③ $(-2a-b)^2$

④ $-(2a+b)^2$

⑤ $-(2a-b)^2$

0429 ◗ ✎서술형

$(x-a)^2$을 전개한 식이 $x^2-bx+\dfrac{1}{36}$일 때, 양수 a, b에 대하여 ab의 값을 구하시오.

(단, 풀이 과정을 자세히 쓰시오.)

유형 03 $(a+b)(a-b)$의 전개

$$\underline{(x+y)}\,\underline{(x-y)}=\underline{x^2-y^2}$$
합 · 차 · 제곱의 차

참고 연속한 합과 차의 곱
$$\underline{(a-b)(a+b)}(a^2+b^2)=\underline{(a^2-b^2)}(a^2+b^2)$$
$$=\underline{a^4-b^4}$$
제곱의 차

0430, 대표문제

다음 중 □ 안에 알맞은 수가 가장 작은 것은?

① $(x-2y)(x+2y)=x^2+\Box y^2$

② $(-2a+1)(-2a-1)=\Box a^2-1$

③ $(3x+5y)(-3x+\Box y)=-9x^2+25y^2$

④ $\left(\dfrac{1}{2}a-\dfrac{2}{3}\right)\left(\Box a+\dfrac{2}{3}\right)=\dfrac{1}{4}a^2-\dfrac{4}{9}$

⑤ $\left(\Box x+\dfrac{1}{7}\right)\left(\dfrac{1}{3}x-\dfrac{1}{7}\right)=\dfrac{1}{9}x^2-\dfrac{1}{49}$

0431 표현 바꾼 대표문제

$(3x+2y)(3x-2y)$를 전개한 식이 $ax^2+bxy+cy^2$일 때, 상수 a, b, c에 대하여 $a+b-c$의 값을 구하시오.

0432 ●

$a^2=18$, $b^2=32$일 때, $\left(\dfrac{4}{3}a+\dfrac{5}{4}b\right)\left(\dfrac{4}{3}a-\dfrac{5}{4}b\right)$의 값을 구하시오.

0433 ●

다음 □ 안에 알맞을 수를 쓰시오.

(1) $(-4a^2+3)(-4a^2-3)=16a^{\Box}-\Box$

(2) $(x-2)(x+2)(x^2+4)=(x^{\Box}-\Box)(x^2+4)$
$$=x^{\Box}-\Box$$

0434 ● 서술형

$(1-x)(1+x)(1+x^2)(1+x^4)=1-x^a$일 때, 상수 a의 값을 구하시오. (단, 풀이 과정을 자세히 쓰시오.)

중요 유형 04 $(x+a)(x+b)$, $(ax+b)(cx+d)$의 전개

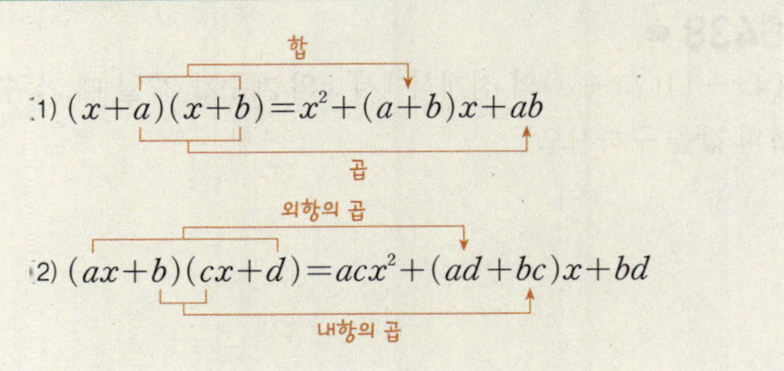

$$1)\ (x+a)(x+b)=x^2+(a+b)x+ab$$
합 · 곱

$$2)\ (ax+b)(cx+d)=acx^2+(ad+bc)x+bd$$
외항의 곱 · 내항의 곱

0435, 대표문제

다음 중 옳은 것은?

① $(x+7)(x+3)=x^2+21x+10$

② $(a+b)(a-5b)=a^2-5ab-5b^2$

③ $(2x+1)(x-4)=2x^2-2x-4$

④ $(-2a+3b)(4a-7b)=-8a^2-21b^2$

⑤ $(3x+5)(-x+4)=-3x^2+7x+20$

0436 표현 바꾼 대표문제

$(7x-2)(5x+3)=ax^2+bx+c$일 때, 상수 a, b, c에 대하여 $a-b+c$의 값을 구하시오.

0437
$(3x-4)(5x-6)$의 전개식에서 x의 계수와 상수항의 합을 구하시오.

0438
$(4x+1)(7x+a)$의 전개식에서 x의 계수가 27일 때, 상수 a의 값을 구하시오.

0439 서술형
$3x+a$에 $4x-5$를 곱해야 할 것을 잘못하여 $4x-6$을 곱했더니 $12x^2-26x+12$가 되었다. 이때 상수 a의 값과 바르게 계산한 답을 차례로 구하시오.
(단, 풀이 과정을 자세히 쓰시오.)

新 유형
0440
$(x+a)(x+3)$의 전개식이 $x^2+bx+18$일 때, 오른쪽 그림과 같이 직각을 낀 한 변의 길이가 a, 빗변의 길이가 b인 직각삼각형의 넓이를 구하시오. (단, a, b는 상수)

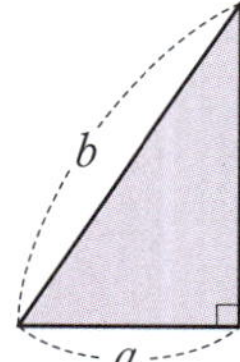

유형 **05** 곱셈 공식의 종합

(1) $(a+b)^2=a^2+2ab+b^2$, $(a-b)^2=a^2-2ab+b^2$
(2) $(a+b)(a-b)=a^2-b^2$
(3) $(x+a)(x+b)=x^2+(a+b)x+ab$
(4) $(ax+b)(cx+d)=acx^2+(ad+bc)x+bd$

0441 대표문제
다음 중 옳은 것을 모두 고르면? (정답 2개)
① $(2x-3y)^2=4x^2-9y^2$
② $(-x+y)^2=x^2-2xy+y^2$
③ $(-x+1)(-x-1)=x^2+1$
④ $(x+2)(x-3)=x^2-x-6$
⑤ $(3x+1)(2x-1)=6x^2+x-1$

0442 표현바꾼 대표문제
다음 중 □ 안에 알맞은 수가 나머지 넷과 <u>다른</u> 하나는?
① $6x(x+5)=\square x^2+30x$
② $(x+3)^2=x^2+\square x+9$
③ $(x+3)(x-3)=x^2-\square$
④ $(x+3)(x+2)=x^2+5x+\square$
⑤ $(2x+1)(8x-1)=16x^2+\square x-1$

0443
$(a+3)^2-(2a+1)(3a+2)$를 계산하면?
① $5a^2-6a+7$ ② $6a^2-a+11$
③ $7a^2+13a+11$ ④ $-5a^2-a+7$
⑤ $-5a^2+13a+11$

유형 06 곱셈 공식을 이용한 수의 계산

(1) 수의 제곱의 계산
$$\begin{cases}(a+b)^2=a^2+2ab+b^2 \\ (a-b)^2=a^2-2ab+b^2\end{cases}$$ 을 이용한다.

(2) 서로 다른 두 수의 곱의 계산
$$\begin{cases}(a+b)(a-b)=a^2-b^2 \\ (x+a)(x+b)=x^2+(a+b)x+ab\end{cases}$$ 를 이용한다.

0444 대표문제

다음 중 4.03×3.97을 계산하는 데 이용되는 가장 편리한 곱셈 공식은?

① $(a+b)^2=a^2+2ab+b^2$ (단, $b>0$)

② $(a-b)^2=a^2-2ab+b^2$ (단, $b>0$)

③ $(a+b)(a-b)=a^2-b^2$

④ $(x+a)(x+b)=x^2+(a+b)x+ab$

⑤ $(ax+b)(cx+d)=acx^2+(ad+bc)x+bd$

0445 표현 바꾼 대표문제

다음 중 곱셈 공식 $(x+a)(x+b)=x^2+(a+b)x+ab$를 이용하면 편리한 수의 계산은?

① 103×108　　② 97×103　　③ 5.1×4.9

④ 98^2　　⑤ 105^2

0446 서술형

$\dfrac{1009 \times 1011 + 1}{1010}$ 을 곱셈 공식을 이용하여 계산하시오.

(단, 풀이 과정을 자세히 쓰시오.)

0447

다음 중 옳지 <u>않은</u> 것을 모두 고르면? (정답 2개)

① $(\sqrt{5}-1)^2=6-2\sqrt{5}$

② $(-\sqrt{3}-2)^2=7-4\sqrt{3}$

③ $(\sqrt{6}+\sqrt{5})(\sqrt{6}-\sqrt{5})=1$

④ $(\sqrt{7}+1)(\sqrt{7}-4)=3-3\sqrt{7}$

⑤ $(2\sqrt{10}-3)(4\sqrt{10}-7)=59-26\sqrt{10}$

유형 07 곱셈 공식을 이용한 분모의 유리화

분모가 2개의 항으로 되어 있는 무리수일 때는 곱셈 공식 $(a+b)(a-b)=a^2-b^2$을 이용한다.

즉, $a>0$, $b>0$, $a\neq b$이고 c가 실수일 때,

$$\frac{c}{\sqrt{a}+\sqrt{b}}=\frac{c(\sqrt{a}-\sqrt{b})}{(\sqrt{a}+\sqrt{b})(\sqrt{a}-\sqrt{b})}=\frac{c(\sqrt{a}-\sqrt{b})}{a-b}$$

0448 대표문제

$\dfrac{2+\sqrt{3}}{3+2\sqrt{3}}$의 분모를 유리화하면?

① $-\dfrac{1+\sqrt{3}}{3}$　　② $-\dfrac{\sqrt{3}}{3}$　　③ $\dfrac{\sqrt{3}}{4}$

④ $\dfrac{\sqrt{3}}{3}$　　⑤ $\sqrt{3}$

0449 표현 바꾼 대표문제

$\dfrac{2}{\sqrt{6}+\sqrt{2}}$의 분모를 유리화하면 $a\sqrt{2}+b\sqrt{6}$일 때, 유리수 a, b에 대하여 $2a+4b$의 값을 구하시오.

0450

$\dfrac{5+3\sqrt{5}}{5-3\sqrt{5}}+\dfrac{5-3\sqrt{5}}{5+3\sqrt{5}}$ 를 계산하시오.

0451

$\dfrac{7}{3-\sqrt{2}}$의 소수 부분을 x라 할 때, x^2+2x-3의 값을 구하시오.

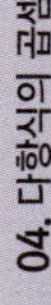

0452

$f(x) = \dfrac{1}{\sqrt{x+1}+\sqrt{x}}$ 이라 할 때, 다음 식의 값을 구하시오.

$$f(2)+f(3)+f(4)+\cdots+f(97)$$

유형 08 곱셈 공식의 도형에의 활용

곱셈 공식을 이용하여 직사각형의 넓이를 구하는 방법은 다음과 같다.
❶ 가로의 길이와 세로의 길이를 각각 문자를 사용하여 나타낸다.
❷ 직사각형의 넓이 구하는 식을 세우고 곱셈 공식을 이용하여 전개한다.
➡ (직사각형의 넓이)=(가로의 길이)×(세로의 길이)

0453 대표문제

다음 그림과 같은 직사각형에서 색칠한 직사각형의 넓이는?

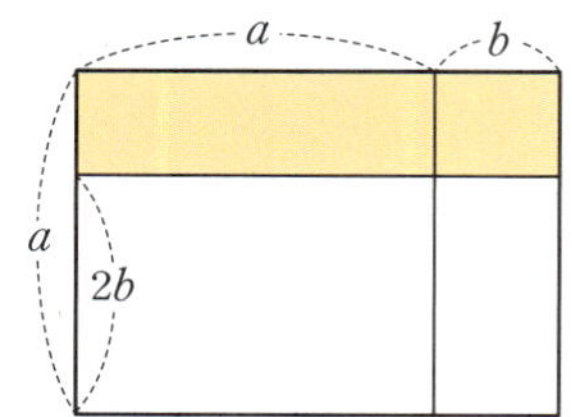

① a^2+ab
② $a^2-ab-2b^2$
③ $a^2-ab+2b^2$
④ $a^2+2ab-2b^2$
⑤ $a^2+2ab+b^2$

0454 도형 바꾼 대표문제

오른쪽 그림과 같은 정사각형에서 색칠한 정사각형의 넓이를 구하시오.

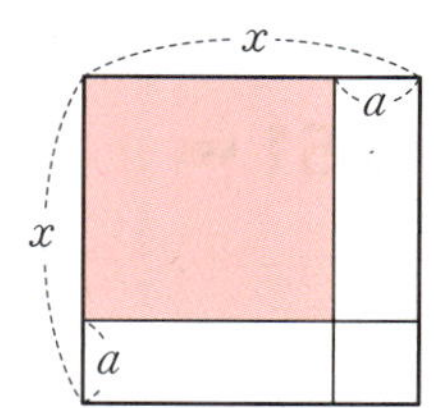

0455

오른쪽 그림은 한 변의 길이가 a인 정사각형을 대각선을 따라 자른 후 직각을 낀 한 변의 길이가 b인 직각이등변삼각형 2개를 잘라 낸 것이다. 이때 색칠한 부분의 넓이는?

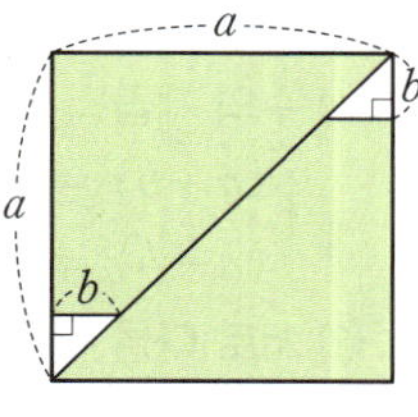

① $(-a+b)^2$
② $(a-b)^2$
③ $(a+b)^2$
④ $(a-1)(b-1)$
⑤ $(a+b)(a-b)$

0456

오른쪽 그림과 같이 밑면의 가로, 세로의 길이가 각각 $x+2$, $x+1$이고, 높이가 $y-2$인 직육면체의 겉넓이를 구하시오.

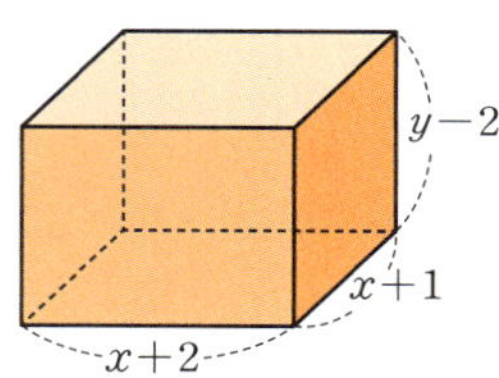

0457

오른쪽 그림과 같이 가로, 세로의 길이가 각각 a, b인 직사각형 모양의 종이의 네 귀퉁이에서 한 변의 길이가 4인 정사각형을 잘라 내어 뚜껑이 없는 직육면체 모양의 상자를 만들었다. 상자의 부피를 구하시오.
(단, $a>8$, $b>8$)

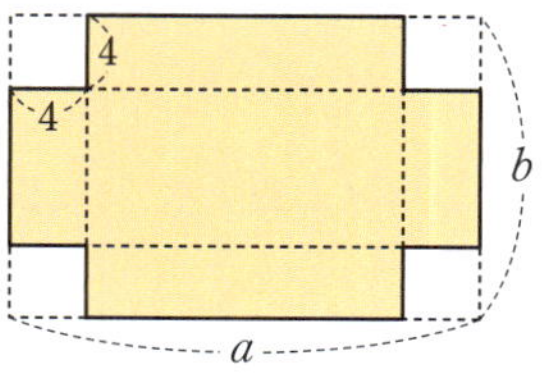

0458

다음 그림과 같이 가로의 길이가 $(4a+3)\,\mathrm{m}$, 세로의 길이가 $(3a+1)\,\mathrm{m}$인 직사각형 모양의 화단에 폭이 $2\,\mathrm{m}$로 일정한 길을 만들었다. 이때 길을 제외한 화단의 넓이를 구하시오.

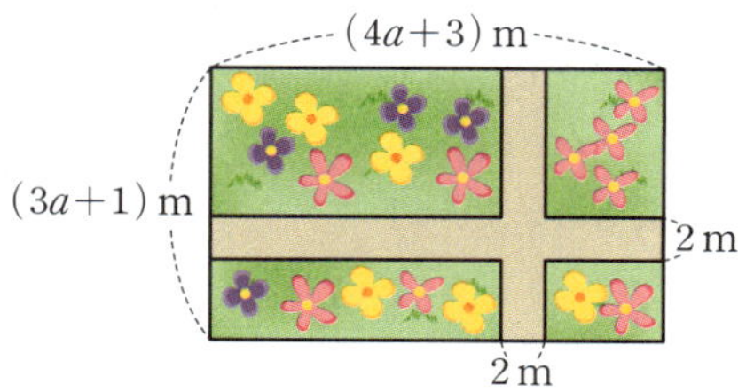

新 유형

0459

가로의 길이가 a, 세로의 길이가 b인 직사각형 모양의 종이 ABCD를 다음 그림과 같이 $\overline{AB}$가 $\overline{BF}$에, $\overline{ED}$가 $\overline{EH}$에, $\overline{GC}$가 $\overline{GJ}$에 완전히 닿도록 접었다. 직사각형 HFIJ의 넓이가 $pa^2+qab+rb^2$일 때, 상수 p, q, r에 대하여 $p+q+r$의 값을 구하시오.

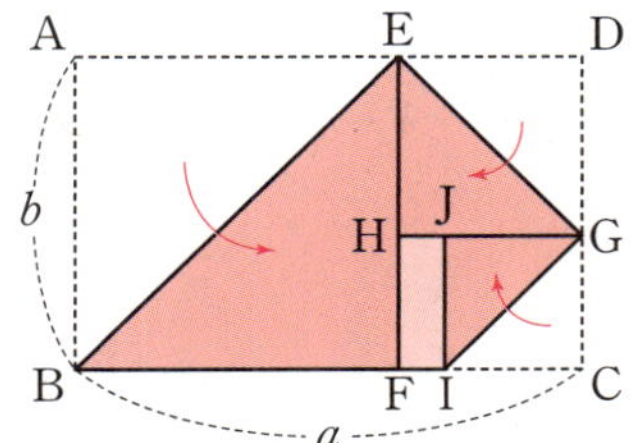

유형 09 곱셈 공식을 변형하여 식의 값 구하기(1)

(1) $a+b$, ab의 값이 주어진 경우
➡ $a^2+b^2=(a+b)^2-2ab$, $(a-b)^2=(a+b)^2-4ab$
(2) $a-b$, ab의 값이 주어진 경우
➡ $a^2+b^2=(a-b)^2+2ab$, $(a+b)^2=(a-b)^2+4ab$

0460 대표문제

$x+y=1$, $xy=-4$일 때, 다음 식의 값을 구하시오.

(1) x^2+y^2

(2) $(x-y)^2$

(3) $\dfrac{1}{x}+\dfrac{1}{y}$

(4) $\dfrac{x}{y}+\dfrac{y}{x}$

0461 조건 바꾼 대표문제

$x-y=5$, $xy=2$일 때, 다음 식의 값을 구하시오.

(1) x^2+y^2

(2) $(x+y)^2$

0462

$a+b=2$, $ab=-1$일 때, a^2+b^2-ab의 값을 구하시오.

新 유형

0463

둘레의 길이가 30이고, 넓이가 26인 직사각형의 가로, 세로의 길이를 각각 a, b라 할 때, $(a-b)^2$의 값을 구하시오.

유형 10 곱셈 공식을 변형하여 식의 값 구하기(2) 발전

(1) $x+\dfrac{1}{x}$의 값이 주어진 경우
➡ $x^2+\dfrac{1}{x^2}=\left(x+\dfrac{1}{x}\right)^2-2$, $\left(x-\dfrac{1}{x}\right)^2=\left(x+\dfrac{1}{x}\right)^2-4$
(2) $x-\dfrac{1}{x}$의 값이 주어진 경우
➡ $x^2+\dfrac{1}{x^2}=\left(x-\dfrac{1}{x}\right)^2+2$, $\left(x+\dfrac{1}{x}\right)^2=\left(x-\dfrac{1}{x}\right)^2+4$
(3) $x^2+ax+1=0\,(a\neq0)$일 때, $x\neq0$이므로
$x^2+ax+1=0$의 양변을 x로 나누면
$x+a+\dfrac{1}{x}=0$　∴ $x+\dfrac{1}{x}=-a$

0464 대표문제

$x+\dfrac{1}{x}=2$일 때, 다음 식의 값을 구하시오.

(1) $x^2+\dfrac{1}{x^2}$

(2) $\left(x-\dfrac{1}{x}\right)^2$

0465 조건 바꾼 대표문제

$x-\dfrac{1}{x}=3$일 때, 다음 식의 값을 구하시오.

(1) $x^2+\dfrac{1}{x^2}$

(2) $\left(x+\dfrac{1}{x}\right)^2$

0466

$x+\dfrac{1}{x}=3$일 때, $x^4+\dfrac{1}{x^4}$의 값을 구하시오.

0467 서술형

$x^2+5x-1=0$일 때, 다음 물음에 답하시오.

(단, 풀이 과정을 자세히 쓰시오.)

(1) $x-\dfrac{1}{x}$의 값을 구하시오.

(2) $x^2+\dfrac{1}{x^2}$의 값을 구하시오.

(3) $x^2+x-\dfrac{1}{x}+\dfrac{1}{x^2}$의 값을 구하시오.

유형 11 복잡한 식의 전개 발전

(1) 복잡한 식의 전개

❶ 공통부분이 있으면 공통부분을 치환한다.

❷ 곱셈 공식을 이용하여 전개한다.

❸ 공통부분을 ❷에 대입하여 정리한다.

(2) ( )( )( )( )의 꼴의 전개

➡ 공통부분이 나오도록 두 개씩 짝을 지어 전개한다.

예 $(x+2)(x+3)(x-1)(x-2)$

$=(x+2)(x-1)(x+3)(x-2)$ ← 상수항의 합이 같도록 짝 짓기

$=(x^2+x-2)(x^2+x-6)$ ← 공통부분을 치환하기

0468 대표문제

다음은 $(x-y+3)(x-y-4)$를 전개하는 과정이다. □ 안에 알맞은 것을 차례로 나열한 것은?

$x-y=A$로 놓으면

$(x-y+3)(x-y-4)=(A+3)(A-4)$

$=A^2-\boxed{}-12$

$=(x-y)^2-\boxed{}-12$

$=\boxed{}-x+y-12$

① A, $(x-y)$, x^2+y^2

② A, $(x-y)$, $x^2-2xy+y^2$

③ $-A$, $(x+y)$, x^2-2xy

④ $-2A$, $-2(x-y)$, x^2-2xy

⑤ $2A$, $2(x-y)$, $x^2-2xy+y^2$

0469 표현 바꾼 대표문제

$(a-b+c)(a+b-c)$의 전개를 편리하게 하기 위하여 알맞게 고친 것은?

① $\{a-(b+c)\}\{a+(b-c)\}$

② $\{a-(b-c)\}\{a+(b-c)\}$

③ $\{(a-b)+c\}\{(a+b)-c\}$

④ $\{(a-b)-c\}\{(a+b)+c\}$

⑤ $\{(a+c)-b\}\{(a-c)+b\}$

0470

다음 식을 전개하시오.

(1) $(x-2y+3)^2$

(2) $(x+5y+4)(x-5y+4)$

0471

$(x+1)(x+2)(x-2)(x-3)$을 전개하면?

① x^4+12

② x^4-2x^2+12

③ $x^4-2x^3+2x^2+12$

④ $x^4+2x^3+7x^2-8$

⑤ $x^4-2x^3-7x^2+8x+12$

0472

$(x-3)(x+1)(x+2)(x+6)$의 전개식에서 x^2의 계수를 구하시오.

R : REAL 실전 업

0473
·유형 01

$(x+3y-5)(3x-2y+1)$의 전개식에서 xy의 계수와 상수항을 차례로 구하시오.

0474
·유형 02

$(5x+a)^2$의 전개식이 $25x^2-40x+b$일 때, 정수 a, b에 대하여 $\dfrac{b}{a}$의 값은?

① -4
② $-\dfrac{1}{4}$
③ -1
④ $\dfrac{1}{4}$
⑤ 4

0475
·유형 03

다음 중 전개한 식이 나머지 넷과 다른 하나는?

① $(x+y)(x-y)$
② $(-x+y)(-x-y)$
③ $-(-x-y)(x-y)$
④ $-(x+y)(-x+y)$
⑤ $-(-x-y)(-x+y)$

0476
·유형 03

$x=\sqrt{6}$, $y=-2\sqrt{2}$일 때, $\left(2x+\dfrac{5}{2}y\right)\left(2x-\dfrac{5}{2}y\right)$의 값을 구하시오.

0477
·유형 03

$(x-3)(x+3)(x^2+9)$를 전개하면?

① x^2-9
② x^4+27
③ x^4-27
④ x^4+81
⑤ x^4-81

0478
·유형 04

$(3x-a)(x+7)$의 전개식에서 x의 계수와
$(x+5)(x+6)$의 전개식에서 상수항이 같을 때, 상수 a의 값을 구하시오.

0479
·유형 04

$(x+a)(x+b)$를 전개한 식이 $x^2+cx+27$일 때, 다음 중 c의 값이 될 수 없는 것은? (단, a, b는 정수)

① -28
② -12
③ 6
④ 12
⑤ 28

0480
·유형 05

다음 |보기|의 식을 전개하였을 때, xy의 계수가 가장 작은 것을 고르시오.

| 보기 |
ㄱ. $(x-5y)^2$ ㄴ. $(2x-7y)(2x+7y)$
ㄷ. $(5x+3y)^2$ ㄹ. $(2x-3y)(5x+3y)$

0481
·유형 05

다음 |보기|에서 $A=(a+b)(a-b)$, $B=(a-b)^2$과 전개식이 같은 것끼리 바르게 짝 지은 것은?

| 보기 |
ㄱ. $(-a+b)^2$ ㄴ. $-(b-a)^2$
ㄷ. $(-a-b)(-a+b)$ ㄹ. $-(a+b)(b-a)$
ㅁ. $(a+b)^2-4ab$ ㅂ. $\frac{1}{2}(a+2b)(2a-b)$

	A	B			A	B
①	ㄱ, ㅁ	ㄷ, ㄹ		②	ㄴ, ㅂ	ㄱ, ㄷ
③	ㄷ, ㄹ	ㄱ, ㅁ		④	ㄹ, ㅂ	ㄴ, ㅁ
⑤	ㅁ, ㅂ	ㄷ, ㄹ				

0482 창의력+
·유형 05

다음 그림은 일렬로 나열된 두 다항식을 곱한 결과를 곱한 두 다항식이 들어 있는 칸과 이웃한 위 또는 아래의 색칠된 칸에 쓰는 퍼즐이다. 예를 들어,

$$(x+3)(2x+a)=2x^2+7x+3,$$
$$(2x+a)(bx+1)=4x^2+cx+1$$

이다. 이때 상수 a, b, c에 대하여 $a+b+c$의 값을 구하시오.

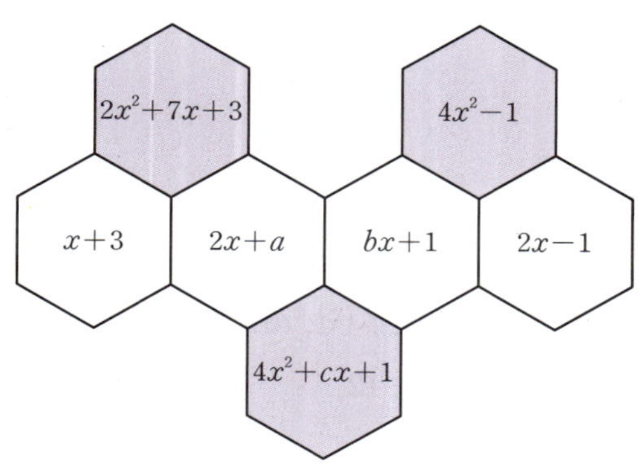

0483
·유형 06

곱셈 공식을 이용하여 $(\sqrt{3}-2)^2-(\sqrt{3}+3)(4\sqrt{3}-1)$을 계산하시오.

0484
·유형 06

아래 |보기|를 이용하여 다음 식을 계산하시오.

| 보기 |
$$(x-1)(x+1)(x^2+1)(x^4+1)(x^8+1)=x^{16}-1$$

(1) $(2+1)(2^2+1)(2^4+1)(2^8+1)$
(2) $4(5+1)(5^2+1)(5^4+1)(5^8+1)$

0485
·유형 07

$\dfrac{3+2\sqrt{6}}{-1+\sqrt{6}}=a+b\sqrt{6}$일 때, 유리수 a, b에 대하여 $a+b$의 값은?

① -8 ② -4 ③ 4
④ 8 ⑤ 20

0486
·유형 07

$x=\dfrac{2-\sqrt{3}}{2+\sqrt{3}}$일 때, $x^2-14x+41$의 값을 구하시오.

0487
•유형 07, 08

오른쪽 그림과 같은 도형의
넓이를 구하시오.

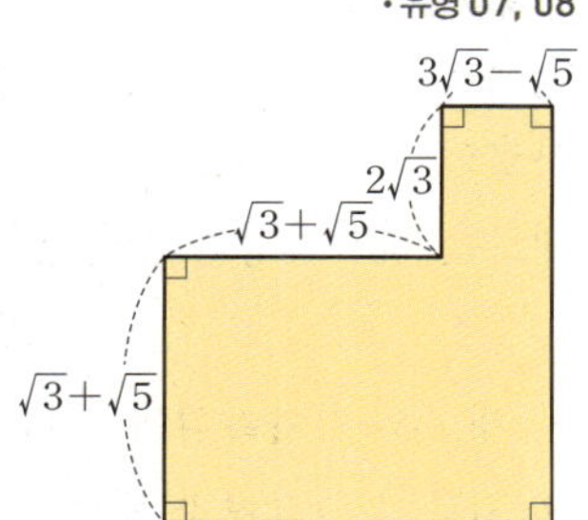

0488
•유형 08

다음 그림과 같은 직사각형에서 색칠한 두 직사각형의 넓이의
합을 구하시오.

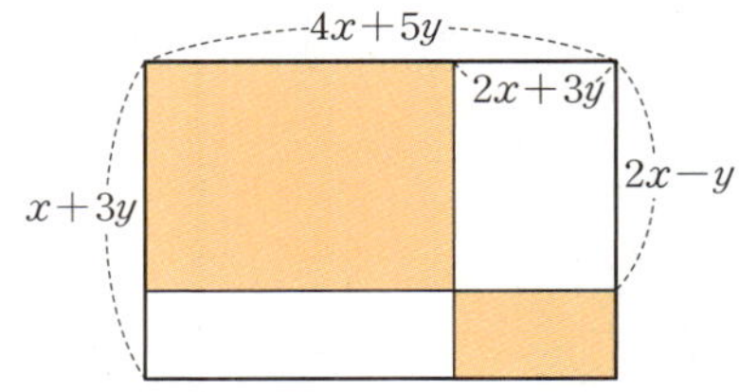

0489
•유형 08

다음 그림과 같이 직사각형 모양의 종이를 2번 접어 2개의
정사각형 ABFE, EHGD를 각각 만들었다. $\overline{AB}=2a-1$,
$\overline{BC}=3a+2$일 때, 직사각형 CGHF의 넓이를 구하시오.

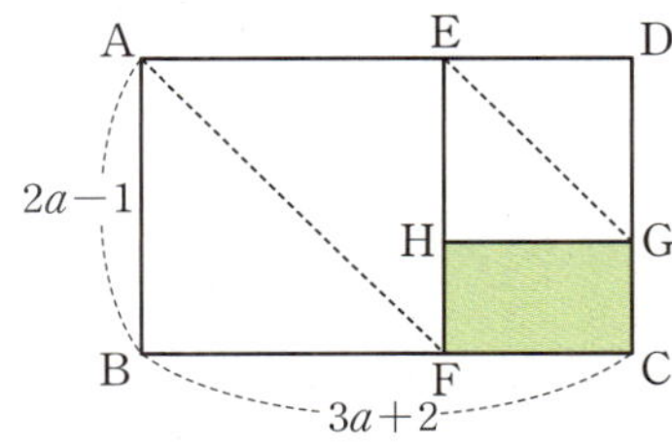

0490
•유형 09

$a+b=6$, $ab=8$일 때, 다음 중 식의 값이 가장 큰 것은?

① a^2+b^2

② $(a-b)^2$

③ $\dfrac{b}{a}+\dfrac{a}{b}$

④ $(a+1)(b+1)$

⑤ $(2a-b)(-a+2b)$

0491
•유형 10

$x^2-4x+1=0$일 때, $x^2+2x+\dfrac{2}{x}+\dfrac{1}{x^2}$의 값을 구하시오.

0492
•유형 11

$(4x+3y-z)^2$의 전개식에서 xy의 계수를 a라 하고, yz의
계수를 b라 하자. 이때 $a+b$의 값을 구하시오.

0493
•유형 11

다음 식을 간단히 하시오.

$$(2a-3b)^2-(2a+3b)^2$$

서술형 문제

0494
·유형 04

혜원이는 $(x+2)(x+6)$을 전개하는데 2를 a로 잘못 보고 $x^2+13x+42$로 전개하였고, 성한이는 $(3x-4)(x+3)$을 전개하는데 $3x-4$에서 x의 계수 3을 b로 잘못 보고 $bx^2-13x-12$로 전개하였다. 상수 a, b에 대하여 $a-b$의 값을 구하시오. (단, 풀이 과정을 자세히 쓰시오.)

> ☑ 필요 개념 및 공식
> □ $(x+a)(x+b)$의 전개　　　□ $(ax+b)(cx+d)$의 전개

풀이

답

0495
·유형 06

다음 식을 계산하시오. (단, 풀이 과정을 자세히 쓰시오.)

(1) 101×99

(2) $(3+1)(3^2+1)(3^4+1)$

> ☑ 필요 개념 및 공식
> □ $(a+b)(a-b)$의 전개　　　□ 곱셈 공식을 이용한 수의 계산

풀이

답

0496
·유형 08

한 변의 길이가 $3a-1$인 정사각형이 있다. 이 정사각형의 가로의 길이는 3만큼 늘이고, 세로의 길이는 3만큼 줄여서 새로운 직사각형을 만들었다. 다음 물음에 답하시오.

(단, 풀이 과정을 자세히 쓰시오.)

(1) 새로운 직사각형의 넓이를 구하시오.

(2) 처음 정사각형과 새로운 직사각형의 넓이의 차를 구하시오.

> ☑ 필요 개념 및 공식
> □ $(a-b)^2$, $(ax+b)(cx+d)$의 전개　　　□ 다항식의 덧셈과 뺄셈
> □ 정사각형, 직사각형의 넓이를 구하는 공식

풀이

답

0497
·유형 07, 09

$x=\dfrac{2-\sqrt{3}}{2+\sqrt{3}}$, $y=\dfrac{2+\sqrt{3}}{2-\sqrt{3}}$일 때, x^2+y^2의 값을 구하시오.

(단, 풀이 과정을 자세히 쓰시오.)

> ☑ 필요 개념 및 공식
> □ 곱셈 공식을 이용한 분모의 유리화
> □ 곱셈 공식을 변형하여 식의 값 구하기

풀이

답

05 다항식의 인수분해(1)

05. 다항식의 인수분해(1)

1 인수분해

(1) **인수**: 하나의 다항식을 두 개 이상의 다항식의 곱으로 나타낼 때, 각각의 식을 처음 식의 인수라 한다.

(2) **인수분해**: 하나의 다항식을 두 개 이상의 인수의 곱으로 나타내는 것을 그 다항식을 인수분해한다고 한다. 인수분해는 전개를 거꾸로 한 과정이다.

> [예] $x^2+3x+2 \xrightarrow[\text{전개}]{\text{인수분해}} (x+1)(x+2)$
> 합의 모양 ⠀⠀⠀⠀ 곱의 모양
>
> ① x^2+3x+2를 인수분해하면 $(x+1)(x+2)$이다.
> ② $1, x+1, x+2, (x+1)(x+2)$는 모두 x^2+3x+2의 인수이다.

• **공통인 인수를 이용한 인수분해**
다항식의 각 항에서 공통인 인수가 있을 때는 분배법칙을 이용하여 공통인 인수를 묶어 내어 인수분해한다.
➡ $ma+mb=m(a+b)$
⠀⠀⠀⠀⠀↑ 공통인 인수

2 인수분해 공식 ①, ②

(1) **인수분해 공식①**: $a^2 \pm 2ab+b^2$

① $a^2+2ab+b^2=(a+b)^2$ ⠀⠀⠀ ② $a^2-2ab+b^2=(a-b)^2$

> [예] ① $x^2+6x+9=(x+3)^2$ ⠀⠀⠀ ② $x^2-8x+16=(x-4)^2$

인수분해 공식
• $a^2 \pm 2ab+b^2=(a\pm b)^2$
곱셈 공식 ⠀ (복호동순)

(2) **완전제곱식**

① **완전제곱식**: 다항식의 제곱으로 된 식 또는 그 식에 상수를 곱한 식

> [예] $(a+1)^2, 2(a-b)^2, -3(2x-3y)^2$

② x^2+ax+b가 완전제곱식이 될 조건

• b의 조건: $b=\left(\dfrac{a}{2}\right)^2$ ⠀⠀⠀ • a의 조건: $a=\pm 2\sqrt{b}$ (단, $b>0$)

> [참고] • $x^2+ax+b=x^2+2\times x\times \dfrac{a}{2}+\left(\dfrac{a}{2}\right)^2=\left(x+\dfrac{a}{2}\right)^2 \Rightarrow b=\left(\dfrac{a}{2}\right)^2$
> • $x^2+ax+b=x^2+2\times x\times(\pm\sqrt{b})+(\pm\sqrt{b})^2=(x\pm\sqrt{b})^2$ (복호동순) $\Rightarrow a=\pm 2\sqrt{b}$

(3) **인수분해 공식②**: a^2-b^2

$$a^2-b^2=(a+b)(a-b)$$

> [예] $x^2-16=x^2-4^2=(x+4)(x-4), \ 4x^2-y^2=(2x)^2-y^2=(2x+y)(2x-y)$
> 제곱의 차 ⠀ 합 ⠀ 차

인수분해 공식
• $a^2-b^2=(a+b)(a-b)$
곱셈 공식

3 인수분해 공식 ③, ④

(1) **인수분해 공식③**: $x^2+(a+b)x+ab$

$$x^2+(a+b)x+ab=(x+a)(x+b)$$

> [예] 다항식 x^2+4x+3을 인수분해하여 보자.
> 곱이 3, 합이 4인 두 정수는 1, 3이므로
> $$x^2+4x+3=(x+1)(x+3)$$

(2) **인수분해 공식④**: $acx^2+(ad+bc)x+bd$

$$acx^2+(ad+bc)x+bd=(ax+b)(cx+d)$$

> [예] 다항식 $2x^2-7x+3$을 인수분해하여 보자.
>
> $\begin{array}{ccc} x & -3 & \to -6x \\ 2x & -1 & \to \underline{-x} \ (+ \\ & & -7x \end{array}$ ⠀ ➡ $2x^2-7x+3=(x-3)(2x-1)$

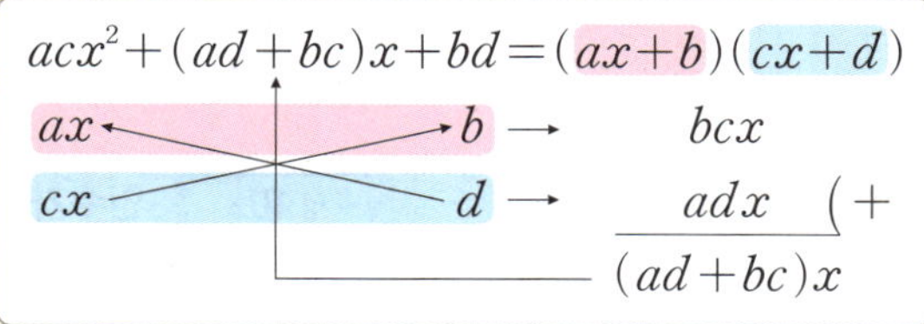

1 인수분해

[0498~0500] 다음 식을 인수분해하시오.

0498 x^2+x^3

0499 $6a^2-3ab$

0500 x^2y+xy^2-xy

[0501~0503] 다음 식을 인수분해하시오.

0501 $x(x-3)+2(x-3)$

0502 $x(x-2)+(2-x)$

0503 $(2x-y)(x-4)+(x+y)(x-4)$

2 인수분해 공식①, ②

[0504~0509] 다음 식을 인수분해하시오.

0504 $x^2+8x+16$ **0505** a^2-6a+9

0506 $x^2-x+\dfrac{1}{4}$ **0507** $4a^2+20a+25$

0508 $81a^2-18a+1$ **0509** $27x^2+18xy+3y^2$

[0510~0511] 다음은 주어진 식이 완전제곱식이 되도록 하는 양수 A의 값을 구하는 과정이다. $\square$ 안에 알맞은 것을 쓰시오.

0510 $x^2+4x+A=x^2+2\times x\times 2+\square^2$
$\qquad\qquad\qquad =(x+\square)^2$
$\qquad \Rightarrow A=\square^2=\square$

0511 $16x^2+Ax+25=(4x)^2+2\times\square\times 5+5^2$
$\qquad\qquad\qquad\quad =(4x+\square)^2$
$\qquad \Rightarrow A=2\times\square\times 5=\square$

[0512~0515] 다음 식을 인수분해하시오.

0512 x^2-9 **0513** $16a^2-25$

0514 $81a^2-\dfrac{25}{36}$ **0515** $-\dfrac{1}{4}x^2+169$

3 인수분해 공식③, ④

[0516~0517] 다음 $\square$ 안에 알맞은 수를 쓰고, 주어진 식을 인수분해하시오.

0516 x^2+5x+4
$\qquad \Rightarrow$ 곱이 4이고 합이 5인 두 정수: $\square$, $\square$
$\qquad \Rightarrow$ 인수분해: _______________

0517 $x^2-7x+10$
$\qquad \Rightarrow$ 곱이 10이고 합이 -7인 두 정수: $\square$, $\square$
$\qquad \Rightarrow$ 인수분해: _______________

[0518~0521] 다음 식을 인수분해하시오.

0518 x^2+x-6 **0519** $a^2-5a-14$

0520 $x^2-11x+30$ **0521** $x^2+8xy+7y^2$

[0522~0523] 다음 $\square$ 안에 알맞은 수나 식을 쓰고, 주어진 식을 인수분해하시오.

0522 $3x^2+4x+1=$ _______________

0523 $2x^2-5x+2=$ _______________

[0524~0527] 다음 식을 인수분해하시오.

0524 $3a^2+2a-5$

0525 $6a^2+11a+4$

0526 $8x^2-14xy+3y^2$

0527 $12x^2-7xy-10y^2$

유형 01 인수와 인수분해

(1) 인수: 하나의 다항식을 두 개 이상의 다항식의 곱으로 나타낼 때, 이들 각각의 식
(2) 인수분해: 하나의 다항식을 두 개 이상의 인수의 곱으로 나타내는 것

예 $x^2+4x+3 \underset{\text{전개}}{\overset{\text{인수분해}}{\rightleftarrows}} (x+1)(x+3)$

인수

0528 대표문제

다음 중 $x(x+1)(x-1)$의 인수가 <u>아닌</u> 것은?

① x ② $x+1$ ③ $x-1$
④ x^2+1 ⑤ x^2-1

0529 숫자 바꾼 대표문제

다음 |보기| 중 $a^2(a-2)$의 인수인 것을 모두 고르시오.

┌ 보기 ├
ㄱ. a　　　　ㄴ. $a-2$　　　　ㄷ. a^2+2
ㄹ. $a(a-2)$　　ㅁ. $a^2(a-2)$　　ㅂ. $(a-2)^2$

0530

다음 식에 대한 설명으로 옳은 것은?

$$xy(x+2y) \underset{\text{ⓛ}}{\overset{\text{㉠}}{\rightleftarrows}} x^2y+2xy^2$$

① ㉠의 과정을 인수분해라 한다.
② ⓛ의 과정을 전개라 한다.
③ x^2y, $2xy^2$의 공통인 인수는 x뿐이다.
④ ㉠의 과정에서 결합법칙이 이용된다.
⑤ x^2y+2xy^2은 $xy(x+2y)$의 인수이다.

유형 02 공통인 인수를 이용한 인수분해

각 항에서 공통인 인수를 찾아 공통인 인수로 묶어 내어 인수분해한다.

➡ $mx+my+mz=m(x+y+z)$

공통인 인수

0531 대표문제

$5ab+10b^2$을 인수분해하면?

① $b(5a+2b)$ ② $5b(a+2b)$
③ $5a+10b$ ④ $5ab(1+2b)$
⑤ $ab(5+2b)$

0532 조건 바꾼 대표문제

다음 중 x^3+3x^2y의 인수가 <u>아닌</u> 것은?

① x ② x^2 ③ x^3+3y
④ x^2+3xy ⑤ x^3+3x^2y

0533

다음 식을 인수분해하시오.

(1) $x(a-b)-y(b-a)$
(2) $(x+1)(a-3b)+(a-3b)$

0534

$(x+1)(x-3)-3(x-3)$이 x의 계수가 1인 두 일차식의 곱으로 인수분해된다. 이때 이 두 일차식의 합을 구하시오.

유형 03 $a^2 \pm 2ab + b^2$의 인수분해

(1) $a^2 + 2ab + b^2 = (a+b)^2$
　　　　　　같은 부호

(2) $a^2 - 2ab + b^2 = (a-b)^2$
　　　　　　같은 부호

[참고] $(a+b)^2$, $2(a-b)^2$과 같이 다항식의 제곱으로 된 식 또는 그 식에 상수를 곱한 식을 완전제곱식이라 한다.

0535 대표문제

$9y^2 - 24y + 16$을 인수분해하면?

① $(3y-8)^2$ 　　② $(3y-6)^2$ 　　③ $(3y-4)^2$

④ $(3y+4)^2$ 　　⑤ $(3y+8)^2$

0536 숫자 바꾼 대표문제

다음 중 옳지 <u>않은</u> 것은?

① $x^2 - 14x + 49 = (x-7)^2$

② $a^2 + a + \dfrac{1}{4} = \left(a + \dfrac{1}{2}\right)^2$

③ $16a^2 - 8ab + b^2 = (4a-b)^2$

④ $\dfrac{1}{5}a^2 + \dfrac{6}{5}ab + \dfrac{9}{5}b^2 = \dfrac{1}{5}(a+3b)^2$

⑤ $-3x^2 + 12xy - 12y^2 = -3(x+2y)^2$

0537

다음 중 완전제곱식으로 인수분해될 수 <u>없는</u> 것은?

① $x^2 - 4x - 4$ 　　② $9a^2 + 6a + 1$

③ $16y^2 + 24y + 9$ 　　④ $x^2 - \dfrac{2}{3}x + \dfrac{1}{9}$

⑤ $25x^2 + 5xy + \dfrac{1}{4}y^2$

0538

$\dfrac{1}{16}x^2 - 2x + a$가 $\left(\dfrac{1}{4}x + b\right)^2$으로 인수분해될 때, 상수 a, b에 대하여 $a+b$의 값을 구하시오.

유형 04 완전제곱식이 될 조건

(1) $x^2 + ax + b \ (b>0)$가 완전제곱식이 될 조건

① $b = \left(\dfrac{a}{2}\right)^2$ 　　　② $a = \pm 2\sqrt{b}$

(2) $Ax^2 + Bx + C \ (A>0, C>0)$가 완전제곱식이 될 조건

➡ $Ax^2 + Bx + C = (\sqrt{A}x)^2 + Bx + (\sqrt{C})^2$에서
　$B = \pm 2\sqrt{AC}$

0539 대표문제

다음 중 $x^2 + ax + 36$이 완전제곱식이 되도록 하는 상수 a의 값을 모두 고르면? (정답 2개)

① -12 　　② -6 　　③ 6

④ 12 　　⑤ 18

0540 조건 바꾼 대표문제

$81x^2 + 36x + \square$가 완전제곱식이 되도록 하는 $\square$ 안의 알맞은 수를 구하시오.

0541

다음 두 다항식이 모두 완전제곱식이 되도록 하는 상수 A, B에 대하여 $A+B$의 값을 구하시오. (단, $B>0$)

$$4x^2 + 8x + A, \qquad x^2 + Bx + \dfrac{9}{4}$$

0542

$(2x-1)(2x+3) - k$가 완전제곱식이 되도록 하는 상수 k의 값을 구하시오.

유형 05 근호 안이 완전제곱식으로 인수분해되는 식

근호 안이 완전제곱식으로 인수분해되면 근호를 없앨 수 있다.

❶ 근호 안을 완전제곱식으로 인수분해하여 $\sqrt{A^2}$의 꼴로 만든다.

❷ A의 부호를 판단한다.

❸ $\sqrt{A^2} = \begin{cases} A & (A \geq 0) \\ -A & (A < 0) \end{cases}$ 임을 이용하여 근호를 없앤다.

예 $0 < x < 2$일 때, $x - 2 < 0$이므로
$$\sqrt{x^2 - 4x + 4} = \sqrt{(x-2)^2} = -(x-2) = -x + 2$$

0543 대표문제

$-1 < x < 1$일 때, $\sqrt{x^2 - 2x + 1} + \sqrt{x^2 + 2x + 1}$을 간단히 하면?

① -2 ② 0 ③ 2

④ $2x$ ⑤ $-2x - 2$

0544 숫자 바꾼 대표문제

$-5 < x < 4$일 때, $\sqrt{x^2 + 10x + 25} + \sqrt{x^2 - 8x + 16}$을 간단히 하시오.

0545

$b < 0 < a$일 때, $\sqrt{b^2 - 2ab + a^2} - \sqrt{b^2 - 2b + 1}$을 간단히 하시오.

0546

$0 < a < 1$일 때, 다음 식을 간단히 하면?

$$\sqrt{\left(a + \frac{1}{a}\right)^2 - 4} + \sqrt{\left(a - \frac{1}{a}\right)^2 + 4}$$

① $-2a$ ② $-\dfrac{2}{a}$ ③ 0

④ $2a$ ⑤ $\dfrac{2}{a}$

유형 06 $a^2 - b^2$의 인수분해

$$\underset{\text{제곱의 차}}{a^2 - b^2} = (\underset{\text{합}}{a+b})(\underset{\text{차}}{a-b})$$

예 $x^2 - 4 = x^2 - 2^2 = (x+2)(x-2)$

0547 대표문제

다음 중 옳은 것은?

① $x^2 + 16 = (x+4)(x-4)$

② $-x^2 - 1 = (x+1)(x-1)$

③ $-x^2 + 49 = (x+7)(x-7)$

④ $a^2 - \dfrac{1}{a^2} = \left(a - \dfrac{1}{a}\right)^2$

⑤ $\dfrac{16}{9}x^2 - 4y^2 = \left(\dfrac{4}{3}x + 2y\right)\left(\dfrac{4}{3}x - 2y\right)$

0548 표현 바꾼 대표문제

$-8x^2 + 18y^2 = a(bx + cy)(bx - cy)$일 때, 정수 a, b, c에 대하여 $a + b + c$의 값을 구하시오. (단, $b > 0$, $c > 0$)

0549

$25x^2 - 9$는 x의 계수가 1이 아닌 자연수이고 상수항이 정수인 두 일차식의 곱으로 인수분해된다. 이때 이 두 일차식의 합을 구하시오.

0550

다음 중 $x^8 - 1$의 인수가 <u>아닌</u> 것을 모두 고르면? (정답 2개)

① $x - 1$ ② $x + 1$ ③ $x^4 + 1$

④ $x^6 + 1$ ⑤ $x^2 + x + 1$

유형 07 $x^2+(a+b)x+ab$의 인수분해

$x^2+(a+b)x+ab$를 인수분해할 때는 합이 일차항의 계수, 곱이 상수항이 되는 두 정수를 찾는다.

두 수의 곱
$$x^2+(a+b)x+ab=(x+a)(x+b)$$
두 수의 합

예 x^2-3x+2에서 합이 -3, 곱이 2인 두 정수는 -1, -2이므로
$$x^2-3x+2=(x-1)(x-2)$$

0551 대표문제

$x^2+9x+20$이 $(x+a)(x+b)$로 인수분해될 때, 상수 a, b에 대하여 $a-b$의 값을 구하시오. (단, $a>b$)

0552 표현 바꾼 대표문제

다음 중 옳지 <u>않은</u> 것은?

① $x^2-6x-7=(x+1)(x-7)$
② $x^2+2x-15=(x-3)(x+5)$
③ $x^2+9x-36=(x-3)(x+12)$
④ $x^2-4xy-12y^2=(x-2y)(x+6y)$
⑤ $x^2+8xy+7y^2=(x+y)(x+7y)$

0553

$(x+4)(x-6)-8x$를 인수분해하시오.

0554

$x^2+ax+24=(x-3)(x+b)$일 때, 상수 a, b에 대하여 $a+b$의 값을 구하시오.

0555

다음은 가로줄의 다항식과 세로줄의 다항식을 곱하여 서로 만나는 칸에 답을 적는 다항식 퍼즐이다. 이때 ㉠, ㉡에 들어갈 다항식을 구하시오.

×	$x+1$	
㉠	x^2+3x+2	㉡
$x-1$	x^2-1	$x^2-10x+9$

0556

$x^2+mx-12=(x+a)(x+b)$일 때, 다음 중 상수 m의 값이 될 수 <u>없는</u> 것은? (단, a, b는 정수)

① -11 ② -4 ③ -1
④ 2 ⑤ 11

유형 08 $acx^2+(ad+bc)x+bd$의 인수분해

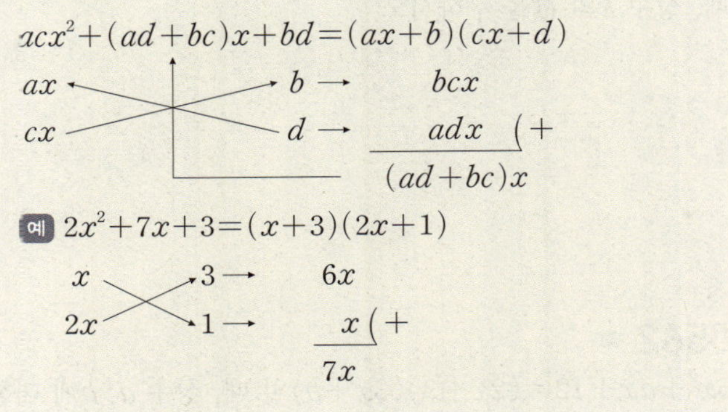

$$acx^2+(ad+bc)x+bd=(ax+b)(cx+d)$$

예 $2x^2+7x+3=(x+3)(2x+1)$

0557 대표문제

$3x^2+7x+4$가 $(ax+1)(3x+b)$로 인수분해될 때, 상수 a, b에 대하여 $a-b$의 값을 구하시오.

0558 숫자 바꾼 대표문제

$12x^2-17xy-5y^2=(ax+by)(cx+y)$일 때, 정수 a, b, c에 대하여 $a+b+c$의 값을 구하시오.

0559

다음 중 $3x+2$를 인수로 갖지 <u>않는</u> 다항식은?

① $3x^2-x-2$ 　　② $6x^2-5x-6$

③ $9x^2+27x+14$ 　　④ $12x^2-2x-4$

⑤ $15x^2-2x-8$

0560 　서술형

x의 계수가 자연수이고 상수항이 정수인 두 일차식의 곱이 $8x^2+10x-25$일 때, 이 두 일차식의 합을 구하시오.

(단, 풀이 과정을 자세히 쓰시오.)

0561

$2x^2+(3k-2)x-15$가 $(x+5)(2x-3)$으로 인수분해될 때, 상수 k의 값을 구하시오.

0562

$6x^2+ax+12=(2x+3)(3x+b)$일 때, 상수 a, b에 대하여 $a+b$의 값은?

① -13 　　② 4 　　③ 13

④ 17 　　⑤ 21

0563

$2ab^2+9ab-18a$를 인수분해하시오.

유형 09 인수분해 공식의 종합

(1) $a^2+2ab+b^2=(a+b)^2$, $a^2-2ab+b^2=(a-b)^2$

(2) $a^2-b^2=(a+b)(a-b)$

(3) $x^2+(a+b)x+ab=(x+a)(x+b)$

(4) $acx^2+(ad+bc)x+bd=(ax+b)(cx+d)$

0564 　대표문제

다음 중 옳지 <u>않은</u> 것을 모두 고르면? (정답 2개)

① $x^2y-2xy^2=xy(x-2y)$

② $4x^2-49y^2=(2x+7y)(2x-7y)$

③ $4x^2-2x+\dfrac{1}{4}=2\left(x-\dfrac{1}{4}\right)^2$

④ $x^2-5xy+4y^2=(x-y)(x-4y)$

⑤ $3a^2-5a-2=(a+2)(3a-1)$

0565 　표현 바꾼 대표문제

다음 중 □ 안에 알맞은 수가 가장 큰 것은?

① $x^2+14xy+49y^2=(x+\square y)^2$

② $x^2-8xy+12y^2=(x-2y)(x-\square y)$

③ $3x^2+5x-2=(x+2)(3x-\square)$

④ $9a^2-6ab+b^2=(\square a-b)^2$

⑤ $25a^2-16b^2=(5a+4b)(5a-\square b)$

0566

다음 |보기| 중 $x+2$를 인수로 갖는 것을 모두 고르시오.

보기

ㄱ. $2x^2+4x$ 　　ㄴ. x^2-4

ㄷ. $2x^2-8x+8$ 　　ㄹ. $x^2+8x-20$

ㅁ. $3x^2+10x+8$

유형 10 인수가 주어진 이차식에서 미지수의 값 구하기

일차식 $mx+n$이 이차식 ax^2+bx+c의 인수이면

$$ax^2+bx+c=\underset{\text{주어진 인수}}{(mx+n)}\underset{\text{나머지 인수}}{(\square x+\triangle)}$$

임을 이용하여 미지수의 값을 구한다.

0567 대표문제

$x+1$이 $4x^2+ax-5$의 인수일 때, 상수 a의 값은?

① -5 ② -1 ③ 0

④ 1 ⑤ 4

0568 표현 바꾼 대표문제

$2x^2+ax-6$이 $x-3$으로 나누어떨어질 때, 상수 a의 값을 구하시오.

0569

$x-1$이 두 다항식 x^2-4x+a, $2x^2+bx-9$의 공통인 인수일 때, 상수 a, b에 대하여 $a+b$의 값은?

① -10 ② -5 ③ 0

④ 5 ⑤ 10

0570

다음 세 이차식은 일차항의 계수가 자연수인 일차식을 공통인 인수로 갖는다. 이때 상수 a의 값을 구하시오.

$$2x^2+ax-5, \qquad 4x^2-1, \qquad 6x^2-x-2$$

유형 11 계수 또는 상수항을 잘못 보고 인수분해한 경우

잘못 보고 인수분해한 식을 전개했을 때,

(1) x^2+ax+b의 x의 계수를 잘못 본 경우
상수항을 제대로 보았으므로 $x^2+\bigcirc x+b$

(2) x^2+cx+d의 상수항을 잘못 본 경우
x의 계수를 제대로 보았으므로 $x^2+cx+\triangle$

➡ (1), (2)에서 처음 이차식은 x^2+cx+b

0571 대표문제

x^2의 계수가 1인 어떤 이차식을 동수는 x의 계수를 잘못 보고 $(x-1)(x+3)$으로 인수분해하였고, 민지는 상수항을 잘못 보고 $(x-4)(x+2)$로 인수분해하였다. 처음 이차식을 바르게 인수분해하려고 할 때, 다음 물음에 답하시오.

(1) 처음 이차식의 상수항을 구하시오.

(2) 처음 이차식의 x의 계수를 구하시오.

(3) 처음 이차식을 바르게 인수분해하시오.

0572 조건 바꾼 대표문제

x^2의 계수가 2인 어떤 이차식을 상미는 x의 계수를 잘못 보고 $(x+1)(2x-3)$으로 인수분해하였고, 지훈이는 상수항을 잘못 보고 $(x-4)(2x+3)$으로 인수분해하였다. 이때 처음 이차식을 바르게 인수분해하면?

① $(x-1)(2x+3)$ ② $(x+1)(2x-3)$

③ $(x+3)(2x-1)$ ④ $(x-3)(2x+1)$

⑤ $(x-2)(2x+3)$

0573

어떤 이차식을 인수분해하는데 진주는 상수항만 잘못 보고 $(2x+1)(4x-3)$으로 인수분해하였고, 민이는 x^2의 계수만 잘못 보고 $(6x+1)(4x-1)$로 인수분해하였다. 이때 처음 이차식을 바르게 인수분해하시오.

: REAL **실전 업**

0574

· 유형 01

다음 중 $a+5$를 인수로 갖지 <u>않는</u> 것은?

① $a+5$ ② $a(a+5)$

③ $(a+5)(a-5)$ ④ $(a+5)+2$

⑤ $(a+5)^2$

0575

· 유형 02

다음 중 옳은 것을 모두 고르면? (정답 2개)

① $3a-3b=3(a-3b)$

② $6x^2+2xy=2x(3x+xy)$

③ $2x^2y-4xy^2=2xy(x-2y)$

④ $x-x^2+x^2y=x(-x+xy)$

⑤ $ab+a^2b^2-2a^3b=ab(1+ab-2a^2)$

0576

· 유형 02

다음 |보기| 중 $a(2x+y)-b(-2x-y)$의 인수인 것의 개수는?

┤ 보기 ├

ㄱ. $a+b$ ㄴ. $a-b$ ㄷ. xy

ㄹ. $2x+y$ ㅁ. $a(2x+y)$ ㅂ. $-b(-2x-y)$

① 1개   ② 2개   ③ 3개

④ 4개   ⑤ 5개

0577

· 유형 03

$25x^2-30x+9$가 $(ax+b)^2$으로 인수분해될 때, 정수 a, b에 대하여 $a-b$의 값을 구하시오. (단, $a>0$)

0578

· 유형 04

다음 식이 모두 완전제곱식으로 인수분해될 때, ☐ 안에 알맞은 수 중 그 절댓값이 가장 큰 것은?

① a^2-3a+☐   ② a^2+☐$a+1$

③ a^2+☐$a+\dfrac{1}{4}$ ④ ☐a^2-4a+1

⑤ a^2+ab+☐b^2

0579

· 유형 05

$A=\sqrt{x^2+4x+4}-\sqrt{x^2-6x+9}$에 대하여 다음 |보기| 중 옳은 것을 모두 고르시오.

┤ 보기 ├

ㄱ. $x<-2$이면 $A=-5$

ㄴ. $-2\leq x<3$이면 $A=2x-1$

ㄷ. $x>3$이면 $A=-2x+1$

0580

· 유형 06

$a^2(x-y)+b^2(y-x)$를 인수분해하면?

① $(x-y)(a^2+b^2)$

② $(y-x)(a^2+b^2)$

③ $(x-y)(a+b)^2$

④ $(x-y)(a+b)(a-b)$

⑤ $(y-x)(a+b)(a-b)$

0581 창의력+ ·유형 06

어떤 직각삼각형에서 가장 긴 변의 길이와 다른 한 변의 길이의 합이 18이고 차가 8일 때, 인수분해를 이용하여 이 직각삼각형의 나머지 한 변의 길이를 구하시오.

0582 ·유형 07

$x^2-4x-12$를 x의 계수가 1인 두 일차식의 곱으로 나타낼 수 있을 때, 이 두 일차식의 합을 구하시오.

0583 ·유형 07

$(a+b)(x^2-21)-4(a+b)x$를 인수분해하시오.

0584 ·유형 07

$x^2+8x+k=(x+a)(x+b)$일 때, 상수 k의 최댓값을 구하시오. (단, a, b는 자연수)

0585 ·유형 08

$5x^2+(3a-5)x-24$를 인수분해하면 $(x-4)(5x+b)$일 때, 상수 a, b에 대하여 $a+b$의 값은?

① -9 ② -3 ③ 0

④ 3 ⑤ 9

0586 ·유형 08

세 항 a, b, c에 대하여 $[a, b, c]=(a-b)(a+c)$로 약속할 때, 다음 식을 인수분해하시오.

$$[3x, 6, -2]-[2, x, 3x]$$

0587 창의력+ ·유형 08

다음 그림의 미로는 현재 위치의 다항식과 공통인 인수가 있는 다항식의 방향으로만 이동할 수 있다. 입구에서 출발하여 이동하는 동안 지나지 않는 칸에 적힌 다항식의 개수와 나오는 출구를 차례로 나열한 것은?

(단, 이동은 아래, 오른쪽 방향으로만 가능하다.)

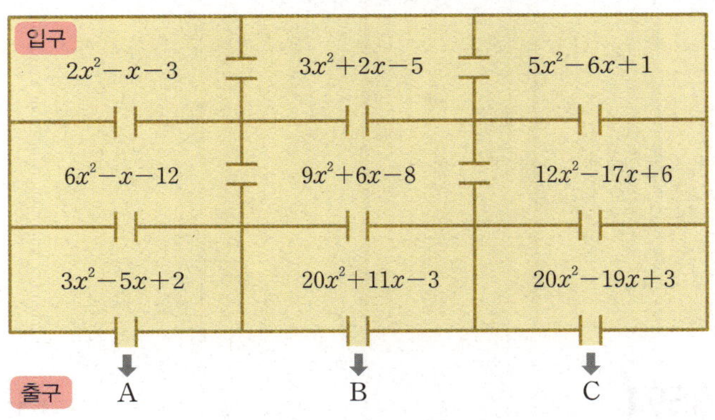

① 6개, A ② 5개, B ③ 4개, B

④ 3개, C ⑤ 4개, C

0588
•유형 09

다음 중 옳지 <u>않은</u> 것을 모두 고르면? (정답 2개)

① $3x+6xy=3x(1+2y)$
② $2x^2+8x+8=2(x+2)^2$
③ $-4x^2+y^2=(2x-y)(-2x+y)$
④ $x^2y-3xy-28y=y(x+4)(x-7)$
⑤ $3x^2+xy-4y^2=(x+y)(3x-4y)$

0589
•유형 09

다음 네 다항식의 공통인 인수가 $ax+b$일 때, 정수 a, b에 대하여 ab의 값을 구하시오. (단, $a>0$)

$$x^2-5x, \quad 2x^2-50, \quad x^2-10x+25, \quad x^2-2x-15$$

0590
•유형 10

x^2+9x+a가 $x+4$를 인수로 가질 때, 일차식인 다른 한 인수와 상수 a의 값을 차례로 구하시오.

0591
•유형 10

두 다항식 x^2+kx+4, x^2+2x-3은 x의 계수가 1인 일차식을 공통인 인수로 갖는다. 이때 정수 k의 값을 구하시오.

서술형 문제

0592
•유형 07

다항식 $x^2+kx-10$이 x의 계수가 1이고 상수항이 정수인 두 일차식의 곱으로 인수분해될 때, 상수 k의 개수를 구하시오. (단, 풀이 과정을 자세히 쓰시오.)

☑ **필요 개념 및 공식**
□ $x^2+(a+b)x+ab$의 인수분해

풀이

답

0593
•유형 11

x에 대한 이차식 x^2+Ax+B를 수미는 x의 계수를 잘못 보고 $(x+1)(x-10)$으로 인수분해하였고, 신영이는 상수항을 잘못 보고 $(x+6)(x-3)$으로 인수분해하였다. 이때 처음 이차식 x^2+Ax+B를 바르게 인수분해하시오.

(단, A, B는 상수이고, 풀이 과정을 자세히 쓰시오.)

☑ **필요 개념 및 공식**
□ 계수 또는 상수항을 잘못 보고 인수분해한 경우
□ $x^2+(a+b)x+ab$의 인수분해

풀이

답

06 다항식의 인수분해(2)

06. 다항식의 인수분해(2)

1 인수분해 공식을 이용한 계산

(1) 수의 계산

인수분해 공식을 이용할 수 있도록 수의 모양을 바꾸어 계산한다.

① 공통인 인수로 묶기 ➡ $ma+mb=m(a+b)$

> [예] $12\times11+12\times19=12\times(11+19)=12\times30=360$

② 완전제곱식 이용하기 ➡ $a^2+2ab+b^2=(a+b)^2,\ a^2-2ab+b^2=(a-b)^2$

> [예] $47^2+2\times47\times3+3^2=(47+3)^2=50^2=2500$

③ 제곱의 차 이용하기 ➡ $a^2-b^2=(a+b)(a-b)$

> [예] $94^2-6^2=(94+6)(94-6)=100\times88=8800$

(2) 식의 값 구하기

주어진 식을 인수분해한 후 수나 식을 대입한다.

> [예] $x=99$일 때, x^2+2x+1의 값을 구하면
> ➡ $x^2+2x+1=(x+1)^2=(99+1)^2=100^2=10000$

- 식에 주어진 값을 바로 대입하여 구할 수도 있지만 식을 인수분해한 후 대입하면 계산이 더 편리하다.

2 복잡한 식의 인수분해

(1) 공통인 인수가 있으면 공통인 인수로 묶어 낸다.

> [예] $2a^3b-8a^2b+6ab=2ab(a^2-4a+3)$
> $=2ab(a-1)(a-3)$

(2) 공통부분이 있으면 공통부분을 한 문자로 치환한다.

> [예] $(x-2y-1)(x-2y-2)-6=(A-1)(A-2)-6$ ← 공통부분을 A로 놓는다.
> $=A^2-3A-4$
> $=(A+1)(A-4)$
> $=(x-2y+1)(x-2y-4)$ ← A에 $x-2y$를 대입한다.

- 공통부분이 한 개이면 한 문자로, 두 개이면 서로 다른 두 문자로 치환한다.

(3) 항이 여러 개 있으면 적당한 항끼리 묶는다.

① 공통인 인수가 생기도록 (2항)+(2항)으로 묶는다.

> [예] $xy+x-y-1=x(y+1)-(y+1)=(x-1)(y+1)$

② A^2-B^2의 꼴이 되도록 (3항)+(1항) 또는 (1항)+(3항)으로 묶는다.

> [예] $x^2+2x-y^2+1=(x^2+2x+1)-y^2=(x+1)^2-y^2$
> $=(x+1+y)(x+1-y)=(x+y+1)(x-y+1)$

(4) 항이 5개 이상이고, 문자가 2개 이상 있으면 차수가 낮은 한 문자에 대하여 내림차순으로 정리한다.

> [예] $x^2-xy-4x+5y-5=(5-x)y+x^2-4x-5=-(x-5)y+(x-5)(x+1)$
> $=(x-5)(-y+x+1)=(x-5)(x-y+1)$

- 다항식을 한 문자에 대하여 차수가 높은 항부터 낮은 항의 순서로 나열하는 것을 내림차순으로 정리한다고 한다.

1 인수분해 공식을 이용한 계산

[0594~0596] 다음은 인수분해 공식을 이용하여 수를 계산하는 과정이다. ☐ 안에 알맞은 수를 쓰시오.

0594 $35 \times 9 + 15 \times 9 = (\boxed{} + 15) \times 9$
$\qquad\qquad = \boxed{} \times 9 = \boxed{}$

0595 $23^2 + 2 \times 23 \times 7 + 7^2 = (\boxed{} + 7)^2$
$\qquad\qquad\qquad\qquad = \boxed{}^2 = \boxed{}$

0596 $45^2 - 35^2 = (\boxed{} + 35)(45 - \boxed{})$
$\qquad\qquad = \boxed{} \times \boxed{} = \boxed{}$

[0597~0602] 인수분해 공식을 이용하여 다음을 계산하시오.

0597 $5 \times 87 + 5 \times 13$

0598 $11 \times 83 - 23 \times 11$

0599 $56^2 + 2 \times 56 \times 14 + 14^2$

0600 $47^2 - 2 \times 47 \times 7 + 7^2$

0601 $76^2 - 24^2$

0602 $3 \times 29^2 - 3 \times 21^2$

[0603~0604] 다음은 인수분해 공식을 이용하여 식의 값을 구하는 과정이다. ☐ 안에 알맞은 것을 쓰시오.

0603 $x = 18$일 때, $x^2 + 2x$의 값

$$x^2 + 2x = x(\boxed{})$$
$$= 18 \times (18 + \boxed{})$$
$$= 18 \times \boxed{} = \boxed{}$$

0604 $x = \sqrt{3} - \sqrt{2}$, $y = \sqrt{3} + \sqrt{2}$일 때, $x^2 - 2xy + y^2$의 값

$$x^2 - 2xy + y^2 = (\boxed{})^2$$
$$= \{(\sqrt{3} - \sqrt{2}) - (\boxed{})\}^2$$
$$= (\boxed{})^2 = \boxed{}$$

[0605~0606] 인수분해 공식을 이용하여 다음을 구하시오.

0605 $x = 97$일 때, $x^2 + 6x + 9$의 값

0606 $x = 2 + \sqrt{5}$, $y = 4 - \sqrt{5}$일 때, $4x^2 - 4xy + y^2$의 값

2 복잡한 식의 인수분해

[0607~0609] 다음 식을 공통인 인수로 묶어 내어 인수분해하시오.

0607 $x^3 + 3x^2 + 2x$

0608 $a^3 - 9a$

0609 $2ax^2 - 10ax + 12a$

[0610~0613] 다음 식을 치환을 이용하여 인수분해하시오.

0610 $(x+3)^2 - 2(x+3) + 1$

0611 $(x+7)^2 - 16$

0612 $6(x-2)^2 + 7(x-2) - 3$

0613 $(x+y)(x+y-1) - 2$

[0614~0615] 다음 ☐ 안에 공통으로 들어갈 식을 구하시오.

0614 $x^2 + 4x + 4 - y^2 = (x^2 + 4x + 4) - y^2$
$\qquad\qquad\qquad\quad = (\boxed{})^2 - y^2$
$\qquad\qquad\qquad\quad = (\boxed{} + y)(\boxed{} - y)$

0615 $x^2 - 6x + 9 - 4y^2 = (x^2 - 6x + 9) - 4y^2$
$\qquad\qquad\qquad\qquad = (\boxed{})^2 - (2y)^2$
$\qquad\qquad\qquad\qquad = (\boxed{} + 2y)(\boxed{} - 2y)$

[0616~0617] 다음 식을 인수분해하시오.

0616 $x^2 - y^2 + x - y$

0617 $x^2 + y^2 - 2xy - 4$

: PATTERN 유형 마스터

유형 01 인수분해 공식을 이용한 수의 계산

(1) 복잡한 수를 계산할 때는 인수분해 공식을 이용하여 계산하면 편리하다.

예 $16^2-14^2=(16+14)(16-14)=30\times2=60$

(2) a^2-b^2의 꼴을 포함한 수를 계산할 때는 두 항씩 짝을 지어 인수분해 공식 $a^2-b^2=(a+b)(a-b)$를 이용한다.

0618 대표문제

인수분해 공식을 이용하여 $23^2-2\times23\times3+9$를 계산하면?

① 40 ② 200 ③ 325
④ 400 ⑤ 529

0619 표현바꾼 대표문제

다음 | 보기 | 중 $9\times31^2-18\times31+9$를 계산하는 데 알맞은 인수분해 공식을 모두 고르시오.

┌ 보기 ┐
ㄱ. $ma+mb=m(a+b)$
ㄴ. $a^2-2ab+b^2=(a-b)^2$
ㄷ. $a^2-b^2=(a+b)(a-b)$
ㄹ. $x^2+(a+b)x+ab=(x+a)(x+b)$

0620

$2920^2-80^2=3000\times\square$일 때, $\square$ 안에 알맞은 수를 구하시오.

0621 서술형

인수분해 공식을 이용하여 $\dfrac{326\times9+326\times7}{167^2-159^2}$을 계산하시오. (단, 풀이 과정을 자세히 쓰시오.)

0622

$4\times34^2+8\times34+4$가 어떤 자연수 a의 제곱일 때, a의 값을 구하시오.

0623

인수분해 공식을 이용하여 다음을 계산하시오.

$$1^2-2^2+3^2-4^2+5^2-6^2+7^2-8^2+9^2-10^2$$

0624

$\left(1-\dfrac{1}{2^2}\right)\left(1-\dfrac{1}{3^2}\right)\left(1-\dfrac{1}{4^2}\right)\times\cdots\times\left(1-\dfrac{1}{50^2}\right)$을 계산하면?

① $\dfrac{1}{50}$ ② $\dfrac{51}{50}$ ③ $\dfrac{1}{100}$
④ $\dfrac{51}{100}$ ⑤ $\dfrac{51}{200}$

유형 02 인수분해 공식을 이용하여 식의 값 구하기

❶ 구하는 식을 인수분해한다.
❷ 인수분해한 식에 문자의 값을 바로 대입하거나 변형하여 대입한다. 이때 분모에 무리수가 있으면 먼저 분모를 유리화하여 간단한 꼴로 나타낸 후 대입한다.

0625 대표문제

$x=7.25,\ y=2.25$일 때, $2x^2-4xy+2y^2$의 값을 구하시오.

0626 초건바꾼 **대표문제**

$x+y=3$, $x-y=\sqrt{5}$일 때, x^2-y^2의 값을 구하시오.

0627

$x=4-\sqrt{2}$일 때, x^2-3x-4의 값은?

① $-2-5\sqrt{2}$ ② $-2-3\sqrt{2}$ ③ $-2+3\sqrt{2}$
④ $2-5\sqrt{2}$ ⑤ $2+3\sqrt{2}$

0628 서술형

$x=\dfrac{1}{\sqrt{2}+1}$, $y=\dfrac{1}{\sqrt{2}-1}$일 때, x^3y-xy^3의 값을 구하시오. (단, 풀이 과정을 자세히 쓰시오.)

0629

$x=\dfrac{19}{5}$일 때, $\sqrt{x^2-8x+16}+\sqrt{4x^2+\dfrac{4}{5}x+\dfrac{1}{25}}$의 값을 구하시오.

0630

$3+\sqrt{2}$의 소수 부분을 a, 정수 부분을 b라 할 때, $\dfrac{b^2+4ab+4a^2}{a+2}$의 값은?

① 2 ② 4 ③ $2+\sqrt{2}$
④ $4-\sqrt{2}$ ⑤ $4+4\sqrt{2}$

유형 03 인수분해 공식의 도형에의 활용

길이, 넓이, 부피를 구하는 공식을 이용하여 식을 세운 다음 인수분해하여 다항식의 곱으로 나타낸다.

0631 , **대표문제**

오른쪽 그림과 같이 가로의 길이가 $3x+2$, 넓이가 $6x^2+7x+2$인 직사각형이 있다. 이 직사각형의 둘레의 길이를 구하시오.

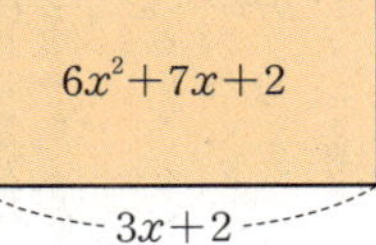

0632 도형바꾼 **대표문제**

오른쪽 그림과 같은 사다리꼴의 넓이가 $3a^2+5a-2$일 때, 이 사다리꼴의 높이를 구하시오.

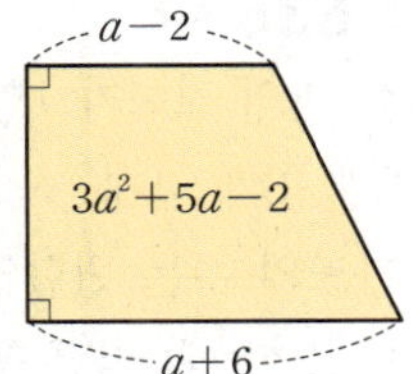

0633

다음 그림과 같이 넓이가 각각 x^2, x, 1인 세 종류의 대수 막대가 있다. 넓이가 x^2인 대수 막대 2개, 넓이가 x인 대수 막대 5개, 넓이가 1인 대수 막대 2개를 모두 사용하여 새로운 직사각형을 만들려고 한다. 이때 새로 만든 직사각형의 넓이를 x의 계수와 상수항이 자연수인 두 일차식의 곱으로 나타내시오.

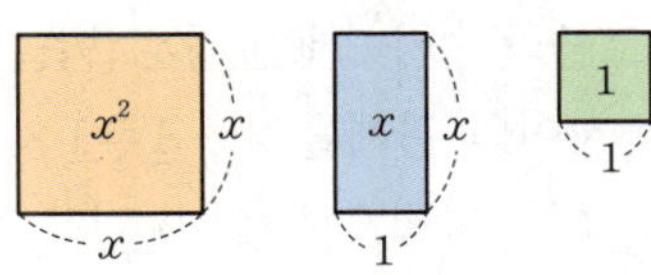

0634

다음 그림과 같은 두 도형 A, B의 넓이가 같을 때, 도형 A의 세로의 길이를 구하시오.

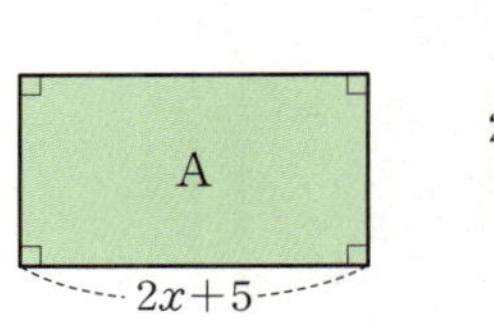

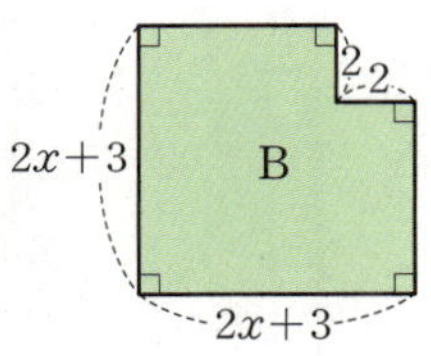

0635

오른쪽 그림과 같이 한 변의 길이가 각각 $x\,\text{cm}$, $y\,\text{cm}$인 두 정사각형 모양의 카드가 있다. 두 카드의 둘레의 길이의 합이 $100\,\text{cm}$이고 넓이의 차가 $125\,\text{cm}^2$일 때, 두 카드의 한 변의 길이의 차를 구하시오. (단, $x>y$)

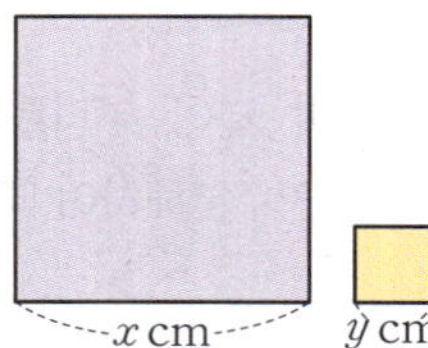

新 유형

0636

한 변의 길이가 1인 정사각형 모양의 카드를 가로줄의 수를 2개, 3개, 4개, …로 달리하여 [방법 1]과 같이 배열하였다. 카드의 수는 변함없이 카드의 배열을 [방법 2]와 같이 바꾼다고 할 때, 다음 물음에 답하시오.

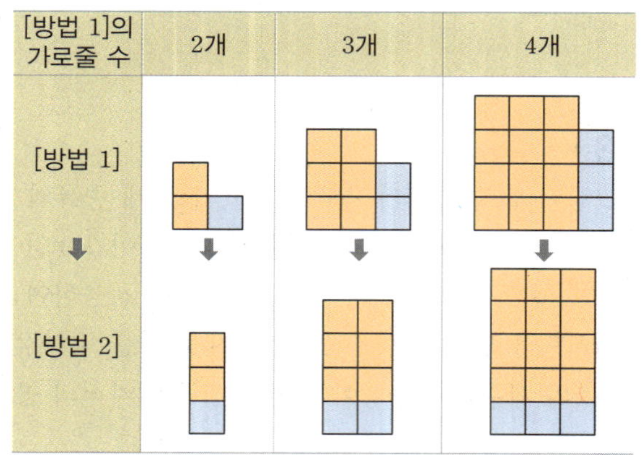

(1) [방법 1]의 가로줄의 수가 2개인 경우 [방법 1]과 [방법 2]의 카드의 수 사이의 관계를 $2^2-1=1\times3$으로 나타낼 수 있다. 이와 같은 방법으로 [방법 1]의 가로줄의 수가 3개, 4개인 경우 각각에 대하여 [방법 1]과 [방법 2]의 카드의 수 사이의 관계를 나타내시오.

(2) [방법 1]의 가로줄의 수가 a개인 경우에 대하여 [방법 1]과 [방법 2]의 카드의 수 사이의 관계를 a를 사용한 식으로 나타내시오. (단, $a>1$)

유형 04 공통인 인수로 묶어 인수분해하기

❶ 공통인 인수를 찾는다.
❷ 분배법칙을 이용하여 공통인 인수로 묶는다.
❸ 인수분해 공식을 이용하여 인수분해한다.

예 $x(\underline{a^2-1})+y(\underline{a^2-1})=(a^2-1)(x+y)$
$\qquad\qquad\qquad\qquad\quad=(a+1)(a-1)(x+y)$

0637 대표문제

다음을 인수분해하시오.

(1) $a^2(x-y)+b^2(y-x)$

(2) $x^3+x^2-9(x+1)$

0638 표현 바꾼 대표문제

$y^2(x-4)-7y(x-4)+6(x-4)$를 인수분해하면 $(x+a)(y+b)(y+c)$일 때, 상수 a, b, c에 대하여 $a+b+c$의 값을 구하시오.

0639

다음 중 $x(x-y)-x+y-y(y-x)$의 인수인 것을 모두 고르면? (정답 2개)

① $x-y$ ② $x+y$ ③ $x+y-1$
④ $x-y+1$ ⑤ $x-y-1$

0640

다음 두 다항식의 공통인 인수는?

$$x^2(x+1)-9(x+1),\qquad 3x(x-1)-3(1-x)$$

① $x-3$ ② $x-1$ ③ $x+1$
④ $x+3$ ⑤ $x+4$

유형 05 치환을 이용한 인수분해 (1)

❶ 공통부분을 A로 치환한다.
❷ A에 대한 식을 인수분해한다.
❸ A에 원래의 식을 대입하여 정리한다.

예 $(x+1)^2+2(x+1)+1$
 $=A^2+2A+1$ ← $x+1=A$로 놓는다.
 $=(A+1)^2$ ← 인수분해한다.
 $=\{(x+1)+1\}^2$ ← $A=x+1$을 대입한다.
 $=(x+2)^2$ ← 정리한다.

0641 대표문제

$(x+5)^2-10(x+5)+16=(x+a)(x+b)$일 때, 상수 a, b에 대하여 ab의 값을 구하시오.

0642 숫자 바꾼 대표문제

$1-(x-y)^2$을 인수분해하시오.

0643

$3(x+y)(x+y+1)-6$을 인수분해하면?

① $3(x+y)^2$
② $3(x+2)(x-1)$
③ $3(x+y)(x+y-2)$
④ $3(x+y-1)(x+y+2)$
⑤ $3(x+y-2)(x+y+3)$

0644

다음 중 $2x^2(y-3)-8y+24$의 인수가 <u>아닌</u> 것은?

① $x+2$ ② $2y-2$
③ $x-2$ ④ $2y-6$
⑤ $xy-3x-2y+6$

0645 서술형

$(4x+3y)^2-2(4x+3y+1)+3=(ax+by-1)^2$일 때, 두 상수 a, b의 값을 각각 구하시오.

(단, 풀이 과정을 자세히 쓰시오.)

유형 06 치환을 이용한 인수분해 (2)

❶ 공통부분을 각각 A, B로 치환한다.
❷ A, B에 대한 식을 인수분해한다.
❸ A, B에 원래의 식을 대입하여 정리한다.

예 $(x+1)^2-(y+1)^2$
 $=A^2-B^2$ ← $x+1=A$, $y+1=B$로 놓는다.
 $=(A+B)(A-B)$
 $=\{(x+1)+(y+1)\}\{(x+1)-(y+1)\}$
 $=(x+y+2)(x-y)$

0646 대표문제

$(a+2b)^2-2(a+2b)(a-b)+(a-b)^2$을 인수분해하시오.

0647 표현 바꾼 대표문제

$(2x+1)^2-(x-3)^2=(3x+a)(x+b)$일 때, $a-b$의 값을 구하시오. (단, a, b는 상수)

0648

다음은 $(x+1)^2-(x+1)(-y+1)-20(y-1)^2$을 x의 계수가 1인 두 일차식의 곱으로 인수분해한 후 인수분해된 두 일차식의 합을 구하는 과정이다. $\square$ 안에 들어갈 식이 옳지 <u>않은</u> 것은?

$x+1=A$, $\boxed{①}=B$로 놓으면
$A^2+\boxed{②}-20B^2=(\boxed{③})(A+5B)$
이고, A, B에 원래의 식을 대입하면
$(\boxed{④})(x+5y-4)$이다.
따라서 인수분해된 두 일차식의 합은 $\boxed{⑤}$이다.

① $y-1$ ② AB ③ $A-4B$
④ $x-4y-5$ ⑤ $2x+y+1$

0649

두 항 a, b에 대하여 $a \star b = (a+b)^2$으로 약속할 때, $(2a \star b) - \{a \star (-b)\}$를 인수분해하시오.

유형 07 $(\ )(\ )(\ )(\ )+k$의 꼴의 인수분해  발전

❶ 두 일차식의 상수항의 합이 같아지도록 2개씩 묶어 전개한다.
❷ 공통부분을 치환하여 인수분해한다.
❸ 원래의 식에 대입하여 정리한다.

[예] $x(x+1)(x+2)(x+3)-3$
$= \{x(x+3)\}\{(x+1)(x+2)\}-3$
<u>상수항의 합이 3</u>
$= (x^2+3x)(x^2+3x+2)-3$
$= A(A+2)-3 \leftarrow x^2+3x=A$로 놓는다.
$= A^2+2A-3$
$= (A-1)(A+3) = (x^2+3x-1)(x^2+3x+3)$

0650 대표문제

$x(x-3)(x+3)(x+6)+72$를 인수분해하면?

① $(x-9)(x-8)$
② $x(x-3)(x+3)(x+6)$
③ $(x^2-3x-8)(x^2-3x-9)$
④ $(x^2+3x+4)(x^2+3x+18)$
⑤ $(x^2+3x-6)(x^2+3x-12)$

0651 숫자 바꾼 대표문제

다음 식을 인수분해하시오.

$$(x+1)(x+2)(x+5)(x+6)-12$$

0652

$x(x-2)(x+2)(x+4)+k$가 완전제곱식이 되도록 하는 상수 k의 값을 구하시오.

유형 08 항이 4개인 다항식의 인수분해 (1)

주어진 식의 항이 4개일 때,
두 항씩 묶어 공통부분이 생기면
➡ 공통인 인수로 묶어 내어 인수분해한다.

[예] $a^2b+a^2-b-1 = a^2(b+1)-(b+1)$
$= (b+1)(a^2-1)$
$= (b+1)(a+1)(a-1)$

0653 대표문제

$a^2-b^2+ac+bc$를 인수분해하면?

① $(a+b)(a-b)$
② $(a-b)(a+b+c)$
③ $(a-b)(a+b-c)$
④ $(a+b)(a-b+c)$
⑤ $(a+b)(a-b-c)$

0654 조건 바꾼 대표문제

다음 중 $x^2y^2-9x^2-y^2+9$의 인수가 <u>아닌</u> 것은?

① $x-1$
② $x+1$
③ $x+y+1$
④ $y-3$
⑤ $y+3$

0655

$x^2+x-2y-4y^2=(x+ay)(x+by+1)$일 때, 상수 a, b에 대하여 $b-a$의 값은?

① -4
② -2
③ 0
④ 2
⑤ 4

0656

$a^3-2a^2-16a+32$를 a의 계수가 1인 세 일차식의 곱으로 나타낼 때, 이 세 일차식의 합을 구하시오.

유형 09 항이 4개인 다항식의 인수분해 (2)

주어진 식의 항이 4개일 때,
두 항씩 묶어 공통부분이 생기지 않으면

➡ 완전제곱식으로 인수분해되는 3개의 항과 나머지 1개의
항을 A^2-B^2의 꼴로 변형하여 인수분해한다.

예 $a^2-b^2+2a+1=\underline{(a^2+2a+1)}-b^2$ ← 완전제곱식이 되도록 묶는다.
$\qquad\qquad\quad =(a+1)^2-b^2$
$\qquad\qquad\quad =(a+b+1)(a-b+1)$

0657 대표문제

$1-x^2-y^2+2xy$를 인수분해하면?

① $(1+x-y)(1-x+y)$ ② $(1+x-y)(1-x-y)$
③ $(1+x+y)(1-x-y)$ ④ $(1+x+y)(1-x+y)$
⑤ $(1+x)(1-x)(y^2+2xy)$

0658 조건 바꾼 대표문제

다음 중 $a^2-12ab+36b^2-1$의 인수인 것은?

① $a-b+3$ ② $a+b-3$ ③ $a-6b-1$
④ $a+6b+1$ ⑤ $a+12b-6$

0659

$4-4a^2-49b^2+28ab=X(2a-7b+2)$일 때, 다항식 X를
구하시오.

0660

다음 두 다항식의 공통인 인수는?

$$25x^2-15x-y^2+3y, \qquad 25x^2-9+10xy+y^2$$

① $5x-y$ ② $5x+y$ ③ $5x+y+3$
④ $5x-y-3$ ⑤ $5x+y-3$

유형 10 항이 5개 이상인 다항식의 인수분해 발전

주어진 식의 항이 5개 이상일 때,
❶ 차수가 가장 낮은 문자에 대하여 내림차순으로 정리한
다. 이때 차수가 모두 같으면 어느 한 문자에 대하여 내
림차순으로 정리한다.
❷ 공통인 인수로 묶어 내거나 인수분해 공식을 이용하여
인수분해한다.

예 $x^2+xy-2x+y-3$
$\quad =y(x+1)+x^2-2x-3$ ← y에 대하여 내림차순으로 정리한다.
$\quad =y(x+1)+(x+1)(x-3)$
$\quad =(x+1)(x+y-3)$

0661 대표문제

$x^2-xy+3y-4x+3$을 인수분해하시오.

0662 조건 바꾼 대표문제

다음 중 $x^2-y^2+5x+3y+4$의 인수인 것을 모두 고르면?

(정답 2개)

① $x+y+1$ ② $x-y+1$ ③ $x+y+4$
④ $x-y+4$ ⑤ $x-y-4$

0663

$x^2+2x+xy-2y^2-5y-3$은 x의 계수가 1인 두 일차식의
곱으로 인수분해된다. 이 두 일차식의 합은?

① $2x-y+3$ ② $2x+2y-1$ ③ $2x+y+2$
④ $2x+3y+2$ ⑤ $2x-2y-2$

0664
· 유형 01

다음 중 옳지 <u>않은</u> 것은?

① $12 \times 72 + 12 \times 28 = 1200$

② $108^2 - 98^2 = 2060$

③ $17^2 + 6 \times 17 + 9 = 400$

④ $103^2 + 4 \times 103 - 21 = 10176$

⑤ $8.14^2 - 1.86^2 = 62.8$

0665
· 유형 01

$\dfrac{2019^2 - 11^2}{2020^2 - 10^2} = \dfrac{a}{b}$ 일 때, 서로소인 두 자연수 a, b에 대하여 $a - b$의 값은?

① -2

② -1

③ 0

④ 1

⑤ 2

0666
· 유형 01

인터넷의 암호 체계 중 일반적으로 사용되는 것은 공개 키 암호 기법(RSA)이다. 이는 매우 큰 두 소수의 곱을 구하기는 쉽지만, 그 곱으로부터 원래의 두 소수를 알아내기는 어렵다는 원리를 이용한 것이다. 공개 키 암호 기법(RSA)에서는 두 소수의 곱이 공개 키가 되고, 공개 키로부터 곱해진 두 소수를 알면 비밀 키를 찾을 수 있다. 예를 들어, 4891이 공개 키라면 $4891 = 67 \times 73$이므로 비밀 키를 찾는 데 필요한 두 소수는 67과 73이다. 공개 키가 9991일 때, 비밀 키를 찾기 위하여 필요한 소수를 모두 고르면?

(정답 2개)

① 91

② 97

③ 101

④ 103

⑤ 107

0667
· 유형 01

$2^{32} - 1$은 4와 20 사이의 두 자연수에 의하여 나누어떨어진다. 이 두 자연수의 합은?

① 20

② 22

③ 25

④ 28

⑤ 30

0668
· 유형 02

$x = \dfrac{1}{3 + 2\sqrt{2}}$ 일 때, $x^2 - 7x + 12$의 값은?

① -8

② $2\sqrt{2}$

③ $-8 - 2\sqrt{2}$

④ $-8 + 2\sqrt{2}$

⑤ $8 + 2\sqrt{2}$

0669
· 유형 03

다음 그림의 8개의 직사각형을 빈틈없이 겹치지 않게 모두 이어 붙여 새로운 직사각형을 만들 때, 새로 만든 직사각형의 둘레의 길이는? (단, 새로운 직사각형의 이웃하는 두 변의 길이는 각각 x의 계수가 1이다.)

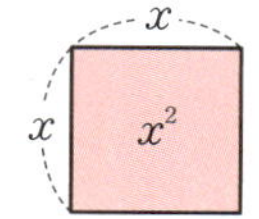
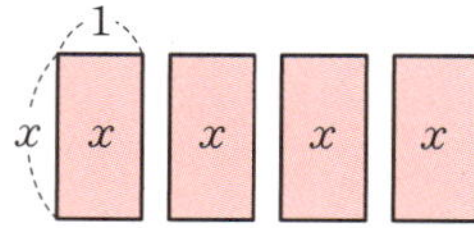
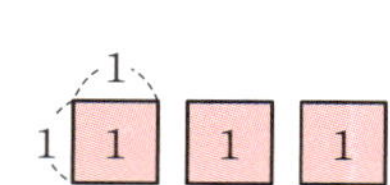

① $4x + 2$

② $4x + 4$

③ $4x + 6$

④ $4x + 8$

⑤ $4x + 10$

0670 · 유형 03

컬링은 빙판에서 둥글고 납작한 돌(스톤)을 미끄러뜨려 표적(하우스) 안에 넣어 점수를 얻는 운동 경기이다. 오른쪽 그림은 실제 컬링에서 사용하는 하우스의 크기를 대략적으로 나타낸 것이다.

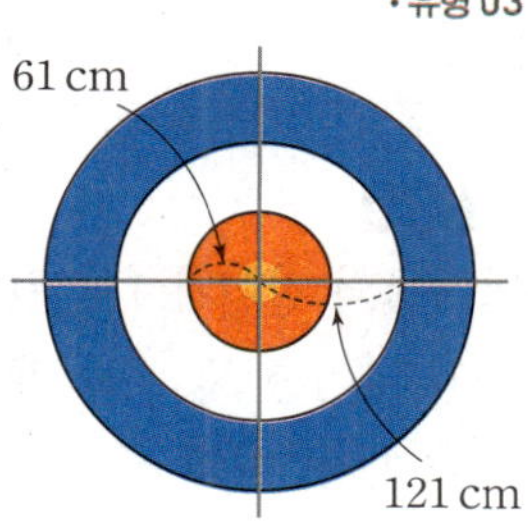

흰색 부분의 바깥쪽 원과 안쪽 원의 반지름의 길이가 각각 $121\,$cm, $61\,$cm일 때, 흰색 부분의 넓이를 구하시오.

0671 · 유형 01, 03

오른쪽 그림과 같이 구멍이 뚫린 원기둥의 부피를 인수분해 공식을 이용하여 구하시오.

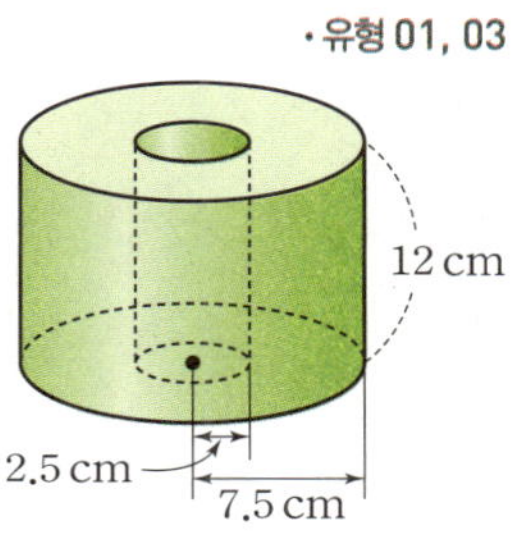

0672 창의력 · 유형 03

오른쪽 그림과 같이 달팽이 한 마리가 현재 위치에서 출발하여 첫째 날은 동쪽으로 1만큼, 둘째 날은 북쪽으로 4만큼, 셋째 날은 서쪽으로 9만큼, 넷째 날은 남쪽으로 16만큼, 다섯째

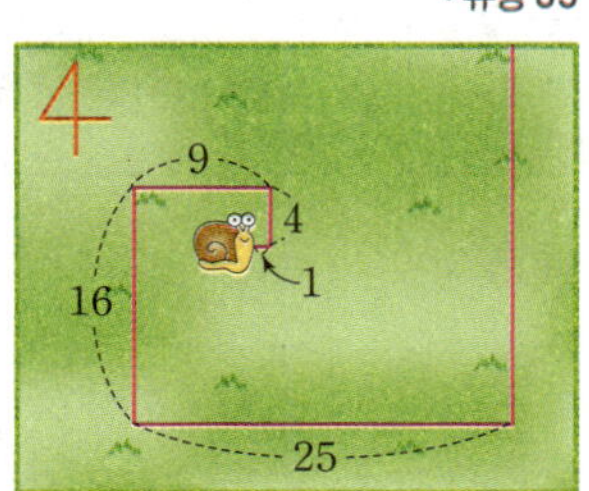

날은 다시 동쪽으로 25만큼 이동한다. 이와 같은 방법으로 이동하는 달팽이의 위치를 출발 지점을 원점으로 하여 좌표 평면 위에 나타내면 출발한 지 1일 후, 2일 후, 3일 후의 달팽이의 위치는 각각 $(1,\ 0)$, $(1,\ 4)$, $(-8,\ 4)$이다. 이때 출발한 지 16일 후 달팽이의 위치를 좌표로 나타내시오.

0673 · 유형 02, 05

$x=2-\sqrt{5}$일 때, $(x+3)^2-10(x+3)+25$의 값은?

① -5 ② -3 ③ 2
④ 3 ⑤ 5

0674 · 유형 03, 06

오른쪽 그림은 한 변의 길이가 각각 $x+a$, $x+b$인 두 정사각형 모양의 종이를 겹쳐 놓은 것이다. 겹쳐진 부분은 가로의 길이가 a, 세로의 길이가 b인 직사각형일 때, 두 정사각형 모양의 종이에서 겹쳐진 부분을 제외한 두 부분의 넓이의 차는? (단, $a>b$)

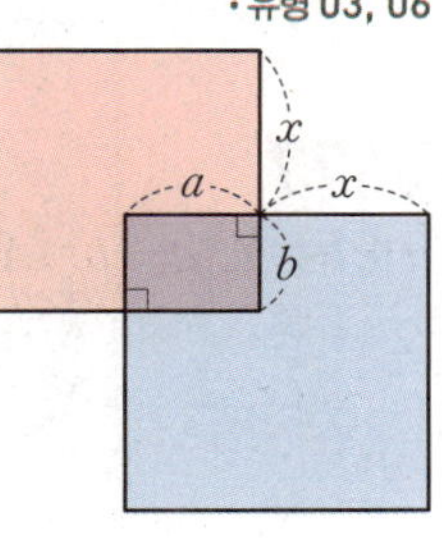

① ab ② $2x(a-b)$
③ $(2x+a+b)(a-b)$ ④ $(2x+a-b)(a+b)$
⑤ $(x+a+b)(x+a-b)$

0675 · 유형 06

다음은 $(1-x^2)(1-y^2)-4xy$를 인수분해하여 xy항을 포함하는 두 인수의 합을 구하는 과정이다. ☐ 안에 들어갈 식으로 옳지 <u>않은</u> 것은?

$$
\begin{aligned}
&(1-x^2)(1-y^2)-4xy \\
&= \boxed{①} -4xy \\
&= (x^2y^2-2xy+1)-(\boxed{②}) \\
&= (\boxed{③})^2-(x+y)^2 \\
&= (xy-1+x+y)(\boxed{④})
\end{aligned}
$$

따라서 xy항을 포함하는 두 인수의 합은 $\boxed{⑤}$이다.

① $1-x^2-y^2+x^2y^2$ ② $x^2+2xy+y^2$
③ $xy-1$ ④ $xy-1-x-y$
⑤ $xy-2$

0676
· 유형 07

다음 중 $x(x-3)(x-1)(x+2)-72$의 인수가 <u>아닌</u> 것은?

① $x-4$ ② $x-3$ ③ $x+3$
④ x^2-x-12 ⑤ x^2-x+6

0677
· 유형 02, 08

$a+b=7$, $a-b=4$일 때, $a^2-b^2+4a+4b$의 값을 구하시오.

0678
· 유형 05, 09

다음 두 다항식의 공통인 인수는?

$$4x^2-16+y^2+4xy$$
$$(2x+y)^2-10(2x+y-1)+14$$

① $x+2y-6$ ② $x+2y+4$
③ $2x+y-6$ ④ $2x+y-4$
⑤ $2x+y+4$

0679
· 유형 10

$3x^2+3y^2-5x-5y+6xy-2$를 인수분해하면 $(x+ay+b)(3x+cy+1)$일 때, 상수 a, b, c에 대하여 $a+b+c$의 값을 구하시오.

서술형 문제

0680
· 유형 01, 03

반지름의 길이가 1인 원의 넓이를 S_1, 반지름의 길이가 2인 원의 넓이를 S_2, $\cdots$, 반지름의 길이가 n인 원의 넓이를 S_n이라 하자. 이때 $S_7-S_5+S_3-S_1$의 값을 인수분해 공식을 이용하여 구하시오. (단, 풀이 과정을 자세히 쓰시오.)

☑ 필요 개념 및 공식
□ a^2-b^2의 인수분해   □ 원의 넓이를 구하는 공식

풀이

답

0681
· 유형 01, 07

연속하는 네 자연수의 곱에 1을 더한 수의 양의 제곱근은 자연수 k가 된다고 할 때, 다음 물음에 답하시오.
(단, 풀이 과정을 자세히 쓰시오.)

(1) 연속하는 네 자연수 중 가장 작은 자연수를 n이라 할 때, 자연수 k를 n에 대한 이차식으로 나타내시오.
(2) (1)을 이용하여 $\sqrt{100\times101\times102\times103+1}$을 계산하시오.

☑ 필요 개념 및 공식
□ $(\ )(\ )(\ )(\ )+k$의 꼴의 인수분해
□ $(x+a)(x+b)$의 전개   □ 제곱근의 뜻과 성질

풀이

답

이차방정식의 풀이

: CONCEPT 개념 체크

07. 이차방정식의 풀이

1 이차방정식과 그 해

(1) 이차방정식

등식의 모든 항을 좌변으로 이항하여 정리한 식이

$(x$에 대한 이차식$)=0$

의 꼴로 나타나는 방정식을 x에 대한 이차방정식이라 한다.

> **예** · $x^2-6x+8=0$, $-x^2+2x=0$, $x^2+1=0$ ➡ 이차방정식이다.
> · $3x+5=0$, $\dfrac{1}{x}=0$, $x^3+5x^2+2=0$ ➡ 이차방정식이 아니다.

- 일반적으로 x에 대한 이차방정식은
$$ax^2+bx+c=0$$
$\quad$ (a, b, c는 상수, $a\neq0$)
과 같이 나타낼 수 있다.

(2) 이차방정식의 해(근)

① 이차방정식 $ax^2+bx+c=0$을 참이 되게 하는 미지수 x의 값을 이차방정식의 **해** 또는 **근**이라 한다.

② **이차방정식을 푼다**: 이차방정식의 해를 모두 구하는 것

- $x=p$가 이차방정식 $ax^2+bx+c=0$의 해이다.
➡ $x=p$를 $ax^2+bx+c=0$에 대입하면 등식이 성립한다.
➡ $ap^2+bp+c=0$

2 인수분해를 이용한 이차방정식의 풀이

(1) $AB=0$의 성질: 두 수 또는 두 식 A, B에 대하여 다음이 성립한다.

$AB=0$이면 $A=0$ 또는 $B=0$

(2) 인수분해를 이용한 이차방정식의 풀이

❶ 주어진 이차방정식을 정리한다. ➡ $(x$에 대한 이차식$)=0$

❷ 좌변을 인수분해한다. ➡ $(ax-b)(cx-d)=0$

❸ $AB=0$의 성질을 이용한다. ➡ $ax-b=0$ 또는 $cx-d=0$

❹ 해를 구한다. ➡ $x=\dfrac{b}{a}$ 또는 $x=\dfrac{d}{c}$

- '$A=0$ 또는 $B=0$'은 다음 세 가지 중 어느 하나가 성립함을 의미한다.
(1) $A=0$이고 $B\neq0$
(2) $A\neq0$이고 $B=0$
(3) $A=0$이고 $B=0$

3 이차방정식의 중근

(1) 중근: 이차방정식의 **두 해가 중복**될 때, 이 해를 **중근**이라 한다.

(2) 중근을 가질 조건

이차방정식이 $(완전제곱식)=0$의 꼴로 나타내어지면 이 이차방정식은 중근을 가진다.

> **참고** 이차방정식 $x^2+ax+b=0$이 중근을 가지려면 $b=\left(\dfrac{a}{2}\right)^2$이어야 한다.

- 완전제곱식
다항식의 제곱으로 된 식 또는 이 식에 상수를 곱한 식이다.
예를 들어,
$$(a+b)^2, (a-2)^2, 3(1-y)^2$$

4 제곱근을 이용한 이차방정식의 풀이

(1) 이차방정식 $ax^2=b$ ($a\neq0$, $ab\geq0$)의 해 ➡ $x=\pm\sqrt{\dfrac{b}{a}}$

(2) 이차방정식 $(x+a)^2=b$ ($b\geq0$)의 해 ➡ $x=-a\pm\sqrt{b}$

- 이차방정식 $x^2=a$의 해
(1) $a>0$일 때, $x=\pm\sqrt{a}$
(2) $a=0$일 때, $x=0$(중근)
(3) $a<0$일 때, 해는 없다.

1 이차방정식과 그 해

[0682~0685] 다음 중 이차방정식인 것은 ○표를, 아닌 것은 ×표를 ( ) 안에 쓰시오.

0682 $3x-1=x^2+6$ ( )

0683 $x(x-1)=x^2+2$ ( )

0684 $-x^2+x^3=4x-3+x^3$ ( )

0685 $x^2-5x+1=x^3$ ( )

[0686~0689] 다음 [ ] 안의 수가 주어진 이차방정식의 해인 것은 ○표를, 해가 아닌 것은 ×표를 ( ) 안에 쓰시오.

0686 $x^2+3x=0$ [0] ( )

0687 $x^2+3x-28=0$ [4] ( )

0688 $2x^2-3x+1=0$ $\left[\dfrac{1}{2}\right]$ ( )

0689 $(x+4)(x-3)=0$ [-3] ( )

[0690~0691] x의 값이 -1, 0, 1, 2일 때, 다음 이차방정식의 해를 구하시오.

0690 $x(x-3)=0$ **0691** $x^2-3x+2=0$

2 인수분해를 이용한 이차방정식의 풀이

[0692~0695] 다음 이차방정식을 푸시오.

0692 $x(x+5)=0$

0693 $(x-4)(x-7)=0$

0694 $(x+2)(x-6)=0$

0695 $(x+1)(2x-3)=0$

[0696~0699] 인수분해를 이용하여 다음 이차방정식을 푸시오.

0696 $x^2-6x=0$

0697 $x^2+4x+3=0$

0698 $3x^2-x-2=0$

0699 $4x^2-8x+3=0$

3 이차방정식의 중근

[0700~0703] 다음 이차방정식을 푸시오.

0700 $(x+2)^2=0$

0701 $x^2+2x+1=0$

0702 $x^2-8x=-16$

0703 $4x^2+12x+9=0$

4 제곱근을 이용한 이차방정식의 풀이

[0704~0707] 제곱근을 이용하여 다음 이차방정식을 푸시오.

0704 $x^2-10=0$

0705 $9-16x^2=0$

0706 $(x-3)^2=49$

0707 $2(x+2)^2=8$

5 완전제곱식을 이용한 이차방정식의 풀이

이차방정식 $ax^2+bx+c=0$의 좌변이 인수분해되지 않을 때는 다음과 같은 순서로
이차방정식을 $(x-p)^2=q$의 꼴로 고친 후 제곱근을 이용하여 해를 구한다.

	$ax^2+bx+c=0\,(a\neq0)$
❶ x^2의 계수로 양변을 나누어 x^2의 계수를 1로 만든다.	$x^2+\dfrac{b}{a}x+\dfrac{c}{a}=0$
❷ 상수항을 이항한다.	$x^2+\dfrac{b}{a}x=-\dfrac{c}{a}$
❸ 양변에 $\left(\dfrac{x의\ 계수}{2}\right)^2$을 더한다.	$x^2+\dfrac{b}{a}x+\left(\dfrac{b}{2a}\right)^2=-\dfrac{c}{a}+\left(\dfrac{b}{2a}\right)^2$
❹ $(x-p)^2=q$의 꼴로 고친다.	$\left(x+\dfrac{b}{2a}\right)^2=\dfrac{b^2-4ac}{4a^2}$
❺ 제곱근을 이용하여 해를 구한다.	$x=\dfrac{-b\pm\sqrt{b^2-4ac}}{2a}$

예 $3x^2+6x-1=0 \xrightarrow{\ ❶\ } x^2+2x-\dfrac{1}{3}=0 \xrightarrow{\ ❷\ } x^2+2x=\dfrac{1}{3}$

$\xrightarrow{\ ❸\ } x^2+2x+\left(\dfrac{2}{2}\right)^2=\dfrac{1}{3}+\left(\dfrac{2}{2}\right)^2 \xrightarrow{\ ❹\ } (x+1)^2=\dfrac{4}{3}$

$\xrightarrow{\ ❺\ } x+1=\pm\sqrt{\dfrac{4}{3}}$ 에서 $x=-1\pm\dfrac{2\sqrt{3}}{3}$

6 이차방정식의 근의 공식

(1) 이차방정식 $ax^2+bx+c=0\ (a\neq0)$의 해는

$$x=\dfrac{-b\pm\sqrt{b^2-4ac}}{2a}\ (단,\ b^2-4ac\geq0)$$

(2) 이차방정식 $ax^2+2b'x+c=0\ (a\neq0)$의 해는 → x의 계수가 짝수

$$x=\dfrac{-b'\pm\sqrt{b'^2-ac}}{a}\ (단,\ b'^2-ac\geq0)$$

예 (1) 이차방정식 $x^2+5x+2=0$에서 $a=1,\ b=5,\ c=2$이므로

$$x=\dfrac{-5\pm\sqrt{5^2-4\times1\times2}}{2\times1}=\dfrac{-5\pm\sqrt{17}}{2}$$

(2) 이차방정식 $2x^2-6x-1=0$에서 $a=2,\ b'=-3,\ c=-1$이므로

$$x=\dfrac{-(-3)\pm\sqrt{(-3)^2-2\times(-1)}}{2}=\dfrac{3\pm\sqrt{11}}{2}$$

7 복잡한 이차방정식의 풀이

(1) 괄호가 있으면 전개하여 $ax^2+bx+c=0$의 꼴로 고친다.
(2) 계수가 소수 또는 분수이면 양변에 적당한 수를 곱하여 모든 계수를 정수로 고친다.
　① 계수가 소수이면 ➡ 양변에 10의 거듭제곱을 곱한다.
　② 계수가 분수이면 ➡ 양변에 분모의 최소공배수를 곱한다.
(3) 공통부분이 있으면 치환하여 인수분해 또는 근의 공식을 이용하여 해를 구한다.
　주의 이차방정식에서 (공통부분)=A로 놓고 푼 경우 A의 값이 주어진 이차방정식의 해라고 착각하지 않는다.

• 인수분해가 되면 인수분해하여 해를 구하고, 인수분해가 안 되면 근의 공식을 이용하여 해를 구한다.

5 완전제곱식을 이용한 이차방정식의 풀이

[0708~0711] 다음 이차방정식을 $(x+A)^2=B$의 꼴로 나타내시오. (단, A, B는 상수)

0708 $x^2+10x+22=0$

0709 $x^2-2x-9=0$

0710 $x^2-3x+1=0$

0711 $2x^2+4x-7=0$

[0712~0715] 완전제곱식을 이용하여 다음 이차방정식을 푸시오.

0712 $x^2-4x-3=0$

0713 $x^2+8x+13=0$

0714 $2x^2+12x+14=0$

0715 $3x^2+2x-1=0$

6 이차방정식의 근의 공식

[0716~0723] 근의 공식을 이용하여 다음 이차방정식을 푸시오.

0716 $x^2+3x-6=0$

0717 $x^2-6x+7=0$

0718 $2x^2+x-4=0$

0719 $2x^2+5x-2=0$

0720 $3x^2+8x+1=0$

0721 $4x^2-7x+2=0$

0722 $x^2-x=5$

0723 $x^2-3=-6x+1$

7 복잡한 이차방정식의 풀이

[0724~0729] 다음 이차방정식을 푸시오.

0724 $(x-3)^2=x-1$

0725 $5x+9=2x(x+1)$

0726 $x^2=4(2x-1)$

0727 $(x-3)(x-4)=9$

0728 $(x+4)(x-4)=6x+1$

0729 $(2x-1)(3x+2)=4x$

[0730~0733] 다음 이차방정식을 푸시오.

0730 $0.1x^2-0.1x-0.2=0$

0731 $0.4x^2-2.5x+0.6=0$

0732 $0.01x^2-0.18=0.03x$

0733 $x+0.5=-0.3x^2$

[0734~0739] 다음 이차방정식을 푸시오.

0734 $\dfrac{1}{5}x^2+\dfrac{1}{2}x+\dfrac{1}{5}=0$

0735 $\dfrac{3}{4}x^2-\dfrac{7}{4}x+\dfrac{5}{6}=0$

0736 $\dfrac{1}{2}x^2-\dfrac{1}{3}x-\dfrac{1}{6}=0$

0737 $\dfrac{1}{4}x^2-\dfrac{3}{2}x+2=0$

0738 $x+\dfrac{4}{3}=\dfrac{x^2+1}{6}$

0739 $\dfrac{1}{2}x^2-\dfrac{1}{4}x=0.5$

P : PATTERN 유형 마스터

등식의 모든 항을 좌변으로 이항하여 정리한 식이
$$(x\text{에 대한 이차식})=0$$
의 꼴로 나타나는 방정식을 x에 대한 이차방정식이라 한다.
➡ $ax^2+bx+c=0$ (단, a, b, c는 상수, $a\neq0$)

0740 대표문제

다음 중 x에 대한 이차방정식인 것은?

① $2x+4=x-5$ ② x^2+3x-4

③ $\dfrac{1}{x^2}+2x+1=0$ ④ $x^2+x=(x+4)(x-4)$

⑤ $2x^2+3=(x-1)(x-3)$

0741 숫자 바꾼 대표문제

다음 |보기| 중 x에 대한 이차방정식이 <u>아닌</u> 것을 모두 고르시오.

| 보기 |
ㄱ. $3x^2-4x$ ㄴ. $2x^2+1=2x^2-2x$
ㄷ. $x^2+5x=3$ ㄹ. $x(x-1)=(2x+1)(x-1)$

0742

$3(x-2)^2=kx(x-1)+4$가 x에 대한 이차방정식일 때, 다음 중 상수 k의 값이 될 수 <u>없는</u> 것은?

① 1   ② 2   ③ 3

④ 4   ⑤ 5

0743

$(ax-1)(7x-2)=x^2+2$가 x에 대한 이차방정식이 되도록 하는 상수 a의 조건을 구하시오.

---

(1) 이차방정식 $ax^2+bx+c=0$을 참이 되게 하는 미지수 x의 값을 이차방정식의 해(근)라 한다.

(2) $x=p$가 이차방정식 $ax^2+bx+c=0$의 해(근)이다.
➡ $ax^2+bx+c=0$에 $x=p$를 대입하면 등식이 성립한다.
➡ $ap^2+bp+c=0$

0744 대표문제

다음 중 [   ] 안의 수가 주어진 이차방정식의 해인 것은?

① $x^2-1=0$ $[\,1\,]$ ② $2x^2=-x-1$ $[-1]$

③ $(x+2)^2=1$ $[-4]$ ④ $x(x+3)=-3x$ $[-3]$

⑤ $25=4x^2$ $\left[\dfrac{2}{5}\right]$

0745 표현 바꾼 대표문제

다음 이차방정식 중 $x=2$를 해로 갖는 것은?

① $x^2+x-2=0$ ② $-6=x(x-7)$

③ $6x^2+12x-18=0$ ④ $(x+1)(x+4)=18$

⑤ $x+10=-3x^2$

0746

x의 값이 $-3\leq x\leq1$인 정수일 때, 이차방정식 $x^2+2x-3=0$의 해를 구하시오.

0747 서술형

자연수 x가 부등식 $5x+1\leq x+9$의 해일 때, 이차방정식 $4x^2-7x+3=0$의 해를 구하시오.

(단, 풀이 과정을 자세히 쓰시오.)

유형 03 이차방정식의 한 근이 주어졌을 때, 미지수의 값 구하기

이차방정식의 한 근이 주어지면 주어진 근을 이차방정식에 대입하여 미지수의 값을 구한다.

예 이차방정식 $x^2+3x+a=0$의 한 근이 $x=1$일 때,
상수 a의 값 구하기
➡ $x^2+3x+a=0$에 $x=1$을 대입하면
$1^2+3\times1+a=0$ $\therefore a=-4$

0748 대표문제

이차방정식 $x^2+ax-a-1=0$의 한 근이 $x=9$일 때, 상수 a의 값은?

① -10 ② -8 ③ -6
④ 8 ⑤ 10

0749 숫자 바꾼 대표문제

이차방정식 $(a-1)x^2+4x-a=0$의 한 근이 $x=-2$일 때, 상수 a의 값을 구하시오.

0750

이차방정식 $2x^2+ax+b=0$의 근이 $x=-\dfrac{3}{2}$ 또는 $x=2$일 때, 상수 a, b에 대하여 ab의 값은?

① -6 ② -3 ③ 3
④ 6 ⑤ 12

0751

$x=3$이 이차방정식 $x^2+ax+18=0$의 근이면서 이차방정식 $4x^2-19x+b=0$의 근일 때, 상수 a, b에 대하여 $2a+b$의 값을 구하시오.

유형 04 이차방정식의 한 근이 문자로 주어졌을 때, 식의 값 구하기

이차방정식 $x^2+ax+b=0$의 한 근이 $x=m$이면
➡ $m^2+am+b=0$
⑴ 상수항을 우변으로 이항하면 $m^2+am=-b$
⑵ 양변을 $m\,(m\neq0)$으로 나누면
$m+a+\dfrac{b}{m}=0$에서 $m+\dfrac{b}{m}=-a$

0752 대표문제

이차방정식 $x^2-5x-1=0$의 한 근을 $x=p$라 할 때, p^2-5p+4의 값을 구하시오.

0753 조건 바꾼 대표문제

이차방정식 $x^2+3x-2=0$의 한 근을 $x=k$라 할 때, $k-\dfrac{2}{k}$의 값은?

① -3 ② -2 ③ 1
④ 2 ⑤ 3

0754 서술형

$x=p$가 이차방정식 $x^2+4x-1=0$의 한 근일 때, $p^2+\dfrac{1}{p^2}$의 값을 구하시오. (단, 풀이 과정을 자세히 쓰시오.)

0755

이차방정식 $x^2-3x+1=0$의 한 근이 $x=k$일 때, 다음 물음에 답하시오.

⑴ k^2-3k의 값을 구하시오.
⑵ $k^5-3k^4+k^3+1$의 값을 구하시오.

유형 05 $AB=0$의 성질을 이용한 이차방정식의 풀이

이차방정식 $(ax-b)(cx-d)=0$의 해는
$$x=\frac{b}{a} \ \text{또는} \ x=\frac{d}{c}$$

0756 대표문제

다음 중 해가 $x=3$ 또는 $x=\dfrac{9}{2}$인 이차방정식은?

① $(x+3)(x-9)=0$ ② $(3x+1)(2x-9)=0$
③ $(x+3)(2x+9)=0$ ④ $4\left(x-\dfrac{1}{3}\right)\left(x-\dfrac{2}{9}\right)=0$
⑤ $5(x-3)(2x-9)=0$

0757 조건바꾼 대표문제

다음 이차방정식 중 해가 나머지 넷과 <u>다른</u> 하나는?

① $(5x+10)(3x-6)=0$ ② $(1+2x)(1-3x)=0$
③ $\left(\dfrac{1}{2}+x\right)\left(2x-\dfrac{2}{3}\right)=0$ ④ $(2x+1)(3x-1)=0$
⑤ $\left(x+\dfrac{1}{2}\right)\left(x-\dfrac{1}{3}\right)=0$

0758

이차방정식 $(x-2)(5-x)=0$의 근을 $x=\alpha$ 또는 $x=\beta$라 할 때, $\alpha+\beta$의 값은?

① -7 ② -3 ③ 3
④ 7 ⑤ 10

0759

다음 이차방정식 중 두 근의 합이 3인 것은?

① $x(x+3)=0$ ② $(x+2)(x+1)=0$
③ $(x+4)(x-1)=0$ ④ $(2x+1)(4x-3)=0$
⑤ $(3x-7)(3x-2)=0$

유형 06 인수분해를 이용한 이차방정식의 풀이

❶ 주어진 이차방정식을 정리한 후 인수분해하여 $(ax+b)(cx+d)=0$ 꼴로 변형한다.
❷ $ax+b=0$ 또는 $cx+d=0$임을 이용하여 방정식의 해를 구한다.

0760 대표문제

이차방정식 $x^2-9x-10=0$을 풀면?

① $x=-1$ 또는 $x=-9$ ② $x=-1$ 또는 $x=10$
③ $x=1$ 또는 $x=-10$ ④ $x=2$ 또는 $x=5$
⑤ $x=9$ 또는 $x=10$

0761 표현바꾼 대표문제

이차방정식 $x(x+2)=3x+2$를 풀면 $x=a$ 또는 $x=b$일 때, $a-b$의 값을 구하시오. (단, $a>b$)

0762

이차방정식 $5x^2-3x-14=x-13$의 두 근 사이에 있는 정수의 개수는?

① 1개 ② 2개 ③ 3개
④ 4개 ⑤ 5개

0763 서술형

이차방정식 $2x^2+(a+8)x-a-6=0$의 한 근이 $x=a$일 때, 양수 a의 값을 구하시오. (단, 풀이 과정을 자세히 쓰시오.)

0764

일차함수 $y=ax-1$의 그래프가 점 $(a+1, 2a^2+2a-3)$을 지나고 제1사분면을 지나지 않을 때, 상수 a의 값은?

① -3 ② -2 ③ -1

④ 1 ⑤ 2

0765

비례식 $4x : (8x-3)=1 : x$를 만족시키는 모든 x의 값의 합을 구하시오.

新 유형

0766

주사위 한 개를 던져 나온 눈의 수를 이차방정식 $x^2+x-\square=0$의 $\square$ 안에 써넣고 풀었을 때, 자연수인 해 만큼 점수를 얻는 게임을 하려고 한다. 이때 점수를 가장 많이 얻을 수 있는 $\square$ 안의 수는? (단, 방정식의 해 중에서 자연수가 아닌 경우에는 점수를 얻지 못한다.)

① 2 ② 3 ③ 4

④ 5 ⑤ 6

중요

유형 07 이차방정식의 한 근이 주어졌을 때, 다른 한 근 구하기

주어진 근을 이차방정식의 x에 대입하여 미지수를 구한 다음 이차방정식을 풀어 다른 한 근을 구한다.

0767 대표문제

이차방정식 $x^2-2ax-3a-6=0$의 한 근이 $x=1$일 때, 상수 a의 값과 다른 한 근을 각각 구하면?

① $a=-1, x=-3$ ② $a=-1, x=9$

③ $a=1, x=-3$ ④ $a=1, x=7$

⑤ $a=5, x=3$

0768 표현 바꾼 대표문제

이차방정식 $x^2+5x-2a=x+a$의 근이 $x=2$ 또는 $x=b$일 때, ab의 값을 구하시오. (단, a는 상수)

0769

이차방정식 $ax^2+(a^2-2)x-2a=0$의 한 근이 $x=3$일 때, 다른 한 근은? (단, $a<0$인 상수)

① $x=-3$ ② $x=-\dfrac{2}{3}$ ③ $x=\dfrac{2}{3}$

④ $x=2$ ⑤ $x=3$

0770

이차방정식 $(a-1)x^2-ax+a^2+1=0$의 한 근이 $x=2$일 때, 상수 a의 값과 다른 한 근을 각각 구하시오.

0771
이차방정식 $x^2-(a+2)x+2a=0$의 한 근이 $x=3$이고 다른 한 근이 이차방정식 $3x^2+(2b-5)x-6=0$의 한 근일 때, 상수 a, b에 대하여 $a+b$의 값을 구하시오.

유형 08 두 이차방정식의 공통인 근

이차방정식 $ax^2+bx+c=0$의 두 근이 $x=p$ 또는 $x=q$,
이차방정식 $a'x^2+b'x+c'=0$의 두 근이 $x=p$ 또는 $x=r$
이면
➡ 두 이차방정식의 공통인 근은 $x=p$ (단, $q\neq r$)

0772 대표문제
두 이차방정식 $x^2+3x-10=0$, $3x^2+2x-16=0$의 공통인 근을 구하시오.

0773 표현 바꾼 대표문제
다음 두 이차방정식을 동시에 만족시키는 x의 값을 구하시오.

$$x^2+10x=7x, \qquad 2x^2-3x-2=(x-2)^2$$

0774
두 이차방정식 $x^2+2ax-9a=0$, $bx^2-(4b-1)x-9=0$의 공통인 근이 $x=3$일 때, 상수 a, b에 대하여 $a-b$의 값을 구하시오.

0775
두 이차방정식 $x^2+ax+a-1=0$, $x^2+(a-3)x-3a=0$이 공통인 근을 가질 때, 상수 a의 값을 모두 구하면?

(정답 2개)

① -2 ② -1 ③ 1
④ 3 ⑤ 4

유형 09 이차방정식의 근의 활용

이차방정식 $ax^2+bx+c=0$의 한 근이 이차방정식 $a'x^2+b'x+c'=0$의 한 근일 때,
❶ $ax^2+bx+c=0$의 두 근을 구한다.
❷ ❶에서 구한 두 근 중 조건을 만족시키는 근을 $a'x^2+b'x+c'=0$에 대입하여 상수의 값을 구한다.

0776 대표문제
이차방정식 $x^2-3x+2=0$의 두 근 중 큰 근이 이차방정식 $x^2+x+a=0$의 근일 때, 상수 a의 값을 구하시오.

0777 조건 바꾼 대표문제
이차방정식 $3x^2+10x+7=0$의 두 근 중 큰 근은 이차방정식 $x^2+ax-1=0$의 근이고, 작은 근은 $bx+3bx^2=-7x+7$의 근일 때, 상수 a, b에 대하여 $a+3b$의 값을 구하시오.

0778
이차방정식 $x^2+x-30=0$의 두 근 중 $x>1$인 근이 이차방정식 $2x^2+ax+a+4=0$의 한 근일 때, 다른 한 근을 구하시오. (단, a는 상수)

유형 10 이차방정식의 중근

(1) 이차방정식의 두 해가 중복되어 서로 같을 때, 이 근을 중근이라 한다.
(2) 이차방정식이 $a(x-m)^2=0$ $(a\neq 0)$의 꼴로 인수분해되면 이 이차방정식은 중근 $x=m$을 갖는다.

예 $x^2+2x+1=0$을 인수분해하면
$(x+1)^2=0$ ∴ $x=-1$(중근)

0779 대표문제

다음 이차방정식 중 중근을 갖지 <u>않는</u> 것은?

① $x^2=0$
② $x^2+10x+25=0$
③ $4x^2+4=4x+3$
④ $10x^2+1=x^2-12x-3$
⑤ $(x+5)^2=4$

0780 숫자 바꾼 대표문제

다음 |보기| 중 중근을 갖는 이차방정식을 모두 고르시오.

| 보기 |

ㄱ. $x^2-64=0$
ㄴ. $x^2-6x+12=6x-24$
ㄷ. $2x^2+2x=(x-3)^2$
ㄹ. $2x^2-12x+18=0$

0781

이차방정식 $x^2+mx+n=0$이 중근 $x=-4$를 가질 때, 상수 m, n에 대하여 $m+n$의 값을 구하시오.

0782 서술형

이차방정식 $4x^2+ax+1=0$이 중근 $x=\dfrac{1}{2}$을 가질 때, 이차방정식 $x^2+2ax+a^2=0$의 해를 구하시오.

(단, a는 상수이고, 풀이 과정을 자세히 쓰시오.)

유형 11 이차방정식이 중근을 가질 조건

이차방정식 $x^2+ax+b=0$이 중근을 가질 조건

$$\Rightarrow b=\left(\frac{a}{2}\right)^2 \leftarrow (상수항)=\left(\frac{일차항의\ 계수}{2}\right)^2$$

이때 x^2의 계수가 1이 아닌 경우에는 x^2의 계수로 양변을 나눈 후 위의 조건을 이용한다.

0783 대표문제

이차방정식 $x^2+12x+5k+1=0$이 중근을 갖도록 하는 상수 k의 값을 구하시오.

0784 표현 바꾼 대표문제

이차방정식 $x^2+2ax+7a-12=0$이 중근을 갖도록 하는 상수 a의 값을 모두 고르면? (정답 2개)

① 1
② 3
③ 4
④ 5
⑤ 8

0785

이차방정식 $x^2+6x+2a+1=0$이 $x=b$를 중근으로 가질 때, $a+b$의 값을 구하시오. (단, a는 상수)

新 유형

0786

오른쪽 그림의 주머니에서 첫 번째로 꺼낸 공에 적힌 수를 a, 두 번째로 꺼낸 공에 적힌 수를 b라 할 때, x에 대한 이차방정식 $x^2+ax+b=0$이 중근을 가질 확률은? (단, 뽑은 공은 다시 주머니에 넣는다.)

① $\dfrac{1}{36}$
② $\dfrac{1}{18}$
③ $\dfrac{1}{12}$
④ $\dfrac{1}{9}$
⑤ $\dfrac{1}{6}$

유형 12 제곱근을 이용한 이차방정식의 풀이

(1) $x^2=q\,(q>0)$ ➡ $x=\pm\sqrt{q}$
(2) $ax^2=q\,(aq>0)$ ➡ $x=\pm\sqrt{\dfrac{q}{a}}$
(3) $(x+p)^2=q\,(q>0)$ ➡ $x=-p\pm\sqrt{q}$
(4) $a(x+p)^2=q\,(aq>0)$ ➡ $x=-p\pm\sqrt{\dfrac{q}{a}}$

0787 대표문제

제곱근을 이용하여 이차방정식 $(x-1)^2=81$을 풀면?

① $x=\pm9$ ② $x=-10$ 또는 $x=-8$
③ $x=-10$ 또는 $x=8$ ④ $x=10$ 또는 $x=-8$
⑤ $x=10$ 또는 $x=8$

0788 조건 바꾼 대표문제

이차방정식 $4(x+5)^2=28$의 해가 $x=a\pm\sqrt{b}$일 때, 유리수 a, b에 대하여 $a+b$의 값을 구하시오.

0789 ◖◗

이차방정식 $(x-2)^2=a$의 한 근이 $x=\sqrt{6}+2$일 때, 다른 한 근은? (단, a는 양의 유리수)

① $x=-2-\sqrt{6}$ ② $x=-2+\sqrt{6}$
③ $x=2-\sqrt{6}$ ④ $x=2+\sqrt{6}$
⑤ $x=2+2\sqrt{6}$

0790 ◖◗

이차방정식 $3(x+a)^2=b$의 해가 $x=6\pm\sqrt{5}$일 때, 유리수 a, b에 대하여 $b-a$의 값을 구하시오.

유형 13 완전제곱식을 이용한 이차방정식의 풀이

이차방정식의 좌변을 인수분해하기 어려운 경우 $(x+p)^2=q$의 꼴로 고쳐서 풀 수 있다.

0791 대표문제

이차방정식 $x^2+2x-2=0$을 $(x+p)^2=q$의 꼴로 나타낼 때, 두 상수 p, q의 값을 각각 구하시오.

0792 표현 바꾼 대표문제

이차방정식 $2x^2+2x+b=0$을 $2(x+a)^2=\dfrac{7}{2}$로 나타낼 때, 상수 a, b에 대하여 ab의 값을 구하시오.

0793 ◖◗

이차방정식 $x^2-3x+a=0$을 완전제곱식을 이용하여 풀었더니 근이 $x=\dfrac{3\pm\sqrt{17}}{2}$이었다. 이때 상수 a의 값을 구하시오. $\left(\text{단, } a\leq\dfrac{9}{4}\right)$

0794 ◖◗

이차방정식 $5x^2+4x-1=0$을 $(x+p)^2=q$의 꼴로 바꾸어 풀었더니 근이 $x=a$ 또는 $x=b$이었다. 이때 $aq+bp$의 값은? (단, p, q는 상수, $a<b$)

① -1 ② $-\dfrac{2}{5}$ ③ $-\dfrac{7}{25}$
④ $\dfrac{4}{25}$ ⑤ $\dfrac{3}{5}$

유형 14 이차방정식의 근의 공식

(1) 이차방정식 $ax^2+bx+c=0$의 근은
$$x=\frac{-b\pm\sqrt{b^2-4ac}}{2a}\ (\text{단},\ b^2-4ac\geq0)$$
(2) 이차방정식 $ax^2+2b'x+c=0$의 근은
$$x=\frac{-b'\pm\sqrt{b'^2-ac}}{a}\ (\text{단},\ b'^2-ac\geq0)$$

0795 대표문제

이차방정식 $x^2+3x-5=0$의 근이 $x=\dfrac{a\pm\sqrt{b}}{2}$일 때, 유리수 a, b에 대하여 $a+b$의 값은?

① 19   ② 21   ③ 26
④ 29   ⑤ 32

0796 표현 바꾼 대표문제

다음은 이차방정식 $ax^2+bx+c=0\,(a\neq0)$의 근을 구하는 과정이다. ①~⑤에 들어갈 식이 옳지 <u>않은</u> 것은?

$ax^2+bx+c=0$에서
양변을 x^2의 계수로 나누면 ☐①
좌변의 상수항을 우변으로 이항하면 ☐②
양변에 $\left(\dfrac{x\text{의 계수}}{2}\right)^2$을 더하면 ☐③
좌변을 완전제곱식으로 고치고 우변을 정리하면
☐④ $=\dfrac{b^2-4ac}{4a^2}$
제곱근을 이용하여 해를 구하면
$x=$ ☐⑤

① $x^2+\dfrac{b}{a}x+\dfrac{c}{a}=0$

② $x^2+\dfrac{b}{a}x=-\dfrac{c}{a}$

③ $x^2+\dfrac{b}{a}x+\dfrac{b^2}{2a^2}=-\dfrac{c}{a}+\dfrac{b^2}{2a^2}$

④ $\left(x+\dfrac{b}{2a}\right)^2$

⑤ $\dfrac{-b\pm\sqrt{b^2-4ac}}{2a}$

0797

이차방정식 $4x^2-2x+p=0$의 근이 $x=\dfrac{q\pm\sqrt{13}}{4}$일 때, 유리수 p, q에 대하여 pq의 값을 구하시오.

0798

이차방정식 $x^2+x-3=0$의 두 근 중 큰 근을 a라 할 때, $n<2a<n+1$을 만족시키는 정수 n의 값은?

① 1   ② 2   ③ 3
④ 4   ⑤ 5

0799

이차방정식 $x^2+(k+2)x+k=0$에서 일차항의 계수와 상수항을 서로 바꾸어 풀었더니 한 근이 $x=-2$이었다. 이때 처음의 이차방정식을 푸시오. (단, k는 상수)

0800 서술형

이차방정식 $3x^2-6x+a-2=0$의 해가 모두 유리수가 되도록 하는 모든 자연수 a의 값의 합을 구하시오.
(단, 풀이 과정을 자세히 쓰시오.)

유형 15 복잡한 이차방정식의 풀이

(1) 괄호가 있으면 전개하여 $ax^2+bx+c=0$의 꼴로 정리한 후 푼다.

(2) 계수에 소수가 있으면 양변에 10의 거듭제곱을 곱하여 계수를 정수로 바꾸어 정리한 후 푼다.

(3) 계수에 분수가 있으면 양변에 분모의 최소공배수를 곱하여 계수를 정수로 바꾸어 정리한 후 푼다.

0801 대표문제

이차방정식 $\dfrac{1}{2}x^2-\dfrac{3}{4}x+\dfrac{1}{6}=0$의 근이 $x=\dfrac{A\pm\sqrt{B}}{12}$일 때, 유리수 A, B에 대하여 $B-A$의 값을 구하시오.

0802 초건 바꾼 대표문제

이차방정식 $1.2x^2-0.4x-0.5=0$의 두 근의 차는?

① $\dfrac{2}{3}$ ② 1 ③ $\dfrac{4}{3}$

④ $\dfrac{5}{3}$ ⑤ 2

0803

이차방정식 $0.4(x-1)^2=\dfrac{(x+3)(x-1)}{5}$의 두 근을 α, β라 할 때, 일차방정식 $\alpha x+\beta=0$을 푸시오. (단, $\alpha<\beta$)

0804

이차방정식 $0.5x^2+ax-\dfrac{1}{3}=0$의 근이 $x=\dfrac{b\pm\sqrt{15}}{3}$일 때, 유리수 a, b에 대하여 $a+b$의 값으로 가능한 수를 모두 구하시오.

유형 16 공통부분이 있는 이차방정식의 풀이 

❶ 공통부분을 A로 치환한다.

❷ 인수분해 또는 근의 공식을 이용하여 A의 값을 구한다.

❸ A에 원래의 식을 대입하여 x의 값을 구한다.

[예] 이차방정식 $(x+1)^2-2(x+1)+1=0$에서

$x+1=A$로 놓으면 $A^2-2A+1=0$

$(A-1)^2=0$ ∴ $A=1$(중근)

즉, $x+1=1$이므로 $x=0$(중근)

0805 대표문제

이차방정식 $(x-1)^2-(x-1)=42$를 풀면?

① $x=-8$ 또는 $x=5$ ② $x=-7$ 또는 $x=6$

③ $x=-6$ 또는 $x=7$ ④ $x=-5$ 또는 $x=8$

⑤ $x=-4$ 또는 $x=9$

0806 초건 바꾼 대표문제

이차방정식 $\dfrac{1}{3}(2x-1)^2-(2x-1)=\dfrac{4}{3}$의 두 근 사이에 있는 모든 자연수의 개수를 구하시오.

0807

$(x+2y)(x+2y-14)+49=0$일 때, $x+2y$의 값을 구하시오.

0808 서술형

$x>y$이고 $8(x-y)^2=2y-2x+15$일 때, $x-y$의 값을 구하시오. (단, 풀이 과정을 자세히 쓰시오.)

R : REAL 실전 업

0809
· 유형 01

$2(x+2)(x-3)=kx(x+5)$가 x에 대한 이차방정식이 되도록 하는 상수 k의 조건은?

① $k\neq-\dfrac{5}{2}$ ② $k\neq-2$ ③ $k\neq2$

④ $k\neq3$ ⑤ $k\neq\dfrac{5}{2}$

0810
· 유형 03

이차방정식 $2x^2+ax+b=0$의 근이 $x=-1$ 또는 $x=3$일 때, 상수 a, b에 대하여 $b-a$의 값은?

① -12 ② -10 ③ -6

④ -4 ⑤ -2

0811
· 유형 05

다음은 등식의 성질을 이용하여 이차방정식을 푸는 과정을 설명한 것이다. ☐ 안에 들어갈 식으로 옳지 <u>않은</u> 것은?

> 일반적으로 두 수 또는 두 식 A, B에 대하여 $AB=0$이면 다음 세 가지 중 어느 하나가 성립한다.
>   (i) ☐①☐ (ii) $A=0$, $B\neq0$ (iii) $A=0$, $B=0$
> 이를 다음과 같이 나타낼 수 있다.
> $AB=0$이면 ☐②☐
> 이 성질을 이용하여 이차방정식 $x^2+x-6=0$을 풀자.
> 좌변의 식을 인수분해하면 ☐③☐이므로
> $x+3=0$ 또는 ☐④☐이다.
> 따라서 구하는 해는 ☐⑤☐이다.

① $A\neq0$, $B=0$ ② $A=0$ 또는 $B=0$

③ $(x+3)(x-2)=0$ ④ $x-2=0$

⑤ $x=3$ 또는 $x=-2$

0812
· 유형 05

다음 이차방정식 중 두 근의 곱이 4인 것은?

① $x(x+4)=0$ ② $(x-1)(x+4)=0$

③ $(x+2)(x-2)=0$ ④ $2(x-2)(x-1)=0$

⑤ $(x-1)(x-4)=0$

0813
· 유형 06

이차방정식 $x^2-2x+1=-x^2+5(x+1)$의 두 근을 $x=a$ 또는 $x=b$라 할 때, 이차방정식 $x^2+ax+a+2b=0$의 두 근을 구하시오. (단, $a>b$)

0814 창의력+
· 유형 06

다음 마방진은 1에서 9까지의 숫자를 한 번씩만 사용하여 가로, 세로, 대각선에 있는 세 숫자의 합이 같도록 하는 규칙으로 만든 것이다. 이때 x의 값을 구하시오.

		$2x$
x^2	5	
		$3x-1$

R : REAL 실전 업

0815
·유형 07

이차방정식 $ax^2-(a+2)x-a^2+3a+4=0$의 두 근이 $x=2$ 또는 $x=b$일 때, ab의 값은? (단, a는 상수)

① -3　　　② -2　　　③ 1
④ 2　　　⑤ 3

0816
·유형 08

두 이차방정식 $2x^2+5x-3=0$, $3x^2+6x=x^2-5x+6$을 동시에 만족시키는 x의 값이 $4x^2-(a^2+4)x+2a+1=0$의 한 근일 때, 상수 a의 값을 구하시오. (단, $a>0$)

0817
·유형 09

이차방정식 $12x^2-4x-5=0$의 두 근 중 작은 근이 이차방정식 $(k^2-2)x^2-(2k+1)x-8=0$의 근일 때, 상수 k의 값은? (단, $k>0$)

① 2　　　② 4　　　③ 6
④ 8　　　⑤ 10

0818
·유형 08, 11

이차방정식 $x^2+kx+9=0$이 중근을 가질 때, 다음 두 이차방정식의 공통인 근을 구하시오. (단, $k>0$인 상수)

$$x^2+2x-4k=0$$
$$x^2-(k-3)x-4=0$$

0819
·유형 11

이차방정식 $4x^2-kx+k-3=0$이 중근을 가질 때, k의 값을 모두 구하고, 그때의 근을 구하시오.

0820
·유형 12

이차방정식 $(x+6)^2+a=0$의 해가 $x=b\pm\sqrt{14}$일 때, 유리수 a, b에 대하여 $a-b$의 값은? (단, $a<0$)

① -24　　　② -16　　　③ -8
④ 8　　　⑤ 20

0821
·유형 12

이차방정식 $(x+1)^2=12k$의 근이 모두 정수가 되도록 하는 자연수 k의 최솟값은?

① 2　　　② 3　　　③ 4
④ 6　　　⑤ 12

0822
•유형 13

이차방정식 $3x^2+6x-2=0$을 $(x+p)^2=q$의 꼴로 나타낼 때, 상수 p, q에 대하여 $3pq$의 값을 구하시오.

0823
•유형 13

다음은 완전제곱식을 이용하여 이차방정식 $2x^2-12x+3=0$의 해를 구하는 과정이다. ①~⑤에 들어갈 수로 옳지 <u>않은</u> 것을 모두 고르면? (정답 2개)

$2x^2-12x+3=0$에서 양변을 2로 나누면

$x^2-6x+\dfrac{3}{2}=0$, $x^2-6x=$ ①

x^2-6x+ ② $=$ ① $+$ ②

$(x-$ ③ $)^2=$ ④

$\therefore x=$ ⑤

① $-\dfrac{3}{2}$　　② 9　　③ 6

④ $\dfrac{15}{2}$　　⑤ $\dfrac{6\pm\sqrt{15}}{2}$

0824
•유형 14

이차방정식 $2(x-1)^2=x+1$의 근이 $x=\dfrac{A\pm\sqrt{B}}{4}$일 때, 유리수 A, B에 대하여 $B-A$의 값은?

① -3　　② 2　　③ 10

④ 12　　⑤ 22

0825
•유형 07, 11, 14

다음 중 x에 대한 이차방정식 $x^2+ax+2a=0$에 대한 설명으로 옳은 것을 모두 고르면? (정답 2개)

① $x=-1$을 한 근으로 가질 때, $a=-\dfrac{1}{3}$이다.

② $x=-1$을 한 근으로 가질 때, 다른 한 근은 $x=2$이다.

③ 중근을 가질 때, $a=\pm8$이다.

④ $a=-2$이면 이차방정식의 근은 $x=1\pm\sqrt{5}$이다.

⑤ $a=-4.5$이면 이차방정식의 두 근 사이에 있는 정수는 6개이다.

0826
•유형 15

이차방정식 $0.2x(x-2)=\dfrac{(x+1)(x-3)}{3}$을 풀면?

① $x=\dfrac{2\pm\sqrt{34}}{2}$　　② $x=1\pm\sqrt{17}$

③ $x=1\pm\sqrt{34}$　　④ $x=2\pm\sqrt{17}$

⑤ $x=2\pm\sqrt{34}$

0827
•유형 16

다음 |조건|을 모두 만족시키는 두 수 x, y의 값을 각각 구하시오.

| 조건 |
(가) $x>y$
(나) $(x-y)(x-y+2)-3=0$
(다) $x+y=5$

서술형 문제

0828
·유형 04

이차방정식 $x^2+3x+1=0$의 한 근이 $x=a$일 때,

$a^2+a+\dfrac{1}{a}+\dfrac{1}{a^2}$의 값을 구하시오.

(단, 풀이 과정을 자세히 쓰시오.)

☑ 필요 개념 및 공식
☐ 이차방정식의 한 근이 문자로 주어졌을 때, 식의 값 구하기
☐ 곱셈 공식의 변형

풀이

답

0829
·유형 06

두 식 $A=x^2+5x-6$, $B=x^2-16x+15$에 대하여
$A=-B$를 만족시키는 x의 값을 구하시오.

(단, $A\neq0$이고, 풀이 과정을 자세히 쓰시오.)

☑ 필요 개념 및 공식
☐ 인수분해를 이용한 이차방정식의 풀이

풀이

답

0830
·유형 14

이차방정식 $x^2-4x-6=0$의 두 근을 α, $\beta\,(\alpha<\beta)$라 할 때, $\alpha+2<p<\beta$를 만족시키는 정수 p의 개수를 구하시오.

(단, 풀이 과정을 자세히 쓰시오.)

☑ 필요 개념 및 공식
☐ 이차방정식의 근의 공식   ☐ 실수의 대소 관계

풀이

답

0831
·유형 08, 15

다음 두 이차방정식의 공통인 근을 구하시오.

(단, 풀이 과정을 자세히 쓰시오.)

$$\frac{1}{15}x^2-\frac{1}{10}x-\frac{1}{6}=0$$
$$0.24x^2-0.56x-0.1=0$$

☑ 필요 개념 및 공식
☐ 복잡한 이차방정식의 풀이(계수가 분수, 소수인 경우)
☐ 두 이차방정식의 공통인 근

풀이

답

이차방정식의 활용

08. 이차방정식의 활용

1 이차방정식의 근의 개수

이차방정식 $ax^2+bx+c=0$ $(a\neq0)$의 근의 개수는 근의 공식 $x=\dfrac{-b\pm\sqrt{b^2-4ac}}{2a}$에서

b^2-4ac의 부호에 따라 결정된다.

(1) $b^2-4ac>0$이면 서로 다른 두 근을 가진다. (근이 2개)

(2) $b^2-4ac=0$이면 한 근(중근)을 가진다. (근이 1개)

해를 가질 조건 → $b^2-4ac\geq0$

(3) $b^2-4ac<0$이면 근이 없다. (근이 0개) ← 음수의 제곱근은 없다.

참고 b^2-4ac를 판별식이라 한다.

예 이차방정식 $2x^2-3x+1=0$에서 $b^2-4ac=(-3)^2-4\times2\times1=1>0$이므로
서로 다른 두 근을 갖는다.

- x의 계수가 짝수인 이차방정식 $ax^2+2b'x+c=0$ $(a\neq0)$에서는 b^2-4ac 대신 b'^2-ac를 이용할 수 있다.

- 근호 안은 음수가 될 수 없으므로 $b^2-4ac<0$인 경우에는 이차방정식의 해가 없다.

2 이차방정식 구하기

(1) 두 근이 α, β이고, x^2의 계수가 a인 이차방정식은

➡ $a(x-\alpha)(x-\beta)=0$

(2) 중근이 α이고, x^2의 계수가 a인 이차방정식은

➡ $a(x-\alpha)^2=0$

3 이차방정식의 활용

이차방정식의 활용 문제는 다음과 같은 순서로 해결한다.

❶ 문제의 뜻을 이해하고, 구하려는 것을 미지수로 정한다.

❷ 문제의 뜻에 맞게 이차방정식을 세운다.

❸ 이차방정식을 풀어 해를 구한다.

❹ 구한 해가 문제의 뜻에 맞는지 확인한다.

참고 시간, 거리, 속력, 길이, 넓이, 부피 등은 양수이어야 하고,
사람 수, 개수, 나이 등은 자연수이어야 한다.

- 이차방정식의 해가 모두 활용 문제의 답이 되는 것은 아니므로 이차방정식의 해를 구한 후, 문제의 뜻에 맞는 것을 답으로 택한다.

1 이차방정식의 근의 개수

[0832~0834] 주어진 이차방정식을 $ax^2+bx+c=0$이라 할 때, 다음 표의 빈칸에 알맞은 것을 쓰시오.

	이차방정식	b^2-4ac의 값	근의 개수
0832	$2x^2-5x+3=0$		
0833	$2x^2+x+2=0$		
0834	$x^2-4x+4=0$		

[0835~0840] 다음 이차방정식의 근의 개수를 구하시오.

0835 $x^2+6x+9=0$

0836 $6x^2+2x+1=0$

0837 $-2x^2+4x+3=0$

0838 $2x^2+8x=-9$

0839 $-3x^2-5=5x$

0840 $(2x-3)(2x+3)=12x-18$

[0841~0843] 이차방정식 $x^2+3x+k=0$의 근이 다음과 같을 때, 상수 k의 값 또는 범위를 구하시오.

0841 서로 다른 두 근

0842 중근

0843 근이 없다.

2 이차방정식 구하기

[0844~0845] 다음 조건을 만족시키는 x에 대한 이차방정식을 $ax^2+bx+c=0$의 꼴로 나타내시오. (단, a, b, c는 상수)

0844 두 근이 2, 3이고, x^2의 계수가 1인 이차방정식
  ⇨ $(x-\square)(x-\square)=0$
  ⇨ $\boxed{}=0$

0845 중근이 2이고, x^2의 계수가 1인 이차방정식
  ⇨ $(x-\square)^2=0$
  ⇨ $\boxed{}=0$

[0846~0851] 주어진 수를 근으로 하고, 이차항의 계수가 다음과 같은 이차방정식을 $ax^2+bx+c=0$의 꼴로 나타내시오. (단, a, b, c는 상수)

	근	이차항의 계수	$ax^2+bx+c=0$의 꼴
0846	$-2, 3$	1	
0847	-5(중근)	1	
0848	$\dfrac{1}{3}, -\dfrac{2}{3}$	1	
0849	$2, 7$	2	
0850	3(중근)	2	
0851	$\dfrac{1}{3}, \dfrac{1}{2}$	6	

3 이차방정식의 활용

0852 다음은 연속하는 두 자연수의 제곱의 합이 113일 때, 이 두 자연수를 구하는 과정이다. $\square$ 안에 알맞은 것을 쓰시오.

> 연속하는 두 자연수를 각각 x, $x+1$이라 하면
> 두 자연수의 제곱의 합이 113이므로
> $x^2+(\boxed{})^2=113$
> $\therefore x=\boxed{}$ 또는 $x=\boxed{}$
> 이때 x는 자연수이므로 구하는 x의 값은 $\boxed{}$이다.
> 따라서 연속하는 두 자연수는 $\boxed{}$, $\boxed{}$이다.

[0853~0854] 세로의 길이가 가로의 길이보다 $3\,\text{cm}$ 더 긴 직사각형의 넓이가 $54\,\text{cm}^2$일 때, 다음 물음에 답하시오.

0853 가로의 길이를 $x\,\text{cm}$라 할 때, x에 대한 이차방정식을 $x^2+ax+b=0$의 꼴로 나타내시오.

(단, a, b는 상수)

0854 직사각형의 가로의 길이와 세로의 길이를 차례로 구하시오.

유형 01 이차방정식의 근의 개수

이차방정식 $ax^2+bx+c=0$의 근의 개수는 b^2-4ac의 부호에 따라 결정된다.

(1) $b^2-4ac>0$ ➡ 서로 다른 두 근 ➡ 근이 2개
(2) $b^2-4ac=0$ ➡ 중근 ➡ 근이 1개
(3) $b^2-4ac<0$ ➡ 근이 없다. ➡ 근이 0개

참고 b가 짝수일 때, b'^2-ac를 이용할 수 있다. (단, $b=2b'$)

0855 대표문제

다음 이차방정식 중 서로 다른 두 근을 갖는 것을 모두 고르면? (정답 2개)

① $x^2-3x=0$
② $4x^2+4x+1=0$
③ $9x^2+2x-5=0$
④ $x^2+6x=-10$
⑤ $5x^2=3x-1$

0856 조건 바꾼 대표문제

다음 이차방정식 중 근이 없는 것은?

① $x^2+x-1=0$
② $25x^2-4=0$
③ $7x^2+10x+16=-2x^2-14x$
④ $x=\dfrac{1}{6}x^2+\dfrac{3}{2}$
⑤ $0.3x^2+0.2x+0.1=0$

0857 ◀━

다음 이차방정식 중 근의 개수가 나머지 넷과 다른 하나는?

① $x^2-16=0$
② $x^2-4x+4=1$
③ $3x^2-2x-1=0$
④ $x^2+1.5x+1=0$
⑤ $-2x^2+2x=x^2+3x-3$

0858 ◀━

다음 |보기| 중 이차방정식 $x^2+ax+4=0$의 근에 대한 설명으로 옳은 것을 모두 고르시오.

| 보기 |
ㄱ. $a=3$이면 음수인 근을 갖는다.
ㄴ. $a=4$이면 근의 개수가 1개이다.
ㄷ. $a=5$이면 근의 개수가 2개이다.
ㄹ. $a=6$이면 근이 없다.

유형 02 이차방정식이 중근을 가질 조건

이차방정식 $ax^2+bx+c=0$이 중근을 가지려면
➡ $b^2-4ac=0$ ← $b=2b'$이면 $b'^2-ac=0$

0859 대표문제

이차방정식 $x^2+kx+3-k=0$이 중근을 가질 때, 다음 중 상수 k의 값을 모두 고르면? (정답 2개)

① -6
② -2
③ 2
④ 4
⑤ 6

0860 표현 바꾼 대표문제

이차방정식 $x^2+2(k-2)x+k=0$이 중근을 갖도록 하는 모든 상수 k의 값의 합을 구하시오.

0861 ◀━

이차방정식 $ax^2+5x+c=0$이 중근을 가질 때, 상수 a, c에 대하여 ac의 값을 구하시오. (단, $a\neq0$)

0862

두 이차방정식 $x^2+px+2p=0$, $\dfrac{1}{2}x^2-4x+p=0$이 모두 중근을 가질 때, 상수 p의 값을 구하시오.

0863

이차방정식 $3x^2+mx+m=0$이 중근을 갖도록 하는 상수 m의 값 중 큰 것이 이차방정식 $ax^2-49x+3a=0$의 한 근일 때, 이 이차방정식의 다른 한 근을 구하시오.

(단, a는 상수)

유형 03 근의 개수에 따른 미지수의 값의 범위 구하기

이차방정식 $ax^2+bx+c=0$에서 다음을 이용하여 부등식을 세운 후 미지수의 값의 범위를 구한다.

(1) 서로 다른 두 근을 가질 때 $\Rightarrow b^2-4ac>0$

(2) 근을 갖지 않을 때 $\Rightarrow b^2-4ac<0$

(3) 근을 가질 때 $\Rightarrow b^2-4ac\geq0$

0864 대표문제

이차방정식 $x^2+6x+k-2=0$이 근을 갖도록 하는 상수 k의 값의 범위는?

① $k\leq11$ ② $k>11$ ③ $k\geq11$

④ $k\leq9$ ⑤ $k>9$

0865 조건 바꾼 대표문제

이차방정식 $5x^2+6x+k+1=0$이 서로 다른 두 근을 갖도록 하는 가장 큰 정수 k의 값을 구하시오.

0866

이차방정식 $mx^2+(2m-3)x+m-1=0$의 근이 없을 때, 다음 중 상수 m의 값이 될 수 있는 것은?

① -2 ② -1 ③ 0

④ 1 ⑤ 2

0867

이차방정식 $(k-3)x^2+4x+5=0$은 서로 다른 두 근을 가지고, 이차방정식 $2x^2+(4k-1)x+2k^2+3=0$은 근이 없도록 하는 정수 k의 개수를 구하시오.

유형 04 두 근이 주어졌을 때, 이차방정식 구하기

(1) 두 근이 α, β이고, x^2의 계수가 a인 이차방정식은
$\Rightarrow a(x-\alpha)(x-\beta)=0$

(2) 중근이 α이고, x^2의 계수가 a인 이차방정식은
$\Rightarrow a(x-\alpha)^2=0$

0868 대표문제

두 근이 $-\dfrac{2}{3}$, 1이고, x^2의 계수가 3인 이차방정식은?

① $3x^2-x-2=0$

② $3x^2-\dfrac{1}{3}x-\dfrac{2}{3}=0$

③ $3x^2+x-2=0$

④ $3x^2+\dfrac{1}{3}x-\dfrac{2}{3}=0$

⑤ $3x^2+x-\dfrac{2}{3}=0$

0869 표현바꾼 대표문제

이차방정식 $12x^2+ax+b=0$의 두 근이 $-\dfrac{1}{3}$, $\dfrac{5}{2}$일 때, 상수 a, b에 대하여 $a-b$의 값은?

① -20 ② -16 ③ -10

④ 6 ⑤ 15

0870

이차방정식 $3x^2+px+q=0$이 중근 1을 가질 때, 상수 p, q에 대하여 $q-p$의 값을 구하시오.

0871

이차방정식 $x^2+ax+b=0$을 푸는데 다현이는 x의 계수를 잘못 보고 풀어 $x=-2$ 또는 $x=3$의 해를 얻었고, 채영이는 상수항을 잘못 보고 풀어 $x=1$ 또는 $x=4$의 해를 얻었다. 이때 상수 a, b에 대하여 $a-b$의 값은?

① -11 ② -5 ③ -3

④ 0 ⑤ 1

0872 서술형

$(m+n+5)(m+n-3)=9$를 만족시키는 자연수 m, n을 근으로 갖고, x^2의 계수가 1인 이차방정식을 상수 a, b, c에 대하여 $ax^2+bx+c=0$의 꼴로 나타내시오.

(단, $m \neq n$이고, 풀이 과정을 자세히 쓰시오.)

주어진 식을 이용하여 이차방정식을 세운 후 푼다.

참고 사람 수, 개수, 나이 등은 자연수이어야 한다.

0873 대표문제

n각형의 대각선의 개수는 $\dfrac{n(n-3)}{2}$개이다. 이때 대각선의 개수가 65개인 다각형을 구하시오.

0874 표현바꾼 대표문제

자연수 1부터 n까지의 합은 $\dfrac{n(n+1)}{2}$이다. 이때 합이 190이 되려면 1부터 얼마까지 더해야 하는가?

① 16 ② 17 ③ 18

④ 19 ⑤ 20

0875 서술형

n명의 사람들이 서로 한 번씩 악수를 하면 그 총 횟수는 $\dfrac{n(n-1)}{2}$번이다. 모임에 참가한 모든 학생들이 서로 한 번씩 악수한 총 횟수가 45번일 때, 이 모임에 참가한 학생 수를 구하시오. (단, 풀이 과정을 자세히 쓰시오.)

新 유형

0876

어느 공장에서 하루에 n개의 제품을 만드는 데 드는 비용이 $\left(16+2n-\dfrac{1}{10}n^2\right)$만 원이라 한다. 하루에 24만 4천 원의 비용으로 만들 수 있는 제품의 개수를 구하시오.

(단, $0 \leq n \leq 10$)

유형 06 이차방정식의 활용 (2) − 수

다음을 이용하여 이차방정식을 세운 후 푼다.
(1) 어떤 수 ➡ x
(2) 연속하는 두 자연수 ➡ x, $x+1$
(3) 연속하는 세 자연수
  ➡ $x-1$, x, $x+1$ 또는 x, $x+1$, $x+2$
(4) 연속하는 두 홀수 ➡ x, $x+2$ (단, x는 홀수)
(5) 연속하는 두 짝수 ➡ x, $x+2$ (단, x는 짝수)

0877 대표문제

연속하는 세 자연수 중 가운데의 수를 제곱한 값이 나머지 두 수의 합의 2배일 때, 세 자연수의 합을 구하시오.

0878

연속하는 두 짝수의 제곱의 합이 100일 때, 두 짝수를 구하시오.

0879

어떤 수에서 5를 빼서 제곱해야 할 것을 잘못하여 1을 더하여 2배했더니 바르게 계산한 결과보다 4만큼 크다. 이때 어떤 수를 모두 고르면? (정답 2개)

① 3 ② 6 ③ 9
④ 12 ⑤ 15

0880 서술형

다음 |조건|을 모두 만족시키는 두 자리의 자연수를 구하시오. (단, 풀이 과정을 자세히 쓰시오.)

┤ 조건 ├
㈎ 십의 자리의 숫자는 일의 자리의 숫자의 4배이다.
㈏ 각 자리 숫자의 합은 각 자리의 숫자의 곱보다 1만큼 크다.

유형 07 이차방정식의 활용 (3) − 쏘아 올린 물체

지면에서 쏘아 올린 물체의 t초 후의 높이가 (t에 대한 이차식) m로 주어질 때,
(1) 높이가 h m에 도달하는 시간
  ➡ (t에 대한 이차식) $=h$로 놓고 이차방정식을 푼다.
(2) 지면에 떨어질 때까지 걸리는 시간
  ➡ (t에 대한 이차식) $=0$으로 놓고 이차방정식을 푼다.

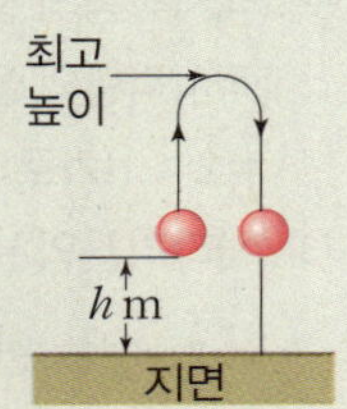

참고 쏘아 올린 물체의 높이가 h m인 경우는 올라갈 때와 내려올 때 두 번 생긴다. 또 최고 높이는 한 번만 생긴다.

0881 대표문제

지면에서 지면에 수직인 방향으로 초속 25 m로 쏘아 올린 물 로켓의 t초 후의 높이가 $(-5t^2+25t)$ m라 할 때, 다음 물음에 답하시오.

(1) 이 물 로켓의 높이가 30 m가 되는 것은 쏘아 올린 지 몇 초 후인지 구하시오.
(2) 이 물 로켓이 지면에 떨어지는 것은 쏘아 올린 지 몇 초 후인지 구하시오.

0882

지면으로부터 10 m 높이에서 초속 30 m로 똑바로 위로 쏘아 올린 물체의 t초 후의 지면으로부터의 높이는 $(10+30t-5t^2)$ m이다. 이 물체가 지면으로부터의 높이가 35 m가 되는 것은 물체를 쏘아 올린 지 몇 초 후인지 구하시오.

0883 서술형

지면으로부터 40 m 높이에서 초속 20 m로 똑바로 위로 쏘아 올린 폭죽의 x초 후의 지면으로부터의 높이는 $(40+20x-5x^2)$ m이다. 이 폭죽은 지면으로부터의 높이가 60 m인 지점에 도달하면 터진다고 할 때, 폭죽이 터지는 것은 폭죽을 쏘아 올린 지 몇 초 후인지 구하시오.
(단, 풀이 과정을 자세히 쓰시오.)

유형 08 이차방정식의 활용 (4) – 도형

(1) (삼각형의 넓이)$=\dfrac{1}{2}\times$(밑변의 길이)$\times$(높이)

(2) (직사각형의 넓이)$=$(가로의 길이)$\times$(세로의 길이)

(직사각형의 둘레의 길이)

$\qquad=2\times\{$(가로의 길이)$+$(세로의 길이)$\}$

(3) (사다리꼴의 넓이)

$\qquad=\dfrac{1}{2}\times\{$(윗변의 길이)$+$(아랫변의 길이)$\}\times$(높이)

(4) (원의 넓이)$=\pi\times$(반지름의 길이)^2

0884 대표문제

둘레의 길이가 50 cm이고, 넓이가 136 cm²인 직사각형이 있다. 이 직사각형의 가로의 길이가 세로의 길이보다 더 길 때, 가로의 길이를 구하시오.

0885

다음 그림과 같은 4조각의 직사각형을 겹치지 않도록 모두 붙여 넓이가 1089인 정사각형을 만들었다. 이때 x의 값을 구하시오.

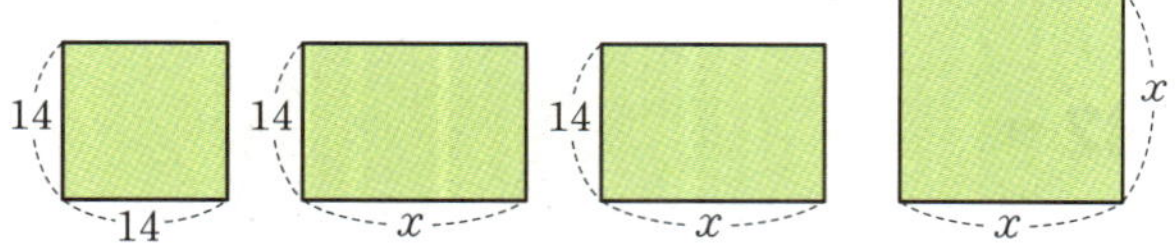

0886

서양에 피타고라스 정리가 있다면 동양에는 진자의 정리가 있는데, 이는 직각삼각형의 세 변을 구, 고, 현이라 할 때, 세 변 사이의 관계를 나타낸 것이다. 다음은 "차근방몽구"라는 조선 시대의 수학책에 실려 있는 문제이다. 이때 구, 고, 현의 길이를 각각 구하시오.

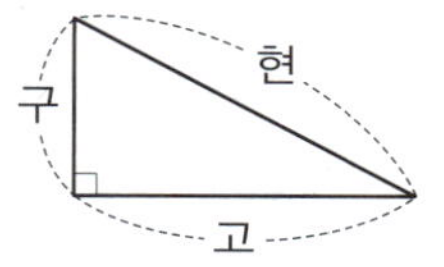
구와 고의 합이 23척이고, 구와 현의 차가 9척이다. 구, 고, 현 각각의 길이를 구하시오.

0887

오른쪽 그림과 같이 세 개의 반원으로 이루어진 도형이 있다. 가장 큰 반원의 지름의 길이가 16 cm이고 색칠한 부분의 넓이가 $\dfrac{63}{4}\pi$ cm²일 때, $\overline{AC}$의 길이는? (단, $\overline{AC}<\overline{CB}$)

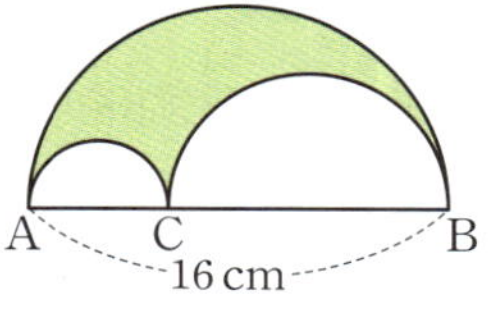

① 3 cm ② 4 cm ③ 5 cm

④ 6 cm ⑤ 7 cm

0888

다음 그림의 직사각형 ABCD에서 점 P는 $\overline{CD}$ 위를 점 D에 점 C까지 매초 2 cm씩 움직이고, 점 Q는 $\overline{BC}$ 위를 점 C에서 점 B까지 매초 3 cm씩 움직인다. 두 점 P, Q가 동시에 출발한 후, △PQC의 넓이가 27 cm²가 될 때까지 걸리는 시간은?

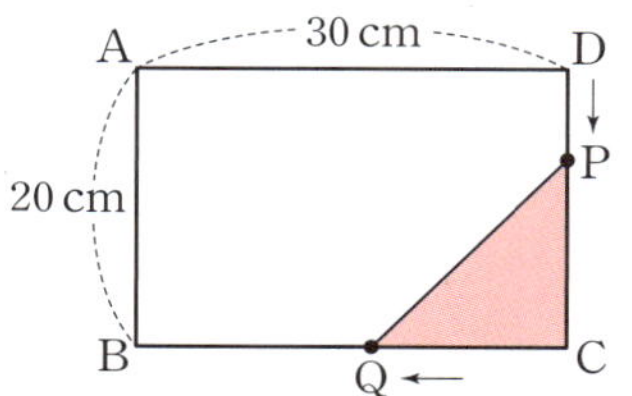

① 1초 ② 1초 또는 5초 ③ 1초 또는 9초

④ 5초 또는 9초 ⑤ 6초 또는 10초

0889

오른쪽 그림과 같이 한 변의 길이가 1 cm인 정오각형에서 두 대각선 AC, BE의 교점을 P라 하면 △ABC와 △APB는 서로 닮음이다. 대각선 AC의 길이를 x cm라 할 때, 다음 물음에 답하시오.

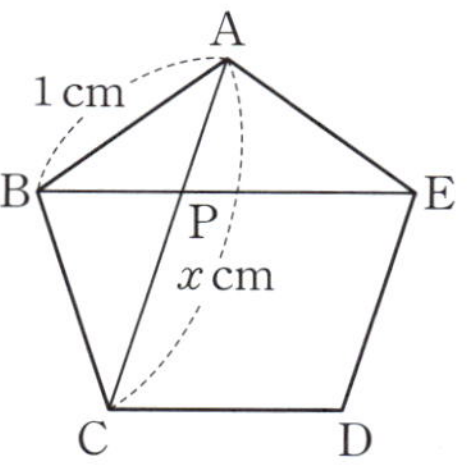

(1) $\overline{CP}$의 길이를 구하시오.

(2) x의 값을 구하시오.

0890

길이가 15 cm인 줄을 두 도막으로 잘라서 크기가 다른 두 정삼각형을 만들려고 한다. 두 정삼각형의 넓이의 비가 2 : 3이 되도록 할 때, 작은 정삼각형의 한 변의 길이를 구하시오.

0891

넓이가 576 cm²인 직사각형 모양의 벽에 다음 그림과 같이 모양과 크기가 같은 직사각형 모양의 사진을 이어 붙였더니 남는 부분이 생겼다. 남는 부분의 가로의 길이가 2 cm일 때, 사진 한 장의 짧은 변의 길이를 구하시오.

0892

오른쪽 그림과 같이 직각을 낀 두 변의 길이가 각각 2 cm, 4 cm인 직각삼각형 ABC의 세 변 위에 각각 점 P, Q, R가 있다. 직사각형 PQCR의 넓이가 1.5 cm²일 때, $\overline{PR}$의 길이는? (단, $\overline{PQ} < \overline{PR}$)

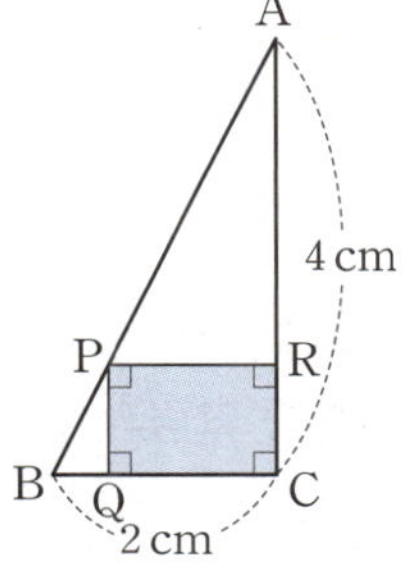

① 1.4 cm ② 1.5 cm
③ 1.6 cm ④ 1.7 cm
⑤ 1.8 cm

이차방정식의 활용 (5) – 변의 길이를 늘이거나 줄인 도형

한 변의 길이가 x cm인 정사각형의 가로의 길이를 a cm만큼 늘이고, 세로의 길이를 b cm만큼 줄이면 이 사각형의 넓이는
$$(x+a)(x-b) \text{ cm}^2$$

0893 대표문제

오른쪽 그림과 같이 한 변의 길이가 x cm인 정사각형 모양의 밀가루 반죽을 가로의 길이는 2 cm만큼 늘이고, 세로의 길이는 3 cm만큼 줄였더니 그 넓이가 36 cm²가 되었다. 처음 정사각형 모양의 반죽의 한 변의 길이는?

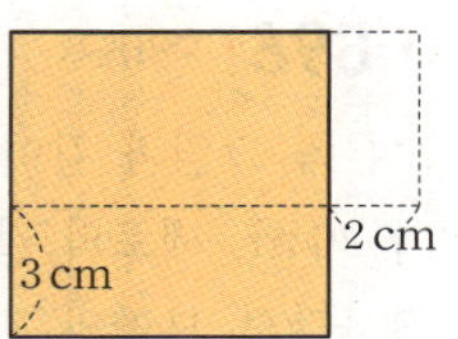

① 6 cm ② 7 cm ③ 8 cm
④ 9 cm ⑤ 10 cm

0894

오른쪽 그림과 같이 반지름의 길이가 4 m인 원의 반지름의 길이를 x m만큼 늘였더니 원의 넓이가 처음보다 20π m²만큼 넓어졌다. 이때 x의 값을 구하시오.

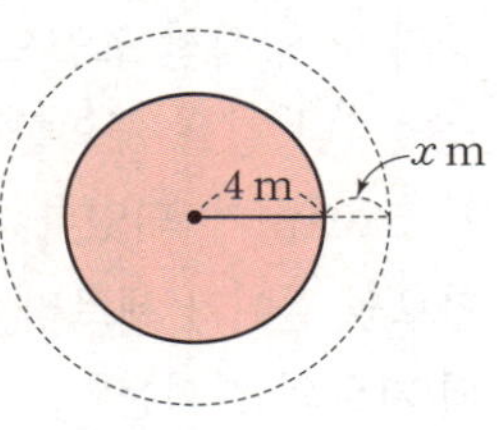

0895 서술형

오른쪽 그림과 같은 가로, 세로의 길이가 각각 12 cm, 8 cm인 직사각형에서 가로의 길이는 매초 1 cm씩 줄어들고, 세로의 길이는 매초 2 cm씩 늘어나고 있다. 이때 새로운 직사각형의 넓이가 처음 직사각형의 넓이와 같아지는 것은 몇 초 후인지 구하시오.
(단, 풀이 과정을 자세히 쓰시오.)

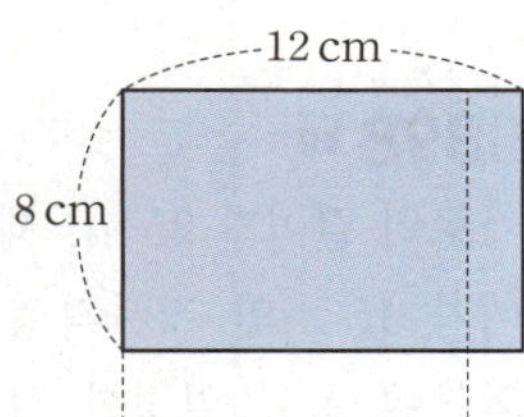

유형 10 이차방정식의 활용⑹ – 길을 만드는 경우

다음 그림과 같은 직사각형에서 색칠한 부분의 넓이가 모두 같음을 이용하여 넓이에 대한 이차방정식을 세운다.

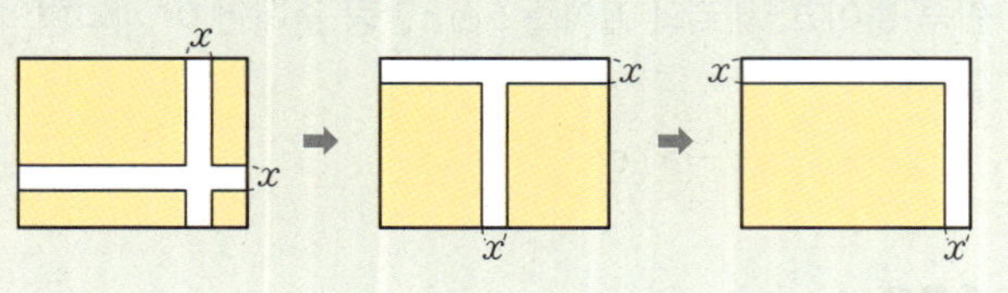

0896 대표문제

오른쪽 그림과 같이 가로의 길이가 20 m, 세로의 길이가 12 m인 직사각형 모양의 잔디밭에 폭이 일정한 일직선의 길을 만들었다. 길을 제외한 잔디밭의 넓이가 153 m^{2}일 때, 길의 폭을 구하시오.

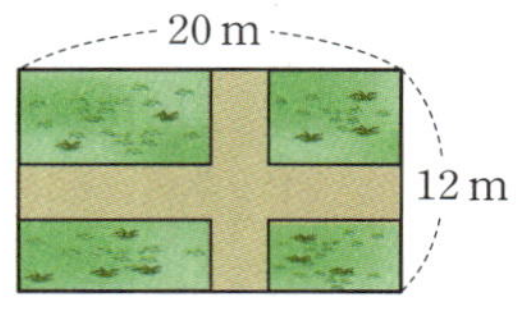

0897

오른쪽 그림과 같은 직사각형 모양의 땅에 직선 모양으로 길을 만들었더니 길을 제외한 땅의 넓이가 520 m^{2}가 되었다. 처음 땅의 가로의 길이가 세로의 길이보다 6 m 더 길다고 할 때, 이 땅의 가로의 길이는?

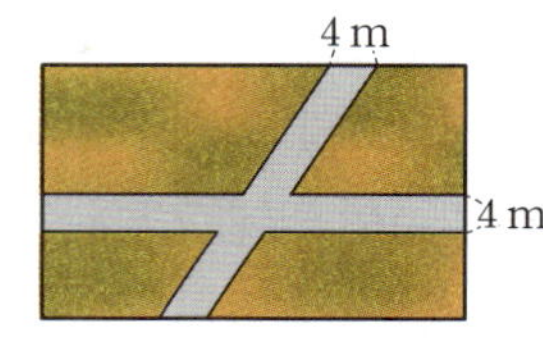

① 20 m ② 22 m ③ 24 m
④ 26 m ⑤ 30 m

0898

가로의 길이가 25 m, 세로의 길이가 15 m인 직사각형 모양의 화단에 폭이 일정한 길을 만든 후, 각 부분의 넓이를 측정하였다. A, B 두 부분의 넓이의 합이 120 m^{2}이고 C, D 두 부분의 넓이의 합이 80 m^{2}일 때, 길의 폭을 구하시오.

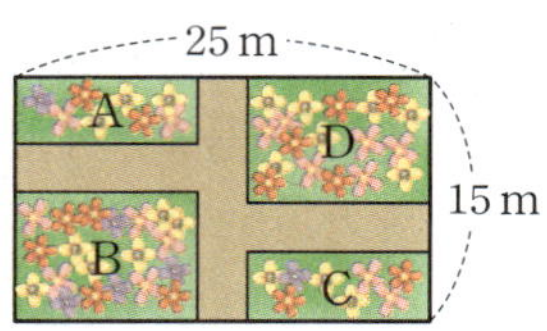

유형 11 이차방정식의 활용⑺ – 상자를 만드는 경우

구하려는 길이를 x로 놓고 직육면체의 부피를 구하는 공식을 이용하여 이차방정식을 세운 후, x의 값을 구한다.
➡ (직육면체의 부피)
　＝(가로의 길이)×(세로의 길이)×(높이)

0899 대표문제

다음 그림과 같이 정사각형 모양의 종이의 네 귀퉁이에서 한 변의 길이가 4 cm인 정사각형을 잘라 내어 윗면이 없는 직육면체 모양의 상자를 만들려고 한다. 상자의 부피가 576 cm^{3}일 때, 상자의 밑면의 한 변의 길이를 구하시오.

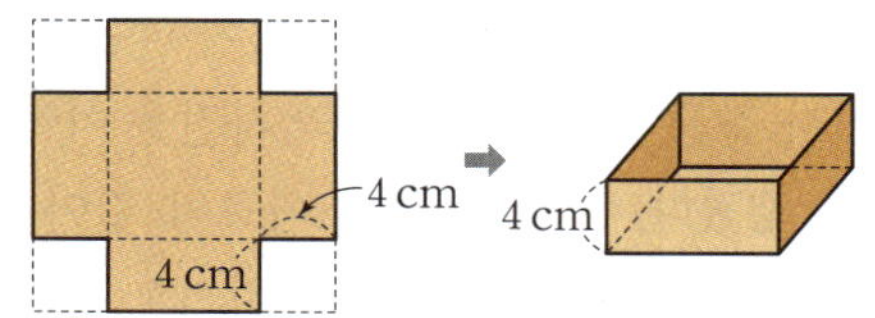

0900

가로의 길이가 18 cm, 세로의 길이가 25 cm인 직사각형 모양의 종이의 네 귀퉁이에서 크기가 같은 정사각형을 잘라 내어 윗면이 없는 상자를 만들려고 한다. 상자의 밑넓이가 228 cm^{2}일 때, 잘라 내는 정사각형의 한 변의 길이를 구하시오.

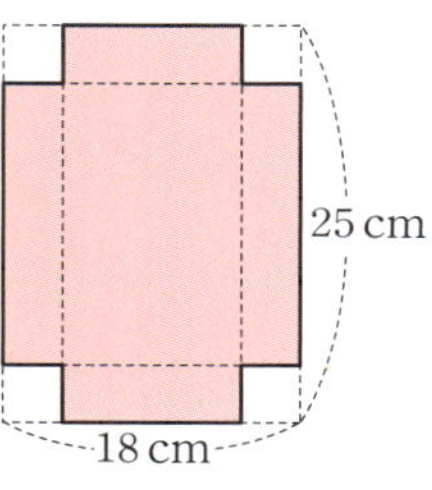

0901

오른쪽 그림과 같이 폭이 35 cm로 일정한 철판의 양쪽을 같은 높이만큼 수직으로 접어 올려서 단면의 넓이가 108 cm^{2}인 물받이를 만들려고 한다. 다음 중 물받이의 높이가 될 수 있는 것을 모두 고르면? (정답 2개)

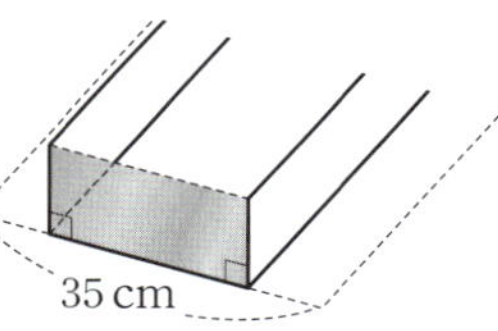

① 4 cm ② 5 cm ③ $\dfrac{17}{2}$ cm
④ 9 cm ⑤ $\dfrac{27}{2}$ cm

유형 12 이차방정식의 활용 (8) – 기타

나이, 개수, 날짜 등에 대한 문제는 구하려는 것을 x로 놓고 이차방정식을 세운 후 푼다.

참고 현재 x세인 사람의

➡ a년 전의 나이: $(x-a)$세

➡ b년 후의 나이: $(x+b)$세

0902 대표문제

정현이와 아버지의 나이의 차는 32세이고, 정현이의 나이의 제곱은 아버지의 나이의 3배보다 8세만큼 작다고 한다. 이때 아버지의 나이는?

① 39세　　　② 40세　　　③ 41세

④ 42세　　　⑤ 43세

0903

영윤이와 중호의 생일은 모두 6월이고, 영윤이의 생일이 중호보다 3주만큼 늦다. 두 사람의 생일의 날짜의 곱이 232일 때, 중호의 생일은?

① 6월 5일　　　② 6월 6일　　　③ 6월 7일

④ 6월 8일　　　⑤ 6월 9일

0904

오른쪽 그림과 같이 일차함수 $y=2x+10$의 그래프 위의 점 $\mathrm{P}(a, b)$에서 x축에 내린 수선의 발을 Q라 하자. △APQO의 넓이가 21일 때, 점 P의 좌표는?

(단, O는 원점이고, $-5<a<0$)

① $(-4, 2)$　　　② $\left(-\dfrac{7}{2}, 3\right)$

③ $(-3, 4)$　　　④ $\left(-\dfrac{5}{2}, 5\right)$

⑤ $(-2, 6)$

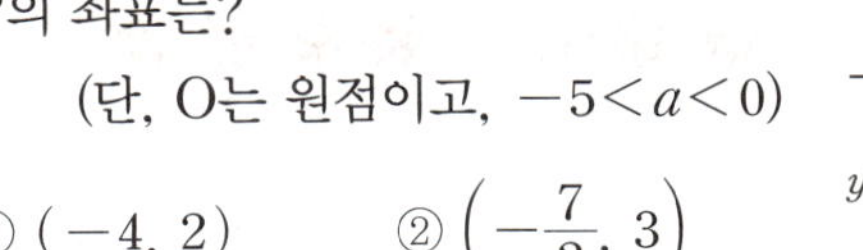

0905

독일의 화학자 오스트발트는 큰 종이를 잘라 작은 종이를 만드는 과정에서 종이의 낭비를 줄일 수 있는 형태인 '큰 종이와 반으로 자른 종이가 서로 닮음인 직사각형'을 제안하였다. 우리가 흔히 사용하는 A4 용지는 이를 반영하여 만든 것이다. A0 용지를 절반으로 자르면 A1 용지가 되고, A1 용지를 절반으로 자르면 A2 용지, A2 용지를 절반으로 자르면 A3 용지, A3 용지를 절반으로 자르면 A4 용지가 된다. 이때 A1 용지의 긴 변의 길이는 짧은 변의 길이의 몇 배인지 구하시오.

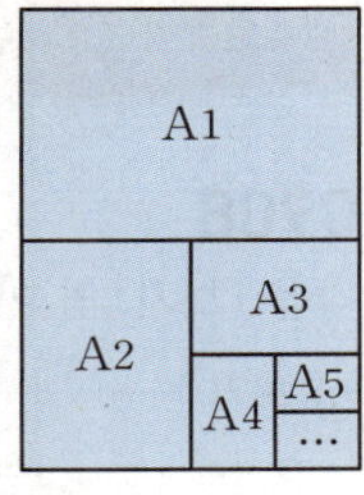

新 유형

0906

다음 그림과 같은 규칙으로 블록을 쌓으려고 한다. 물음에 답하시오.

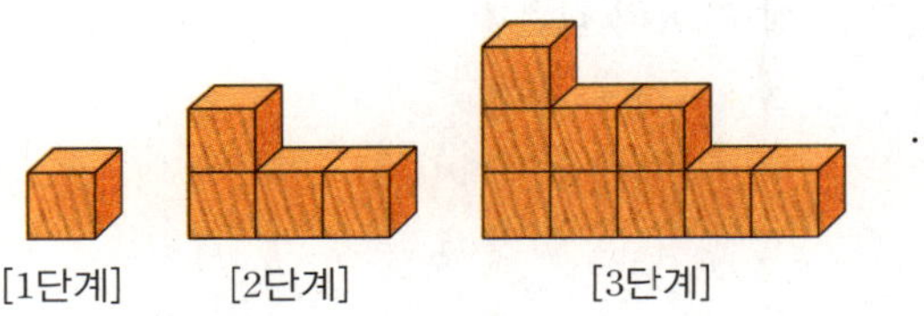

(1) n단계에서 사용한 블록의 개수를 n에 대한 식으로 나타내시오.

(2) 144개의 블록이 사용된 단계를 구하시오.

0907

1개에 1000원인 음료수의 가격을 $x\,\%$ 인상하였더니 판매량이 $2x\,\%$만큼 감소하였고, 총 판매 금액은 처음보다 12 % 감소하였다. 이때 x의 값을 구하시오. (단, $x>0$)

0908

·유형 01

다음 |보기|의 이차방정식 중 근이 2개인 것의 개수는?

┌ 보기 ┐
ㄱ. $x^2-x+1=0$　　ㄴ. $x^2+6x=6$
ㄷ. $2x^2-5x+4=0$　　ㄹ. $4x^2+2x-1=0$
ㅁ. $5x^2-x+1=0$　　ㅂ. $16x^2-8x+1=0$

① 1개　　　② 2개　　　③ 3개
④ 4개　　　⑤ 5개

0909

·유형 02

이차방정식 $x^2+(m+1)x+m+9=0$이 음수인 중근을 갖도록 하는 상수 m의 값은?

① -5　　　② -4　　　③ 2
④ 7　　　⑤ 10

0910

·유형 03

이차방정식 $x^2+2x+k=0$이 서로 다른 두 근을 갖도록 하는 상수 k의 값의 범위는?

① $k<\dfrac{1}{4}$　　② $k>\dfrac{1}{4}$　　③ $k<1$
④ $k>1$　　　⑤ $k>4$

0911

·유형 03

이차방정식 $x^2-6x+k+1=0$은 근을 갖고, 이차방정식 $(k-2)x^2+3x+2=0$은 근을 갖지 않도록 하는 정수 k의 개수는?

① 3개　　　② 4개　　　③ 5개
④ 6개　　　⑤ 7개

0912

·유형 04

일차함수 $y=ax+b$의 그래프가 오른쪽 그림과 같을 때, a, b를 두 근으로 하고 x^2의 계수가 3인 이차방정식은?

(단, a, b는 상수)

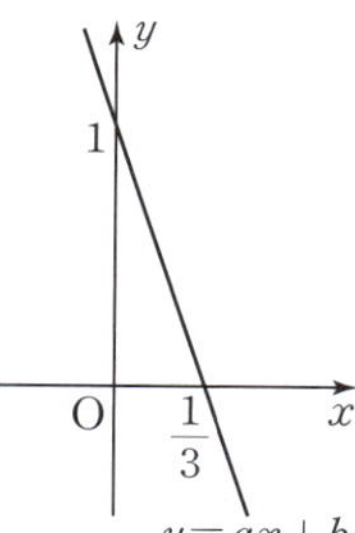
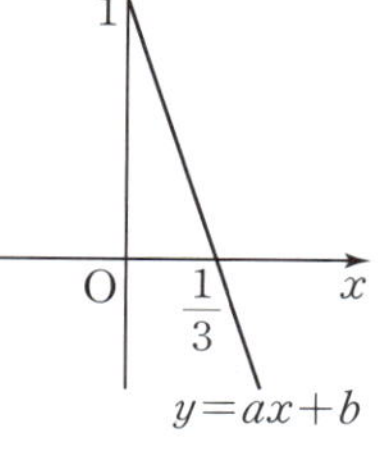

① $3x^2-6x-9=0$
② $3x^2-4x+1=0$
③ $3x^2-2x-9=0$
④ $3x^2+2x-3=0$
⑤ $3x^2+6x-9=0$

0913

·유형 05

다음 그림과 같이 구슬의 개수를 늘려가며 삼각형 모양을 만들 때, n번째에 놓인 구슬의 개수는 $\dfrac{n(n+1)}{2}$개이다. 구슬의 개수가 153개가 되는 것은 몇 번째인지 구하시오.

첫 번째　　두 번째　　세 번째　　네 번째

0914
•유형 07

달의 표면에서 달의 표면에 수직인 방향으로 초속 10 m로 던진 공의 t초 후의 높이가 $(10t-0.8t^2)$ m라 한다. 이 공이 달의 표면에 떨어지는 것은 공을 던진 지 몇 초 후인지 구하시오.

0915
•유형 08

다음은 조선 시대의 수학책 "구일집"에 실려 있는 문제를 재구성한 것이다. 이 문제에서 작은 정사각형의 한 변의 길이를 구하시오.

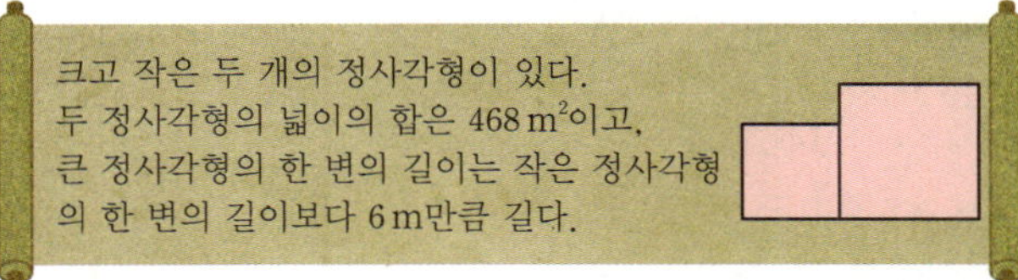

0916
•유형 08

오른쪽 그림과 같은 $\overline{AD}=4$ cm, $\angle B=45°$인 사다리꼴 ABCD의 넓이가 $\dfrac{65}{2}$ cm²일 때, $\overline{BC}$의 길이를 구하시오.

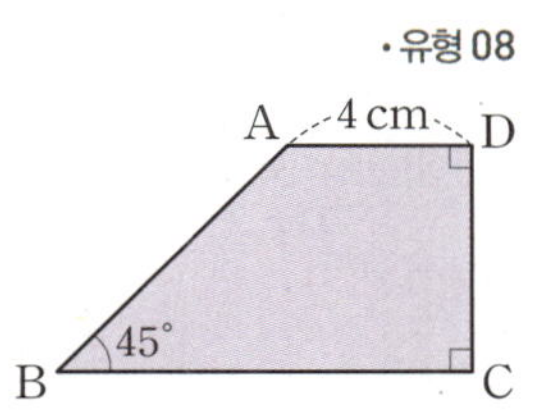

0917
•유형 08

오른쪽 그림의 $\triangle ABC$는 $\overline{AB}=\overline{AC}$, $\overline{BC}=6$이고 $\angle A=36°$인 이등변삼각형이다. $\angle ABC$의 이등분선과 변 AC가 만나는 점을 D라 할 때, $\overline{AB}$의 길이를 구하시오.

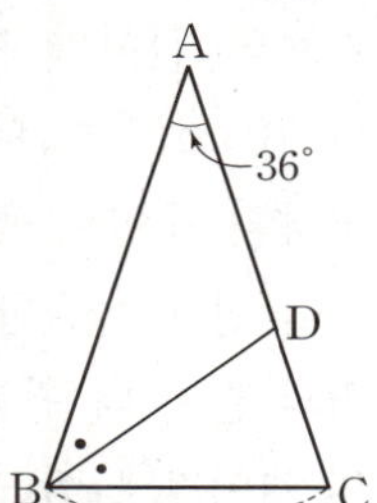

0918
•유형 09

가로의 길이가 8 cm, 세로의 길이가 6 cm인 직사각형의 가로와 세로의 길이를 각각 x cm씩 늘여서 처음보다 넓이가 11 cm² 만큼 커지도록 할 때, x의 값은?

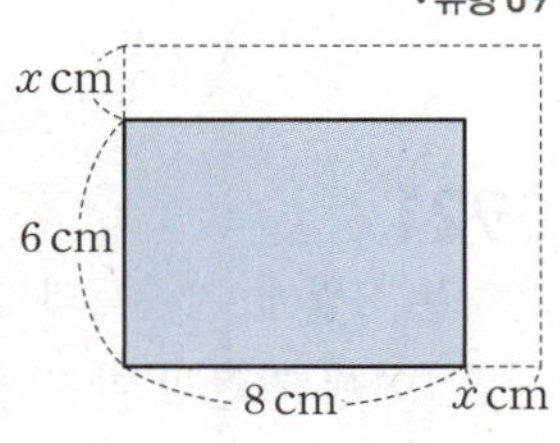

① $-7-2\sqrt{15}$
② $-7+2\sqrt{15}$
③ 7
④ $2\sqrt{15}$
⑤ 8

0919 창의력+
•유형 09, 10

가로의 길이가 48 cm, 세로의 길이가 27 cm인 직사각형 모양의 모니터 화면이 있다. 화면 보호기가 작동하면 다음 그림과 같이 처음에는 합동인 직사각형 그림 4개가 뜨고, 매초 0.5 cm씩 각 그림의 가로와 세로의 길이가 줄어든다. 그림 4개가 화면에서 완전히 사라지면 다시 처음 상태로 돌아가 반복된다. 이때 그림 4개의 넓이의 합이 처음으로 760 cm²가 되는 것은 화면 보호기가 작동한 지 몇 초 후인지 구하시오.

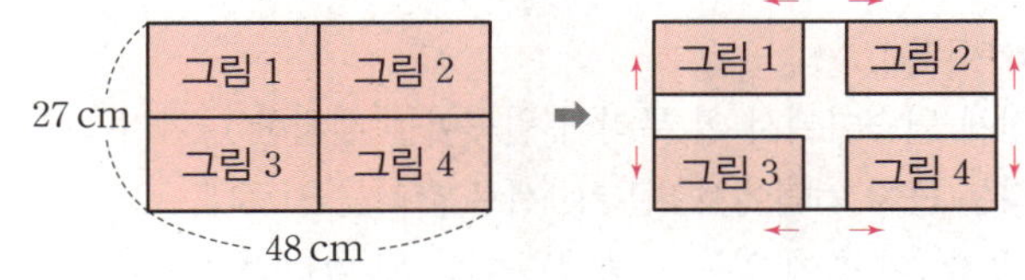

0920

·유형 11

가로의 길이가 세로의 길이보다 $10\,\mathrm{cm}$만큼 더 긴 직사각형 모양의 종이로 윗면이 없는 상자를 만들려고 한다. 오른쪽 그림과 같이 네 귀퉁이에서 한 변의 길이가 $4\,\mathrm{cm}$인 정사각형을 잘라 내어 만든 상자의 부피가 $800\,\mathrm{cm}^3$일 때, 처음 종이의 가로의 길이를 구하시오.

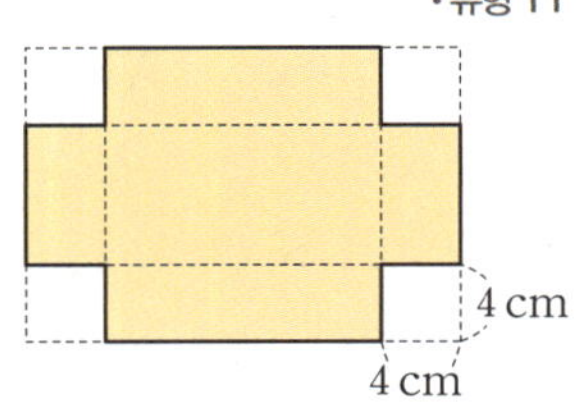

0921

·유형 06, 12

은하는 8월에 가족들과 2박 3일 동안 속초를 여행하기로 했다. 여행 기간의 마지막 날짜의 제곱이 나머지 두 날짜의 제곱의 합보다 21일이 작을 때, 은하네 가족은 몇 월 며칠에 여행을 시작하는가?

① 8월 6일 ② 8월 7일 ③ 8월 9일
④ 8월 10일 ⑤ 8월 12일

0922

·유형 12

다음은 인도의 수학자 바스카라가 쓴 수학책 "릴라바티"에 실려 있는 문제이다. 이 문제에서 숲에 있는 전체 원숭이의 수가 될 수 있는 것을 모두 고르면? (정답 2개)

> 어느 숲속에서 원숭이 무리가 이리저리 뛰며 놀고 있네.
>
> 이 무리의 원숭이의 수는 숲 전체 원숭이의 수의 $\dfrac{1}{8}$의 제곱이라네.
>
> 전체 원숭이에서 이 무리의 원숭이를 제외한 나머지 12마리는 근처 언덕에서 캬! 캬! 서로 소리를 지르네.
>
> 거 참, 이 숲에 있는 전체 원숭이는 몇 마리인가……

① 16마리 ② 24마리 ③ 32마리
④ 48마리 ⑤ 64마리

서술형 문제

0923

·유형 02

서로 다른 두 개의 주사위를 동시에 던져서 나온 눈의 수를 각각 m, n이라 할 때, 이차방정식 $x^2+2mx+n=0$이 중근을 갖도록 하는 순서쌍 (m, n)의 개수를 구하시오.

(단, 풀이 과정을 자세히 쓰시오.)

☑ 필요 개념 및 공식
☐ 이차방정식이 중근을 가질 조건

풀이

답

0924

·유형 08

오른쪽 그림과 같이 원 모양의 화단의 둘레에 폭이 $1\,\mathrm{m}$로 일정한 지압로를 만들었더니 화단의 넓이와 지압로의 넓이가 같아졌다. 이때 화단의 반지름의 길이를 구하시오. (단, 풀이 과정을 자세히 쓰시오.)

☑ 필요 개념 및 공식
☐ 이차방정식의 활용(도형)　　☐ 원의 넓이를 구하는 공식

풀이

답

09 이차함수와 그 그래프

09. 이차함수와 그 그래프

1 이차함수

함수 $y=f(x)$에서 y가 x에 대한 이차식

$$y=ax^2+bx+c \ (a,\ b,\ c는 상수,\ a\neq0)$$

로 나타내어질 때, 이 함수를 x에 대한 이차함수라 한다.

예 $y=x^2,\ y=-5x^2-3,\ y=2x^2+x-1$ ➡ 이차함수이다.

$y=2x+1,\ y=-\dfrac{1}{x},\ y=x^2-\dfrac{1}{x}$ ➡ 이차함수가 아니다.

- 두 변수 $x,\ y$에 대하여 x의 값이 변함에 따라 y의 값이 오직 하나씩 정해지는 대응 관계가 있을 때, y를 x의 함수라 한다.
- 이차함수 $y=f(x)$에서 특별한 말이 없으면 x의 값은 모든 실수로 생각한다.

2 이차함수 $y=x^2$의 그래프

(1) 이차함수 $y=x^2$의 그래프

① 원점을 지나고, 아래로 볼록한 곡선이다.

② y축에 대하여 대칭이다.

③ $x<0$일 때, x의 값이 증가하면 y의 값은 감소한다.

$x>0$일 때, x의 값이 증가하면 y의 값도 증가한다.

④ 원점을 제외한 부분은 모두 x축보다 위쪽에 있다.

⑤ 이차함수 $y=-x^2$의 그래프와 x축에 대하여 서로 대칭이다.

(2) 이차함수 $y=x^2,\ y=-x^2$의 그래프와 같은 모양의 곡선을 포물선이라 한다.

① 축: 포물선은 선대칭도형이며 그 대칭축을 포물선의 축이라 한다.

② 꼭짓점: 포물선과 축의 교점을 포물선의 꼭짓점이라 한다.

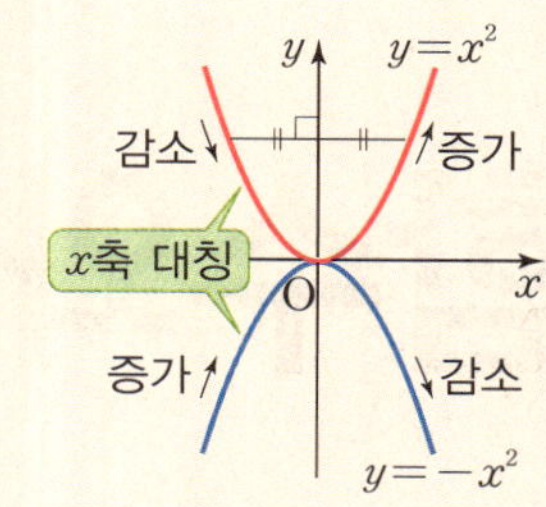

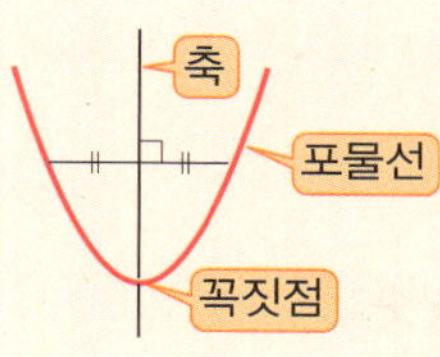

- 이차함수 $y=-x^2$의 그래프

① 원점을 지나고, 위로 볼록한 곡선이다.

② y축에 대하여 대칭이다.

③ $x<0$일 때, x의 값이 증가하면 y의 값도 증가한다.

$x>0$일 때, x의 값이 증가하면 y의 값은 감소한다.

④ 원점을 제외한 부분은 모두 x축보다 아래쪽에 있다.

3 이차함수 $y=ax^2$의 그래프

이차함수 $y=ax^2$의 그래프는

(1) y축을 축으로 하고, 원점을 꼭짓점으로 하는 포물선이다.

(2) $a>0$이면 아래로 볼록하고,

$a<0$이면 위로 볼록하다.

(3) a의 절댓값이 클수록 그래프의 폭은 좁아진다.

(4) 이차함수 $y=-ax^2$의 그래프와 x축에 대하여 서로 대칭이다.

참고 이차함수 $y=ax^2$에서 a의 부호는 그래프의 모양(볼록한 방향)을 결정하고, a의 절댓값은 그래프의 폭을 결정한다.

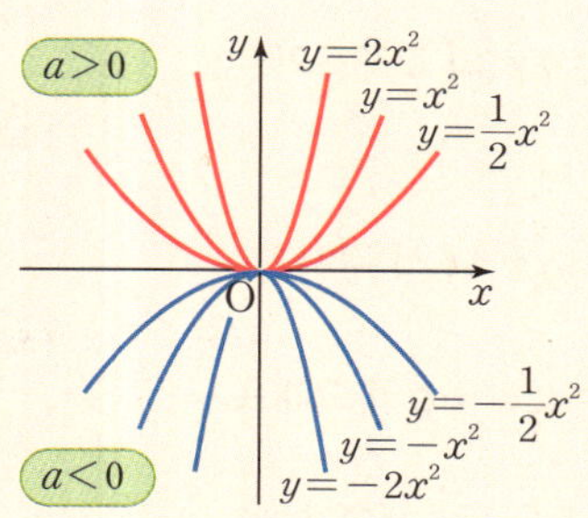

- 이차함수 $y=ax^2$의 그래프의 폭이 좁아질수록 그래프가 y축에 가까워진다.

1 이차함수

0925 다음 중 이차함수인 것은 ◯표를, 이차함수가 <u>아닌</u> 것은 ×표를 ( ) 안에 쓰시오.

(1) $y=-x+2$　　　　　　　　　　　　　(　)

(2) $y=\dfrac{1}{3}x-x^2$　　　　　　　　　　(　)

(3) $y=x^2-x(x+2)$　　　　　　　　　(　)

(4) $y=(x+4)^2$　　　　　　　　　　　(　)

[0926~0928] 다음에서 y를 x에 대한 식으로 나타내고, 이차함수인지 말하시오.

0926 한 변의 길이가 $x\,\mathrm{cm}$인 정삼각형의 둘레의 길이 $y\,\mathrm{cm}$

0927 반지름의 길이가 $x\,\mathrm{cm}$인 구의 겉넓이 $y\,\mathrm{cm}^2$

0928 한 개에 500원인 지우개 $(2x-1)$개의 가격 y원

[0929~0932] 이차함수 $f(x)=x^2+2x-1$에 대하여 다음 함숫값을 구하시오.

0929 $f(0)$　　　　　　**0930** $f(1)$

0931 $f(-2)$　　　　　**0932** $f\left(\dfrac{1}{4}\right)$

2 이차함수 $y=x^2$의 그래프

[0933~0937] 다음은 이차함수 $y=x^2$의 그래프에 대한 설명이다. ☐ 안에 알맞은 것을 쓰시오.

0933 ☐로 볼록한 포물선이다.

0934 꼭짓점의 좌표는 ☐이다.

0935 축의 방정식은 ☐이다.

0936 $x>0$일 때, x의 값이 증가하면 y의 값은 ☐하고, $x<0$일 때, x의 값이 증가하면 y의 값은 ☐한다.

0937 이차함수 $y=-x^2$의 그래프와 ☐에 대하여 서로 대칭이다.

3 이차함수 $y=ax^2$의 그래프

[0938~0940] 이차함수 $y=2x^2$의 그래프에 대하여 다음을 구하시오.

0938 꼭짓점의 좌표

0939 축의 방정식

0940 x축에 대하여 대칭인 그래프의 식

[0941~0943] 이차함수 $y=-\dfrac{2}{3}x^2$의 그래프에 대하여 다음을 구하시오.

0941 꼭짓점의 좌표

0942 축의 방정식

0943 x축에 대하여 대칭인 그래프의 식

[0944~0946] 다음 |보기|의 이차함수에 대하여 물음에 답하시오.

┤ 보기 ├
ㄱ. $y=4x^2$　　　　　ㄴ. $y=-4x^2$
ㄷ. $y=-\dfrac{1}{3}x^2$　　　ㄹ. $y=\dfrac{1}{5}x^2$

0944 그래프가 위로 볼록한 것을 모두 고르시오.

0945 그래프의 폭이 가장 넓은 것을 고르시오.

0946 그래프가 x축에 대하여 서로 대칭인 것끼리 짝 지으시오.

[0947~0950] 다음 이차함수의 그래프가 주어진 그림과 같을 때, 이차함수의 식에 알맞은 그래프를 고르시오.

0947 $y=x^2$

0948 $y=-x^2$

0949 $y=3x^2$

0950 $y=-\dfrac{1}{2}x^2$

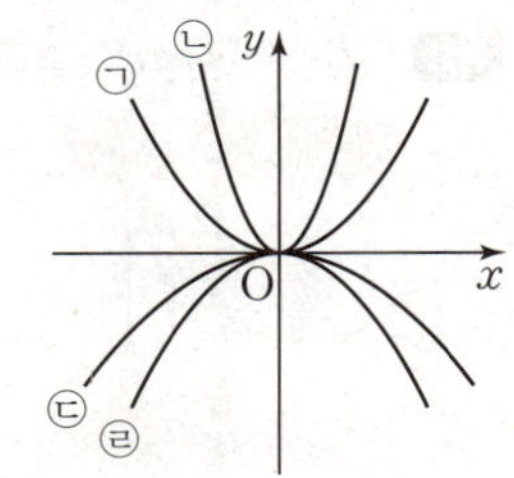

4 이차함수 $y=ax^2+q$의 그래프

이차함수 $y=ax^2+q$의 그래프는

(1) 이차함수 $y=ax^2$의 그래프를 y축의 방향으로 q만큼 평행이동한 것과 같다.

(2) **꼭짓점의 좌표**: $(0,\ q)$

(3) **축의 방정식**: $x=0$(y축)

참고 $q>0$이면 ➡ 그래프가 y축의 양의 방향(위쪽)으로 이동
　　$q<0$이면 ➡ 그래프가 y축의 음의 방향(아래쪽)으로 이동

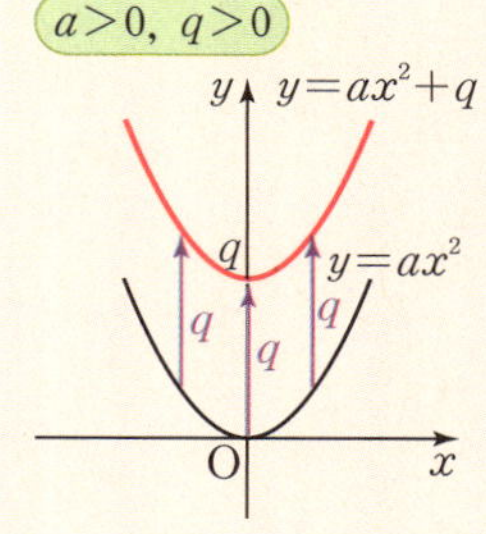

- **평행이동**: 한 도형을 일정한 방향으로 일정한 거리만큼 이동하는 것
- 이차함수의 그래프를 평행이동해도 x^2의 계수는 변하지 않으므로 그래프의 모양과 폭은 변하지 않고 위치만 변한다.

5 이차함수 $y=a(x-p)^2$의 그래프

이차함수 $y=a(x-p)^2$의 그래프는

(1) 이차함수 $y=ax^2$의 그래프를 x축의 방향으로 p만큼 평행이동한 것과 같다.

(2) **꼭짓점의 좌표**: $(p,\ 0)$

(3) **축의 방정식**: $x=p$

참고 $p>0$이면 ➡ 그래프가 x축의 양의 방향(오른쪽)으로 이동
　　$p<0$이면 ➡ 그래프가 x축의 음의 방향(왼쪽)으로 이동

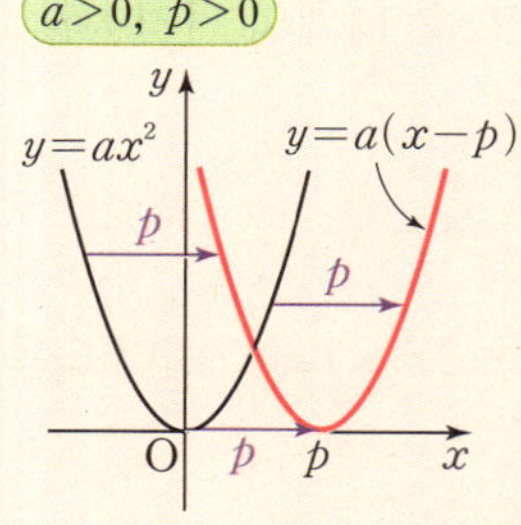

- 이차함수 $y=a(x-p)^2 (a>0)$의 그래프의 축의 방정식이 $x=p$이므로 그래프가 증가, 감소의 범위는 $x=p$를 기준으로 생각한다. 즉,
(1) $x<p$일 때, x의 값이 증가하면 y의 값은 감소한다.
(2) $x>p$일 때, x의 값이 증가하면 y의 값도 증가한다.

6 이차함수 $y=a(x-p)^2+q$의 그래프

이차함수 $y=a(x-p)^2+q$의 그래프는

(1) 이차함수 $y=ax^2$의 그래프를 x축의 방향으로 p만큼, y축의 방향으로 q만큼 평행이동한 것과 같다.

(2) **꼭짓점의 좌표**: $(p,\ q)$

(3) **축의 방정식**: $x=p$

참고 이차함수 $y=ax^2$의 그래프의 평행이동

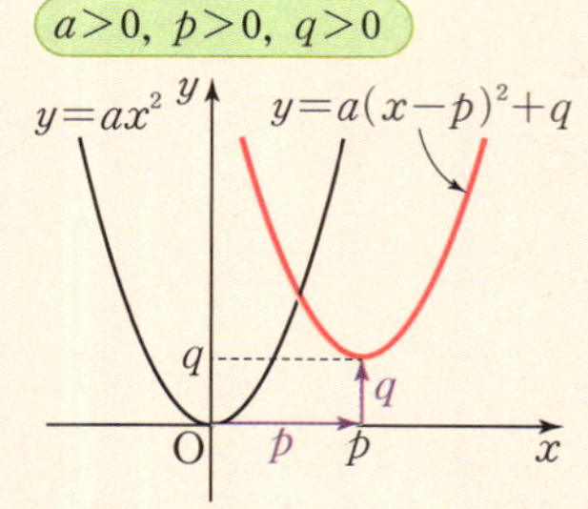

- 이차함수의 그래프를 x축의 방향으로 p만큼, y축의 방향으로 q만큼 평행이동한 그래프를 나타내는 이차함수의 식은
➡ x 대신 $x-p$, y 대신 $y-q$를 대입하여 구한다.

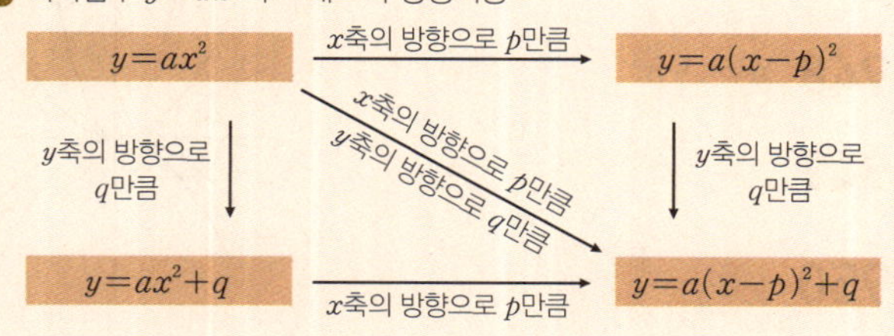

---

4 이차함수 $y=ax^2+q$의 그래프

[0951~0954] 다음 이차함수의 그래프를 y축의 방향으로 [ ] 안에 수만큼 평행이동한 그래프의 식을 구하시오.

0951 $y=-3x^2$ $[-2]$

0952 $y=\dfrac{1}{5}x^2$ $[-1]$

0953 $y=2x^2$ $\left[\dfrac{4}{3}\right]$

0954 $y=-\dfrac{1}{3}x^2$ $[2]$

[0955~0956] 다음 이차함수의 그래프의 꼭짓점의 좌표와 축의 방정식을 차례로 구하시오.

0955 $y=-\dfrac{1}{2}x^2-3$

0956 $y=-2x^2+1$

[0957~0958] 이차함수 $y=ax^2+q$의 그래프가 다음 그림과 같을 때, 상수 a, q의 부호를 각각 구하시오.

0957 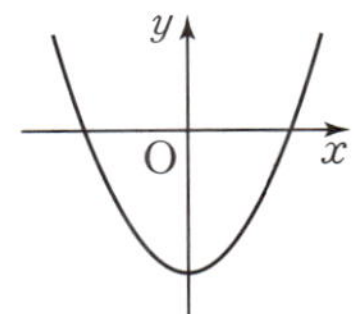

0958 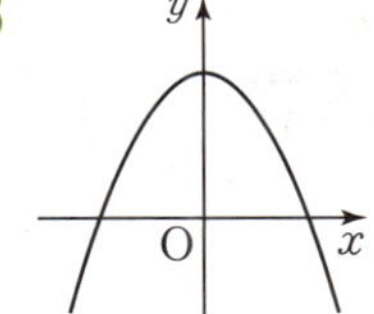

---

5 이차함수 $y=a(x-p)^2$의 그래프

[0959~0962] 다음 이차함수의 그래프를 x축의 방향으로 [ ] 안에 수만큼 평행이동한 그래프의 식을 구하시오.

0959 $y=x^2$ $[-2]$

0960 $y=\dfrac{1}{2}x^2$ $[3]$

0961 $y=-2x^2$ $[1]$

0962 $y=-\dfrac{4}{3}x^2$ $\left[-\dfrac{1}{2}\right]$

[0963~0964] 다음 이차함수의 그래프의 꼭짓점의 좌표와 축의 방정식을 차례로 구하시오.

0963 $y=2(x+3)^2$

0964 $y=-\dfrac{1}{2}\left(x-\dfrac{1}{3}\right)^2$

[0965~0966] 이차함수 $y=a(x-p)^2$의 그래프가 다음 그림과 같을 때, 상수 a, p의 부호를 각각 구하시오.

0965 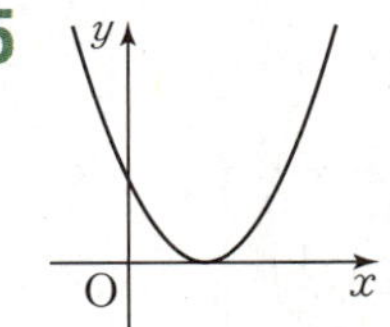

0966 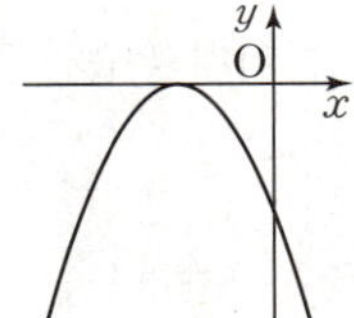

---

6 이차함수 $y=a(x-p)^2+q$의 그래프

[0967~0970] 다음 이차함수의 그래프를 x축의 방향으로 p만큼, y축의 방향으로 q만큼 평행이동한 그래프의 식을 구하시오.

0967 $y=\dfrac{5}{2}x^2$ $[p=1,\ q=-1]$

0968 $y=3x^2$ $[p=2,\ q=4]$

0969 $y=\dfrac{3}{4}x^2$ $[p=-5,\ q=2]$

0970 $y=-x^2$ $[p=-4,\ q=-2]$

[0971~0972] 다음 이차함수의 그래프의 꼭짓점의 좌표와 축의 방정식을 차례로 구하시오.

0971 $y=2(x-1)^2+3$

0972 $y=-\dfrac{1}{2}(x-5)^2-1$

: PATTERN 유형 마스터

유형 01 이차함수

y에 대한 이차함수 ➡ $y=(x$에 대한 이차식$)$의 꼴
➡ $y=ax^2+bx+c\ (a\neq0)$

예 $y=\underset{\text{이차식}}{\underline{2x^2-3x-1}}$ ➡ 이차함수이다.

$\quad y=\underset{\text{일차식}}{\underline{2x+3}}$ ➡ 이차함수가 아니다.

0973 대표문제

다음 중 이차함수인 것은?

① $y=x-2$
② $y=x^2-(x^2+3)$
③ $y=x(x+4)$
④ $y=\dfrac{1}{x^2}$
⑤ $y=x^3+(x-1)^2$

0974 숫자 바꾼 대표문제

다음 |보기| 중 이차함수인 것의 개수를 구하시오.

┤ 보기 ├
ㄱ. $y=(x+1)^2-2x$ ㄴ. $y=\dfrac{3}{x}$
ㄷ. $x^2-y=0$ ㄹ. $y=-x(x+1)+x^2$
ㅁ. $y=(2x-1)^2-4x^2$ ㅂ. $y=(x-1)(x+1)$

0975

다음 중 y가 x에 대한 이차함수가 아닌 것은?

① 한 변의 길이가 x인 정사각형의 넓이 y
② 한 모서리의 길이가 x인 정육면체의 부피 y
③ 밑변의 길이와 높이가 각각 x인 평행사변형의 넓이 y
④ 둘레의 길이가 20, 세로의 길이가 x인 직사각형의 넓이 y
⑤ 밑면의 반지름의 길이가 x, 높이가 20인 원기둥의 부피 y

0976

$y=(2a+1)x^2+3x-5$가 x에 대한 이차함수일 때, 다음 중 상수 a의 값이 될 수 <u>없는</u> 것은?

① -2
② -1
③ $-\dfrac{1}{2}$
④ 0
⑤ $\dfrac{1}{2}$

0977

다음과 같은 규칙으로 정사각형 모양의 크기가 같은 타일을 붙이려고 한다. x단계에서 사용한 타일의 개수를 y개라 할 때, 다음 중 y를 x에 대한 식으로 나타내고, y가 x에 대한 이차함수인지 아닌지를 바르게 나타낸 것은?

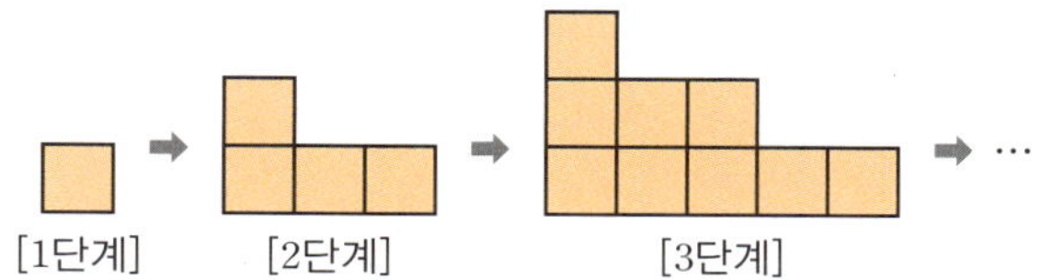

① $y=x^2$, 이차함수이다.
② $y=2x$, 이차함수이다.
③ $y=2x^2$, 이차함수이다.
④ $y=x^2$, 이차함수가 아니다.
⑤ $y=2x^2$, 이차함수가 아니다.

중요
유형 02 이차함수의 함숫값

이차함수 $f(x)=ax^2+bx+c$에서 $x=p$일 때의 함숫값
➡ $x=p$를 대입했을 때의 $f(x)$의 값
➡ $f(p)=ap^2+bp+c$ ← x 대신 p를 대입한다.

0978 대표문제

이차함수 $f(x)=x^2-6x+5$에서 $f(-2)+f(3)$의 값을 구하시오.

0979 숫자 바꾼 대표문제

이차함수 $f(x)=-\dfrac{2}{3}x^2+4$에서 $f(1)-f(-2)$의 값을 구하시오.

0980

이차함수 $f(x)=x^2+ax+4$에서 $f(-3)=1$일 때, 상수 a의 값을 구하시오.

0981 서술형

이차함수 $f(x)=x^2+2ax-3$에서 $f(1)=2$, $f(b)=-7$일 때, 상수 a, b에 대하여 $a+b$의 값을 구하시오.

(단, 풀이 과정을 자세히 쓰시오.)

유형 03 이차함수 $y=ax^2$의 그래프

(1) y축을 축으로 하고, 원점을 꼭짓점으로 하는 포물선이다.
(2) $a>0$이면 아래로 볼록하고, $a<0$이면 위로 볼록하다.
➡ a의 부호가 그래프의 모양을 결정한다.

0982 대표문제

다음 중 이차함수 $y=ax^2$의 그래프에 대한 설명으로 옳지 않은 것은?

① $a<0$일 때, 위로 볼록하다.
② $a>0$일 때, 아래로 볼록하다.
③ 점 $(1, a^2)$을 지난다.
④ 꼭짓점의 좌표는 $(0, 0)$이다.
⑤ y축을 축으로 하는 포물선이다.

0983 표현 바꾼 대표문제

다음 중 이차함수 $y=2x^2$의 그래프에 대한 설명으로 옳은 것을 모두 고르면? (정답 2개)

① 꼭짓점의 좌표는 $(2, 0)$이다.
② 축의 방정식은 $x=0$이다.
③ 제1, 2사분면을 지난다.
④ $x>0$일 때, x의 값이 증가하면 y의 값은 감소한다.
⑤ 위로 볼록한 포물선이다.

0984

다음 |보기| 중 두 이차함수 $y=-3x^2$, $y=\dfrac{1}{3}x^2$의 그래프의 공통점을 모두 고르시오.

| 보기 |
ㄱ. 꼭짓점의 좌표는 $(0, 0)$이다.
ㄴ. 아래로 볼록하다.
ㄷ. y축에 대하여 대칭이다.
ㄹ. $x<0$일 때, x의 값이 증가하면 y의 값은 감소한다.
ㅁ. 모든 실수 x에 대하여 $y\geq0$이다.

유형 04 이차함수 $y=ax^2$에서 a의 값의 의미

이차함수 $y=ax^2$에서 a의 절댓값이 클수록 그래프의 폭이 좁아진다.
➡ a의 절댓값의 크기가 그래프의 폭을 결정한다.

0985 대표문제

다음 이차함수 중 그래프의 폭이 가장 좁은 것은?

① $y=-2x^2$ ② $y=-3x^2$ ③ $y=-\dfrac{3}{2}x^2$

④ $y=5x^2$ ⑤ $y=\dfrac{3}{2}x^2$

0986 표현 바꾼 대표문제

세 이차함수 $y=ax^2$, $y=-2x^2$, $y=-\dfrac{2}{3}x^2$의 그래프가 오른쪽 그림과 같을 때, 다음 중 상수 a의 값이 될 수 있는 것을 모두 고르면? (정답 2개)

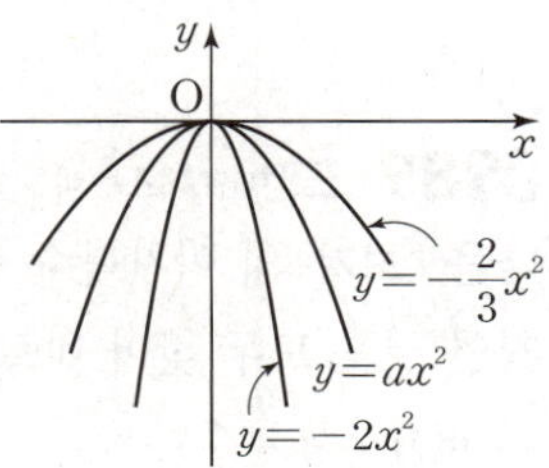

① $-\dfrac{5}{2}$ ② -2 ③ $-\dfrac{3}{2}$

④ -1 ⑤ $-\dfrac{1}{3}$

0987

다음 |보기|의 이차함수의 그래프에 대한 설명으로 옳은 것은?

| 보기 |
> ㄱ. $y=-\dfrac{5}{2}x^2$ ㄴ. $y=2x^2$
>
> ㄷ. $y=\dfrac{1}{2}x^2$ ㄹ. $y=-x^2$

① 아래로 볼록한 그래프는 ㄱ, ㄹ이다.
② 그래프의 폭이 가장 넓은 것은 ㄴ이다.
③ 그래프의 폭이 가장 좁은 것은 ㄱ이다.
④ 모든 그래프의 꼭짓점의 좌표는 $(0, 1)$이다.
⑤ 모든 그래프의 축의 방정식은 $y=0$이다.

유형 05 이차함수 $y=ax^2$, $y=-ax^2$의 그래프의 관계

두 이차함수
$$y=ax^2,\ y=-ax^2$$
절댓값이 같고, 부호가 반대이다.
의 그래프는 x축에 대하여 서로 대칭이다.

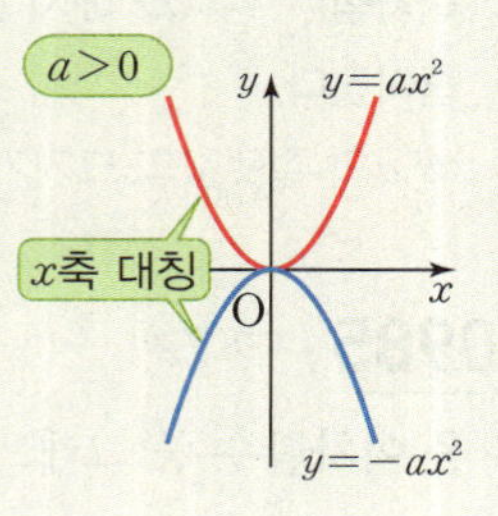

0988 대표문제

다음 이차함수 중 그래프가 $y=-\dfrac{1}{3}x^2$의 그래프와 x축에 대하여 서로 대칭인 것은?

① $y=-3x^2$ ② $y=\dfrac{1}{3}x^2$ ③ $y=-x^2$
④ $y=x^2$ ⑤ $y=3x^2$

0989 표현 바꾼 대표문제

다음 |보기|의 이차함수 중 그래프가 x축에 대하여 서로 대칭인 것을 모두 찾아 바르게 짝 지으시오.

| 보기 |
> ㄱ. $y=\dfrac{2}{5}x^2$ ㄴ. $y=\dfrac{1}{4}x^2$ ㄷ. $y=x^2$
>
> ㄹ. $y=-\dfrac{5}{2}x^2$ ㅁ. $y=-\dfrac{1}{4}x^2$ ㅂ. $y=-x^2$

0990

다음 중 이차함수 $y=2x^2$의 그래프와 x축에 대하여 대칭인 그래프에 대한 설명으로 옳지 <u>않은</u> 것을 모두 고르면?

(정답 2개)

① 위로 볼록한 포물선이다.
② 그래프의 축의 방정식은 $x=0$이다.
③ 그래프의 꼭짓점의 좌표는 $(0, 0)$이다.
④ 이차함수 $y=-\dfrac{1}{2}x^2$의 그래프보다 폭이 넓다.
⑤ 그래프가 제2사분면, 제3사분면을 지난다.

유형 06 이차함수 $y=ax^2$의 그래프가 지나는 점

이차함수 $y=ax^2$의 그래프가 점 (p, q)를 지난다.
➡ 점 (p, q)가 이차함수 $y=ax^2$의 그래프 위에 있다.
➡ $y=ax^2$에 $x=p$, $y=q$를 대입하면 등식이 성립한다.
➡ $q=ap^2$

0991 대표문제

오른쪽 그림과 같은 이차함수 $y=ax^2$의 그래프가 점 $(4, b)$를 지날 때, ab의 값을 구하시오. (단, a는 상수)

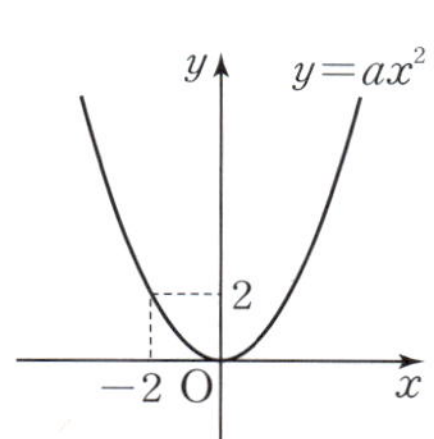

0992 표현 바꾼 대표문제

이차함수 $y=ax^2$의 그래프가 두 점 $(-1, 3)$, $(3, b)$를 지날 때, b의 값은? (단, a는 상수)

① 9   ② 12   ③ 18
④ 24   ⑤ 27

0993

다음 중 이차함수 $y=\dfrac{1}{4}x^2$의 그래프 위의 점이 <u>아닌</u> 것은?

① $(2, 1)$　　　② $(-4, 4)$　　　③ $(4, 4)$
④ $(-2, 1)$　　　⑤ $(-8, 4)$

0994

이차함수 $y=ax^2$의 그래프가 오른쪽 그림과 같을 때, 상수 a의 값을 구하시오.

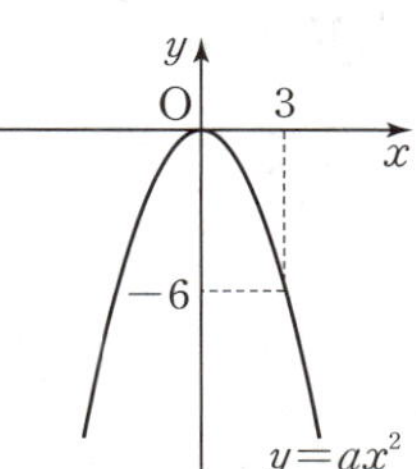

0995

이차함수 $y=4x^2$의 그래프는 점 $(-1, a)$를 지나고, 이차함수 $y=bx^2$의 그래프와 x축에 대하여 대칭이다. 이때 $a-b$의 값을 구하시오. (단, b는 상수)

0996

오른쪽 그림과 같이 두 이차함수 $y=x^2$, $y=-\dfrac{1}{2}x^2$의 그래프 위의 x좌표가 -2인 점을 각각 A, B라 하자. 이때 $\overline{AB}$의 길이를 구하시오.

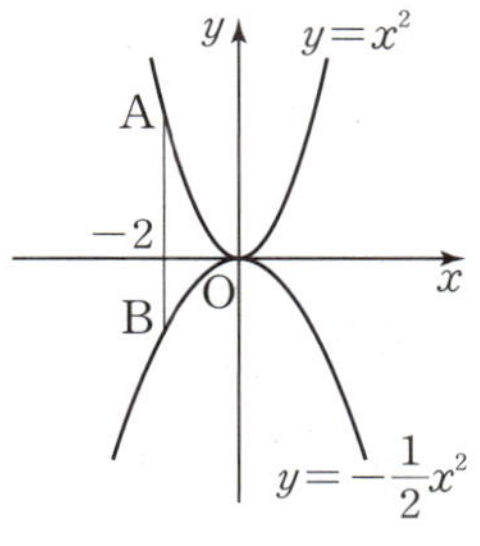

0997

오른쪽 그림과 같이 이차함수 $y=x^2$의 그래프 위에 두 점 A, C가 있고, 이차함수 $y=4x^2$의 그래프 위에 점 D가 있다. $\overline{AB}$는 x축에 평행하고 □ABCD가 정사각형일 때, □ABCD의 넓이를 구하시오. (단, 두 점 A, D는 각각 제1사분면 위에 있다.)

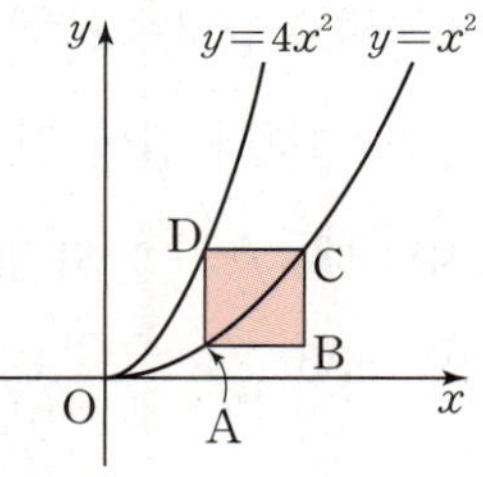

유형 07 이차함수 $y=ax^2$의 식 구하기

원점을 꼭짓점으로 하고 y축을 축으로 하는 포물선의 식은 다음과 같은 순서로 구한다.
❶ 구하는 이차함수의 식을 $y=ax^2$으로 놓는다.
❷ ❶의 식에 그래프가 지나는 점의 좌표를 대입하여 a의 값을 구한다.

0998 대표문제

오른쪽 그림과 같이 원점을 꼭짓점으로 하고, 점 $(2, 6)$을 지나는 포물선을 그래프로 하는 이차함수의 식을 구하시오.

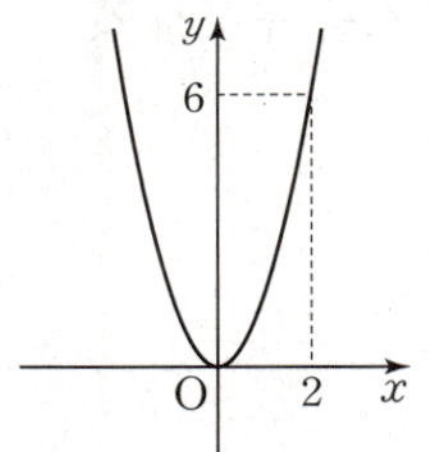

0999 조건 바꾼 대표문제

원점을 꼭짓점으로 하는 포물선이 두 점 $(-2, 8)$, $(k, 16)$을 지날 때, 양수 k의 값은?

① $\sqrt{2}$　　　② $2\sqrt{2}$　　　③ 3
④ $2\sqrt{3}$　　　⑤ 4

1000 ●

이차함수 $y=f(x)$의 그래프가 오른쪽 그림과 같이 점 $\left(\dfrac{1}{2}, -1\right)$을 지날 때, $f(-3)$의 값은?

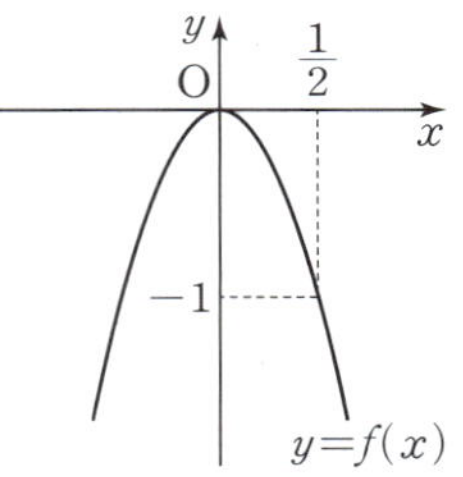

① -36 ② -24
③ -12 ④ 12
⑤ 24

1001 ●

다음과 같은 순서로 종이접기를 하여 곡선을 만들려고 한다.

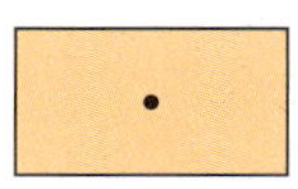

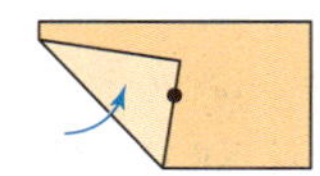

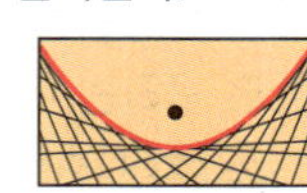

❸의 과정에서 생긴 접은 선들의 바깥 테두리를 좌표평면 위에 나타내었더니 원점을 꼭짓점으로 하는 포물선이 되었다. 이 포물선이 점 $(-4, 4)$를 지난다고 할 때, 포물선의 식을 구하시오.

유형 08 이차함수 $y=ax^2+q$의 그래프

이차함수 $y=ax^2+q$의 그래프는 $y=ax^2$의 그래프를 y축의 방향으로 q만큼 평행이동한 것이다.
➡ 꼭짓점의 좌표: $(0, q)$
  축의 방정식: $x=0$

1002 대표문제

이차함수 $y=2x^2$의 그래프를 y축의 방향으로 -6만큼 평행이동한 그래프의 꼭짓점의 좌표는 (p, q), 축의 방정식은 $x=r$일 때, $p+q+r$의 값을 구하시오.

1003 조건바꾼 대표문제

이차함수 $y=-\dfrac{3}{2}x^2$의 그래프를 y축의 방향으로 k만큼 평행이동하면 점 $(-2, -7)$을 지난다. 이때 k의 값을 구하시오.

1004 ●

다음 중 이차함수 $y=\dfrac{1}{3}x^2-2$의 그래프로 알맞은 것은?

① 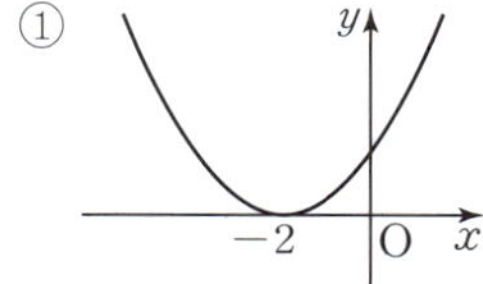 ② 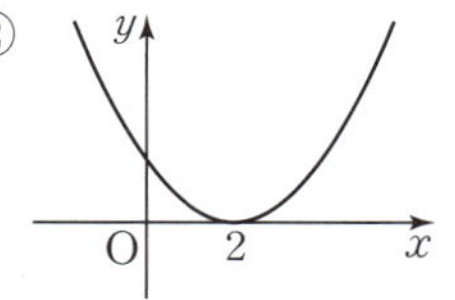

③ 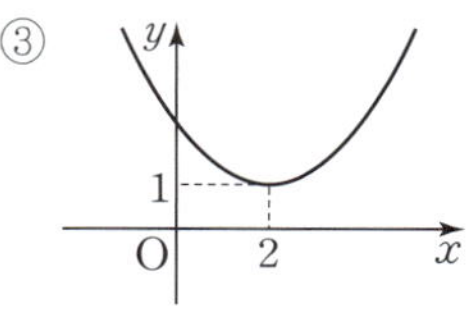 ④ 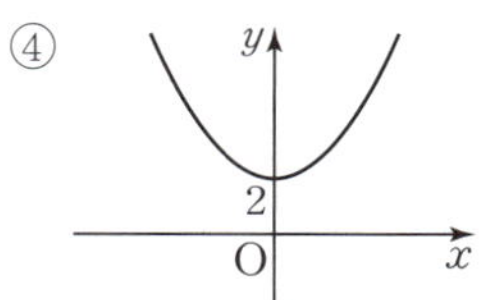

⑤ 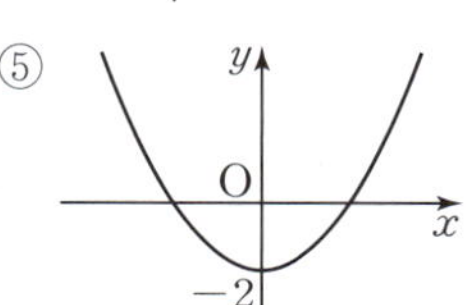

1005 ●

다음 이차함수 중 그래프가 평행이동하여 이차함수 $y=-\dfrac{1}{4}x^2+1$의 그래프와 완전히 포개어지는 것은?

① $y=-4x^2+1$ ② $y=-4x^2$
③ $y=-\dfrac{1}{4}x^2-1$ ④ $y=\dfrac{1}{4}x^2-1$
⑤ $y=\dfrac{1}{4}x^2+1$

1006

다음 중 이차함수 $y=-5x^2+2$의 그래프에 대한 설명으로 옳지 <u>않은</u> 것은?

① 꼭짓점의 좌표는 $(0,\ 2)$이다.

② 축의 방정식은 $x=0$이다.

③ 점 $(1,\ -3)$을 지난다.

④ 제1, 2사분면을 지나지 않는다.

⑤ 이차함수 $y=-5x^2$의 그래프를 y축의 방향으로 2만큼 평행이동한 것이다.

1007

이차함수 $y=-x^2+3$의 그래프의 축의 방정식과 꼭짓점의 좌표에 해당하는 글자를 다음 표에서 찾아 차례로 ㈎, ㈏에 넣어 주어진 뜻을 갖는 사자성어를 완성하려고 한다. 이때 ㈎, ㈏에 알맞은 글자를 각각 구하시오.

글자	축의 방정식	글자	꼭짓점의 좌표
거	$x=-1$	리	$(0,\ 1)$
오	$x=-2$	교	$(0,\ 3)$
지	$x=0$	철	$(3,\ 0)$

| 수 | 어 | ㈎ | ㈏ | : 물과 물고기의 사귐이라는 뜻으로, 서로 떨어져서 잠시도 살 수 없는 친한 사이

1008 서술형

다음 그림과 같이 두 이차함수 $y=\dfrac{2}{9}x^2$, $y=-\dfrac{1}{3}x^2+q$의 그래프의 꼭짓점의 좌표를 각각 O, A라 하고 두 그래프의 교점을 각각 B, C라 할 때, $\square$ABOC의 넓이를 구하시오.

(단, q는 상수이고, 풀이 과정을 자세히 쓰시오.)

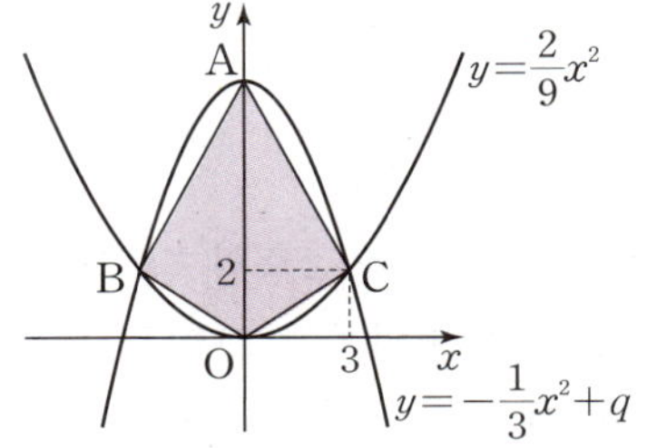

이차함수 $y=a(x-p)^2$의 그래프는 $y=ax^2$의 그래프를 x축의 방향으로 p만큼 평행이동한 것이다.

➡ 꼭짓점의 좌표: $(p,\ 0)$

축의 방정식: $x=p$

1009 대표문제

이차함수 $y=\dfrac{1}{3}(x+1)^2$의 그래프의 꼭짓점의 좌표와 축의 방정식을 차례로 구하면?

① $(-1,\ 0)$, $x=-1$ ② $(0,\ -1)$, $x=-1$

③ $(0,\ 1)$, $x=1$ ④ $(1,\ 0)$, $x=-1$

⑤ $(3,\ 0)$, $x=3$

1010 표현바꾼 대표문제

다음 |보기| 중 이차함수 $y=\dfrac{1}{2}(x-3)^2$의 그래프에 대한 설명으로 옳은 것을 모두 고르시오.

|보기|

ㄱ. y축을 축으로 한다.

ㄴ. 점 $(-3,\ 0)$을 꼭짓점으로 한다.

ㄷ. 점 $(1,\ 2)$를 지난다.

ㄹ. 이차함수 $y=\dfrac{1}{2}x^2$의 그래프를 x축의 방향으로 3만큼 평행이동한 것이다.

1011

이차함수 $y=\dfrac{3}{2}x^2$의 그래프를 x축의 방향으로 평행이동한 그래프가 오른쪽 그림과 같을 때, 이 그래프의 식을 구하시오.

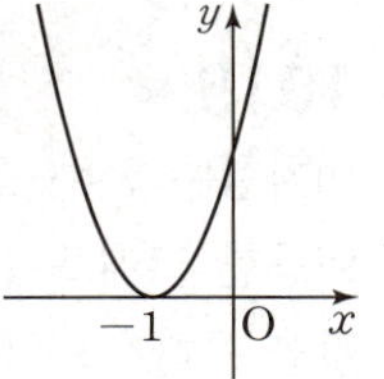

1012

이차함수 $y=-3x^2$의 그래프를 x축의 방향으로 -4만큼 평행이동한 그래프에서 x의 값이 증가할 때, y의 값도 증가하는 x의 값의 범위는?

① $x>-4$ ② $x<-4$ ③ $x>4$
④ $x<4$ ⑤ $x<0$

1013

이차함수 $y=-\dfrac{2}{3}(x-2)^2$의 그래프가 점 $(k,\,-6)$을 지날 때, k의 값을 구하시오. (단, $k<0$)

1014 ✏서술형

이차함수 $y=a(x-p)^2$의 그래프가 오른쪽 그림과 같을 때, 상수 a, p에 대하여 $a-p$의 값을 구하시오.

(단, 풀이 과정을 자세히 쓰시오.)

1015

이차함수 $y=-x^2$의 그래프를 x축의 방향으로 a만큼 평행이동한 그래프가 두 점 $(1,\,k)$, $(2,\,-4)$를 지날 때, k의 값을 구하시오. (단, $a>0$)

유형 10 이차함수 $y=a(x-p)^2+q$의 그래프

이차함수 $y=a(x-p)^2+q$의 그래프는 이차함수 $y=ax^2$의 그래프를 x축의 방향으로 p만큼, y축의 방향으로 q만큼 평행이동한 것이다.

➡ 꼭짓점의 좌표: $(p,\,q)$
   축의 방정식: $x=p$

1016 대표문제

이차함수 $y=\dfrac{1}{2}x^2$의 그래프를 x축의 방향으로 p만큼, y축의 방향으로 q만큼 평행이동하였더니 $y=\dfrac{1}{2}(x+3)^2-4$의 그래프와 일치하였다. 이때 $p+q$의 값을 구하시오.

1017 초건바꾼 대표문제

이차함수 $y=-3x^2$의 그래프를 x축의 방향으로 1만큼, y축의 방향으로 -2만큼 평행이동한 그래프가 점 $(-1,\,a)$를 지날 때, a의 값을 구하시오.

1018

다음 중 이차함수 $y=-(x+2)^2+1$의 그래프로 알맞은 것은?

① 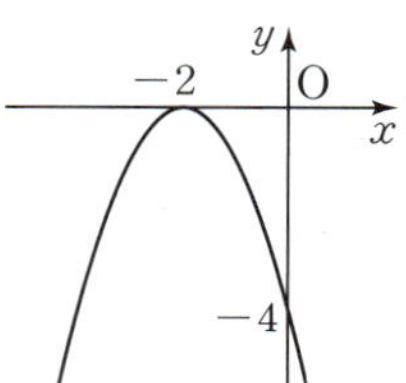 ② 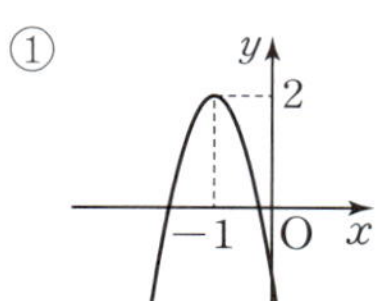 ③ 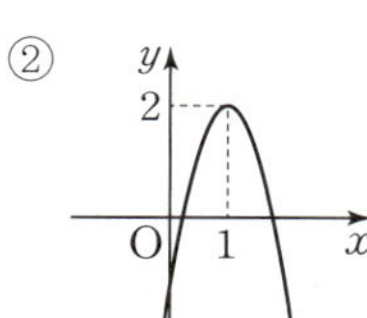

④ 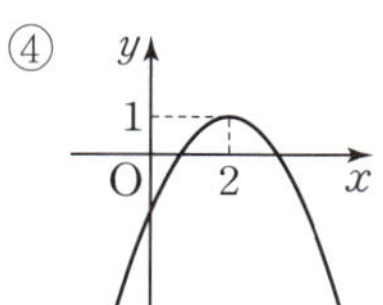 ⑤ 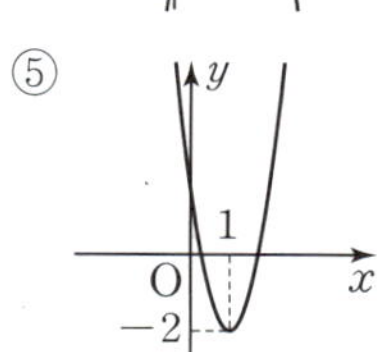

1019

이차함수 $y=x^2$의 그래프를 x축의 방향으로 m만큼, y축의 방향으로 3만큼 평행이동한 그래프가 두 점 $(0,\,7)$, $(-3,\,n)$을 지날 때, n의 값을 구하시오. (단, $m>0$)

유형 11 이차함수 $y=a(x-p)^2+q$의 그래프의 성질

이차함수 $y=a(x-p)^2+q$의 그래프에 대하여

(1) 꼭짓점의 좌표와 축의 방정식 구하기
→ 꼭짓점의 좌표는 (p, q), 축의 방정식은 $x=p$이다.

(2) 그래프의 모양과 폭 결정하기
→ $a>0$이면 아래로 볼록, $a<0$이면 위로 볼록하고,
a의 절댓값이 클수록 폭이 좁아진다.

(3) 그래프가 증가 또는 감소하는 범위 구하기
→ 축 $x=p$의 좌우에서 바뀐다.

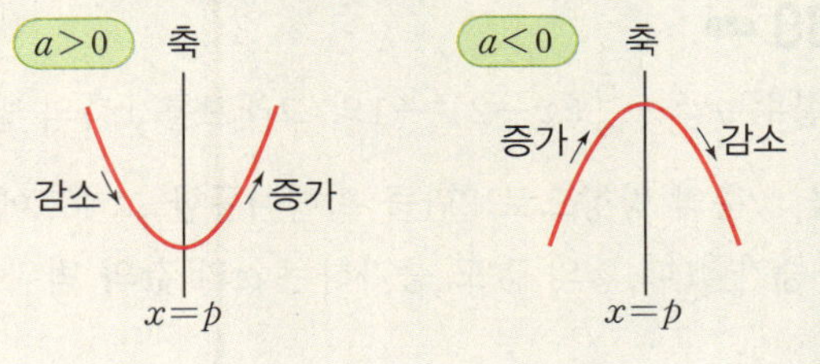

1020 대표문제

다음 |보기| 중 이차함수 $y=\dfrac{1}{3}(x+1)^2-4$의 그래프에 대한 설명으로 옳은 것의 개수는?

┤ 보기 ├

ㄱ. 아래로 볼록한 포물선이다.

ㄴ. 꼭짓점의 좌표는 $(1, 4)$이다.

ㄷ. 점 $(0, -4)$를 지난다.

ㄹ. $x<-1$일 때, x의 값이 증가하면 y의 값도 증가한다.

ㅁ. 제1, 2, 3, 4사분면을 모두 지난다.

① 1개 ② 2개 ③ 3개
④ 4개 ⑤ 5개

1021 표현 바꾼 대표문제

다음 중 이차함수 $y=a(x+p)^2+q$의 그래프에 대한 설명으로 옳은 것을 모두 고르면? (정답 2개)

① 꼭짓점의 좌표는 (q, p)이다.

② 축의 방정식은 $x=p$이다.

③ $a<0$이면 위로 볼록하다.

④ $|a|$의 값이 클수록 그래프의 폭이 넓다.

⑤ $a>0$이면 $x>-p$일 때, x의 값이 증가하면 y의 값도 증가한다.

1022

다음 이차함수 중 그래프의 꼭짓점이 제4사분면 위에 있는 것은?

① $y=-(x+5)^2$ ② $y=(x-1)^2-2$

③ $y=3(x-2)^2+4$ ④ $y=-5(x+1)^2-3$

⑤ $y=\dfrac{1}{2}(x+2)^2+6$

1023

이차함수 $y=3(x+5)^2-2$의 그래프에서 x의 값이 증가할 때, y의 값이 감소하는 x의 값의 범위는?

① $x<5$ ② $x>5$ ③ $x<-2$
④ $x<-5$ ⑤ $x>-5$

1024

이차함수 $y=\dfrac{1}{4}x^2$의 그래프를 x축의 방향으로 -4만큼, y축의 방향으로 1만큼 평행이동한 그래프는 꼭짓점의 좌표가 (p, q)이고, 직선 $x=k$에 대하여 대칭이다. 이때 $p+q+k$의 값을 구하시오.

1025

이차함수 $y=a(x-p)^2+q$의 그래프가 x축과 두 점 $(-3, 0)$, $(5, 0)$에서 만나고 꼭짓점이 직선 $y=-4$ 위에 있을 때, 상수 a, p, q에 대하여 $a+p+q$의 값을 구하시오.

유형 12 이차함수 $y=a(x-p)^2+q$의 그래프의 평행이동

이차함수 $y=a(x-p)^2+q$의 그래프를 x축의 방향으로 m만큼, y축의 방향으로 n만큼 평행이동하면

➡ $y-n=a(x-m-p)^2+q$에서
$y=a\{(x-(p+m)\}^2+q+n$

➡ 꼭짓점의 좌표: $(p+m,\ q+n)$
축의 방정식: $x=p+m$

1026 대표문제

이차함수 $y=-(x-1)^2+3$의 그래프를 x축의 방향으로 2만큼, y축의 방향으로 4만큼 평행이동한 그래프를 나타내는 이차함수의 식은?

① $y=-(x-2)^2+4$ ② $y=-(x-2)^2-1$
③ $y=-(x-3)^2+7$ ④ $y=(x-1)^2+3$
⑤ $y=(x-3)^2+7$

1027 초간바꾼 대표문제

이차함수 $y=3(x+1)^2-2$의 그래프를 x축의 방향으로 p만큼, y축의 방향으로 q만큼 평행이동하였더니 $y=3x^2$의 그래프와 일치하였다. 이때 $p+q$의 값은?

① -3 ② -1 ③ 0
④ 1 ⑤ 3

1028 

이차함수 $y=a(x-6)^2+1$의 그래프를 y축의 방향으로 4만큼 평행이동한 그래프가 점 $(4,\ 3)$을 지날 때, 상수 a의 값은?

① $-\dfrac{1}{2}$ ② -1 ③ $\dfrac{1}{2}$
④ 1 ⑤ 2

1029 ●▬

이차함수 $y=4(x+2k)^2+1$의 그래프를 x축의 방향으로 $3k$만큼, y축의 방향으로 2만큼 평행이동한 그래프의 꼭짓점이 직선 $y=-2x+5$ 위에 있을 때, 상수 k의 값을 구하시오.

1030 ●▬

이차함수 $y=-\dfrac{5}{2}(x-2)^2-1$의 그래프를 x축의 방향으로 2만큼, y축의 방향으로 2만큼 평행이동한 그래프에서 x의 값이 증가할 때, y의 값도 증가하는 x의 값의 범위를 구하시오.

유형 13 이차함수 $y=a(x-p)^2+q$의 그래프의 대칭이동 _{발전}

이차함수 $y=a(x-p)^2+q$의 그래프를
(1) x축에 대하여 대칭이동하면 ← y 대신 $-y$ 대입
➡ $-y=a(x-p)^2+q$ ∴ $y=-a(x-p)^2-q$
(2) y축에 대하여 대칭이동하면 ← x 대신 $-x$ 대입
➡ $y=a(-x-p)^2+q$ ∴ $y=a(x+p)^2+q$
$a>0,\ p>0,\ q>0$

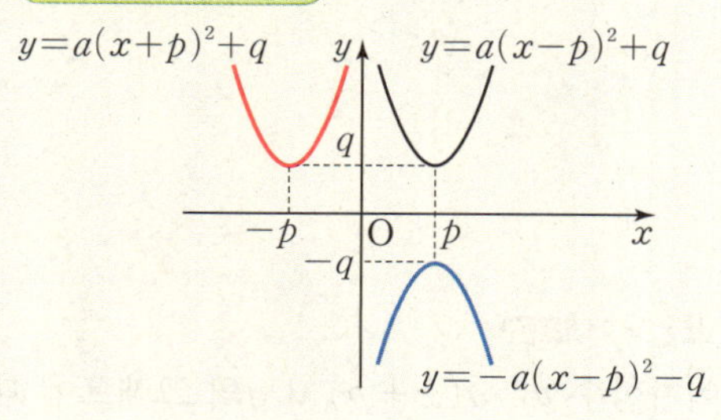

1031 대표문제

이차함수 $y=2(x-1)^2-4$의 그래프를 x축에 대하여 대칭이동한 그래프를 나타내는 이차함수의 식은?

① $y=-2(x-1)^2-4$ ② $y=-2(x-1)^2+4$
③ $y=-2(x+1)^2+4$ ④ $y=2(x-1)^2+4$
⑤ $y=2(x+1)^2+4$

1032 초건 바꾼 대표문제

이차함수 $y=4x^2$의 그래프를 x축의 방향으로 -3만큼, y축의 방향으로 2만큼 평행이동한 후, y축에 대하여 대칭이동한 그래프의 꼭짓점의 좌표를 구하시오.

1033

이차함수 $y=-\dfrac{1}{2}(x+1)^2-5$의 그래프를 x축에 대하여 대칭이동하면 점 $(-3, k)$를 지난다. 이때 k의 값을 구하시오.

유형 14 이차함수 $y=a(x-p)^2+q$의 식 구하기

이차함수의 그래프의
(1) 꼭짓점의 좌표가 (p, q)이면 이차함수의 식을
   $y=a(x-p)^2+q$로 놓고, a의 값을 구한다.
(2) 축의 방정식이 $x=p$이면 이차함수의 식을
   $y=a(x-p)^2+q$로 놓고, a, q의 값을 구한다.

1034 대표문제

이차함수 $y=\dfrac{1}{2}x^2$의 그래프와 모양이 같고 꼭짓점의 좌표가 $(-4, 3)$인 포물선을 그래프로 하는 이차함수의 식을 $y=a(x-p)^2+q$라 할 때, 상수 a, p, q에 대하여 apq의 값을 구하시오.

1035 초건 바꾼 대표문제

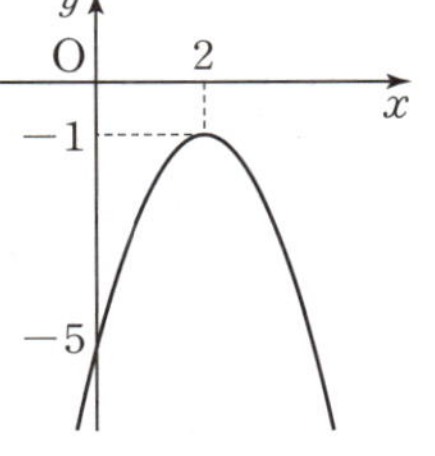

이차함수 $y=a(x-p)^2+q$의 그래프가 오른쪽 그림과 같을 때, 상수 a, p, q에 대하여 $a+p+q$의 값은?

① -4 ② -2
③ 0 ④ 2
⑤ 4

1036

다음 중 꼭짓점의 좌표가 $(0, -4)$이고, 점 $(-1, -2)$를 지나는 이차함수의 그래프 위의 점이 <u>아닌</u> 것은?

① $(-2, 4)$ ② $\left(\dfrac{1}{2}, -\dfrac{7}{2}\right)$ ③ $(1, -2)$
④ $(2, 6)$ ⑤ $(3, 14)$

1037

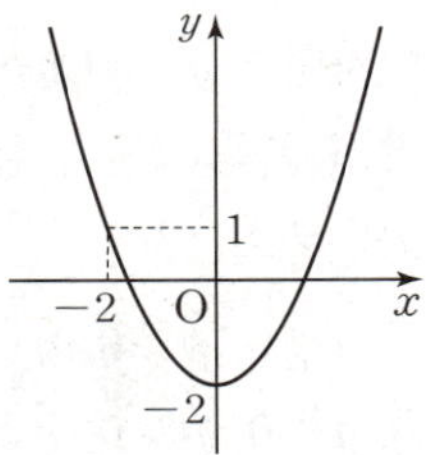

이차함수 $y=f(x)$의 그래프가 오른쪽 그림과 같이 y축을 축으로 하고 점 $(-2, 1)$을 지날 때, $f(4)$의 값을 구하시오.

1038

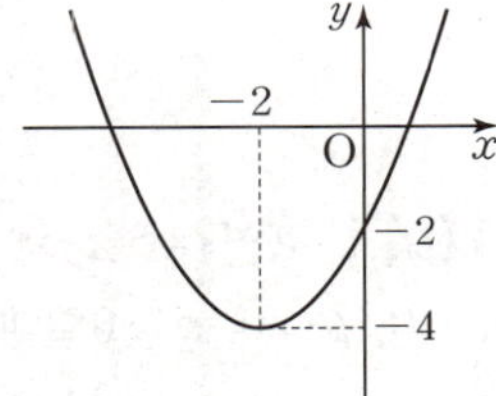

오른쪽 그림과 같은 이차함수의 그래프가 점 $(k, 0)$을 지날 때, 음수 k의 값을 구하시오.

1039

다음 |조건|을 모두 만족시키는 이차함수 그래프의 꼭짓점의 좌표를 구하시오.

┌ 조건 ┐
㉮ 점 $(-3, -4)$를 지난다.
㉯ 축의 방정식은 $x=-4$이다.
㉰ 이차함수 $y=-3x^2$의 그래프를 평행이동한 것과 완전히 포개어진다.

정답 및 해설 072쪽

유형 15 이차함수 $y=a(x-p)^2+q$의 그래프에서 a, p, q의 부호

(1) 그래프의 모양은 a의 부호로 결정한다.
  ① 아래로 볼록하면 $a>0$
  ② 위로 볼록하면 $a<0$

(2) 꼭짓점의 위치는 p, q의 부호로 결정한다.
  ① 꼭짓점이 제1사분면 위에 있으면 ➡ $p>0$, $q>0$
  ② 꼭짓점이 제2사분면 위에 있으면 ➡ $p<0$, $q>0$
  ③ 꼭짓점이 제3사분면 위에 있으면 ➡ $p<0$, $q<0$
  ④ 꼭짓점이 제4사분면 위에 있으면 ➡ $p>0$, $q<0$

1040 대표문제

이차함수 $y=a(x-p)^2+q$의 그래프가 오른쪽 그림과 같을 때, 상수 a, p, q의 부호는?

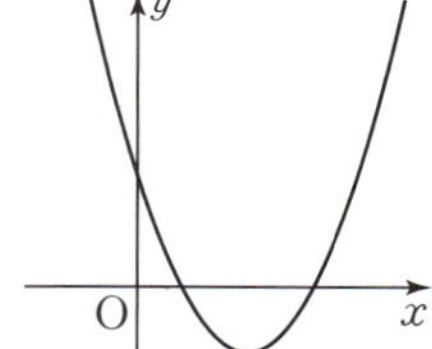

① $a<0$, $p>0$, $q<0$
② $a<0$, $p>0$, $q>0$
③ $a>0$, $p>0$, $q>0$
④ $a>0$, $p>0$, $q<0$
⑤ $a>0$, $p<0$, $q<0$

1041 표현 바꾼 대표문제

$a<0$, $p<0$, $q>0$일 때, 다음 중 이차함수 $y=a(x-p)^2+q$의 그래프로 알맞은 것은?

(단, a, p, q는 상수)

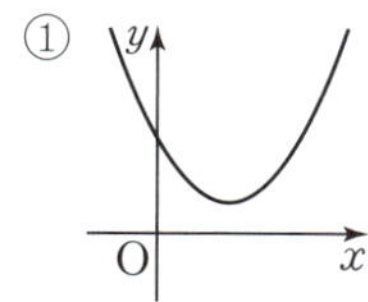
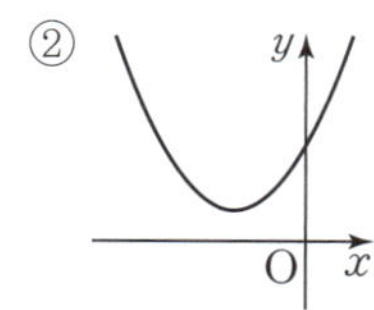
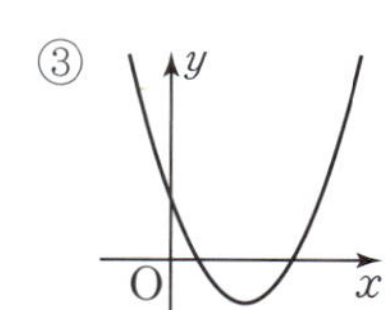
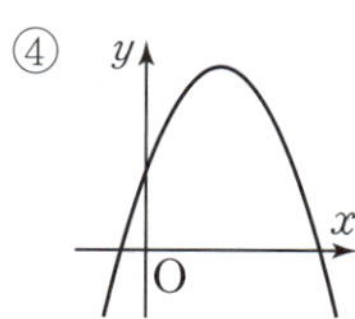
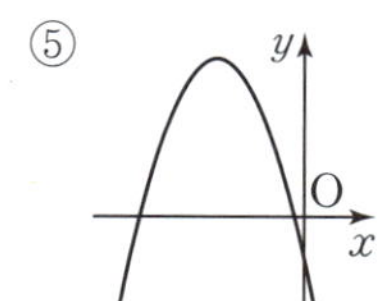

1042

이차함수 $y=ax^2+q$의 그래프가 오른쪽 그림과 같을 때, 상수 a, q에 대하여 다음 중 항상 옳은 것은?

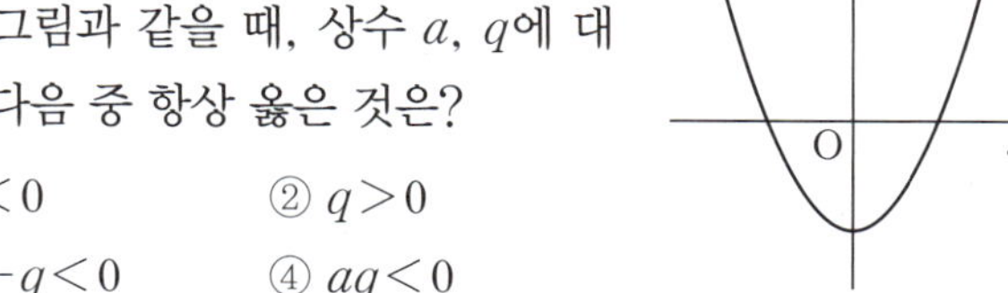

① $a<0$
② $q>0$
③ $a-q<0$
④ $aq<0$
⑤ $a+q>0$

1043

이차함수 $y=(x-p)^2+q$의 그래프가 오른쪽 그림과 같을 때, 상수 p, q의 부호는?

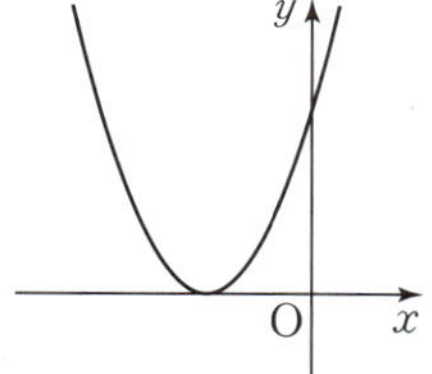

① $p>0$, $q>0$
② $p>0$, $q=0$
③ $p<0$, $q=0$
④ $p=0$, $q>0$
⑤ $p=0$, $q<0$

1044

일차함수 $y=ax+b$의 그래프가 오른쪽 그림과 같을 때, 이차함수 $y=bx^2-a$의 그래프가 지나는 사분면을 모두 구하시오. (단, a, b는 상수)

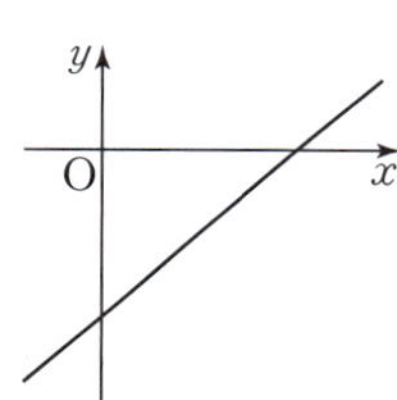

1045

이차함수 $y=a(x-p)^2-q$의 그래프가 제4사분면만 지나지 않는다고 할 때, 다음 |보기| 중 옳은 것을 모두 고르시오.

(단, a, p, q는 상수)

| 보기 |
ㄱ. $apq<0$이다.
ㄴ. 그래프는 위로 볼록한 포물선이다.
ㄷ. 그래프의 꼭짓점은 제3사분면 위에 있다.
ㄹ. 그래프는 x축과 두 점에서 만난다.

: REAL **실전 업**

1046
·유형 01

다음 |보기| 중 y를 x에 대한 식으로 나타낼 때, 이차함수인 것을 모두 고르면?

| 보기 |

ㄱ. 연속한 두 자연수 $x-1$, x의 곱은 y이다.
ㄴ. 한 개에 x원인 사탕 y개를 사고 지불한 금액은 3000원이다.
ㄷ. 지름의 길이가 x cm인 원의 넓이 y cm²
ㄹ. 낮의 길이가 x시간일 때, 밤의 길이 y시간
ㅁ. 10 km인 거리를 시속 x km로 이동할 때, 걸리는 시간 y시간

① ㄱ, ㄷ   ② ㄴ, ㄹ   ③ ㄱ, ㄷ, ㄹ
④ ㄱ, ㄹ, ㅁ   ⑤ ㄴ, ㄷ, ㅁ

1047
·유형 02

이차함수 $y=f(x)$에서 $f(x)=x^2-4x+a$이고 $f(-1)=3$일 때, 상수 a의 값을 구하시오.

1048
·유형 03

다음 중 이차함수 $y=-x^2$의 그래프에 대한 설명으로 옳은 것은?

① x축에 대하여 대칭이다.
② 꼭짓점의 좌표는 $(0, -1)$이다.
③ 아래로 볼록한 곡선이다.
④ 제2사분면을 지난다.
⑤ $x>0$일 때, x의 값이 증가하면 y의 값은 감소한다.

1049 창의력+
·유형 03

오른쪽 그림은 x좌표와 y좌표가 자연수이고, y좌표가 x좌표를 제곱한 값보다 작은 점들을 이차함수 $y=x^2$의 그래프와 함께 나타낸 것이다. x좌표가 2인 점의 개수는 3개, x좌표가 3인 점의 개수는 8개일 때, x좌표가 21인 점의 개수를 구하시오.

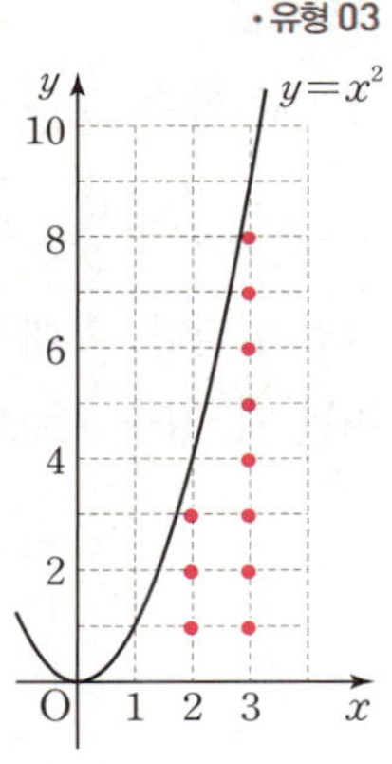

1050
·유형 04

오른쪽 그림과 같이 원점을 꼭짓점으로 하고, y축을 축으로 하는 두 포물선 ㉠, ㉡이 있다. 포물선 ㉠이 점 $(2, 1)$을 지날 때, 포물선 ㉡의 식을 $y=ax^2$이라 하면 다음 중 상수 a의 값이 될 수 <u>없는</u> 것은?

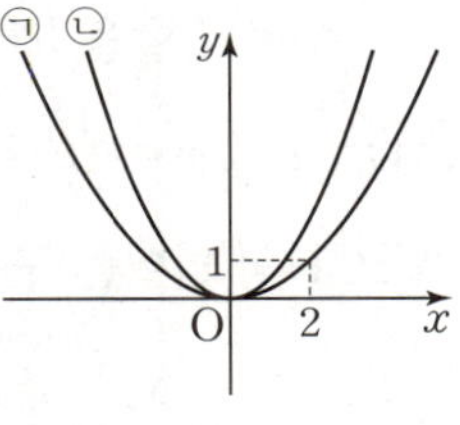

① 2   ② $\dfrac{3}{2}$ ③ 1

④ $\dfrac{2}{3}$ ⑤ $\dfrac{1}{4}$

1051
·유형 05

이차함수 $y=2x^2$의 그래프는 점 $(-2, a)$를 지나고, 이차함수 $y=bx^2$의 그래프와 x축에 대하여 대칭이다. 이때 상수 a, b에 대하여 $a+b$의 값을 구하시오.

1052

·유형 04, 06

네 이차함수 $y=-x^2$, $y=-\dfrac{1}{2}x^2$, $y=x^2$, $y=\dfrac{1}{2}x^2$의 그래프가 오른쪽 그림과 같다. 그래프 ㉠이 점 $(a, 8)$을 지날 때, 양수 a의 값을 구하시오.

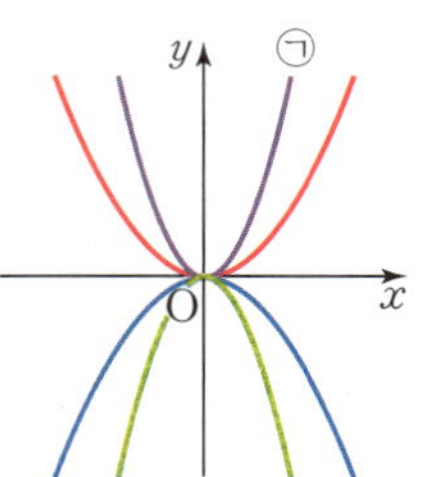

1053

·유형 06

오른쪽 그림과 같이 두 선분 AD, BC가 x축과 평행하도록 이차함수 $y=-\dfrac{1}{2}x^2$의 그래프 위에 네 점 A, B, C, D를 잡고, 점 D에서 $\overline{BC}$에 내린 수선의 발을 E라 하자. $\overline{AD}=2$, $\overline{DE}=\dfrac{15}{2}$일 때, 사다리꼴 ABCD의 넓이를 구하시오.

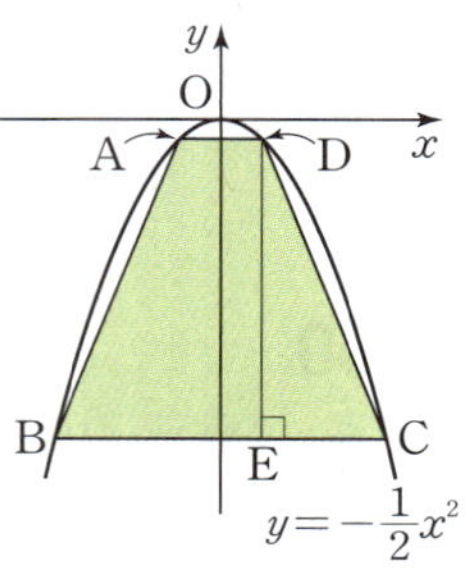

1054

·유형 07

이차함수 $y=f(x)$의 그래프가 오른쪽 그림과 같이 점 $(-4, -2)$를 지날 때, $f(8)$의 값을 구하시오.

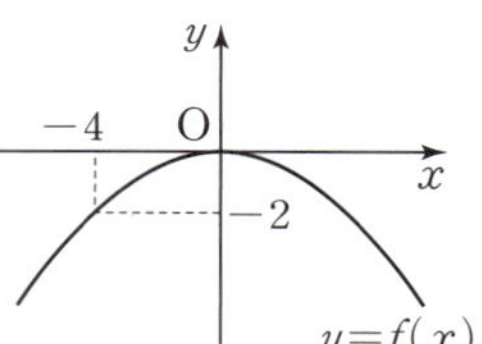

1055

·유형 08

이차함수 $y=-2x^2$의 그래프를 꼭짓점의 좌표가 $(0, 5)$가 되도록 평행이동하였더니 점 $(-3, k)$를 지났다. 이때 k의 값은?

① -15 ② -13 ③ -9
④ -5 ⑤ -3

1056

·유형 08

이차함수 $y=ax^2+q$의 그래프가 오른쪽 그림과 같을 때, 상수 a, q에 대하여 aq의 값을 구하시오.

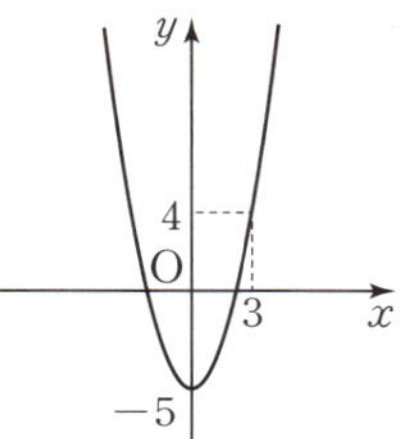

1057

·유형 09

이차함수 $y=a(x-1)^2$의 그래프가 y축과 만나는 점의 좌표가 $(0, -2)$이고 점 $(3, k)$를 지난다. 이때 k의 값은?
(단, a는 상수)

① 10   ② 8   ③ 4
④ -8 ⑤ -10

1058

·유형 09

이차함수 $y=a(x-1)^2$의 그래프가 점 $(2, -3)$을 지난다고 한다. 이 함수의 그래프에서 x의 값이 증가할 때, y의 값이 감소하는 x의 값의 범위는?

① $x>-1$ ② $x<-1$ ③ $x>1$
④ $x<1$ ⑤ $x>2$

1059

·유형 10

이차함수 $y=-4x^2$의 그래프를 x축의 방향으로 4만큼, y축의 방향으로 -3만큼 평행이동한 그래프는 꼭짓점의 좌표가 (p, q)이고, 점 $(0, r)$을 지난다. 이때 $p-q+r$의 값을 구하시오.

1060
· 유형 10

다음 중 이차함수 $y=-x^2$의 그래프를 x축의 방향으로 -1만큼, y축의 방향으로 3만큼 평행이동한 그래프는?

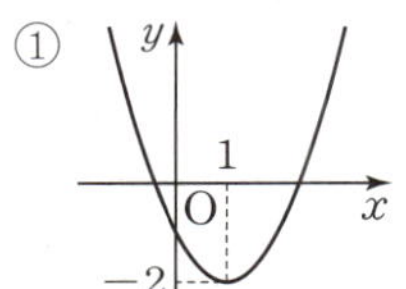 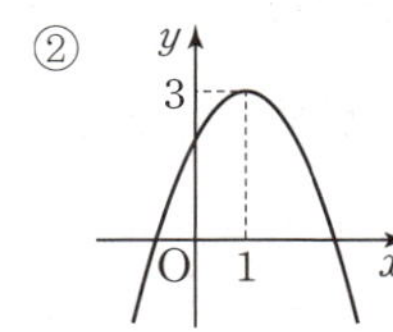 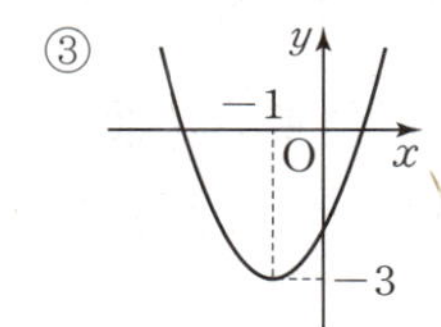

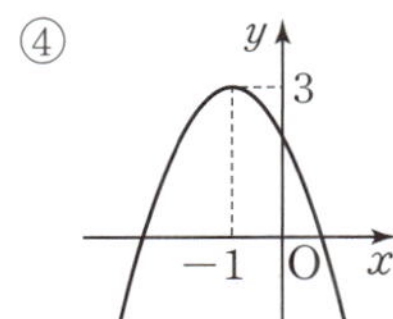 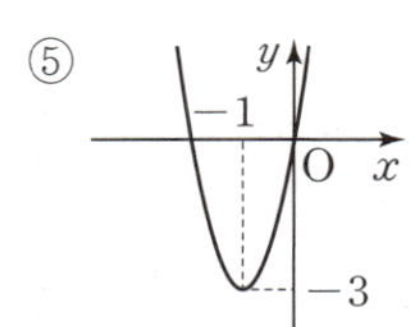

1061
· 유형 11

다음 중 이차함수 $y=3(x-1)^2-2$의 그래프에 대한 설명으로 옳지 <u>않은</u> 것을 모두 고르면? (정답 2개)

① 꼭짓점의 좌표는 $(1, -2)$이다.
② 축의 방정식은 $x=1$이다.
③ 모든 사분면을 지난다.
④ 평행이동하면 $y=3x^2$의 그래프와 포개어진다.
⑤ $x>1$일 때, x의 값이 증가하면 y의 값은 감소한다.

1062
· 유형 11

이차함수 $y=a(x+3)^2-2$의 그래프가 모든 사분면을 지나도록 하는 상수 a의 값의 범위를 구하시오.

1063
· 유형 12

이차함수 $y=-(x-2)^2+1$의 그래프를 x축의 방향으로 p만큼, y축의 방향으로 $-p$만큼 평행이동한 그래프가 점 $(3, -6)$을 지난다. 이때 양수 p의 값을 구하시오.

1064
· 유형 12

두 이차함수 $y=\dfrac{1}{2}(x-2)^2$,

$y=\dfrac{1}{2}(x-2)^2-2$의 그래프가 오른쪽 그림과 같을 때, 색칠한 부분의 넓이를 구하시오.

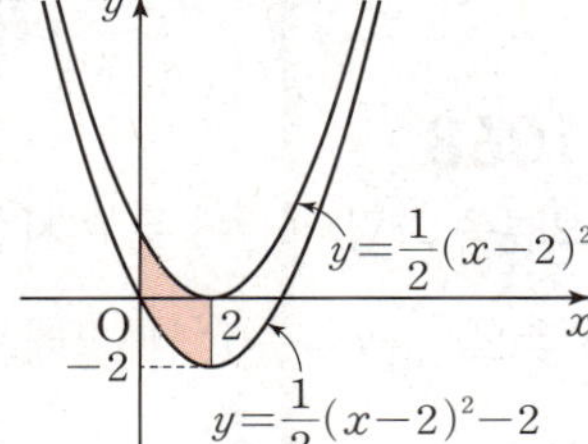

1065
· 유형 13

이차함수 $y=2(x-1)^2+4$의 그래프를 x축에 대하여 대칭이동한 그래프의 식을 $y=a(x-p)^2+q$의 꼴로 나타낼 때, 상수 a, p, q에 대하여 $a+p+q$의 값은?

① -9 ② -7 ③ -5
④ -3 ⑤ 0

1066
· 유형 14

꼭짓점의 좌표가 $(2, 5)$이고, 점 $(3, 4)$를 지나는 이차함수의 그래프가 y축과 만나는 점의 좌표를 구하시오.

1067
· 유형 15

이차함수 $y=a(x+p)^2+q$의 그래프가 오른쪽 그림과 같을 때, 상수 a, p, q의 부호를 각각 구하시오.

1068

· 유형 03, 06

오른쪽 그림과 같이 두 이차함수 $y=2x^2$, $y=\dfrac{1}{2}x^2$의 그래프가 직선 $y=k(k>0)$와 제1사분면 위에서 만나는 두 점을 각각 A, B라 하자. $\overline{AB}=5$일 때, 상수 k의 값을 구하시오. (단, 풀이 과정을 자세히 쓰시오.)

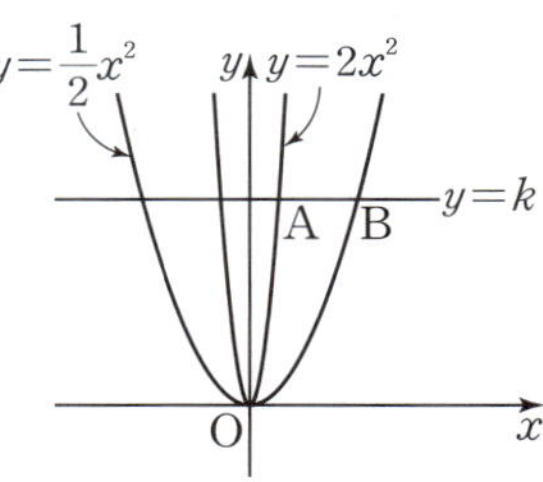

☑ 필요 개념 및 공식
☐ 이차함수 $y=ax^2$의 그래프의 성질   ☐ 이차함수의 그래프가 지나는 점

풀이

답

1069

· 유형 09

오른쪽 그림은 점 A를 꼭짓점으로 하고, y축과 점 B에서 만나는 이차함수 $y=a(x-6)^2$의 그래프이다. $\triangle ACB$의 넓이가 24일 때, 상수 a의 값을 구하시오.

(단, $\overline{BC}$는 x축과 평행하고, 풀이 과정을 자세히 쓰시오.)

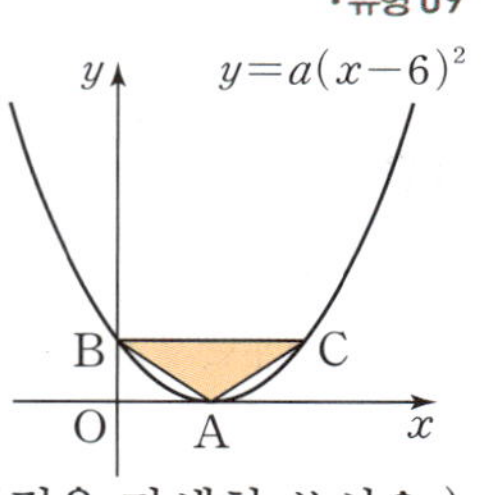

☑ 필요 개념 및 공식
☐ 이차함수 $y=a(x-p)^2$의 그래프의 성질
☐ 이차함수의 그래프가 지나는 점   ☐ 삼각형의 넓이를 구하는 공식

풀이

답

1070

· 유형 11

이차함수 $y=4(x-a)^2+b$의 그래프에서 $x<-\dfrac{1}{2}$이면 x의 값이 증가할 때 y의 값은 감소하고, $x>-\dfrac{1}{2}$이면 x의 값이 증가할 때 y의 값도 증가한다. 이 그래프가 점 $(-1, -1)$을 지날 때, 꼭짓점의 좌표를 구하시오.

(단, a, b는 상수이고, 풀이 과정을 자세히 쓰시오.)

☑ 필요 개념 및 공식
☐ 이차함수 $y=a(x-p)^2+q$의 그래프의 성질
☐ 이차함수의 그래프가 지나는 점

풀이

답

1071

· 유형 15

이차함수 $y=a(x+p)^2+q$의 그래프가 오른쪽 그림과 같을 때, 이차함수 $y=p(x-q)^2-a$의 그래프가 지나지 <u>않는</u> 사분면을 모두 구하시오. (단, a, p, q는 상수이고, 풀이 과정을 자세히 쓰시오.)

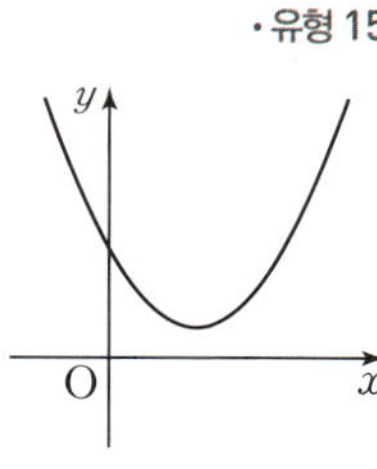

☑ 필요 개념 및 공식
☐ 이차함수 $y=a(x-p)^2+q$의 그래프에서 a, p, q의 부호

풀이

답

10

이차함수 $y=ax^2+bx+c$의 그래프

10. 이차함수 $y=ax^2+bx+c$의 그래프

1 이차함수 $y=ax^2+bx+c$의 그래프

(1) 이차함수 $y=ax^2+bx+c$의 그래프는 $y=a(x-p)^2+q$의 꼴로 고친 후 a의 부호, 꼭짓점의 좌표, 축의 방정식, y축과의 교점의 좌표를 이용하여 그린다.

$$y=ax^2+bx+c \;\Rightarrow\; y=a\left(x+\frac{b}{2a}\right)^2-\frac{b^2-4ac}{4a}$$

• $y=ax^2+bx+c$의 꼴을 이차함수의 일반형이라 하고, $y=a(x-p)^2+q$의 꼴을 이차함수의 표준형이라 한다.

참고 $y=ax^2+bx+c$를 $y=a(x-p)^2+q$의 꼴로 고치기

$$y=ax^2+bx+c=a\left(x^2+\frac{b}{a}x\right)+c$$
$$=a\left\{x^2+\frac{b}{a}x+\left(\frac{b}{2a}\right)^2-\left(\frac{b}{2a}\right)^2\right\}+c$$
$$=a\left\{x^2+\frac{b}{a}x+\left(\frac{b}{2a}\right)^2\right\}-a\left(\frac{b}{2a}\right)^2+c$$
$$=a\left(x+\frac{b}{2a}\right)^2-\frac{b^2-4ac}{4a}$$

(2) **꼭짓점의 좌표**: $\left(-\dfrac{b}{2a},\ -\dfrac{b^2-4ac}{4a}\right)$

(3) **축의 방정식**: $x=-\dfrac{b}{2a}$

(4) **y축과의 교점의 좌표**: $(0,\ c)$

참고 이차함수 $y=ax^2+bx+c$의 그래프와 x축, y축과의 교점
(1) x축과의 교점: $y=0$일 때, x의 값을 구한다. $\Rightarrow$ $(\alpha, 0)$의 꼴
(2) y축과의 교점: $x=0$일 때, y의 값을 구한다. $\Rightarrow$ $(0, c)$

2 이차함수 $y=ax^2+bx+c$의 그래프에서 a, b, c의 부호

이차함수 $y=ax^2+bx+c$의 그래프에서

(1) **a의 부호**: 그래프의 모양에 따라 결정
  ① 아래로 볼록하면 $\Rightarrow a>0$
  ② 위로 볼록하면 $\Rightarrow a<0$

(2) **b의 부호**: 축의 위치에 따라 결정
  ① 축이 y축의 왼쪽에 있으면 $\Rightarrow a$, b는 같은 부호 $(ab>0)$
  ② 축이 y축과 일치하면 $\Rightarrow b=0$
  ③ 축이 y축의 오른쪽에 있으면 $\Rightarrow a$, b는 다른 부호 $(ab<0)$

(3) **c의 부호**: y축과의 교점의 위치에 따라 결정
  ① y축과의 교점이 x축보다 위쪽에 있으면 $\Rightarrow c>0$
  ② y축과의 교점이 원점과 일치하면 $\Rightarrow c=0$
  ③ y축과의 교점이 x축보다 아래쪽에 있으면 $\Rightarrow c<0$

참고 이차함수 $y=ax^2+bx+c$의 그래프의 축의 방정식이 $x=-\dfrac{b}{2a}$이므로

① 축이 y축의 왼쪽에 있으면 $-\dfrac{b}{2a}<0$, 즉 $ab>0$ $\Rightarrow$ a, b는 같은 부호

② 축이 y축의 오른쪽에 있으면 $-\dfrac{b}{2a}>0$, 즉 $ab<0$ $\Rightarrow$ a, b는 다른 부호

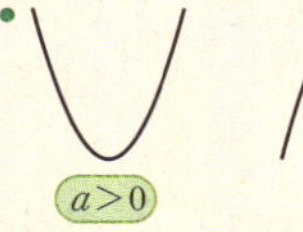
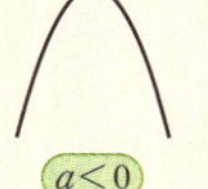

• $y=ax^2+bx+c$의 그래프의 축의 위치

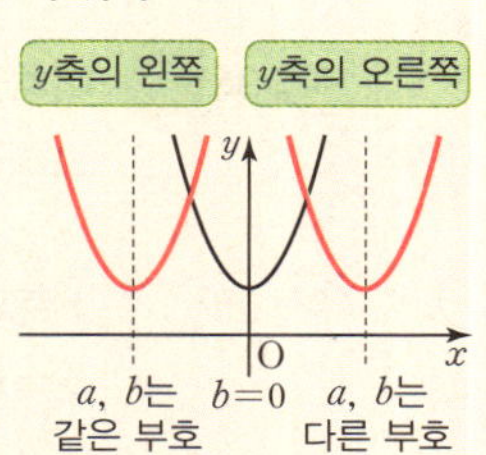

1 이차함수 $y=ax^2+bx+c$의 그래프

1072 다음은 이차함수 $y=2x^2-4x+5$를
$y=a(x-p)^2+q$의 꼴로 고치는 과정이다. (개)~(래)에 알맞은 수를 쓰시오.

$$y=2x^2-4x+5=\boxed{(개)}(x^2-2x)+5$$
$$=\boxed{(개)}(x^2-2x+\boxed{(나)}-\boxed{(나)})+5$$
$$=\boxed{(개)}(x-\boxed{(다)})^2+\boxed{(래)}$$

[1073~1077] 다음 이차함수를 $y=a(x-p)^2+q$의 꼴로 고치시오.

1073 $y=x^2-6x$

1074 $y=x^2+8x+9$

1075 $y=3x^2+12x-5$

1076 $y=-2x^2+10x+1$

1077 $y=\dfrac{1}{2}x^2-5x-8$

[1078~1081] 다음 이차함수의 그래프의 꼭짓점의 좌표와 축의 방정식을 각각 구하시오.

1078 $y=x^2+6x+5$

1079 $y=2x^2+8x-1$

1080 $y=-3x^2+12x+7$

1081 $y=-\dfrac{1}{2}x^2-x-\dfrac{3}{2}$

[1082~1085] 다음 이차함수의 그래프와 x축, y축과의 교점의 좌표를 각각 구하시오.

1082 $y=x^2+7x+12$

1083 $y=4x^2-25$

1084 $y=3x^2+2x-5$

1085 $y=-2x^2+3x+2$

2 이차함수 $y=ax^2+bx+c$의 그래프에서 a, b, c의 부호

[1086~1088] 이차함수 $y=ax^2+bx+c$의 그래프가 오른쪽 그림과 같을 때, 다음 $\square$ 안에 알맞은 부등호를 쓰시오.
(단, a, b, c는 상수)

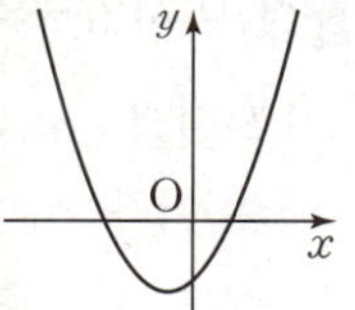

1086 그래프가 아래로 볼록하므로 $a\ \square\ 0$

1087 그래프의 축이 y축의 왼쪽에 있으므로 $b\ \square\ 0$

1088 그래프와 y축의 교점이 x축보다 아래쪽에 있으므로 $c\ \square\ 0$

[1089~1091] 이차함수 $y=ax^2+bx+c$의 그래프가 오른쪽 그림과 같을 때, 다음 $\square$ 안에 알맞은 부등호를 쓰시오.
(단, a, b, c는 상수)

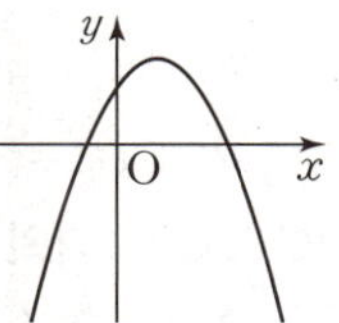

1089 그래프가 위로 볼록하므로 $a\ \square\ 0$

1090 그래프의 축이 y축의 오른쪽에 있으므로 $b\ \square\ 0$

1091 그래프와 y축의 교점이 x축보다 위쪽에 있으므로 $c\ \square\ 0$

[1092~1095] 이차함수 $y=ax^2+bx+c$의 그래프가 다음 그림과 같을 때, 상수 a, b, c의 부호를 각각 구하시오.

1092 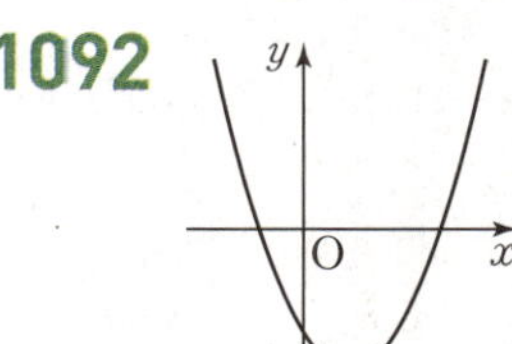

1093 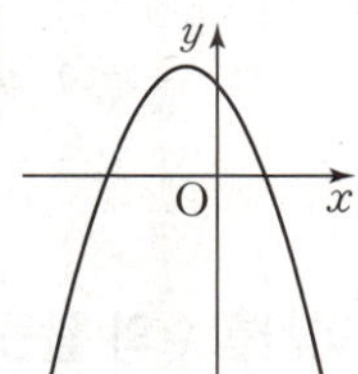

1094 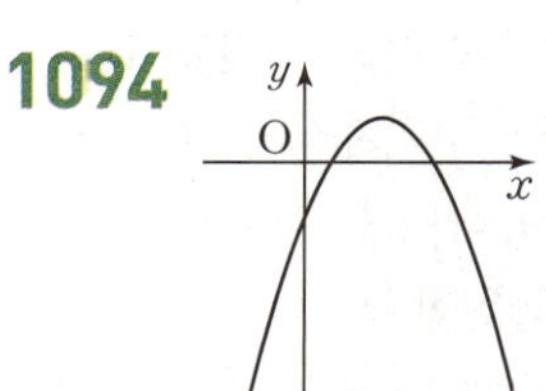

1095 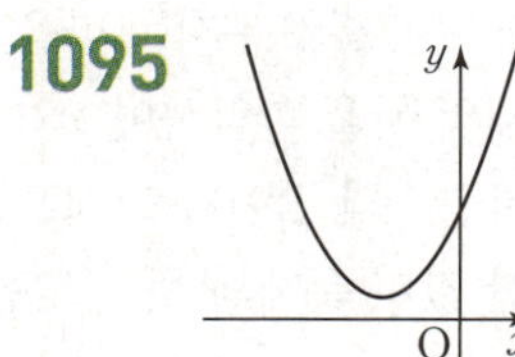

3 이차함수의 식 구하기

(1) 꼭짓점 (p, q)와 그래프 위의 다른 한 점의 좌표를 알 때

❶ 이차함수의 식을 $y=a(x-p)^2+q$로 놓는다.

❷ 이 식에 다른 한 점의 좌표를 대입하여 a의 값을 구한다.

> **예** 꼭짓점의 좌표가 $(-2, 4)$이고, 점 $(0, 1)$을 지나는 포물선을 그래프로 하는 이차함수의 식을 구해 보자.
>
> ❶ 구하는 이차함수의 식을 $y=a(x+2)^2+4$로 놓는다.
>
> ❷ $y=a(x+2)^2+4$에 $x=0$, $y=1$을 대입하면 $a=-\dfrac{3}{4}$
>
> 따라서 구하는 이차함수의 식은 $y=-\dfrac{3}{4}(x+2)^2+4$

(2) 축의 방정식 $x=p$와 그래프 위의 두 점의 좌표를 알 때

❶ 이차함수의 식을 $y=a(x-p)^2+q$로 놓는다.

❷ 이 식에 두 점의 좌표를 각각 대입하여 a, q의 값을 구한다.

> **예** 축의 방정식이 $x=-1$이고, 두 점 $(0, -5)$, $(1, -8)$을 지나는 포물선을 그래프로 하는 이차함수의 식을 구해 보자.
>
> ❶ 구하는 이차함수의 식을 $y=a(x+1)^2+q$로 놓는다.
>
> ❷ $y=a(x+1)^2+q$에 $x=0$, $y=-5$를 대입하면 $a+q=-5$ ··· ㉠
>
> $y=a(x+1)^2+q$에 $x=1$, $y=-8$을 대입하면 $4a+q=-8$ ··· ㉡
>
> ㉠, ㉡을 연립하여 풀면 $a=-1$, $q=-4$
>
> 따라서 구하는 이차함수의 식은 $y=-(x+1)^2-4$

(3) 그래프 위의 서로 다른 세 점의 좌표를 알 때

❶ 이차함수의 식을 $y=ax^2+bx+c$로 놓는다.

❷ 이 식에 세 점의 좌표를 각각 대입하여 a, b, c의 값을 구한다.

> **예** 세 점 $(0, -3)$, $(1, -3)$, $(-1, -1)$을 지나는 포물선을 그래프로 하는 이차함수의 식을 구해 보자.
>
> ❶ 구하는 이차함수의 식을 $y=ax^2+bx+c$로 놓는다.
>
> ❷ $y=ax^2+bx+c$에 $x=0$, $y=-3$을 대입하면 $c=-3$ ··· ㉠
>
> $y=ax^2+bx+c$에 $x=1$, $y=-3$을 대입하면 $a+b+c=-3$ ··· ㉡
>
> $y=ax^2+bx+c$에 $x=-1$, $y=-1$을 대입하면 $a-b+c=-1$ ··· ㉢
>
> ㉠~㉢을 연립하여 풀면 $a=1$, $b=-1$, $c=-3$
>
> 따라서 구하는 이차함수의 식은 $y=x^2-x-3$

(4) x축과의 교점 $(\alpha, 0)$, $(\beta, 0)$과 그래프 위의 다른 한 점의 좌표를 알 때

❶ 이차함수의 식을 $y=a(x-\alpha)(x-\beta)$로 놓는다.

❷ 이 식에 다른 한 점의 좌표를 대입하여 a의 값을 구한다.

> **예** x축과 두 점 $(1, 0)$, $(3, 0)$에서 만나고, 점 $(-1, 8)$을 지나는 포물선을 그래프로 하는 이차함수의 식을 구해 보자.
>
> ❶ 구하는 이차함수의 식을 $y=a(x-1)(x-3)$으로 놓는다.
>
> ❷ $y=a(x-1)(x-3)$에 $x=-1$, $y=8$을 대입하면 $a=1$
>
> 따라서 구하는 이차함수의 식은 $y=(x-1)(x-3)$, 즉 $y=x^2-4x+3$

4 이차함수의 활용

이차함수의 활용 문제는 다음과 같은 순서로 해결한다.

❶ 문제의 뜻을 파악하여 x와 y 사이의 관계식을 세운다.

❷ 이차함수의 식이나 그래프를 이용하여 문제를 푸는 데 필요한 값을 찾는다.

❸ 구한 값이 문제의 뜻에 맞는지 확인한다.

> **주의** 시간, 길이, 높이 등에 해당하는 수는 양수이어야 한다.

• 꼭짓점의 좌표에 따른 이차함수의 식 세우기

꼭짓점의 좌표	이차함수의 식
$(0, 0)$	$y=ax^2$
$(0, q)$	$y=ax^2+q$
$(p, 0)$	$y=a(x-p)^2$
(p, q)	$y=a(x-p)^2+q$

3 이차함수의 식 구하기

[1096~1098] 그래프가 다음 조건을 만족시키는 이차함수의 식을 $y=a(x-p)^2+q$의 꼴로 나타내시오.

1096 꼭짓점의 좌표가 $(-2, 5)$이고, 점 $(-5, 8)$을 지난다.

1097 꼭짓점의 좌표가 $(4, 7)$이고, 점 $(2, 5)$를 지난다.

1098 꼭짓점의 좌표가 $(3, -5)$이고, y절편이 4이다.

[1099~1101] 그래프가 다음 조건을 만족시키는 이차함수의 식을 $y=a(x-p)^2+q$의 꼴로 나타내시오.

1099 축의 방정식이 $x=-1$이고, 두 점 $(0, 6)$, $(2, 10)$을 지난다.

1100 축의 방정식이 $x=2$이고, 두 점 $(0, -4)$, $(1, 2)$를 지난다.

1101 축의 방정식이 $x=3$이고, 두 점 $(2, 1)$, $(5, 2)$를 지난다.

[1102~1104] 다음 세 점을 지나는 포물선을 그래프로 하는 이차함수의 식을 $y=ax^2+bx+c$의 꼴로 나타내시오.

1102 $(-1, 4)$, $(0, 1)$, $(1, 2)$

1103 $(0, -8)$, $(1, -5)$, $(2, 0)$

1104 $(-1, 11)$, $(0, 5)$, $(4, 21)$

[1105~1107] 그래프가 다음 조건을 만족시키는 이차함수의 식을 $y=ax^2+bx+c$의 꼴로 나타내시오.

1105 x축과 두 점 $(-3, 0)$, $(1, 0)$에서 만나고, 점 $(2, 10)$을 지난다.

1106 x축과 두 점 $(-1, 0)$, $(3, 0)$에서 만나고, y축과의 교점의 좌표가 $(0, 9)$이다.

1107 x절편이 -2, -1이고, y절편이 4이다.

[1108~1111] 다음 그림과 같은 포물선을 그래프로 하는 이차함수의 식을 $y=ax^2+bx+c$의 꼴로 나타내시오.

1108 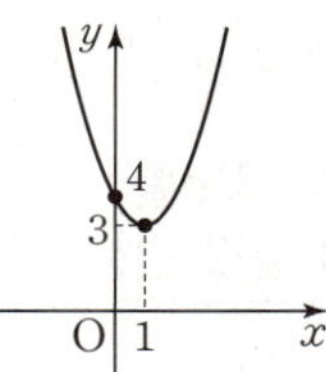

1109 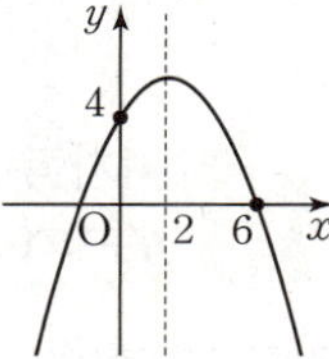

1110 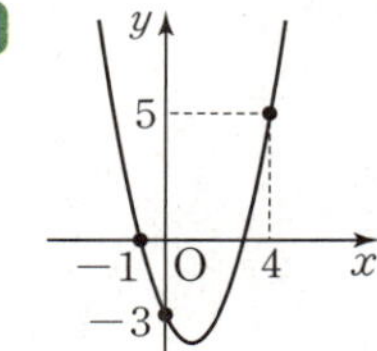

1111 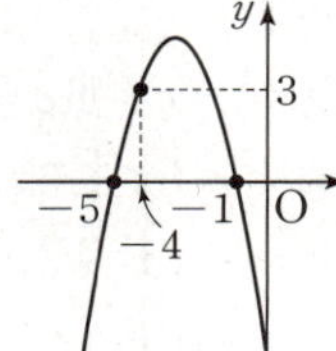

4 이차함수의 활용

[1112~1114] 지면에 수직인 방향으로 초속 $60\,\mathrm{m}$로 공을 던졌을 때, x초 후의 공의 높이를 $y\,\mathrm{m}$라 하면 $y=60x-5x^2$인 관계가 성립한다. 다음 물음에 답하시오.

1112 5초 후의 공의 높이는 몇 m인지 구하시오.

1113 공의 높이가 $100\,\mathrm{m}$가 되는 것은 공을 던진 지 몇 초 후인지 구하시오.

1114 공이 지면에 떨어지는 것은 공을 던진 지 몇 초 후인지 구하시오.

[1115~1116] 가로의 길이가 $x\,\mathrm{cm}$이고, 둘레의 길이가 $40\,\mathrm{cm}$인 직사각형을 만들려고 한다. 이 직사각형의 넓이가 $y\,\mathrm{cm}^2$일 때, 다음 물음에 답하시오.

1115 x와 y 사이의 관계식을 $y=ax^2+bx+c$의 꼴로 나타내시오. (단, a, b, c는 상수)

1116 직사각형의 넓이가 $100\,\mathrm{cm}^2$일 때, 가로의 길이를 구하시오.

: PATTERN 유형 마스터

유형 01 이차함수 $y=ax^2+bx+c$를 $y=a(x-p)^2+q$의 꼴로 변형하기

주어진 이차함수의 식을 $y=$(완전제곱식)$+$(상수)의 꼴로 고친다.

예
$$\begin{aligned}
y&=-x^2+6x-1\\
&=-(x^2-6x+9-9)-1\\
&=-(x^2-6x+9)+9-1\\
&=-(x-3)^2+8
\end{aligned}$$

1117 대표문제

이차함수 $y=3x^2-6x+2$를 $y=3(x-p)^2+q$의 꼴로 나타낼 때, 상수 p, q에 대하여 $p-q$의 값을 구하시오.

1118 숫자 바꾼 대표문제

이차함수 $y=-\dfrac{1}{2}x^2+2x+1$을 $y=a(x-p)^2+q$의 꼴로 나타낼 때, 상수 a, p, q에 대하여 apq의 값은?

① -3 ② $-\dfrac{5}{2}$ ③ 1

④ $\dfrac{5}{2}$ ⑤ 3

1119

다음 그림은 윤희가 이차함수 $y=2x^2+4x+6$을 $y=a(x-p)^2+q$의 꼴로 고치는 과정을 칠판에 적은 것이다. 이때 윤희가 처음으로 틀린 곳을 고르시오.

1120

두 이차함수 $y=-2x^2-2x$, $y=-2(x-p)^2+q$의 그래프가 일치할 때, 상수 p, q에 대하여 $p+q$의 값을 구하시오.

중요

유형 02 이차함수 $y=ax^2+bx+c$의 그래프의 꼭짓점의 좌표와 축의 방정식

이차함수 $y=ax^2+bx+c$를 $y=a(x-p)^2+q$의 꼴로 변형하여 구한다.

(1) 꼭짓점의 좌표 ➡ (p, q)

(2) 축의 방정식 ➡ $x=p$

1121 대표문제

이차함수 $y=x^2+4x+q$의 그래프의 꼭짓점의 좌표가 $(p, 2)$일 때, $p+q$의 값은? (단, q는 상수)

① -4 ② -2 ③ 0

④ 4 ⑤ 6

1122 조건 바꾼 대표문제

이차함수 $y=-x^2+ax+5$의 그래프가 점 $(-1, -2)$를 지날 때, 이 그래프의 꼭짓점의 좌표를 구하시오.

(단, a는 상수)

1123

다음 이차함수 중 그래프의 축이 가장 왼쪽에 있는 것은?

① $y=3x^2+1$ ② $y=x^2-2x+1$

③ $y=-\left(x+\dfrac{1}{2}\right)^2-3$ ④ $y=\dfrac{1}{3}x^2+2x-1$

⑤ $y=-x^2+4x-1$

1124

이차함수 $y=\dfrac{1}{2}x^2-2x-k$의 그래프의 꼭짓점이 직선 $y=3x-5$ 위에 있을 때, 상수 k의 값을 구하시오.

1125 서술형

이차함수 $y=2x^2-4kx+1$의 그래프의 꼭짓점이 다음 |조건| 을 모두 만족시킬 때, 상수 k의 값을 구하시오.

(단, 풀이 과정을 자세히 쓰시오.)

┤ 조건 ├
(개) 꼭짓점이 제3사분면 위에 있다.
(내) 꼭짓점의 y좌표가 -7이다.

1128

이차함수 $y=-x^2-6x+k$의 그래프가 점 $(-3,\,7)$을 지날 때, 이 그래프가 y축과 만나는 점의 좌표는?

(단, k는 상수)

① $(0,\,-4)$　　② $(0,\,-2)$　　③ $(0,\,2)$
④ $(0,\,4)$　　⑤ $(0,\,7)$

1129

이차함수 $y=-x^2+2x+k$의 그래프 가 오른쪽 그림과 같을 때, a의 값을 구하시오. (단, k는 상수)

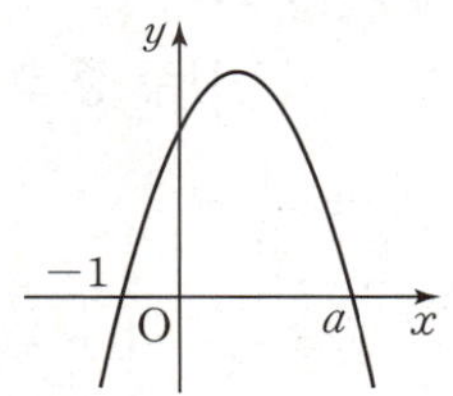

유형 03 이차함수 $y=ax^2+bx+c$의 그래프가 축과 만나는 점

이차함수 $y=ax^2+bx+c$의 그래프가
(1) x축과 만나는 점의 x좌표
　➡ $y=0$을 대입하면 이차방정식 $ax^2+bx+c=0$의 해가 x좌표이다.
(2) y축과 만나는 점의 y좌표
　➡ $x=0$을 대입하면 y좌표는 c이다.

1126 대표문제

이차함수 $y=2x^2+7x-4$의 그래프가 x축과 만나는 두 점의 x좌표를 각각 p, q라 하고 y축과 만나는 점의 y좌표를 r라 할 때, pqr의 값을 구하시오.

1127 초건 바꾼 대표문제

이차함수 $y=3x^2+3x-18$의 그래프가 x축과 두 점 A, B 에서 만날 때, $\overline{AB}$의 길이를 구하시오.

유형 04 이차함수 $y=ax^2+bx+c$의 그래프 그리기

❶ $y=a(x-p)^2+q$의 꼴로 변형하여 꼭짓점의 좌표를 구한다.
　➡ 꼭짓점의 좌표: $(p,\,q)$
❷ y축과의 교점을 표시한다. ➡ 점 $(0,\,c)$
❸ a의 부호에 따라 그래프의 모양을 결정한다.
　➡ $a>0$이면 아래로 볼록
　　$a<0$이면 위로 볼록

1130 대표문제

다음 중 이차함수 $y=-x^2+2x+3$의 그래프는?

① 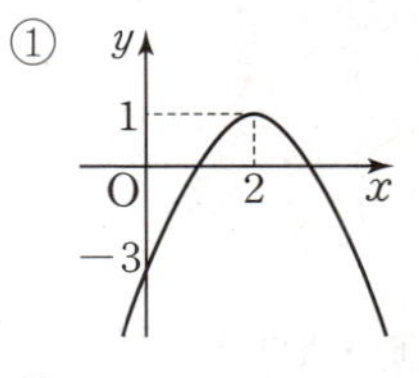 ② 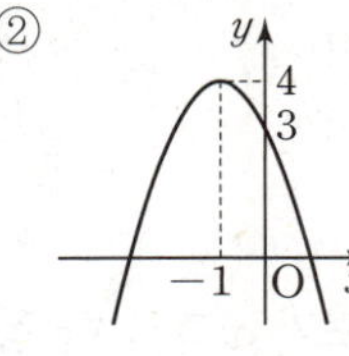 ③ 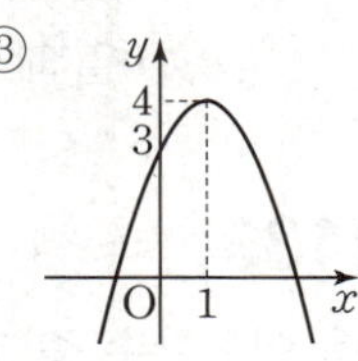

④ 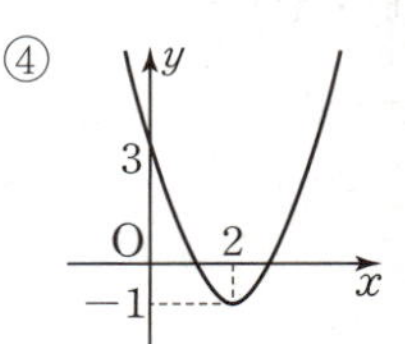 ⑤ 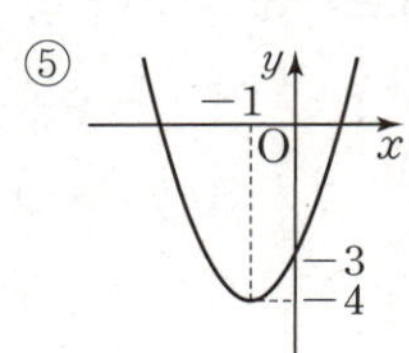

1131 표현 바꾼 대표문제

이차함수 $y=-\dfrac{1}{3}x^2+2x-2$의 그래프가 지나지 <u>않는</u> 사분면은?

① 제1사분면 　　② 제2사분면 　　③ 제3사분면
④ 제4사분면 　　⑤ 없다.

1132

다음 이차함수 중 그래프가 모든 사분면을 지나는 것은?

① $y=\dfrac{1}{3}x^2$ 　　　　　　② $y=3x^2+9x$

③ $y=-x^2-2x-2$ 　　④ $y=\dfrac{1}{2}x^2-2x+3$

⑤ $y=-3x^2-4x+2$

유형 05 x축과의 교점에 따른 이차함수 $y=ax^2+bx+c$의 그래프 　발전

이차함수 $y=ax^2+bx+c$를 $y=a(x-p)^2+q$의 꼴로 변형하여 꼭짓점의 좌표 (p, q)를 구한다.

(1) 이차함수의 그래프가 x축과 한 점에서 만난다.
➡ $q=0$

(2) 이차함수의 그래프가 x축과 서로 다른 두 점에서 만난다.
➡ $a>0$일 때, $q<0$
$\quad\ \ a<0$일 때, $q>0$

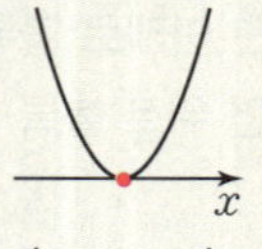
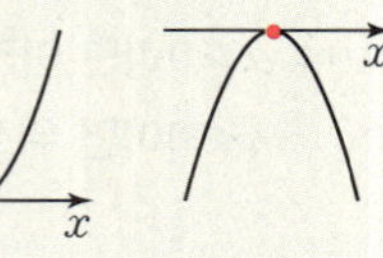

1133 대표문제

다음 이차함수 중 그래프가 x축과 한 점에서 만나는 것은?

① $y=5x^2-2$ 　　　　　② $y=9x^2-6x+1$
③ $y=x^2-4x+11$ 　　④ $y=-x^2-8x$
⑤ $y=-\dfrac{1}{2}x^2-2x+1$

1134 조건 바꾼 대표문제

다음 | 보기 |의 이차함수 중 그래프가 x축과 서로 다른 두 점에서 만나는 것을 모두 고르시오.

┤ 보기 ├

ㄱ. $y=x^2+4x+5$ 　　　ㄴ. $y=2x^2-2x-\dfrac{3}{4}$

ㄷ. $y=-x^2-3x-4$ 　　ㄹ. $y=-\dfrac{1}{3}x^2+2x-1$

1135

이차함수 $y=2x^2-8x+k+5$의 그래프가 x축과 한 점에서 만날 때, 상수 k의 값을 구하시오.

1136

이차함수 $y=-x^2-4x+k-3$의 그래프가 x축과 서로 다른 두 점에서 만나도록 하는 상수 k의 값의 범위를 구하시오.

중요
유형 06   이차함수 $y=ax^2+bx+c$의 그래프의 평행이동

이차함수 $y=ax^2+bx+c$의 그래프를 x축의 방향으로 m만큼, y축의 방향으로 n만큼 평행이동한 그래프를 나타내는 이차함수의 식은 다음과 같은 순서로 구한다.

❶ $y=a(x-p)^2+q$의 꼴로 변형한다.
❷ x 대신 $x-m$, y 대신 $y-n$을 대입하면
$\quad y-n=a(x-m-p)^2+q$에서
$\quad y=a(x-m-p)^2+q+n$

1137 대표문제

이차함수 $y=x^2-4x+2$의 그래프를 x축의 방향으로 p만큼, y축의 방향으로 q만큼 평행이동하면 $y=x^2+2x+3$의 그래프와 완전히 포개어진다. 이때 $p+q$의 값을 구하시오.

1138 표현 바꾼 대표문제

이차함수 $y=-3x^2+6x-4$의 그래프를 x축의 방향으로 -2만큼, y축의 방향으로 5만큼 평행이동하면 $y=ax^2+bx+c$의 그래프와 일치한다. 이때 상수 a, b, c에 대하여 $a+b+c$의 값을 구하시오.

1139

이차함수 $y=x^2+6x+10$의 그래프를 x축의 방향으로 5만큼, y축의 방향으로 -4만큼 평행이동한 그래프의 꼭짓점의 좌표가 (p, q)일 때, $p+q$의 값은?

① -5 ② -3 ③ -1
④ 1 ⑤ 3

1140 서술형

이차함수 $y=-\dfrac{1}{3}x^2-2x-1$의 그래프를 x축의 방향으로 -1만큼 평행이동한 그래프가 점 $(2, k)$를 지날 때, k의 값을 구하시오. (단, 풀이 과정을 자세히 쓰시오.)

1141

이차함수 $y=-x^2+8x+a$의 그래프를 y축의 방향으로 -6만큼 평행이동하였더니 x축과 만나지 않았다. 이때 상수 a의 값의 범위를 구하시오.

유형 07 이차함수 $y=ax^2+bx+c$의 그래프에서 증가, 감소하는 범위

이차함수 $y=ax^2+bx+c$를 $y=a(x-p)^2+q$의 꼴로 변형하였을 때, 직선 $x=p$를 기준으로 y의 값이 증가, 감소하는 x의 값의 범위가 나뉜다.

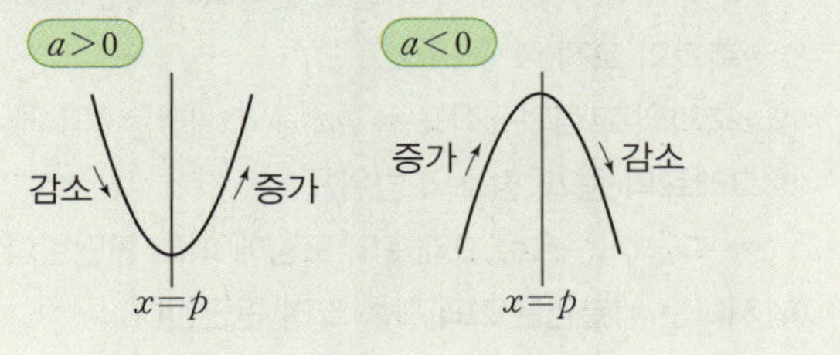

1142 대표문제

이차함수 $y=-x^2+4x+5$의 그래프에서 x의 값이 증가할 때, y의 값은 감소하는 x의 값의 범위는?

① $x<-2$ ② $x>-2$ ③ $x<2$
④ $x>2$ ⑤ $x<-4$

1143 조건 바꾼 대표문제

이차함수 $y=5x^2-10x-2$의 그래프에서 x의 값이 증가할 때, y의 값도 증가하는 x의 값의 범위를 구하시오.

1144

이차함수 $y=3x^2+2ax$의 그래프가 $x<-3$일 때, x의 값이 증가하면 y의 값은 감소하고, $x>-3$일 때, x의 값이 증가하면 y의 값도 증가한다. 이때 상수 a의 값을 구하시오.

유형 08 이차함수 $y=ax^2+bx+c$의 그래프의 성질

(1) 그래프의 모양은 a의 부호로 판단하고,
   그래프의 폭은 a의 절댓값으로 판단한다.
(2) 꼭짓점의 좌표, 축의 방정식은
   ➡ $y=a(x-p)^2+q$의 꼴로 변형하여 구한다.
(3) y축과의 교점 ➡ $(0, c)$
(4) x축과의 교점의 x좌표 ➡ $ax^2+bx+c=0$의 해
(5) 그래프의 증가, 감소의 범위
   ➡ 축을 기준으로 그래프의 모양에 따라 판단한다.
(6) 지나는 사분면은 그래프를 그려 판단한다.

1145, 대표문제

다음 중 이차함수 $y=-x^2+2x+8$의 그래프에 대한 설명으로 옳지 않은 것은?

① 꼭짓점의 좌표는 $(1, 9)$이다.
② 직선 $x=1$에 대하여 대칭이다.
③ x축과 서로 다른 두 점에서 만난다.
④ 제2사분면을 지나지 않는다.
⑤ 이차함수 $y=-x^2$의 그래프를 평행이동하면 완전히 포갤 수 있다.

1146, 표현 바꾼 대표문제

다음은 이차함수 $y=\frac{1}{2}x^2-2x+1$의 그래프에 대한 학생들의 설명이다. 바르게 말한 학생을 모두 고른 것은?

> 진주: 이차함수 $y=\frac{1}{3}x^2$의 그래프보다 폭이 좁다.
> 동진: 꼭짓점의 좌표는 $(4, -1)$이다.
> 지수: 모든 사분면을 지난다.
> 석민: $x<2$일 때, x의 값이 증가하면 y의 값은 감소한다.

① 진주, 동진　　② 진주, 지수　　③ 진주, 석민
④ 동진, 석민　　⑤ 지수, 석민

1147 

다음 중 이차함수 $y=ax^2+bx+c$의 그래프에 대한 설명으로 옳은 것을 모두 고르면? (정답 2개)

① $a<0$이면 아래로 볼록하다.
② 축은 직선 $x=\frac{b}{2a}$이다.
③ y축과의 교점의 좌표는 $(0, c)$이다.
④ x축과 서로 다른 두 점에서 만난다.
⑤ 이차함수 $y=-ax^2-bx-c$의 그래프와 x축에 대하여 대칭이다.

유형 09 이차함수의 그래프와 도형의 넓이 발전

이차함수 $y=ax^2+bx+c$의 그래프 위의 점을 꼭짓점으로 하는 삼각형의 넓이를 구할 때, 다음과 같이 필요한 점의 좌표를 구한다.
(1) 꼭짓점의 좌표
   $y=a(x-p)^2+q$의 꼴로 변형하면 (p, q)
(2) x축과의 교점의 좌표
   ➡ 이차방정식 $ax^2+bx+c=0$의 해가 α, β $(\alpha<\beta)$이면 $(\alpha, 0)$, $(\beta, 0)$
(3) y축과의 교점의 좌표 ➡ $(0, c)$

1148, 대표문제

오른쪽 그림은 이차함수 $y=-x^2+4x+5$의 그래프이다. 이 그래프의 꼭짓점을 A라 하고 x축과의 두 교점을 각각 B, C라 할 때, $\triangle ABC$의 넓이를 구하시오.

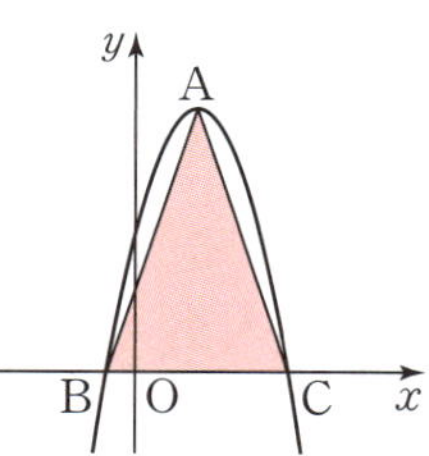

1149, 그래프 바꾼 대표문제

오른쪽 그림과 같이 이차함수 $y=-x^2-2x+8$의 그래프가 x축과 만나는 두 점을 각각 A, B라 하고 y축과 만나는 점을 C라 할 때, $\triangle ABC$의 넓이를 구하시오.

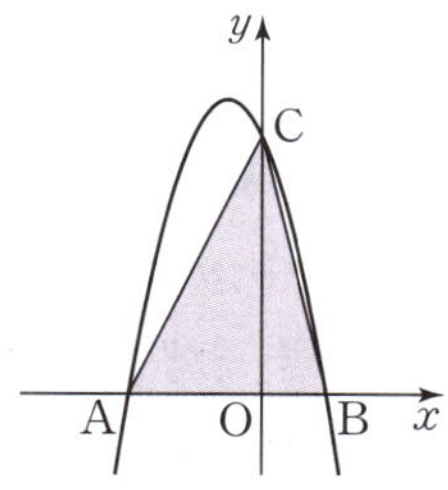

1150

이차함수 $y=x^2-2x-3$의 그래프가 오른쪽 그림과 같다. 점 A는 이 그래프의 꼭짓점이고 점 B는 그래프와 y축의 교점일 때, $\triangle AOB$의 넓이는? (단, O는 원점)

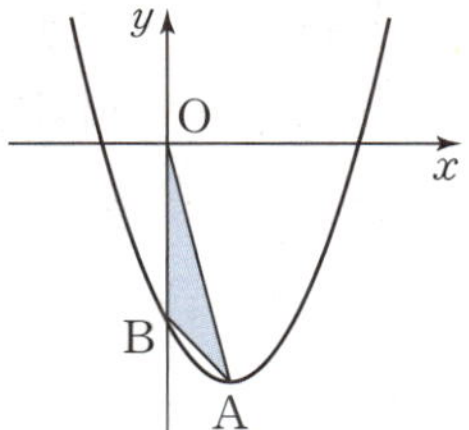

① 1 ② $\dfrac{3}{2}$

③ 2 ④ $\dfrac{5}{2}$

⑤ 3

1151

오른쪽 그림은 이차함수 $y=x^2+kx-4$의 그래프이다. 이 그래프가 x축과 만나는 점을 A, y축과 만나는 점을 B, 그래프의 꼭짓점을 C라 할 때, $\triangle ABC$의 넓이를 구하시오. (단, k는 상수)

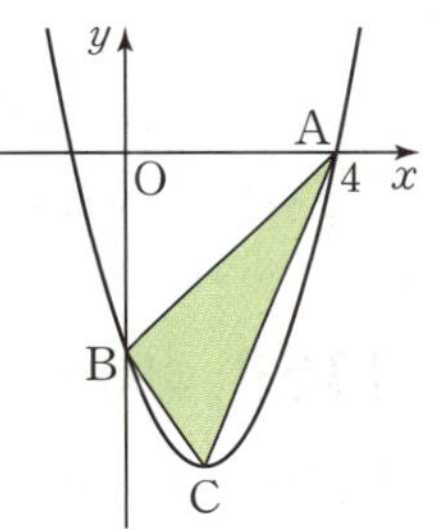

1152

오른쪽 그림은 이차함수 $y=-x^2+4x+4$의 그래프이다. 이 그래프와 x축의 교점을 각각 A, B라 하고, y축의 교점을 C라 하자. 또 그래프의 꼭짓점을 P라 하자. 이때 $\triangle ABC$의 넓이와 $\triangle ABP$의 넓이의 비를 가장 간단한 자연수의 비로 나타내시오.

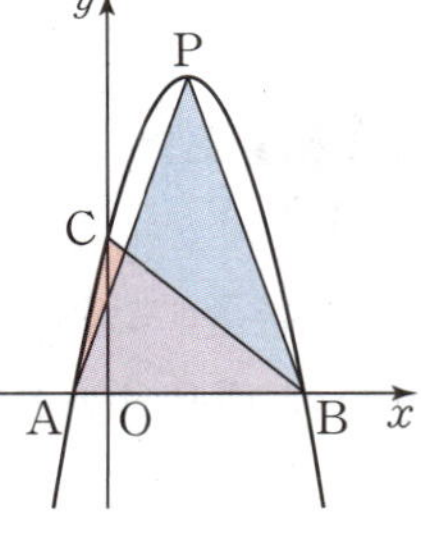

유형 10 이차함수 $y=ax^2+bx+c$의 그래프에서 a, b, c의 부호

(1) a의 부호: 그래프의 모양
 ① 아래로 볼록 ➡ $a>0$
 ② 위로 볼록 ➡ $a<0$

(2) b의 부호: 축의 위치
 ① y축의 왼쪽에 위치 ➡ $ab>0$ (a, b는 같은 부호)
 ② y축과 일치 ➡ $b=0$
 ③ y축의 오른쪽에 위치 ➡ $ab<0$ (a, b는 다른 부호)

(3) c의 부호: y축과의 교점의 위치
 ① x축보다 위쪽에 위치 ➡ $c>0$
 ② 원점에 위치 ➡ $c=0$
 ③ x축보다 아래쪽에 위치 ➡ $c<0$

1153 대표문제

이차함수 $y=ax^2+bx+c$의 그래프가 오른쪽 그림과 같을 때, 상수 a, b, c의 부호는?

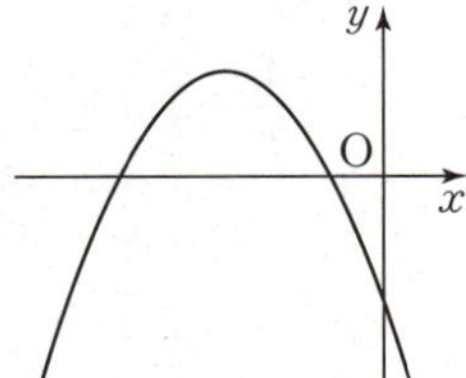

① $a<0$, $b<0$, $c<0$
② $a<0$, $b<0$, $c>0$
③ $a<0$, $b>0$, $c>0$
④ $a>0$, $b<0$, $c<0$
⑤ $a>0$, $b>0$, $c<0$

1154 그래프 바꾼 대표문제

이차함수 $y=ax^2+bx+c$의 그래프가 오른쪽 그림과 같을 때, 상수 a, b, c의 부호를 각각 구하시오.

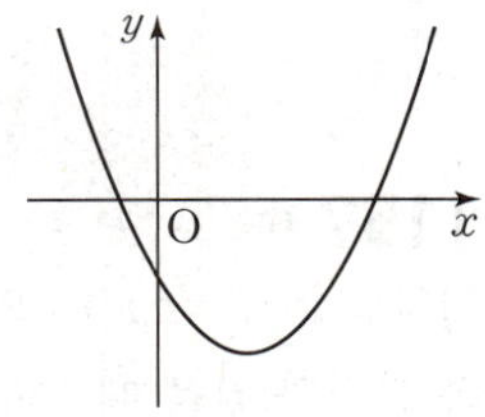

1155

다음은 이차함수 $y=ax^2+bx+c$에서 상수 a, b의 부호가 같으면 그래프의 축이 y축의 왼쪽에 있음을 설명하는 과정이다. (개), (내)에 알맞은 것은?

> 이차함수 $y=ax^2+bx+c$를 $y=a(x-p)^2+q$의 꼴로 변형하면
> $$y=a\left(x+\frac{b}{2a}\right)^2-\frac{b^2-4ac}{4a}$$
> 이므로 이 그래프의 축의 방정식은 $x=$ (개) 이다.
> 이때 a, b의 부호가 같으면 (개) 는 (내) 이므로 그래프의 축은 y축의 왼쪽에 있다.

	(개)	(내)		(개)	(내)
①	$-\dfrac{b}{2a}$	음수	②	$-\dfrac{b}{2a}$	양수
③	$\dfrac{b}{2a}$	음수	④	$\dfrac{b}{2a}$	양수
⑤	$\dfrac{b^2-4ac}{4a}$	양수			

1156

상수 a, b, c에 대하여 $a<0$, $b<0$, $c>0$일 때, 이차함수 $y=ax^2+bx+c$의 그래프의 꼭짓점은 제몇 사분면 위에 있는지 구하시오.

1157

일차함수 $y=ax+b$의 그래프가 오른쪽 그림과 같을 때, 이차함수 $y=x^2+ax+b$의 그래프의 꼭짓점은 제몇 사분면 위에 있는가?

(단, a, b는 상수)

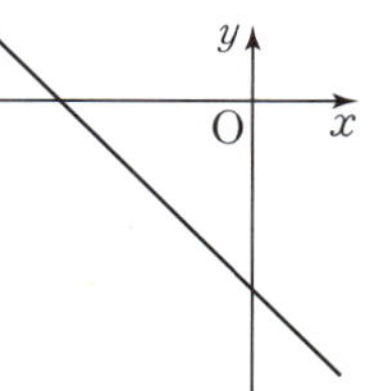

① 제1사분면 ② 제2사분면 ③ 제3사분면
④ 제4사분면 ⑤ x축 위에 있다.

1158

이차함수 $y=ax^2+bx+c$의 그래프가 오른쪽 그림과 같을 때, 다음 중 옳은 것은? (단, a, b, c는 상수)

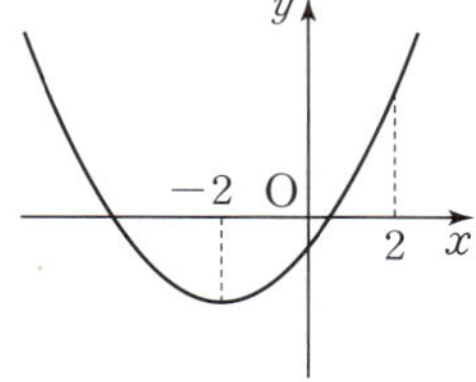

① $ab<0$
② $bc>0$
③ $ac>0$
④ $4a-2b+c>0$
⑤ $9a+3b+c>0$

유형 11 이차함수의 식 구하기 (1)
― 꼭짓점과 다른 한 점의 좌표를 알 때

> 꼭짓점 (p, q)와 그래프가 지나는 다른 한 점 (x_1, y_1)을 알 때,
> ❶ 이차함수의 식을 $y=a(x-p)^2+q$로 놓는다.
> ❷ ❶의 식에 $x=x_1$, $y=y_1$을 대입하여 a의 값을 구한다.

1159 대표문제

이차함수 $y=ax^2+bx+c$의 그래프의 꼭짓점의 좌표가 $(-1, 3)$이고 점 $(0, 6)$을 지날 때, 상수 a, b, c에 대하여 $a-b-c$의 값은?

① -9 ② -6 ③ 3
④ 6 ⑤ 9

1160 표현바꾼 대표문제

이차함수 $y=ax^2+bx+c$의 그래프가 오른쪽 그림과 같을 때, 상수 a, b, c에 대하여 $a+b+c$의 값을 구하시오.

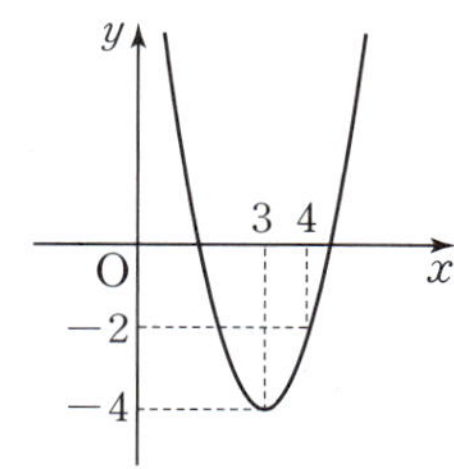

1161 ✐서술형

꼭짓점의 좌표가 $(2, 3)$이고, 점 $(3, 2)$를 지나는 포물선이 y축과 만나는 점의 좌표를 구하시오.

(단, 풀이 과정을 자세히 쓰시오.)

1162

꼭짓점의 좌표가 $(0, -12)$이고, 한 점 $(-3, 6)$을 지나는 포물선이 x축과 만나는 두 점을 각각 A, B라 할 때, $\overline{\text{AB}}$의 길이를 구하시오.

유형 **12**	이차함수의 식 구하기 (2) — 축의 방정식과 두 점의 좌표를 알 때

축의 방정식 $x=p$와 그래프가 지나는 두 점 (x_1, y_1), (x_2, y_2)를 알 때,

❶ 이차함수의 식을 $y=a(x-p)^2+q$로 놓는다.

❷ ❶의 식에 두 점 (x_1, y_1), (x_2, y_2)의 좌표를 각각 대입하여 a, q의 값을 구한다.

1163, 대표문제

이차함수 $y=ax^2+bx+c$의 그래프가 오른쪽 그림과 같을 때, 상수 a, b, c에 대하여 $a+b-c$의 값을 구하시오.

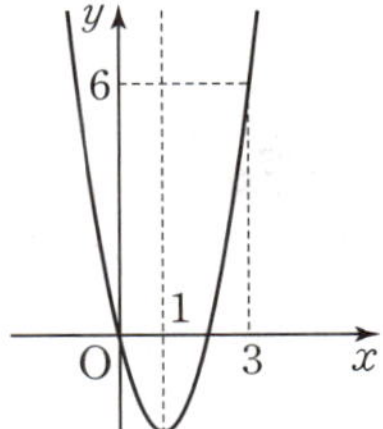

1164 표현바꾼 대표문제

축의 방정식이 $x=3$이고 두 점 $(-1, 15)$, $(1, -9)$를 지나는 포물선을 그래프로 하는 이차함수의 식이 $y=ax^2+bx+c$일 때, 상수 a, b, c에 대하여 abc의 값을 구하시오.

1165

이차함수 $y=3x^2+18x+20$의 그래프와 축이 같고, 점 $(-2, 8)$을 지나면서 y축과 만나는 점의 y좌표가 -8인 포물선을 그래프로 하는 이차함수의 식은?

① $y=2(x+3)^2-8$ ② $y=-2(x+3)^2-8$

③ $y=-2x^2-12x-8$ ④ $y=2x^2+12x-8$

⑤ $y=-2x^2+12x-8$

1166

다음 |조건|을 모두 만족시키는 포물선을 그래프로 하는 이차함수의 식을 $y=ax^2+bx+c$의 꼴로 나타내시오.

(단, a, b, c는 상수)

┤ 조건 ├─

㈎ 점 $(-2, -6)$을 지난다.

㈏ 이차함수 $y=4x^2$의 그래프와 폭이 같다.

㈐ $x<-1$일 때, x의 값이 증가하면 y의 값도 증가하고, $x>-1$일 때, x의 값이 증가하면 y의 값은 감소한다.

유형 **13**	이차함수의 식 구하기 (3) — 세 점의 좌표를 알 때

그래프가 지나는 서로 다른 세 점을 알 때,

❶ 이차함수의 식을 $y=ax^2+bx+c$로 놓는다.

❷ 주어진 세 점의 좌표를 각각 대입하여 a, b, c의 값을 구한다.

1167, 대표문제

이차함수 $y=ax^2+bx+c$의 그래프가 세 점 $(0, 1)$, $(1, 3)$, $(-1, -5)$를 지날 때, 상수 a, b, c에 대하여 $\dfrac{b}{ac}$의 값은?

① 3   ② 2   ③ 1

④ -1 ⑤ -2

1168 표현 바꾼 대표문제

이차함수 $y=ax^2+bx+c$의 그래프가 오른쪽 그림과 같을 때, 상수 a, b, c에 대하여 $a-b+c$의 값을 구하시오.

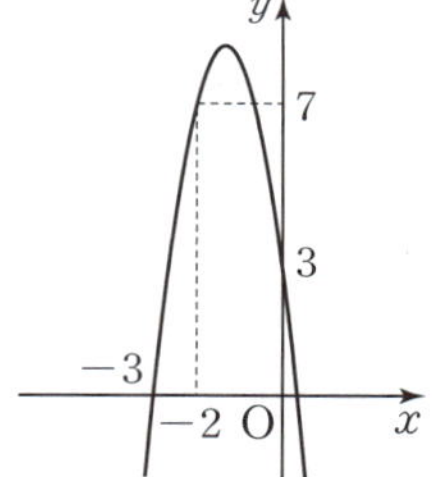

1169

세 점 $(0, -5)$, $(1, 0)$, $(4, 3)$을 지나는 포물선의 꼭짓점의 좌표를 구하시오.

1170

이차함수 $y=ax^2+bx+c$의 그래프가 세 점 $(0, -1)$, $(10, -1)$, $(15, -16)$을 지날 때, 상수 b의 값은?

① -5　　　② -2　　　③ $-\dfrac{1}{5}$

④ $\dfrac{1}{5}$　　　⑤ 2

1171

세 점 $(-5, 9)$, $(-3, -3)$, $(0, 24)$를 지나는 포물선과 x축의 두 교점을 각각 A, B라 할 때, $\overline{\text{AB}}$의 길이를 구하시오.

유형 14　이차함수의 식 구하기 (4) — x축과의 두 교점의 좌표를 알 때

x축과 만나는 두 점 $(m, 0)$, $(n, 0)$과 그래프가 지나는 다른 한 점 (x_1, y_1)을 알 때,

❶ 이차함수의 식을 $y=a(x-m)(x-n)$으로 놓는다.
❷ ❶의 식에 $x=x_1$, $y=y_1$을 대입하여 a의 값을 구한다.

1172 대표문제

이차함수 $y=-x^2+2x+3$의 그래프와 모양이 같고, x축과 두 점 $(-1, 0)$, $(5, 0)$에서 만나는 포물선을 그래프로 하는 이차함수의 식을 $y=ax^2+bx+c$의 꼴로 나타내시오.

(단, a, b, c는 상수)

1173 조건 바꾼 대표문제

이차함수 $y=ax^2+bx+c$의 그래프가 x축과 두 점 $(-4, 0)$, $(2, 0)$에서 만나고 y축과 점 $(0, 16)$에서 만날 때, 상수 a, b, c에 대하여 $a+b+c$의 값은?

① -10　　　② -4　　　③ 4
④ 10　　　⑤ 16

1174

세 점 $(-2, 0)$, $(-1, -12)$, $(3, 0)$을 지나는 이차함수의 그래프가 점 $(k, 18)$을 지날 때, 양수 k의 값을 구하시오.

1175

오른쪽 그림과 같은 이차함수의 그래프의 꼭짓점의 좌표를 구하시오.

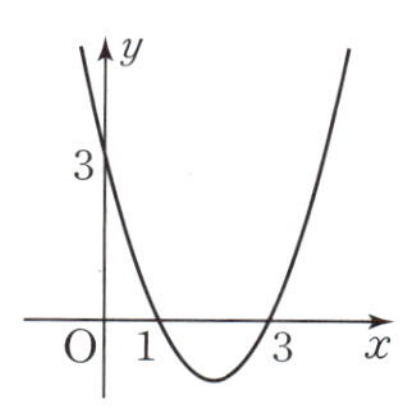

유형 15 · 이차함수의 활용

이차함수의 활용 문제는 다음과 같은 순서로 해결한다.
❶ 문제의 뜻을 파악하여 x와 y 사이의 관계식을 세운다.
❷ 이차함수의 식을 이용하여 주어진 조건에 맞는 값을 구한다.
❸ 구한 값이 문제의 뜻에 맞는지 확인한다.

1176 대표문제

$1\,\mathrm{m}$ 높이의 발사대에서 쏘아 올린 폭죽의 x초 후의 높이를 $y\,\mathrm{m}$라 하면 $y=-5x^2+30x+1$인 관계가 성립한다. 이 폭죽을 쏘아 올린 지 2초 후의 폭죽의 높이를 구하시오.

1177

둘레의 길이가 $60\,\mathrm{cm}$인 부채꼴 모양을 만들려고 한다. 이 부채꼴의 반지름의 길이를 $x\,\mathrm{cm}$, 부채꼴의 넓이를 $y\,\mathrm{cm}^2$라 하면 $y=ax^2+bx+c$인 관계가 성립한다고 할 때, 상수 a, b, c에 대하여 $a+b+c$의 값을 구하시오.

1178

오른쪽 그림은 길이가 $100\,\mathrm{m}$인 슬로프를 내려오는 썰매의 위치를 1초 간격으로 측정하여 나타낸 것이다. 썰매가 처음 위치로부터 8초 동안 이동한 거리를 구하시오.

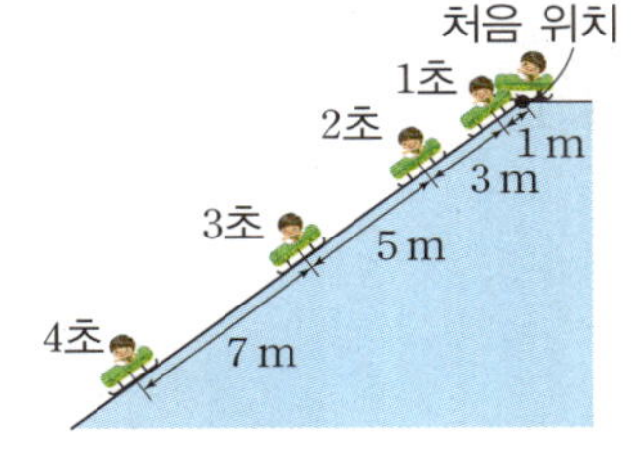

(단, 이동한 거리는 시간의 제곱에 정비례한다.)

1179

물체와 지면 사이의 마찰력이 일정할 때, 질량이 $m\,\mathrm{kg}$인 물체가 초속 $x\,\mathrm{m}$로 움직일 때의 운동 에너지를 $y\,\mathrm{J}$(줄)이라 하면 $y=\dfrac{1}{2}mx^2$인 관계가 성립한다. 질량이 $3\,\mathrm{kg}$인 공이 초속 $2\,\mathrm{m}$로 굴러갈 때와 초속 $6\,\mathrm{m}$로 굴러갈 때의 운동 에너지의 차를 구하시오.

1180

한 변의 길이가 $3\,\mathrm{cm}$인 정사각형에서 가로의 길이는 매분 $3\,\mathrm{cm}$씩, 세로의 길이는 매분 $1\,\mathrm{cm}$씩 동시에 늘어난다고 한다. x분 후의 직사각형의 넓이를 $y\,\mathrm{cm}^2$라 할 때, x와 y 사이의 관계식을 구하고, 직사각형의 넓이가 $105\,\mathrm{cm}^2$가 되는 것은 몇 분 후인지 구하시오.

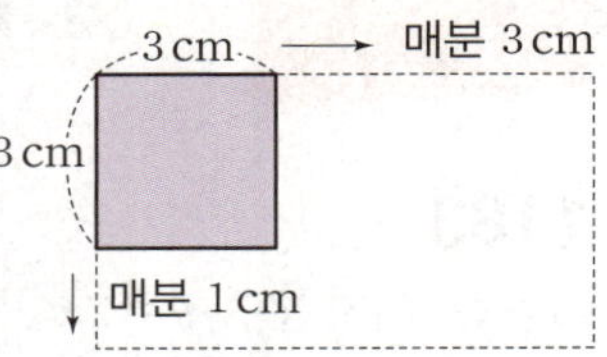

1181

어느 전시회의 1인당 입장료가 5000원일 때 하루 입장객이 200명이었고, 1인당 입장료를 $100x$원 내리면 입장객은 $10x$명 늘어난다고 한다. 이 전시회의 하루 동안의 입장료 수입을 y원이라 할 때, 하루 동안의 입장료 수입이 1225000원이 되려면 1인당 입장료가 얼마이어야 하는지 구하시오.

1182

오른쪽 그림은 포물선 모양의 놀이 기구 레일의 일부분이다. 지점 O에서 지점 P까지의 높이가 $4\,\mathrm{m}$이고 지점 O에서 $3\,\mathrm{m}$ 떨어진 지점 Q에서 지점 R까지의 높이가 $6\,\mathrm{m}$일 때, 지점 Q에서 $3\,\mathrm{m}$ 떨어진 지점 S에서 지점 T까지의 높이를 구하시오. (단, 세 지점 O, Q, S는 일직선 위에 있고, 지점 P는 레일에서 가장 낮은 부분이다.)

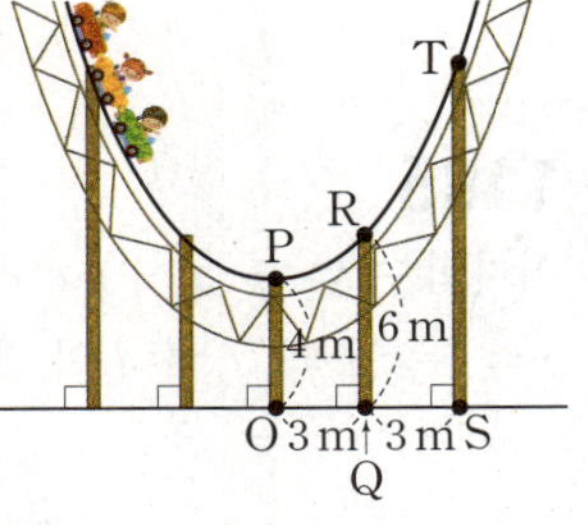

1183

· 유형 01

다음은 이차함수 $y=2x^2+8x+7$을 $y=a(x-p)^2+q$의 꼴로 고치는 과정이다. ☐ 안에 들어갈 모든 수의 합은?

$$y=2x^2+8x+7$$
$$=2(x^2+4x)+7$$
$$=2(x^2+4x+\square-\square)+7$$
$$=2(x+\square)^2-\square$$

① 7   ② 8   ③ 9

④ 10   ⑤ 11

1184

· 유형 02

두 이차함수 $y=3x^2-6x+2$, $y=\dfrac{1}{2}x^2+ax+b$의 그래프의 꼭짓점이 일치할 때, 상수 a, b에 대하여 $a+b$의 값은?

① $-\dfrac{3}{2}$ ② -1 ③ $-\dfrac{1}{2}$

④ $\dfrac{1}{2}$ ⑤ 1

1185

· 유형 02

이차함수 $y=-x^2+bx+3$의 그래프의 축의 방정식이 $x=-2$일 때, 상수 b의 값을 구하시오.

1186

· 유형 03

이차함수 $y=-2x^2+x+6$의 그래프가 x축과 만나는 두 점의 x좌표를 각각 p, q라 하고 y축과 만나는 점의 y좌표를 r라 할 때, pqr의 값을 구하시오.

1187

· 유형 04

다음 중 이차함수 $y=x^2-4x+3$의 그래프로 알맞은 것은?

① 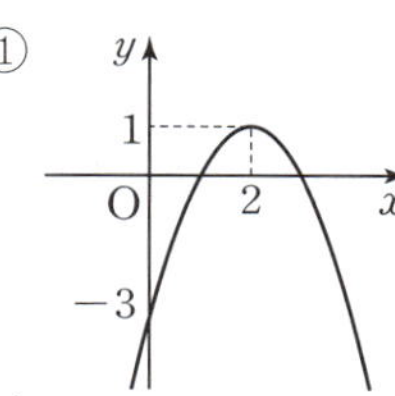   ② 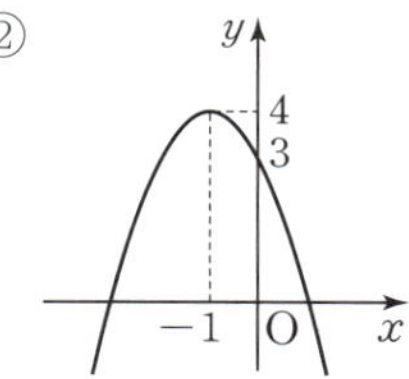

③ 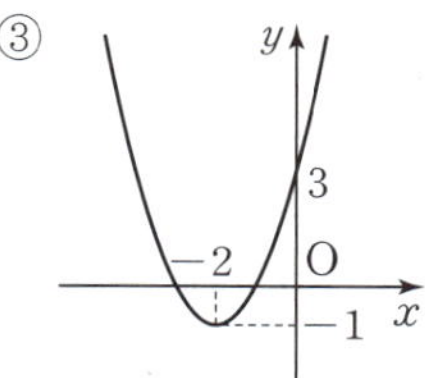   ④ 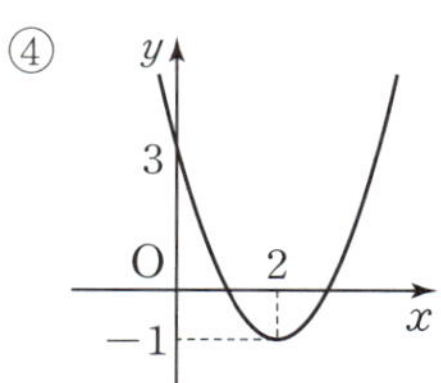

⑤ 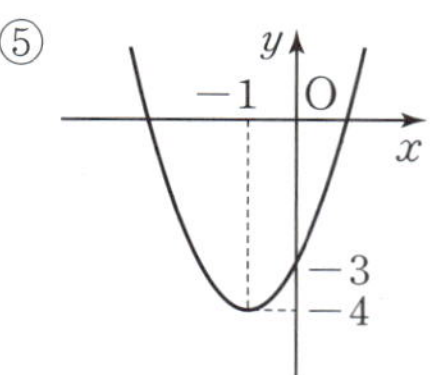

1188

· 유형 05

이차함수 $y=2x^2-4x-5a+3$의 그래프가 x축과 한 점에서 만날 때, 상수 a의 값은?

① -1 ② $-\dfrac{1}{5}$ ③ $\dfrac{1}{5}$

④ 1 ⑤ 5

1189

· 유형 06

이차함수 $y=-\dfrac{1}{2}x^2-2x-3$의 그래프를 x축의 방향으로 a만큼, y축의 방향으로 b만큼 평행이동하면 이차함수 $y=-\dfrac{1}{2}x^2+1$의 그래프와 일치한다. 이때 $a-b$의 값은?

① -4 ② -2 ③ 0

④ 2 ⑤ 4

1190 창의력$^+$

·유형 06

오른쪽 그림과 같이 두 이차함수
$$y=-x^2+6x-6,$$
$$y=-x^2+12x-33$$
의 그래프의 꼭짓점을 각각 A, B라 할 때, 색칠한 부분의 넓이를 구하시오.

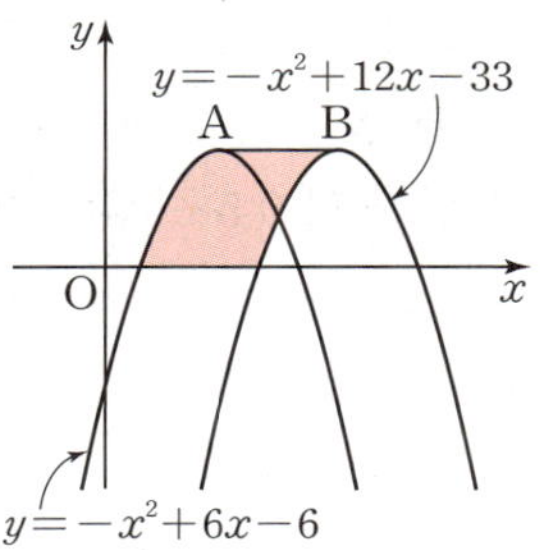

1191

·유형 07

이차함수 $y=-\dfrac{1}{2}x^2-x-4$의 그래프를 x축의 방향으로 k만큼 평행이동한 그래프에서 x의 값이 증가할 때, y의 값도 증가하는 범위가 $x<2$이다. 이때 상수 k의 값은?

① -3 ② -2 ③ 1
④ 2 ⑤ 3

1192

·유형 08

다음 중 이차함수 $y=x^2-4x+5$의 그래프에 대한 설명으로 옳은 것을 모두 고르면? (정답 2개)

① 위로 볼록한 포물선이다.
② 축의 방정식은 $x=-2$이다.
③ 꼭짓점의 좌표는 $(2, 1)$이다.
④ $x>-2$이면 x의 값이 증가할 때, y의 값도 증가한다.
⑤ 이차함수 $y=x^2$의 그래프를 x축의 방향으로 2만큼, y축의 방향으로 1만큼 평행이동한 것이다.

1193

·유형 09

오른쪽 그림과 같이 이차함수 $y=x^2-3x-4$의 그래프가 x축과 만나는 두 점을 각각 A, B라 하고, 꼭짓점을 C, y축과 만나는 점을 D라 할 때, $\square ADCB$의 넓이를 구하시오.

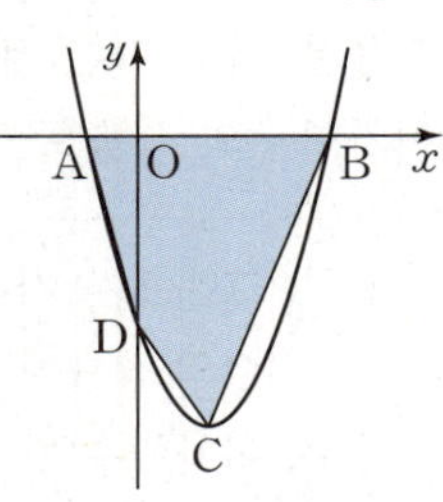

1194

·유형 10

다음은 이차함수 $y=ax^2+bx+c$의 그래프가 오른쪽 그림과 같을 때, 상수 a, b, c의 부호를 각각 구하는 과정이다. ㈎~㈐에 알맞은 것은?

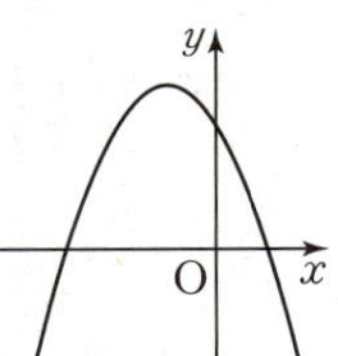

> 포물선의 모양이 ㉮ 로 볼록하므로 a ㉯ 0이다.
> 축이 y축의 왼쪽에 있으므로 ab ㉰ 0이다.
> 그런데 a ㉯ 0이므로 b ㉱ 0이다.
> 또 y축과의 교점이 x축보다 위쪽에 있으므로 c ㉲ 0이다.

① ㉮: 아래 ② ㉯: $>$ ③ ㉰: $<$
④ ㉱: $<$ ⑤ ㉲: $<$

1195

·유형 11

꼭짓점의 좌표가 $(3, 1)$이고, 점 $(5, -3)$을 지나는 포물선을 그래프로 하는 이차함수의 식을 $y=ax^2+bx+c$라 할 때, 세 상수 a, b, c의 값을 각각 구하시오.

1196

·유형 12

이차함수 $y=-3x^2+3ax+b$의 그래프가 직선 $x=-2$를 축으로 하고 점 $(-3, -4)$를 지날 때, 상수 a, b에 대하여 $a-b$의 값을 구하시오.

1197
·유형 13

다음은 서로 다른 세 점을 지나는 포물선을 그래프로 하는 이차함수의 식을 구하기 위해 두 학생이 나누는 대화이다.

> 상희: 그래프가 지나는 서로 다른 세 점을 알 때, 이차함수의 식을 어떻게 구하지?
> 동주: 이차함수의 식을 $y=ax^2+bx+c$로 놓고 세 점의 좌표를 각각 대입해 봐!
> 상희: $x=0$일 때의 y의 값을 이용하면 c의 값을 바로 알 수 있겠네?
> 동주: 응, 맞아.

위의 대화를 읽고, 세 점 $(0, 8)$, $(-3, 11)$, $(1, 3)$을 지나는 포물선을 그래프로 하는 이차함수의 식을 $y=ax^2+bx+c$의 꼴로 나타내시오. (단, a, b, c는 상수)

1198
·유형 14

이차함수 $y=3x^2$의 그래프와 모양이 같고, x축과 두 점 $(1, 0)$, $(-3, 0)$에서 만나는 포물선의 꼭짓점의 좌표가 (p, q)일 때, $p+q$의 값은?

① -15 ② -13 ③ -11
④ -9 ⑤ -7

1199
·유형 14

이차함수 $y=ax^2+bx+c$의 그래프가 다음 |조건|을 모두 만족시킬 때, 상수 a, b, c에 대하여 abc의 값을 구하시오.

┤ 조건 ├
㉮ 아래로 볼록한 포물선이다.
㉯ 그래프가 x축과 만나는 두 점의 좌표는 A$(-2, 0)$, B$(4, 0)$이다.
㉰ 그래프가 y축과 만나는 점을 C라 할 때, 삼각형 ABC의 넓이는 12이다.

1200
·유형 15

어느 창던지기 선수가 던진 창의 x초 후의 높이를 y m라 할 때, $y=-5x^2+20x+1.8$인 관계가 성립한다. 이때 창을 던진 지 0.5초 후의 창의 높이는 몇 m인지 구하시오.

1201
·유형 15

다음 그림과 같이 길이가 10 cm인 $\overline{AB}$ 위에 점 C를 잡아 $\overline{AC}$, $\overline{BC}$를 각각 한 변으로 하는 두 정사각형을 만들었다. $\overline{AC}$의 길이를 x cm, 두 정사각형의 넓이의 합을 y cm^{2}라 할 때, 다음 물음에 답하시오.

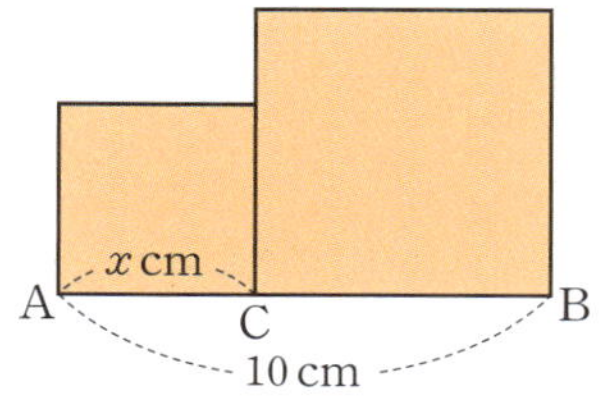

(1) x와 y 사이의 관계식을 $y=ax^2+bx+c$의 꼴로 나타내시오. (단, a, b, c는 상수)
(2) 두 정사각형의 넓이의 합이 50 cm^{2}일 때, $\overline{AC}$의 길이를 구하시오.

1202
·유형 15

오른쪽 그림은 폭이 24 m이고 바닥의 중앙에서 높이가 12 m인 포물선 모양의 터널의 단면이다. 이 터널 바닥의 중앙으로부터 6 m

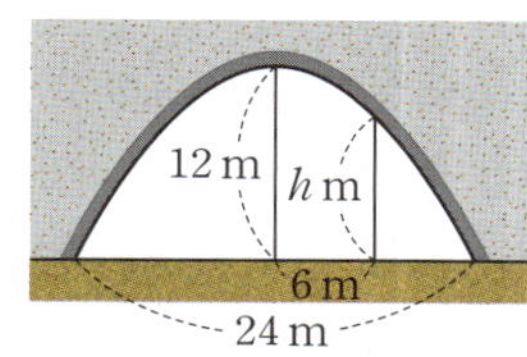

떨어진 지점에서의 터널의 높이를 h m라 할 때, h의 값을 구하시오.

서술형 문제

1203

·유형 02, 03

이차함수 $y=-2x^2+8x+k$의 그래프와 x축의 두 교점을
각각 A, B라 하자. $\overline{AB}=12$일 때, 이 그래프의 꼭짓점의
좌표를 구하시오. (단, 풀이 과정을 자세히 쓰시오.)

☑ 필요 개념 및 공식
□ 이차함수 $y=ax^2+bx+c$의 그래프의 꼭짓점의 좌표와 축의 방정식
□ 이차함수 $y=ax^2+bx+c$의 그래프가 축과 만나는 점

풀이

답

1204

·유형 10

이차함수 $y=x^2+ax+b$의 그래프가
오른쪽 그림과 같을 때, 일차함수
$y=ax+b$의 그래프가 지나지 않는 사
분면을 구하시오. (단, a, b는 상수이고,
풀이 과정을 자세히 쓰시오.)

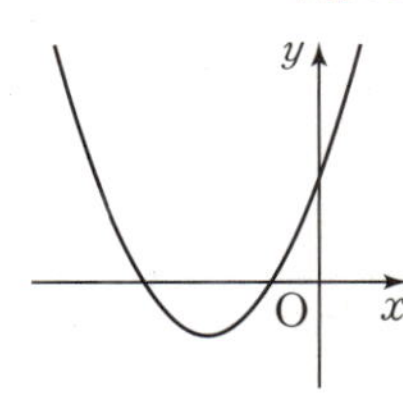

☑ 필요 개념 및 공식
□ 이차함수 $y=ax^2+bx+c$의 그래프에서 a, b, c의 부호
□ 일차함수 $y=ax+b$의 그래프 그리기

풀이

답

1205

·유형 13

이차함수 $y=ax^2+bx+c$의 그래프가 네 점 $(-1, 2)$,
$(0, 1)$, $(1, 4)$, $(2, k)$를 지날 때, k의 값을 구하시오.
　(단, a, b, c는 상수이고, 풀이 과정을 자세히 쓰시오.)

☑ 필요 개념 및 공식
□ 이차함수의 식 구하기　　　　□ 이차함수의 그래프가 지나는 점

풀이

답

1206

·유형 15

한 변의 길이가 40 cm인 정사각형의 가로의 길이는
$4x$ cm만큼 늘이고, 세로의 길이는 $2x$ cm만큼 줄여서 만든
직사각형의 넓이를 y cm²라 할 때, 다음 물음에 답하시오.
　　　　　　(단, 풀이 과정을 자세히 쓰시오.)

(1) x와 y 사이의 관계식을 $y=ax^2+bx+c$의 꼴로 나타내
시오. (단, a, b, c는 상수)

(2) 새로 만든 직사각형의 넓이가 1800 cm²일 때, 가로의
길이를 구하시오.

☑ 필요 개념 및 공식
□ 이차함수의 활용　　　　　　□ 직사각형의 넓이를 구하는 공식

풀이

답

수	0	1	2	3	4	5	6	7	8	9
1.0	1.000	1.005	1.010	1.015	1.020	1.025	1.030	1.034	1.039	1.044
1.1	1.049	1.054	1.058	1.063	1.068	1.072	1.077	1.082	1.086	1.091
1.2	1.095	1.100	1.105	1.109	1.114	1.118	1.122	1.127	1.131	1.136
1.3	1.140	1.145	1.149	1.153	1.158	1.162	1.166	1.170	1.175	1.179
1.4	1.183	1.187	1.192	1.196	1.200	1.204	1.208	1.212	1.217	1.221
1.5	1.225	1.229	1.233	1.237	1.241	1.245	1.249	1.253	1.257	1.261
1.6	1.265	1.269	1.273	1.277	1.281	1.285	1.288	1.292	1.296	1.300
1.7	1.304	1.308	1.311	1.315	1.319	1.323	1.327	1.330	1.334	1.338
1.8	1.342	1.345	1.349	1.353	1.356	1.360	1.364	1.367	1.371	1.375
1.9	1.378	1.382	1.386	1.389	1.393	1.396	1.400	1.404	1.407	1.411
2.0	1.414	1.418	1.421	1.425	1.428	1.432	1.435	1.439	1.442	1.446
2.1	1.449	1.453	1.456	1.459	1.463	1.466	1.470	1.473	1.476	1.480
2.2	1.483	1.487	1.490	1.493	1.497	1.500	1.503	1.507	1.510	1.513
2.3	1.517	1.520	1.523	1.526	1.530	1.533	1.536	1.539	1.543	1.546
2.4	1.549	1.552	1.556	1.559	1.562	1.565	1.568	1.572	1.575	1.578
2.5	1.581	1.584	1.587	1.591	1.594	1.597	1.600	1.603	1.606	1.609
2.6	1.612	1.616	1.619	1.622	1.625	1.628	1.631	1.634	1.637	1.640
2.7	1.643	1.646	1.649	1.652	1.655	1.658	1.661	1.664	1.667	1.670
2.8	1.673	1.676	1.679	1.682	1.685	1.688	1.691	1.694	1.697	1.700
2.9	1.703	1.706	1.709	1.712	1.715	1.718	1.720	1.723	1.726	1.729
3.0	1.732	1.735	1.738	1.741	1.744	1.746	1.749	1.752	1.755	1.758
3.1	1.761	1.764	1.766	1.769	1.772	1.775	1.778	1.780	1.783	1.786
3.2	1.789	1.792	1.794	1.797	1.800	1.803	1.806	1.808	1.811	1.814
3.3	1.817	1.819	1.822	1.825	1.828	1.830	1.833	1.836	1.838	1.841
3.4	1.844	1.847	1.849	1.852	1.855	1.857	1.860	1.863	1.865	1.868
3.5	1.871	1.873	1.876	1.879	1.881	1.884	1.887	1.889	1.892	1.895
3.6	1.897	1.900	1.903	1.905	1.908	1.910	1.913	1.916	1.918	1.921
3.7	1.924	1.926	1.929	1.931	1.934	1.936	1.939	1.942	1.944	1.947
3.8	1.949	1.952	1.954	1.957	1.960	1.962	1.965	1.967	1.970	1.972
3.9	1.975	1.977	1.980	1.982	1.985	1.987	1.990	1.992	1.995	1.997
4.0	2.000	2.002	2.005	2.007	2.010	2.012	2.015	2.017	2.020	2.022
4.1	2.025	2.027	2.030	2.032	2.035	2.037	2.040	2.042	2.045	2.047
4.2	2.049	2.052	2.054	2.057	2.059	2.062	2.064	2.066	2.069	2.071
4.3	2.074	2.076	2.078	2.081	2.083	2.086	2.088	2.090	2.093	2.095
4.4	2.098	2.100	2.102	2.105	2.107	2.110	2.112	2.114	2.117	2.119
4.5	2.121	2.124	2.126	2.128	2.131	2.133	2.135	2.138	2.140	2.142
4.6	2.145	2.147	2.149	2.152	2.154	2.156	2.159	2.161	2.163	2.166
4.7	2.168	2.170	2.173	2.175	2.177	2.179	2.182	2.184	2.186	2.189
4.8	2.191	2.193	2.195	2.198	2.200	2.202	2.205	2.207	2.209	2.211
4.9	2.214	2.216	2.218	2.220	2.223	2.225	2.227	2.229	2.232	2.234
5.0	2.236	2.238	2.241	2.243	2.245	2.247	2.249	2.252	2.254	2.256
5.1	2.258	2.261	2.263	2.265	2.267	2.269	2.272	2.274	2.276	2.278
5.2	2.280	2.283	2.285	2.287	2.289	2.291	2.293	2.296	2.298	2.300
5.3	2.302	2.304	2.307	2.309	2.311	2.313	2.315	2.317	2.319	2.322
5.4	2.324	2.326	2.328	2.330	2.332	2.335	2.337	2.339	2.341	2.343

제곱근표 (2) _5.50부터 9.99까지의 수

수	0	1	2	3	4	5	6	7	8	9
5.5	2.345	2.347	2.349	2.352	2.354	2.356	2.358	2.360	2.362	2.364
5.6	2.366	2.369	2.371	2.373	2.375	2.377	2.379	2.381	2.383	2.385
5.7	2.387	2.390	2.392	2.394	2.396	2.398	2.400	2.402	2.404	2.406
5.8	2.408	2.410	2.412	2.415	2.417	2.419	2.421	2.423	2.425	2.427
5.9	2.429	2.431	2.433	2.435	2.437	2.439	2.441	2.443	2.445	2.447
6.0	2.449	2.452	2.454	2.456	2.458	2.460	2.462	2.464	2.466	2.468
6.1	2.470	2.472	2.474	2.476	2.478	2.480	2.482	2.484	2.486	2.488
6.2	2.490	2.492	2.494	2.496	2.498	2.500	2.502	2.504	2.506	2.508
6.3	2.510	2.512	2.514	2.516	2.518	2.520	2.522	2.524	2.526	2.528
6.4	2.530	2.532	2.534	2.536	2.538	2.540	2.542	2.544	2.546	2.548
6.5	2.550	2.551	2.553	2.555	2.557	2.559	2.561	2.563	2.565	2.567
6.6	2.569	2.571	2.573	2.575	2.577	2.579	2.581	2.583	2.585	2.587
6.7	2.588	2.590	2.592	2.594	2.596	2.598	2.600	2.602	2.604	2.606
6.8	2.608	2.610	2.612	2.613	2.615	2.617	2.619	2.621	2.623	2.625
6.9	2.627	2.629	2.631	2.632	2.634	2.636	2.638	2.640	2.642	2.644
7.0	2.646	2.648	2.650	2.651	2.653	2.655	2.657	2.659	2.661	2.663
7.1	2.665	2.666	2.668	2.670	2.672	2.674	2.676	2.678	2.680	2.681
7.2	2.683	2.685	2.687	2.689	2.691	2.693	2.694	2.696	2.698	2.700
7.3	2.702	2.704	2.706	2.707	2.709	2.711	2.713	2.715	2.717	2.718
7.4	2.720	2.722	2.724	2.726	2.728	2.729	2.731	2.733	2.735	2.737
7.5	2.739	2.740	2.742	2.744	2.746	2.748	2.750	2.751	2.753	2.755
7.6	2.757	2.759	2.760	2.762	2.764	2.766	2.768	2.769	2.771	2.773
7.7	2.775	2.777	2.778	2.780	2.782	2.784	2.786	2.787	2.789	2.791
7.8	2.793	2.795	2.796	2.798	2.800	2.802	2.804	2.805	2.807	2.809
7.9	2.811	2.812	2.814	2.816	2.818	2.820	2.821	2.823	2.825	2.827
8.0	2.828	2.830	2.832	2.834	2.835	2.837	2.839	2.841	2.843	2.844
8.1	2.846	2.848	2.850	2.851	2.853	2.855	2.857	2.858	2.860	2.862
8.2	2.864	2.865	2.867	2.869	2.871	2.872	2.874	2.876	2.877	2.879
8.3	2.881	2.883	2.884	2.886	2.888	2.890	2.891	2.893	2.895	2.897
8.4	2.898	2.900	2.902	2.903	2.905	2.907	2.909	2.910	2.912	2.914
8.5	2.915	2.917	2.919	2.921	2.922	2.924	2.926	2.927	2.929	2.931
8.6	2.933	2.934	2.936	2.938	2.939	2.941	2.943	2.944	2.946	2.948
8.7	2.950	2.951	2.953	2.955	2.956	2.958	2.960	2.961	2.963	2.965
8.8	2.966	2.968	2.970	2.972	2.973	2.975	2.977	2.978	2.980	2.982
8.9	2.983	2.985	2.987	2.988	2.990	2.992	2.993	2.995	2.997	2.998
9.0	3.000	3.002	3.003	3.005	3.007	3.008	3.010	3.012	3.013	3.015
9.1	3.017	3.018	3.020	3.022	3.023	3.025	3.027	3.028	3.030	3.032
9.2	3.033	3.035	3.036	3.038	3.040	3.041	3.043	3.045	3.046	3.048
9.3	3.050	3.051	3.053	3.055	3.056	3.058	3.059	3.061	3.063	3.064
9.4	3.066	3.068	3.069	3.071	3.072	3.074	3.076	3.077	3.079	3.081
9.5	3.082	2.084	3.085	3.087	3.089	3.090	3.092	3.094	3.095	3.097
9.6	3.098	3.100	3.102	3.103	3.105	3.106	3.108	3.110	3.111	3.113
9.7	3.114	3.116	3.118	3.119	3.121	3.122	3.124	3.126	3.127	3.129
9.8	3.130	3.132	3.134	3.135	3.137	3.138	3.140	3.142	3.143	3.145
9.9	3.146	3.148	3.150	3.151	3.153	3.154	3.156	3.158	3.159	3.161

수	0	1	2	3	4	5	6	7	8	9
10	3.162	3.178	3.194	3.209	3.225	3.240	3.256	3.271	3.286	3.302
11	3.317	3.332	3.347	3.362	3.376	3.391	3.406	3.421	3.435	3.450
12	3.464	3.479	3.493	3.507	3.521	3.536	3.550	3.564	3.578	3.592
13	3.606	3.619	3.633	3.647	3.661	3.674	3.688	3.701	3.715	3.728
14	3.742	3.755	3.768	3.782	3.795	3.808	3.821	3.834	3.847	3.860
15	3.873	3.886	3.899	3.912	3.924	3.937	3.950	3.962	3.975	3.987
16	4.000	4.012	4.025	4.037	4.050	4.062	4.074	4.087	4.099	4.111
17	4.123	4.135	4.147	4.159	4.171	4.183	4.195	4.207	4.219	4.231
18	4.243	4.254	4.266	4.278	4.290	4.301	4.313	4.324	4.336	4.347
19	4.359	4.370	4.382	4.393	4.405	4.416	4.427	4.438	4.450	4.461
20	4.472	4.483	4.494	4.506	4.517	4.528	4.539	4.550	4.561	4.572
21	4.583	4.593	4.604	4.615	4.626	4.637	4.648	4.658	4.669	4.680
22	4.690	4.701	4.712	4.722	4.733	4.743	4.754	4.764	4.775	4.785
23	4.796	4.806	4.817	4.827	4.837	4.848	4.858	4.868	4.879	4.889
24	4.899	4.909	4.919	4.930	4.940	4.950	4.960	4.970	4.980	4.990
25	5.000	5.010	5.020	5.030	5.040	5.050	5.060	5.070	5.079	5.089
26	5.099	5.109	5.119	5.128	5.138	5.148	5.158	5.167	5.177	5.187
27	5.196	5.206	5.215	5.225	5.235	5.244	5.254	5.263	5.273	5.282
28	5.292	5.301	5.310	5.320	5.329	5.339	5.348	5.357	5.367	5.376
29	5.385	5.394	5.404	5.413	5.422	5.431	5.441	5.450	5.459	5.468
30	5.477	5.486	5.495	5.505	5.514	5.523	5.532	5.541	5.550	5.559
31	5.568	5.577	5.586	5.595	5.604	5.612	5.621	5.630	5.639	5.648
32	5.657	5.666	5.675	5.683	5.692	5.701	5.710	5.718	5.727	5.736
33	5.745	5.753	5.762	5.771	5.779	5.788	5.797	5.805	5.814	5.822
34	5.831	5.840	5.848	5.857	5.865	5.874	5.882	5.891	5.899	5.908
35	5.916	5.925	5.933	5.941	5.950	5.958	5.967	5.975	5.983	5.992
36	6.000	6.008	6.017	6.025	6.033	6.042	6.050	6.058	6.066	6.075
37	6.083	6.091	6.099	6.107	6.116	6.124	6.132	6.140	6.148	6.156
38	6.164	6.173	6.181	6.189	6.197	6.205	6.213	6.221	6.229	6.237
39	6.245	6.253	6.261	6.269	6.277	6.285	6.293	6.301	6.309	6.317
40	6.325	6.332	6.340	6.348	6.356	6.364	6.372	6.380	6.387	6.395
41	6.403	6.411	6.419	6.427	6.434	6.442	6.450	6.458	6.465	6.473
42	6.481	6.488	6.496	6.504	6.512	6.519	6.527	6.535	6.542	6.550
43	6.557	6.565	6.573	6.580	6.588	6.595	6.603	6.611	6.618	6.626
44	6.633	6.641	6.648	6.656	6.663	6.671	6.678	6.686	6.693	6.701
45	6.708	6.716	6.723	6.731	6.738	6.745	6.753	6.760	6.768	6.775
46	6.782	6.790	6.797	6.804	6.812	6.819	6.826	6.834	6.841	6.848
47	6.856	6.863	6.870	6.877	6.885	6.892	6.899	6.907	6.914	6.921
48	6.928	6.935	6.943	6.950	6.957	6.964	6.971	6.979	6.986	6.993
49	7.000	7.007	7.014	7.021	7.029	7.036	7.043	7.050	7.057	7.064
50	7.071	7.078	7.085	7.092	7.099	7.106	7.113	7.120	7.127	7.134
51	7.141	7.148	7.155	7.162	7.169	7.176	7.183	7.190	7.197	7.204
52	7.211	7.218	7.225	7.232	7.239	7.246	7.253	7.259	7.266	7.273
53	7.280	7.287	7.294	7.301	7.308	7.314	7.321	7.328	7.335	7.342
54	7.348	7.355	7.362	7.369	7.376	7.382	7.389	7.396	7.403	7.409

제곱근표 (4) _55.0부터 99.9까지의 수

수	0	1	2	3	4	5	6	7	8	9
55	7.416	7.423	7.430	7.436	7.443	7.450	7.457	7.463	7.470	7.477
56	7.483	7.490	7.497	7.503	7.510	7.517	7.523	7.530	7.537	7.543
57	7.550	7.556	7.563	7.570	7.576	7.583	7.589	7.596	7.603	7.609
58	7.616	7.622	7.629	7.635	7.642	7.649	7.655	7.662	7.668	7.675
59	7.681	7.688	7.694	7.701	7.707	7.714	7.720	7.727	7.733	7.740
60	7.746	7.752	7.759	7.765	7.772	7.778	7.785	7.791	7.797	7.804
61	7.810	7.817	7.823	7.829	7.836	7.842	7.849	7.855	7.861	7.868
62	7.874	7.880	7.887	7.893	7.899	7.906	7.912	7.918	7.925	7.931
63	7.937	7.944	7.950	7.956	7.962	7.969	7.975	7.981	7.987	7.994
64	8.000	8.006	8.012	8.019	8.025	8.031	8.037	8.044	8.050	8.056
65	8.062	8.068	8.075	8.081	8.087	8.093	8.099	8.106	8.112	8.118
66	8.124	8.130	8.136	8.142	8.149	8.155	8.161	8.167	8.173	8.179
67	8.185	8.191	8.198	8.204	8.210	8.216	8.222	8.228	8.234	8.240
68	8.246	8.252	8.258	8.264	8.270	8.276	8.283	8.289	8.295	8.301
69	8.307	8.313	8.319	8.325	8.331	8.337	8.343	8.349	8.355	8.361
70	8.367	8.373	8.379	8.385	8.390	8.396	8.402	8.408	8.414	8.420
71	8.426	8.432	8.438	8.444	8.450	8.456	8.462	8.468	8.473	8.479
72	8.485	8.491	8.497	8.503	8.509	8.515	8.521	8.526	8.532	8.538
73	8.544	8.550	8.556	8.562	8.567	8.573	8.579	8.585	8.591	8.597
74	8.602	8.608	8.614	8.620	8.626	8.631	8.637	8.643	8.649	8.654
75	8.660	8.666	8.672	8.678	8.683	8.689	8.695	8.701	8.706	8.712
76	8.718	8.724	8.729	8.735	8.741	8.746	8.752	8.758	8.764	8.769
77	8.775	8.781	8.786	8.792	8.798	8.803	8.809	8.815	8.820	8.826
78	8.832	8.837	8.843	8.849	8.854	8.860	8.866	8.871	8.877	8.883
79	8.888	8.894	8.899	8.905	8.911	8.916	8.922	8.927	8.933	8.939
80	8.944	8.950	8.955	8.961	8.967	8.972	8.978	8.983	8.989	8.994
81	9.000	9.006	9.011	9.017	9.022	9.028	9.033	9.039	9.044	9.050
82	9.055	9.061	9.066	9.072	9.077	9.083	9.088	9.094	9.099	9.105
83	9.110	9.116	9.121	9.127	9.132	9.138	9.143	9.149	9.154	9.160
84	9.165	9.171	9.176	9.182	9.187	9.192	9.198	9.203	9.209	9.214
85	9.220	9.225	9.230	9.236	9.241	9.247	9.252	9.257	9.263	9.268
86	9.274	9.279	9.284	9.290	9.295	9.301	9.306	9.311	9.317	9.322
87	9.327	9.333	9.338	9.343	9.349	9.354	9.359	9.365	9.370	9.375
88	9.381	9.386	9.391	9.397	9.402	9.407	9.413	9.418	9.423	9.429
89	9.434	9.439	9.445	9.450	9.455	9.460	9.466	9.471	9.476	9.482
90	9.487	9.492	9.497	9.503	9.508	9.513	9.518	9.524	9.529	9.534
91	9.539	9.545	9.550	9.555	9.560	9.566	9.571	9.576	9.581	9.586
92	9.592	9.597	9.602	9.607	9.612	9.618	9.623	9.628	9.633	9.638
93	9.644	9.649	9.654	9.659	9.664	9.670	9.675	9.680	9.685	9.690
94	9.695	9.701	9.706	9.711	9.716	9.721	9.726	9.731	9.737	9.742
95	9.747	9.752	9.757	9.762	9.767	9.772	9.778	9.783	9.788	9.793
96	9.798	9.803	9.808	9.813	9.818	9.823	9.829	9.834	9.839	9.844
97	9.849	9.854	9.859	9.864	9.869	9.874	9.879	9.884	9.889	9.894
98	9.899	9.905	9.910	9.915	9.920	9.925	9.930	9.935	9.940	9.945
99	9.950	9.955	9.960	9.965	9.970	9.975	9.980	9.985	9.990	9.995

ME : MO

ME : MO

ME : MO

메가스터디 문제기본서 CPR

정답 및 해설

중학수학

3 · 1

정답 및 해설

I. 실수와 그 계산

01. 제곱근의 뜻과 성질

C : CONCEPT 개념 체크 본문 007쪽

0001 답 0

0002 답 $1, -1$

0003 답 $7, -7$

0004 답 없다.

0005 답 $0.3, -0.3$

0006 답 $\dfrac{8}{5}, -\dfrac{8}{5}$

0007 답 3

0008 답 -6

0009 답 ± 10

0010 답 0.5

0011 답 -1.1

0012 답 $\pm\dfrac{9}{8}$

0013 답 $\sqrt{10}$

0014 답 $-\sqrt{10}$

0015 답 $\pm\sqrt{10}$

0016 답 $\sqrt{10}$

0017 답 13

0018 답 $\dfrac{8}{7}$

0019 답 -29

0020 답 -0.7

0021 답 5

0022 답 13

0023 답 $-\dfrac{2}{5}$

0024 답 -0.8

0025 답 13
$(\sqrt{2})^2 + (-\sqrt{11})^2 = 2 + 11 = 13$

0026 답 4
$\sqrt{7^2} - \sqrt{(-3)^2} = 7 - 3 = 4$

0027 답 0.4
$\sqrt{1.44} \times \sqrt{\left(-\dfrac{1}{3}\right)^2} = 1.2 \times \dfrac{1}{3} = 0.4$

0028 답 $\dfrac{1}{3}$
$\sqrt{\left(\dfrac{2}{3}\right)^2} \div \sqrt{4} = \dfrac{2}{3} \div 2 = \dfrac{2}{3} \times \dfrac{1}{2} = \dfrac{1}{3}$

0029 답 $3a$
$a > 0$이면 $3a > 0$이므로 $\sqrt{(3a)^2} = 3a$

0030 답 $\dfrac{1}{3}a$
$a > 0$이면 $-\dfrac{1}{3}a < 0$이므로 $\sqrt{\left(-\dfrac{1}{3}a\right)^2} = -\left(-\dfrac{1}{3}a\right) = \dfrac{1}{3}a$

0031 답 $-\dfrac{3}{5}a$
$a < 0$이면 $\dfrac{3}{5}a < 0$이므로 $\sqrt{\left(\dfrac{3}{5}a\right)^2} = -\dfrac{3}{5}a$

0032 답 $-2a$
$a < 0$이면 $-2a > 0$이므로 $\sqrt{(-2a)^2} = -2a$

0033 답 $>, a-1$

0034 답 $<, -1+a$
$a > 1$이면 $1-a \boxed{<} 0$이므로 $\sqrt{(1-a)^2} = -(1-a) = \underline{-1+a}$

0035 답 $<$
$2 < 5$이므로 $\sqrt{2} \boxed{<} \sqrt{5}$

0036 답 $>$
$\dfrac{1}{2} > \dfrac{1}{5}$이므로 $\sqrt{\dfrac{1}{2}} \boxed{>} \sqrt{\dfrac{1}{5}}$

0037 답 $>$
0035에서 $\sqrt{2} < \sqrt{5}$이므로 $-\sqrt{2} \boxed{>} -\sqrt{5}$

0038 답 $<$
0036에서 $\sqrt{\dfrac{1}{2}} > \sqrt{\dfrac{1}{5}}$이므로 $-\sqrt{\dfrac{1}{2}} \boxed{<} -\sqrt{\dfrac{1}{5}}$

0039 답 (개): 36, (내): $>$, (대): 35, (래): $>$
[방법 1] $6 = \sqrt{\boxed{36}}$이고 $\boxed{36} > 35$이므로
$\quad \sqrt{36} > \sqrt{35}$ $\quad \therefore 6 \boxed{>} \sqrt{35}$
[방법 2] $6^2 = 36, (\sqrt{35})^2 = \boxed{35}$이므로
$\quad 36 > 35$ $\quad \therefore 6 \boxed{>} \sqrt{35}$

P : PATTERN 유형 마스터 본문 008~016쪽

0040 답 ①, ④
② 0.25의 제곱근은 ± 0.5이다.
③ 음수의 제곱근은 없으므로 -4의 제곱근은 없다.
④ 9의 제곱근은 ± 3의 2개이다.
⑤ 제곱근 2는 $\sqrt{2}$, 2의 제곱근은 $\pm\sqrt{2}$이므로 서로 같지 않다.
따라서 옳은 것은 ①, ④이다.

0041 답 ㄱ, ㄴ, ㄷ
ㄹ. 제곱하여 0.5가 되는 수는 $\pm\sqrt{0.5}$이다.
따라서 옳은 것은 ㄱ, ㄴ, ㄷ이다.

0042 답 ②
x는 5의 제곱근이므로
$x^2 = 5$ 또는 $x = \pm\sqrt{5}$

0043 답 20

9의 제곱근이 A이므로 $A^2=9$

11의 제곱근이 B이므로 $B^2=11$

$\therefore A^2+B^2=9+11=20$

0044 답 ②

①, ③, ④, ⑤ ±2

② 2

따라서 나머지 넷과 다른 하나는 ②이다.

0045 답 ④

$4^2=16$이므로 $\sqrt{4^2}$, 즉 $\sqrt{16}$은 16의 양의 제곱근인 4이다.

따라서 ㉠에 들어갈 수는 4, ㉡에 들어갈 수는 16이다.

0046 답 8

$(-5)^2=25$의 양의 제곱근은 5이므로 $A=5$

$\sqrt{81}=9$의 음의 제곱근은 -3이므로 $B=-3$

$\therefore A-B=5-(-3)=8$

0047 답 -22

$\dfrac{121}{49}$의 음의 제곱근은 $-\dfrac{11}{7}$이므로 $a=-\dfrac{11}{7}$

$(-14)^2=196$의 양의 제곱근은 14이므로 $b=14$

$\therefore ab=-\dfrac{11}{7}\times14=-22$

0048 답 ②, ⑤

$0.\dot{4}=\dfrac{4}{9}$이므로 $\dfrac{4}{9}$의 제곱근은 $\pm\dfrac{2}{3}$

0049 답 $\sqrt{51}\,\mathrm{m}$

정사각형과 삼각형을 붙여 놓은 모양의 잔디밭의 넓이는

$6\times6+\dfrac{1}{2}\times6\times5=36+15=51\,(\mathrm{m}^2)$ ⋯ (i)

따라서 새로 만든 정사각형 모양의 잔디밭의 넓이가 $51\,\mathrm{m}^2$이므로

한 변의 길이는 $\sqrt{51}\,\mathrm{m}$이다. ⋯ (ii)

채점 기준	배점
(i) 정사각형과 삼각형을 붙여 놓은 모양의 잔디밭의 넓이를 구한 경우	50 %
(ii) 새로 만든 정사각형 모양의 잔디밭의 한 변의 길이를 구한 경우	50 %

0050 답 $a=4$, $b=3$, $c=7$

접근하기	주어진 전개도로 만든 정육면체에서 마주 보는 면에 적힌 두 수를 먼저 찾는다.

정육면체를 만들었을 때,

a가 적힌 면과 마주 보는 면에 적힌 수는 16이고,

$1\le a\le10$이므로 a는 16의 양의 제곱근이다.

$\therefore a=\sqrt{16}=4$

b가 적힌 면과 마주 보는 면에 적힌 수는 $3^2=9$이고,

$1\le b\le10$이므로 b는 9의 양의 제곱근이다.

$\therefore b=\sqrt{9}=3$

c가 적힌 면과 마주 보는 면에 적힌 수는 $\sqrt{7}$이고,

c는 $1\le c\le10$인 자연수이므로 $\sqrt{7}$이 c의 양의 제곱근이다.

$\therefore c=(\sqrt{7})^2=7$

0051 답 ③

$\triangle\mathrm{ACB}$에서 피타고라스 정리에 의하여

$\overline{\mathrm{AC}}=\sqrt{1^2+1^2}=\sqrt{2}\,(\mathrm{cm})$

$\triangle\mathrm{ADC}$에서 피타고라스 정리에 의하여

$\overline{\mathrm{AD}}=\sqrt{(\sqrt{2})^2+1^2}=\sqrt{3}\,(\mathrm{cm})$

> **해설 속 칠판**　**피타고라스 정리**
>
> 직각삼각형에서 두 변의 길이를 알면 피타고라스 정리를 이용하여 나머지 한 변의 길이를 구할 수 있다.
> 즉, 직각삼각형에서 세 변의 길이가 각각 a, b, c이고 c가 빗변의 길이일 때,
> $a^2+b^2=c^2$이므로
> $a^2=c^2-b^2 \Rightarrow a=\sqrt{c^2-b^2}$
> $b^2=c^2-a^2 \Rightarrow b=\sqrt{c^2-a^2}$

0052 답 $x=8$, $y=\sqrt{73}$

피타고라스 정리에 의하여

$x=\sqrt{10^2-6^2}=\sqrt{64}=8$

$\therefore y=\sqrt{3^2+8^2}=\sqrt{9+64}=\sqrt{73}$

0053 답 (1) 5 (2) $\sqrt{11}$

(1) 피타고라스 정리에 의하여

$x=\sqrt{3^2+4^2}=\sqrt{25}=5$

(2) 피타고라스 정리에 의하여

$x=\sqrt{6^2-5^2}=\sqrt{11}$

0054 답 $\sqrt{13}\,\mathrm{cm}$

정사각형 ABCD의 넓이가 $1\,\mathrm{cm}^2$이므로

$\overline{\mathrm{BC}}=\sqrt{1}=1\,(\mathrm{cm})$

정사각형 ECGF의 넓이가 $4\,\mathrm{cm}^2$이므로

$\overline{\mathrm{CG}}=\overline{\mathrm{GF}}=\sqrt{4}=2\,(\mathrm{cm})$

따라서 $\triangle\mathrm{BGF}$에서 $\overline{\mathrm{BG}}=\overline{\mathrm{BC}}+\overline{\mathrm{CG}}=1+2=3\,(\mathrm{cm})$,

$\overline{\mathrm{GF}}=2\,\mathrm{cm}$이므로 피타고라스 정리에 의하여

$\overline{\mathrm{BF}}=\sqrt{3^2+2^2}=\sqrt{13}\,(\mathrm{cm})$

0055 답 $\sqrt{47}\,\mathrm{cm}$

접근하기	직각삼각형에서 직각을 낀 두 변의 길이의 제곱을 정사각형의 넓이를 이용하여 구한 후, 빗변의 길이를 피타고라스 정리를 이용하여 구해 본다.

정사각형 ADEB의 넓이가 $21\,\mathrm{cm}^2$이므로

$\overline{\mathrm{AB}}^2=21$

정사각형 ACFG의 넓이가 $26\,\mathrm{cm}^2$이므로

$\overline{\mathrm{AC}}^2=26$

따라서 직각삼각형 ABC에서 피타고라스 정리에 의하여

$\overline{\mathrm{BC}}^2=\overline{\mathrm{AB}}^2+\overline{\mathrm{AC}}^2=21+26=47$

이때 $\overline{\mathrm{BC}}>0$이므로 $\overline{\mathrm{BC}}=\sqrt{47}\,\mathrm{cm}$

0056 답 ⑤

⑤ $-\sqrt{\dfrac{25}{64}}=-\dfrac{5}{8}$

0057 답 ②

① $\sqrt{0.49}=0.7$ ③ $\sqrt{144}=12$

④ $-\sqrt{\dfrac{1}{400}}=-\dfrac{1}{20}$ ⑤ $-\sqrt{\dfrac{625}{121}}=-\dfrac{25}{11}$

따라서 근호를 사용하지 않고 나타낼 수 없는 것은 ②이다.

0058 답 ③

주어진 수의 제곱근을 각각 구하면

$12 \Rightarrow \pm\sqrt{12}$, $0.4 \Rightarrow \pm\sqrt{0.4}$, $\dfrac{16}{81} \Rightarrow \pm\sqrt{\dfrac{16}{81}}=\pm\dfrac{4}{9}$,

$0.\dot{1}=\dfrac{1}{9} \Rightarrow \pm\sqrt{\dfrac{1}{9}}=\pm\dfrac{1}{3}$, $\dfrac{4}{49} \Rightarrow \pm\sqrt{\dfrac{4}{49}}=\pm\dfrac{2}{7}$

따라서 제곱근을 근호를 사용하지 않고 나타낼 수 있는 수는

$\dfrac{16}{81}$, $0.\dot{1}$, $\dfrac{4}{49}$의 3개이다.

0059 답 ⑤

①, ②, ③, ④ 5 ⑤ -5

따라서 나머지 넷과 다른 하나는 ⑤이다.

0060 답 ⑤

⑤ $\sqrt{\left(-\dfrac{2}{9}\right)^2}=\dfrac{2}{9}$

0061 답 ㄴ, ㄷ

ㄱ. $-\sqrt{0.6^2}=-0.6$은 음수이므로 제곱근이 없다.

ㄴ. $\sqrt{(-1)^2}=1$의 제곱근은 ±1이다.

ㄷ. $\sqrt{(-3)^2}=3$의 음의 제곱근은 $-\sqrt{3}$이다.

ㄹ. $-\sqrt{\left(-\dfrac{4}{25}\right)^2}=-\dfrac{4}{25}$

따라서 옳은 것은 ㄴ, ㄷ이다.

0062 답 ⑤

① $-\sqrt{\left(\dfrac{1}{3}\right)^2}=-\dfrac{1}{3}$ ② $\sqrt{1.44^2}=1.44$ ③ $\sqrt{(-6)^2}=6$

④ $\sqrt{4^2}=4$ ⑤ (64의 양의 제곱근)$=8$

따라서 값이 가장 큰 것은 ⑤이다.

0063 답 ④

$$(\text{주어진 식})=11-5\div\dfrac{5}{4}-3=11-5\times\dfrac{4}{5}-3$$
$$=11-4-3=4$$

0064 답 ①

① $\sqrt{0.04}\div\sqrt{0.1^2}=0.2\div0.1=2$

② $\sqrt{3^2}\times\sqrt{\left(-\dfrac{5}{3}\right)^2}=3\times\dfrac{5}{3}=5$

③ $(\sqrt{4})^2-\sqrt{(-6)^2}+\sqrt{81}=4-6+9=7$

④ $\sqrt{(-20)^2}-\sqrt{169}+(-\sqrt{2})^2=20-13+2=9$

⑤ $\sqrt{(-9)^2}\div\sqrt{\dfrac{9}{16}}+(-\sqrt{7})^2=9\div\dfrac{3}{4}+7=9\times\dfrac{4}{3}+7$
$$=12+7=19$$

따라서 계산 결과가 가장 작은 것은 ①이다.

0065 답 ⑤

$\sqrt{(-2)^2}=2$이므로 $2+\square=5$에서 $\square$ 안의 수는 3이다.

주어진 수를 모두 구하면

①, ②, ③, ④ 3 ⑤ -3

따라서 $\square$ 안의 수로 옳지 않은 것은 ⑤이다.

0066 답 20

$$\sqrt{10^2}\times\sqrt{\dfrac{49}{25}}+\sqrt{\left(-\dfrac{3}{2}\right)^2}\div\left(-\sqrt{\dfrac{1}{4}}\right)^2$$
$$=\sqrt{10^2}\times\sqrt{\left(\dfrac{7}{5}\right)^2}+\sqrt{\left(-\dfrac{3}{2}\right)^2}\div\left(-\sqrt{\dfrac{1}{4}}\right)^2$$
$$=10\times\dfrac{7}{5}+\dfrac{3}{2}\div\dfrac{1}{4} \qquad \cdots(\text{i})$$
$$=10\times\dfrac{7}{5}+\dfrac{3}{2}\times4$$
$$=14+6=20 \qquad \cdots(\text{ii})$$

채점 기준	배점
(i) 제곱근의 성질을 이용하여 주어진 식을 근호를 사용하지 않고 나타낸 경우	40 %
(ii) 주어진 식을 계산한 경우	60 %

0067 답 ⑤

$a>0$일 때, $-a<0$이므로

① $\sqrt{a^2}=a$ ② $\sqrt{(-a)^2}=-(-a)=a$

③ $(-\sqrt{a})^2=a$ ④ $-a^2<0$이므로 $\sqrt{-a^2}$의 값은 없다.

⑤ ②에서 $\sqrt{(-a)^2}=a$이므로 $-\sqrt{(-a)^2}=-a$

따라서 옳은 것은 ⑤이다.

0068 답 ③

ㄱ. $a<0$이므로 $-\sqrt{a^2}=-(-a)=a$

ㄴ. $-2a>0$이므로 $\sqrt{(-2a)^2}=-2a$

ㄷ. $-5a>0$이므로 $-\sqrt{(-5a)^2}=-(-5a)=5a$

ㄹ. $-\sqrt{4a^2}=-\sqrt{(2a)^2}$이고, $2a<0$이므로
$$-\sqrt{4a^2}=-\sqrt{(2a)^2}=-(-2a)=2a$$

따라서 옳지 않은 것은 ㄴ, ㄷ이다.

0069 답 $-7a$

$\sqrt{49a^2}=\sqrt{(7a)^2}$이고, $7a<0$이므로
$$\sqrt{49a^2}=\sqrt{(7a)^2}=-7a$$

0070 답 $\sqrt{(-5a)^2}$, $-\sqrt{(-6a)^2}$

$-5a<0$이므로 $\sqrt{(-5a)^2}=-(-5a)=5a$

$\dfrac{9}{2}a>0$이므로 $\sqrt{\dfrac{81}{4}a^2}=\sqrt{\left(\dfrac{9}{2}a\right)^2}=\dfrac{9}{2}a$

$-6a<0$이므로 $-\sqrt{(-6a)^2}=-\{-(-6a)\}=-6a$

$4a>0$이므로 $-\dfrac{\sqrt{16a^2}}{3}=-\dfrac{\sqrt{(4a)^2}}{3}=-\dfrac{4a}{3}$

이때 $a>0$이므로 가장 큰 수는 $\sqrt{(-5a)^2}$, 가장 작은 수는 $-\sqrt{(-6a)^2}$이다.

0071 답 ⑤

$\sqrt{a^2}=16=\sqrt{(\pm16)^2}$이고, $a<0$이므로 $a=-16$

$\sqrt{-a}=\sqrt{-(-16)}=\sqrt{16}=4$이므로 $b=4$

$\therefore b-a=4-(-16)=20$

0072 답 ①

$a>0$, $b<0$일 때, $-5a<0$, $-b>0$이므로

(주어진 식)$=-(-5a)-3\times(-b)=5a+3b$

0073 답 $-4a-b$

$a<0$, $b>0$일 때, $-3a>0$, $2b>0$, $-b<0$이므로

(주어진 식)$=-3a+(-a)-2b+\{-(-b)\}$

$\qquad\qquad\quad=-3a-a-2b+b=-4a-b$

0074 답 ①

$a<0$일 때, $-5a>0$, $3a<0$이므로

(주어진 식)$=\sqrt{a^2}-\sqrt{(-5a)^2}+\sqrt{(3a)^2}$

$\qquad\qquad\quad=-a-(-5a)+(-3a)$

$\qquad\qquad\quad=-a+5a-3a=a$

0075 답 ⑤

$a-b>0$에서 $a>b$이고, $ab<0$에서 a, b의 부호는 다르므로

$a>0$, $b<0$

또 $-2a<0$이므로

$\sqrt{a^2}+\sqrt{(-2a)^2}-\sqrt{b^2}=a+\{-(-2a)\}-(-b)$

$\qquad\qquad\qquad\qquad\quad=a+2a+b=3a+b$

0076 답 ②

$-3<x<2$일 때, $x-2<0$, $x+3>0$이므로

(주어진 식)$=-(x-2)+(x+3)$

$\qquad\qquad\quad=-x+2+x+3=5$

0077 답 ①

$a<b$일 때, $a-b<0$, $b-a>0$이므로

(주어진 식)$=-(a-b)-(b-a)$

$\qquad\qquad\quad=-a+b-b+a=0$

0078 답 ①

$3<a<b$일 때, $3-a<0$, $b-3>0$, $a-b<0$이므로

(주어진 식)$=-(3-a)+(b-3)-\{-(a-b)\}$

$\qquad\qquad\quad=-3+a+b-3+a-b=2a-6$

0079 답 ②

$0<a<1$일 때, $\dfrac{1}{a}>1$이므로 $a+\dfrac{1}{a}>0$, $a-\dfrac{1}{a}<0$

$\therefore$ (주어진 식)$=\left(a+\dfrac{1}{a}\right)-\left\{-\left(a-\dfrac{1}{a}\right)\right\}$

$\qquad\qquad\quad=a+\dfrac{1}{a}+a-\dfrac{1}{a}=2a$

0080 답 ②

ㄱ. $x+1<0$, $1-x>0$이므로

$\quad A=-(x+1)-(1-x)$

$\qquad=-x-1-1+x=-2$

ㄴ. $x+1>0$, $1-x>0$이므로

$\quad A=(x+1)-(1-x)$

$\qquad=x+1-1+x=2x$

ㄷ. $x+1>0$, $1-x<0$이므로

$\quad A=(x+1)-\{-(1-x)\}$

$\qquad=x+1+1-x=2$

따라서 옳은 것은 ㄱ, ㄴ이다.

0081 답 ③

$\sqrt{180a}=\sqrt{2^2\times3^2\times5\times a}$가 자연수가 되려면

$a=5\times$(자연수)^{2}의 꼴이어야 한다.

따라서 가장 작은 자연수 a의 값은 5이다.

0082 답 ③

③ $\sqrt{3^2\times5^5\times x}$에 $x=25$를 대입하면

$\quad\sqrt{3^2\times5^5\times25}=\sqrt{3^2\times5^5\times5^2}=\sqrt{3^2\times5^7}$

따라서 $x=25$일 때, 주어진 식은 자연수가 되지 않는다.

0083 답 10

$\sqrt{\dfrac{72}{5}b}=\sqrt{\dfrac{2^3\times3^2\times b}{5}}$가 자연수가 되려면

$b=2\times5\times$(자연수)^{2}의 꼴이어야 한다.

따라서 가장 작은 자연수 b의 값은 10이다.

0084 답 90

$\sqrt{19.6h}=\sqrt{\dfrac{2\times7^2}{5}\times h}$가 자연수가 되려면

$h=2\times5\times$(자연수)^{2}의 꼴이어야 한다.

이때 두 자리의 자연수 h의 값은

$10\times1^2=10$, $10\times2^2=40$, $10\times3^2=90$

따라서 h의 값 중 가장 큰 수는 90이다.

0085 답 ⑤

$\sqrt{24n}=\sqrt{2^3\times3\times n}$이 정수가 되려면

$n=2\times3\times$(자연수)^{2}의 꼴이어야 한다.

이대 $1<n<30$인 자연수 n의 값은

$2\times3\times1^2=6$, $2\times3\times2^2=24$

따라서 모든 자연수 n의 값의 합은

$6+24=30$

0086 답 6

$\sqrt{\dfrac{96}{x}}=\sqrt{\dfrac{2^5\times3}{x}}$이 자연수가 되려면

$x=2\times3$, $2^3\times3$, $2^5\times3$

따라서 가장 작은 자연수 x의 값은

$2\times3=6$

0087 답 60

$\sqrt{\dfrac{540}{x}}=\sqrt{\dfrac{2^2\times3^3\times5}{x}}$ 가 자연수가 되려면

x는 540의 약수이면서 $3\times5\times$(자연수)^{2}의 꼴이어야 한다.

이때 x는 가장 큰 두 자리의 자연수이므로

$x=3\times5\times2^2=60$

0088 답 7

정사각형 모양의 색종이의 한 변의 길이는 $\sqrt{\dfrac{63}{x}}$이다.

$\sqrt{\dfrac{63}{x}}=\sqrt{\dfrac{3^2\times7}{x}}$ 이 자연수가 되려면

$x=7,\ 7\times3^2$

따라서 가장 작은 자연수 x의 값은 7이다.

0089 답 10

$\sqrt{\dfrac{360}{a}}$ 이 가장 큰 자연수가 되려면 a는 가장 작은 자연수이어야 한다.

이때 $\sqrt{\dfrac{360}{a}}=\sqrt{\dfrac{2^3\times3^2\times5}{a}}$ 이므로 가장 작은 자연수 a의 값은

$2\times5=10$

0090 답 ③

$\sqrt{69+x}$ 가 자연수가 되려면 $69+x$는 69보다 큰 제곱수이어야 한다.

즉, $69+x=81,\ 100,\ 121,\ \cdots$

$\therefore\ x=12,\ 31,\ 52,\ \cdots$

따라서 가장 작은 자연수 x의 값은 12이다.

0091 답 ④

④ $\sqrt{27+a}$ 에 $a=51$을 대입하면

$\sqrt{27+51}=\sqrt{78}$

즉, $a=51$일 때, 주어진 식은 자연수가 되지 않는다.

0092 답 5개

$\sqrt{35+x}$ 가 자연수가 되려면 $35+x$는 35보다 큰 제곱수이어야 한다.

즉, $35+x=36,\ 49,\ 64,\ 81,\ 100,\ 121,\ 144,\ \cdots$

$\therefore\ x=1,\ 14,\ 29,\ 46,\ 65,\ 86,\ 109,\ \cdots$

따라서 두 자리의 자연수 x는 14, 29, 46, 65, 86의 5개이다.

0093 답 14

$\sqrt{42+x}=y$에서 y가 자연수가 되려면 $42+x$는 42보다 큰 제곱수이어야 한다.

즉, $42+x=49,\ 64,\ 81,\ \cdots$

$\therefore\ x=7,\ 22,\ 39,\ \cdots$

따라서 자연수 x의 최솟값이 7이므로 $a=7$이고,

y의 값은 $\sqrt{42+7}=7$이므로 $b=7$

$\therefore\ a+b=7+7=14$

0094 답 8, 15, 20, 23

$\sqrt{24-x}$ 가 자연수가 되려면 $24-x$는 24보다 작은 제곱수이어야 한다.

즉, $24-x=1,\ 4,\ 9,\ 16$

$\therefore\ x=23,\ 20,\ 15,\ 8$

0095 답 8개

$\sqrt{64-x}$ 가 정수가 되려면 $64-x$는 0 또는 64보다 작은 제곱수이어야 한다.

즉, $64-x=0,\ 1,\ 4,\ 9,\ 16,\ 25,\ 36,\ 49$

$\therefore\ x=64,\ 63,\ 60,\ 55,\ 48,\ 39,\ 28,\ 15$

따라서 자연수 x의 개수는 8개이다.

0096 답 25

$\sqrt{13-a}$ 가 자연수가 되려면 $13-a$는 13보다 작은 제곱수이어야 한다.

즉, $13-a=1,\ 4,\ 9$ $\quad\therefore\ a=12,\ 9,\ 4$

따라서 모든 자연수 a의 값의 합은

$4+9+12=25$

0097 답 $99\,\mathrm{cm}^2$

A 부분의 한 변의 길이는 $\sqrt{48n}\,\mathrm{cm}$이고,

B 부분의 한 변의 길이는 $\sqrt{36-n}\,\mathrm{cm}$이다.

$\sqrt{48n}=\sqrt{2^4\times3\times n}$ 이 자연수가 되려면

$n=3\times$(자연수)^{2}의 꼴이어야 한다.

즉, $n=3,\ 12,\ 27,\ 48,\ \cdots$ $\quad\cdots$ ㉠

또 $\sqrt{36-n}$ 이 자연수가 되려면 $36-n$은 36보다 작은 제곱수이어야 한다.

즉, $36-n=1,\ 4,\ 9,\ 16,\ 25$이어야 하므로

$n=11,\ 20,\ 27,\ 32,\ 35$ $\quad\cdots$ ㉡

이때 ㉠, ㉡을 모두 만족시키는 자연수 n의 값은 27이므로

A 부분의 한 변의 길이는

$\sqrt{48n}=\sqrt{48\times27}=\sqrt{1296}=36(\mathrm{cm})$,

B 부분의 한 변의 길이는

$\sqrt{36-n}=\sqrt{36-27}=\sqrt{9}=3(\mathrm{cm})$

따라서 C 부분의 넓이는

$3\times(36-3)=3\times33=99(\mathrm{cm}^2)$

0098 답 ④, ⑤

① $\sqrt{3}<\sqrt{4}$이므로 $\sqrt{3}<2$

② $-\sqrt{9}<-\sqrt{8}$이므로 $-3<-\sqrt{8}$

③ $\sqrt{0.1}>\sqrt{0.01}$이므로 $\sqrt{0.1}>0.1$

④ $\sqrt{5^2}=5,\ \sqrt{(-6)^2}=6$이므로 $\sqrt{5^2}<\sqrt{(-6)^2}$

⑤ $-\sqrt{\dfrac{1}{3}}<-\sqrt{\dfrac{1}{4}}$ 이므로 $-\sqrt{\dfrac{1}{3}}<-\dfrac{1}{2}$

따라서 옳은 것은 ④, ⑤이다.

0099 답 $\sqrt{2}$

음수끼리 대소를 비교하면

$-\sqrt{2}<-\sqrt{\dfrac{1}{2}}$

양수끼리 대소를 비교하면

$1<\sqrt{2}$이고 $\dfrac{2}{3}<1$이므로 $\dfrac{2}{3}<\sqrt{2}$

$\sqrt{2}<\sqrt{9}$이므로 $\sqrt{2}<3$

따라서 $-\sqrt{2}<-\sqrt{\dfrac{1}{2}}<\dfrac{2}{3}<\sqrt{2}<3$이므로 크기가 작은 것부터 차례로 나열하였을 때, 네 번째에 오는 수는 $\sqrt{2}$이다.

0100 답 ②

주어진 식에 $a=\dfrac{1}{3}$을 대입하면

① $\dfrac{1}{3}$　　　　② $\left(\dfrac{1}{3}\right)^2=\dfrac{1}{9}$　　　③ 3

④ $\sqrt{\dfrac{1}{3}}$　　　　⑤ $\sqrt{3}$

따라서 그 값이 가장 작은 것은 ②이다.

0101 답 ②

$\sqrt{3}<2$이므로 $\sqrt{3}-2<0$, $2-\sqrt{3}>0$

$\therefore$ (주어진 식)$=-(\sqrt{3}-2)-(2-\sqrt{3})$

$\qquad\qquad\quad=-\sqrt{3}+2-2+\sqrt{3}=0$

0102 답 1

$2>\sqrt{2}$이므로 $2-\sqrt{2}>0$, $1<\sqrt{2}$이므로 $1-\sqrt{2}<0$

$\therefore$ (주어진 식)$=(2-\sqrt{2})+\{-(1-\sqrt{2})\}$

$\qquad\qquad\quad=2-\sqrt{2}-1+\sqrt{2}=1$

0103 답 $-1+\sqrt{5}$

$2<\sqrt{8}<3$이므로 $3-\sqrt{8}>0$, $2-\sqrt{8}<0$

$2<\sqrt{5}$이므로 $2-\sqrt{5}<0$

$\therefore \sqrt{(3-\sqrt{8})^2}+\sqrt{(2-\sqrt{8})^2}+\sqrt{(2-\sqrt{5})^2}$

$\quad=(3-\sqrt{8})+\{-(2-\sqrt{8})\}+\{-(2-\sqrt{5})\}$　　$\cdots$ (i)

$\quad=3-\sqrt{8}-2+\sqrt{8}-2+\sqrt{5}$

$\quad=-1+\sqrt{5}$　　$\cdots$ (ii)

채점 기준	배점
(i) 제곱근의 성질을 이용하여 주어진 식을 근호를 사용하지 않고 나타낸 경우	50 %
(ii) 주어진 식을 간단히 한 경우	50 %

0104 답 0

$x-y=5-(3+\sqrt{5})=2-\sqrt{5}<0$

$y-x=(3+\sqrt{5})-5=\sqrt{5}-2>0$

$\therefore$ (주어진 식)$=\sqrt{(2-\sqrt{5})^2}-\sqrt{(\sqrt{5}-2)^2}$

$\qquad\qquad\quad=-(2-\sqrt{5})-(\sqrt{5}-2)$

$\qquad\qquad\quad=-2+\sqrt{5}-\sqrt{5}+2$

$\qquad\qquad\quad=0$

0105 답 ②

$5<\sqrt{3x}<6$에서 $25<3x<36$

$\dfrac{25}{3}<x<12$

$\therefore 8.3\cdots<x<12$

따라서 정수 x는 9, 10, 11의 3개이다.

0106 답 ⑤

$2\le\sqrt{x-1}<3$에서 $4\le x-1<9$

$\therefore 5\le x<10$

따라서 자연수 x의 값은 5, 6, 7, 8, 9이므로 부등식을 만족시키는
자연수 x의 값이 아닌 것은 ⑤이다.

0107 답 18

$-4<-\sqrt{2x}<-3$에서 $3<\sqrt{2x}<4$

$9<2x<16$　　$\therefore \dfrac{9}{2}<x<8$

따라서 정수 x의 값은 5, 6, 7이므로 구하는 합은

$5+6+7=18$

본문 017~020쪽

0108 답 ①, ④

①, ② $x=\pm\sqrt{49}=\pm7$

③, ④ x는 49의 제곱근이다.

따라서 옳지 않은 것은 ①, ④이다.

0109 답 ⑤

12의 제곱근이 x이므로 $x^2=12$

제곱근 15가 y이므로 $y^2=15$

$\therefore y^2-x^2=15-12=3$

0110 답 ①, ⑤

② $(-5)^2=25$의 제곱근은 ±5이다.

③ $\sqrt{36}=6$의 제곱근은 $\pm\sqrt{6}$이다.

④ 0.09의 제곱근은 ±0.3이다.

따라서 옳은 것은 ①, ⑤이다.

0111 답 ②

169의 두 제곱근은 ±13이고, $a>b$이므로

$a=13$, $b=-13$

$\therefore \sqrt{a-2b+10}=\sqrt{13-2\times(-13)+10}=\sqrt{49}=7$

따라서 $\sqrt{a-2b+10}$의 제곱근은 $\pm\sqrt{7}$이다.

0112 답 $\sqrt{30}$ cm

조건 ㈎에서 정사각형 A의 한 변의 길이는 3 cm이고,

조건 ㈏에서 정사각형 B의 한 변의 길이는 $3\times\dfrac{4}{3}=4$(cm)이다.

정사각형 B의 넓이는 $4^2=16$(cm^2)이므로 조건 ㈐에서

정사각형 C의 넓이는

$16\times\dfrac{15}{8}=30$(cm^2)

따라서 정사각형 C의 한 변의 길이는 $\sqrt{30}$ cm이다.

0113 답 $\sqrt{3}$ cm

피타고라스 정리에 의하여

$\triangle BCD$에서 $\overline{BD}=\sqrt{1^2+1^2}=\sqrt{2}$ (cm)　　$\therefore \overline{BE}=\overline{BD}=\sqrt{2}$ cm

따라서 $\triangle BEF$에서 $\overline{BF}=\sqrt{(\sqrt{2})^2+1^2}=\sqrt{3}$ (cm)

$\therefore \overline{BG}=\overline{BF}=\sqrt{3}$ cm

0114 탭 ㄴ, ㄷ, ㄹ

ㄴ. 제곱근 36은 6

ㄷ. $-\sqrt{144}=-12$

ㄹ. $5^2=25$의 음의 제곱근은 -5

ㅁ. $\sqrt{\dfrac{49}{64}}=\dfrac{7}{8}$의 양의 제곱근은 $\sqrt{\dfrac{7}{8}}$

따라서 근호를 사용하지 않고 나타낼 수 있는 수는 ㄴ, ㄷ, ㄹ이다.

0115 탭 보검

선우, 보라, 혜리: 7, 　　보검: -7

0116 탭 ④

(주어진 식)$=5\times3-5=15-5=10$

0117 탭 ③

① $2a<0$이므로 $\sqrt{(2a)^2}=-2a$

② $-3a>0$이므로 $\sqrt{(-3a)^2}=-3a$

③ $4a<0$이므로 $-\sqrt{(4a)^2}=-(-4a)=4a$

④ $9a^2=(3a)^2$이고 $3a<0$이므로

　　$-\sqrt{9a^2}=-\sqrt{(3a)^2}=-(-3a)=3a$

⑤ $-8a>$이므로 $-\sqrt{(-8a)^2}=-(-8a)=8a$

따라서 옳은 것은 ③이다.

0118 탭 $-a-3b$

$a>0$, $b<0$일 때, $-a<0$, $2a>0$, $3b<0$이므로

(주어진 식)$=\sqrt{(-a)^2}-\sqrt{(2a)^2}+\sqrt{(3b)^2}$

　　　　　　$=-(-a)-2a+(-3b)$

　　　　　　$=a-2a-3b=-a-3b$

0119 탭 ③

$a>b>c>0$일 때, $a-b>0$, $b-c>0$, $c-a<0$이므로

(주어진 식)$=(a-b)-(b-c)+\{-(c-a)\}$

　　　　　　$=a-b-b+c-c+a=2a-2b$

0120 탭 1

$x<2$일 때, $x-2<0$, $x-4<0$이므로

$\sqrt{(x-2)^2}+\sqrt{(x-4)^2}=4$에서

$-(x-2)+\{-(x-4)\}=4$

$-x+2-x+4=4$

$-2x=-2$　　∴ $x=1$

0121 탭 3

$\sqrt{\dfrac{108}{a}}=\sqrt{\dfrac{2^2\times3^3}{a}}$이 자연수가 되려면

a는 108의 약수이면서 $a=3\times$(자연수)^{2}의 꼴이어야 한다.

∴ $a=3$, 3×2^2, 3×3^2, $3\times2^2\times3^2$

$\sqrt{12a}=\sqrt{2^2\times3\times a}$가 자연수가 되려면

$a=3\times$(자연수)^{2}의 꼴이어야 한다.

∴ $a=3$, 3×2^2, 3×3^2, 3×4^2, $\cdots$

따라서 가장 작은 자연수 a의 값은 3이다.

0122 탭 7

❶ 근호 안의 수를 소인수분해하여 나타낸다.

❷ 계산 결과가 자연수가 되기 위한 근호 안의 수의 형태를 판단한 후, 제외해야 하는 수를 구한다.

근호 안의 수를 소인수분해하면

$2\times3\times4\times5\times6\times7\times8\times9\times10$

$=2\times3\times2^2\times5\times(2\times3)\times7\times2^3\times3^2\times(2\times5)$

$=2^8\times3^4\times5^2\times7$

몇 개의 수를 제외하여 계산한 결과가 자연수가 되려면 근호 안의 수는 n^2(n은 자연수)의 꼴이어야 한다.

즉, 소인수의 지수가 모두 짝수이어야 한다.

이때 지수가 홀수인 소인수는 7이므로 계산 결과가 가장 큰 자연수가 되게 할 때, 제외해야 하는 수는 7이다.

0123 탭 ③

$\sqrt{50+n}$이 자연수가 되려면 $50+n$은 50보다 큰 제곱수이어야 한다.

즉, $50+n=64$, 81, 100, 121, 144, 169, $\cdots$

∴ $n=14$, 31, 50, 71, 94, 119, $\cdots$

따라서 100 이하의 자연수 n은 14, 31, 50, 71, 94의 5개이다.

0124 탭 48

$\sqrt{42-x}$가 정수가 되려면 $42-x$는 0 또는 42보다 작은 제곱수이어야 한다. 즉, $42-x=0$, 1, 4, 9, 16, 25, 36

∴ $x=42$, 41, 38, 33, 26, 17, 6

따라서 자연수 x의 최댓값은 42, 최솟값은 6이므로 구하는 합은

$42+6=48$

0125 탭 ③

③ $0.5=\sqrt{0.25}$이고 $\sqrt{0.25}<\sqrt{0.5}$이므로 $0.5<\sqrt{0.5}$

0126 탭 ④

① $0<a<1$　　　② $0<a^2<1$　　　③ $0<\sqrt{a}<1$

④ $\dfrac{1}{a}>1$　　　⑤ $\sqrt{\dfrac{1}{a}}>1$

이때 $\dfrac{1}{a}=\sqrt{\left(\dfrac{1}{a}\right)^2}$이고 $\sqrt{\left(\dfrac{1}{a}\right)^2}>\sqrt{\dfrac{1}{a}}$, 즉 $\dfrac{1}{a}>\sqrt{\dfrac{1}{a}}$이므로

$\dfrac{1}{a}$의 값이 가장 크다.

$a=\dfrac{1}{4}$이라 하면

① $a=\dfrac{1}{4}$　　　② $a^2=\dfrac{1}{16}$　　　③ $\sqrt{a}=\dfrac{1}{2}$

④ $\dfrac{1}{a}=4$　　　⑤ $\sqrt{\dfrac{1}{a}}=2$

따라서 값이 가장 큰 것은 ④이다.

a가 어떤 수의 제곱일 때, $\sqrt{a}$, $\sqrt{\dfrac{1}{a}}$은 근호를 사용하지 않고 나타낼 수 있어.

그래서 수를 대입하여 대소 관계를 판단할 때는 $a=\dfrac{1}{4}$, $\dfrac{1}{9}$, $\dfrac{1}{16}$, $\cdots$과 같은 수를 대입하는 것이 편리해.

0127 답 ③

$1<\sqrt{3}<2$이므로 $\sqrt{3}-2<0,\ \sqrt{3}-1>0$

$\therefore$ (주어진 식)$=-(\sqrt{3}-2)+(\sqrt{3}-1)$

$\qquad\qquad\qquad =-\sqrt{3}+2+\sqrt{3}-1=1$

0128 답 9개

$2<\sqrt{\dfrac{n}{2}}<3$에서 각 변을 제곱하면

$4<\dfrac{n}{2}<9 \qquad \therefore\ 8<n<18$

따라서 조건을 만족시키는 자연수 n은 9, 10, 11, $\cdots$, 17의 9개이다.

0129 답 ①

$N(100)=(\sqrt{100}=10$ 이하의 자연수의 개수$)=10$

또 $\sqrt{36}<\sqrt{40}<\sqrt{49}$에서 $6<\sqrt{40}<7$이므로

$N(40)=(\sqrt{40}$ 이하의 자연수의 개수$)=6$

$\therefore\ N(100)-N(40)=10-6=4$

0130 답 $\sqrt{2}$

[그림 1]에서 A4 용지의 짧은 변의 길이를 1이라 하면 [그림 2]에서
접은 변의 길이는 한 변의 길이가 1인 정사각형의 대각선의 길이와
같으므로 피타고라스 정리에 의하여

$\sqrt{1^2+1^2}=\sqrt{2}$ $\qquad\qquad\qquad\qquad\cdots$ (i)

[그림 3]에서 접은 변의 길이와 A4 용지의 긴 변의 길이가 서로 같으
므로 A4 용지의 긴 변의 길이는 $\sqrt{2}$이다.

$\therefore\ x=\sqrt{2}$ $\qquad\qquad\qquad\qquad\qquad\cdots$ (ii)

채점 기준	배점
(i) [그림 2]에서 접은 변의 길이를 구한 경우	60 %
(ii) [그림 3]을 이용하여 x의 값을 구한 경우	40 %

0131 답 23

$A=(-\sqrt{15})^2-\sqrt{2^4}$

$\ \ =(-\sqrt{15})^2-\sqrt{(2^2)^2}$

$\ \ =15-2^2=15-4=11$ $\qquad\qquad\cdots$ (i)

$B=\sqrt{(-13)^2}+\sqrt{25}-\sqrt{2^2\times(-3)^2}$

$\ \ =13+5-6=12$ $\qquad\qquad\qquad\cdots$ (ii)

$\therefore\ A+B=11+12=23$ $\qquad\qquad\cdots$ (iii)

채점 기준	배점
(i) A의 값을 구한 경우	40 %
(ii) B의 값을 구한 경우	40 %
(iii) $A+B$의 값을 구한 경우	20 %

0132 답 26

화단 A의 한 변의 길이는 $\sqrt{35-x}$이고

화단 B의 한 변의 길이는 $\sqrt{23+x}$이다. $\qquad\cdots$ (i)

$\sqrt{35-x}$가 자연수가 되려면 $35-x$는 35보다 작은 제곱수이어야 한다.

즉, $35-x=1,\ 4,\ 9,\ 16,\ 25$

$\therefore\ x=34,\ 31,\ 26,\ 19,\ 10 \qquad\cdots$ ㉠

또 $\sqrt{23+x}$가 자연수가 되려면 $23+x$는 23보다 큰 제곱수이어야 한
다.

즉, $23+x=25,\ 36,\ 49,\ 64,\ 81,\ \cdots$

$\therefore\ x=2,\ 13,\ 26,\ 41,\ 58,\ \cdots \quad\cdots$ ㉡ $\qquad\cdots$ (ii)

따라서 ㉠, ㉡에서 $x=26$ $\qquad\qquad\qquad\cdots$ (iii)

채점 기준	배점
(i) 두 화단 A, B의 한 변의 길이를 각각 구한 경우	20 %
(ii) 두 화단 A, B의 각 변의 길이가 자연수가 되도록 하는 자연수 x의 값을 각각 구한 경우	60 %
(iii) 자연수 x의 값을 구한 경우	20 %

0133 답 45

$4<\sqrt{4+x}\leq6$에서 $\sqrt{16}<\sqrt{4+x}\leq\sqrt{36}$이므로

$16<x+4\leq36$

$\therefore\ 12<x\leq32$ $\qquad\qquad\qquad\qquad\cdots$ (i)

따라서 $M=32,\ m=13$이므로 $\qquad\qquad\cdots$ (ii)

$M+m=32+13=45$ $\qquad\qquad\qquad\cdots$ (iii)

채점 기준	배점
(i) x의 값의 범위를 구한 경우	60 %
(ii) M, m의 값을 각각 구한 경우	30 %
(iii) $M+m$의 값을 구한 경우	10 %

02. 무리수와 실수

C : CONCEPT
개념 체크

본문 023쪽

0134 답 (1) 무 (2) 유 (3) 유 (4) 무 (5) 유 (6) 유 (7) 무 (8) 무
(3) $\sqrt{0.25}=0.5$이므로 유리수이다.
(6) $\sqrt{(-11)^2}=11$이므로 유리수이다.

0135 답 ○

0136 답 ×

0137 답 ○

0138 답 ○

0139 답 ○

0140 답 ×

0141 답 3.178

0142 답 3.521

0143 답 3.347

0144 답 -3.647

0145 답 $\sqrt{5}$
피타고라스 정리에 의하여 $\overline{\text{OA}}=\sqrt{2^2+1^2}=\sqrt{5}$

0146 답 $\sqrt{5}$
점 P는 원점 O에서 오른쪽으로 $\sqrt{5}$만큼 떨어진 점이므로
점 P에 대응하는 수는 $\sqrt{5}$이다.

0147 답 $-\sqrt{5}$
점 Q는 원점 O에서 왼쪽으로 $\sqrt{5}$만큼 떨어진 점이므로
점 Q에 대응하는 수는 $-\sqrt{5}$이다.

0148 답 ○

0149 답 ×

0150 답 ○

0151 답 ×

0152 답 $3-\sqrt{10}$, <, <, <, <

0153 답 <
$(1+\sqrt{6})-(2+\sqrt{6})=1+\sqrt{6}-2-\sqrt{6}$
$\qquad\qquad\qquad\quad =-1<0$
이므로 $1+\sqrt{6}<2+\sqrt{6}$

0154 답 >
$(\sqrt{3}+1)-(\sqrt{2}+1)=\sqrt{3}+1-\sqrt{2}-1$
$\qquad\qquad\qquad\quad =\sqrt{3}-\sqrt{2}>0$
이므로 $\sqrt{3}+1>\sqrt{2}+1$

0155 답 >
$(\sqrt{7}-3)-(-1)=\sqrt{7}-3+1$
$\qquad\qquad\qquad =\sqrt{7}-2>0$
이므로 $\sqrt{7}-3>-1$

0156 답 >
$(-\sqrt{3}+1)-(-2)=-\sqrt{3}+1+2$
$\qquad\qquad\qquad\quad =-\sqrt{3}+3>0$
이므로 $-\sqrt{3}+1>-2$

P : PATTERN
유형 마스터

본문 024~029쪽

0157 답 ③
$\sqrt{0.\dot{4}}=\sqrt{\dfrac{4}{9}}=\dfrac{2}{3}$, $-\sqrt{1.44}=-\sqrt{1.2^2}=-1.2$, $\sqrt{(-2)^2}=2$는
유리수이다.
따라서 무리수는 $\sqrt{15}$, $0.1121231234\cdots$, π의 3개이다.

선생님 톡 톡
제곱근 안에 순환소수가 있는 경우에는 먼저 순환소수를 분수로 바꾼 후,
제곱근의 성질을 이용해 봐.

0158 답 $\sqrt{1.6}$, $\sqrt{10}$
3.14, $-\sqrt{36}=-6$, $\dfrac{5}{7}$, $1.\dot{5}$, $\sqrt{\dfrac{4}{25}}=\sqrt{\left(\dfrac{2}{5}\right)^2}=\dfrac{2}{5}$ 는 유리수이다.
따라서 순환소수가 아닌 무한소수, 즉 무리수는
$\sqrt{1.6}$, $\sqrt{10}$이다.

0159 답 ③
주어진 정사각형의 한 변의 길이를 각각 구하면
① $\sqrt{5}$ ② $\sqrt{8}$ ③ $\sqrt{16}=4$
④ $\sqrt{24}$ ⑤ $\sqrt{32}$
따라서 한 변의 길이가 유리수인 것은 ③이다.

0160 답 43개
$\sqrt{x}$가 유리수이려면 유리수 x가 제곱인 수이어야 한다.
50 이하의 자연수 중 제곱인 수는
1^2, 2^2, 3^2, 4^2, 5^2, 6^2, 7^2의 7개이다.
따라서 $\sqrt{x}$가 무리수가 되도록 하는 x의 개수는
$50-7=43$(개)

0161 답 ⑤
①, ②, ③ 무한소수 중 순환소수가 아닌 무한소수는 무리수이고,
순환소수는 유리수이다.
④ 순환소수가 아닌 무한소수는 무리수이므로 실수이다.
따라서 옳은 것은 ⑤이다.

0162 답 ㄴ, ㄹ
ㄱ. $\sqrt{81}=9$는 유리수이다.
ㄴ. 근호 안의 수가 유리수의 제곱인 수이면 유리수이다.
ㄹ. $\dfrac{(\text{정수})}{(0\text{이 아닌 정수})}$의 꼴로 나타낼 수 있는 수는 유리수이다.
따라서 옳지 않은 것은 ㄴ, ㄹ이다.

0163 답 ①, ③
② $\sqrt{2}$는 무리수이다.
④ $\sqrt{2}$는 순환소수가 아닌 무한소수로 나타낼 수 있다.
⑤ $\sqrt{2}$는 기약분수로 나타낼 수 없다.
따라서 옳은 것은 ①, ③이다.

0164　답 3

주어진 수는 모두 실수이므로 $a=8$

$\dfrac{3}{4}$, 0, $2.444\cdots=2.\dot{4}$, $-\sqrt{16}=-4$, $\sqrt{\dfrac{9}{64}}=\dfrac{3}{8}$ 은 유리수이므로

$b=5$

$\therefore a-b=8-5=3$

0165　답 ④

□ 안의 수는 무리수이다.

① $\sqrt{16}=4$ ⇨ 유리수

② 0.1 ⇨ 유리수

③ $\sqrt{\dfrac{25}{81}}=\dfrac{5}{9}$ ⇨ 유리수

④ $\sqrt{12}$ ⇨ 무리수

⑤ 17 ⇨ 유리수

따라서 □ 안의 수에 해당하는 것은 ④이다.

0166　답 ④

제곱근표에서 $a=4.278$, $b=17.1$이므로

$1000a-100b=4278-1710=2568$

0167　답 7366

제곱근표에서 $a=6.885$, $b=48.1$이므로

$1000a+10b=6885+481=7366$

0168　답 ⑤

⑤ $\sqrt{2.74}=1.655$

0169　답 20.2 km

接근하기　주어진 식에 $h=32$를 대입하여 근호 안의 값을 구한 후, 제곱근표를 이용한다.

$\sqrt{0.2h}$ 에 $h=32$를 대입하면 $\sqrt{0.2\times32}=\sqrt{6.4}$

제곱근표에서 $\sqrt{6.4}=2.530$

이 값의 8배는 $8\times2.530=20.24$

따라서 해발 $32\,\mathrm{m}$인 곳에서 사람의 눈으로 볼 수 있는 가장 먼 거리를 반올림하여 소수점 아래 첫째 자리까지 구하면 20.2 km이다.

0170　답 ㄴ, ㄷ

ㄱ, ㄴ. △ABC에서 피타고라스 정리에 의하여

$\overline{AC}=\sqrt{1^2+1^2}=\sqrt{2}$　　$\therefore \overline{AP}=\overline{AC}=\sqrt{2}$

ㄷ. 점 P에 대응하는 수는 $2-\sqrt{2}$이다.

따라서 옳지 않은 것은 ㄴ, ㄷ이다.

0171　답 P: $-7-\sqrt{2}$, Q: $-7+\sqrt{2}$, R: $-\sqrt{10}$, S: $\sqrt{10}$

△ABC에서 피타고라스 정리에 의하여

$\overline{AC}=\sqrt{1^2+1^2}=\sqrt{2}$이므로

점 P에 대응하는 수는 $-7-\sqrt{2}$, 점 Q에 대응하는 수는 $-7+\sqrt{2}$이다.

△DEF에서 피타고라스 정리에 의하여

$\overline{DF}=\sqrt{1^2+3^2}=\sqrt{10}$이므로

점 R에 대응하는 수는 $-\sqrt{10}$, 점 S에 대응하는 수는 $\sqrt{10}$이다.

0172　답 점 C

피타고라스 정리에 의하여 모눈 한 칸의 대각선의 길이는

$\sqrt{1^2+1^2}=\sqrt{2}$

따라서 수직선 위의 각 점에 대응하는 수를 구하면

A: $-1-\sqrt{2}$　　　B: $1-\sqrt{2}$　　　C: $-1+\sqrt{2}$

D: $\sqrt{2}$　　　E: $1+\sqrt{2}$

0173　답 P: $-\sqrt{2}$, Q: $-1+\sqrt{2}$

피타고라스 정리에 의하여 $\overline{AC}=\overline{BD}=\sqrt{1^2+1^2}=\sqrt{2}$

따라서 점 P에 대응하는 수는 $0-\sqrt{2}=-\sqrt{2}$이고,

점 Q에 대응하는 수는 $-1+\sqrt{2}$이다.

0174　답 ②, ⑤

피타고라스 정리에 의하여 정사각형 ABCD의 한 변의 길이는

$\sqrt{1^2+1^2}=\sqrt{2}$

①, ②, ④ $\overline{AP}=\overline{AB}=\sqrt{2}$이므로 점 P에 대응하는 수는 $3+\sqrt{2}$

③ 정사각형 ABCD의 넓이는 $\sqrt{2}\times\sqrt{2}=2$

⑤ $\overline{AQ}=\overline{AD}=\sqrt{2}$이므로 점 Q에 대응하는 수는 $3-\sqrt{2}$

따라서 옳지 않은 것은 ②, ⑤이다.

0175　답 ①, ⑤

피타고라스 정리에 의하여

정사각형 ㈎의 한 변의 길이는 $\sqrt{1^2+2^2}=\sqrt{5}$이고,

정사각형 ㈏의 한 변의 길이는 $\sqrt{3^2+1^2}=\sqrt{10}$이다.

① 정사각형 ㈎의 넓이는 $\sqrt{5}\times\sqrt{5}=5$이고,

　정사각형 ㈏의 넓이는 $\sqrt{10}\times\sqrt{10}=10$이므로

　두 정사각형 ㈎, ㈏의 넓이의 차는 $10-5=5$

② 점 A에 대응하는 수는 $-3-\sqrt{5}$이다.

③ 점 B에 대응하는 수는 $-3+\sqrt{5}$이다.

④ 점 C에 대응하는 수는 $1-\sqrt{10}$이다.

따라서 옳은 것은 ①, ⑤이다.

다른 풀이

① 정사각형 ㈎의 넓이는 $3\times3-4\times\left(\dfrac{1}{2}\times1\times2\right)=5$

　정사각형 ㈏의 넓이는 $4\times4-4\times\left(\dfrac{1}{2}\times3\times1\right)=10$

　따라서 두 정사각형 ㈎, ㈏의 넓이의 차는

　$10-5=5$

0176　답 풀이 참조

피타고라스 정리에 의하여

$\overline{AB}=\sqrt{2^2+2^2}=\sqrt{8}$

따라서 다음 그림과 같이 $1+\sqrt{8}$에 대응하는 점은 점 B를 중심으로 하고 $\overline{AB}$를 반지름으로 하는 원을 그렸을 때 수직선과 오른쪽에서 만나는 점이다.

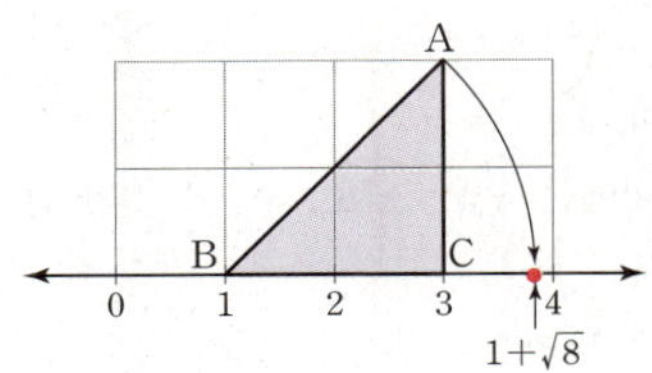

0177 답 $\sqrt{2}+\sqrt{10}$

작은 정사각형에서 피타고라스 정리에 의하여
$\overline{OA}=\sqrt{1^2+1^2}=\sqrt{2}$ ∴ $\overline{OP}=\overline{OA}=\sqrt{2}$
큰 정사각형에서 피타고라스 정리에 의하여
$\overline{OB}=\sqrt{3^2+1^2}=\sqrt{10}$ ∴ $\overline{OQ}=\overline{OB}=\sqrt{10}$
따라서 두 점 P, Q 사이의 거리는
$\overline{PQ}=\overline{OP}+\overline{OQ}=\sqrt{2}+\sqrt{10}$

0178 답 B: -4, C: -2

피타고라스 정리에 의하여
$\overline{AP'}=\overline{AP}=\sqrt{1^2+2^2}=\sqrt{5}$,
$\overline{AQ'}=\overline{AQ}=\sqrt{1^2+1^2}=\sqrt{2}$ … (i)
이때 두 점 P′, Q′에 대응하는 수가 각각 $-3-\sqrt{5}$, $-3+\sqrt{2}$이므로
점 A에 대응하는 수는 -3이다. … (ii)
따라서 $\overline{AB}=\overline{AC}=1$이므로 점 B에 대응하는 수는 -4,
점 C에 대응하는 수는 -2이다. … (iii)

채점 기준	배점
(i) $\overline{AP'}$, $\overline{AQ'}$의 길이를 각각 구한 경우	60 %
(ii) 점 A에 대응하는 수를 구한 경우	20 %
(iii) 두 점 B, C에 대응하는 수를 각각 구한 경우	20 %

0179 답 $1+4\pi$

新 유형

접근하기 | 두 점 A, B 사이의 거리와 원의 둘레의 길이 사이의 관계를 생각해 본다.

점 A와 점 B 사이의 거리는 원의 둘레의 길이의 2배와 같으므로
$(2\pi\times1)\times2=2\pi\times2=4\pi$
따라서 점 B에 대응하는 수는 $1+4\pi$이다.

0180 답 ⑤

① 1과 2 사이에는 정수가 없다.
② $\sqrt{2}$와 $\sqrt{5}$ 사이에는 유리수 2가 있다.
③ 유리수이면서 동시에 무리수인 실수는 없다.
④ 수직선은 유리수와 무리수에 대응하는 점으로 완전히 메울 수 있다.
따라서 옳은 것은 ⑤이다.

0181 답 주영

동주, 진희: 두 정수 사이에는 무수히 많은 무리수가 존재한다.
석민: $3=\sqrt{9}<\sqrt{12}<\sqrt{15}<\sqrt{16}=4$이므로 $\sqrt{12}$와 $\sqrt{15}$ 사이에는 자연수가 없다.
민건: 서로 다른 두 무리수 사이에는 무수히 많은 유리수가 있다.
따라서 바르게 말한 학생은 주영이다.

0182 답 ③, ④

③ -10과 10 사이에는 -9, -8, $\cdots$, 8, 9와 같이 유한개의 정수가 있다.
④ 1에 가장 가까운 무리수는 정할 수 없다.

0183 답 ④

① $1-(3-\sqrt{5})=-2+\sqrt{5}=-\sqrt{4}+\sqrt{5}>0$이므로 $1>3-\sqrt{5}$
② $(\sqrt{15}-3)-1=\sqrt{15}-4=\sqrt{15}-\sqrt{16}<0$이므로 $\sqrt{15}-3<1$
③ $(\sqrt{3}+\sqrt{5})-(\sqrt{5}+\sqrt{7})=\sqrt{3}-\sqrt{7}<0$이므로 $\sqrt{3}+\sqrt{5}<\sqrt{5}+\sqrt{7}$
④ $(-\sqrt{15}-4)-(-\sqrt{17}-4)=-\sqrt{15}+\sqrt{17}>0$이므로 $-\sqrt{15}-4>-\sqrt{17}-4$
⑤ $(2-\sqrt{3})-(\sqrt{5}-\sqrt{3})=2-\sqrt{5}=\sqrt{4}-\sqrt{5}<0$이므로 $2-\sqrt{3}<\sqrt{5}-\sqrt{3}$
따라서 옳은 것은 ④이다.

0184 답 $A<B$

$A=\sqrt{10}-\sqrt{5}$, $B=\sqrt{10}-\sqrt{(-2)^2}=\sqrt{10}-2$이므로
$A-B=(\sqrt{10}-\sqrt{5})-(\sqrt{10}-2)=2-\sqrt{5}=\sqrt{4}-\sqrt{5}<0$
∴ $A<B$

0185 답 ③

① $(\sqrt{10}-1)-2=\sqrt{10}-3=\sqrt{10}-\sqrt{9}>0$이므로 $\sqrt{10}-1>2$
② $(\sqrt{5}+1)-3=\sqrt{5}-2=\sqrt{5}-\sqrt{4}>0$이므로 $\sqrt{5}+1>3$
③ $(\sqrt{2}+1)-3=\sqrt{2}-2=\sqrt{2}-\sqrt{4}<0$이므로 $\sqrt{2}+1<3$
④ $(3+\sqrt{5})-(\sqrt{5}+\sqrt{8})=3-\sqrt{8}=\sqrt{9}-\sqrt{8}>0$이므로 $3+\sqrt{5}>\sqrt{5}+\sqrt{8}$
⑤ $(2-\sqrt{7})-(1-\sqrt{7})=1>0$이므로 $2-\sqrt{7}>1-\sqrt{7}$
따라서 부등호의 방향이 나머지 넷과 다른 하나는 ③이다.

0186 답 4개

ㄱ. $(5-\sqrt{3})-3=2-\sqrt{3}=\sqrt{4}-\sqrt{3}>0$이므로 $5-\sqrt{3}>3$
ㄴ. $\dfrac{1}{3}=\sqrt{\dfrac{1}{9}}$이므로 $\sqrt{\dfrac{1}{3}}>\dfrac{1}{3}$
ㄷ. $(\sqrt{13}+2)-6=\sqrt{13}-4=\sqrt{13}-\sqrt{16}<0$이므로 $\sqrt{13}+2<6$
ㄹ. $(-\sqrt{6}-\sqrt{2})-(-\sqrt{6}-\sqrt{3})=\sqrt{3}-\sqrt{2}>0$이므로 $-\sqrt{6}-\sqrt{2}>-\sqrt{6}-\sqrt{3}$
ㅁ. $(\sqrt{24}-\sqrt{11})-(5-\sqrt{11})=\sqrt{24}-5=\sqrt{24}-\sqrt{25}<0$이므로 $\sqrt{24}-\sqrt{11}<5-\sqrt{11}$
ㅂ. $(\sqrt{7}+2)-(\sqrt{6}+2)=\sqrt{7}-\sqrt{6}>0$이므로 $\sqrt{7}+2>\sqrt{6}+2$
따라서 옳은 것은 ㄱ, ㄴ, ㄷ, ㅁ의 4개이다.

0187 답 ⑤

$a-b=(\sqrt{3}+4)-5=\sqrt{3}-1>0$이므로 $a>b$
$b-c=5-(6-\sqrt{2})=-1+\sqrt{2}>0$이므로 $b>c$
∴ $c<b<a$

0188 답 $a<b<c$

$b-a=(\sqrt{7}+\sqrt{3})-(\sqrt{6}+\sqrt{3})=\sqrt{7}-\sqrt{6}>0$이므로 $b>a$
$c-b=(2+\sqrt{7})-(\sqrt{7}+\sqrt{3})=2-\sqrt{3}=\sqrt{4}-\sqrt{3}>0$이므로 $c>b$
∴ $a<b<c$

0189 답 C

넓이가 가장 큰 정사각형은 한 변의 길이가 가장 길다.

$(\sqrt{5}+\sqrt{2})-(\sqrt{5}+1)=\sqrt{2}-1>0$이므로

(A의 한 변의 길이)$>$(B의 한 변의 길이)

$(\sqrt{5}+\sqrt{2})-(3+\sqrt{2})=\sqrt{5}-3=\sqrt{5}-\sqrt{9}<0$이므로

(A의 한 변의 길이)$<$(C의 한 변의 길이)

$\therefore$ (B의 한 변의 길이)$<$(A의 한 변의 길이)$<$(C의 한 변의 길이)

따라서 넓이가 가장 큰 정사각형은 한 변의 길이가 가장 긴 C이다.

0190 답 -3

$-1-\sqrt{5}$, -3, $-\sqrt{5}$는 음수이고, $\sqrt{5}+\sqrt{3}$, $\sqrt{5}+3$은 양수이다.

$(-1-\sqrt{5})-(-3)=2-\sqrt{5}=\sqrt{4}-\sqrt{5}<0$이므로

$-1-\sqrt{5}<-3$

이때 $3=\sqrt{9}>\sqrt{5}$이므로 $-3<-\sqrt{5}$

$\therefore$ $-1-\sqrt{5}<-3<-\sqrt{5}$ $\qquad\qquad\cdots$ (i)

$(\sqrt{5}+\sqrt{3})-(\sqrt{5}+3)=\sqrt{3}-3=\sqrt{3}-\sqrt{9}<0$이므로

$\sqrt{5}+\sqrt{3}<\sqrt{5}+3$ $\qquad\qquad\cdots$ (ii)

$\therefore$ $-1-\sqrt{5}<-3<-\sqrt{5}<\sqrt{5}+\sqrt{3}<\sqrt{5}+3$ $\quad\cdots$ (iii)

따라서 크기가 작은 것부터 차례로 나열할 때, 두 번째에 오는 수는 -3이다. $\qquad\qquad\cdots$ (iv)

채점 기준	배점
(i) 음수끼리 대소를 비교한 경우	30 %
(ii) 양수끼리 대소를 비교한 경우	30 %
(iii) 주어진 수의 대소를 비교한 경우	20 %
(iv) 크기가 작은 것부터 차례로 나열할 때, 두 번째에 오는 수를 구한 경우	20 %

0191 답 ②

$\sqrt{36}<\sqrt{43}<\sqrt{49}$에서 $6<\sqrt{43}<7$

따라서 $\sqrt{43}$에 대응하는 점이 있는 구간은 ②이다.

0192 답 ④

④ $\sqrt{16}<\sqrt{19}<\sqrt{25}$에서 $4<\sqrt{19}<5$, 즉 $3<\sqrt{19}-1<4$이므로

$\sqrt{19}-1$이 점 A에 대응하는 수로 가장 적당하다.

0193 답 점 D

$\sqrt{1}<\sqrt{2}<\sqrt{4}$에서 $1<\sqrt{2}<2$

$-2<-\sqrt{2}<-1$ $\qquad$ $\therefore$ $1<3-\sqrt{2}<2$

따라서 $3-\sqrt{2}$에 대응하는 점은 점 D이다.

0194 답 A, G, F

$\sqrt{4}<\sqrt{6}<\sqrt{9}$에서 $2<\sqrt{6}<3$이므로

$-3<-\sqrt{6}<-2$ $\Rightarrow$ A

$\sqrt{9}<\sqrt{10}<\sqrt{16}$에서 $3<\sqrt{10}<4$ $\Rightarrow$ G

$\sqrt{1}<\sqrt{3}<\sqrt{4}$에서 $1<\sqrt{3}<2$이므로

$2<\sqrt{3}+1<3$ $\Rightarrow$ F

0195 답 ③

③ $\sqrt{5}+1=3.236>3.162=\sqrt{10}$이므로 $\sqrt{5}+1$은 $\sqrt{5}$와 $\sqrt{10}$ 사이에 있는 수가 아니다.

0196 답 ①

$3=\sqrt{9}$, $4=\sqrt{16}$이므로

$\sqrt{8}<\sqrt{9}$, $\sqrt{24.5}>\sqrt{16}$, $\sqrt{\dfrac{11}{2}}<\sqrt{9}$, $\sqrt{\dfrac{30}{7}}<\sqrt{9}$

따라서 3과 4 사이에 있는 수는 $\sqrt{14}$, $\sqrt{\dfrac{28}{3}}$의 2개이다.

0197 답 ⑤

ㄱ. $\sqrt{10}$과 $\sqrt{30}$ 사이에 있는 정수는 4, 5의 2개이다.

ㄴ. $5.\dot{3}=\dfrac{48}{9}=\dfrac{16}{3}=\sqrt{\dfrac{256}{9}}$이고 $10<\dfrac{256}{9}<30$이므로

$5.\dot{3}$은 $\sqrt{10}$과 $\sqrt{30}$ 사이에 있는 유리수이다.

ㄷ. $3<\sqrt{12}<4$에서 $4<\sqrt{12}+1<5$이므로

$\sqrt{10}<\sqrt{12}+1<\sqrt{30}$

따라서 옳은 것은 ㄱ, ㄴ, ㄷ이다.

0198 답 ④

유리수가 아닌 실수는 무리수이다.

① (제곱근 36)$=\sqrt{36}=6$ $\Rightarrow$ 유리수

② $\sqrt{0.\dot{1}}=\sqrt{\dfrac{1}{9}}=\dfrac{1}{3}$ $\Rightarrow$ 유리수

③ $\sqrt{0.16}-\sqrt{4}=0.4-2=-1.6$ $\Rightarrow$ 유리수

⑤ (1.69의 제곱근)$=\pm\sqrt{1.69}=\pm1.3$ $\Rightarrow$ 유리수

따라서 유리수가 아닌 실수는 ④이다.

0199 답 ㄱ, ㄴ

ㄱ. (무리수)$+$(유리수)$=$(무리수)이므로 $a+1$은 무리수이다.

ㄴ. (0이 아닌 유리수)$\times$(무리수)$=$(무리수)이므로 $2a$는 무리수이다.

ㄷ. $a=\sqrt{2}$이면 $\sqrt{2}a=\sqrt{2}\times\sqrt{2}=2$

ㄹ. $a=\sqrt{2}$이면 $a^2=(\sqrt{2})^2=2$

ㅁ. $a=\sqrt{3}$이면 $a-\sqrt{3}=\sqrt{3}-\sqrt{3}=0$

따라서 항상 무리수인 것은 ㄱ, ㄴ이다.

0200 답 ③, ④

□ 안의 수는 순환소수가 아닌 무한소수, 즉 무리수이다.

③ 근호 안의 수가 유리수의 제곱인 수이면 유리수이므로 □ 안의 수가 아니다.

④ 유한소수로 나타낼 수 없는 수 중 순환소수는 □ 안의 수가 아니다.

0201 답 ④

④ 실수 중 정수가 아닌 수는 정수가 아닌 유리수 또는 무리수이다.

0202 답 7.563

$\sqrt{58.1}=7.622$이므로 $a=58.1$

$\sqrt{56.3}=7.503$이므로 $b=56.3$

$\dfrac{a+b}{2}=\dfrac{58.1+56.3}{2}=57.2$이므로

$\sqrt{\dfrac{a+b}{2}}=\sqrt{57.2}=7.563$

0203 답 P: $-5-\sqrt{2}$, Q: $-5+\sqrt{2}$

$\triangle ABC$에서 피타고라스 정리에 의하여 $\overline{AC}=\sqrt{1^2+1^2}=\sqrt{2}$

$\therefore \overline{AP}=\overline{AQ}=\overline{AC}=\sqrt{2}$

따라서 점 P에 대응하는 수는 $-5-\sqrt{2}$, 점 Q에 대응하는 수는 $-5+\sqrt{2}$이다.

0204 답 ④

피타고라스 정리에 의하여

왼쪽의 정사각형의 한 변의 길이는 $\sqrt{1^2+1^2}=\sqrt{2}$,

오른쪽의 정사각형의 한 변의 길이는 $\sqrt{1^2+2^2}=\sqrt{5}$

따라서 네 점 A, B, C, D의 좌표는 각각

$A(-1-\sqrt{2})$, $B(-1+\sqrt{2})$, $C(3-\sqrt{5})$, $D(3+\sqrt{5})$

이므로 좌표를 바르게 나타낸 것은 점 B, 점 D이다.

0205 답 $-3-\sqrt{13}$

피타고라스 정리에 의하여

$\overline{PB}=\overline{PQ}=\sqrt{3^2+2^2}=\sqrt{13}$

이때 점 B에 대응하는 수가 $\sqrt{13}-3$이므로 점 P에 대응하는 수는 -3이다.

$\square PQRS$는 정사각형이므로 $\overline{PA}=\overline{PS}=\overline{PQ}=\sqrt{13}$

따라서 점 A에 대응하는 수는 $-3-\sqrt{13}$이다.

0206 답 ②

② 두 무리수 사이에는 무수히 많은 유리수가 있다.

0207 답 ③

㉮ $(\sqrt{8}-2)-1=\sqrt{8}-3=\sqrt{8}-\sqrt{9}<0$ $\quad\therefore \sqrt{8}-2<1$

㉯ $\sqrt{4}<\sqrt{5}<\sqrt{9}$에서 $2<\sqrt{5}<3$ $\quad\cdots\,\bigcirc$

또 $\sqrt{4}<\sqrt{7}<\sqrt{9}$에서 $2<\sqrt{7}<3$

$\quad\therefore 0<-2+\sqrt{7}<1$ $\quad\cdots\,\bigcirc$

$\bigcirc$, $\bigcirc$에서 $\sqrt{5}>-2+\sqrt{7}$

㉰ $(4-\sqrt{3})-(\sqrt{15}-\sqrt{3})=4-\sqrt{15}=\sqrt{16}-\sqrt{15}>0$

$\quad\therefore 4-\sqrt{3}>\sqrt{15}-\sqrt{3}$

따라서 부등호를 바르게 짝 지은 것은 ③이다.

0208 답 $3-\sqrt{5}$

$2-(4-\sqrt{2})=-2+\sqrt{2}=-\sqrt{4}+\sqrt{2}<0$이므로

$2<4-\sqrt{2}$

$(4-\sqrt{5})-2=2-\sqrt{5}=\sqrt{4}-\sqrt{5}<0$이므로

$4-\sqrt{5}<2$

$(4-\sqrt{5})-(3-\sqrt{5})=1>0$이므로

$4-\sqrt{5}>3-\sqrt{5}$

$(3-\sqrt{6})-(3-\sqrt{5})=-\sqrt{6}+\sqrt{5}<0$이므로

$3-\sqrt{6}<3-\sqrt{5}$

따라서 크기가 작은 수부터 차례로 나열하면

$3-\sqrt{6}$, $3-\sqrt{5}$, $4-\sqrt{5}$, 2, $4-\sqrt{2}$

이므로 수직선 위에 나타낼 때, 왼쪽에서 두 번째에 있는 수는 $3-\sqrt{5}$이다.

0209 답 ③

$\sqrt{36}<\sqrt{40}<\sqrt{49}$에서 $6<\sqrt{40}<7$

$\therefore 4<\sqrt{40}-2<5$

따라서 $\sqrt{40}-2$에 대응하는 점이 있는 구간은 C이다.

0210 답 ①

① $\sqrt{5}-1=2.236-1=1.236$이므로 $\sqrt{5}-1<\sqrt{3}$

즉, $\sqrt{5}-1$은 $\sqrt{3}$과 $\sqrt{5}$ 사이에 있지 않다.

② $\sqrt{3}+\dfrac{1}{2}=1.732+0.5=2.232$이므로 $\sqrt{3}<\sqrt{3}+\dfrac{1}{2}<\sqrt{5}$

즉, $\sqrt{3}+\dfrac{1}{2}$은 $\sqrt{3}$과 $\sqrt{5}$ 사이에 있다.

따라서 옳지 않은 것은 ①이다.

0211 답 12

$\sqrt{4}<\sqrt{7}<\sqrt{9}$에서 $2<\sqrt{7}<3$

$\sqrt{16}<\sqrt{17}<\sqrt{25}$에서 $4<\sqrt{17}<5$이므로

$5<1+\sqrt{17}<6$

따라서 $\sqrt{7}$과 $1+\sqrt{17}$ 사이에 있는 정수는 3, 4, 5이므로 구하는 합은

$3+4+5=12$

0212 답 (1) $\{(n+1)^2-n^2-1\}$개 (2) 40개

창의력 해결 단계

❶ 자연수 N에 대하여 $N=\sqrt{N^2}$임을 이용하여 연속하는 두 자연수 n, $n+1$이 각각 몇 번째 점에 대응하는지 구한다.

❷ ❶을 이용하여 연속하는 두 자연수 n, $n+1$에 대응하는 점 사이에 있는 점의 개수를 n에 대한 식으로 나타낸다.

❸ ❷를 이용하여 두 자연수 20, 21에 대응하는 점 사이에 있는 점의 개수를 구한다.

(1) 자연수 n에 대하여 $n=\sqrt{n^2}$, $n+1=\sqrt{(n+1)^2}$이므로 자연수 n은 n^2번째 점에 대응하고, 자연수 $n+1$은 $(n+1)^2$번째 점에 대응한다.

즉, 연속하는 두 자연수 n, $n+1$에 대응하는 점 사이에 있는 점의 개수는 두 자연수 n^2, $(n+1)^2$ 사이에 있는 자연수의 개수와 같으므로

$(n+1)^2-n^2-1$(개)

(2) 두 자연수 20, 21에 대응하는 점 사이에 있는 점의 개수는

$21^2-20^2-1=441-400-1=40$(개)

참고 두 자연수 m, n $(m<n)$ 사이에 있는 자연수의 개수는 $(n-m-1)$개이다.

0213 답 88개

$\sqrt{2n}$, $\sqrt{3n}$이 모두 순환소수가 아닌 무한소수, 즉 무리수가 되도록 하는 자연수 n의 개수는 100 이하의 자연수 n의 개수에서 $\sqrt{2n}$ 또는 $\sqrt{3n}$이 유리수가 되도록 하는 자연수 n의 개수를 뺀 것과 같다.

㈎ $\sqrt{2n}$이 유리수가 되려면 자연수 n은 $n=2\times$(자연수)^{2}의 꼴이어야 한다.

즉, $n=2\times1^2,\ 2\times2^2,\ \cdots,\ 2\times7^2$의 7개이다. $\cdots$ (i)

㈏ $\sqrt{3n}$이 유리수가 되려면 자연수 n은 $n=3\times$(자연수)^{2}의 꼴이어야 한다.

즉, $n=3\times1^2,\ 3\times2^2,\ \cdots,\ 3\times5^2$의 5개이다. $\cdots$ (ii)

따라서 ㈎, ㈏에서 $\sqrt{2n}$, $\sqrt{3n}$이 모두 무리수, 즉 순환소수가 아닌 무한소수가 되도록 하는 자연수 n의 개수는

$100-(7+5)=88$(개) $\cdots$ (iii)

채점 기준	배점
(i) $\sqrt{2n}$이 유리수가 되도록 하는 자연수 n의 개수를 구한 경우	30 %
(ii) $\sqrt{3n}$이 유리수가 되도록 하는 자연수 n의 개수를 구한 경우	30 %
(iii) $\sqrt{2n}$, $\sqrt{3n}$이 모두 순환소수가 아닌 무한소수가 되도록 하는 자연수 n의 개수를 구한 경우	40 %

0214 답 ⑴ $A>B$ ⑵ $A<C$ ⑶ $B<A<C$

⑴ $A-B=(\sqrt{13}+4)-(\sqrt{13}+\sqrt{15})$
$\qquad=4-\sqrt{15}=\sqrt{16}-\sqrt{15}>0$

이므로 $A>B$ $\cdots$ (i)

⑵ $A-C=(\sqrt{13}+4)-(4+\sqrt{15})$
$\qquad=\sqrt{13}-\sqrt{15}<0$

이므로 $A<C$ $\cdots$ (ii)

⑶ ⑴, ⑵에서 $A>B$, $A<C$이므로 $B<A<C$ $\cdots$ (iii)

채점 기준	배점
(i) A, B의 대소를 비교한 경우	40 %
(ii) A, C의 대소를 비교한 경우	40 %
(iii) A, B, C의 대소를 비교한 경우	20 %

: CONCEPT 개념 체크 본문 035, 037쪽

0215 답 $\sqrt{15}$ **0216** 답 $-2\sqrt{42}$

0217 답 $15\sqrt{10}$ **0218** 답 $\sqrt{6}$

0219 답 2 **0220** 답 5

0221 답 10

0222 답 $2\sqrt{7}$
$\sqrt{28}=\sqrt{2^2\times7}=2\sqrt{7}$

0223 답 $-3\sqrt{6}$
$-\sqrt{54}=-\sqrt{3^2\times6}=-3\sqrt{6}$

0224 답 $12\sqrt{2}$
$\sqrt{288}=\sqrt{12^2\times2}=12\sqrt{2}$

0225 답 $10\sqrt{10}$
$\sqrt{1000}=\sqrt{10^2\times10}=10\sqrt{10}$

0226 답 $\sqrt{5}$ **0227** 답 $-\sqrt{7}$

0228 답 $\dfrac{1}{4}$

$3\sqrt{6}\div4\sqrt{54}=\dfrac{3\sqrt{6}}{4\sqrt{54}}=\dfrac{3}{4}\sqrt{\dfrac{1}{9}}=\dfrac{3}{4}\times\dfrac{1}{3}=\dfrac{1}{4}$

0229 답 $\sqrt{30}$

$\sqrt{21}\div\dfrac{\sqrt{7}}{\sqrt{10}}=\sqrt{21}\times\dfrac{\sqrt{10}}{\sqrt{7}}=\sqrt{21\times\dfrac{10}{7}}=\sqrt{30}$

0230 답 $6,\ 6$ **0231** 답 $18,\ 3,\ 3$

0232 답 $\dfrac{\sqrt{10}}{3}$ **0233** 답 $-\dfrac{\sqrt{7}}{5}$

0234 답 $\dfrac{\sqrt{35}}{12}$

0235 답 $\dfrac{\sqrt{3}}{5}$

$\sqrt{0.12}=\sqrt{\dfrac{12}{100}}=\sqrt{\dfrac{3}{25}}=\sqrt{\dfrac{3}{5^2}}=\dfrac{\sqrt{3}}{5}$

0236 답 ㈎ $\sqrt{5}$, ㈏ $\sqrt{5}$, ㈐ 10, ㈑ 10

0237 답 $\dfrac{\sqrt{2}}{2}$

$\dfrac{1}{\sqrt{2}}=\dfrac{\sqrt{2}}{\sqrt{2}\times\sqrt{2}}=\dfrac{\sqrt{2}}{2}$

0238 답 $\dfrac{3\sqrt{5}}{5}$

$\dfrac{3}{\sqrt{5}}=\dfrac{3\times\sqrt{5}}{\sqrt{5}\times\sqrt{5}}=\dfrac{3\sqrt{5}}{5}$

0239 답 $-\dfrac{\sqrt{21}}{3}$

$-\dfrac{\sqrt{7}}{\sqrt{3}}=-\dfrac{\sqrt{7}\times\sqrt{3}}{\sqrt{3}\times\sqrt{3}}=-\dfrac{\sqrt{21}}{3}$

0240 답 $\dfrac{7\sqrt{5}}{15}$

$\dfrac{7}{3\sqrt{5}}=\dfrac{7\times\sqrt{5}}{3\sqrt{5}\times\sqrt{5}}=\dfrac{7\sqrt{5}}{15}$

0241 답 $100,\ 10,\ 10,\ 14.14$ **0242** 답 $100,\ 10,\ 10,\ 44.72$

0243 답 $100,\ 10,\ 10,\ 0.1414$ **0244** 답 $20,\ 20,\ 4.472,\ 0.4472$

0245 답 $5\sqrt{3}$
$4\sqrt{3}+\sqrt{3}=(4+1)\sqrt{3}=5\sqrt{3}$

0246 답 $3\sqrt{5}$
$\sqrt{5}+2\sqrt{5}=(1+2)\sqrt{5}=3\sqrt{5}$

0247 답 $2\sqrt{3}$
$5\sqrt{3}-3\sqrt{3}=(5-3)\sqrt{3}=2\sqrt{3}$

0248 답 $-4\sqrt{6}$
$5\sqrt{6}-9\sqrt{6}=(5-9)\sqrt{6}=-4\sqrt{6}$

0249 답 $10\sqrt{7}$
$3\sqrt{7}+6\sqrt{7}+\sqrt{7}=(3+6+1)\sqrt{7}=10\sqrt{7}$

0250 답 $-13\sqrt{5}$
$-8\sqrt{5}-3\sqrt{5}-2\sqrt{5}=(-8-3-2)\sqrt{5}=-13\sqrt{5}$

0251 답 $4\sqrt{3}$
$-3\sqrt{3}+9\sqrt{3}-2\sqrt{3}=(-3+9-2)\sqrt{3}=4\sqrt{3}$

0252 답 $\dfrac{13\sqrt{10}}{12}$

$\sqrt{10}-\dfrac{\sqrt{10}}{4}+\dfrac{\sqrt{10}}{3}=\left(1-\dfrac{1}{4}+\dfrac{1}{3}\right)\sqrt{10}$
$\qquad=\left(\dfrac{12}{12}-\dfrac{3}{12}+\dfrac{4}{12}\right)\sqrt{10}=\dfrac{13\sqrt{10}}{12}$

0253 답 $-\sqrt{2}+5\sqrt{5}$
$\sqrt{2}+\sqrt{5}-2\sqrt{2}+4\sqrt{5}=(1-2)\sqrt{2}+(1+4)\sqrt{5}=-\sqrt{2}+5\sqrt{5}$

0254 답 $6\sqrt{3}+\sqrt{13}$
$\sqrt{3}-\sqrt{13}+5\sqrt{3}+2\sqrt{13}=(1+5)\sqrt{3}+(-1+2)\sqrt{13}=6\sqrt{3}+\sqrt{13}$

0255 답 $-3\sqrt{10}-8\sqrt{5}$
$4\sqrt{10}-2\sqrt{5}-6\sqrt{5}-7\sqrt{10}=(4-7)\sqrt{10}+(-2-6)\sqrt{5}$
$\qquad\qquad=-3\sqrt{10}-8\sqrt{5}$

0256 답 $8\sqrt{5}$
$\sqrt{45}+\sqrt{125}=3\sqrt{5}+5\sqrt{5}=8\sqrt{5}$

0257 답 $-\sqrt{2}$
$\sqrt{18}-\sqrt{32}=3\sqrt{2}-4\sqrt{2}=-\sqrt{2}$

0258 답 0
$\sqrt{3}+\sqrt{12}-\sqrt{27}=\sqrt{3}+2\sqrt{3}-3\sqrt{3}=0$

0259 답 $5\sqrt{3}$
$\sqrt{3}+\dfrac{12}{\sqrt{3}}=\sqrt{3}+\dfrac{12\times\sqrt{3}}{\sqrt{3}\times\sqrt{3}}=\sqrt{3}+\dfrac{12\sqrt{3}}{3}=\sqrt{3}+4\sqrt{3}=5\sqrt{3}$

0260 답 $\sqrt{6}$

$-\dfrac{7}{\sqrt{6}}+\dfrac{13\sqrt{6}}{6}=-\dfrac{7\times\sqrt{6}}{\sqrt{6}\times\sqrt{6}}+\dfrac{13\sqrt{6}}{6}$
$\qquad=-\dfrac{7\sqrt{6}}{6}+\dfrac{13\sqrt{6}}{6}$
$\qquad=\dfrac{6\sqrt{6}}{6}=\sqrt{6}$

0261 답 $4\sqrt{5}$

$\sqrt{45}-\sqrt{5}+\dfrac{10}{\sqrt{5}}=3\sqrt{5}-\sqrt{5}+\dfrac{10\times\sqrt{5}}{\sqrt{5}\times\sqrt{5}}$
$\qquad=3\sqrt{5}-\sqrt{5}+\dfrac{10\sqrt{5}}{5}$
$\qquad=3\sqrt{5}-\sqrt{5}+2\sqrt{5}=4\sqrt{5}$

0262 답 $2\sqrt{42}+2\sqrt{30}$
$2\sqrt{6}(\sqrt{7}+\sqrt{5})=2\sqrt{6}\times\sqrt{7}+2\sqrt{6}\times\sqrt{5}=2\sqrt{42}+2\sqrt{30}$

0263 답 $-\sqrt{14}+\sqrt{35}$
$-\sqrt{7}(\sqrt{2}-\sqrt{5})=-\sqrt{7}\times\sqrt{2}-\sqrt{7}\times(-\sqrt{5})=-\sqrt{14}+\sqrt{35}$

0264 답 $2\sqrt{33}-\sqrt{6}$
$(2\sqrt{11}-\sqrt{2})\sqrt{3}=2\sqrt{11}\times\sqrt{3}-\sqrt{2}\times\sqrt{3}=2\sqrt{33}-\sqrt{6}$

0265 답 $-\sqrt{14}-2\sqrt{10}$
$(2\sqrt{7}+4\sqrt{5})\times\left(-\dfrac{\sqrt{2}}{2}\right)=2\sqrt{7}\times\left(-\dfrac{\sqrt{2}}{2}\right)+4\sqrt{5}\times\left(-\dfrac{\sqrt{2}}{2}\right)$
$\qquad\qquad=-\sqrt{14}-2\sqrt{10}$

0266 답 $\sqrt{7}-\sqrt{3}$
$(\sqrt{42}-\sqrt{18})\div\sqrt{6}=\dfrac{\sqrt{42}-\sqrt{18}}{\sqrt{6}}=\dfrac{\sqrt{42}}{\sqrt{6}}-\dfrac{\sqrt{18}}{\sqrt{6}}=\sqrt{7}-\sqrt{3}$

0267 답 $12\sqrt{2}$
$\sqrt{72}+\sqrt{24}\times\sqrt{3}=6\sqrt{2}+2\sqrt{6}\times\sqrt{3}=6\sqrt{2}+2\sqrt{18}$
$\qquad\qquad=6\sqrt{2}+6\sqrt{2}=12\sqrt{2}$

0268 답 $3\sqrt{15}$

$\sqrt{60}-\sqrt{30}\div(-\sqrt{2})=2\sqrt{15}+\dfrac{\sqrt{30}}{\sqrt{2}}$
$\qquad\qquad=2\sqrt{15}+\sqrt{15}=3\sqrt{15}$

0269 답 $\sqrt{3}-2\sqrt{7}$
$\sqrt{27}-\sqrt{2}(\sqrt{14}+\sqrt{6})=\sqrt{27}-\sqrt{28}-\sqrt{12}$
$\qquad\qquad=3\sqrt{3}-2\sqrt{7}-2\sqrt{3}=\sqrt{3}-2\sqrt{7}$

0270 답 $-\sqrt{3}-3\sqrt{2}$

$$\sqrt{3}(2-\sqrt{6})-\frac{9}{\sqrt{3}}=2\sqrt{3}-\sqrt{18}-\frac{9\sqrt{3}}{3}$$
$$=2\sqrt{3}-3\sqrt{2}-3\sqrt{3}$$
$$=-\sqrt{3}-3\sqrt{2}$$

0271 답 (가): $\sqrt{3}$, (나): 3, (다): 18, (라): 2

0272 답 $\dfrac{\sqrt{6}+\sqrt{10}}{2}$

$$\frac{\sqrt{3}+\sqrt{5}}{\sqrt{2}}=\frac{(\sqrt{3}+\sqrt{5})\times\sqrt{2}}{\sqrt{2}\times\sqrt{2}}=\frac{\sqrt{6}+\sqrt{10}}{2}$$

0273 답 $\dfrac{\sqrt{35}-\sqrt{42}}{7}$

$$\frac{\sqrt{5}-\sqrt{6}}{\sqrt{7}}=\frac{(\sqrt{5}-\sqrt{6})\times\sqrt{7}}{\sqrt{7}\times\sqrt{7}}=\frac{\sqrt{35}-\sqrt{42}}{7}$$

0274 답 $\dfrac{\sqrt{10}+\sqrt{6}}{8}$

$$\frac{\sqrt{5}+\sqrt{3}}{4\sqrt{2}}=\frac{(\sqrt{5}+\sqrt{3})\times\sqrt{2}}{4\sqrt{2}\times\sqrt{2}}=\frac{\sqrt{10}+\sqrt{6}}{8}$$

0275 답 $\dfrac{4-\sqrt{6}}{6}$

$$\frac{\sqrt{8}-\sqrt{3}}{3\sqrt{2}}=\frac{(\sqrt{8}-\sqrt{3})\times\sqrt{2}}{3\sqrt{2}\times\sqrt{2}}=\frac{\sqrt{16}-\sqrt{6}}{6}=\frac{4-\sqrt{6}}{6}$$

P : PATTERN
유형 마스터　　　　本문 038~048쪽

0276 답 ④

① $\sqrt{3}\sqrt{5}=\sqrt{3\times5}=\sqrt{15}$

② $-\sqrt{3}\sqrt{27}=-\sqrt{3\times27}=-\sqrt{81}=-9$

③ $2\sqrt{2}\sqrt{5}=2\sqrt{2\times5}=2\sqrt{10}$

④ $\sqrt{\dfrac{3}{5}}\times\sqrt{\dfrac{10}{3}}=\sqrt{\dfrac{3}{5}\times\dfrac{10}{3}}=\sqrt{2}$

⑤ $\sqrt{\dfrac{3}{5}}\times3\sqrt{\dfrac{7}{6}}=3\sqrt{\dfrac{3}{5}\times\dfrac{7}{6}}=3\sqrt{\dfrac{7}{10}}$

따라서 옳지 않은 것은 ④이다.

0277 답 $6\sqrt{21}$

$$3\sqrt{5}\times\left(-\sqrt{\frac{7}{5}}\right)\times(-2\sqrt{3})=6\sqrt{5\times\frac{7}{5}\times3}=6\sqrt{21}$$

0278 답 ③

$$\sqrt{\frac{5}{9}}\times3=\sqrt{\frac{5}{9}}\times\sqrt{9}=\sqrt{\frac{5}{9}\times9}=\sqrt{5}\qquad\therefore a=5$$

0279 답 $\dfrac{3}{10}$ (또는 0.3)

$$\sqrt{1.5}\times\sqrt{\frac{3}{50}}=\sqrt{\frac{15}{10}\times\frac{3}{50}}=\sqrt{\frac{9}{100}}=\frac{3}{10}=0.3$$

0280 답 2

$3\times\sqrt{2}\times\sqrt{k}=3\sqrt{2k}$, $\sqrt{3}\times\sqrt{12}=\sqrt{36}=6$이므로

$3\sqrt{2k}=6$, $\sqrt{2k}=2$

$2k=4\qquad\therefore k=2$

0281 답 ①

$2\sqrt{3}=\sqrt{2^2\times3}=\sqrt{12}$이므로 $a=12$

$\sqrt{112}=\sqrt{4^2\times7}=4\sqrt{7}$이므로 $b=7$

$\therefore a+b=12+7=19$

0282 답 ②

$\sqrt{180}=\sqrt{6^2\times5}=6\sqrt{5}$이므로 $a=6$

$\sqrt{75}=\sqrt{5^2\times3}=5\sqrt{3}$이므로 $b=3$

$\therefore \sqrt{ab}=\sqrt{18}=\sqrt{3^2\times2}=3\sqrt{2}$

0283 답 ④

$\sqrt{320}=\sqrt{8^2\times5}=8\sqrt{5}$

따라서 $a=8$, $b=5$이므로 $a-b=8-5=3$

0284 답 ⑤

$$\sqrt{18}\times\sqrt{24}\times\sqrt{50}=3\sqrt{2}\times2\sqrt{6}\times5\sqrt{2}=30\sqrt{24}$$
$$=30\times2\sqrt{6}=60\sqrt{6}$$

$\therefore c=60$

0285 답 $2\sqrt{5}$, $\sqrt{21}$, 5, $3\sqrt{3}$

$3\sqrt{3}=\sqrt{27}$, $5=\sqrt{25}$, $2\sqrt{5}=\sqrt{20}$이므로

$\sqrt{20}<\sqrt{21}<\sqrt{25}<\sqrt{27}$, 즉 $2\sqrt{5}<\sqrt{21}<5<3\sqrt{3}$이다.

따라서 크기가 작은 것부터 차례로 나열하면

$2\sqrt{5}$, $\sqrt{21}$, 5, $3\sqrt{3}$

0286 답 17

$2\sqrt{15+a}=\sqrt{4(15+a)}=\sqrt{60+4a}$, $4\sqrt{5}=\sqrt{80}$이므로

$\sqrt{60+4a}=\sqrt{80}$, $60+4a=80$

$4a=20\qquad\therefore a=5$

$3\sqrt{2}=\sqrt{18}$이므로 $\sqrt{30-b}=\sqrt{18}$

$30-b=18\qquad\therefore b=12$

$\therefore a+b=5+12=17$

0287 답 $2\sqrt{5}$초

新 유형

접근하기　98 m의 높이에서 뛰어내리므로 $\sqrt{\dfrac{h}{4.9}}$에 $h=98$을 대입한 수를 구한 후, 제곱인 인수를 근호 밖으로 꺼낸다.

$\sqrt{\dfrac{h}{4.9}}$에 $h=98$을 대입하면

$$\sqrt{\frac{98}{4.9}}=\sqrt{\frac{980}{49}}=\sqrt{20}=2\sqrt{5}$$

따라서 수면에 닿을 때까지 걸리는 시간은 $2\sqrt{5}$초이다.

0288 답 ④

④ $4\sqrt{12} \div 3\sqrt{6} = 4\sqrt{12} \times \dfrac{1}{3\sqrt{6}} = \dfrac{4\sqrt{2}}{3}$

0289 답 7

$\sqrt{35} \div \sqrt{\dfrac{10}{9}} \div \sqrt{\dfrac{3}{14}} = \sqrt{35} \div \dfrac{\sqrt{10}}{\sqrt{9}} \div \dfrac{\sqrt{3}}{\sqrt{14}} = \sqrt{35} \times \dfrac{\sqrt{9}}{\sqrt{10}} \times \dfrac{\sqrt{14}}{\sqrt{3}}$

$\qquad\qquad\qquad\qquad = \sqrt{35 \times \dfrac{9}{10} \times \dfrac{14}{3}} = \sqrt{147} = 7\sqrt{3}$

$\therefore n = 7$

0290 답 ③

① $\sqrt{6}$　　　　② $\sqrt{7}$　　　　③ $\sqrt{5}$
④ $3(=\sqrt{9})$　　⑤ $3\sqrt{2}(=\sqrt{18})$
따라서 그 값이 가장 작은 것은 ③이다.

0291 답 3배

$\sqrt{6} \div \dfrac{\sqrt{2}}{\sqrt{3}} = \sqrt{6} \times \dfrac{\sqrt{3}}{\sqrt{2}} = \sqrt{6 \times \dfrac{3}{2}} = \sqrt{9} = 3$

따라서 $\sqrt{6}$은 $\dfrac{\sqrt{2}}{\sqrt{3}}$의 3배이다.

0292 답 $\sqrt{2}$

$\dfrac{\sqrt{72}}{\sqrt{6}} = \sqrt{\dfrac{72}{6}} = \sqrt{12}$이므로 $a = 12$　　　　$\cdots$ (i)

$\sqrt{\dfrac{40}{3}} \div \sqrt{\dfrac{20}{9}} = \dfrac{\sqrt{40}}{\sqrt{3}} \times \dfrac{\sqrt{9}}{\sqrt{20}} = \sqrt{\dfrac{40}{3} \times \dfrac{9}{20}} = \sqrt{6}$이므로

$b = 6$　　　　$\cdots$ (ii)

$\therefore \dfrac{\sqrt{a}}{\sqrt{b}} = \dfrac{\sqrt{12}}{\sqrt{6}} = \sqrt{\dfrac{12}{6}} = \sqrt{2}$　　　　$\cdots$ (iii)

채점 기준	배점
(i) a의 값을 구한 경우	30 %
(ii) b의 값을 구한 경우	30 %
(iii) $\dfrac{\sqrt{a}}{\sqrt{b}}$의 값을 구한 경우	40 %

0293 답 ①, ③

② $\sqrt{\dfrac{20}{25}} = \dfrac{\sqrt{2^2 \times 5}}{\sqrt{5^2}} = \dfrac{2\sqrt{5}}{5}$

④ $\sqrt{0.24} = \sqrt{\dfrac{24}{100}} = \sqrt{\dfrac{6}{25}} = \dfrac{\sqrt{6}}{\sqrt{5^2}} = \dfrac{\sqrt{6}}{5}$

⑤ $-\sqrt{\dfrac{18}{64}} = -\dfrac{\sqrt{3^2 \times 2}}{\sqrt{8^2}} = -\dfrac{3\sqrt{2}}{8}$

따라서 옳은 것은 ①, ③이다.

0294 답 ③

ㄱ. $\sqrt{\dfrac{3}{121}} = \dfrac{\sqrt{3}}{\sqrt{11^2}} = \dfrac{\sqrt{3}}{11}$

ㄹ. $-\sqrt{\dfrac{32}{144}} = -\sqrt{\dfrac{2}{9}} = -\dfrac{\sqrt{2}}{\sqrt{3^2}} = -\dfrac{\sqrt{2}}{3}$

따라서 옳은 것은 ㄴ, ㄷ이다.

0295 답 $\dfrac{1}{20}$

$\sqrt{0.005} = \sqrt{\dfrac{50}{10000}} = \dfrac{\sqrt{5^2 \times 2}}{\sqrt{100^2}} = \dfrac{5\sqrt{2}}{100} = \dfrac{1}{20}\sqrt{2}$

$\therefore k = \dfrac{1}{20}$

0296 답 1

$\dfrac{3\sqrt{2}}{\sqrt{10}} = \sqrt{\dfrac{18}{10}} = \sqrt{\dfrac{9}{5}}$이므로 $a = \dfrac{9}{5}$

$\sqrt{\dfrac{128}{25}} = \dfrac{\sqrt{8^2 \times 2}}{\sqrt{5^2}} = \dfrac{8}{5}\sqrt{2}$이므로 $b = \dfrac{8}{5}$

$\therefore 5(a - b) = 5 \times \left(\dfrac{9}{5} - \dfrac{8}{5}\right) = 5 \times \dfrac{1}{5} = 1$

0297 답 ⑤

① $\sqrt{4500} = \sqrt{45 \times 100} = 10\sqrt{45} = 10 \times 6.708 = 67.08$

② $\sqrt{450} = \sqrt{4.5 \times 100} = 10\sqrt{4.5} = 10 \times 2.121 = 21.21$

③ $\sqrt{0.45} = \sqrt{\dfrac{45}{100}} = \dfrac{\sqrt{45}}{10} = \dfrac{6.708}{10} = 0.6708$

④ $\sqrt{0.045} = \sqrt{\dfrac{4.5}{100}} = \dfrac{\sqrt{4.5}}{10} = \dfrac{2.121}{10} = 0.2121$

⑤ $\sqrt{0.0045} = \sqrt{\dfrac{45}{10000}} = \dfrac{\sqrt{45}}{100} = \dfrac{6.708}{100} = 0.06708$

따라서 옳지 않은 것은 ⑤이다.

0298 답 ②

① $\sqrt{20.4} = 4.517$

③ $\sqrt{2230} = \sqrt{22.3 \times 100} = 10\sqrt{22.3} = 10 \times 4.722 = 47.22$

④ $\sqrt{0.233} = \sqrt{\dfrac{23.3}{100}} = \dfrac{\sqrt{23.3}}{10} = \dfrac{4.827}{10} = 0.4827$

⑤ $\sqrt{0.00242} = \sqrt{\dfrac{24.2}{10000}} = \dfrac{\sqrt{24.2}}{100} = \dfrac{4.919}{100} = 0.04919$

따라서 주어진 제곱근표를 이용하여 그 값을 구할 수 없는 것은 ②이다.

0299 답 (1) 0.3017　(2) 953.9

(1) $\sqrt{0.091} = \sqrt{\dfrac{9.1}{100}} = \dfrac{\sqrt{9.1}}{10}$　　　　$\cdots$ (i)

$\qquad = \dfrac{3.017}{10} = 0.3017$　　　　$\cdots$ (ii)

(2) $\sqrt{910000} = \sqrt{91 \times 10000} = 100\sqrt{91}$　　　　$\cdots$ (iii)

$\qquad = 100 \times 9.539 = 953.9$　　　　$\cdots$ (iv)

채점 기준	배점
(i) $\sqrt{0.091}$을 $\sqrt{9.1}$을 사용하여 나타낸 경우	30 %
(ii) $\sqrt{0.091}$의 값을 구한 경우	20 %
(iii) $\sqrt{910000}$을 $\sqrt{91}$을 사용하여 나타낸 경우	30 %
(iv) $\sqrt{910000}$의 값을 구한 경우	20 %

0300 답 ③

정사각형의 한 변의 길이를 x cm라 하면 $x^2 = 1400$

$\therefore x = \sqrt{1400} = \sqrt{14 \times 100} = 10\sqrt{14} = 10 \times 3.742 = 37.42$

따라서 정사각형의 한 변의 길이는 37.42 cm이다.

0301 답 ④

$206.2=100\times2.062=100\times\sqrt{4.25}=\sqrt{10000\times4.25}=\sqrt{42500}$

$\therefore a=42500$

0302 답 ①

$\sqrt{60}=\sqrt{2^2\times3\times5}=2\sqrt{3}\sqrt{5}=2ab$

0303 답 ⑤

$\sqrt{63}=\sqrt{3^2\times7}=\sqrt{3^2}\times\sqrt{7}=(\sqrt{3})^2\times\sqrt{7}=a^2b$

0304 답 ⑤

① $\sqrt{14}=\sqrt{2}\sqrt{7}=ab$

② $\sqrt{\dfrac{2}{7}}=\dfrac{\sqrt{2}}{\sqrt{7}}=\dfrac{a}{b}$

③ $\sqrt{\dfrac{8}{7}}=\dfrac{2\sqrt{2}}{\sqrt{7}}=\dfrac{2a}{b}$

④ $\sqrt{0.02}=\sqrt{\dfrac{2}{100}}=\dfrac{\sqrt{2}}{10}=\dfrac{a}{10}$

⑤ $\sqrt{700}=\sqrt{2^2\times5^2\times7}=\sqrt{2^2}\times\sqrt{5^2}\times\sqrt{7}$
$\qquad=(\sqrt{2})^2\times5\times\sqrt{7}=5a^2b$

따라서 옳지 않은 것은 ⑤이다.

0305 답 ②

$\sqrt{1.5}=\sqrt{6\times\dfrac{1}{4}}=\dfrac{1}{2}\sqrt{6}=\dfrac{1}{2}\times\sqrt{2}\times\sqrt{3}=\dfrac{1}{2}ab$

0306 답 -1

$\sqrt{50}=5\sqrt{2}=5x$, $\sqrt{180}=6\sqrt{5}=6y$이므로

$\sqrt{50}-\sqrt{180}=5x-6y$

따라서 $a=5$, $b=-6$이므로

$a+b=5+(-6)=-1$

0307 답 1

$\dfrac{7}{\sqrt{18}}=\dfrac{7}{3\sqrt{2}}=\dfrac{7\times\sqrt{2}}{3\sqrt{2}\times\sqrt{2}}=\dfrac{7\sqrt{2}}{6}$이므로

$a=\dfrac{7}{6}$

$\dfrac{1}{2\sqrt{3}}=\dfrac{\sqrt{3}}{2\sqrt{3}\times\sqrt{3}}=\dfrac{\sqrt{3}}{6}$이므로

$b=\dfrac{1}{6}$

$\therefore a-b=\dfrac{7}{6}-\dfrac{1}{6}=1$

0308 답 ③

③ $\dfrac{\sqrt{6}}{\sqrt{20}}=\dfrac{\sqrt{6}}{2\sqrt{5}}=\dfrac{\sqrt{6}\times\sqrt{5}}{2\sqrt{5}\times\sqrt{5}}=\dfrac{\sqrt{30}}{10}$

0309 답 ②

$\dfrac{3\sqrt{a}}{2\sqrt{6}}=\dfrac{3\sqrt{a}\times\sqrt{6}}{2\sqrt{6}\times\sqrt{6}}=\dfrac{3\sqrt{6a}}{12}=\dfrac{\sqrt{6a}}{4}$이므로

$6a=30$ $\therefore a=5$

0310 답 $\dfrac{2}{\sqrt{3}}$

$\dfrac{2}{3}=\dfrac{\sqrt{4}}{3}$, $\sqrt{3}=\dfrac{3\sqrt{3}}{3}=\dfrac{\sqrt{27}}{3}$, $\dfrac{2}{\sqrt{3}}=\dfrac{2\sqrt{3}}{3}=\dfrac{\sqrt{12}}{3}$이므로

$\dfrac{\sqrt{2}}{3}<\dfrac{\sqrt{4}}{3}<\dfrac{\sqrt{12}}{3}<\dfrac{\sqrt{27}}{3}$, 즉 $\dfrac{\sqrt{2}}{3}<\dfrac{2}{3}<\dfrac{2}{\sqrt{3}}<\sqrt{3}$이다.

따라서 크기가 작은 것부터 차례로 나열할 때, 세 번째에 오는 수는 $\dfrac{2}{\sqrt{3}}$이다.

0311 답 ①

$\sqrt{\dfrac{6}{5}}\div\dfrac{\sqrt{2}}{\sqrt{45}}\times\dfrac{8}{3\sqrt{2}}=\dfrac{\sqrt{6}}{\sqrt{5}}\times\dfrac{3\sqrt{5}}{\sqrt{2}}\times\dfrac{8}{3\sqrt{2}}=4\sqrt{6}$

0312 답 ②, ④

② $2\sqrt{7}\times12\sqrt{3}\div6\sqrt{21}=2\sqrt{7}\times12\sqrt{3}\times\dfrac{1}{6\sqrt{21}}=4$

④ $\dfrac{\sqrt{3}}{2}\div\dfrac{\sqrt{14}}{2\sqrt{5}}\times\dfrac{\sqrt{6}}{\sqrt{45}}=\dfrac{\sqrt{3}}{2}\times\dfrac{2\sqrt{5}}{\sqrt{14}}\times\dfrac{\sqrt{6}}{3\sqrt{5}}=\dfrac{\sqrt{7}}{7}$

0313 답 3

$\dfrac{3\sqrt{18}}{2\sqrt{3}}\times\dfrac{\sqrt{12}}{\sqrt{5}}\div\dfrac{\sqrt{27}}{\sqrt{15}}=\dfrac{9\sqrt{2}}{2\sqrt{3}}\times\dfrac{2\sqrt{3}}{\sqrt{5}}\times\dfrac{\sqrt{15}}{3\sqrt{3}}=3\sqrt{2}$

$\therefore k=3$

0314 답 $\dfrac{8}{3}$

$\sqrt{14}\div3\sqrt{7}=\dfrac{\sqrt{14}}{3\sqrt{7}}=\dfrac{\sqrt{2}}{3}$이므로

$\dfrac{\sqrt{2}}{3}\times\sqrt{32}=\dfrac{\sqrt{2}}{3}\times4\sqrt{2}=\dfrac{8}{3}$

따라서 ㈎에 알맞은 수는 $\dfrac{8}{3}$이다.

0315 답 $\dfrac{\sqrt{15}}{10}$

<table><tr><td>新 유형</td></tr></table>

접근하기	세 수가 모두 주어진 대각선에서 그 세 수의 곱을 먼저 구한다.

$3\sqrt{3}\times\dfrac{\sqrt{6}}{3}\times\dfrac{1}{6}=\dfrac{3\sqrt{2}}{6}=\dfrac{\sqrt{2}}{2}$이므로

$\sqrt{5}\times\dfrac{\sqrt{6}}{3}\times A=\dfrac{\sqrt{2}}{2}$에서

$A=\dfrac{\sqrt{2}}{2}\div\sqrt{5}\div\dfrac{\sqrt{6}}{3}=\dfrac{\sqrt{2}}{2}\times\dfrac{1}{\sqrt{5}}\times\dfrac{3}{\sqrt{6}}=\dfrac{3}{2\sqrt{15}}=\dfrac{\sqrt{15}}{10}$

0316 답 $36\sqrt{2}\ \text{cm}^2$

$\overline{BC}$를 한 변으로 하는 정사각형의 넓이가 $24\,\text{cm}^2$이므로

$\overline{BC}=\sqrt{24}=2\sqrt{6}\,(\text{cm})$

$\overline{CD}$를 한 변으로 하는 정사각형의 넓이가 $108\,\text{cm}^2$이므로

$\overline{CD}=\sqrt{108}=6\sqrt{3}\,(\text{cm})$

따라서 직사각형 ABCD의 넓이는

$2\sqrt{6}\times6\sqrt{3}=36\sqrt{2}\,(\text{cm}^2)$

0317 답 $3\sqrt{2}$

삼각형의 넓이는 $\dfrac{1}{2}\times\sqrt{40}\times x=\dfrac{1}{2}\times2\sqrt{10}\times x=\sqrt{10}\,x$

직사각형의 넓이는 $3\sqrt{2}\times\sqrt{10}=6\sqrt{5}$

따라서 $\sqrt{10}\,x=6\sqrt{5}$이므로 $x=\dfrac{6\sqrt{5}}{\sqrt{10}}=3\sqrt{2}$

0318 답 $4\sqrt{2}$배

정사각형의 한 변의 길이를 $x\,\mathrm{cm}$라 하면
$x^2=160$ $\therefore x=\sqrt{160}=4\sqrt{10}\,(\because x>0)$
즉, 정사각형의 한 변의 길이는 $4\sqrt{10}\,\mathrm{cm}$이다.
원의 반지름의 길이를 $r\,\mathrm{cm}$라 하면
$\pi r^2=5\pi,\ r^2=5$ $\therefore r=\sqrt{5}\,(\because r>0)$
즉, 원의 반지름의 길이는 $\sqrt{5}\,\mathrm{cm}$이다.
따라서 정사각형의 한 변이 길이는 원의 반지름의 길이의

$\dfrac{4\sqrt{10}}{\sqrt{5}}=4\sqrt{2}$(배)이다.

0319 답 $\dfrac{5\sqrt{6}}{3}\,\mathrm{cm}$

직육면체의 높이를 $h\,\mathrm{cm}$라 하면
$3\sqrt{3}\times2\sqrt{5}\times h=30\sqrt{10}$ $\cdots$ (i)
$6\sqrt{15}\,h=30\sqrt{10}$

$\therefore h=\dfrac{30\sqrt{10}}{6\sqrt{15}}=\dfrac{5\sqrt{6}}{3}$

따라서 직육면체의 높이는 $\dfrac{5\sqrt{6}}{3}\,\mathrm{cm}$이다. $\cdots$ (ii)

채점 기준	배점
(i) 직육면체의 높이를 구하는 식을 세운 경우	40 %
(ii) 직육면체의 높이를 구한 경우	60 %

0320 답 4

$\sqrt{50}-\sqrt{8}+\sqrt{32}-\sqrt{18}=5\sqrt{2}-2\sqrt{2}+4\sqrt{2}-3\sqrt{2}=4\sqrt{2}$
$\therefore k=4$

0321 답 ⑤

$4\sqrt{12}+2\sqrt{24}-\sqrt{54}-3\sqrt{3}$
$=8\sqrt{3}+4\sqrt{6}-3\sqrt{6}-3\sqrt{3}$
$=5\sqrt{3}+\sqrt{6}$
따라서 $a=5$, $b=1$이므로
$a+b=5+1=6$

0322 답 ②

① $\sqrt{15}+\sqrt{5}$는 더 이상 간단히 할 수 없다.
③ $3\sqrt{2}+2\sqrt{3}$은 더 이상 간단히 할 수 없다.
④ $\sqrt{6}-3\sqrt{6}=-2\sqrt{6}$
⑤ $3\sqrt{6}+\sqrt{3}-2\sqrt{3}=3\sqrt{6}-\sqrt{3}$
따라서 옳은 것은 ②이다.

0323 답 $18\sqrt{6}$

$A=2\sqrt{2}+4\sqrt{2}-3\sqrt{2}=3\sqrt{2}$
$B=4\sqrt{3}-3\sqrt{3}+5\sqrt{3}=6\sqrt{3}$
$\therefore AB=3\sqrt{2}\times6\sqrt{3}=18\sqrt{6}$

0324 답 (1) $3\sqrt{3}-\sqrt{5}$ (2) $\dfrac{13\sqrt{2}}{6}$

(1) $\sqrt{45}-\sqrt{27}+3\sqrt{12}-\sqrt{80}=3\sqrt{5}-3\sqrt{3}+6\sqrt{3}-4\sqrt{5}$
$\qquad\qquad=3\sqrt{3}-\sqrt{5}$

(2) $\dfrac{\sqrt{50}}{2}-\dfrac{\sqrt{72}}{6}-\dfrac{4\sqrt{2}}{3}+2\sqrt{2}=\dfrac{5\sqrt{2}}{2}-\dfrac{6\sqrt{2}}{6}-\dfrac{4\sqrt{2}}{3}+2\sqrt{2}$
$\qquad\qquad=\dfrac{13\sqrt{2}}{6}$

0325 답 ①

$\sqrt{32}-a\sqrt{50}+3\sqrt{18}=4\sqrt{2}-5a\sqrt{2}+9\sqrt{2}$
$\qquad\qquad=(13-5a)\sqrt{2}$
이때 $13-5a=23$이므로
$-5a=10$ $\therefore a=-2$

0326 답 4

$7\sqrt{a}-4=2\sqrt{a}+6$에서 $5\sqrt{a}=10$이므로
$\sqrt{a}=2=\sqrt{4}$ $\therefore a=4$

0327 답 ④

$x+y=\dfrac{\sqrt{3}+\sqrt{2}}{2}+\dfrac{\sqrt{3}-\sqrt{2}}{2}=\sqrt{3}$
$x-y=\dfrac{\sqrt{3}+\sqrt{2}}{2}-\dfrac{\sqrt{3}-\sqrt{2}}{2}=\sqrt{2}$
$\therefore (x+y)(x-y)=\sqrt{3}\times\sqrt{2}=\sqrt{6}$

0328 답 $3+\sqrt{2}$

주어진 식에 $x=\sqrt{2}$를 대입하면
$x^2+5x-4\sqrt{2}+1=(\sqrt{2})^2+5\times\sqrt{2}-4\sqrt{2}+1$
$\qquad\qquad=2+5\sqrt{2}-4\sqrt{2}+1=3+\sqrt{2}$

0329 답 ②

$\dfrac{3\sqrt{6}}{\sqrt{2}}-\sqrt{75}-\dfrac{6}{\sqrt{3}}=\dfrac{6\sqrt{3}}{2}-5\sqrt{3}-\dfrac{6\sqrt{3}}{3}$
$\qquad\qquad=3\sqrt{3}-5\sqrt{3}-2\sqrt{3}=-4\sqrt{3}$
$\therefore k=-4$

0330 답 ②

$5\sqrt{12}-\dfrac{\sqrt{32}}{4}+\sqrt{108}+\dfrac{12}{\sqrt{8}}=10\sqrt{3}-\dfrac{4\sqrt{2}}{4}+6\sqrt{3}+\dfrac{12}{2\sqrt{2}}$
$\qquad\qquad=10\sqrt{3}-\sqrt{2}+6\sqrt{3}+3\sqrt{2}$
$\qquad\qquad=2\sqrt{2}+16\sqrt{3}$

따라서 $a=2$, $b=16$이므로
$b-a=16-2=14$

0331 답 ②

$\sqrt{50}-\dfrac{6}{\sqrt{2}}=5\sqrt{2}-\dfrac{6\sqrt{2}}{2}=5\sqrt{2}-3\sqrt{2}=2\sqrt{2}$

0332 답 $\dfrac{10\sqrt{3}}{3}$

$2\sqrt{75}-\sqrt{108}+\dfrac{5}{\sqrt{12}}-\dfrac{\sqrt{27}}{2}=10\sqrt{3}-6\sqrt{3}+\dfrac{5\sqrt{3}}{6}-\dfrac{3\sqrt{3}}{2}$
$\qquad\qquad=\dfrac{10\sqrt{3}}{3}$

0333 답 ⑤

$$b=a+\frac{1}{a}=\sqrt{2}+\frac{1}{\sqrt{2}}=\sqrt{2}+\frac{\sqrt{2}}{2}=\frac{3\sqrt{2}}{2}=\frac{3}{2}a$$

따라서 b는 a의 $\frac{3}{2}$배이다.

0334 답 ②

$$\sqrt{3}(\sqrt{15}-\sqrt{12})-\sqrt{2}(\sqrt{8}+\sqrt{10})$$
$$=\sqrt{3}(\sqrt{15}-2\sqrt{3})-\sqrt{2}(2\sqrt{2}+\sqrt{10})$$
$$=\sqrt{45}-6-4-\sqrt{20}$$
$$=3\sqrt{5}-6-4-2\sqrt{5}$$
$$=-10+\sqrt{5}$$

따라서 $a=-10$, $b=1$이므로 $a+b=-10+1=-9$

0335 답 $2\sqrt{3}$

$$\frac{3}{\sqrt{3}}-\sqrt{3}(\sqrt{8}-1)+\frac{12}{\sqrt{6}}=\sqrt{3}-2\sqrt{6}+\sqrt{3}+2\sqrt{6}=2\sqrt{3}$$

0336 답 ③

$$\sqrt{3}a+\sqrt{5}b=\sqrt{3}(\sqrt{3}+\sqrt{5})+\sqrt{5}(\sqrt{3}-\sqrt{5})$$
$$=3+\sqrt{15}+\sqrt{15}-5=-2+2\sqrt{15}$$

0337 답 $3\sqrt{3}+6\sqrt{6}$

$$(\text{삼각형의 넓이})=\frac{1}{2}\times(2+\sqrt{32})\times\sqrt{27}$$
$$=\frac{1}{2}\times(2+4\sqrt{2})\times3\sqrt{3}$$
$$=\frac{3\sqrt{3}}{2}(2+4\sqrt{2})=3\sqrt{3}+6\sqrt{6}$$

0338 답 ④

$$\frac{\sqrt{3}-2}{\sqrt{12}}=\frac{\sqrt{3}-2}{2\sqrt{3}}=\frac{(\sqrt{3}-2)\times\sqrt{3}}{2\sqrt{3}\times\sqrt{3}}=\frac{3-2\sqrt{3}}{6}$$

0339 답 ①

$$\frac{4+\sqrt{6}}{\sqrt{32}}=\frac{4+\sqrt{6}}{4\sqrt{2}}=\frac{(4+\sqrt{6})\times\sqrt{2}}{4\sqrt{2}\times\sqrt{2}}$$
$$=\frac{4\sqrt{2}+2\sqrt{3}}{8}=\frac{1}{2}\sqrt{2}+\frac{1}{4}\sqrt{3}$$

따라서 $a=\frac{1}{2}$, $b=\frac{1}{4}$이므로

$$a-b=\frac{1}{2}-\frac{1}{4}=\frac{1}{4}$$

0340 답 $\sqrt{3}-\frac{\sqrt{6}}{6}$

$$\frac{\sqrt{3}-\sqrt{6}}{\sqrt{2}}-\frac{\sqrt{8}-6}{\sqrt{3}}=\frac{\sqrt{3}-\sqrt{6}}{\sqrt{2}}-\frac{2\sqrt{2}-6}{\sqrt{3}}$$
$$=\frac{(\sqrt{3}-\sqrt{6})\times\sqrt{2}}{\sqrt{2}\times\sqrt{2}}-\frac{(2\sqrt{2}-6)\times\sqrt{3}}{\sqrt{3}\times\sqrt{3}}$$
$$=\frac{\sqrt{6}-2\sqrt{3}}{2}-\frac{2\sqrt{6}-6\sqrt{3}}{3}\qquad\cdots\text{(i)}$$
$$=\frac{\sqrt{6}}{2}-\sqrt{3}-\frac{2\sqrt{6}}{3}+2\sqrt{3}$$
$$=\sqrt{3}-\frac{\sqrt{6}}{6}\qquad\cdots\text{(ii)}$$

채점 기준	배점
(i) 분모를 유리화한 경우	50 %
(ii) 주어진 식을 간단히 한 경우	50 %

0341 답 ⑤

$$A=\frac{\sqrt{5}+\sqrt{18}}{\sqrt{2}}=\frac{(\sqrt{5}+3\sqrt{2})\times\sqrt{2}}{\sqrt{2}\times\sqrt{2}}=\frac{\sqrt{10}+6}{2},$$
$$B=\frac{\sqrt{5}-\sqrt{18}}{\sqrt{2}}=\frac{(\sqrt{5}-3\sqrt{2})\times\sqrt{2}}{\sqrt{2}\times\sqrt{2}}=\frac{\sqrt{10}-6}{2}\text{이므로}$$
$$A+B=\frac{\sqrt{10}+6}{2}+\frac{\sqrt{10}-6}{2}=\frac{2\sqrt{10}}{2}=\sqrt{10},$$
$$A-B=\frac{\sqrt{10}+6}{2}-\frac{\sqrt{10}-6}{2}=\frac{12}{2}=6$$
$$\therefore\ \frac{A-B}{A+B}=\frac{6}{\sqrt{10}}=\frac{6\sqrt{10}}{10}=\frac{3\sqrt{10}}{5}$$

0342 답 ④

$$\sqrt{2}(\sqrt{8}+3\sqrt{5})-\frac{5\sqrt{2}-\sqrt{5}}{\sqrt{5}}$$
$$=\sqrt{2}(2\sqrt{2}+3\sqrt{5})-\frac{(5\sqrt{2}-\sqrt{5})\times\sqrt{5}}{\sqrt{5}\times\sqrt{5}}$$
$$=4+3\sqrt{10}-\frac{5\sqrt{10}-5}{5}$$
$$=4+3\sqrt{10}-\sqrt{10}+1$$
$$=5+2\sqrt{10}$$

0343 답 ①

$$\sqrt{75}-\frac{2\sqrt{15}}{\sqrt{3}}+\frac{\sqrt{6}-3\sqrt{10}}{\sqrt{2}}=5\sqrt{3}-2\sqrt{5}+\sqrt{3}-3\sqrt{5}$$
$$=6\sqrt{3}-5\sqrt{5}$$

따라서 $a=6$, $b=-5$이므로
$$ab=6\times(-5)=-30$$

0344 답 ③

$$\sqrt{24}A-\sqrt{5}B=2\sqrt{6}\left(\sqrt{3}-\frac{5}{\sqrt{2}}\right)-\sqrt{5}(\sqrt{10}-\sqrt{15})$$
$$=6\sqrt{2}-10\sqrt{3}-5\sqrt{2}+5\sqrt{3}=\sqrt{2}-5\sqrt{3}$$

0345 답 2

$$A=\frac{6}{\sqrt{3}}(\sqrt{3}-\sqrt{2})=6-\frac{6\sqrt{2}}{\sqrt{3}}=6-2\sqrt{6}$$
$$B=\frac{\sqrt{8}-\sqrt{12}}{\sqrt{2}}=\sqrt{4}-\sqrt{6}=2-\sqrt{6}$$
$$\therefore\ A-2B=(6-2\sqrt{6})-2(2-\sqrt{6})$$
$$=6-2\sqrt{6}-4+2\sqrt{6}=2$$

0346 답 $\frac{3}{2}$

$$\frac{4}{\sqrt{2}}(a+4\sqrt{2})-\sqrt{3}(\sqrt{3}+\sqrt{6})=2\sqrt{2}(a+4\sqrt{2})-\sqrt{3}(\sqrt{3}+\sqrt{6})$$
$$=2a\sqrt{2}+16-3-3\sqrt{2}$$
$$=(2a-3)\sqrt{2}+13$$

이 식이 유리수가 되려면
$$2a-3=0,\ 2a=3\qquad\therefore\ a=\frac{3}{2}$$

해설 속 칠판 제곱근의 계산 결과가 유리수가 될 조건

근호를 포함한 식이 유리수가 되려면 무리수 부분이 0이어야 한다.
a, b는 유리수, $\sqrt{m}$은 무리수일 때, 주어진 식을 계산하여 $a+b\sqrt{m}$의 꼴로 간단히 하면
$\Rightarrow a+b\sqrt{m}$이 유리수가 될 조건은 $b=0$

0347 답 ②

$1<\sqrt{3}<2$에서 $2<1+\sqrt{3}<3$이므로 $1+\sqrt{3}$의 정수 부분은 2이다.
$\therefore a=2$
이때 $1+\sqrt{3}$의 소수 부분은 $(1+\sqrt{3})-2=\sqrt{3}-1$이므로 $b=\sqrt{3}-1$
$\therefore a-b=2-(\sqrt{3}-1)=3-\sqrt{3}$

0348 답 $3+\sqrt{5}$

$2<\sqrt{6}<3$에서 $5<3+\sqrt{6}<6$이므로
$3+\sqrt{6}$의 정수 부분은 5이다.　　$\therefore a=5$
$2<\sqrt{5}<3$이므로 $\sqrt{5}$의 정수 부분은 2이고,
소수 부분은 $\sqrt{5}-2$이다.　　$\therefore b=\sqrt{5}-2$
$\therefore a+b=5+(\sqrt{5}-2)=3+\sqrt{5}$

0349 답 $6\sqrt{2}-\sqrt{22}$

$1<\sqrt{2}<2$에서 $\sqrt{2}$의 정수 부분이 1이므로 소수 부분은 $\sqrt{2}-1$이다.
$\therefore a=\sqrt{2}-1$
$3<\sqrt{11}<4$에서 $\sqrt{11}$의 정수 부분은 3이므로 소수 부분 $\sqrt{11}-3$이다.　　$\therefore b=\sqrt{11}-3$
$\therefore \sqrt{11}a-2\sqrt{2}b+\sqrt{11}=\sqrt{11}(\sqrt{2}-1)-2\sqrt{2}(\sqrt{11}-3)+\sqrt{11}$
$\qquad\qquad =\sqrt{22}-\sqrt{11}-2\sqrt{22}+6\sqrt{2}+\sqrt{11}$
$\qquad\qquad =6\sqrt{2}-\sqrt{22}$

0350 답 ⑤

$2<\sqrt{7}<3$에서 $1<\sqrt{7}-1<2$이므로 $\sqrt{7}-1$의 정수 부분은 1이고,
소수 부분은 $(\sqrt{7}-1)-1=\sqrt{7}-2$이다.　　$\therefore a=\sqrt{7}-2$
② $\sqrt{7}a=\sqrt{7}(\sqrt{7}-2)=7-2\sqrt{7} \Rightarrow$ 무리수
③ $a+\sqrt{7}=(\sqrt{7}-2)+\sqrt{7}=2\sqrt{7}-2 \Rightarrow$ 무리수
④ $a+2=(\sqrt{7}-2)+2=\sqrt{7}$이므로
$\quad a(a+2)=(\sqrt{7}-2)\times\sqrt{7}=7-2\sqrt{7} \Rightarrow$ 무리수
⑤ $a+2=\sqrt{7}$이므로 $\dfrac{a+2}{\sqrt{7}}=\dfrac{\sqrt{7}}{\sqrt{7}}=1 \Rightarrow$ 유리수
따라서 유리수인 것은 ⑤이다.

0351 답 $18\sqrt{6}$

(사다리꼴의 넓이)$=\dfrac{1}{2}\times\{(\sqrt{32}+\sqrt{8})+\sqrt{18}\}\times\sqrt{48}$
$\qquad\qquad =\dfrac{1}{2}\times\{(4\sqrt{2}+2\sqrt{2})+3\sqrt{2}\}\times4\sqrt{3}$
$\qquad\qquad =\dfrac{1}{2}\times9\sqrt{2}\times4\sqrt{3}=18\sqrt{6}$

0352 답 $12\sqrt{2}+12\sqrt{6}$

주어진 직육면체의 높이를 h라 하면
$\sqrt{24}\times\sqrt{6}\times h=36\sqrt{2}$에서
$2\sqrt{6}\times\sqrt{6}\times h=36\sqrt{2}$
$12h=36\sqrt{2}$　　$\therefore h=\dfrac{36\sqrt{2}}{12}=3\sqrt{2}$

따라서 직육면체의 모든 모서리의 길이의 합은
$4(\sqrt{24}+\sqrt{6}+3\sqrt{2})=4(3\sqrt{6}+3\sqrt{2})=12\sqrt{2}+12\sqrt{6}$

0353 답 $6\sqrt{6}$ cm

세 정사각형 ㈎, ㈏, ㈐의 한 변의 길이는 각각 $\sqrt{6}$ cm, $\sqrt{54}$ cm, $\sqrt{24}$ cm이므로
$\overline{\text{AB}}=\sqrt{6}+\sqrt{54}+\sqrt{24}$
$\qquad =\sqrt{6}+3\sqrt{6}+2\sqrt{6}=6\sqrt{6}$(cm)

0354 답 $45\sqrt{3}$ cm³

(상자의 밑면의 가로의 길이)$=\sqrt{147}-2\sqrt{3}=7\sqrt{3}-2\sqrt{3}$
$\qquad\qquad\qquad\qquad\qquad =5\sqrt{3}$(cm)
(상자의 밑면의 세로의 길이)$=\sqrt{75}-2\sqrt{3}=5\sqrt{3}-2\sqrt{3}$
$\qquad\qquad\qquad\qquad\qquad =3\sqrt{3}$(cm)
(상자의 높이)$=\sqrt{3}$ cm
$\therefore$ (상자의 부피)$=5\sqrt{3}\times3\sqrt{3}\times\sqrt{3}=45\sqrt{3}$(cm³)

0355 답 $(4\sqrt{2}+4\sqrt{5})$ cm

新 유형

접근하기 피타고라스 정리를 이용하여 $\triangle$ABC의 세 변의 길이를 각각 구해 본다.

피타고라스 정리에 의하여
$\overline{\text{AB}}=\sqrt{2^2+4^2}=\sqrt{20}=2\sqrt{5}$(cm),
$\overline{\text{BC}}=\sqrt{4^2+4^2}=\sqrt{32}=4\sqrt{2}$(cm),
$\overline{\text{CA}}=\sqrt{2^2+4^2}=\sqrt{20}=2\sqrt{5}$(cm)
따라서 $\triangle$ABC의 둘레의 길이는
$\overline{\text{AB}}+\overline{\text{BC}}+\overline{\text{CA}}=2\sqrt{5}+4\sqrt{2}+2\sqrt{5}=4\sqrt{2}+4\sqrt{5}$(cm)

0356 답 $-\sqrt{2}-\sqrt{10}$

피타고라스 정리에 의하여
$\overline{\text{PA}}=\overline{\text{PQ}}=\sqrt{1^2+2^2}=\sqrt{5}$,
$\overline{\text{RB}}=\overline{\text{RS}}=\sqrt{1^2+1^2}=\sqrt{2}$
따라서 점 A에 대응하는 수는 $-1-\sqrt{5}$이므로 $a=-1-\sqrt{5}$,
점 B에 대응하는 수는 $\sqrt{2}$이므로 $b=\sqrt{2}$이다.
$\therefore ab=(-1-\sqrt{5})\times\sqrt{2}=-\sqrt{2}-\sqrt{10}$

0357 답 $2+\sqrt{10}$

피타고라스 정리에 의하여
$\overline{\text{AP}}=\overline{\text{AB}}=\sqrt{1^2+1^2}=\sqrt{2}$,
$\overline{\text{AQ}}=\overline{\text{AC}}=\sqrt{2^2+1^2}=\sqrt{5}$
따라서 점 P에 대응하는 수는 $-2-\sqrt{2}$이므로 $p=-2-\sqrt{2}$,
점 Q에 대응하는 수는 $-2+\sqrt{5}$이므로 $q=-2+\sqrt{5}$
$\therefore \sqrt{2}(q-p)=\sqrt{2}\{(-2+\sqrt{5})-(-2-\sqrt{2})\}$
$\qquad\qquad\quad =\sqrt{2}(\sqrt{2}+\sqrt{5})=2+\sqrt{10}$

0358 답 ④

넓이가 각각 5, 10인 두 정사각형의 한 변의 길이는 각각 $\sqrt{5}$, $\sqrt{10}$이므로
점 A에 대응하는 수는 $-2-\sqrt{5}$,
점 B에 대응하는 수는 $-2+\sqrt{5}$,

점 C에 대응하는 수는 $2-\sqrt{10}$,

점 D에 대응하는 수는 $2+\sqrt{10}$이다.

③ $\overline{AB}=(-2+\sqrt{5})-(-2-\sqrt{5})$
$\quad=-2+\sqrt{5}+2+\sqrt{5}=2\sqrt{5}$

④ $\overline{BC}=(-2+\sqrt{5})-(2-\sqrt{10})$
$\quad=-2+\sqrt{5}-2+\sqrt{10}=\sqrt{5}+\sqrt{10}-4$

⑤ $\overline{CD}=(2+\sqrt{10})-(2-\sqrt{10})$
$\quad=2+\sqrt{10}-2+\sqrt{10}=2\sqrt{10}$

따라서 옳지 않은 것은 ④이다.

0359 답 ④

① $2\sqrt{5}=\sqrt{20}$, $4=\sqrt{16}$에서 $2\sqrt{5}>4$ $\quad\therefore -2\sqrt{5}<-4$

② $(4+\sqrt{2})-(\sqrt{16}+2)=\sqrt{2}-2<0$이므로
$\quad 4+\sqrt{2}<\sqrt{16}+2$

③ $(\sqrt{5}+\sqrt{2})-(\sqrt{5}+1)=\sqrt{2}-1>0$이므로
$\quad \sqrt{5}+\sqrt{2}>\sqrt{5}+1$

④ $(\sqrt{3}+3\sqrt{5})-(\sqrt{3}+2\sqrt{11})=3\sqrt{5}-2\sqrt{11}=\sqrt{45}-\sqrt{44}>0$
이므로 $\sqrt{3}+3\sqrt{5}>\sqrt{3}+2\sqrt{11}$

⑤ $(4\sqrt{2}-3\sqrt{3})-(\sqrt{8}-\sqrt{12})=4\sqrt{2}-3\sqrt{3}-2\sqrt{2}+2\sqrt{3}$
$\qquad\qquad\qquad\qquad\qquad =2\sqrt{2}-\sqrt{3}=\sqrt{8}-\sqrt{3}>0$
이므로 $4\sqrt{2}-3\sqrt{3}>\sqrt{8}-\sqrt{12}$

따라서 옳은 것은 ④이다.

0360 답 ②

ㄱ. $(2\sqrt{7}+\sqrt{2})-(\sqrt{7}+3\sqrt{2})=\sqrt{7}-2\sqrt{2}=\sqrt{7}-\sqrt{8}<0$
이므로 $2\sqrt{7}+\sqrt{2}<\sqrt{7}+3\sqrt{2}$

ㄴ. $\sqrt{18}-(6-\sqrt{2})=3\sqrt{2}-6+\sqrt{2}=4\sqrt{2}-6=\sqrt{32}-\sqrt{36}<0$
이므로 $\sqrt{18}<6-\sqrt{2}$

ㄷ. $(\sqrt{27}-\sqrt{32})-(2\sqrt{2}-2\sqrt{3})=3\sqrt{3}-4\sqrt{2}-2\sqrt{2}+2\sqrt{3}$
$\qquad\qquad\qquad\qquad\qquad\quad =5\sqrt{3}-6\sqrt{2}=\sqrt{75}-\sqrt{72}>0$
이므로 $\sqrt{27}-\sqrt{32}>2\sqrt{2}-2\sqrt{3}$

ㄹ. $(\sqrt{6}+1)-(2\sqrt{6}-2)=\sqrt{6}+1-2\sqrt{6}+2$
$\qquad\qquad\qquad\qquad =3-\sqrt{6}=\sqrt{9}-\sqrt{6}>0$
이므로 $\sqrt{6}+1>2\sqrt{6}-2$

따라서 옳은 것은 ㄱ, ㄷ이다.

0361 답 $c<a<b$

$b-a=(\sqrt{6}+\sqrt{3})-(2\sqrt{6}-\sqrt{3})$
$\quad=\sqrt{6}+\sqrt{3}-2\sqrt{6}+\sqrt{3}$
$\quad=2\sqrt{3}-\sqrt{6}=\sqrt{12}-\sqrt{6}>0$
$\therefore b>a$ $\quad\cdots\,\bigcirc$ $\qquad\qquad\qquad\qquad\cdots$ (i)

$a-c=(2\sqrt{6}-\sqrt{3})-(3\sqrt{3}-\sqrt{6})$
$\quad=2\sqrt{6}-\sqrt{3}-3\sqrt{3}+\sqrt{6}$
$\quad=3\sqrt{6}-4\sqrt{3}=\sqrt{54}-\sqrt{48}>0$
$\therefore a>c$ $\quad\cdots\,\bigcirc$ $\qquad\qquad\qquad\qquad\cdots$ (ii)

따라서 ㉠, ㉡에서 $c<a<b$ $\qquad\qquad\qquad\cdots$ (iii)

채점 기준	배점
(i) a, b의 대소를 비교한 경우	40 %
(ii) a, c의 대소를 비교한 경우	40 %
(iii) a, b, c의 대소를 비교한 경우	20 %

0362 답 ④

① $\sqrt{2}+\sqrt{5}$는 더 이상 간단히 할 수 없다.

② $\sqrt{9}-\sqrt{6}=3-\sqrt{6}$ $\qquad$ ③ $3\times\sqrt{2}=3\sqrt{2}=\sqrt{18}$

④ $\sqrt{3}\div\dfrac{\sqrt{2}}{2}=\sqrt{3}\times\dfrac{2}{\sqrt{2}}=\sqrt{6}$ $\qquad$ ⑤ $\sqrt{24}\div4=\dfrac{2\sqrt{6}}{4}=\dfrac{\sqrt{6}}{2}$

따라서 옳은 것은 ④이다.

0363 답 ⑤

① $\sqrt{54}=3\sqrt{6}$이므로 $\square=3$

② $\sqrt{108}=6\sqrt{3}$이므로 $\square=6$

③ $\sqrt{125}=5\sqrt{5}$이므로 $\square=5$

④ $-\sqrt{112}=-4\sqrt{7}$이므로 $\square=7$

⑤ $-\sqrt{90}=-3\sqrt{10}$이므로 $\square=10$

따라서 $\square$ 안에 들어갈 수 중 가장 큰 것은 ⑤이다.

0364 답 ④

$\sqrt{80}=4\sqrt{5}$이므로 $a=4$

$\sqrt{\dfrac{175}{4}}=\dfrac{\sqrt{175}}{\sqrt{4}}=\dfrac{5\sqrt{7}}{2}$이므로 $b=\dfrac{5}{2}$

$\therefore ab=4\times\dfrac{5}{2}=10$

0365 답 ①

주어진 수를 간단히 한 후 분모를 같게 하면

① $\dfrac{\sqrt{2}}{\sqrt{3}}=\dfrac{\sqrt{6}}{3}=\dfrac{2\sqrt{6}}{6}=\dfrac{\sqrt{24}}{6}$

② $\dfrac{\sqrt{24}}{\sqrt{16}}=\dfrac{2\sqrt{6}}{4}=\dfrac{\sqrt{6}}{2}=\dfrac{3\sqrt{6}}{6}=\dfrac{\sqrt{54}}{6}$

③ $\sqrt{48}\div\sqrt{27}=\sqrt{\dfrac{48}{27}}=\sqrt{\dfrac{16}{9}}=\dfrac{4}{3}=\dfrac{8}{6}$

④ $\dfrac{3\sqrt{8}}{2\sqrt{2}}=\dfrac{6\sqrt{2}}{2\sqrt{2}}=3=\dfrac{18}{6}$

⑤ $\sqrt{3}=\dfrac{6\sqrt{3}}{6}=\dfrac{\sqrt{108}}{6}$

따라서 가장 작은 값은 ①이다.

0366 답 ③

① $\sqrt{5.41}=2.326$이므로
$\quad \sqrt{541}=\sqrt{5.41\times100}=10\sqrt{5.41}=23.26$

② $\sqrt{54.2}=7.362$이므로
$\quad \sqrt{5420}=\sqrt{54.2\times100}=10\sqrt{54.2}=73.62$

③ $\sqrt{54.4}=7.376$이므로
$\quad \sqrt{0.544}=\sqrt{\dfrac{54.4}{100}}=\dfrac{\sqrt{54.4}}{10}=0.7376$

④ $\sqrt{5.60}=2.366$이므로
$\quad \sqrt{0.056}=\sqrt{\dfrac{5.60}{100}}=\dfrac{\sqrt{5.60}}{10}=0.2366$

⑤ $\sqrt{56.3}=7.503$이므로

$$\sqrt{0.00563}=\sqrt{\frac{56.3}{10000}}=\frac{\sqrt{56.3}}{100}=0.07503$$

따라서 옳지 않은 것은 ③이다.

0367 답 ④

$$\sqrt{0.125}=\sqrt{\frac{125}{1000}}=\frac{5\sqrt{5}}{10\sqrt{10}}=\frac{\sqrt{5}}{2\sqrt{10}}=\frac{a}{2b}$$

0368 답 ③, ⑤

③ $\dfrac{\sqrt{7}}{\sqrt{18}}=\dfrac{\sqrt{7}}{3\sqrt{2}}=\dfrac{\sqrt{14}}{6}$

⑤ $\dfrac{3\sqrt{2}}{\sqrt{3}\sqrt{5}}=\dfrac{3\sqrt{30}}{15}=\dfrac{\sqrt{30}}{5}$

0369 답 1

$\dfrac{1}{\sqrt{18}}=\dfrac{1}{3\sqrt{2}}=\dfrac{\sqrt{2}}{6}$이므로 $A=\dfrac{1}{6}$

$\dfrac{5}{2\sqrt{3}}=\dfrac{5\sqrt{3}}{6}$이므로 $B=\dfrac{5}{6}$

$\therefore A+B=\dfrac{1}{6}+\dfrac{5}{6}=1$

0370 답 9.1676

$\sqrt{80}=4\sqrt{5}=4\times2.236=8.944$

$\sqrt{\dfrac{1}{20}}=\dfrac{1}{2\sqrt{5}}=\dfrac{\sqrt{5}}{10}=0.2236$

$\therefore \sqrt{80}+\sqrt{\dfrac{1}{20}}=8.944+0.2236=9.1676$

0371 답 $\sqrt{5}$

$$\sqrt{0.6}\div\dfrac{\sqrt{3}}{\sqrt{5}}\times\sqrt{5}=\sqrt{\dfrac{3}{5}}\times\dfrac{\sqrt{5}}{\sqrt{3}}\times\sqrt{5}=\sqrt{5}$$

0372 답 ④

(사다리꼴의 높이)$=\sqrt{200}=10\sqrt{2}$ (cm)이므로

(사다리꼴의 넓이)$=\dfrac{1}{2}\times\{$(윗변의 길이)$+$(아랫변의 길이)$\}\times10\sqrt{2}$
$=\{$(윗변의 길이)$+$(아랫변의 길이)$\}\times5\sqrt{2}$
$=200$

에서 $\{$(윗변의 길이)$+$(아랫변의 길이)$\}=\dfrac{200}{5\sqrt{2}}=20\sqrt{2}$ (cm)

이때 윗변의 길이와 아랫변의 길이의 비가 3 : 5이므로

(윗변의 길이)$=\dfrac{3}{3+5}\times20\sqrt{2}=\dfrac{15}{2}\sqrt{2}$ (cm)

$\therefore p=\dfrac{15}{2}$

0373 답 ①

$\sqrt{75}-3\sqrt{12}-\sqrt{48}+2\sqrt{3}=5\sqrt{3}-6\sqrt{3}-4\sqrt{3}+2\sqrt{3}=-3\sqrt{3}$

0374 답 $5\sqrt{7}$

$2\sqrt{63}-\sqrt{28}-\square=-\sqrt{7}$에서

$6\sqrt{7}-2\sqrt{7}-\square=-\sqrt{7}$

$\therefore \square=6\sqrt{7}-2\sqrt{7}+\sqrt{7}=5\sqrt{7}$

0375 답 ②

$$\dfrac{1}{\sqrt{3}}-\dfrac{3}{\sqrt{5}}-\dfrac{\sqrt{8}}{\sqrt{10}}+\dfrac{5}{\sqrt{3}}=\dfrac{\sqrt{3}}{3}-\dfrac{3\sqrt{5}}{5}-\dfrac{2\sqrt{5}}{5}+\dfrac{5\sqrt{3}}{3}$$
$$=2\sqrt{3}-\sqrt{5}$$

따라서 $a=2$, $b=-1$이므로

$a+b=2+(-1)=1$

0376 답 ③

$$\dfrac{\sqrt{72}-\sqrt{12}}{\sqrt{18}}=\dfrac{6\sqrt{2}-2\sqrt{3}}{3\sqrt{2}}=\dfrac{12-2\sqrt{6}}{6}=2-\dfrac{\sqrt{6}}{3}$$

따라서 $a=2$, $b=-\dfrac{1}{3}$이므로

$a+3b=2+3\times\left(-\dfrac{1}{3}\right)=2-1=1$

0377 답 $4\sqrt{10}-15$

$x=\dfrac{10-\sqrt{10}}{\sqrt{2}}=\dfrac{10\sqrt{2}-2\sqrt{5}}{2}=5\sqrt{2}-\sqrt{5}$

$y=\dfrac{10+\sqrt{10}}{\sqrt{2}}=\dfrac{10\sqrt{2}+2\sqrt{5}}{2}=5\sqrt{2}+\sqrt{5}$

$\therefore \sqrt{5}x-\sqrt{2}y=\sqrt{5}(5\sqrt{2}-\sqrt{5})-\sqrt{2}(5\sqrt{2}+\sqrt{5})$
$=5\sqrt{10}-5-10-\sqrt{10}$
$=4\sqrt{10}-15$

0378 답 $3\sqrt{3}+5\sqrt{5}$

$\dfrac{3}{\sqrt{3}}+\sqrt{6}\times\sqrt{30}-\dfrac{\sqrt{10}-\sqrt{24}}{\sqrt{2}}=\sqrt{3}+6\sqrt{5}-(\sqrt{5}-\sqrt{12})$
$=\sqrt{3}+6\sqrt{5}-\sqrt{5}+2\sqrt{3}$
$=3\sqrt{3}+5\sqrt{5}$

0379 답 ①

$\sqrt{5}(3-\sqrt{60})-3\left(\dfrac{\sqrt{45}}{2}+\dfrac{2}{\sqrt{3}}\right)$

$=\sqrt{5}(3-2\sqrt{15})-3\left(\dfrac{3\sqrt{5}}{2}+\dfrac{2\sqrt{3}}{3}\right)$

$=3\sqrt{5}-10\sqrt{3}-\dfrac{9\sqrt{5}}{2}-2\sqrt{3}$

$=-12\sqrt{3}-\dfrac{3\sqrt{5}}{2}$

따라서 $m=-12$, $n=-\dfrac{3}{2}$이므로

$\sqrt{mn}=\sqrt{-12\times\left(-\dfrac{3}{2}\right)}=\sqrt{18}=3\sqrt{2}$

0380 답 ③

$4<\sqrt{18}<5$에서 $\sqrt{18}$의 정수 부분은 4이므로

소수 부분은 $\sqrt{18}-4$이다.

$\therefore f(18)=\sqrt{18}-4=3\sqrt{2}-4$

$5<\sqrt{32}<6$에서 $\sqrt{32}$의 정수 부분은 5이므로

소수 부분은 $\sqrt{32}-5$이다.

$\therefore f(32)=\sqrt{32}-5=4\sqrt{2}-5$

$\therefore f(18)-f(32)=(3\sqrt{2}-4)-(4\sqrt{2}-5)$
$=3\sqrt{2}-4-4\sqrt{2}+5=1-\sqrt{2}$

0381 답 ①

$1<\sqrt{2}<2$에서 $\sqrt{2}$의 정수 부분은 1이므로

소수 부분은 $\sqrt{2}-1$이다. $\quad\therefore a=\sqrt{2}-1$

$4<\sqrt{18}<5$에서 $\sqrt{18}$의 정수 부분은 4이므로

소수 부분은 $\sqrt{18}-4$이다.

이때 $\sqrt{18}-4=3\sqrt{2}-4=3(\sqrt{2}-1)-1$이므로

$\sqrt{18}-4=3a-1\ (\because a=\sqrt{2}-1)$

따라서 $\sqrt{18}$의 소수 부분을 a를 사용하여 나타내면 $3a-1$이다.

0382 답 $(12+12\sqrt{2})$ cm

❶ $\triangle$ABC의 넓이를 이용하여 직각을 낀 두 변의 길이를 각각 구하고, 피타고라스 정리를 이용하여 빗변의 길이를 구한다.

❷ ❶과 같은 방법으로 $\triangle$CDE, $\triangle$EFG에서 직각을 낀 두 변의 길이와 빗변의 길이를 각각 구한다.

❸ 세 삼각형의 둘레의 길이의 합을 구하여 주어진 도형의 둘레의 길이를 구한다.

$\triangle\mathrm{ABC}=\dfrac{1}{2}\times\overline{\mathrm{AC}}^2=1(\mathrm{cm}^2)$에서

$\overline{\mathrm{AC}}^2=2\quad\therefore\overline{\mathrm{AC}}=\sqrt{2}$ cm

피타고라스 정리에 의하여 $\overline{\mathrm{BC}}=\sqrt{(\sqrt{2})^2+(\sqrt{2})^2}=2(\mathrm{cm})$

$\triangle\mathrm{CDE}=\dfrac{1}{2}\times\overline{\mathrm{CD}}^2=4(\mathrm{cm}^2)$에서

$\overline{\mathrm{CD}}^2=8\quad\therefore\overline{\mathrm{CD}}=\sqrt{8}=2\sqrt{2}(\mathrm{cm})$

피타고라스 정리에 의하여 $\overline{\mathrm{CE}}=\sqrt{(2\sqrt{2})^2+(2\sqrt{2})^2}=4(\mathrm{cm})$

$\triangle\mathrm{EFG}=\dfrac{1}{2}\times\overline{\mathrm{EG}}^2=9(\mathrm{cm}^2)$에서

$\overline{\mathrm{EG}}^2=18\quad\therefore\overline{\mathrm{EG}}=\sqrt{18}=3\sqrt{2}(\mathrm{cm})$

피타고라스 정리에 의하여 $\overline{\mathrm{EF}}=\sqrt{(3\sqrt{2})^2+(3\sqrt{2})^2}=6(\mathrm{cm})$

따라서 구하는 도형의 둘레의 길이는

($\triangle$ABC의 둘레의 길이)$+$($\triangle$CDE의 둘레의 길이)
$\qquad\qquad\qquad\qquad+$($\triangle$EFG의 둘레의 길이)

$=(2+2\sqrt{2})+(4+4\sqrt{2})+(6+6\sqrt{2})$

$=12+12\sqrt{2}(\mathrm{cm})$

0383 답 ④

$A-B=2(\sqrt{5}+1)-(9-\sqrt{5})$

$\qquad\quad=2\sqrt{5}+2-9+\sqrt{5}$

$\qquad\quad=3\sqrt{5}-7=\sqrt{45}-\sqrt{49}<0$

$\therefore A<B\quad\cdots\ \bigcirc$

$A-C=2(\sqrt{5}+1)-(2+\sqrt{18})$

$\qquad\quad=2\sqrt{5}+2-2-3\sqrt{2}$

$\qquad\quad=2\sqrt{5}-3\sqrt{2}=\sqrt{20}-\sqrt{18}>0$

$\therefore A>C\quad\cdots\ \bigcirc$

따라서 $\bigcirc$, $\bigcirc$에서 $C<A<B$

0384 답 $6\sqrt{3}$ cm

한 변의 길이가 각각 6 cm, $6\sqrt{2}$ cm인 두 정사각형의 넓이는 각각

$36\,\mathrm{cm}^2$, $72\,\mathrm{cm}^2$이므로 새로 만들어진 정사각형의 넓이는

$36+72=108(\mathrm{cm}^2)\qquad\qquad\qquad\qquad\cdots$ (i)

따라서 새로 만들어진 정사각형의 한 변의 길이는

$\sqrt{108}=6\sqrt{3}(\mathrm{cm})\qquad\qquad\qquad\qquad\cdots$ (ii)

채점 기준	배점
(i) 새로 만들어진 정사각형의 넓이를 구한 경우	60 %
(ii) 새로 만들어진 정사각형의 한 변의 길이를 구한 경우	40 %

0385 답 $2\sqrt{5}-5$

$2<\sqrt{5}<3$이므로 $2-\sqrt{5}<0$, $3-\sqrt{5}>0$ $\quad\cdots$ (i)

$\therefore\sqrt{(2-\sqrt{5})^2}-\sqrt{(3-\sqrt{5})^2}=-(2-\sqrt{5})-(3-\sqrt{5})$

$\qquad\qquad\qquad\qquad\qquad\qquad=-2+\sqrt{5}-3+\sqrt{5}$

$\qquad\qquad\qquad\qquad\qquad\qquad=2\sqrt{5}-5\qquad\cdots$ (ii)

채점 기준	배점
(i) $2-\sqrt{5}$, $3-\sqrt{5}$의 부호를 각각 정한 경우	30 %
(ii) 주어진 식을 간단히 한 경우	70 %

0386 답 2.6

$\dfrac{\sqrt{5}+\sqrt{2}}{\sqrt{2}}=\dfrac{(\sqrt{5}+\sqrt{2})\times\sqrt{2}}{\sqrt{2}\times\sqrt{2}}=\dfrac{\sqrt{10}+2}{2}\qquad\cdots$ (i)

$\qquad\quad=\dfrac{\sqrt{10}}{2}+1=\dfrac{1}{2}\times3.162+1\ (\because\sqrt{10}=3.162)$

$\qquad\quad=1.581+1$

$\qquad\quad=2.581\qquad\qquad\qquad\qquad\qquad\cdots$ (ii)

따라서 주어진 식의 값을 소수점 아래 둘째 자리에서 반올림하면 2.6
이다. $\qquad\qquad\qquad\qquad\qquad\qquad\qquad\qquad\cdots$ (iii)

채점 기준	배점
(i) 분모를 유리화하여 나타낸 경우	40 %
(ii) 주어진 식의 값을 구한 경우	40 %
(iii) (ii)의 값을 소수점 아래 둘째 자리에서 반올림한 경우	20 %

0387 답 $-10+2\sqrt{10}$

피타고라스 정리에 의하여

$\overline{\mathrm{AB}}=\sqrt{1^2+2^2}=\sqrt{5}$,

$\overline{\mathrm{AC}}=\sqrt{1^2+3^2}=\sqrt{10}\qquad\qquad\qquad\cdots$ (i)

$\overline{\mathrm{AP}}=\overline{\mathrm{AC}}$이므로 점 P에 대응하는 수는 $-2+\sqrt{10}$

$3<\sqrt{10}<4$, 즉 $1<-2+\sqrt{10}<2$에서

$-2+\sqrt{10}$의 정수 부분은 1이므로

소수 부분은 $(-2+\sqrt{10})-1=-3+\sqrt{10}$이다.

$\therefore a=-3+\sqrt{10}\qquad\qquad\qquad\qquad\qquad\cdots$ (ii)

$\overline{\mathrm{AQ}}=\overline{\mathrm{AB}}$이므로 점 Q에 대응하는 수는 $-2-\sqrt{5}$

$2<\sqrt{5}<3$, 즉 $-3<-\sqrt{5}<-2$에서

$-5<-2-\sqrt{5}<-4$이므로

$-2-\sqrt{5}$의 정수 부분은 -4이다. $\quad\therefore b=-4\qquad\cdots$ (iii)

$\therefore 2a+b=2(-3+\sqrt{10})+(-4)$

$\qquad\qquad\quad=-10+2\sqrt{10}\qquad\qquad\qquad\cdots$ (iv)

채점 기준	배점
(i) $\overline{\mathrm{AB}}$, $\overline{\mathrm{AC}}$의 길이를 각각 구한 경우	20 %
(ii) a의 값을 구한 경우	30 %
(iii) b의 값을 구한 경우	30 %
(iv) $2a+b$의 값을 구한 경우	20 %

Ⅱ. 다항식의 곱셈과 인수분해

04. 다항식의 곱셈

C : CONCEPT
개념 체크　　　　本문 055쪽

0388 답 $3xy+12x+2y+8$　**0389** 답 $2ab-4a+b-2$

0390 답 $8x^2-14xy-15y^2$　**0391** 답 $a^2-3a+ab-2b+2$

0392 답 a^2+6a+9　**0393** 답 $x^2+4xy+4y^2$

0394 답 $25a^2+40ab+16b^2$　**0395** 답 $x^2+x+\dfrac{1}{4}$

0396 답 $9x^2-6x+1$　**0397** 답 $x^2-8xy+16y^2$

0398 답 $4a^2-20ab+25b^2$　**0399** 답 $x^2-x+\dfrac{1}{4}$

0400 답 a^2-49　**0401** 답 $9x^2-4$

0402 답 $16a^2-9b^2$　**0403** 답 $a^2-\dfrac{1}{9}b^2$

0404 답 x^2+3x+2　**0405** 답 y^2-y-12

0406 답 $a^2-5a-24$　**0407** 답 b^2-6b+5

0408 답 $2x^2+7x+3$　**0409** 답 $20a^2+9a-18$

0410 답 $4y^2+2y-2$　**0411** 답 $15b^2-28b+5$

0412 답 2, 2, 2, 400, 4, 10404

0413 답 $\sqrt{7}$, 1, $2\sqrt{7}$, 1, $8-2\sqrt{7}$

0414 답 $\sqrt{5}+2$

$$\frac{1}{\sqrt{5}-2}=\frac{\sqrt{5}+2}{(\sqrt{5}-2)(\sqrt{5}+2)}=\sqrt{5}+2$$

0415 답 $3-2\sqrt{2}$

$$\frac{\sqrt{2}-1}{\sqrt{2}+1}=\frac{(\sqrt{2}-1)^2}{(\sqrt{2}+1)(\sqrt{2}-1)}=3-2\sqrt{2}$$

0416 답 $3+\sqrt{6}$

$$\frac{\sqrt{3}}{\sqrt{3}-\sqrt{2}}=\frac{\sqrt{3}(\sqrt{3}+\sqrt{2})}{(\sqrt{3}-\sqrt{2})(\sqrt{3}+\sqrt{2})}=3+\sqrt{6}$$

0417 답 $6+\sqrt{35}$

$$\frac{\sqrt{7}+\sqrt{5}}{\sqrt{7}-\sqrt{5}}=\frac{(\sqrt{7}+\sqrt{5})^2}{(\sqrt{7}-\sqrt{5})(\sqrt{7}+\sqrt{5})}=6+\sqrt{35}$$

0418 답 $2xy$, 6, 10　　**0419** 답 $4xy$, 12, 16

0420 답 5

$(x+y)^2=x^2+y^2+2xy$에 $x+y=5$, $x^2+y^2=15$를 대입하면
$5^2=15+2xy$, $2xy=10$　∴ $xy=5$

0421 답 10

$(x-y)^2=x^2+y^2-2xy$에 $x-y=3$, $x^2+y^2=29$를 대입하면
$3^2=29-2xy$, $-2xy=-20$　∴ $xy=10$

P : PATTERN
유형 마스터　　　　本문 056~062쪽

0422 답 -5

$(2a+b)(-3b+a-3)=-6ab+2a^2-6a-3b^2+ab-3b$
$\qquad\qquad\qquad\qquad=2a^2-5ab-6a-3b^2-3b$

따라서 ab의 계수는 -5이다.

다른 풀이

ab가 나오는 항만 전개하면
$2a\times(-3b)+b\times a=-5ab$
따라서 ab의 계수는 -5이다.

0423 답 1, 7

$(x-y+3)(x+2y-1)$
$=x^2+2xy-x-xy-2y^2+y+3x+6y-3$
$=x^2+xy-2y^2+2x+7y-3$
따라서 xy의 계수는 1, y의 계수는 7이다.

다른 풀이

xy가 나오는 항만 전개하면
$x\times2y-y\times x=xy$　∴ $(xy$의 계수$)=1$
y가 나오는 항만 전개하면
$-y\times(-1)+3\times2y=7y$　∴ $(y$의 계수$)=7$

0424 답 ④

④ $(2a-b)(3a+b+1)=6a^2-ab+2a-b^2-b$

0425 답 -1

$(x+3y-2)(ax+4y)$에서 xy가 나오는 항만 전개하면
$4xy+3axy=xy$이므로
$4+3a=1$, $3a=-3$　∴ $a=-1$

0426 답 ③

0427 답 56

$(5x+4)^2=25x^2+40x+16$이므로 $a=40$, $b=16$
∴ $a+b=40+16=56$

0428 답 ②

② $(-2a+b)^2=\{-(-2a+b)\}^2=(2a-b)^2$

0429 답 $\dfrac{1}{18}$

$(x-a)^2=x^2-2ax+a^2=x^2-bx+\dfrac{1}{36}$

$a^2=\dfrac{1}{36}$에서 a는 양수이므로 $a=\dfrac{1}{6}$ $\qquad\cdots$ (i)

$-2a=-b$에서 $b=2a=2\times\dfrac{1}{6}=\dfrac{1}{3}$ $\qquad\cdots$ (ii)

$\therefore ab=\dfrac{1}{6}\times\dfrac{1}{3}=\dfrac{1}{18}$ $\qquad\cdots$ (iii)

채점 기준	배점
(i) a의 값을 구한 경우	40 %
(ii) b의 값을 구한 경우	40 %
(iii) ab의 값을 구한 경우	20 %

0430 답 ①

① $(x-2y)(x+2y)=x^2+\boxed{-4}y^2$

② $(-2a+1)(-2a-1)=\boxed{4}a^2-1$

③ $(3x+5y)(-3x+\boxed{5}y)=-9x^2+25y^2$

④ $\left(\dfrac{1}{2}a-\dfrac{2}{3}\right)\left(\boxed{\dfrac{1}{2}}a+\dfrac{2}{3}\right)=\dfrac{1}{4}a^2-\dfrac{4}{9}$

⑤ $\left(\boxed{\dfrac{1}{3}}x+\dfrac{1}{7}\right)\left(\dfrac{1}{3}x-\dfrac{1}{7}\right)=\dfrac{1}{9}x^2-\dfrac{1}{49}$

따라서 □ 안에 알맞은 수가 가장 작은 것은 ①이다.

0431 답 13

$(3x+2y)(3x-2y)=9x^2-4y^2$이므로 $a=9$, $b=0$, $c=-4$

$\therefore a+b-c=9+0-(-4)=13$

0432 답 -18

$\left(\dfrac{4}{3}a+\dfrac{5}{4}b\right)\left(\dfrac{4}{3}a-\dfrac{5}{4}b\right)=\dfrac{16}{9}a^2-\dfrac{25}{16}b^2=\dfrac{16}{9}\times18-\dfrac{25}{16}\times32$

$\qquad\qquad\qquad\qquad\qquad\qquad =32-50=-18$

0433 답 (1) 4, 9 (2) 2, 4, 4, 16

(1) $(-4a^2+3)(-4a^2-3)=(-4a^2)^2-3^2$

$\qquad\qquad\qquad\qquad\qquad =16a^{\boxed{4}}-\boxed{9}$

(2) $(x-2)(x+2)(x^2+4)=(x^{\boxed{2}}-\boxed{4})(x^2+4)$

$\qquad\qquad\qquad\qquad\qquad =(x^2)^2-4^2=x^{\boxed{4}}-\boxed{16}$

0434 답 8

$(1-x)(1+x)(1+x^2)(1+x^4)=(1-x^2)(1+x^2)(1+x^4)$

$\qquad\qquad\qquad\qquad\qquad\qquad =(1-x^4)(1+x^4)$

$\qquad\qquad\qquad\qquad\qquad\qquad =1-x^8$ $\qquad\cdots$ (i)

따라서 $1-x^8=1-x^a$이므로 $a=8$ $\qquad\cdots$ (ii)

채점 기준	배점
(i) 주어진 식의 좌변을 간단히 한 경우	50 %
(ii) a의 값을 구한 경우	50 %

0435 답 ⑤

① $(x+7)(x+3)=x^2+10x+21$

② $(a+b)(a-5b)=a^2-4ab-5b^2$

③ $(2x+1)(x-4)=2x^2-7x-4$

④ $(-2a+3b)(4a-7b)=-8a^2+26ab-21b^2$

따라서 옳은 것은 ⑤이다.

0436 답 18

$(7x-2)(5x+3)=35x^2+11x-6$이므로

$a=35$, $b=11$, $c=-6$

$\therefore a-b+c=35-11+(-6)=18$

0437 답 -14

$(3x-4)(5x-6)=15x^2-38x+24$

따라서 x의 계수는 -38, 상수항은 24이므로 구하는 합은

$-38+24=-14$

0438 답 5

$(4x+1)(7x+a)$에서 x가 나오는 항만 전개하면

$4ax+7x=27x$이므로

$4a+7=27$, $4a=20$ $\qquad\therefore a=5$

0439 답 -2, $12x^2-23x+10$

잘못 계산한 식을 전개하면

$(3x+a)(4x-6)=12x^2+(4a-18)x-6a$

$\qquad\qquad\qquad\qquad =12x^2-26x+12$ $\qquad\cdots$ (i)

즉, $4a-18=-26$, $-6a=12$이므로 $a=-2$ $\qquad\cdots$ (ii)

따라서 바르게 계산하면

$(3x-2)(4x-5)=12x^2-23x+10$ $\qquad\cdots$ (iii)

채점 기준	배점
(i) 곱셈 공식을 이용하여 잘못 계산한 식을 전개한 경우	20 %
(ii) a의 값을 구한 경우	40 %
(iii) 바르게 계산한 답을 구한 경우	40 %

0440 답 $9\sqrt{5}$

접근하기	곱셈 공식을 이용하여 직각삼각형의 두 변의 길이를 구한 후, 피타고라스 정리를 이용하여 나머지 한 변의 길이를 구한다.

$(x+a)(x+3)=x^2+(3+a)x+3a=x^2+bx+18$

이므로 $3a=18$에서 $a=6$이고,

$3+a=b$에서 $b=3+6=9$

따라서 피타고라스 정리에 의하여 직각을 낀 다른 한 변의 길이를 구하면

$\sqrt{b^2-a^2}=\sqrt{9^2-6^2}=3\sqrt{5}$

$\therefore$ (직각삼각형의 넓이)$=\dfrac{1}{2}\times6\times3\sqrt{5}=9\sqrt{5}$

해설 속 칠판 피타고라스 정리

직각삼각형에서 직각을 낀 두 변의 길이를 각각 a, b라 하고, 빗변의 길이를 c라 하면

$a^2+b^2=c^2$

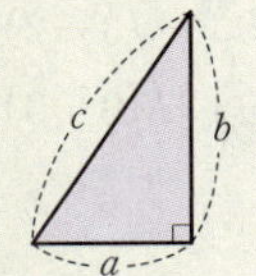

0441 답 ②, ④

① $(2x-3y)^2=4x^2-12xy+9y^2$

③ $(-x+1)(-x-1)=x^2-1$

⑤ $(3x+1)(2x-1)=6x^2-x-1$

따라서 옳은 것은 ②, ④이다.

0442 답 ③

① $6x(x+5)=\boxed{6}x^2+30x$

② $(x+3)^2=x^2+\boxed{6}x+9$

③ $(x+3)(x-3)=x^2-\boxed{9}$

④ $(x+3)(x+2)=x^2+5x+\boxed{6}$

⑤ $(2x+1)(8x-1)=16x^2+\boxed{6}x-1$

따라서 □ 안에 알맞은 수가 나머지 넷과 다른 하나는 ③이다.

선생님 톡톡

주어진 문제를 해결할 때는 식의 항을 모두 전개할 필요 없이 필요한 부분만 전개해도 돼. 예를 들어, $(ax+b)(cx+d)$에서 x항의 계수는 $ad+bc$이므로 이것만 전개해도 돼.

0443 답 ④

$$(a+3)^2-(2a+1)(3a+2)=(a^2+6a+9)-(6a^2+7a+2)$$
$$=-5a^2-a+7$$

0444 답 ③

$4.03\times3.97=(4+0.3)(4-0.3) \Rightarrow (a+b)(a-b)$

따라서 주어진 수를 계산하는 데 이용되는 가장 편리한 곱셈 공식은 ③이다.

0445 답 ①

① $103\times108=(100+3)(100+8) \Rightarrow (x+a)(x+b)$

② $97\times103=(100-3)(100+3) \Rightarrow (a+b)(a-b)$

③ $5.1\times4.9=(5+0.1)(5-0.1) \Rightarrow (a+b)(a-b)$

④ $98^2=(100-2)^2 \Rightarrow (a-b)^2$ (단, $b>0$)

⑤ $105^2=(100+5)^2 \Rightarrow (a+b)^2$ (단, $b>0$)

따라서 주어진 곱셈 공식을 이용하면 편리한 수의 계산은 ①이다.

0446 답 1010

$$(주어진 \ 식)=\frac{(1010-1)(1010+1)+1}{1010} \qquad \cdots(\text{i})$$
$$=\frac{1010^2-1+1}{1010}=\frac{1010^2}{1010}$$
$$=1010 \qquad \cdots(\text{ii})$$

채점 기준	배점
(i) 곱셈 공식을 이용하기 위하여 주어진 식을 변형한 경우	50 %
(ii) 주어진 식을 계산한 경우	50 %

0447 답 ②, ⑤

② $(-\sqrt{3}-2)^2=3+4\sqrt{3}+4=7+4\sqrt{3}$

⑤ $(2\sqrt{10}-3)(4\sqrt{10}-7)=80-26\sqrt{10}+21$
$$=101-26\sqrt{2}$$

0448 답 ④

$$\frac{2+\sqrt{3}}{3+2\sqrt{3}}=\frac{(2+\sqrt{3})(3-2\sqrt{3})}{(3+2\sqrt{3})(3-2\sqrt{3})}$$
$$=\frac{6-\sqrt{3}-6}{9-12}$$
$$=\frac{\sqrt{3}}{3}$$

0449 답 1

$$\frac{2}{\sqrt{6}+\sqrt{2}}=\frac{2(\sqrt{6}-\sqrt{2})}{(\sqrt{6}+\sqrt{2})(\sqrt{6}-\sqrt{2})}$$
$$=\frac{2(\sqrt{6}-\sqrt{2})}{6-2}=\frac{\sqrt{6}-\sqrt{2}}{2}=\frac{\sqrt{6}}{2}-\frac{\sqrt{2}}{2}$$

따라서 $a=-\frac{1}{2}$, $b=\frac{1}{2}$이므로

$$2a+4b=2\times\left(-\frac{1}{2}\right)+4\times\frac{1}{2}=1$$

0450 답 -7

$$\frac{5+3\sqrt{5}}{5-3\sqrt{5}}+\frac{5-3\sqrt{5}}{5+3\sqrt{5}}$$
$$=\frac{(5+3\sqrt{5})^2}{(5-3\sqrt{5})(5+3\sqrt{5})}+\frac{(5-3\sqrt{5})^2}{(5+3\sqrt{5})(5-3\sqrt{5})}$$
$$=\frac{25+30\sqrt{5}+45}{25-45}+\frac{25-30\sqrt{5}+45}{25-45}$$
$$=\frac{70+30\sqrt{5}}{-20}+\frac{70-30\sqrt{5}}{-20}$$
$$=\frac{140}{-20}=-7$$

0451 답 -2

$$\frac{7}{3-\sqrt{2}}=\frac{7(3+\sqrt{2})}{(3-\sqrt{2})(3+\sqrt{2})}=3+\sqrt{2}$$

이때 $1<\sqrt{2}<2$에서 $4<3+\sqrt{2}<5$이므로 $3+\sqrt{2}$의 정수 부분은 4이다.

$\therefore x=(3+\sqrt{2}$의 소수 부분$)=(3+\sqrt{2})-4=\sqrt{2}-1$

따라서 $x=\sqrt{2}-1$, 즉 $x+1=\sqrt{2}$의 양변을 제곱하면

$x^2+2x+1=2$

$\therefore x^2+2x-3=(x^2+2x+1)-4$
$$=2-4=-2$$

0452 답 $6\sqrt{2}$

$$f(2)=\frac{1}{\sqrt{3}+\sqrt{2}}=\frac{\sqrt{3}-\sqrt{2}}{(\sqrt{3}+\sqrt{2})(\sqrt{3}-\sqrt{2})}=\sqrt{3}-\sqrt{2}$$

$$f(3)=\frac{1}{\sqrt{4}+\sqrt{3}}=\frac{\sqrt{4}-\sqrt{3}}{(\sqrt{4}+\sqrt{3})(\sqrt{4}-\sqrt{3})}=\sqrt{4}-\sqrt{3}$$

$$f(4)=\frac{1}{\sqrt{5}+\sqrt{4}}=\frac{\sqrt{5}-\sqrt{4}}{(\sqrt{5}+\sqrt{4})(\sqrt{5}-\sqrt{4})}=\sqrt{5}-\sqrt{4}$$

$$\vdots$$

$$f(97)=\frac{1}{\sqrt{98}+\sqrt{97}}=\frac{\sqrt{98}-\sqrt{97}}{(\sqrt{98}+\sqrt{97})(\sqrt{98}-\sqrt{97})}$$
$$=\sqrt{98}-\sqrt{97}$$

$\therefore f(2)+f(3)+f(4)+\cdots+f(97)$
$$=(\sqrt{3}-\sqrt{2})+(\sqrt{4}-\sqrt{3})+(\sqrt{5}-\sqrt{4})+\cdots+(\sqrt{98}-\sqrt{97})$$
$$=-\sqrt{2}+\sqrt{98}=-\sqrt{2}+7\sqrt{2}=6\sqrt{2}$$

선생님 톡톡

$f(x)=\frac{1}{\sqrt{x+1}-\sqrt{x}}$에 $x=2, 3, 4, \cdots$를 차례로 대입하여 규칙성을 파악해 봐.

처음 보는 낯선 형태의 식이라고 당황하지 말고 $f(2)$, $f(3)$, $f(4)$, $\cdots$의 값을 차례로 구하면 돼.

0453 답 ②

색칠한 직사각형의 넓이는 가로의 길이는 $a+b$, 세로의 길이는
$a-2b$이므로
(색칠한 직사각형의 넓이)$=(a+b)(a-2b)=a^2-ab-2b^2$

0454 답 $x^2-2ax+a^2$

색칠한 정사각형의 한 변의 길이가 $x-a$이므로
(색칠한 정사각형의 넓이)$=(x-a)^2=x^2-2ax+a^2$

0455 답 ⑤

주어진 그림을 적당히 이동시키면 다음과 같다.

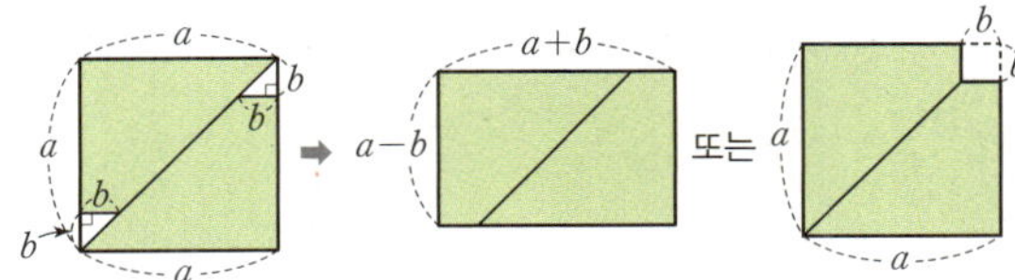

$\therefore (a+b)(a-b)=a^2-b^2$

0456 답 $2x^2+4xy-2x+6y-8$

(직육면체의 겉넓이)
$=2\{(x+2)(x+1)+(x+2)(y-2)+(x+1)(y-2)\}$
$=2(x^2+3x+2+xy-2x+2y-4+xy-2x+y-2)$
$=2(x^2+2xy-x+3y-4)$
$=2x^2+4xy-2x+6y-8$

0457 답 $4ab-32a-32b+256$

(상자의 부피)$=$(밑넓이)$\times$(높이)
$\qquad\qquad\quad =\{(a-8)\times(b-8)\}\times 4$
$\qquad\qquad\quad =4(ab-8a-8b+64)$
$\qquad\qquad\quad =4ab-32a-32b+256$

0458 답 $(12a^2-a-1)\,\mathrm{m}^2$

(길을 제외한 화단의 넓이)$=\{(4a+3)-2\}\times\{(3a+1)-2\}$
$\qquad\qquad\qquad\qquad\quad =(4a+1)(3a-1)$
$\qquad\qquad\qquad\qquad\quad =12a^2-a-1(\mathrm{m}^2)$

0459 답 -1

접근하기   직사각형의 가로, 세로의 길이를 각각 a, b를 사용하여 나타내어 본다.

사각형 ABFE는 정사각형이므로
$\overline{BF}=b$에서 $\overline{FC}=a-b$
사각형 EHGD는 정사각형이므로
$\overline{DG}=\overline{ED}=\overline{FC}=a-b$에서
$\overline{GC}=b-(a-b)=2b-a$
사각형 JICG는 정사각형이므로
$\overline{JI}=\overline{IC}=\overline{GC}=2b-a$에서
$\overline{FI}=(a-b)-(2b-a)=2a-3b$
따라서 직사각형 HFIJ의 넓이는
$(2a-3b)(2b-a)=-2a^2+7ab-6b^2$
따라서 $p=-2$, $q=7$, $r=-6$이므로
$p+q+r=-2+7+(-6)=-1$

0460 답 (1) 9   (2) 17   (3) $-\dfrac{1}{4}$ (4) $-\dfrac{9}{4}$

(1) $x^2+y^2=(x+y)^2-2xy$
$\qquad\quad =1^2-2\times(-4)=9$
(2) $(x-y)^2=(x+y)^2-4xy$
$\qquad\qquad =1^2-4\times(-4)=17$
(3) $\dfrac{1}{x}+\dfrac{1}{y}=\dfrac{x+y}{xy}=-\dfrac{1}{4}$
(4) $\dfrac{x}{y}+\dfrac{y}{x}=\dfrac{x^2+y^2}{xy}=-\dfrac{9}{4}$

0461 답 (1) 29   (2) 33

(1) $x^2+y^2=(x-y)^2+2xy=5^2+2\times 2=29$
(2) $(x+y)^2=(x-y)^2+4xy=5^2+4\times 2=33$

0462 답 7

$a^2+b^2-ab=(a+b)^2-2ab-ab$
$\qquad\qquad\quad =(a+b)^2-3ab$
$\qquad\qquad\quad =2^2-3\times(-1)=7$

0463 답 121

접근하기   직사각형의 둘레의 길이, 넓이로부터 a, b에 대한 식을 세운 후 곱셈 공식의 변형을 이용한다.

직사각형의 둘레의 길이가 30이므로
$2a+2b=30$ $\therefore a+b=15$
직사각형의 넓이가 26이므로 $ab=26$
$\therefore (a-b)^2=(a+b)^2-4ab$
$\qquad\qquad\quad =15^2-4\times 26=121$

0464 답 (1) 2   (2) 0

(1) $x^2+\dfrac{1}{x^2}=\left(x+\dfrac{1}{x}\right)^2-2=2^2-2=2$
(2) $\left(x-\dfrac{1}{x}\right)^2=\left(x+\dfrac{1}{x}\right)^2-4=2^2-4=0$

0465 답 (1) 11   (2) 13

(1) $x^2+\dfrac{1}{x^2}=\left(x-\dfrac{1}{x}\right)^2+2=3^2+2=11$
(2) $\left(x+\dfrac{1}{x}\right)^2=\left(x-\dfrac{1}{x}\right)^2+4=3^2+4=13$

0466 답 47

$x^2+\dfrac{1}{x^2}=\left(x+\dfrac{1}{x}\right)^2-2=3^2-2=7$
$\therefore x^4+\dfrac{1}{x^4}=\left(x^2+\dfrac{1}{x^2}\right)^2-2=7^2-2=47$

0467 답 (1) -5 (2) 27   (3) 22

(1) $x^2+5x-1=0$의 양변을 x로 나누면
$\quad x+5-\dfrac{1}{x}=0$ $\therefore x-\dfrac{1}{x}=-5$ $\cdots$ (i)
(2) $x^2+\dfrac{1}{x^2}=\left(x-\dfrac{1}{x}\right)^2+2$
$\qquad\qquad =(-5)^2+2=27$ $\cdots$ (ii)

$(3)\ x^2+x-\dfrac{1}{x}+\dfrac{1}{x^2}=\left(x^2+\dfrac{1}{x^2}\right)+\left(x-\dfrac{1}{x}\right)$
$\qquad\qquad\qquad\qquad =27-5=22 \qquad\cdots\text{(iii)}$

채점 기준	배점
(i) $x-\dfrac{1}{x}$의 값을 구한 경우	30 %
(ii) $x^2+\dfrac{1}{x^2}$의 값을 구한 경우	30 %
(iii) $x^2+x-\dfrac{1}{x}+\dfrac{1}{x^2}$의 값을 구한 경우	40 %

0468 답 ②

0469 답 ②
$(a-b+c)(a+b-c)=\{a-(b-c)\}\{a+(b-c)\}$
$\qquad\qquad\qquad\quad =a^2-(b-c)^2$
$\qquad\qquad\qquad\quad =a^2-b^2+2bc-c^2$

0470 답 (1) $x^2-4xy+4y^2+6x-12y+9$
(2) $x^2+8x+16-25y^2$
(1) $x-2y=A$로 놓으면
$\quad (주어진 식)=(A+3)^2$
$\qquad\qquad\quad =A^2+6A+9$
$\qquad\qquad\quad =(x-2y)^2+6(x-2y)+9$
$\qquad\qquad\quad =x^2-4xy+4y^2+6x-12y+9$
(2) $x+4=A$로 놓으면
$\quad (주어진 식)=(A+5y)(A-5y)$
$\qquad\qquad\quad =A^2-25y^2$
$\qquad\qquad\quad =(x+4)^2-25y^2$
$\qquad\qquad\quad =x^2+8x+16-25y^2$

0471 답 ⑤
$(x+1)(x+2)(x-2)(x-3)=(x+1)(x-2)(x+2)(x-3)$
$\qquad\qquad\qquad\qquad\qquad\quad =(x^2-x-2)(x^2-x-6)$
$x^2-x=A$로 놓으면
$(A-2)(A-6)=A^2-8A+12$
$\qquad\qquad\quad =(x^2-x)^2-8(x^2-x)+12$
$\qquad\qquad\quad =x^4-2x^3+x^2-8x^2+8x+12$
$\qquad\qquad\quad =x^4-2x^3-7x^2+8x+12$

0472 답 -7
$(x-3)(x+1)(x+2)(x+6)=(x-3)(x+6)(x+1)(x+2)$
$\qquad\qquad\qquad\qquad\qquad\quad =(x^2+3x-18)(x^2+3x+2)$
$x^2+3x=A$로 놓으면
$(A-18)(A+2)=A^2-16A-36$
$\qquad\qquad\quad =(x^2+3x)^2-16(x^2+3x)-36$
$\qquad\qquad\quad =x^4+6x^3+9x^2-16x^2-48x-36$
$\qquad\qquad\quad =x^4+6x^3-7x^2-48x-36$
따라서 x^2의 계수는 -7이다.

 : REAL
실전 업
본문 063~066쪽

0473 답 $7,\ -5$
xy가 나오는 항만 전개하면
$x\times(-2y)+3y\times 3x=7xy \qquad \therefore\ (xy의 계수)=7$
상수항이 나오는 항만 전개하면 $-5\times 1=-5 \qquad \therefore\ (상수항)=-5$

0474 답 ①
$(5x+a)^2=25x^2+10ax+a^2=25x^2-40x+b$이므로
$10a=-40,\ a^2=b$
$a=-4$이고, 이를 $a^2=b$에 대입하면 $b=(-4)^2=16$
$\therefore\ \dfrac{b}{a}=\dfrac{16}{-4}=-4$

0475 답 ⑤
① $(x+y)(x-y)=x^2-y^2$
② $(-x+y)(-x-y)=(-x)^2-y^2=x^2-y^2$
③ $-(-x-y)(x-y)=-(y^2-x^2)=x^2-y^2$
④ $-(x+y)(-x+y)=-(y^2-x^2)=x^2-y^2$
⑤ $-(-x-y)(-x+y)=-(x^2-y^2)=-x^2+y^2$
따라서 전개한 식이 나머지 넷과 다른 하나는 ⑤이다.

0476 답 -26
$\left(2x+\dfrac{5}{2}y\right)\left(2x-\dfrac{5}{2}y\right)=4x^2-\dfrac{25}{4}y^2$
$\qquad\qquad\qquad\qquad\quad =4\times(\sqrt{6})^2-\dfrac{25}{4}\times(-2\sqrt{2})^2$
$\qquad\qquad\qquad\qquad\quad =4\times 6-\dfrac{25}{4}\times 8$
$\qquad\qquad\qquad\qquad\quad =24-50=-26$

0477 답 ⑤
$(x-3)(x+3)(x^2+9)=(x^2-9)(x^2+9)=x^4-81$

0478 답 -9
$(3x-a)(x+7)$의 전개식에서 x의 계수는 $21-a$이고,
$(x+5)(x+6)$의 전개식에서 상수항은 30이므로
$21-a=30 \qquad \therefore\ a=-9$

0479 답 ③
$(x+a)(x+b)=x^2+(a+b)x+ab=x^2+cx+27$이므로
$a+b=c,\ ab=27$
이때 곱해서 27이 되는 정수 a, b를 순서쌍 $(a,\ b)$로 나타내면
$(1,\ 27),\ (3,\ 9),\ (9,\ 3),\ (27,\ 1),$
$(-1,\ -27),\ (-3,\ -9),\ (-9,\ -3),\ (-27,\ -1)$
$\therefore\ c=-28,\ -12,\ 12,\ 28$

0480 답 ㄱ
ㄱ. $(x-5y)^2=x^2-10xy+25y^2$에서 xy의 계수는 -10
ㄴ. $(2x-7y)(2x+7y)=4x^2-49y^2$에서 xy의 계수는 0
ㄷ. $(5x+3y)^2=25x^2+30xy+9y^2$에서 xy의 계수는 30
ㄹ. $(2x-3y)(5x+3y)=10x^2-9xy-9y^2$에서 xy의 계수는 -9
따라서 xy의 계수가 가장 작은 것은 ㄱ이다.

0481 답 ③

$A=(a+b)(a-b)=a^2-b^2$

$B=(a-b)^2=a^2-2ab+b^2$

ㄱ. $(-a+b)^2=a^2-2ab+b^2$

ㄴ. $-(b-a)^2=-(b^2-2ab+a^2)$
$$=-a^2+2ab-b^2$$

ㄷ. $(-a-b)(-a+b)=a^2-b^2$

ㄹ. $-(a+b)(b-a)=-(b+a)(b-a)$
$$=-(b^2-a^2)=a^2-b^2$$

ㅁ. $(a+b)^2-4ab=a^2+2ab+b^2-4ab$
$$=a^2-2ab+b^2$$

ㅂ. $\dfrac{1}{2}(a+2b)(2a-b)=\dfrac{1}{2}(2a^2+3ab-2b^2)$
$$=a^2+\dfrac{3}{2}ab-b^2$$

따라서 A와 전개식이 같은 것은 ㄷ, ㄹ이고, B와 전개식이 같은 것은 ㄱ, ㅁ이므로 바르게 짝 지은 것은 ③이다.

0482 답 7

창의력 해결 단계

❶ 퍼즐의 규칙에 따라 식을 세운다.

❷ 곱셈 공식을 이용하여 상수 a, b, c의 값을 각각 구한다.

❸ $a+b+c$의 값을 구한다.

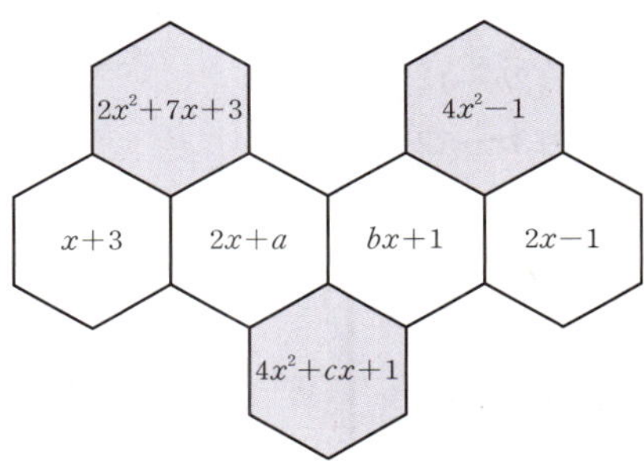

$(x+3)(2x+a)=2x^2+(a+6)x+3a=2x^2+7x+3$
이므로
$a+6=7$, $3a=3$
$\therefore a=1$
$(bx+1)(2x-1)=2bx^2+(2-b)x-1=4x^2-1$
이므로
$2b=4$, $2-b=0$
$\therefore b=2$
$(2x+a)(bx+1)$에 $a=1$, $b=2$를 대입하여 전개하면
$(2x+1)(2x+1)=4x^2+4x+1=4x^2+cx+1$
이므로
$c=4$
$\therefore a+b+c=1+2+4=7$

0483 답 $-2-15\sqrt{3}$

$(\sqrt{3}-2)^2-(\sqrt{3}+3)(4\sqrt{3}-1)=(3-4\sqrt{3}+4)-(12+11\sqrt{3}-3)$
$$=(7-4\sqrt{3})-(9+11\sqrt{3})$$
$$=7-4\sqrt{3}-9-11\sqrt{3}$$
$$=-2-15\sqrt{3}$$

0484 답 (1) $2^{16}-1$ (2) $5^{16}-1$

(1) $1=2-1$이므로
(주어진 식)$=1\times(2+1)(2^2+1)(2^4+1)(2^8+1)$
$$=(2-1)(2+1)(2^2+1)(2^4+1)(2^8+1)$$
$$=2^{16}-1$$

(2) $4=5-1$이므로
(주어진 식)$=(5-1)(5+1)(5^2+1)(5^4+1)(5^8+1)$
$$=5^{16}-1$$

선생님 톡톡

주어진 | 보기 |를 이용하기 위해서는 식의 앞에 $x-1$의 꼴이 곱해져 있어야 하는데 보이지 않아.

(1)의 식은 앞에 '$1\times$'가 생략되어 있다고 볼 수 있어. $1=2-1$이므로 | 보기 |를 이용할 수 있는 꼴의 식으로 변형할 수 있지.

(2)도 마찬가지 방법으로 식의 앞에 곱해진 4를 $4=5-1$임을 이용하여 식을 변형해 봐.

0485 답 ③

$\dfrac{(3+2\sqrt{6})(-1-\sqrt{6})}{(-1+\sqrt{6})(-1-\sqrt{6})}=\dfrac{-3-5\sqrt{6}-12}{1-6}$
$$=\dfrac{-15-5\sqrt{6}}{-5}$$
$$=3+\sqrt{6}$$

따라서 $a=3$, $b=1$이므로
$a+b=3+1=4$

0486 답 40

$x=\dfrac{(2-\sqrt{3})^2}{(2+\sqrt{3})(2-\sqrt{3})}=7-4\sqrt{3}$이므로
$x-7=-4\sqrt{3}$
$x-7=-4\sqrt{3}$의 양변을 제곱하면
$x^2-14x+49=48$
$\therefore x^2-14x+41=(x^2-14x+49)-8$
$$=48-8$$
$$=40$$

0487 답 $30+2\sqrt{15}$

다음 그림과 같이 주어진 도형을 정사각형과 직사각형으로 나눌 수 있다.

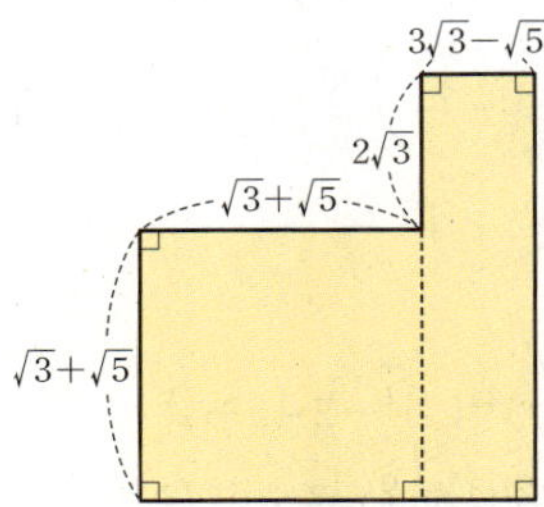

$\therefore$ (도형의 넓이)$=(\sqrt{3}+\sqrt{5})^2+(2\sqrt{3}+\sqrt{3}+\sqrt{5})(3\sqrt{3}-\sqrt{5})$
$$=(3+2\sqrt{15}+5)+(3\sqrt{3}+\sqrt{5})(3\sqrt{3}-\sqrt{5})$$
$$=8+2\sqrt{15}+27-5$$
$$=30+2\sqrt{15}$$

주어진 도형의 넓이는 오른쪽 그림과 같이 큰
직사각형의 넓이에서 작은 직사각형의 넓이를
뺀 것과 같으므로

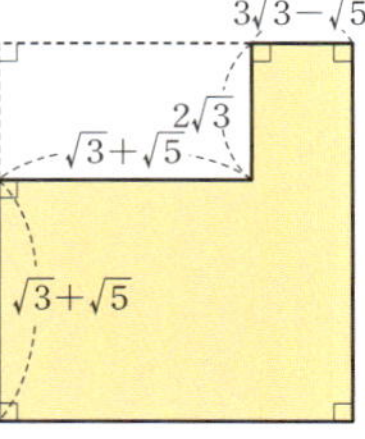

$(\sqrt{3}+\sqrt{5}+3\sqrt{3}-\sqrt{5})(\sqrt{3}+\sqrt{5}+2\sqrt{3})$
$\qquad\qquad\qquad\qquad -2\sqrt{3}(\sqrt{3}+\sqrt{5})$
$=4\sqrt{3}(3\sqrt{3}+\sqrt{5})-2\sqrt{3}(\sqrt{3}+\sqrt{5})$
$=36+4\sqrt{15}-6-2\sqrt{15}$
$=30+2\sqrt{15}$

0488 답 $2x^2+7xy+10y^2$

색칠한 두 직사각형의 넓이의 합은
$\{(4x+5y)-(2x+3y)\}(2x-y)+(2x+3y)\{(x+3y)-(2x-y)\}$
$=(2x+2y)(2x-y)+(2x+3y)(-x+4y)$
$=4x^2+2xy-2y^2-2x^2+5xy+12y^2$
$=2x^2+7xy+10y^2$

0489 답 a^2-a-12

$\square$ABFE, $\square$EHGD는 각각 정사각형이므로
$\overline{ED}=\overline{AD}-\overline{AE}=(3a+2)-(2a-1)=a+3$
$\therefore \overline{FC}=\overline{ED}=a+3$
$\overline{HF}=\overline{EF}-\overline{EH}=(2a-1)-(a+3)=a-4$
$\therefore \square$CGHF$=(a+3)(a-4)=a^2-a-12$

0490 답 ①

① $a^2+b^2=(a+b)^2-2ab=6^2-2\times 8=20$
② $(a-b)^2=(a+b)^2-4ab=6^2-4\times 8=4$
③ $\dfrac{b}{a}+\dfrac{a}{b}=\dfrac{a^2+b^2}{ab}=\dfrac{20}{8}=\dfrac{5}{2}$
④ $(a+1)(b+1)=ab+(a+b)+1=8+6+1=15$
⑤ $(2a-b)(-a+2b)=-2a^2+5ab-2b^2$
$\qquad\qquad\qquad\quad =-2(a^2+b^2)+5ab$
$\qquad\qquad\qquad\quad =-2\times 20+5\times 8=0$

따라서 식의 값이 가장 큰 것은 ①이다.

0491 답 22

$x^2-4x+1=0$의 양변을 x로 나누면
$x-4+\dfrac{1}{x}=0 \qquad \therefore x+\dfrac{1}{x}=4$
$x^2+\dfrac{1}{x^2}=\left(x+\dfrac{1}{x}\right)^2-2=4^2-2=14$이므로
$x^2+2x+\dfrac{2}{x}+\dfrac{1}{x^2}=\left(x^2+\dfrac{1}{x^2}\right)+2\left(x+\dfrac{1}{x}\right)=14+2\times 4=22$

0492 답 18

$4x+3y=A$로 놓으면
(주어진 식)$=(A-z)^2=A^2-2Az+z^2$
$\qquad\qquad =(4x+3y)^2-2(4x+3y)z+z^2$
$\qquad\qquad =16x^2+24xy+9y^2-8xz-6yz+z^2$
xy의 계수가 24이므로 $a=24$이고,
yz의 계수가 -6이므로 $b=-6$이다.
$\therefore a+b=24+(-6)=18$

$(4x+3y-z)^2=(4x+3y-z)(4x+3y-z)$
xy가 나오는 항만 전개하면
$4x\times 3y+3y\times 4x=24xy \qquad \therefore a=24$
yz가 나오는 항만 전개하면
$3y\times(-z)+(-z)\times 3y=-6yz \qquad \therefore b=-6$
$\therefore a+b=24+(-6)=18$

0493 답 $-24ab$

$2a-3b=X$, $2a+3b=Y$로 놓으면
$(2a-3b)^2-(2a+3b)^2$
$=X^2-Y^2=(X+Y)(X-Y)$
$=\{(2a-3b)+(2a+3b)\}\{(2a-3b)-(2a+3b)\}$
$=4a\times(-6b)=-24ab$

$(2a-3b)^2-(2a+3b)^2=(4a^2-12ab+9b^2)-(4a^2+12ab+9b^2)$
$\qquad\qquad\qquad\qquad =4a^2-12ab+9b^2-4a^2-12ab-9b^2$
$\qquad\qquad\qquad\qquad =-24ab$

0494 답 10

혜원: $(x+a)(x+6)=x^2+(a+6)x+6a$
$\qquad\qquad\qquad\qquad\quad =x^2+13x+42$
$\qquad$에서 $a+6=13$, $6a=42$이므로 $a=7 \qquad\qquad\quad \cdots$ (i)
성한: $(bx-4)(x+3)=bx^2+(3b-4)x-12$
$\qquad\qquad\qquad\qquad\quad =bx^2-13x-12$
$\qquad$에서 $3b-4=-13$이므로
$\qquad 3b=-9 \qquad \therefore b=-3 \qquad\qquad\qquad\qquad\quad \cdots$ (ii)
$\therefore a-b=7-(-3)=10 \qquad\qquad\qquad\qquad\qquad\quad \cdots$ (iii)

채점 기준	배점
(i) a의 값을 구한 경우	40 %
(ii) b의 값을 구한 경우	40 %
(iii) $a-b$의 값을 구한 경우	20 %

0495 답 (1) 9999 (2) 3280 $\left(\text{또는 } \dfrac{3^8-1}{2}\right)$

(1) $101\times 99=(100+1)(100-1)$
$\qquad\qquad\quad =100^2-1^2$
$\qquad\qquad\quad =10000-1$
$\qquad\qquad\quad =9999 \qquad\qquad\qquad\qquad\qquad \cdots$ (i)
(2) $1=\dfrac{1}{2}\times(3-1)$이므로
$\quad (3+1)(3^2+1)(3^4+1)$
$\quad =\dfrac{1}{2}\times(3-1)(3+1)(3^2+1)(3^4+1) \qquad\qquad \cdots$ (ii)
$\quad =\dfrac{1}{2}\times(3^2-1)(3^2+1)(3^4+1)$
$\quad =\dfrac{1}{2}\times(3^4-1)(3^4+1)$
$\quad =\dfrac{1}{2}\times(3^8-1)$
$\quad =\dfrac{1}{2}\times 6560=3280 \qquad\qquad\qquad\qquad\quad \cdots$ (iii)

채점 기준	배점
(i) 101×99를 계산한 경우	30 %
(ii) $\frac{1}{2} \times (3-1)$을 곱하여 주어진 식을 변형한 경우	30 %
(iii) 주어진 식을 계산한 경우	40 %

0496 답 (1) $9a^2-6a-8$ (2) 9

(1) 새로운 직사각형의
가로의 길이는 $(3a-1)+3=3a+2$이고
세로의 길이는 $(3a-1)-3=3a-4$이다. ··· (i)
따라서 새로운 직사각형의 넓이는
$(3a+2)(3a-4)=9a^2-6a-8$ ··· (ii)

(2) 처음 정사각형의 넓이는 $(3a-1)^2=9a^2-6a+1$이고,
새로운 직사각형의 넓이는 $9a^2-6a-8$이므로 그 차는
$(9a^2-6a+1)-(9a^2-6a-8)$
$=9a^2-6a+1-9a^2+6a+8$
$=9$ ··· (iii)

채점 기준	배점
(i) 새로운 직사각형의 가로, 세로의 길이를 각각 구한 경우	40 %
(ii) 새로운 직사각형의 넓이를 구한 경우	30 %
(iii) 처음 정사각형과 새로운 직사각형의 넓이의 차를 구한 경우	30 %

0497 답 194

$x=\dfrac{2-\sqrt{3}}{2+\sqrt{3}}=\dfrac{(2-\sqrt{3})^2}{(2+\sqrt{3})(2-\sqrt{3})}=7-4\sqrt{3}$,

$y=\dfrac{2+\sqrt{3}}{2-\sqrt{3}}=\dfrac{(2+\sqrt{3})^2}{(2-\sqrt{3})(2+\sqrt{3})}=7+4\sqrt{3}$ ··· (i)

이므로
$x+y=(7-4\sqrt{3})+(7+4\sqrt{3})=14$,
$xy=(7-4\sqrt{3})(7+4\sqrt{3})=49-48=1$ ··· (ii)
$\therefore x^2+y^2=(x+y)^2-2xy$
$=14^2-2\times 1$
$=194$ ··· (iii)

채점 기준	배점
(i) x, y의 분모를 각각 유리화한 경우	40 %
(ii) $x+y$, xy의 값을 각각 구한 경우	20 %
(iii) 곱셈 공식을 변형하여 식의 값을 구한 경우	40 %

05. 다항식의 인수분해(1)

C : CONCEPT
개념 체크

0498 답 $x^2(1+x)$
$x^2+x^3=x^2\times 1+x^2\times x=x^2(1+x)$

0499 답 $3a(2a-b)$
$6a^2-3ab=3a\times 2a-3a\times b=3a(2a-b)$

0500 답 $xy(x+y-1)$
$x^2y+xy^2-xy=xy\times x+xy\times y-xy\times 1$
$=xy(x+y-1)$

0501 답 $(x+2)(x-3)$
$x(x-3)+2(x-3)=x\times(x-3)+2\times(x-3)$
$=(x+2)(x-3)$

0502 답 $(x-1)(x-2)$
$x(x-2)+(2-x)=x(x-2)-(x-2)$
$=(x-1)(x-2)$

0503 답 $3x(x-4)$
$(2x-y)(x-4)+(x+y)(x-4)=(2x-y+x+y)(x-4)$
$=3x(x-4)$

0504 답 $(x+4)^2$
$x^2+8x+16=x^2+2\times x\times 4+4^2=(x+4)^2$

0505 답 $(a-3)^2$
$a^2-6a+9=a^2-2\times a\times 3+3^2=(a-3)^2$

0506 답 $\left(x-\dfrac{1}{2}\right)^2$
$x^2-x+\dfrac{1}{4}=x^2-2\times x\times\dfrac{1}{2}+\left(\dfrac{1}{2}\right)^2=\left(x-\dfrac{1}{2}\right)^2$

0507 답 $(2a+5)^2$
$4a^2+20a+25=(2a)^2+2\times 2a\times 5+5^2=(2a+5)^2$

0508 답 $(9a-1)^2$
$81a^2-18a+1=(9a)^2-2\times 9a\times 1+1^2=(9a-1)^2$

0509 답 $3(3x+y)^2$
$27x^2+18xy+3y^2=3(9x^2+6xy+y^2)$
$=3\{(3x)^2+2\times 3x\times y+y^2\}$
$=3(3x+y)^2$

0510 답 2, 2, 2, 4   **0511** 답 $4x$, 5, 4, 40

0512 답 $(x+3)(x-3)$
$x^2-9=x^2-3^2=(x+3)(x-3)$

0513 답 $(4a+5)(4a-5)$
$16a^2-25=(4a)^2-5^2=(4a+5)(4a-5)$

0514 답 $\left(9a+\dfrac{5}{6}\right)\left(9a-\dfrac{5}{6}\right)$

$81a^2-\dfrac{25}{36}=(9a)^2-\left(\dfrac{5}{6}\right)^2=\left(9a+\dfrac{5}{6}\right)\left(9a-\dfrac{5}{6}\right)$

0515 답 $\left(13+\dfrac{1}{2}x\right)\left(13-\dfrac{1}{2}x\right)$

$-\dfrac{1}{4}x^2+169=169-\dfrac{1}{4}x^2=13^2-\left(\dfrac{1}{2}x\right)^2$
$\qquad\qquad\quad=\left(13+\dfrac{1}{2}x\right)\left(13-\dfrac{1}{2}x\right)$

0516 답 1, 4, $(x+1)(x+4)$

0517 답 -2, -5, $(x-2)(x-5)$

0518 답 $(x-2)(x+3)$
곱이 -6이고 합이 1인 두 정수는 -2, 3이므로
$x^2+x-6=(x-2)(x+3)$

0519 답 $(a+2)(a-7)$
곱이 -14이고 합이 -5인 두 정수는 2, -7이므로
$a^2-5a-14=(a+2)(a-7)$

0520 답 $(x-5)(x-6)$
곱이 30이고 합이 -11인 두 정수는 -5, -6이므로
$x^2-11x+30=(x-5)(x-6)$

0521 답 $(x+y)(x+7y)$
곱이 7이고 합이 8인 두 정수는 1, 7이므로
$x^2+8xy+7y^2=(x+y)(x+7y)$

0522 답 풀이 참조
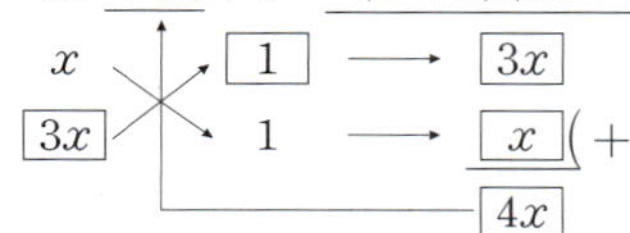

0523 답 풀이 참조
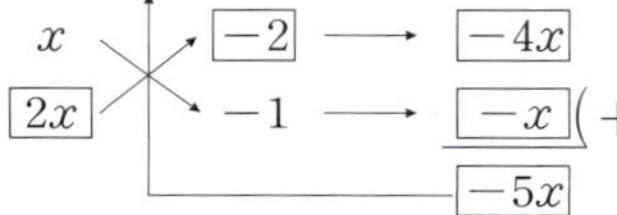

0524 답 $(a-1)(3a+5)$
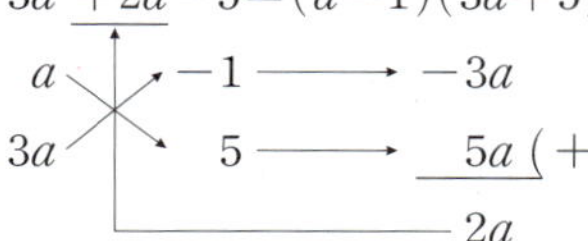

0525 답 $(2a+1)(3a+4)$
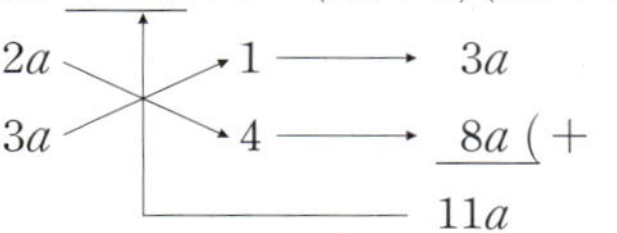

0526 답 $(2x-3y)(4x-y)$
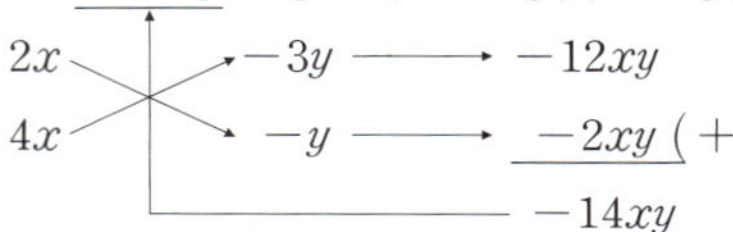

0527 답 $(3x+2y)(4x-5y)$

P : PATTERN 유형 마스터

0528 답 ④
$x(x+1)(x-1)$의 인수는 1, x, $x+1$, $x-1$, x^2+x, x^2-x, x^2-1, x^3-x이다.
따라서 인수가 아닌 것은 ④이다.

0529 답 ㄱ, ㄴ, ㄹ, ㅁ
$a^2(a-2)$의 인수는 1, a, $a-2$, a^2, a^2-2a, a^3-2a^2이다.
따라서 인수인 것은 ㄱ, ㄴ, ㄹ, ㅁ이다.

0530 답 ⑤
①, ②의 과정은 전개, ㉢의 과정은 인수분해이다.
③ x^2y, $2xy^2$에 공통인 인수는 xy이다.
④ ㉠의 과정에서 분배법칙이 이용된다.
따라서 옳은 것은 ⑤이다.

0531 답 ②

0532 답 ③
$x^3+3x^2y=x^2(x+3y)$이므로 x^3+3x^2y의 인수는
1, x, $x+3y$, x^2, x^2+3xy, x^3+3x^2y
따라서 인수가 아닌 것은 ③이다.

0533 답 (1) $(a-b)(x+y)$ (2) $(a-3b)(x+2)$
(1) $x(a-b)-y(b-a)=x(a-b)-y\{-(a-b)\}$
$\qquad\qquad\qquad\qquad=x(a-b)+y(a-b)$
$\qquad\qquad\qquad\qquad=(a-b)(x+y)$
(2) $(x+1)(a-3b)+(a-3b)=(a-3b)\{(x+1)+1\}$
$\qquad\qquad\qquad\qquad\qquad=(a-3b)(x+2)$

0534 답 $2x-5$
(주어진 식)$=(x-3)(x+1-3)=(x-3)(x-2)$
따라서 두 일차식의 합은
$(x-3)+(x-2)=2x-5$

0535 답 ③

0536 답 ⑤

⑤ $-3x^2+12xy-12y^2=-3(x^2-4xy+4y^2)=-3(x-2y)^2$

0537 답 ①

② $9a^2+6a+1=(3a+1)^2$

③ $16y^2+24y+9=(4y+3)^2$

④ $x^2-\dfrac{2}{3}x+\dfrac{1}{9}=\left(x-\dfrac{1}{3}\right)^2$

⑤ $25x^2+5xy+\dfrac{1}{4}y^2=\left(5x+\dfrac{1}{2}y\right)^2$

따라서 완전제곱식으로 인수분해될 수 없는 것은 ①이다.

0538 답 12

$\left(\dfrac{1}{4}x+b\right)^2=\dfrac{1}{16}x^2+\dfrac{b}{2}x+b^2$이므로

$\dfrac{1}{16}x^2-2x+a=\dfrac{1}{16}x^2+\dfrac{b}{2}x+b^2$에서

$-2=\dfrac{b}{2}$, $a=b^2$

$\therefore b=-4$, $a=(-4)^2=16$

$\therefore a+b=16+(-4)=12$

0539 답 ①, ④

$x^2+ax+36$에서 $36=6^2$이므로

$ax=\pm2\times x\times6$ $\quad\therefore a=\pm12$

따라서 상수 a의 값을 모두 구하면 ①, ④이다.

0540 답 4

$81x^2+36x+\square$에서 $(9x)^2+2\times9x\times2+\square$이므로

$\square=2^2=4$

0541 답 7

$4x^2+8x+A=(2x)^2+2\times2x\times2+A$이므로

$A=2^2=4$

$x^2+Bx+\dfrac{9}{4}=x^2+Bx+\left(\pm\dfrac{3}{2}\right)^2$이므로

$B=2\times1\times\left(\pm\dfrac{3}{2}\right)=\pm3$

이때 $B>0$이므로 $B=3$

$\therefore A+B=4+3=7$

0542 답 -4

$(2x-1)(2x+3)-k=4x^2+4x-3-k$

$\qquad\qquad\qquad\qquad=(2x)^2+2\times2x\times1+(-3-k)$

이 식이 완전제곱식이 되려면

$-3-k=1^2$ $\quad\therefore k=-4$

0543 답 ③

$-1<x<1$이므로 $x-1<0$, $x+1>0$

$\therefore \sqrt{x^2-2x+1}+\sqrt{x^2+2x+1}=\sqrt{(x-1)^2}+\sqrt{(x+1)^2}$

$\qquad\qquad\qquad\qquad\qquad=-(x-1)+(x+1)$

$\qquad\qquad\qquad\qquad\qquad=-x+1+x+1=2$

0544 답 9

$-5<x<4$이므로 $x+5>0$, $x-4<0$

$\therefore \sqrt{x^2+10x+25}+\sqrt{x^2-8x+16}=\sqrt{(x+5)^2}+\sqrt{(x-4)^2}$

$\qquad\qquad\qquad\qquad\qquad=(x+5)-(x-4)$

$\qquad\qquad\qquad\qquad\qquad=x+5-x+4=9$

0545 답 $a-1$

$\sqrt{b^2-2ab+a^2}=\sqrt{a^2-2ab+b^2}=\sqrt{(a-b)^2}$이고,

$b<0<a$에서 $a-b>0$이므로 $\sqrt{(a-b)^2}=a-b$

$\sqrt{b^2-2b+1}=\sqrt{(b-1)^2}$이고,

$b<0<a$에서 $b-1<0$이므로 $\sqrt{(b-1)^2}=-(b-1)=-b+1$

$\therefore$ (주어진 식)$=(a-b)-(-b+1)=a-b+b-1=a-1$

0546 답 ⑤

$0<a<1$에서 $\dfrac{1}{a}>1$이므로 $a-\dfrac{1}{a}<0$, $a+\dfrac{1}{a}>0$

$\therefore \sqrt{\left(a+\dfrac{1}{a}\right)^2-4}+\sqrt{\left(a-\dfrac{1}{a}\right)^2+4}=\sqrt{\left(a-\dfrac{1}{a}\right)^2}+\sqrt{\left(a+\dfrac{1}{a}\right)^2}$

$\qquad\qquad\qquad\qquad\qquad=-\left(a-\dfrac{1}{a}\right)+\left(a+\dfrac{1}{a}\right)$

$\qquad\qquad\qquad\qquad\qquad=-a+\dfrac{1}{a}+a+\dfrac{1}{a}=\dfrac{2}{a}$

0547 답 ⑤

①, ② 좌변의 식은 더 이상 인수분해되지 않는다.

③ $-x^2+49=-(x^2-49)=-(x+7)(x-7)$

④ $a^2-\dfrac{1}{a^2}=\left(a+\dfrac{1}{a}\right)\left(a-\dfrac{1}{a}\right)$

따라서 옳은 것은 ⑤이다.

0548 답 3

$-8x^2+18y^2=-2(4x^2-9y^2)=-2(2x+3y)(2x-3y)$

따라서 $a=-2$, $b=2$, $c=3$이므로

$a+b+c=-2+2+3=3$

0549 답 $10x$

$25x^2-9=(5x+3)(5x-3)$이므로 두 일차식의 합은

$(5x+3)+(5x-3)=10x$

0550 답 ④, ⑤

$x^8-1=(x^4+1)(x^4-1)$

$\qquad=(x^4+1)(x^2+1)(x^2-1)$

$\qquad=(x^4+1)(x^2+1)(x+1)(x-1)$

따라서 인수가 아닌 것은 ④, ⑤이다.

0551 답 1

$x^2+9x+20=(x+4)(x+5)$이므로

$a=5$, $b=4$ $(\because a>b)$

$\therefore a-b=5-4=1$

0552 답 ④

④ $x^2-4xy-12y^2=(x+2y)(x-6y)$

0553 답 $(x+2)(x-12)$

$(x+4)(x-6)-8x=x^2-2x-24-8x$
$\qquad\qquad\qquad =x^2-10x-24=(x+2)(x-12)$

0554 답 -19

$-3\times b=24$이므로 $b=-8$
$a=-3+b=-3-8=-11$
$\therefore a+b=-11+(-8)=-19$

0555 답 ㉠: $x+2$, ㉡: $x^2-7x-18$

新 유형

접근하기 주어진 다항식 퍼즐의 규칙에 따라 퍼즐의 빈칸에 알맞은 다항식과 ㉠, ㉡에 들어갈 다항식을 찾아 본다.

$x^2+3x+2=(x+1)(x+2)$이므로 ㉠에 들어갈 다항식은 $x+2$이다.
$x^2-10x+9=(x-1)(x-9)$이므로 첫 번째 가로줄의 마지막 칸에 들어갈 다항식은 $x-9$이다.
따라서 ㉡에 들어갈 다항식은 두 다항식 $x+2$, $x-9$의 곱이므로
$(x+2)(x-9)=x^2-7x-18$

0556 답 ④

$x^2+mx-12=(x+a)(x+b)$에서 $ab=-12$를 만족시키는 정수 a, b $(a>b)$의 값을 각각 구하면 다음 표와 같다.

a	1	2	3	4	6	12
b	-12	-6	-4	-3	-2	-1

이때 $m=a+b$이므로 $m=-11$, -4, -1, 1, 4, 11
따라서 상수 m의 값이 될 수 없는 수는 ④이다.

0557 답 -3

$3x^2+7x+4=(x+1)(3x+4)$이므로 $a=1$, $b=4$
$\therefore a-b=1-4=-3$

0558 답 2

$12x^2-17xy-5y^2=(3x-5y)(4x+y)$이므로
$a=3$, $b=-5$, $c=4$ $\quad \therefore a+b+c=3+(-5)+4=2$

0559 답 ④

① $3x^2-x-2=(x-1)(3x+2)$
② $6x^2-5x-6=(2x-3)(3x+2)$
③ $9x^2+27x+14=(3x+2)(3x+7)$
④ $12x^2-2x-4=2(6x^2-x-2)=2(2x+1)(3x-2)$
⑤ $15x^2-2x-8=(3x+2)(5x-4)$
따라서 $3x+2$를 인수로 갖지 않는 다항식은 ④이다.

0560 답 $6x$

$8x^2+10x-25=(2x+5)(4x-5)$ $\quad\cdots$ (i)
따라서 두 일차식은 $2x+5$, $4x-5$이므로 $\quad\cdots$ (ii)
두 일차식의 합은 $(2x+5)+(4x-5)=6x$ $\quad\cdots$ (iii)

채점 기준	배점
(i) 주어진 식을 인수분해한 경우	60%
(ii) 두 일차식을 각각 구한 경우	20%
(iii) 두 일차식의 합을 구한 경우	20%

0561 답 3

$(x+5)(2x-3)=2x^2+7x-15$이므로
$3k-2=7$, $3k=9$ $\quad \therefore k=3$

0562 답 ⑤

주어진 식의 우변을 전개하면
$(2x+3)(3x+b)=6x^2+(2b+9)x+3b$
이므로 $a=2b+9$, $12=3b$
$\therefore b=4$, $a=2\times4+9=17$
$\therefore a+b=17+4=21$

0563 답 $a(b+6)(2b-3)$

$2ab^2+9ab-18a=a(2b^2+9b-18)$
$\qquad\qquad\qquad\qquad =a(b+6)(2b-3)$

0564 답 ③, ⑤

③ $4x^2-2x+\dfrac{1}{4}=4\left(x^2-\dfrac{1}{2}x+\dfrac{1}{16}\right)=4\left(x-\dfrac{1}{4}\right)^2$

⑤ $3a^2-5a-2=(a-2)(3a+1)$

0565 답 ①

① $x^2+14xy+49y^2=(x+7y)^2$ $\quad \therefore \square=7$
② $x^2-8xy+12y^2=(x-2y)(x-6y)$ $\quad \therefore \square=6$
③ $3x^2+5x-2=(x+2)(3x-1)$ $\quad \therefore \square=1$
④ $9a^2-6ab+b^2=(3a-b)^2$ $\quad \therefore \square=3$
⑤ $25a^2-16b^2=(5a+4b)(5a-4b)$ $\quad \therefore \square=4$
따라서 $\square$ 안에 알맞은 수가 가장 큰 것은 ①이다.

0566 답 ㄱ, ㄴ, ㅁ

주어진 식을 인수분해하면 다음과 같다.
ㄱ. $2x(x+2)$ ㄴ. $(x+2)(x-2)$ ㄷ. $2(x-2)^2$
ㄹ. $(x-2)(x+10)$ ㅁ. $(x+2)(3x+4)$
따라서 $x+2$를 인수로 갖는 것은 ㄱ, ㄴ, ㅁ이다.

0567 답 ②

$4x^2+ax-5=(x+1)(4x+m)$ $(m$은 상수)이라 하면
$m+4=a$, $m=-5$
$\therefore a=-5+4=-1$

0568 답 -4

$2x^2+ax-6=(x-3)(2x+m)$ $(m$은 상수)이라 하면
$m-6=a$, $-3m=-6$
$\therefore m=2$, $a=2-6=-4$

0569 답 ⑤

$x^2-4x+a=(x-1)(x+m)$ $(m$은 상수)이라 하면
$m-1=-4$, $-m=a$
$\therefore m=-3$, $a=-(-3)=3$
$2x^2+bx-9=(x-1)(2x+n)$ $(n$은 상수)이라 하면
$n-2=b$, $-n=-9$
$\therefore n=9$, $b=9-2=7$
$\therefore a+b=3+7=10$

0570 답 -9

$4x^2-1=(2x+1)(2x-1)$, $6x^2-x-2=(2x+1)(3x-2)$
이때 두 다항식의 공통인 인수는 $2x+1$이므로 $2x^2+ax-5$도
$2x+1$을 인수로 가진다.
즉, $2x^2+ax-5=(2x+1)(x+m)$ (m은 상수)이라 하면
$m=-5$
$\therefore a=2m+1=2\times(-5)+1=-9$

0571 답 (1) -3 (2) -2 (3) $(x+1)(x-3)$

(1) 동수: $(x-1)(x+3)=x^2+2x-3$에서
  상수항을 제대로 보았으므로 처음 이차식의 상수항은
  -3이다.
(2) 민지: $(x-4)(x+2)=x^2-2x-8$에서
  x의 계수를 제대로 보았으므로 처음 이차식의 x의 계수는
  -2이다.
(3) (1), (2)에서 처음 이차식은 x^2-2x-3이고,
  이를 바르게 인수분해하면 $x^2-2x-3=(x+1)(x-3)$

0572 답 ④

상미: $(x+1)(2x-3)=2x^2-x-3$에서
  상수항을 제대로 보았으므로 처음 이차식의 상수항은 -3이다.
지훈: $(x-4)(2x+3)=2x^2-5x-12$에서
  x의 계수를 제대로 보았으므로 처음 이차식의 x의 계수는 -5
이다.
따라서 처음 이차식은 $2x^2-5x-3$이고, 이를 바르게 인수분해하면
$2x^2-5x-3=(x-3)(2x+1)$

0573 답 $(2x-1)(4x+1)$

진주: $(2x+1)(4x-3)=8x^2-2x-3$에서
  x^2의 계수와 x의 계수를 제대로 보았으므로
  처음 이차식의 x^2의 계수는 8, x의 계수는 -2이다.
민이: $(6x+1)(4x-1)=24x^2-2x-1$에서
  x의 계수와 상수항을 제대로 보았으므로
  x의 계수는 -2, 상수항은 -1이다.
따라서 처음 이차식은 $8x^2-2x-1$이고, 이를 바르게 인수분해하면
$8x^2-2x-1=(2x-1)(4x+1)$

본문 076~078쪽

0574 답 ④

④ $(a+5)+2=a+7$이므로 $a+5$를 인수로 갖지 않는다.

0575 답 ③, ⑤

① $3a-3b=3(a-b)$ ② $6x^2+2xy=2x(3x+y)$
④ $x-x^2+x^2y=x(1-x+xy)$
따라서 옳은 것은 ③, ⑤이다.

0576 답 ②

$a(2x+y)-b(-2x-y)=a(2x+y)+b(2x+y)$
$\qquad\qquad\qquad\qquad\quad=(2x+y)(a+b)$
따라서 인수인 것은 ㄱ, ㄹ의 2개이다.

0577 답 8

$25x^2-30x+9=(5x-3)^2$이므로 $a=5$, $b=-3$
$\therefore a-b=5-(-3)=8$

0578 답 ④

① $a^2-3a+\square$이 완전제곱식으로 인수분해되려면
  $\square=\left(\dfrac{-3}{2}\right)^2=\dfrac{9}{4}$ ⇨ 절댓값은 $\dfrac{9}{4}$
② $a^2+\square a+1$이 완전제곱식으로 인수분해되려면
  $\square=\pm2\sqrt{1}=\pm2$ ⇨ 절댓값은 2
③ $a^2+\square a+\dfrac{1}{4}$이 완전제곱식으로 인수분해되려면
  $\square=\pm2\sqrt{\dfrac{1}{4}}=\pm2\times\dfrac{1}{2}=\pm1$ ⇨ 절댓값은 1
④ $\square a^2-4a+1=\square a^2-2\times2a\times1+1^2$은 $(2a-1)^2$으로 인수분해
  되므로
  $\square=2^2=4$ ⇨ 절댓값은 4
⑤ $a^2+ab+\square b^2$이 완전제곱식으로 인수분해되려면
  $\square=\left(\dfrac{1}{2}\right)^2=\dfrac{1}{4}$ ⇨ 절댓값은 $\dfrac{1}{4}$
따라서 절댓값이 가장 큰 것은 ④이다.

0579 답 ㄱ, ㄴ

$A=\sqrt{x^2+4x+4}-\sqrt{x^2-6x+9}=\sqrt{(x+2)^2}-\sqrt{(x-3)^2}$
ㄱ. $x<-2$이면 $x+2<0$, $x-3<0$이므로
  $A=-(x+2)+(x-3)=-x-2+x-3=-5$
ㄴ. $-2\leq x<3$이면 $x+2\geq0$, $x-3<0$이므로
  $A=(x+2)+(x-3)=2x-1$
ㄷ. $x>3$이면 $x+2>0$, $x-3>0$이므로
  $A=(x+2)-(x-3)=x+2-x+3=5$
따라서 옳은 것은 ㄱ, ㄴ이다.

0580 답 ④

$a^2(x-y)+b^2(y-x)=a^2(x-y)-b^2(x-y)$
$\qquad\qquad\qquad\qquad\quad=(x-y)(a^2-b^2)$
$\qquad\qquad\qquad\qquad\quad=(x-y)(a+b)(a-b)$

0581 답 12

창의력 ＋ 해결 단계

❶ 피타고라스 정리를 이용하여 직각삼각형의 세 변의 길이에 대한 식을 세운 후
  인수분해한다.
❷ 두 변의 합과 차를 이용하여 나머지 한 변의 길이를 구한다.

직각삼각형의 가장 긴 변의 길이를 a, 다른 한 변의 길이를 b라 하면
가장 긴 변의 길이와 다른 한 변의 길이의 합이 18이고 차가 8이므로
$a+b=18$, $a-b=8$
따라서 피타고라스 정리에 의하여 나머지 한 변의 길이는
$\sqrt{a^2-b^2}=\sqrt{(a+b)(a-b)}=\sqrt{18\times8}=\sqrt{144}=12$

0582 답 $2x-4$

$x^2-4x-12=(x+2)(x-6)$이므로 두 일차식의 합은
$(x+2)+(x-6)=2x-4$

0583 답 $(a+b)(x+3)(x-7)$

$(a+b)(x^2-21)-4(a+b)x=(a+b)(x^2-4x-21)$
$\qquad\qquad\qquad\qquad\qquad =(a+b)(x+3)(x-7)$

0584 답 16

$x^2+8x+k=(x+a)(x+b)$에서 $a+b=8$을 만족시키는 자연수
a, b의 값을 각각 구하면 다음 표와 같다.

a	1	2	3	4	5	6	7
b	7	6	5	4	3	2	1

이때 $ab=k$이므로 $k=7$, 12, 15, 16
따라서 상수 k의 최댓값은 16이다.

0585 답 ④

$5x^2+(3a-5)x-24=(x-4)(5x+b)$에서
$5x^2+(3a-5)x-24=5x^2+(b-20)x-4b$
따라서 $3a-5=b-20$, $-24=-4b$이므로 $b=6$
$3a-5=-14$, $3a=-9$ $\quad\therefore a=-3$
$\therefore a+b=-3+6=3$

0586 답 $4(x-2)(3x-1)$

$[3x,\ 6,\ -2]-[2,\ x,\ 3x]$
$=(3x-6)(3x-2)-(2-x)(2+3x)$
$=9x^2-24x+12-(4+4x-3x^2)$
$=12x^2-28x+8$
$=4(3x^2-7x+2)$
$=4(x-2)(3x-1)$

0587 답 ⑤

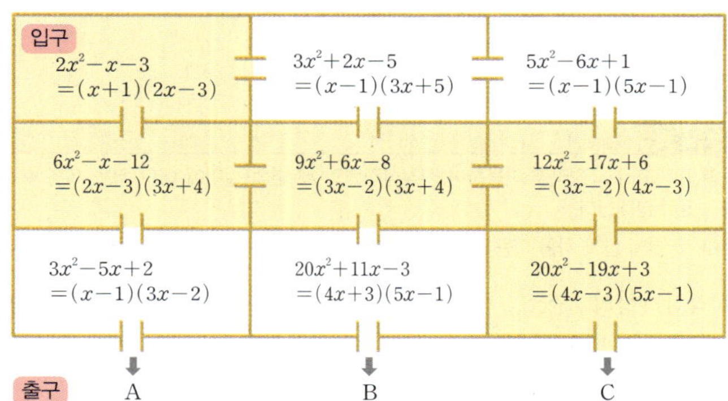

창의력 해결 단계

❶ 미로의 모든 칸에 적힌 다항식을 인수분해한다.
❷ 현재 위치에서 공통인 인수가 있는 칸으로 이동한다.
❸ 이동하는 동안 지나지 않는 칸에 적힌 다항식의 개수와 나오는 출구를 찾는다.

주어진 그림의 미로에서 지나는 칸을 색칠하면 다음과 같다.

따라서 지나지 않는 칸에 적힌 다항식의 개수는 4개이고, 나오는 출구
는 C이다.

0588 답 ③, ⑤

③ $-4x^2+y^2=y^2-4x^2=(y+2x)(y-2x)$
$\qquad\qquad\qquad =(2x+y)(-2x+y)$
⑤ $3x^2+xy-4y^2=(x-y)(3x+4y)$

0589 답 -5

주어진 다항식을 각각 인수분해하면
$x^2-5x=x(x-5)$
$2x^2-50=2(x^2-25)=2(x+5)(x-5)$
$x^2-10x+25=(x-5)^2$
$x^2-2x-15=(x+3)(x-5)$
따라서 네 다항식의 공통인 인수가 $x-5$이므로
$a=1$, $b=-5$
$\therefore ab=1\times(-5)=-5$

0590 답 $x+5$, 20

$x^2+9x+a=(x+4)(x+m)$ (m은 상수)이라 하면
$m+4=9$, $4m=a$
$\therefore m=5$, $a=4\times5=20$
따라서 다른 한 인수는 $x+5$이고, 상수 a의 값은 20이다.

0591 답 -5

$x^2+2x-3=(x-1)(x+3)$이므로
x^2+kx+4는 $x-1$ 또는 $x+3$을 인수로 갖는다.
(i) $x^2+kx+4=(x-1)(x+n)$ (n은 상수)이라 하면
$\quad n-1=k$, $-n=4$이므로
$\quad n=-4$, $k=-4-1=-5$
(ii) $x^2+kx+4=(x+3)(x+m)$ (m은 상수)이라 하면
$\quad m+3=k$, $3m=4$이므로
$\quad m=\dfrac{4}{3}$, $k=\dfrac{4}{3}+3=\dfrac{13}{3}$
따라서 (i), (ii)에서 k는 정수이므로
$k=-5$

0592 답 4개

$x^2+kx-10=(x+a)(x+b)$라 하자.(단, $a>b$)
이때 $(x+a)(x+b)=x^2+(a+b)x+ab$에서
$a+b=k$, $ab=-10$ $\qquad\qquad\cdots$ (i)
$ab=-10$을 만족시키는 정수 a, b의 순서쌍 $(a,\ b)$와 그에 따른
k의 값을 구하면 다음과 같다.
㉮ $(a,\ b)$가 $(1,\ -10)$일 때, $k=1+(-10)=-9$
㉯ $(a,\ b)$가 $(2,\ -5)$일 때, $k=2+(-5)=-3$
㉰ $(a,\ b)$가 $(5,\ -2)$일 때, $k=5+(-2)=3$
㉱ $(a,\ b)$가 $(10,\ -1)$일 때, $k=10+(-1)=9$ $\qquad\cdots$ (ii)
따라서 ㉮~㉱에서 상수 k는
-9, -3, 3, 9의 4개이다. $\qquad\qquad\cdots$ (iii)

채점 기준	배점
(i) 주어진 조건을 만족시키는 a, b와 k의 조건을 아는 경우	20 %
(ii) 순서쌍 $(a,\ b)$와 그에 따른 k의 값을 구한 경우	60 %
(iii) k의 개수를 구한 경우	20 %

0593 답 $(x-2)(x+5)$

수미: $(x+1)(x-10)=x^2-9x-10$에서
처음 이차식의 상수항을 제대로 보았으므로
$B=-10$ $\cdots$ (i)

신영: $(x+6)(x-3)=x^2+3x-18$에서
처음 이차식의 x의 계수를 제대로 보았으므로
$A=3$ $\cdots$ (ii)

따라서 $x^2+Ax+B=x^2+3x-10$이고, 이를 바르게 인수분해하면
$x^2+3x-10=(x-2)(x+5)$ $\cdots$ (iii)

채점 기준	배점
(i) B의 값을 구한 경우	30 %
(ii) A의 값을 구한 경우	30 %
(iii) x^2+Ax+B를 바르게 인수분해한 경우	40 %

06. 다항식의 인수분해 (2)

C : CONCEPT 개념 체크

본문 081쪽

0594 답 35, 50, 450   **0595** 답 23, 30, 900

0596 답 45, 35, 80, 10, 800

0597 답 500
$5\times87+5\times13=5\times(87+13)=5\times100=500$

0598 답 660
$11\times83-23\times11=11\times(83-23)=11\times60=660$

0599 답 4900
$56^2+2\times56\times14+14^2=(56+14)^2=70^2=4900$

0600 답 1600
$47^2-2\times47\times7+7^2=(47-7)^2=40^2=1600$

0601 답 5200
$76^2-24^2=(76+24)(76-24)$
$=100\times52=5200$

0602 답 1200
$3\times29^2-3\times21^2=3(29+21)(29-21)$
$=3\times50\times8=1200$

0603 답 $x+2, 2, 20, 360$

0604 답 $x-y, \sqrt{3}+\sqrt{2}, -2\sqrt{2}, 8$

0605 답 10000
$x^2+6x+9=(x+3)^2=(97+3)^2=100^2=10000$

0606 답 45
$4x^2-4xy+y^2=(2x-y)^2=\{2(2+\sqrt{5})-(4-\sqrt{5})\}^2$
$=(4+2\sqrt{5}-4+\sqrt{5})^2=(3\sqrt{5})^2=45$

0607 답 $x(x+1)(x+2)$
$x^3+3x^2+2x=x(x^2+3x+2)$
$=x(x+1)(x+2)$

0608 답 $a(a+3)(a-3)$
$a^3-9a=a(a^2-9)=a(a+3)(a-3)$

0609 답 $2a(x-2)(x-3)$
$2ax^2-10ax+12a=2a(x^2-5x+6)$
$=2a(x-2)(x-3)$

0610 답 $(x+2)^2$
$x+3=A$로 놓으면
$(x+3)^2-2(x+3)+1=A^2-2A+1=(A-1)^2$
$=(x+3-1)^2=(x+2)^2$

0611 답 $(x+11)(x+3)$

$x+7=A$로 놓으면
$(x+7)^2-16=A^2-16$
$\qquad\qquad =(A+4)(A-4)$
$\qquad\qquad =(x+7+4)(x+7-4)$
$\qquad\qquad =(x+11)(x+3)$

0612 답 $(2x-1)(3x-7)$

$x-2=A$로 놓으면
$6(x-2)^2+7(x-2)-3=6A^2+7A-3$
$\qquad\qquad\qquad =(2A+3)(3A-1)$
$\qquad\qquad\qquad =\{2(x-2)+3\}\{3(x-2)-1\}$
$\qquad\qquad\qquad =(2x-4+3)(3x-6-1)$
$\qquad\qquad\qquad =(2x-1)(3x-7)$

0613 답 $(x+y+1)(x+y-2)$

$x+y=A$로 놓으면
$(x+y)(x+y-1)-2=A(A-1)-2$
$\qquad\qquad\qquad =A^2-A-2$
$\qquad\qquad\qquad =(A+1)(A-2)$
$\qquad\qquad\qquad =(x+y+1)(x+y-2)$

0614 답 $x+2$ $\qquad$ **0615** 답 $x-3$

0616 답 $(x-y)(x+y+1)$

$x^2-y^2+x-y=(x+y)(x-y)+(x-y)$
$\qquad\qquad\qquad =(x-y)(x+y+1)$

0617 답 $(x-y+2)(x-y-2)$

$x^2+y^2-2xy-4=(x-y)^2-2^2$
$\qquad\qquad\qquad =(x-y+2)(x-y-2)$

PATTERN 유형 마스터 본문 082~087쪽

0618 답 ④

$23^2-2\times23\times3+9=23^2-2\times23\times3+3^2$
$\qquad\qquad\qquad =(23-3)^2=20^2=400$

0619 답 ㄱ, ㄴ

$9\times31^2-18\times31+9$
$=9(31^2-2\times31+1)$ …… $ma+mb=m(a+b)$를 이용 (ㄱ)
$=9(31^2-2\times31\times1+1^2)$
$=9(31-1)^2$ …… $a^2-2ab+b^2=(a-b)^2$을 이용 (ㄴ)
$=9\times900=8100$

0620 답 2840

$2920^2-80^2=(2920+80)(2920-80)=3000\times2840$이므로
□ 안에 알맞은 수는 2840이다.

0621 답 2

$$\frac{326\times9+326\times7}{167^2-159^2}=\frac{326(9+7)}{(167+159)(167-159)} \qquad \cdots(i)$$
$$=\frac{326\times16}{326\times8}=2 \qquad \cdots(ii)$$

채점 기준	배점
(i) 인수분해 공식을 이용하여 주어진 식을 변형한 경우	60 %
(ii) 주어진 식을 계산한 경우	40 %

0622 답 70

$4\times34^2+8\times34+4=4(34^2+2\times34+1)$
$\qquad\qquad\qquad =4(34+1)^2=2^2\times35^2$
$\qquad\qquad\qquad =(2\times35)^2=70^2$
$\therefore a=70$

0623 답 -55

$1^2-2^2+3^2-4^2+5^2-6^2+7^2-8^2+9^2-10^2$
$=(1^2-2^2)+(3^2-4^2)+(5^2-6^2)+(7^2-8^2)+(9^2-10^2)$
$=(1+2)(1-2)+(3+4)(3-4)+(5+6)(5-6)$
$\qquad\qquad +(7+8)(7-8)+(9+10)(9-10)$
$=-(1+2)-(3+4)-(5+6)-(7+8)-(9+10)$
$=-(1+2+3+4+5+6+7+8+9+10)$
$=-55$

0624 답 ④

$\left(1-\dfrac{1}{2^2}\right)\left(1-\dfrac{1}{3^2}\right)\left(1-\dfrac{1}{4^2}\right)\times\cdots\times\left(1-\dfrac{1}{50^2}\right)$
$=\left(1-\dfrac{1}{2}\right)\left(1+\dfrac{1}{2}\right)\left(1-\dfrac{1}{3}\right)\left(1+\dfrac{1}{3}\right)\left(1-\dfrac{1}{4}\right)\left(1+\dfrac{1}{4}\right)$
$\qquad\qquad\qquad \times\cdots\times\left(1-\dfrac{1}{50}\right)\left(1+\dfrac{1}{50}\right)$
$=\dfrac{1}{2}\times\dfrac{3}{2}\times\dfrac{2}{3}\times\dfrac{4}{3}\times\dfrac{3}{4}\times\dfrac{5}{4}\times\cdots\times\dfrac{49}{50}\times\dfrac{51}{50}$
$=\dfrac{1}{2}\times\dfrac{51}{50}=\dfrac{51}{100}$

0625 답 50

$x=7.25,\ y=2.25$이므로
$2x^2-4xy+2y^2=2(x^2-2xy+y^2)=2(x-y)^2$
$\qquad\qquad\qquad =2\times(7.25-2.25)^2=2\times5^2=50$

0626 답 $3\sqrt{5}$

$x+y=3,\ x-y=\sqrt{5}$이므로
$x^2-y^2=(x+y)(x-y)=3\times\sqrt{5}=3\sqrt{5}$

0627 답 ④

$x^2-3x-4=(x-4)(x+1)$
$\qquad\qquad =(4-\sqrt{2}-4)(4-\sqrt{2}+1)$
$\qquad\qquad =-\sqrt{2}(5-\sqrt{2})=-5\sqrt{2}+2$

0628 답 $-4\sqrt{2}$

$x=\dfrac{1}{\sqrt{2}+1}=\dfrac{\sqrt{2}-1}{(\sqrt{2}+1)(\sqrt{2}-1)}=\sqrt{2}-1$이고,
$y=\dfrac{1}{\sqrt{2}-1}=\dfrac{\sqrt{2}+1}{(\sqrt{2}-1)(\sqrt{2}+1)}=\sqrt{2}+1$이므로 $\qquad \cdots(i)$

$x+y=(\sqrt{2}-1)+(\sqrt{2}+1)=2\sqrt{2}$,
$x-y=(\sqrt{2}-1)-(\sqrt{2}+1)=-2$,
$xy=(\sqrt{2}-1)(\sqrt{2}+1)=1$ … (ii)
$\therefore x^3y-xy^3=xy(x^2-y^2)=xy(x+y)(x-y)$
$\qquad\qquad =1\times2\sqrt{2}\times(-2)=-4\sqrt{2}$ … (iii)

채점 기준	배점
(i) x, y의 분모를 각각 유리화한 경우	20%
(ii) $x+y$, $x-y$, xy의 값을 각각 구한 경우	30%
(iii) x^3y-xy^3의 값을 구한 경우	50%

 곱셈 공식을 이용한 분모의 유리화

분모가 두 수의 합 또는 차로 되어 있는 무리수일 때, 곱셈 공식
$(a+b)(a-b)=a^2-b^2$을 이용하여 분모를 유리화한다.

예 $\dfrac{1}{2+\sqrt{3}}=\dfrac{2-\sqrt{3}}{(2+\sqrt{3})(2-\sqrt{3})}=\dfrac{2-\sqrt{3}}{2^2-(\sqrt{3})^2}=2-\sqrt{3}$

부호 반대

0629 답 8

$x=\dfrac{19}{5}$이면 $x-4<0$, $2x+\dfrac{1}{5}>0$이므로

$\sqrt{x^2-8x+16}+\sqrt{4x^2+\dfrac{4}{5}x+\dfrac{1}{25}}$

$=\sqrt{(x-4)^2}+\sqrt{\left(2x+\dfrac{1}{5}\right)^2}=-(x-4)+\left(2x+\dfrac{1}{5}\right)$

$=-x+4+2x+\dfrac{1}{5}=x+\dfrac{21}{5}$

$=\dfrac{19}{5}+\dfrac{21}{5}=8$

0630 답 ⑤

$1<\sqrt{2}<2$에서 $4<3+\sqrt{2}<5$이므로 $3+\sqrt{2}$의 정수 부분은 4,
소수 부분은 $(3+\sqrt{2})-4=\sqrt{2}-1$
즉, $a=\sqrt{2}-1$, $b=4$이므로

$\therefore \dfrac{b^2+4ab+4a^2}{a+2}=\dfrac{(2a+b)^2}{a+2}=\dfrac{\{2(\sqrt{2}-1)+4\}^2}{(\sqrt{2}-1)+2}$

$\qquad =\dfrac{(2\sqrt{2}+2)^2}{\sqrt{2}+1}=\dfrac{4(\sqrt{2}+1)^2}{\sqrt{2}+1}$

$\qquad =4(\sqrt{2}+1)=4\sqrt{2}+4$

0631 답 $10x+6$

$6x^2+7x+2=(2x+1)(3x+2)$이고, 직사각형의 가로의 길이가
$3x+2$이므로 세로의 길이는 $2x+1$이다.
$\therefore$ (둘레의 길이)$=2\{(3x+2)+(2x+1)\}$
$\qquad\qquad\qquad =2(5x+3)=10x+6$

0632 답 $3a-1$

$\dfrac{1}{2}\times\{(a-2)+(a+6)\}\times$(높이)$=3a^2+5a-2$에서
$(a+2)\times$(높이)$=(a+2)(3a-1)$ $\therefore$ (높이)$=3a-1$

0633 답 $(x+2)(2x+1)$

새로 만든 직사각형의 넓이는 주어진 대수 막대 9개의 넓이의 합과
같으므로
$2x^2+5x+2=(x+2)(2x+1)$

0634 답 $2x+1$

(도형 B의 넓이)$=(2x+3)^2-2^2=4x^2+12x+5$
$\qquad\qquad\qquad =(2x+1)(2x+5)$
이때 두 도형 A, B의 넓이가 같고, 도형 B의 가로의 길이가 $2x+5$
이므로 세로의 길이는 $2x+1$이다.

0635 답 5 cm

두 카드의 둘레의 길이의 합이 100 cm이므로
$4x+4y=100$, $4(x+y)=100$
$\therefore x+y=25$ … ㉠
두 카드의 넓이의 차가 125 cm²이므로
$x^2-y^2=125$ ($\because x>y$)
$(x+y)(x-y)=125$, $25(x-y)=125$ ($\because$ ㉠)
$\therefore x-y=5$
따라서 두 카드의 한 변의 길이의 차는 5 cm이다.

0636 답 (1) 가로줄의 수 3개: $3^2-1=2\times4$,
가로줄의 수 4개: $4^2-1=3\times5$
(2) $a^2-1=(a+1)(a-1)$

新 유형

접근하기 [방법 1]의 카드의 배열과 [방법 2]의 카드의 배열의 관계를 파
악한다. 이때 두 방법에서 이용한 카드의 수가 각각 같음을 이용
하여 그 관계를 식으로 나타낸다.

(1) (i) 가로줄 수가 3개인 경우
[방법 1]은 1번째 가로줄에서 카드 1개를 떼어낸 것이므로
그 수는 (3^2-1)개
이때 [방법 2]는 [방법 1]의 배열에서 떼어낸 카드를 마지막
가로줄 다음에 붙였으므로 그 수는
$(3-1)(3+1)=2\times4$(개)
즉, $3^2-1=2\times4$
(ii) 가로줄 수가 4개인 경우
[방법 1]은 1번째 가로줄에서 카드 1개를 떼어낸 것이므로
그 수는 (4^2-1)개
이때 [방법 2]는 [방법 1]의 배열에서 떼어낸 카드를 마지막
가로줄 다음에 붙였으므로 그 수는
$(4-1)(4+1)=3\times5$(개)
즉, $4^2-1=3\times5$

(2) 가로줄 수가 a개인 경우
[방법 1]은 1번째 가로줄에서 카드 1개를 떼어낸 것이므로
그 수는 (a^2-1)개
이때 [방법 2]는 [방법 1]의 배열에서 떼어낸 카드를 마지막 가로줄
다음에 붙였으므로 그 수는
$(a-1)(a+1)$개
$\therefore a^2-1=(a-1)(a+1)$

0637 답 (1) $(x-y)(a+b)(a-b)$ (2) $(x+1)(x+3)(x-3)$

(1) $a^2(x-y)+b^2(y-x)=a^2(x-y)-b^2(x-y)$
$\qquad\qquad =(x-y)(a^2-b^2)$
$\qquad\qquad =(x-y)(a+b)(a-b)$

(2) $x^3+x^2-9(x+1)=x^2(x+1)-9(x+1)$
$=(x+1)(x^2-9)$
$=(x+1)(x+3)(x-3)$

0638 답 -11

$y^2(x-4)-7y(x-4)+6(x-4)=(x-4)(y^2-7y+6)$
$=(x-4)(y-1)(y-6)$

따라서 $a=-4$, $b=-1$, $c=-6$ 또는 $a=-4$, $b=-6$, $c=-1$
이므로
$a+b+c=-4+(-1)+(-6)=-11$

0639 답 ①, ③

$x(x-y)-x+y-y(y-x)=x(x-y)-(x-y)+y(x-y)$
$=(x-y)(x-1+y)$

따라서 인수인 것은 ①, ③이다.

0640 답 ③

$x^2(x+1)-9(x+1)=(x+1)(x^2-9)$
$=(x+1)(x+3)(x-3)$
$3x(x-1)-3(1-x)=3x(x-1)+3(x-1)$
$=(3x+3)(x-1)=3(x-1)(x+1)$

따라서 주어진 두 다항식의 공통인 인수는 ③ $x+1$이다.

0641 답 -9

$x+5=A$로 놓으면
$(x+5)^2-10(x+5)+16=A^2-10A+16=(A-2)(A-8)$
$=(x+5-2)(x+5-8)$
$=(x+3)(x-3)$

따라서 $a=3$, $b=-3$ 또는 $a=-3$, $b=3$이므로
$ab=3\times(-3)=-9$

0642 답 $(1+x-y)(1-x+y)$

$x-y=A$로 놓으면
$1-(x-y)^2=1^2-A^2=(1+A)(1-A)$
$=\{1+(x-y)\}\{1-(x-y)\}$
$=(1+x-y)(1-x+y)$

0643 답 ④

$x+y=A$로 놓으면
$3(x+y)(x+y+1)-6=3A(A+1)-6=3A^2+3A-6$
$=3(A^2+A-2)=3(A-1)(A+2)$
$=3(x+y-1)(x+y+2)$

0644 답 ②

$2x^2(y-3)-8y+24=2x^2(y-3)-8(y-3)$
$y-3=A$로 놓으면
$2x^2A-8A=2A(x^2-4)$
$=2A(x+2)(x-2)$
$=2(y-3)(x+2)(x-2)$
④ $2y-6=2(y-3)$
⑤ $xy-3x-2y+6=x(y-3)-2(y-3)=(y-3)(x-2)$
따라서 주어진 식의 인수가 아닌 것은 ②이다.

0645 답 $a=4$, $b=3$

$4x+3y=A$로 놓으면 $\cdots$ (i)
$(4x+3y)^2-2(4x+3y+1)+3=A^2-2(A+1)+3$
$=A^2-2A+1=(A-1)^2$
$=(4x+3y-1)^2$ $\cdots$ (ii)
$\therefore a=4$, $b=3$ $\cdots$ (iii)

채점 기준	배점
(i) $4x+3y$를 치환한 경우	20 %
(ii) 치환을 이용하여 주어진 식을 인수분해한 경우	60 %
(iii) a, b의 값을 각각 구한 경우	20 %

0646 답 $9b^2$

$a+2b=A$, $a-b=B$로 놓으면
$(a+2b)^2-2(a+2b)(a-b)+(a-b)^2$
$=A^2-2AB+B^2=(A-B)^2$
$=\{(a+2b)-(a-b)\}^2$
$=(3b)^2=9b^2$

0647 답 -6

$2x+1=A$, $x-3=B$로 놓으면
$(2x+1)^2-(x-3)^2=A^2-B^2=(A+B)(A-B)$
$=\{(2x+1)+(x-3)\}\{(2x+1)-(x-3)\}$
$=(3x-2)(x+4)$

따라서 $a=-2$, $b=4$이므로
$a-b=-2-4=-6$

0648 답 ④

$(x+1)^2-(x+1)(-y+1)-20(y-1)^2$에서
$x+1=A$, ① $y-1$ $=B$로 놓으면
A^2+ ② AB $-20B^2=($ ③ $A-4B$ $)(A+5B)$
이고, A, B에 원래의 식을 대입하면
$\{(x+1)-4(y-1)\}\{(x+1)+5(y-1)\}$에서
(④ $x-4y+5$ $)(x+5y-4)$이다.
따라서 인수분해된 두 일차식의 합은
$(x-4y+5)+(x+5y-4)=$ ⑤ $2x+y+1$ 이다.

0649 답 $3a(a+2b)$

$2a+b=A$, $a-b=B$로 놓으면
$(2a\star b)-\{a\star(-b)\}=(2a+b)^2-(a-b)^2$
$=A^2-B^2=(A+B)(A-B)$
$=(2a+b+a-b)(2a+b-a+b)$
$=3a(a+2b)$

0650 답 ⑤

$x(x-3)(x+3)(x+6)+72$
$=\{x(x+3)\}\{(x-3)(x+6)\}$
$=\underset{A}{(x^2+3x)}\underset{A}{(x^2+3x-18)}+72$
$=A(A-18)+72=A^2-18A+72$
$=(A-6)(A-12)$
$=(x^2+3x-6)(x^2+3x-12)$

주어진 식에서 공통부분이 생기도록 식을 변형해 봐. 이때 곱하여 전개한 식에서 x의 계수가 같아지도록 하는 짝을 찾으면 돼.

0651 답 $(x+3)(x+4)(x^2+7x+4)$

$(x+1)(x+2)(x+5)(x+6)-12$
$=\{(x+1)(x+6)\}\{(x+2)(x+5)\}-12$
$=(\underset{A}{x^2+7x+6})(\underset{A}{x^2+7x+10})-12$
$=(A+6)(A+10)-12=A^2+16A+48$
$=(A+4)(A+12)=(x^2+7x+4)(x^2+7x+12)$
$=(x+3)(x+4)(x^2+7x+4)$

0652 답 16

$x(x-2)(x+2)(x+4)+k$
$=\{x(x+2)\}\{(x-2)(x+4)\}+k$
$=(\underset{A}{x^2+2x})(\underset{A}{x^2+2x-8})+k$
$=A(A-8)+k=A^2-8A+k$
$=(x^2+2x)^2-8(x^2+2x)+k$

이 식이 완전제곱식이 되려면 $k=\left(-\dfrac{8}{2}\right)^2=16$

(1) 이차항의 계수가 1인 경우
① $x^2+ax+\square$가 완전제곱식이려면 $\Rightarrow \square=\left(\dfrac{a}{2}\right)^2$
② $x^2+\square x+b$가 완전제곱식이려면 (단, $b>0$) $\Rightarrow \square=\pm2\sqrt{b}$
(2) 이차항의 계수가 1이 아닌 경우
$\Rightarrow \bigcirc^2\pm2\bigcirc\square+\square^2$의 꼴임을 확인한다.

0653 답 ④

$a^2-b^2+ac+bc=(a+b)(a-b)+c(a+b)$
$\qquad\qquad\qquad=(a+b)(a-b+c)$

0654 답 ③

$x^2y^2-9x^2-y^2+9=x^2(y^2-9)-(y^2-9)$
$\qquad\qquad\qquad=(y^2-9)(x^2-1)$
$\qquad\qquad\qquad=(y+3)(y-3)(x+1)(x-1)$

따라서 주어진 다항식의 인수가 아닌 것은 ③이다.

0655 답 ⑤

$x^2+x-2y-4y^2=x^2-4y^2+x-2y$
$\qquad\qquad\qquad=(x+2y)(x-2y)+(x-2y)$
$\qquad\qquad\qquad=(x-2y)(x+2y+1)$

따라서 $a=-2$, $b=2$이므로 $b-a=2-(-2)=4$

0656 답 $3a-2$

$a^3-2a^2-16a+32=a^2(a-2)-16(a-2)$
$\qquad\qquad\qquad=(a-2)(a^2-16)$
$\qquad\qquad\qquad=(a-2)(a+4)(a-4)$

따라서 세 일차식의 합은
$(a-2)+(a+4)+(a-4)=3a-2$

0657 답 ①

$1-x^2-y^2+2xy=1-(x^2+y^2-2xy)$
$\qquad\qquad\qquad=1-(x-y)^2$
$\qquad\qquad\qquad=(1+x-y)(1-x+y)$

0658 답 ③

$a^2-12ab+36b^2-1=(a^2-12ab+36b^2)-1$
$\qquad\qquad\qquad=(a-6b)^2-1$
$\qquad\qquad\qquad=(a-6b+1)(a-6b-1)$

따라서 주어진 식의 인수인 것은 ③이다.

0659 답 $2-2a+7b$

$4-4a^2-49b^2+28ab=4-(4a^2-28ab+49b^2)$
$\qquad\qquad\qquad=2^2-(2a-7b)^2$
$\qquad\qquad\qquad=(2+2a-7b)(2-2a+7b)$

$\therefore X=2-2a+7b$

0660 답 ⑤

$25x^2-15x-y^2+3y=(25x^2-y^2)-3(5x-y)$
$\qquad\qquad\qquad=(5x+y)(5x-y)-3(5x-y)$
$\qquad\qquad\qquad=(5x-y)(5x+y-3)$
$25x^2-9+10xy+y^2=(25x^2+10xy+y^2)-9$
$\qquad\qquad\qquad=(5x+y)^2-3^2$
$\qquad\qquad\qquad=(5x+y+3)(5x+y-3)$

따라서 두 다항식의 공통인 인수는 ⑤ $5x+y-3$이다.

0661 답 $(x-3)(x-y-1)$

y에 대하여 내림차순으로 정리하면
$x^2-xy+3y-4x+3=y(-x+3)+x^2-4x+3$
$\qquad\qquad\qquad=-y(x-3)+(x-1)(x-3)$
$\qquad\qquad\qquad=(x-3)(-y+x-1)$
$\qquad\qquad\qquad=(x-3)(x-y-1)$

0662 답 ①, ④

x에 대하여 내림차순으로 정리하면
$x^2-y^2+5x+3y+4=x^2+5x-(y^2-3y-4)$
$\qquad\qquad\qquad=x^2+5x-(y+1)(y-4)$
$\qquad\qquad\qquad=\{x+(y+1)\}\{x-(y-4)\}$
$\qquad\qquad\qquad=(x+y+1)(x-y+4)$

따라서 주어진 식의 인수인 것은 ①, ④이다.

0663 답 ③

x에 대하여 내림차순으로 정리하면
$x^2+2x+xy-2y^2-5y-3=x^2+(y+2)x-(2y^2+5y+3)$
$\qquad\qquad\qquad=x^2+(y+2)x-(y+1)(2y+3)$
$\qquad\qquad\qquad=\{x-(y+1)\}\{x+(2y+3)\}$
$\qquad\qquad\qquad=(x-y-1)(x+2y+3)$

따라서 두 일차식의 합은
$(x-y-1)+(x+2y+3)=2x+y+2$

R : REAL 실전 업

본문 088~090쪽

0664 답 ④

④ $103^2+4\times103-21=(103-3)(103+7)$
$\qquad\qquad\qquad\qquad\quad=11000$

0665 답 ②

$\dfrac{2019^2-11^2}{2020^2-10^2}=\dfrac{(2019+11)(2019-11)}{(2020+10)(2020-10)}$
$\qquad\qquad\quad=\dfrac{2030\times2008}{2030\times2010}=\dfrac{2008}{2010}=\dfrac{1004}{1005}$

따라서 $a=1004$, $b=1005$이므로
$a-b=1004-1005=-1$

0666 답 ②, ④

$9991=10000-9=100^2-3^2$
$\qquad=(100+3)(100-3)=103\times97$

따라서 비밀 키를 찾기 위하여 필요한 소수는 97, 103이다.

0667 답 ②

$2^{32}-1=(2^{16}+1)(2^{16}-1)$
$\qquad=(2^{16}+1)(2^8+1)(2^8-1)$
$\qquad=(2^{16}+1)(2^8+1)(2^4+1)(2^4-1)$
$\qquad=(2^{16}+1)(2^8+1)(2^4+1)(2^2+1)(2^2-1)$
$\qquad=(2^{16}+1)(2^8+1)(2^4+1)(2^2+1)(2+1)(2-1)$

따라서 4와 20 사이의 두 자연수는 $2^2+1(=5)$와 $2^4+1(=17)$이므로 구하는 합은
$5+17=22$

0668 답 ⑤

$x=\dfrac{1}{3+2\sqrt2}=\dfrac{3-2\sqrt2}{(3+2\sqrt2)(3-2\sqrt2)}=3-2\sqrt2$
$\therefore\ x^2-7x+12=(x-3)(x-4)$
$\qquad\qquad\qquad\quad=(3-2\sqrt2-3)(3-2\sqrt2-4)$
$\qquad\qquad\qquad\quad=-2\sqrt2(-2\sqrt2-1)$
$\qquad\qquad\qquad\quad=8+2\sqrt2$

0669 답 ④

새로 만든 직사각형의 넓이는 주어진 대수 막대 8개의 넓이의 합과 같으므로
$x^2+4x+3=(x+1)(x+3)$
따라서 새로 만든 직사각형의 이웃하는 두 변의 길이는 $x+1$, $x+3$ 이므로 둘레의 길이는
$2\{(x+1)+(x+3)\}=2(2x+4)=4x+8$

0670 답 10920π cm²

(흰색 부분의 넓이)$=121^2\pi-61^2\pi=(121+61)(121-61)\pi$
$\qquad\qquad\qquad\qquad=182\times60\times\pi=10920\pi(\text{cm}^2)$

해설 속 칠판 원의 넓이

반지름의 길이가 r인 원의 넓이는 πr^2이다.

0671 답 600π cm³

구하는 부피는
(큰 원기둥의 부피)$-$(뚫린 원기둥의 부피)
$=\pi\times7.5^2\times12-\pi\times2.5^2\times12$
$=12\pi(7.5^2-2.5^2)$
$=12\pi(7.5+2.5)(7.5-2.5)$
$=12\pi\times10\times5=600\pi(\text{cm}^3)$

0672 답 $(-128,\ -144)$

창의력⁺ 해결 단계

❶ 인수분해 공식 $a^2-b^2=(a+b)(a-b)$를 이용하여 달팽이가 이동하는 규칙을 파악한다.

❷ 16일 후 달팽이의 위치를 x좌표와 y좌표로 나누어 각각 구한다.

❸ 출발한 지 16일 후 달팽이의 위치를 좌표로 나타낸다.

출발한 지 16일 후의 달팽이의 위치의 x좌표는
$1^2-3^2+5^2-7^2+9^2-11^2+13^2-15^2$
$=(1+3)(1-3)+(5+7)(5-7)+(9+11)(9-11)$
$\qquad\qquad\qquad\qquad\qquad\quad+(13+15)(13-15)$
$=(-2)\times(1+3+5+7+9+11+13+15)$
$=(-2)\times64=-128$
출발한 지 16일 후의 달팽이의 위치의 y좌표는
$2^2-4^2+6^2-8^2+10^2-12^2+14^2-16^2$
$=(2+4)(2-4)+(6+8)(6-8)+(10+12)(10-12)$
$\qquad\qquad\qquad\qquad\qquad\quad+(14+16)(14-16)$
$=(-2)\times(2+4+6+8+10+12+14+16)$
$=(-2)\times72$
$=-144$
따라서 출발한 지 16일 후의 달팽이의 위치를 좌표로 나타내면
$(-128,\ -144)$이다.

0673 답 ⑤

$x+3=X$로 놓으면
$(x+3)^2-10(x+3)+25=X^2-10X+25=(X-5)^2$
$\qquad\qquad\qquad\qquad\qquad\qquad\quad=(x+3-5)^2$
$\qquad\qquad\qquad\qquad\qquad\qquad\quad=(x-2)^2$
이 식에 $x=2-\sqrt5$를 대입하면
$(x-2)^2=(2-\sqrt5-2)^2=(-\sqrt5)^2=5$

0674 답 ③

오른쪽 그림과 같이 겹쳐진 부분을 제외한 두 부분을 각각 A, B라 하자.
A의 넓이는 $(x+b)^2-ab$이고
B의 넓이는 $(x+a)^2-ab$이다.
이때 $a>b$이므로 두 도형의 넓이의 차는

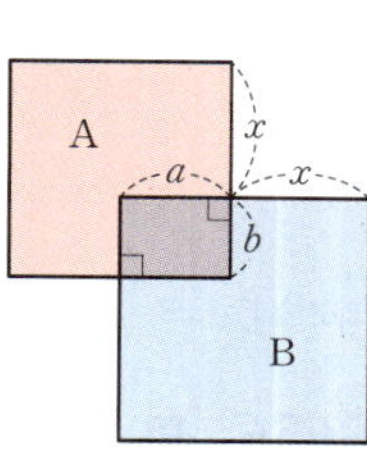

$\{(x+a)^2-ab\}-\{(x+b)^2-ab\}$
$=\underset{A}{(x+a)^2}-\underset{B}{(x+b)^2}$
$=A^2-B^2=(A+B)(A-B)$
$=(x+a+x+b)(x+a-x-b)$
$=(2x+a+b)(a-b)$

0675 답 ⑤

$(1-x^2)(1-y^2)-4xy$

$=\boxed{① \ 1-x^2-y^2+x^2y^2}-4xy$

$=(x^2y^2-2xy+1)-(\boxed{② \ x^2+2xy+y^2})$

$=(\boxed{③ \ xy-1})^2-\underset{B}{(\underline{x+y})^2}$

여기서 $\underset{A}{\underline{③ \ xy-1}}$

$=A^2-B^2=(A+B)(A-B)$

$=(xy-1+x+y)(\boxed{④ \ xy-1-x-y})$

따라서 xy항을 포함하는 두 인수의 합은

$(xy-1+x+y)+(xy-1-x-y)=\boxed{⑤ \ 2xy-2}$이다.

0676 답 ②

$x(x-3)(x-1)(x+2)-72$

$=\{x(x-1)\}\{(x-3)(x+2)\}-72$

$=\underset{A}{(\underline{x^2-x})}\underset{A}{(\underline{x^2-x}-6)}-72$

$=A(A-6)-72=A^2-6A-72$

$=(A+6)(A-12)$

$=(x^2-x+6)(x^2-x-12)$

$=(x^2-x+6)(x+3)(x-4)$

따라서 주어진 다항식의 인수가 아닌 것은 ②이다.

0677 답 56

$a+b=7$, $a-b=4$이므로

$a^2-b^2+4a+4b=(a+b)(a-b)+4(a+b)$

$\qquad\qquad\qquad =(a+b)(a-b+4)$

$\qquad\qquad\qquad =7\times(4+4)=56$

0678 답 ④

$4x^2-16+y^2+4xy=(4x^2+4xy+y^2)-16$

$\qquad\qquad\qquad\qquad =(2x+y)^2-4^2$

$\qquad\qquad\qquad\qquad =(2x+y+4)(2x+y-4)$

$\underset{A}{(\underline{2x+y})^2}-10\underset{A}{(\underline{2x+y}-1)}+14=A^2-10A+24$

$\qquad\qquad\qquad\qquad\qquad =(A-4)(A-6)$

$\qquad\qquad\qquad\qquad\qquad =(2x+y-4)(2x+y-6)$

따라서 두 다항식의 공통인 인수는 ④ $2x+y-4$이다.

0679 답 2

x에 대하여 내림차순으로 정리하면

$3x^2+3y^2-5x-5y+6xy-2$

$=3x^2+(6y-5)x+3y^2-5y-2$

$=3x^2+(6y-5)x+(y-2)(3y+1)$

$=(x+y-2)(3x+3y+1)$

따라서 $a=1$, $b=-2$, $c=3$이므로

$a+b+c=1+(-2)+3=2$

다른 풀이

$3x^2+3y^2-5x-5y+6xy-2$

$=3(x^2+2xy+y^2)-5(x+y)-2$

$=3\underset{A}{(\underline{x+y})^2}-5\underset{A}{(\underline{x+y})}-2$

$=3A^2-5A-2=(A-2)(3A+1)$

$=(x+y-2)(3x+3y+1)$

따라서 $a=1$, $b=-2$, $c=3$이므로

$a+b+c=1+(-2)+3=2$

0680 답 32π

$S_7-S_5+S_3-S_1=7^2\pi-5^2\pi+3^2\pi-1^2\pi$

$\qquad\qquad\qquad =\pi(7^2-5^2+3^2-1^2)$

$\qquad\qquad\qquad =\pi\{(7+5)(7-5)+(3+1)(3-1)\}\quad \cdots(\text{i})$

$\qquad\qquad\qquad =\pi\times2\times(1+3+5+7)$

$\qquad\qquad\qquad =32\pi \qquad\qquad\qquad\qquad\qquad \cdots(\text{ii})$

채점 기준	배점
(i) 인수분해 공식을 이용하여 식을 변형한 경우	50 %
(ii) $S_7-S_5+S_3-S_1$의 값을 구한 경우	50 %

0681 답 (1) $k=n^2+3n+1$ (2) 10301

(1) 네 자연수는 n, $n+1$, $n+2$, $n+3$이고, 자연수 k는 연속하는 네 자연수의 곱에 1을 더한 수의 양의 제곱근이므로

$k=\sqrt{n(n+1)(n+2)(n+3)+1}$

$\ =\sqrt{\{n(n+3)\}\{(n+1)(n+2)\}+1}$

$\ =\sqrt{(n^2+3n)(n^2+3n+2)+1}$

이때 $n^2+3n=X$로 놓으면

$\sqrt{X(X+2)+1}=\sqrt{X^2+2X+1}=\sqrt{(X+1)^2}$

$\qquad\qquad\qquad =\sqrt{(n^2+3n+1)^2}$

$\qquad\qquad\qquad =n^2+3n+1$

$\therefore k=n^2+3n+1 \qquad\qquad \cdots(\text{i})$

(2) $\sqrt{n(n+1)(n+2)(n+3)+1}=n^2+3n+1$이므로

$\sqrt{100\times101\times102\times103+1}=100^2+3\times100+1$

$\qquad\qquad\qquad\qquad =10301 \qquad\qquad \cdots(\text{ii})$

채점 기준	배점
(i) 자연수 k를 n에 대한 이차식으로 나타낸 경우	50 %
(ii) $\sqrt{100\times101\times102\times103+1}$을 계산한 경우	50 %

III. 이차방정식

07. 이차방정식의 풀이

: CONCEPT
개념 체크

본문 093, 095쪽

0682 답 ○

0683 답 ×

0684 답 ○

0685 답 ×

0686 답 ○

0687 답 ○

0688 답 ○

0689 답 ×

0690 답 $x=0$

0691 답 $x=1$ 또는 $x=2$

0692 답 $x=0$ 또는 $x=-5$

0693 답 $x=4$ 또는 $x=7$

0694 답 $x=-2$ 또는 $x=6$

0695 답 $x=-1$ 또는 $x=\dfrac{3}{2}$

0696 답 $x=0$ 또는 $x=6$
$x(x-6)=0 \quad \therefore x=0$ 또는 $x=6$

0697 답 $x=-1$ 또는 $x=-3$
$(x+1)(x+3)=0 \quad \therefore x=-1$ 또는 $x=-3$

0698 답 $x=1$ 또는 $x=-\dfrac{2}{3}$
$(x-1)(3x+2)=0 \quad \therefore x=1$ 또는 $x=-\dfrac{2}{3}$

0699 답 $x=\dfrac{1}{2}$ 또는 $x=\dfrac{3}{2}$
$(2x-1)(2x-3)=0 \quad \therefore x=\dfrac{1}{2}$ 또는 $x=\dfrac{3}{2}$

0700 답 $x=-2$(중근)

0701 답 $x=-1$(중근)
$(x+1)^2=0 \quad \therefore x=-1$(중근)

0702 답 $x=4$(중근)
$x^2-8x+16=0$, $(x-4)^2=0 \quad \therefore x=4$(중근)

0703 답 $x=-\dfrac{3}{2}$(중근)
$(2x+3)^2=0 \quad \therefore x=-\dfrac{3}{2}$(중근)

0704 답 $x=\pm\sqrt{10}$
$x^2=10 \quad \therefore x=\pm\sqrt{10}$

0705 답 $x=\pm\dfrac{3}{4}$
$x^2=\dfrac{9}{16} \quad \therefore x=\pm\dfrac{3}{4}$

0706 답 $x=10$ 또는 $x=-4$
$x-3=\pm\sqrt{49}=\pm7$
$\therefore x=10$ 또는 $x=-4$

0707 답 $x=0$ 또는 $x=-4$
$(x+2)^2=4$, $x+2=\pm\sqrt{4}=\pm2$
$\therefore x=0$ 또는 $x=-4$

0708 답 $(x+5)^2=3$
$x^2+10x=-22$, $x^2+10x+25=-22+25$
$\therefore (x+5)^2=3$

0709 답 $(x-1)^2=10$
$x^2-2x=9$, $x^2-2x+1=9+1$
$\therefore (x-1)^2=10$

0710 답 $\left(x-\dfrac{3}{2}\right)^2=\dfrac{5}{4}$
$x^2-3x=-1$, $x^2-3x+\dfrac{9}{4}=-1+\dfrac{9}{4}$
$\therefore \left(x-\dfrac{3}{2}\right)^2=\dfrac{5}{4}$

0711 답 $(x+1)^2=\dfrac{9}{2}$
양변을 2로 나누면 $x^2+2x-\dfrac{7}{2}=0$
$x^2+2x=\dfrac{7}{2}$, $x^2+2x+1=\dfrac{7}{2}+1$
$\therefore (x+1)^2=\dfrac{9}{2}$

0712 답 $x=2\pm\sqrt{7}$
$x^2-4x=3$, $x^2-4x+4=3+4$
$(x-2)^2=7$, $x-2=\pm\sqrt{7}$
$\therefore x=2\pm\sqrt{7}$

0713 답 $x=-4\pm\sqrt{3}$
$x^2+8x=-13$, $x^2+8x+16=-13+16$
$(x+4)^2=3$, $x+4=\pm\sqrt{3}$
$\therefore x=-4\pm\sqrt{3}$

0714 답 $x=-3\pm\sqrt{2}$
양변을 2로 나누면 $x^2+6x+7=0$
$x^2+6x=-7$, $x^2+6x+9=-7+9$
$(x+3)^2=2$, $x+3=\pm\sqrt{2}$
$\therefore x=-3\pm\sqrt{2}$

0715 답 $x=\dfrac{1}{3}$ 또는 $x=-1$

양변을 3으로 나누면 $x^2+\dfrac{2}{3}x-\dfrac{1}{3}=0$

$x^2+\dfrac{2}{3}x=\dfrac{1}{3}$, $x^2+\dfrac{2}{3}x+\dfrac{1}{9}=\dfrac{1}{3}+\dfrac{1}{9}$

$\left(x+\dfrac{1}{3}\right)^2=\dfrac{4}{9}$, $x+\dfrac{1}{3}=\pm\dfrac{2}{3}$

$\therefore x=\dfrac{1}{3}$ 또는 $x=-1$

0716 답 $x=\dfrac{-3\pm\sqrt{33}}{2}$

$x=\dfrac{-3\pm\sqrt{3^2-4\times1\times(-6)}}{2\times1}=\dfrac{-3\pm\sqrt{33}}{2}$

0717 답 $x=3\pm\sqrt{2}$

$x=\dfrac{-(-3)\pm\sqrt{(-3)^2-1\times7}}{1}=3\pm\sqrt{2}$

0718 답 $x=\dfrac{-1\pm\sqrt{33}}{4}$

$x=\dfrac{-1\pm\sqrt{1^2-4\times2\times(-4)}}{2\times2}=\dfrac{-1\pm\sqrt{33}}{4}$

0719 답 $x=\dfrac{-5\pm\sqrt{41}}{4}$

$x=\dfrac{-5\pm\sqrt{5^2-4\times2\times(-2)}}{2\times2}=\dfrac{-5\pm\sqrt{41}}{4}$

0720 답 $x=\dfrac{-4\pm\sqrt{13}}{3}$

$x=\dfrac{-4\pm\sqrt{4^2-3\times1}}{3}=\dfrac{-4\pm\sqrt{13}}{3}$

0721 답 $x=\dfrac{7\pm\sqrt{17}}{8}$

$x=\dfrac{-(-7)\pm\sqrt{(-7)^2-4\times4\times2}}{2\times4}=\dfrac{7\pm\sqrt{17}}{8}$

0722 답 $x=\dfrac{1\pm\sqrt{21}}{2}$

$x^2-x=5$에서 $x^2-x-5=0$

$\therefore x=\dfrac{-(-1)\pm\sqrt{(-1)^2-4\times1\times(-5)}}{2\times1}=\dfrac{1\pm\sqrt{21}}{2}$

0723 답 $x=-3\pm\sqrt{13}$

$x^2-3=-6x+1$에서 $x^2+6x-4=0$

$\therefore x=\dfrac{-3\pm\sqrt{3^2-1\times(-4)}}{1}=-3\pm\sqrt{13}$

0724 답 $x=2$ 또는 $x=5$

$x^2-6x+9=x-1$, $x^2-7x+10=0$

$(x-2)(x-5)=0$ $\therefore x=2$ 또는 $x=5$

0725 답 $x=3$ 또는 $x=-\dfrac{3}{2}$

$5x+9=2x^2+2x$, $2x^2-3x-9=0$

$(x-3)(2x+3)=0$ $\therefore x=3$ 또는 $x=-\dfrac{3}{2}$

0726 답 $x=4\pm2\sqrt{3}$

$x^2=8x-4$, $x^2-8x+4=0$

$\therefore x=\dfrac{-(-4)\pm\sqrt{(-4)^2-1\times4}}{1}$

$\qquad=4\pm\sqrt{12}=4\pm2\sqrt{3}$

0727 답 $x=\dfrac{7\pm\sqrt{37}}{2}$

$x^2-7x+12=9$, $x^2-7x+3=0$

$\therefore x=\dfrac{-(-7)\pm\sqrt{(-7)^2-4\times1\times3}}{2\times1}=\dfrac{7\pm\sqrt{37}}{2}$

0728 답 $x=3\pm\sqrt{26}$

$x^2-16=6x+1$, $x^2-6x-17=0$

$\therefore x=\dfrac{-(-3)\pm\sqrt{(-3)^2-1\times(-17)}}{1}=3\pm\sqrt{26}$

0729 답 $x=\dfrac{3\pm\sqrt{57}}{12}$

$6x^2+x-2=4x$, $6x^2-3x-2=0$

$\therefore x=\dfrac{-(-3)\pm\sqrt{(-3)^2-4\times6\times(-2)}}{2\times6}$

$\qquad=\dfrac{3\pm\sqrt{57}}{12}$

0730 답 $x=-1$ 또는 $x=2$

양변에 10을 곱하면 $x^2-x-2=0$

$(x+1)(x-2)=0$ $\therefore x=-1$ 또는 $x=2$

0731 답 $x=6$ 또는 $x=\dfrac{1}{4}$

양변에 10을 곱하면 $4x^2-25x+6=0$

$(x-6)(4x-1)=0$ $\therefore x=6$ 또는 $x=\dfrac{1}{4}$

0732 답 $x=-3$ 또는 $x=6$

양변에 100을 곱하면 $x^2-18=3x$

$x^2-3x-18=0$, $(x+3)(x-6)=0$

$\therefore x=-3$ 또는 $x=6$

0733 답 $x=\dfrac{-5\pm\sqrt{10}}{3}$

양변에 10을 곱하면 $10x+5=-3x^2$

$3x^2+10x+5=0$

$\therefore x=\dfrac{-5\pm\sqrt{5^2-3\times5}}{3}=\dfrac{-5\pm\sqrt{10}}{3}$

0734 답 $x=-2$ 또는 $x=-\dfrac{1}{2}$

양변에 10을 곱하면 $2x^2+5x+2=0$

$(x+2)(2x+1)=0$ $\therefore x=-2$ 또는 $x=-\dfrac{1}{2}$

0735 답 $x=\dfrac{2}{3}$ 또는 $x=\dfrac{5}{3}$

양변에 12를 곱하면 $9x^2-21x+10=0$

$(3x-2)(3x-5)=0$ $\therefore x=\dfrac{2}{3}$ 또는 $x=\dfrac{5}{3}$

0736 답 $x=1$ 또는 $x=-\dfrac{1}{3}$

양변에 6을 곱하면 $3x^2-2x-1=0$

$(x-1)(3x+1)=0$ $\quad$ ∴ $x=1$ 또는 $x=-\dfrac{1}{3}$

0737 답 $x=2$ 또는 $x=4$

양변에 4를 곱하면 $x^2-6x+8=0$

$(x-2)(x-4)=0$ $\quad$ ∴ $x=2$ 또는 $x=4$

0738 답 $x=-1$ 또는 $x=7$

양변에 6을 곱하면 $6x+8=x^2+1$

$x^2-6x-7=0$, $(x+1)(x-7)=0$

∴ $x=-1$ 또는 $x=7$

0739 답 $x=\dfrac{1\pm\sqrt{17}}{4}$

양변에 4를 곱하면 $2x^2-x=2$, $2x^2-x-2=0$

∴ $x=\dfrac{-(-1)\pm\sqrt{(-1)^2-4\times2\times(-2)}}{2\times2}=\dfrac{1\pm\sqrt{17}}{4}$

**: PATTERN
유형 마스터**

본문 096~104쪽

0740 답 ⑤

등식의 모든 항을 좌변으로 이항하여 정리한 식이

(x에 대한 이차식)$=0$의 꼴로 나타나는 방정식을 x에 대한 이차방정식이라 한다.

① $x+9=0$이므로 x에 대한 일차방정식이다.

② 등식이 아니다.

③ 분모에 x^2이 있으므로 다항식이 아니다.

④ $x+16=0$이므로 x에 대한 일차방정식이다.

⑤ $x^2+4x=0$이므로 x에 대한 이차방정식이다.

0741 답 ㄱ, ㄴ

ㄱ. 등식이 아니다.

ㄴ. $2x+1=0$이므로 x에 대한 일차방정식이다.

ㄷ. $x^2+5x-3=0$이므로 x에 대한 이차방정식이다.

ㄹ. $-x^2+1=0$이므로 x에 대한 이차방정식이다.

0742 답 ③

$3(x-2)^2=kx(x-1)+4$에서 $(3-k)x^2+(k-12)x+8=0$

이 식이 x에 대한 이차방정식이려면 $3-k\neq0$ $\quad$ ∴ $k\neq3$

선생님 톡 톡

이차방정식인지 아닌지를 결정하는 항은 x^2항이기 때문에 사실 다른 항까지 살펴볼 필요는 없습니다. x^2의 계수가 0이 되지 않도록 하는 값만 확인해도 돼요.

주어진 문제의 식에서는 좌변의 x^2의 계수가 3이고, 우변의 x^2의 계수가 k이므로 이 식이 이차방정식이려면 $k\neq3$이기만 해도 돼요.

0743 답 $a\neq\dfrac{1}{7}$

$(ax-1)(7x-2)=x^2+2$에서

$(7a-1)x^2+(-2a-7)x=0$

이 식이 x에 대한 이차방정식이려면

$7a-1\neq0$에서 $7a\neq1$ $\quad$ ∴ $a\neq\dfrac{1}{7}$

0744 답 ①

[ ] 안의 수를 주어진 이차방정식의 x에 대입하면

① $1^2-1=0$ $\qquad$ ② $2\times(-1)^2\neq-(-1)-1$

③ $(-4+2)^2\neq1$ $\qquad$ ④ $-3\times0\neq-3\times(-3)$

⑤ $25\neq4\times\left(\dfrac{2}{5}\right)^2$

따라서 [ ] 안의 수가 주어진 이차방정식의 해인 것은 ①이다.

0745 답 ④

$x=2$를 대입하면

① $2^2+2-2\neq0$

② $-6\neq2\times(-5)$

③ $6\times2^2+12\times2-18\neq0$

④ $(2+1)\times(2+4)=18$

⑤ $2+10\neq-3\times2^2$

따라서 $x=2$를 해로 갖는 것은 ④이다.

0746 답 $x=-3$ 또는 $x=1$

$-3\leq x\leq1$인 정수 x는 -3, -2, -1, 0, 1이다.

$x=-3$일 때, $(-3)^2+2\times(-3)-3=0$

$x=-2$일 때, $(-2)^2+2\times(-2)-3\neq0$

$x=-1$일 때, $(-1)^2+2\times(-1)-3\neq0$

$x=0$일 때, $0^2+2\times0-3\neq0$

$x=1$일 때, $1^2+2\times1-3=0$

따라서 주어진 이차방정식의 해는 $x=-3$ 또는 $x=1$이다.

0747 답 $x=1$

$5x+1\leq x+9$에서

$4x\leq8$ $\quad$ ∴ $x\leq2$

이때 x는 자연수이므로 $x=1$, 2 $\qquad\qquad$ ⋯ (i)

$4x^2-7x+3=0$에 $x=1$을 대입하면

$4\times1^2-7\times1+3=0$이므로 $x=1$은 주어진 이차방정식의 해이다.

$4x^2-7x+3=0$에 $x=2$를 대입하면

$4\times2^2-7\times2+3\neq0$이므로 $x=2$는 주어진 이차방정식의 해가 아니다.

따라서 주어진 이차방정식의 해는 $x=1$이다. $\qquad\qquad$ ⋯ (ii)

채점 기준	배점
(i) 부등식을 풀어 자연수 x의 값을 찾은 경우	30 %
(ii) 이차방정식의 해를 구한 경우	70 %

0748 답 ①

$x^2+ax-a-1=0$에 $x=9$를 대입하면

$9^2+9a-a-1=0$

$8a=-80$ $\quad$ ∴ $a=-10$

0749 **답** 4

$(a-1)x^2+4x-a=0$에 $x=-2$를 대입하면

$4(a-1)-8-a=0$

$3a=12$ $\therefore a=4$

0750 **답** ④

$2x^2+ax+b=0$에 $x=-\dfrac{3}{2}$을 대입하면

$\dfrac{9}{2}-\dfrac{3}{2}a+b=0$에서

$3a-2b=9$ $\cdots$ ㉠

$2x^2+ax+b=0$에 $x=2$를 대입하면

$8+2a+b=0$에서

$2a+b=-8$ $\cdots$ ㉡

㉠, ㉡을 연립하여 풀면

$a=-1$, $b=-6$

$\therefore ab=-1\times(-6)=6$

0751 **답** 3

$x^2+ax+18=0$에 $x=3$을 대입하면

$9+3a+18=0$

$3a=-27$ $\therefore a=-9$

$4x^2-19x+b=0$에 $x=3$을 대입하면

$36-57+b=0$ $\therefore b=21$

$\therefore 2a+b=2\times(-9)+21=3$

0752 **답** 5

$x^2-5x-1=0$에 $x=p$를 대입하면

$p^2-5p-1=0$에서 $p^2-5p=1$

$\therefore p^2-5p+4=1+4=5$

0753 **답** ①

$x^2+3x-2=0$에 $x=k$를 대입하면

$k^2+3k-2=0$ $\cdots$ ㉠

이때 $k\neq0$이므로 ㉠의 양변을 k로 나누면

$k+3-\dfrac{2}{k}=0$ $\therefore k-\dfrac{2}{k}=-3$

0754 **답** 18

$x^2+4x-1=0$에 $x=p$를 대입하면

$p^2+4p-1=0$ $\cdots$ ㉠

$p\neq0$이므로 ㉠의 양변을 p로 나누면

$p+4-\dfrac{1}{p}=0$에서 $p-\dfrac{1}{p}=-4$ $\cdots$ (i)

$\therefore p^2+\dfrac{1}{p^2}=\left(p-\dfrac{1}{p}\right)^2+2$

$\qquad\qquad =(-4)^2+2=18$ $\cdots$ (ii)

채점 기준	배점
(i) $p-\dfrac{1}{p}$의 값을 구한 경우	60 %
(ii) $p^2+\dfrac{1}{p^2}$의 값을 구한 경우	40 %

0755 **답** (1) -1 (2) 1

(1) $x^2-3x+1=0$에 $x=k$를 대입하면

$k^2-3k+1=0$에서 $k^2-3k=-1$

(2) $k^5-3k^4+k^3+1=k^3(k^2-3k)+k^3+1$

$\qquad\qquad\qquad\qquad =-k^3+k^3+1=1$

0756 **답** ⑤

주어진 방정식의 해를 각각 구하면

① $x=-3$ 또는 $x=9$ 　② $x=-\dfrac{1}{3}$ 또는 $x=\dfrac{9}{2}$

③ $x=-3$ 또는 $x=-\dfrac{9}{2}$ 　④ $x=\dfrac{1}{3}$ 또는 $x=\dfrac{2}{9}$

⑤ $x=3$ 또는 $x=\dfrac{9}{2}$

0757 **답** ①

주어진 방정식의 해를 각각 구하면

① $x=-2$ 또는 $x=2$

②, ③, ④, ⑤ $x=-\dfrac{1}{2}$ 또는 $x=\dfrac{1}{3}$

따라서 해가 나머지 넷과 다른 하나는 ①이다.

0758 **답** ④

$(x-2)(5-x)=0$에서

$x-2=0$ 또는 $5-x=0$ $\therefore x=2$ 또는 $x=5$

따라서 $\alpha=2$, $\beta=5$ 또는 $\alpha=5$, $\beta=2$이므로

$\alpha+\beta=2+5=7$

0759 **답** ⑤

주어진 방정식의 해를 각각 구하면

① $x=0$ 또는 $x=-3$이므로 두 근의 합은 -3이다.

② $x=-2$ 또는 $x=-1$이므로 두 근의 합은 -3이다.

③ $x=-4$ 또는 $x=1$이므로 두 근의 합은 -3이다.

④ $x=-\dfrac{1}{2}$ 또는 $x=\dfrac{3}{4}$이므로 두 근의 합은 $\dfrac{1}{4}$이다.

⑤ $x=\dfrac{7}{3}$ 또는 $x=\dfrac{2}{3}$이므로 두 근의 합은 3이다.

0760 **답** ②

$x^2-9x-10=0$에서 $(x+1)(x-10)=0$

$\therefore x=-1$ 또는 $x=10$

0761 **답** 3

$x(x+2)=3x+2$에서 $x^2+2x=3x+2$

$x^2-x-2=0$, $(x+1)(x-2)=0$

$\therefore x=-1$ 또는 $x=2$

따라서 $a>b$에서 $a=2$, $b=-1$이므로

$a-b=2-(-1)=3$

0762 **답** ①

$5x^2-3x-14=x-13$에서 $5x^2-4x-1=0$

$(5x+1)(x-1)=0$ $\therefore x=-\dfrac{1}{5}$ 또는 $x=1$

따라서 두 근 $-\dfrac{1}{5}$과 1 사이에 있는 정수는 0의 1개이다.

0763 답 $\dfrac{2}{3}$

$2x^2+(a+8)x-a-6=0$에 $x=a$를 대입하면

$2a^2+(a+8)a-a-6=0$에서 $\cdots$ (i)

$2a^2+a^2+8a-a-6=0$

$3a^2+7a-6=0$, $(3a-2)(a+3)=0$

$\therefore a=\dfrac{2}{3}$ 또는 $a=-3$ $\cdots$ (ii)

이때 $a>0$이므로 $a=\dfrac{2}{3}$ $\cdots$ (iii)

채점 기준	배점
(i) a에 대한 이차방정식을 세운 경우	40 %
(ii) (i)의 방정식을 푼 경우	40 %
(iii) 양수 a의 값을 구한 경우	20 %

0764 답 ②

$y=ax-1$에 점 $(a+1,\ 2a^2+2a-3)$의 좌표를 대입하면

$2a^2+2a-3=a(a+1)-1$에서

$2a^2+2a-3=a^2+a-1$

$a^2+a-2=0$, $(a+2)(a-1)=0$

$\therefore a=-2$ 또는 $a=1$

이때 $y=ax-1$의 그래프가 제1사분면을 지나지 않으므로 $a<0$이다.

$\therefore a=-2$

해설 속 칠판 **일차함수의 그래프의 기울기**

일차함수 $y=ax+b\ (a\neq0)$의 그래프에서 a는 그래프의 기울기를 나타낸다. $a>0$이면 오른쪽 위로 향하고, $a<0$이면 오른쪽 아래로 향한다.

0765 답 2

$4x:(8x-3)=1:x$에서 $4x^2=8x-3$

$4x^2-8x+3=0$, $(2x-1)(2x-3)=0$

$\therefore x=\dfrac{1}{2}$ 또는 $x=\dfrac{3}{2}$

따라서 주어진 비례식을 만족시키는 모든 x의 값의 합은

$\dfrac{1}{2}+\dfrac{3}{2}=2$

0766 답 ⑤

新 유형

접근하기 이차방정식 $x^2+x-\square=0$에서 $\square$ 안의 수는 주사위의 눈의 수인 1부터 6까지의 자연수이고, 자연수인 해만큼 점수를 얻는 게임이므로 $x^2+x-\square$가 상수항이 정수인 두 일차식의 곱으로 인수분해됨을 이용한다.

주사위 한 개를 던져 나올 수 있는 수는 1부터 6까지의 자연수이다.

이때 $x^2+x-\square=0$의 좌변이 상수항이 정수인 일차식으로 인수분해되는 경우는 다음의 두 가지이다.

(i) $\square=2$일 때, $x^2+x-2=0$에서 $(x-1)(x+2)=0$

　$\therefore x=1$ 또는 $x=-2$　$\therefore$ (자연수인 해)$=1$

(ii) $\square=6$일 때, $x^2+x-6=0$에서 $(x-2)(x+3)=0$

　$\therefore x=2$ 또는 $x=-3$　$\therefore$ (자연수인 해)$=2$

따라서 (i), (ii)에서 자연수인 해만큼 점수를 얻으므로 가장 많은 점수를 얻는 경우는 $\square$ 안의 수가 6일 때이다.

0767 답 ①

$x^2-2ax-3a-6=0$에 $x=1$을 대입하면

$1-2a-3a-6=0$

$-5a=5$　$\therefore a=-1$

즉, 처음의 이차방정식은 $x^2+2x-3=0$이므로 이를 풀면

$(x-1)(x+3)=0$

$\therefore x=1$ 또는 $x=-3$

따라서 다른 한 근은 $x=-3$이다.

0768 답 -24

$x^2+5x-2a=x+a$에 $x=2$를 대입하면

$4+10-2a=2+a$

$-3a=-12$　$\therefore a=4$

즉, 처음의 이차방정식은 $x^2+5x-8=x+4$이므로 이를 풀면

$x^2+4x-12=0$, $(x+6)(x-2)=0$

$\therefore x=-6$ 또는 $x=2$

따라서 다른 한 근이 $x=-6$이므로 $b=-6$

$\therefore ab=4\times(-6)=-24$

0769 답 ②

$ax^2+(a^2-2)x-2a=0$에 $x=3$을 대입하면

$9a+3(a^2-2)-2a=0$에서

$3a^2+7a-6=0$, $(a+3)(3a-2)=0$

$\therefore a=-3$ 또는 $a=\dfrac{2}{3}$

이때 $a<0$이므로 $a=-3$

즉, 처음의 이차방정식은 $-3x^2+7x+6=0$이므로 이를 풀면

$3x^2-7x-6=0$, $(x-3)(3x+2)=0$

$\therefore x=3$ 또는 $x=-\dfrac{2}{3}$

따라서 다른 한 근은 $x=-\dfrac{2}{3}$이다.

0770 답 $a=-3,\ x=-\dfrac{5}{4}$

$(a-1)x^2-ax+a^2+1=0$에 $x=2$를 대입하면

$4(a-1)-2a+a^2+1=0$

$a^2+2a-3=0$, $(a+3)(a-1)=0$

$\therefore a=-3$ 또는 $a=1$

이때 $a=1$이면 주어진 방정식이 이차방정식이 되지 않으므로 $a=-3$

즉, 처음의 이차방정식은 $-4x^2+3x+10=0$이므로 이를 풀면

$4x^2-3x-10=0$, $(x-2)(4x+5)=0$

$\therefore x=2$ 또는 $x=-\dfrac{5}{4}$

따라서 다른 한 근은 $x=-\dfrac{5}{4}$이다.

0771 답 4

$x^2-(a+2)x+2a=0$에 $x=3$을 대입하면

$9-3(a+2)+2a=0$ $\therefore a=3$

따라서 처음의 이차방정식은 $x^2-5x+6=0$이므로 이를 풀면

$(x-2)(x-3)=0$ $\therefore x=2$ 또는 $x=3$

따라서 $x=2$가 $3x^2+(2b-5)x-6=0$의 한 근이므로

$12+2(2b-5)-6=0$

$4b=4$ $\therefore b=1$

$\therefore a+b=3+1=4$

0772 답 $x=2$

$x^2+3x-10=0$에서 $(x-2)(x+5)=0$

$\therefore x=2$ 또는 $x=-5$

$3x^2+2x-16=0$에서 $(x-2)(3x+8)=0$

$\therefore x=2$ 또는 $x=-\dfrac{8}{3}$

따라서 두 이차방정식의 공통인 근은 $x=2$이다.

0773 답 -3

$x^2+10x=7x$에서 $x^2+3x=0$

$x(x+3)=0$ $\therefore x=0$ 또는 $x=-3$

$2x^2-3x-2=(x-2)^2$에서

$2x^2-3x-2=x^2-4x+4$

$x^2+x-6=0,\ (x-2)(x+3)=0$

$\therefore x=2$ 또는 $x=-3$

따라서 두 이차방정식을 동시에 만족시키는 x의 값은 -3이다.

0774 답 5

$x^2+2ax-9a=0$에 $x=3$을 대입하면

$9+6a-9a=0$

$-3a=-9$ $\therefore a=3$

$bx^2-(4b-1)x-9=0$에 $x=3$을 대입하면

$9b-3(4b-1)-9=0$

$-3b=6$ $\therefore b=-2$

$\therefore a-b=3-(-2)=5$

0775 답 ①, ③

$x^2+ax+a-1=0$에서 $(x+a-1)(x+1)=0$

$\therefore x=-a+1$ 또는 $x=-1$

$x^2+(a-3)x-3a=0$에서 $(x+a)(x-3)=0$

$\therefore x=-a$ 또는 $x=3$

두 이차방정식의 공통인 근이 $x=-1$이면 $-a=-1$에서 $a=1$이고,

공통인 근이 $x=3$이면 $-a+1=3$에서 $a=-2$이다.

0776 답 -6

$x^2-3x+2=0$에서 $(x-1)(x-2)=0$

$\therefore x=1$ 또는 $x=2$

두 근 중 큰 근 $x=2$가 $x^2+x+a=0$의 한 근이므로

$4+2+a=0$ $\therefore a=-6$

0777 답 5

$3x^2+10x+7=0$에서 $(x+1)(3x+7)=0$

$\therefore x=-1$ 또는 $x=-\dfrac{7}{3}$

두 근 중 큰 근 $x=-1$이 $x^2+ax-1=0$의 한 근이므로

$1-a-1=0$ $\therefore a=0$

드 작은 근 $x=-\dfrac{7}{3}$은 $bx+3bx^2=-7x+7$의 한 근이므로

$-\dfrac{7}{3}b+\dfrac{49}{3}b=\dfrac{49}{3}+7$

$14b=\dfrac{70}{3}$ $\therefore b=\dfrac{5}{3}$

$\therefore a+3b=0+3\times\dfrac{5}{3}=5$

0778 답 $x=-\dfrac{1}{2}$

$x^2+x-30=0$에서 $(x-5)(x+6)=0$

$\therefore x=5$ 또는 $x=-6$

두 근 중 $x>1$인 근 $x=5$가 $2x^2+ax+a+4=0$의 한 근이므로

$50+5a+a+4=0$

$6a=-54$ $\therefore a=-9$

$2x^2+ax+a+4=0$, 즉 $2x^2-9x-5=0$을 풀면

$(x-5)(2x+1)=0$

$\therefore x=5$ 또는 $x=-\dfrac{1}{2}$

따라서 다른 한 근은 $x=-\dfrac{1}{2}$이다.

0779 답 ⑤

① $x^2=0$에서 $x=0$(중근)

② $x^2+10x+25=0$에서 $(x+5)^2=0$

  $\therefore x=-5$(중근)

③ $4x^2+4=4x+3$에서 $4x^2-4x+1=0$

  $(2x-1)^2=0$ $\therefore x=\dfrac{1}{2}$(중근)

④ $10x^2+1=x^2-12x-3$에서 $9x^2+12x+4=0$

  $(3x+2)^2=0$ $\therefore x=-\dfrac{2}{3}$(중근)

⑤ $(x+5)^2=4$에서 $x^2+10x+21=0$

  $(x+3)(x+7)=0$ $\therefore x=-3$ 또는 $x=-7$

따라서 중근을 갖지 않는 것은 ⑤이다.

0780 답 ㄴ, ㄹ

ㄱ. $x^2-64=0$에서 $(x+8)(x-8)=0$

  $\therefore x=-8$ 또는 $x=8$

ㄴ. $x^2-6x+12=6x-24$에서 $x^2-12x+36=0$

  $(x-6)^2=0$ $\therefore x=6$(중근)

ㄷ. $2x^2+2x=(x-3)^2$에서 $x^2+8x-9=0$

  $(x-1)(x+9)=0$ $\therefore x=1$ 또는 $x=-9$

ㄹ. $2x^2-12x+18=0$에서 $x^2-6x+9=0$

  $(x-3)^2=0$ $\therefore x=3$(중근)

따라서 중근을 갖는 이차방정식은 ㄴ, ㄹ이다.

0781 답 24
x^2의 계수가 1이고 중근 $x=-4$를 가지는 이차방정식은
$(x+4)^2=0$이다.
즉, $x^2+8x+16=0$이므로 $m=8$, $n=16$
$\therefore m+n=8+16=24$

0782 답 $x=4$(중근)
x^2의 계수가 4이고 중근 $x=\dfrac{1}{2}$을 가지는 이차방정식은
$4\left(x-\dfrac{1}{2}\right)^2=0$이다.
즉, $4x^2-4x+1=0$이므로 $a=-4$ ⋯ (i)
따라서 $x^2+2ax+a^2=0$, 즉 $x^2-8x+16=0$의 해를 구하면
$(x-4)^2=0$ $\therefore x=4$(중근) ⋯ (ii)

채점 기준	배점
(i) a의 값을 구한 경우	50 %
(ii) 이차방정식을 푼 경우	50 %

0783 답 7
$x^2+12x+5k+1=0$이 중근을 가지려면
$5k+1=\left(\dfrac{12}{2}\right)^2$에서 $5k+1=36$
$5k=35$ $\therefore k=7$

0784 답 ②, ③
$x^2+2ax+7a-12=0$이 중근을 가지려면
$7a-12=\left(\dfrac{2a}{2}\right)^2$에서 $a^2-7a+12=0$
$(a-3)(a-4)=0$ $\therefore a=3$ 또는 $a=4$

0785 답 1
$x^2+6x+2a+1=0$이 중근을 가지려면
$2a+1=\left(\dfrac{6}{2}\right)^2$에서 $2a+1=9$
$2a=8$ $\therefore a=4$
따라서 $x^2+6x+9=0$에서 $(x+3)^2=0$이므로
$x=-3$을 중근으로 가진다. $\therefore b=-3$
$\therefore a+b=4+(-3)=1$

0786 답 ③

新 유형

접근하기 이차방정식이 중근을 가질 조건을 이용하여 a, b에 대한 식을 세운 후, a에 값에 따른 b의 값을 구하여 조건에 맞는지 확인한다.

$x^2+ax+b=0$이 중근을 가지려면
$b=\left(\dfrac{a}{2}\right)^2$이어야 한다.
(i) $a=1$일 때, $b=\left(\dfrac{1}{2}\right)^2=\dfrac{1}{4}$이므로 불가능
(ii) $a=2$일 때, $b=1^2=1$이므로 가능
(iii) $a=4$일 때, $b=2^2=4$이므로 가능
(iv) $a=6$일 때, $b=3^2=9$이므로 불가능
(v) $a=8$일 때, $b=4^2=16$이므로 가능
(vi) $a=16$일 때, $b=8^2=64$이므로 불가능

따라서 공을 두 번 뽑는 모든 경우의 수는 $6\times6=36$(가지)이고,
(i)~(vi)에서 중근을 가지는 경우는 3가지이므로 구하는 확률은
$\dfrac{3}{36}=\dfrac{1}{12}$

해설 속 칠판 **확률**

일어날 수 있는 모든 경우의 수를 n가지, 사건 A가 일어나는 경우의 수를 a가지라 하면 사건 A가 일어날 확률 p는 $p=\dfrac{a}{n}$이다.

0787 답 ④
$(x-1)^2=81$에서 $x-1=\pm9$ $\therefore x=10$ 또는 $x=-8$

0788 답 2
$4(x+5)^2=28$에서 $(x+5)^2=7$
$x+5=\pm\sqrt{7}$ $\therefore x=-5\pm\sqrt{7}$
따라서 $a=-5$, $b=7$이므로 $a+b=-5+7=2$

0789 답 ③
$(x-2)^2=a$에서 $x-2=\pm\sqrt{a}$
$\therefore x=2\pm\sqrt{a}$
이때 한 근이 $x=\sqrt{6}+2$이므로 $a=6$
따라서 다른 한 근은 $x=2-\sqrt{6}$

0790 답 21
$3(x+a)^2=b$에서 $(x+a)^2=\dfrac{b}{3}$
$x+a=\pm\sqrt{\dfrac{b}{3}}$ $\therefore x=-a\pm\sqrt{\dfrac{b}{3}}$
따라서 $-a=6$, $\dfrac{b}{3}=5$에서 $a=-6$, $b=15$이므로
$b-a=15-(-6)=21$

0791 답 $p=1$, $q=3$
$x^2+2x-2=0$에서 $x^2+2x=2$
$x^2+2x+1=3$, $(x+1)^2=3$ $\therefore p=1$, $q=3$

0792 답 $-\dfrac{3}{2}$
$2x^2+2x+b=0$에서 $2x^2+2x=-b$
$2(x^2+x)=-b$, $2\left(x^2+x+\dfrac{1}{4}\right)=-b+\dfrac{1}{2}$
$2\left(x+\dfrac{1}{2}\right)^2=-b+\dfrac{1}{2}$
따라서 $a=\dfrac{1}{2}$, $-b+\dfrac{1}{2}=\dfrac{7}{2}$에서 $a=\dfrac{1}{2}$, $b=-3$이므로
$ab=\dfrac{1}{2}\times(-3)=-\dfrac{3}{2}$

0793 답 -2
$x^2-3x+a=0$에서 $x^2-3x=-a$
$x^2-3x+\dfrac{9}{4}=-a+\dfrac{9}{4}$, $\left(x-\dfrac{3}{2}\right)^2=-a+\dfrac{9}{4}$
$x-\dfrac{3}{2}=\pm\sqrt{-a+\dfrac{9}{4}}$ $\therefore x=\dfrac{3}{2}\pm\sqrt{-a+\dfrac{9}{4}}$
따라서 $\sqrt{-a+\dfrac{9}{4}}=\dfrac{\sqrt{17}}{2}$에서
$-a+\dfrac{9}{4}=\dfrac{17}{4}$이므로 $-a=2$ $\therefore a=-2$

0794 답 ③

$5x^2+4x-1=0$에서 $5x^2+4x=1$

$x^2+\dfrac{4}{5}x=\dfrac{1}{5}$, $x^2+\dfrac{4}{5}x+\dfrac{4}{25}=\dfrac{1}{5}+\dfrac{4}{25}$

$\left(x+\dfrac{2}{5}\right)^2=\dfrac{9}{25}$, $x+\dfrac{2}{5}=\pm\dfrac{3}{5}$

$\therefore x=\dfrac{1}{5}$ 또는 $x=-1$

따라서 $p=\dfrac{2}{5}$, $q=\dfrac{9}{25}$이고, $a<b$에서 $a=-1$, $b=\dfrac{1}{5}$이므로

$aq+bp=-1\times\dfrac{9}{25}+\dfrac{1}{5}\times\dfrac{2}{5}=-\dfrac{7}{25}$

0795 답 ③

$x^2+3x-5=0$에서 근의 공식에 의하여

$x=\dfrac{-3\pm\sqrt{3^2-4\times1\times(-5)}}{2\times1}=\dfrac{-3\pm\sqrt{29}}{2}$

따라서 $a=-3$, $b=29$이므로

$a+b=-3+29=26$

0796 답 ③

양변에 $\left(\dfrac{x의\ 계수}{2}\right)^2$을 더하면

$$\boxed{③\ \ x^2+\dfrac{b}{a}x+\dfrac{b^2}{4a^2}=-\dfrac{c}{a}+\dfrac{b^2}{4a^2}}$$

0797 답 -3

$4x^2-2x+p=0$에서 근의 공식에 의하여

$x=\dfrac{-(-1)\pm\sqrt{(-1)^2-4\times p}}{4}=\dfrac{1\pm\sqrt{1-4p}}{4}$

따라서 $1-4p=13$, $q=1$이므로 $p=-3$, $q=1$이므로

$pq=-3\times1=-3$

0798 답 ②

$x^2+x-3=0$에서 근의 공식에 의하여

$x=\dfrac{-1\pm\sqrt{1^2-4\times1\times(-3)}}{2\times1}=\dfrac{-1\pm\sqrt{13}}{2}$

두 근 중 큰 근이 α이므로 $\alpha=\dfrac{-1+\sqrt{13}}{2}$

$2\alpha=-1+\sqrt{13}$

이때 $2<-1+\sqrt{13}<3$이므로 $n=2$

참고 $\sqrt{9}<\sqrt{13}<\sqrt{16}$에서 $3<\sqrt{13}<4$

$\qquad 3-1<\sqrt{13}-1<4-1 \quad \therefore 2<\sqrt{13}-1<3$

0799 답 $x=-4\pm\sqrt{10}$

$x^2+kx+(k+2)=0$에 $x=-2$를 대입하면

$4-2k+k+2=0$

$-k+6=0 \quad \therefore k=6$

따라서 처음의 이차방정식 $x^2+(k+2)x+k=0$에 $k=6$을 대입하면

$x^2+8x+6=0$

근의 공식에 의하여 $x=\dfrac{-4\pm\sqrt{4^2-1\times6}}{1}=-4\pm\sqrt{10}$

0800 답 7

$3x^2-6x+a-2=0$에서 근의 공식에 의하여

$x=\dfrac{-(-3)\pm\sqrt{(-3)^2-3(a-2)}}{3}=\dfrac{3\pm\sqrt{15-3a}}{3}$ $\qquad\cdots$ (i)

해가 유리수가 되려면 근호 안의 식 $15-3a$가 0 또는 제곱수이어야

한다. $\qquad\cdots$ (ii)

즉, $15-3a=0, 1, 4, 9$

이때 a는 자연수이므로 $a=2, 5$

따라서 모든 자연수 a의 값의 합은

$2+5=7$ $\qquad\cdots$ (iii)

채점 기준	배점
(i) 근의 공식을 이용하여 방정식의 해를 a에 대한 식으로 나타낸 경우	40 %
(ii) 방정식의 해가 유리수가 되는 조건을 아는 경우	20 %
(iii) 모든 자연수 a의 값의 합을 구한 경우	40 %

0801 답 24

양변에 12를 곱하면 $6x^2-9x+2=0$

근의 공식에 의하여

$x=\dfrac{-(-9)\pm\sqrt{(-9)^2-4\times6\times2}}{2\times6}=\dfrac{9\pm\sqrt{33}}{12}$

따라서 $A=9$, $B=33$이므로

$B-A=33-9=24$

0802 답 ③

양변에 10을 곱하면 $12x^2-4x-5=0$에서

$(2x+1)(6x-5)=0$

$\therefore x=-\dfrac{1}{2}$ 또는 $x=\dfrac{5}{6}$

따라서 두 근의 차는

$\dfrac{5}{6}-\left(-\dfrac{1}{2}\right)=\dfrac{4}{3}$

0803 답 $x=-5$

양변에 5를 곱하면 $2(x-1)^2=(x+3)(x-1)$에서

$2x^2-4x+2=x^2+2x-3$, $x^2-6x+5=0$

$(x-1)(x-5)=0 \quad \therefore x=1$ 또는 $x=5$

이때 $\alpha<\beta$이므로 $\alpha=1$, $\beta=5$

따라서 $\alpha x+\beta=0$, 즉 $x+5=0$을 풀면 $x=-5$

0804 답 $-2, 2$

양변에 6을 곱하면 $3x^2+6ax-2=0$

근의 공식에 의하여

$x=\dfrac{-3a\pm\sqrt{(3a)^2-3\times(-2)}}{3}=\dfrac{-3a\pm\sqrt{9a^2+6}}{3}$

이때 $9a^2+6=15$에서 $9a^2=9$

$a^2=1 \quad \therefore a=\pm1$

또 $b=-3a$이므로 $a=1$일 때 $b=-3\times1=-3$이고,

$a=-1$일 때 $b=-3\times(-1)=3$이다.

$\therefore a+b=1+(-3)=-2$ 또는 $a+b=-1+3=2$

0805 답 ④

$x-1=A$로 놓으면 $A^2-A=42$에서

$A^2-A-42=0$, $(A+6)(A-7)=0$

$\therefore A=-6$ 또는 $A=7$

$A=x-1$을 대입하면 $x-1=-6$ 또는 $x-1=7$

$\therefore x=-5$ 또는 $x=8$

0806 답 2개

$2x-1=A$로 놓으면 $\dfrac{1}{3}A^2-A=\dfrac{4}{3}$

양변에 3을 곱하면 $A^2-3A=4$에서 $A^2-3A-4=0$

$(A+1)(A-4)=0$ $\therefore A=-1$ 또는 $A=4$

$A=2x-1$을 대입하면 $2x-1=-1$ 또는 $2x-1=4$

$2x=0$ 또는 $2x=5$ $\therefore x=0$ 또는 $x=\dfrac{5}{2}$

따라서 두 근 0과 $\dfrac{5}{2}$ 사이에 있는 자연수는 1, 2의 2개이다.

0807 답 7

$x+2y=A$로 놓으면 $A(A-14)+49=0$에서

$A^2-14A+49=0$, $(A-7)^2=0$

$\therefore A=7$(중근), 즉 $x+2y=7$

0808 답 $\dfrac{5}{4}$

$x-y=A$로 놓으면 $8A^2=-2A+15$에서 $\quad\cdots$ (i)

$8A^2+2A-15=0$, $(2A+3)(4A-5)=0$

$\therefore A=-\dfrac{3}{2}$ 또는 $A=\dfrac{5}{4}$ $\quad\cdots$ (ii)

$A=x-y$를 대입하면

$x-y=-\dfrac{3}{2}$ 또는 $x-y=\dfrac{5}{4}$

이때 $x>y$이므로 $x-y=\dfrac{5}{4}$ $\quad\cdots$ (iii)

채점 기준	배점
(i) $x-y=A$로 놓고, A에 대한 이차방정식을 세운 경우	30 %
(ii) A에 대한 이차방정식을 푼 경우	30 %
(iii) $x-y$의 값을 구한 경우	40 %

: REAL 실전 업

본문 105~108쪽

0809 답 ③

$2(x+2)(x-3)=kx(x+5)$에서

$(2-k)x^2+(-2-5k)x-12=0$

이 식이 x에 대한 이차방정식이려면

$2-k\neq0$ $\therefore k\neq2$

0810 답 ⑤

$2x^2+ax+b=0$에 $x=-1$을 대입하면

$2-a+b=0$ $\quad\cdots$ ㉠

$2x^2+ax+b=0$에 $x=3$을 대입하면

$18+3a+b=0$ $\quad\cdots$ ㉡

㉠, ㉡을 연립하여 풀면 $a=-4$, $b=-6$

$\therefore b-a=-6-(-4)=-2$

0811 답 ⑤

⑤ $x=-3$ 또는 $x=2$

0812 답 ⑤

주어진 방정식의 해를 각각 구하면

① $x=0$ 또는 $x=-4$이므로 두 근의 곱은 0이다.

② $x=1$ 또는 $x=-4$이므로 두 근의 곱은 -4이다.

③ $x=-2$ 또는 $x=2$이므로 두 근의 곱은 -4이다.

④ $x=2$ 또는 $x=1$이므로 두 근의 곱은 2이다.

⑤ $x=1$ 또는 $x=4$이므로 두 근의 곱은 4이다.

0813 답 $x=-1$ 또는 $x=-3$

$x^2-2x+1=-x^2+5(x+1)$에서

$x^2-2x+1=-x^2+5x+5$

$2x^2-7x-4=0$, $(2x+1)(x-4)=0$

$\therefore x=-\dfrac{1}{2}$ 또는 $x=4$

이때 $a>b$이므로 $a=4$, $b=-\dfrac{1}{2}$

따라서 $x^2+ax+a+2b=0$, 즉 $x^2+4x+3=0$을 풀면

$(x+1)(x+3)=0$

$\therefore x=-1$ 또는 $x=-3$

0814 답 3

창 의 력 해결 단계

❶ 마방진의 규칙을 이용하여 x에 대한 이차방정식을 세운다.

❷ x에 대한 이차방정식을 푼다.

❸ 마방진의 규칙에 맞는 x의 값을 찾는다.

마방진의 규칙에 의하여

$x^2+5+A=2x+A+3x-1$에서

$x^2-5x+6=0$

$(x-2)(x-3)=0$

$\therefore x=2$ 또는 $x=3$

		$2x$
x^2	5	A
		$3x-1$

이때 $x=2$이면 $3x-1=3\times2-1=5$가

되어 숫자를 한 번씩만 사용한다는 규칙을

만족시키지 않는다.

$\therefore x=3$

참고 $x=3$임을 이용하여 주어진 마방진을 완성하면 오른쪽과 같다.

1부터 9까지의 숫자를 중복하지 않고 모두 사용해야 하므로 가로, 세로, 대각선에 있는 세 숫자의 합이 15가 되도록 하면 된다.

2	7	6
9	5	1
4	3	8

0815 답 ①

$ax^2-(a+2)x-a^2+3a+4=0$에 $x=2$를 대입하면

$4a-2(a+2)-a^2+3a+4=0$에서

$-a^2+5a=0$, $a(a-5)=0$

$\therefore a=0$ 또는 $a=5$

이때 $a=0$이면 주어진 방정식은 이차방정식이 되지 않으므로

$a=5$

즉, 처음 이차방정식은 $5x^2-7x-6=0$이므로 이를 풀면

$(x-2)(5x+3)=0$

$\therefore x=2$ 또는 $x=-\dfrac{3}{5}$

따라서 $b=-\dfrac{3}{5}$이므로 $ab=5\times\left(-\dfrac{3}{5}\right)=-3$

0816 답 4

$2x^2+5x-3=0$에서 $(x+3)(2x-1)=0$

$\therefore x=-3$ 또는 $x=\dfrac{1}{2}$

$3x^2+6x=x^2-5x+6$에서 $2x^2+11x-6=0$

$(x+6)(2x-1)=0$ $\quad\therefore x=-6$ 또는 $x=\dfrac{1}{2}$

즉, 주어진 두 이차방정식을 동시에 만족시키는 x의 값은 $\dfrac{1}{2}$이다.

따라서 $4x^2-(a^2+4)x+2a+1=0$에 $x=\dfrac{1}{2}$을 대입하면

$1-\dfrac{1}{2}(a^2+4)+2a+1=0$에서 $a^2-4a=0$, $a(a-4)=0$

$\therefore a=0$ 또는 $a=4$

이때 $a>0$이므로 $a=4$

0817 답 ②

$12x^2-4x-5=0$에서 $(2x+1)(6x-5)=0$

$\therefore x=-\dfrac{1}{2}$ 또는 $x=\dfrac{5}{6}$

두 근 중 작은 근 $x=-\dfrac{1}{2}$이 $(k^2-2)x^2-(2k+1)x-8=0$의 근이

므로

$\dfrac{1}{4}(k^2-2)+\dfrac{1}{2}(2k+1)-8=0$에서

$(k^2-2)+2(2k+1)-32=0$

$k^2+4k-32=0$, $(k+8)(k-4)=0$

$\therefore k=-8$ 또는 $k=4$

이때 $k>0$이므로 $k=4$

0818 답 $x=4$

$x^2+kx+9=0$이 중근을 가지므로 $\left(\dfrac{k}{2}\right)^2=9$에서

$\dfrac{k^2}{4}=9$, $k^2=36$ $\quad\therefore k=\pm6$

이때 $k>0$이므로 $k=6$

$x^2+2x-4k=0$, 즉 $x^2+2x-24=0$에서

$(x-4)(x+6)=0$ $\quad\therefore x=4$ 또는 $x=-6$

$x^2-(k-3)x-4=0$, 즉 $x^2-3x-4=0$에서

$(x-4)(x+1)=0$ $\quad\therefore x=4$ 또는 $x=-1$

따라서 두 이차방정식의 공통인 근은 $x=4$이다.

0819 답 $k=4$일 때 $x=\dfrac{1}{2}$(중근), $k=12$일 때 $x=\dfrac{3}{2}$(중근)

$4x^2-kx+k-3=0$에서 $x^2-\dfrac{k}{4}+\dfrac{k-3}{4}=0$

이 방정식이 중근을 가지므로 $\left(-\dfrac{k}{8}\right)^2=\dfrac{k-3}{4}$

즉, $\dfrac{k^2}{64}=\dfrac{k-3}{4}$에서 $k^2=16k-48$

$k^2-16k+48=0$, $(k-4)(k-12)=0$

$\therefore k=4$ 또는 $k=12$

(i) $k=4$이면 $4x^2-4x+1=0$

$\quad(2x-1)^2=0$ $\quad\therefore x=\dfrac{1}{2}$(중근)

(ii) $k=12$이면 $4x^2-12x+9=0$

$\quad(2x-3)^2=0$ $\quad\therefore x=\dfrac{3}{2}$(중근)

따라서 (i), (ii)에서 $k=4$일 때 $x=\dfrac{1}{2}$(중근), $k=12$일 때 $x=\dfrac{3}{2}$(중근)

0820 답 ③

$(x+6)^2+a=0$에서 $(x+6)^2=-a$

$x+6=\pm\sqrt{-a}$ $\quad\therefore x=-6\pm\sqrt{-a}=b\pm\sqrt{14}$

따라서 $a=-14$, $b=-6$이므로

$a-b=-14-(-6)=-8$

0821 답 ②

$(x+1)^2=12k$에서 $x+1=\pm\sqrt{12k}$ $\quad\therefore x=-1\pm\sqrt{12k}$

이때 근이 모두 정수가 되려면 $12k$가 제곱수이어야 하고,

$12=2^2\times3$이므로 자연수 k의 최솟값은 3이다.

0822 답 5

$3x^2+6x-2=0$에서 $x^2+2x-\dfrac{2}{3}=0$

$x^2-2x=\dfrac{2}{3}$, $x^2+2x+1=\dfrac{2}{3}+1$

$(x+1)^2=\dfrac{5}{3}$

따라서 $p=1$, $q=\dfrac{5}{3}$이므로 $3pq=3\times1\times\dfrac{5}{3}=5$

0823 답 ③, ⑤

$2x^2-12x+3=0$에서 양변을 2로 나누면

$x^2-6x+\dfrac{3}{2}=0$, $x^2-6x=\boxed{-\dfrac{3}{2}}$

$x^2-6x+\boxed{9}=\boxed{-\dfrac{3}{2}}+\boxed{9}$

$(x-\boxed{3})^2=\boxed{\dfrac{15}{2}}$, $x-3=\pm\dfrac{\sqrt{30}}{2}$

$\therefore x=\boxed{\dfrac{6\pm\sqrt{30}}{2}}$

따라서 옳지 않은 것은 ③, ⑤이다.

0824 답 ④

$2(x-1)^2=x+1$에서 $2(x^2-2x+1)=x+1$

$2x^2-5x+1=0$

근의 공식에 의하여

$x=\dfrac{-(-5)\pm\sqrt{(-5)^2-4\times2\times1}}{2\times2}=\dfrac{5\pm\sqrt{17}}{4}$

따라서 $A=5$, $B=17$이므로

$B-A=17-5=12$

0825 답 ②, ④

① $x=-1$을 한 근으로 가지면

$1-a+2a=0$에서 $a=-1$

② $x=-1$을 한 근으로 가지면 $a=-1$이므로

$x^2-x-2=0$에서 $(x+1)(x-2)=0$

$\therefore x=-1$ 또는 $x=2$

즉, 다른 한 근은 $x=2$이다.

③ 중근을 가지므로 $\left(\dfrac{a}{2}\right)^2=2a$에서

$\dfrac{a^2}{4}=2a$, $a^2-8a=0$, $a(a-8)=0$

$\therefore a=0$ 또는 $a=8$

④ $a=-2$이면 $x^2-2x-4=0$

근의 공식에 의하여

$x=\dfrac{-(-1)\pm\sqrt{(-1)^2-1\times(-4)}}{1}=1\pm\sqrt5$

⑤ $a=-4.5$이면 $x^2-4.5x-9=0$

$2x^2-9x-18=0$, $(x-6)(2x+3)=0$

$\therefore x=6$ 또는 $x=-\dfrac{3}{2}$

즉, 두 근 $-\dfrac{3}{2}$과 6 사이에 있는 정수는 -1, 0, 1, 2, 3, 4, 5의

7개이다.

따라서 옳은 것은 ②, ④이다.

0826 답 ①

양변에 15를 곱하면 $3x(x-2)=5(x+1)(x-3)$

$3x^2-6x=5x^2-10x-15$

$2x^2-4x-15=0$

근의 공식에 의하여

$x=\dfrac{-(-2)\pm\sqrt{(-2)^2-2\times(-15)}}{2}=\dfrac{2\pm\sqrt{34}}{2}$

0827 답 $x=3, y=2$

조건 ㈏에서 $x-y=A$로 놓으면

$A(A+2)-3=0$에서 $A^2+2A-3=0$

$(A+3)(A-1)=0$

$\therefore A=-3$ 또는 $A=1$

$A=x-y$를 대입하면 $x-y=-3$ 또는 $x-y=1$

조건 ㈎에서 $x>y$, 즉 $x-y>0$이므로

$x-y=1$ $\quad\cdots$ ㉠

조건 ㈐에서 $x+y=5$이므로 이 식과 ㉠을 연립하여 풀면

$x=3, y=2$

0828 답 4

$x^2+3x+1=0$에 $x=a$를 대입하면

$a^2+3a+1=0$ $\quad\cdots$ ㉠

이때 $a\neq0$이므로 ㉠의 양변을 a로 나누면

$a+3+\dfrac{1}{a}=0$

$\therefore a+\dfrac{1}{a}=-3$ $\quad\cdots$ (i)

$\therefore a^2+a+\dfrac{1}{a}+\dfrac{1}{a^2}=\left(a^2+\dfrac{1}{a^2}\right)+\left(a+\dfrac{1}{a}\right)$

$\qquad=\left(a+\dfrac{1}{a}\right)^2-2+\left(a+\dfrac{1}{a}\right)$

$\qquad=(-3)^2-2+(-3)$

$\qquad=4$ $\quad\cdots$ (ii)

채점 기준	배점
(i) $a+\dfrac{1}{a}$의 값을 구한 경우	40%
(ii) $a^2+a+\dfrac{1}{a}+\dfrac{1}{a^2}$의 값을 구한 경우	60%

0829 답 $\dfrac{9}{2}$

$A=-B$이므로

$x^2+5x-6=-(x^2-16x+15)$에서

$2x^2-11x+9=0$

$(x-1)(2x-9)=0$

$\therefore x=1$ 또는 $x=\dfrac{9}{2}$ $\quad\cdots$ (i)

이때 $x=1$이면 $A=1+5-6=0$이므로 $A\neq0$에 맞지 않는다.

$\therefore x=\dfrac{9}{2}$ $\quad\cdots$ (ii)

채점 기준	배점
(i) $A=-B$를 만족시키는 x의 값을 구한 경우	60%
(ii) $A\neq0$을 만족시키는 x의 값을 구한 경우	40%

0830 답 5개

$x^2-4x-6=0$에서 근의 공식에 의하여

$x=\dfrac{-(-2)\pm\sqrt{(-2)^2-1\times(-6)}}{1}$

$\quad=2\pm\sqrt{10}$

이므로 $\quad\cdots$ (i)

$\alpha=2-\sqrt{10}$, $\beta=2+\sqrt{10}$ $(\because \alpha<\beta)$ $\quad\cdots$ (ii)

즉, $2-\sqrt{10}+2<p<2+\sqrt{10}$에서

$4-\sqrt{10}<p<2+\sqrt{10}$

이때 $\sqrt{10}=3.\cdots$이므로

$0<4-\sqrt{10}<1$, $5<2+\sqrt{10}<6$ $\quad\cdots$ (iii)

따라서 주어진 조건을 만족시키는 정수 p의 값은

1, 2, 3, 4, 5의 5개이다. $\quad\cdots$ (iv)

채점 기준	배점
(i) 이차방정식을 푼 경우	40%
(ii) α, β의 값을 각각 구한 경우	20%
(iii) $\alpha+2$, β의 값의 범위를 각각 구한 경우	20%
(iv) 정수 p의 개수를 구한 경우	20%

0831 답 $x=\dfrac{5}{2}$

$\dfrac{1}{15}x^2-\dfrac{1}{10}x-\dfrac{1}{6}=0$의 양변에 30을 곱하면

$2x^2-3x-5=0$

$(x+1)(2x-5)=0$

$\therefore x=-1$ 또는 $x=\dfrac{5}{2}$ $\cdots$ (i)

$0.24x^2-0.56x-0.1=0$의 양변에 100을 곱하면

$24x^2-56x-10=0$

$12x^2-28x-5=0$

$(2x-5)(6x+1)=0$

$\therefore x=\dfrac{5}{2}$ 또는 $x=-\dfrac{1}{6}$ $\cdots$ (ii)

따라서 두 이차방정식의 공통인 근은

$x=\dfrac{5}{2}$ $\cdots$ (iii)

채점 기준	배점
(i) 이차방정식 $\dfrac{1}{15}x^2-\dfrac{1}{10}x-\dfrac{1}{6}=0$을 푼 경우	40 %
(ii) 이차방정식 $0.24x^2-0.56x-0.1=0$을 푼 경우	40 %
(iii) 두 이차방정식의 공통인 근을 구한 경우	20 %

08. 이차방정식의 활용

: CONCEPT
개념 체크

0832 답 1, 2개

$2x^2-5x+3=0$에서

$b^2-4ac=(-5)^2-4\times2\times3=1>0$

따라서 근의 개수는 2개이다.

0833 답 -15, 없다.

$2x^2+x+2=0$에서

$b^2-4ac=1^2-4\times2\times2=-15<0$

따라서 근이 없다.

0834 답 0, 1개

$x^2-4x+4=0$에서

$b^2-4ac=4^2-4\times1\times4=0$

따라서 근의 개수는 1개이다.

0835 답 1개

$x^2+6x+9=0$에서

$b'^2-ac=3^2-1\times9=0$

따라서 근의 개수는 1개이다.

0836 답 없다.

$6x^2+2x+1=0$에서

$b'^2-ac=1^2-6\times1=-5<0$

따라서 근이 없다.

0837 답 2개

$-2x^2+4x+3=0$에서

$b'^2-ac=2^2-(-2)\times3=10>0$

따라서 근의 개수는 2개이다.

0838 답 없다.

$2x^2+8x=-9$, 즉 $2x^2+8x+9=0$에서

$b'^2-ac=4^2-2\times9=-2<0$

따라서 근이 없다.

0839 답 없다.

$-3x^2-5=5x$, 즉 $-3x^2-5x-5=0$에서

$b^2-4ac=(-5)^2-4\times(-3)\times(-5)=-35<0$

따라서 근이 없다.

0840 답 1개

$4x^2-9=12x-18$, 즉 $4x^2-12x+9=0$에서

$b'^2-ac=(-6)^2-4\times9=0$

따라서 근의 개수는 1개이다.

0841 답 $k<\dfrac{9}{4}$

$b^2-4ac=3^2-4\times1\times k>0$이므로

$9-4k>0$, $4k<9$　∴ $k<\dfrac{9}{4}$

0842 답 $k=\dfrac{9}{4}$

$b^2-4ac=3^2-4\times1\times k=0$이므로

$9-4k=0$, $4k=9$　∴ $k=\dfrac{9}{4}$

0843 답 $k>\dfrac{9}{4}$

$b^2-4ac=3^2-4\times1\times k<0$이므로

$9-4k<0$, $4k>9$　∴ $k>\dfrac{9}{4}$

0844 답 2, 3, x^2-5x+6

0845 답 2, x^2-4x+4

0846 답 $x^2-x-6=0$

$(x+2)(x-3)=0$　∴ $x^2-x-6=0$

0847 답 $x^2+10x+25=0$

$(x+5)^2=0$　∴ $x^2+10x+25=0$

0848 답 $x^2+\dfrac{1}{3}x-\dfrac{2}{9}=0$

$\left(x-\dfrac{1}{3}\right)\left(x+\dfrac{2}{3}\right)=0$　∴ $x^2+\dfrac{1}{3}x-\dfrac{2}{9}=0$

0849 답 $2x^2-18x+28=0$

$2(x-2)(x-7)=0$　∴ $2x^2-18x+28=0$

0850 답 $2x^2-12x+18=0$

$2(x-3)^2=0$　∴ $2x^2-12x+18=0$

0851 답 $6x^2-5x+1=0$

$6\left(x-\dfrac{1}{3}\right)\left(x-\dfrac{1}{2}\right)=0$　∴ $6x^2-5x+1=0$

0852 답 $x+1$, -8, 7, 7, 7, 8

$x^2+(x+1)^2=113$에서 $2x^2+2x-112=0$

$x^2+x-56=0$, $(x+8)(x-7)=0$

∴ $x=-8$ 또는 $x=7$

이때 x는 자연수이므로 $x=7$

따라서 연속하는 두 자연수는 7, 8이다.

0853 답 $x^2+3x-54=0$

가로의 길이를 $x\,\mathrm{cm}$라 하면 세로의 길이는 $(x+3)\,\mathrm{cm}$이므로

$x(x+3)=54$　∴ $x^2+3x-54=0$

0854 답 $6\,\mathrm{cm}$, $9\,\mathrm{cm}$

$x^2+3x-54=0$에서 $(x+9)(x-6)=0$

∴ $x=-9$ 또는 $x=6$

이때 x는 길이이므로 $x>0$　∴ $x=6$

따라서 가로의 길이와 세로의 길이는 각각 $6\,\mathrm{cm}$, $9\,\mathrm{cm}$이다.

PATTERN
유형 마스터　본문 112~119쪽

0855 답 ①, ③

① $(-3)^2-4\times1\times0=9>0$이므로 서로 다른 두 근을 갖는다.

② $4^2-4\times4\times1=0$이므로 중근을 갖는다.

③ $2^2-4\times9\times(-5)=184>0$이므로 서로 다른 두 근을 갖는다.

④ $x^2+6x+10=0$에서

　$6^2-4\times1\times10=-4<0$이므로 근이 없다.

⑤ $5x^2-3x+1=0$에서

　$(-3)^2-4\times5\times1=-11<0$이므로 근이 없다.

0856 답 ⑤

① $1^2-4\times1\times(-1)=5>0$이므로 서로 다른 두 근을 갖는다.

② $0^2-4\times25\times(-4)=400>0$이므로 서로 다른 두 근을 갖는다.

③ $9x^2+24x+16=0$에서

　$24^2-4\times9\times16=0$이므로 중근을 갖는다.

④ $\dfrac{1}{6}x^2-x+\dfrac{3}{2}=0$, 즉 $x^2-6x+9=0$에서

　$(-6)^2-4\times1\times9=0$이므로 중근을 갖는다.

⑤ $3x^2+2x+1=0$에서

　$2^2-4\times3\times1=-8<0$이므로 근이 없다.

0857 답 ④

① $0^2-4\times1\times(-16)=64>0$이므로 서로 다른 두 근을 갖는다.

② $x^2-4x+3=0$에서

　$(-4)^2-4\times1\times3=4>0$이므로 서로 다른 두 근을 갖는다.

③ $(-2)^2-4\times3\times(-1)=16>0$이므로 서로 다른 두 근을 갖는다.

④ $2x^2+3x+2=0$에서

　$3^2-4\times2\times2=-7<0$이므로 근이 없다.

⑤ $3x^2+x-3=0$에서

　$1^2-4\times3\times(-3)=37>0$이므로 서로 다른 두 근을 갖는다.

따라서 근의 개수가 나머지 넷과 다른 하나는 ④이다.

0858 답 ㄴ, ㄷ

ㄱ. $a=3$이면 $x^2+3x+4=0$에서

　$3^2-4\times1\times4=-7<0$이므로 근이 없다.

ㄴ. $a=4$이면 $x^2+4x+4=0$에서

　$4^2-4\times1\times4=0$이므로 중근을 갖는다.

　즉, 근의 개수가 1개이다.

ㄷ. $a=5$이면 $x^2+5x+4=0$에서

　$5^2-4\times1\times4=9>0$이므로 서로 다른 두 근을 갖는다.

　즉, 근의 개수가 2개이다.

ㄹ. $a=6$이면 $x^2+6x+4=0$에서

　$6^2-4\times1\times4=20>0$이므로 서로 다른 두 근을 갖는다.

　즉, 근의 개수가 2개이다.

따라서 옳은 것은 ㄴ, ㄷ이다.

0859 답 ①, ③

$x^2+kx+3-k=0$이 중근을 가지므로

$k^2-4(3-k)=0$에서

$k^2+4k-12=0,\ (k-2)(k+6)=0$

$\therefore k=2$ 또는 $k=-6$

0860 답 5

$x^2+2(k-2)x+k=0$이 중근을 가지려면

$(k-2)^2-k=0$이어야 하므로

$k^2-4k+4-k=0$

$k^2-5k+4=0,\ (k-1)(k-4)=0$

$\therefore k=1$ 또는 $k=4$

따라서 모든 상수 k의 값의 합은 $1+4=5$

0861 답 $\dfrac{25}{4}$

$ax^2+5x+c=0$이 중근을 가지므로

$5^2-4ac=0$

$4ac=25 \qquad \therefore ac=\dfrac{25}{4}$

0862 답 8

$x^2+px+2p=0$이 중근을 가지므로

$p^2-8p=0$에서 $p(p-8)=0$

$\therefore p=0$ 또는 $p=8$ $\qquad\qquad \cdots \ \bigcirc$

$\dfrac{1}{2}x^2-4x+p=0$, 즉 $x^2-8x+2p=0$이 중근을 가지므로

$(-4)^2-2p=0$에서 $2p=16 \qquad \therefore p=8$ $\qquad \cdots \ \bigcirc$

따라서 $\bigcirc$, $\bigcirc$에서 $p=8$

0863 답 $x=\dfrac{1}{4}$

$3x^2+mx+m=0$이 중근을 가지려면 $m^2-12m=0$이어야 하므로

$m(m-12)=0 \qquad \therefore m=0$ 또는 $m=12$

즉, $ax^2-49x+3a=0$의 한 근이므로 12이므로

$144a-588+3a=0$

$147a=588 \qquad \therefore a=4$

$4x^2-49x+12=0$을 풀면

$(x-12)(4x-1)=0 \qquad \therefore x=12$ 또는 $x=\dfrac{1}{4}$

따라서 다른 한 근은 $x=\dfrac{1}{4}$이다.

0864 답 ①

$x^2+6x+k-2=0$이 근을 가지려면

$6^2-4(k-2)\geq 0$이어야 하므로

$44-4k\geq 0 \qquad \therefore k\leq 11$

0865 답 0

$5x^2+6x+k+1=0$이 서로 다른 두 근을 가지려면

$6^2-20(k+1)>0$이어야 하므로

$16-20k>0 \qquad \therefore k<\dfrac{4}{5}$

따라서 가장 큰 정수 k의 값은 0이다.

0866 답 ⑤

$mx^2+(2m-3)x+m-1=0$의 근이 없으려면

$(2m-3)^2-4m(m-1)<0$이어야 하므로

$-3m+9<0 \qquad \therefore m>\dfrac{9}{8}$

따라서 상수 m의 값이 될 수 있는 것은 ⑤ 2이다.

0867 답 5개

$(k-3)x^2+4x+5=0$은 서로 다른 두 근을 가지므로

$4^2-20(k-3)>0$에서

$-20k+76>0 \qquad \therefore k<\dfrac{19}{5}$

이때 $k\neq 3$이므로 $k<3$ 또는 $3<k<\dfrac{19}{5}$ $\qquad \cdots \ \bigcirc$

$2x^2+(4k-1)x+2k^2+3=0$은 근이 없으므로

$(4k-1)^2-8(2k^2+3)<0$에서

$-8k-23<0 \qquad \therefore k>-\dfrac{23}{8}$ $\qquad\qquad \cdots \ \bigcirc$

따라서 $\bigcirc$, $\bigcirc$에서 $-\dfrac{23}{8}<k<3$ 또는 $3<k<\dfrac{19}{5}$이므로 정수 k는

$-2,\ -1,\ 0,\ 1,\ 2$의 5개이다.

0868 답 ①

두 근이 $-\dfrac{2}{3}$, 1이고, x^2의 계수가 3인 이차방정식은

$3\left(x+\dfrac{2}{3}\right)(x-1)=0$에서

$3x^2-x-2=0$

0869 답 ②

두 근이 $-\dfrac{1}{3}$, $\dfrac{5}{2}$이고, x^2의 계수가 12인 이차방정식은

$12\left(x+\dfrac{1}{3}\right)\left(x-\dfrac{5}{2}\right)=0$에서

$12x^2-26x-10=0$

따라서 $a=-26$, $b=-10$이므로

$a-b=-26-(-10)=-16$

0870 답 9

중근이 1이고, x^2의 계수가 3인 이차방정식은

$3(x-1)^2=0$에서

$3x^2-6x+3=0$

따라서 $p=-6$, $q=3$이므로

$q-p=3-(-6)=9$

0871 답 ⑤

두 근이 -2, 3이고, x^2의 계수가 1인 이차방정식은

$(x+2)(x-3)=0 \qquad \therefore x^2-x-6=0$

이때 $x^2-x-6=0$은 x의 계수를 잘못 본 식이므로 $b=-6$

두 근이 1, 4이고, x^2의 계수가 1인 이차방정식은

$(x-1)(x-4)=0 \qquad \therefore x^2-5x+4=0$

이때 $x^2-5x+4=0$은 상수항을 잘못 본 식이므로 $a=-5$

$\therefore a-b=-5-(-6)=1$

이차방정식 $x^2+ax+b=0$에서
(1) x의 계수를 잘못 본 경우
  $\Rightarrow$ 상수항은 제대로 보았으므로 상수항은 b이다.
(2) 상수항을 잘못 본 경우
  $\Rightarrow$ x의 계수는 제대로 보았으므로 x의 계수는 a이다.

0872 답 $x^2-4x+3=0$

주어진 식에서 $m+n=A$로 놓으면
$(A+5)(A-3)-9=0$에서 $A^2+2A-24=0$
$(A+6)(A-4)=0$
$\therefore A=-6$ 또는 $A=4$
즉, $m+n=-6$ 또는 $m+n=4$
이때 m, n은 자연수이므로 $m+n=4$ $\cdots$ (i)
그런데 $m\neq n$이므로 합이 4인 두 자연수는 1, 3이다. $\cdots$ (ii)
따라서 1, 3을 근으로 갖고, x^2의 계수가 1인 이차방정식은
$(x-1)(x-3)=0$에서 $x^2-4x+3=0$이다. $\cdots$ (iii)

채점 기준	배점
(i) $m+n$의 값을 구한 경우	40 %
(ii) 자연수 m, n의 값을 구한 경우	30 %
(iii) 이차방정식을 $ax^2+bx+c=0$의 꼴로 나타낸 경우	30 %

0873 답 십삼각형

$\dfrac{n(n-3)}{2}=65$에서 $n^2-3n-130=0$
$(n+10)(n-13)=0$
$\therefore n=-10$ 또는 $n=13$
이때 $n\geq 3$이므로 $n=13$
따라서 대각선의 개수가 65개인 다각형은 십삼각형이다.

0874 답 ④

$\dfrac{n(n+1)}{2}=190$에서 $n^2+n-380=0$
$(n+20)(n-19)=0$
$\therefore n=-20$ 또는 $n=19$
이때 n은 자연수이므로 $n=19$
따라서 합이 190이 되려면 1부터 19까지 더해야 한다.

0875 답 10명

$\dfrac{n(n-1)}{2}=45$에서 $n^2-n-90=0$ $\cdots$ (i)
$(n+9)(n-10)=0$
$\therefore n=-9$ 또는 $n=10$
이때 n은 자연수이므로 $n=10$ $\cdots$ (ii)
따라서 모임에 참가한 학생 수는 10명이다. $\cdots$ (iii)

채점 기준	배점
(i) 이차방정식을 세운 경우	20 %
(ii) 이차방정식을 푼 경우	50 %
(iii) 모임에 참가한 학생 수를 구한 경우	30 %

0876 답 6개

新 유형

접근하기 주어진 식을 이용하여 이차방정식을 세운다. 이때 24만 4천 원은 24.4만 원임에 유의한다.

$16+2n-\dfrac{1}{10}n^2=24.4$에서 $160+20n-n^2=244$
$n^2-20n+84=0$, $(n-6)(n-14)=0$
$\therefore n=6$ 또는 $n=14$
이때 $0\leq n\leq 10$이므로 $n=6$
따라서 만들 수 있는 제품의 개수는 6개이다.

0877 답 12

연속하는 세 자연수를 $x-1$, x, $x+1$이라 하면
$x^2=2\{(x-1)+(x+1)\}$에서
$x^2-4x=0$, $x(x-4)=0$
$\therefore x=0$ 또는 $x=4$
이때 $x>1$이므로 $x=4$
따라서 연속하는 세 자연수는 3, 4, 5이므로 그 합은
$3+4+5=12$

0878 답 6, 8

연속하는 두 짝수를 x, $x+2$라 하면
$x^2+(x+2)^2=100$에서 $2x^2+4x-96=0$
$x^2+2x-48=0$, $(x-6)(x+8)=0$
$\therefore x=6$ 또는 $x=-8$
이때 x는 짝수이므로 $x=6$
따라서 두 짝수는 6, 8이다.

0879 답 ①, ③

어떤 수를 x라 하면
$2(x+1)=(x-5)^2+4$에서 $x^2-12x+27=0$
$(x-3)(x-9)=0$
$\therefore x=3$ 또는 $x=9$
따라서 어떤 수는 3, 9이다.

0880 답 41

일의 자리의 숫자를 x라 하면 조건 ㈎에서
십의 자리의 숫자는 $4x$이다.
이때 조건 ㈏에서
$4x+x=4x\times x+1$이므로 $\cdots$ (i)
$4x^2-5x+1=0$, $(x-1)(4x-1)=0$
$\therefore x=1$ 또는 $x=\dfrac{1}{4}$
이때 x는 자연수이므로 $x=1$ $\cdots$ (ii)
따라서 조건을 만족시키는 두 자리의 자연수는 41이다. $\cdots$ (iii)

채점 기준	배점
(i) 이차방정식을 세운 경우	40 %
(ii) 이차방정식을 푼 경우	20 %
(iii) 두 자리의 자연수를 구한 경우	40 %

0881　답 (1) 2초 후 또는 3초 후　(2) 5초 후

(1) $-5t^2+25t=30$에서 $5t^2-25t+30=0$

$t^2-5t+6=0$, $(t-2)(t-3)=0$

$\therefore t=2$ 또는 $t=3$

따라서 물 로켓의 높이가 $30\,\mathrm{m}$가 되는 것은 쏘아 올린 지 2초 후 또는 3초 후이다.

(2) 지면에 떨어지는 것은 높이가 $0\,\mathrm{m}$일 때이므로

$-5t^2+25t=0$에서 $t^2-5t=0$

$t(t-5)=0$

$\therefore t=0$ 또는 $t=5$

이때 $t>0$이므로 $t=5$

따라서 물 로켓이 지면에 떨어지는 것은 쏘아 올린 지 5초 후이다.

0882　답 1초 후 또는 5초 후

$10+30t-5t^2=35$에서 $5t^2-30t+25=0$

$t^2-6t+5=0$, $(t-1)(t-5)=0$

$\therefore t=1$ 또는 $t=5$

따라서 물체의 높이가 $35\,\mathrm{m}$가 되는 것은 물체를 쏘아 올린 지 1초 후 또는 5초 후이다.

0883　답 2초 후

$40+20x-5x^2=60$에서　　　　　　　　　$\cdots$ (i)

$-5x^2+20x-20=0$, $x^2-4x+4=0$

$(x-2)^2=0$

$\therefore x=2$(중근)　　　　　　　　　　　$\cdots$ (ii)

따라서 폭죽이 터지는 것은 폭죽을 쏘아 올린 지 2초 후이다.　$\cdots$ (iii)

채점 기준	배점
(i) 이차방정식을 세운 경우	40 %
(ii) 이차방정식을 푼 경우	20 %
(iii) 폭죽이 터지는 것은 폭죽을 쏘아 올린 지 몇 초 후인지 구한 경우	40 %

0884　답 17 cm

직사각형의 가로의 길이를 $x\,\mathrm{cm}$라 하면 세로의 길이는 $(25-x)\,\mathrm{cm}$이므로

$x(25-x)=136$에서 $x^2-25x+136=0$

$(x-8)(x-17)=0$

$\therefore x=8$ 또는 $x=17$

이때 $\dfrac{25}{2}<x<25$이므로 $x=17$

따라서 가로의 길이는 $17\,\mathrm{cm}$이다.

0885　답 19

4조각의 직사각형의 넓이의 합은

$14\times14+x\times14+x\times14+x\times x=x^2+28x+196$

따라서 $x^2+28x+196=1089$이므로

$x^2+28x-893=0$에서

$(x-19)(x+47)=0$

$\therefore x=19$ 또는 $x=-47$

이때 $x>0$이므로 $x=19$

0886　답 구: 8척, 고: 15척, 현: 17척

접근하기　구의 길이를 x척으로 놓은 후, 고, 현의 길이를 각각 x에 대한 식으로 나타내어 본다. 이때 피타고라스 정리를 이용하여 이차방정식을 세운다.

구의 길이를 x척이라 하면 고의 길이는 $(23-x)$척, 현의 길이는 $(x+9)$척이므로

피타고라스 정리에 의하여

$x^2+(23-x)^2=(x+9)^2$

$x^2-64x+448=0$

$(x-8)(x-56)=0$　$\therefore x=8$ 또는 $x=56$

이때 $0<x<23$이므로 $x=8$

따라서 구의 길이는 8척, 고의 길이는 $23-8=15$(척),

현의 길이는 $8+9=17$(척)이다.

0887　답 ⑤

$\overline{\mathrm{AC}}=x\,\mathrm{cm}$라 하면

$\dfrac{\pi}{2}\times\left(\dfrac{16}{2}\right)^2-\dfrac{\pi}{2}\times\left(\dfrac{x}{2}\right)^2-\dfrac{\pi}{2}\times\left(\dfrac{16-x}{2}\right)^2=\dfrac{63}{4}\pi$에서

$x^2-16x+63=0$, $(x-7)(x-9)=0$

$\therefore x=7$ 또는 $x=9$

이때 $\overline{\mathrm{AC}}<\overline{\mathrm{CB}}$이므로 $x=7$

$\therefore \overline{\mathrm{AC}}=7\,\mathrm{cm}$

0888　답 ③

x초 후 $\overline{\mathrm{PC}}$의 길이는 $(20-2x)\,\mathrm{cm}$, $\overline{\mathrm{CQ}}$의 길이는 $3x\,\mathrm{cm}$이므로

x초 후 $\triangle\mathrm{PCQ}$의 넓이는

$\dfrac{1}{2}\times3x\times(20-2x)=3x(10-x)\,(\mathrm{cm}^2)$

따라서 $3x(10-x)=27$에서 $30x-3x^2-27=0$

$x^2-10x+9=0$, $(x-1)(x-9)=0$

$\therefore x=1$ 또는 $x=9$

따라서 $\triangle\mathrm{PQC}$의 넓이가 $27\,\mathrm{cm}^2$가 될 때까지 걸리는 시간은 1초 또는 9초이다.

선생님 톡 톡

주어진 문제에서 구한 x의 값이 조건에 맞는지 반드시 확인해야 해.

$x=1$이면 $\overline{\mathrm{PC}}=20-2=18\,(\mathrm{cm})$, $\overline{\mathrm{CQ}}=3\,\mathrm{cm}$이고,

$x=9$이면 $\overline{\mathrm{PC}}=20-18=2\,(\mathrm{cm})$, $\overline{\mathrm{CQ}}=27\,\mathrm{cm}$이므로

두 점 P, Q는 각각 $\overline{\mathrm{CD}}$, $\overline{\mathrm{BC}}$ 위에 존재해.

즉, $x=1$과 $x=9$는 모두 답이 될 수 있어.

0889　답 (1) 1 cm　(2) $\dfrac{1+\sqrt5}{2}$

(1) $\angle\mathrm{ABC}=\dfrac{180°\times(5-2)}{5}=108°$이고,

$\triangle\mathrm{ABC}$는 $\overline{\mathrm{BA}}=\overline{\mathrm{BC}}$인 이등변삼각형

이므로

$\angle\mathrm{BAC}=\angle\mathrm{BCA}$

$\qquad=\dfrac{1}{2}\times(180°-108°)=36°$

마찬가지 방법으로 $\triangle\mathrm{ABE}$에서

$\angle\mathrm{ABE}=36°$

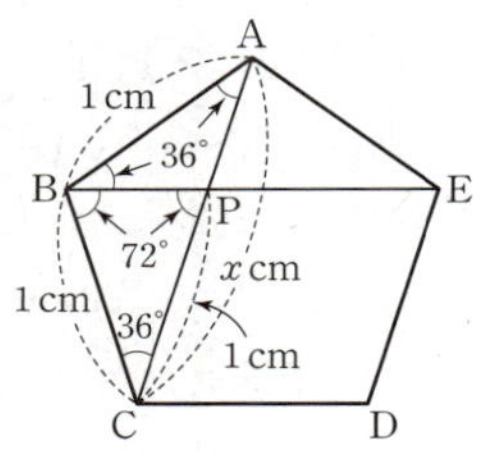

이때
$$\angle CBP=108°-36°=72°,$$
$$\angle CPB=36°+36°=72°$$
이므로 $\triangle CPB$는 이등변삼각형이다.
$$\therefore \overline{CP}=\overline{CB}=1\,cm$$
(2) $\triangle ABC \backsim \triangle APB$이므로
$\overline{AC}:\overline{AB}=\overline{AB}:\overline{AP}$에서 $x:1=1:(x-1)$
즉, $x(x-1)=1$에서 $x^2-x-1=0$
근의 공식에 의하여
$$x=\frac{-(-1)\pm\sqrt{(-1)^2-4\times1\times(-1)}}{2\times1}=\frac{1\pm\sqrt{5}}{2}$$
이때 $x>0$이므로 $x=\dfrac{1+\sqrt{5}}{2}$

0890 답 $(-10+5\sqrt{6})\,cm$

작은 정삼각형의 한 변의 길이를 $x\,cm$라 하면
큰 정삼각형의 한 변의 길이는 $\dfrac{15-3x}{3}=5-x\,(cm)$
작은 정삼각형과 큰 정삼각형은 서로 닮음이고,
닮음비는 $x:(5-x)$, 넓이의 비는 $2:3$이므로
$x^2:(5-x)^2=2:3$에서
$3x^2=2(5-x)^2$, $x^2+20x-50=0$
근의 공식에 의하여
$$x=\frac{-10\pm\sqrt{10^2-1\times(-50)}}{1}=-10\pm5\sqrt{6}$$
이때 $0<x<\dfrac{5}{2}$이므로 $x=-10+5\sqrt{6}$
따라서 작은 정삼각형의 한 변의 길이는 $(-10+5\sqrt{6})\,cm$이다.

0891 답 $8\,cm$

사진의 짧은 변의 길이를 $x\,cm$라 하면
(긴 변의 길이)$\times3+2=4x\,(cm)$이므로
(긴 변의 길이)$=\dfrac{4x-2}{3}\,(cm)$

따라서 $4x\left(x+\dfrac{4x-2}{3}\right)=576$에서 $7x^2-2x-432=0$
$(x-8)(7x+54)=0$ $\therefore x=8$ 또는 $x=-\dfrac{54}{7}$
이때 $x>2$이므로 $x=8$
따라서 사진 한 장의 짧은 변의 길이는 $8\,cm$이다.

0892 답 ②

$\overline{PR}=x\,cm$라 하면 $\overline{BQ}=(2-x)\,cm$
$\triangle PBQ \backsim \triangle ABC\,(AA\ 닮음)$이므로
$\overline{BQ}:\overline{BC}=\overline{PQ}:\overline{AC}$에서
$(2-x):2=\overline{PQ}:4$
$\therefore \overline{PQ}=2(2-x)\,(cm)$
따라서 $x\times2(2-x)=1.5$이므로
$4x^2-8x+3=0$, $(2x-1)(2x-3)=0$
$\therefore x=0.5$ 또는 $x=1.5$
이때 $\overline{PQ}<\overline{PR}$, 즉 $\dfrac{4}{3}<x<2$이므로 $x=1.5$
$\therefore \overline{PR}=1.5\,cm$

0893 답 ②

처음 정사각형 모양의 반죽의 한 변의 길이를 $x\,cm$라 하면 새로
만든 반죽의 넓이가 $36\,cm^2$이므로
$(x+2)(x-3)=36$에서 $x^2-x-42=0$
$(x+6)(x-7)=0$ $\therefore x=-6$ 또는 $x=7$
이때 $x>3$이므로 $x=7$
따라서 처음 정사각형 모양의 반죽의 한 변의 길이는 $7\,cm$이다.

0894 답 2

$\pi\times(4+x)^2-\pi\times4^2=20\pi$이므로
$x^2+8x-20=0$, $(x-2)(x+10)=0$
$\therefore x=2$ 또는 $x=-10$
이때 $x>0$이므로 $x=2$

0895 답 8초 후

x초 후 직사각형의 가로의 길이는 $(12-x)\,cm$,
세로의 길이는 $(8+2x)\,cm$이므로
$(12-x)(8+2x)=12\times8$에서 ⋯ (i)
$x^2-8x=0$, $x(x-8)=0$
$\therefore x=0$ 또는 $x=8$
이때 $0<x<12$이므로 $x=8$ ⋯ (ii)
따라서 새로운 직사각형의 넓이가 처음 직사각형의 넓이와 같아지는
것은 8초 후이다. ⋯ (iii)

채점 기준	배점
(i) 이차방정식을 세운 경우	40 %
(ii) 이차방정식을 푼 경우	40 %
(iii) 새로운 직사각형의 넓이가 처음 직사각형의 넓이와 같아지는 것이 몇 초 후인지 구한 경우	20 %

0896 답 $3\,m$

길의 폭을 $x\,m$라 하면
$(20-x)(12-x)=153$이므로
$x^2-32x+87=0$, $(x-3)(x-29)=0$
$\therefore x=3$ 또는 $x=29$
이때 $0<x<12$이므로 $x=3$
따라서 길의 폭은 $3\,m$이다.

0897 답 ⑤

처음 땅의 가로의 길이를 $x\,m$라 하면 세로의 길이는 $(x-6)\,m$이므로
$(x-4)(x-6-4)=520$에서 $x^2-14x-480=0$
$(x+16)(x-30)=0$ $\therefore x=-16$ 또는 $x=30$
이때 $x>10$이므로 $x=30$
따라서 땅의 가로의 길이는 $30\,m$이다.

0898 답 $5\,m$

길의 폭을 $x\,m$라 하면 길을 제외한 나머지 부분의 넓이의 합이
$120+80=200\,(m^2)$이므로
$(25-x)(15-x)=200$에서 $x^2-40x+175=0$
$(x-5)(x-35)=0$ $\therefore x=5$ 또는 $x=35$
이때 $0<x<15$이므로 $x=5$
따라서 길의 폭은 $5\,m$이다.

0899 탭 $12\,\mathrm{cm}$

상자의 밑면의 한 변의 길이를 $x\,\mathrm{cm}$라 하면
$4x^2=576$에서 $x^2=144$ $\quad\therefore x=\pm12$
이때 $x>0$이므로 $x=12$
따라서 상자의 밑면의 한 변의 길이는 $12\,\mathrm{cm}$이다.

0900 탭 $3\,\mathrm{cm}$

잘라 내는 정사각형의 한 변의 길이를 $x\,\mathrm{cm}$라 하면
$(18-2x)(25-2x)=228$에서
$2x^2-43x+111=0$, $(x-3)(2x-37)=0$
$\therefore x=3$ 또는 $x=\dfrac{37}{2}$
이때 $0<x<9$이므로 $x=3$
따라서 잘라 내는 정사각형의 한 변의 길이는 $3\,\mathrm{cm}$이다.

0901 탭 ①, ⑤

단면의 세로의 길이를 $x\,\mathrm{cm}$라 하면 가로의 길이는 $(35-2x)\,\mathrm{cm}$이
므로
$x(35-2x)=108$에서 $2x^2-35x+108=0$
$(x-4)(2x-27)=0$ $\quad\therefore x=4$ 또는 $x=\dfrac{27}{2}$
이때 $0<x<\dfrac{35}{2}$이므로 $x=4$ 또는 $x=\dfrac{27}{2}$
따라서 물받이의 높이는 $4\,\mathrm{cm}$ 또는 $\dfrac{27}{2}\,\mathrm{cm}$이다.

0902 탭 ⑤

아버지의 나이를 x세라 하면 정현이의 나이는 $(x-32)$세이므로
$(x-32)^2=3x-8$에서 $x^2-67x+1032=0$
$(x-24)(x-43)=0$ $\quad\therefore x=24$ 또는 $x=43$
이때 $x>32$이므로 $x=43$
따라서 아버지의 나이는 43세이다.

0903 탭 ④

중호의 생일을 6월 x일이라 하면 영윤이의 생일은 6월 $(x+21)$일이
므로
$x(x+21)=232$에서 $x^2+21x-232=0$
$(x-8)(x+29)=0$ $\quad\therefore x=8$ 또는 $x=-29$
이때 $1\le x\le9$이므로 $x=8$
따라서 중호의 생일은 6월 8일이다.

0904 탭 ③

점 $P(a,\,b)$가 $y=2x+10$의 그래프 위의 점이므로
$P(a,\,2a+10)$
$\square\mathrm{APQO}$는 사다리꼴이고, 그 높이는 $-a$이므로
$\dfrac{1}{2}\times\{(2a+10)+10\}\times(-a)=21$에서
$a^2+10a+21=0$, $(a+3)(a+7)=0$
$\therefore a=-3$ 또는 $a=-7$
이때 $-5<a<0$이므로 $a=-3$
따라서 점 P의 좌표는 $(-3,\,4)$이다.

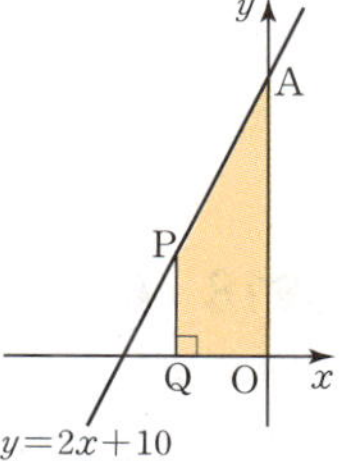

0905 탭 $\sqrt{2}$배

A0 용지의 짧은 변의 길이를 1, 긴 변의 길이를 x라 하면
A0 용지와 A1 용지는 서로 닮음이므로
$1:x=\dfrac{x}{2}:1$에서 $\dfrac{x^2}{2}=1$, $x^2=2$ $\quad\therefore x=\pm\sqrt{2}$
이때 $x>0$이므로 $x=\sqrt{2}$
따라서 A1 용지의 긴 변의 길이는 짧은 변의 길이의
$1\div\dfrac{\sqrt{2}}{2}=\sqrt{2}$(배)이다.

0906 탭 (1) n^2개 (2) 12단계

[1단계], [2단계], [3단계]에서 사용한 블록의 개수를 각각 구하
여 단계에 따른 블록의 개수에 대한 규칙성을 찾아 본다.

(1) [1단계]의 블록의 개수는 1개, 즉 1^2개
[2단계]의 블록의 개수는 4개, 즉 2^2개
[3단계]의 블록의 개수는 9개, 즉 3^2개
$\vdots$
따라서 n단계의 블록의 개수는 n^2개이다.
(2) $n^2=144$에서 $n=\pm12$
이때 $n>0$이므로 $n=12$
따라서 144개의 블록이 사용된 단계는 12단계이다.

0907 탭 10

1개에 1000원일 때 음료수가 n개 팔린다고 하자.
인상한 가격은 $1000+\dfrac{x}{100}\times1000=1000+10x$(원)이고,
이때의 판매량은 $n-\dfrac{2x}{100}\times n=n\left(1-\dfrac{x}{50}\right)$(개)이다.
총 판매 금액이 처음보다 12 % 감소하였으므로
$n\left(1-\dfrac{x}{50}\right)(1000+10x)=\left(1-\dfrac{12}{100}\right)\times1000n$
$(50-x)(100+x)=4400$, $x^2+50x-600=0$
$(x-10)(x+60)=0$ $\quad\therefore x=10$ 또는 $x=-60$
이때 $x>0$이므로 $x=10$

R : REAL
실전 업 본문 120~122쪽

0908 탭 ②

ㄱ. $(-1)^2-4\times1\times1=-3<0$이므로 근이 없다.
ㄴ. $x^2+6x-6=0$에서 $6^2-4\times1\times(-6)=60>0$이므로
서로 다른 두 근을 갖는다.
ㄷ. $(-5)^2-4\times2\times4=-7<0$이므로 근이 없다.
ㄹ. $2^2-4\times4\times(-1)=20>0$이므로 서로 다른 두 근을 갖는다.
ㅁ. $(-1)^2-4\times5\times1=-19<0$이므로 근이 없다.
ㅂ. $(-8)^2-4\times16\times1=0$이므로 중근을 갖는다.
따라서 근이 2개인 것은 ㄴ, ㄹ의 2개이다.

0909 답 ④

$x^2+(m+1)x+m+9=0$이 중근을 가지려면

$(m+1)^2-4(m+9)=0$이어야 한다.

$m^2-2m-35=0$, $(m+5)(m-7)=0$

$\therefore m=-5$ 또는 $m=7$

(i) $m=-5$이면 $x^2-4x+4=0$이므로

　　$(x-2)^2=0$에서 $x=2$(중근)

(ii) $m=7$이면 $x^2+8x+16=0$이므로

　　$(x+4)^2=0$에서 $x=-4$(중근)

따라서 (i), (ii)에서 음수인 중근을 갖도록 하는 상수 m의 값은 7이다.

0910 답 ③

$x^2+2x+k=0$이 서로 다른 두 근을 가지려면

$2^2-4k>0$이어야 하므로

$-4k>-4$　　$\therefore k<1$

0911 답 ③

$x^2-6x+k+1=0$이 근을 가지려면

$(-6)^2-4(k+1)\geq0$이어야 하므로

$-4k\geq-32$　　$\therefore k\leq8$　　$\cdots\,\bigcirc$

$(k-2)x^2+3x+2=0$이 근을 갖지 않으려면

$3^2-8(k-2)<0$이어야 하므로

$-8k<-25$　　$\therefore k>\dfrac{25}{8}$　　$\cdots\,\bigcirc\!\bigcirc$

따라서 $\bigcirc$, $\bigcirc\!\bigcirc$에서 $\dfrac{25}{8}<k\leq8$이므로 정수 k는 4, 5, 6, 7, 8의 5개이다.

0912 답 ⑤

주어진 그래프의 y절편이 1이므로 $b=1$이고,

기울기가 -3이므로 $a=-3$이다.

따라서 -3, 1을 두 근으로 하고, x^2의 계수가 3인 이차방정식은

$3(x+3)(x-1)=0$에서

$3x^2+6x-9=0$

0913 답 17번째

$\dfrac{n(n+1)}{2}=153$에서 $n^2+n-306=0$

$(n-17)(n+18)=0$　　$\therefore n=17$ 또는 $n=-18$

이때 $n>0$이므로 $n=17$

따라서 구슬의 개수가 153개가 되는 것은 17번째이다.

0914 답 $\dfrac{25}{2}$초 후

공이 달의 표면에 떨어지는 것은 높이가 $0\,\mathrm{m}$일 때이므로

$10t-0.8t^2=0$에서

$-8t^2+100t=0$, $-4t(2t-25)=0$

$\therefore t=0$ 또는 $t=\dfrac{25}{2}$

이때 $t>0$이므로 $t=\dfrac{25}{2}$

따라서 공이 달의 표면에 떨어지는 것은 공을 던진 지 $\dfrac{25}{2}$초 후이다.

0915 답 $12\,\mathrm{m}$

작은 정사각형의 한 변의 길이를 $x\,\mathrm{m}$라 하면

큰 정사각형의 한 변의 길이는 $(x+6)\,\mathrm{m}$이다.

두 정사각형의 넓이의 합이 $468\,\mathrm{m}^2$이므로

$x^2+(x+6)^2=468$에서

$x^2+6x-216=0$, $(x-12)(x+18)=0$

$\therefore x=12$ 또는 $x=-18$

이때 $x>0$이므로 $x=12$

이때 작은 정사각형의 한 변의 길이는 $12\,\mathrm{m}$이다.

0916 답 $9\,\mathrm{cm}$

점 A에서 $\overline{BC}$에 내린 수선의 발을 E라 하면 △ABE는 직각이등변삼각형이므로

$\overline{BE}=\overline{AE}$

$\overline{BC}=x\,\mathrm{cm}$라 하면

$\overline{BE}=(x-4)\,\mathrm{cm}$이므로

$\overline{AE}=\overline{CD}=(x-4)\,\mathrm{cm}$

사다리꼴 ABCD의 넓이가 $\dfrac{65}{2}\,\mathrm{cm}^2$이므로

$\dfrac{1}{2}(4+x)(x-4)=\dfrac{65}{2}$에서

$x^2-16=65$, $x^2=81$

$\therefore x=\pm9$

이때 $x>4$이므로 $x=9$

$\therefore \overline{BC}=9\,\mathrm{cm}$

0917 답 $3+3\sqrt5$

△ABC는 이등변삼각형이므로

$\angle ABC=\angle ACB=\dfrac{1}{2}\times(180°-36°)=72°$

$\angle ABD=\dfrac{1}{2}\times72°=36°$이므로

$\angle BDC=36°+36°=72°$

△ABD는 $\overline{DA}=\overline{DB}$인 이등변삼각형이고

△BCD는 $\overline{BC}=\overline{BD}$인 이등변삼각형이다.

$\therefore \overline{BC}=\overline{BD}=\overline{AD}=6$

△ABC∽△BCD이므로 $\overline{AB}=x$라 하면

$\overline{AB}:\overline{BC}=\overline{BC}:\overline{CD}$에서

$x:6=6:(x-6)$

$x(x-6)=36$

$x^2-6x-36=0$

$\therefore x=3\pm3\sqrt5$

이때 $x>6$이므로 $x=3+3\sqrt5$

$\therefore \overline{AB}=3+3\sqrt5$

0918 답 ②

$(8+x)(6+x)=8\times6+11$이므로

$x^2+14x-11=0$

$\therefore x=-7\pm2\sqrt{15}$

이때 $x>0$이므로 $x=-7+2\sqrt{15}$

0919 답 8초 후

❶ 각 그림의 가로와 세로의 길이가 매초 $0.5\,cm$씩 줄어들므로 x초 후의 폭은 $x\,cm$임을 파악한다.

❷ 그림 4개의 넓이의 합이 $760\,cm^2$임을 이용하여 x에 대한 이차방정식을 세운다.

❸ ❷의 방정식을 푼다.

❹ 문제의 조건에 맞는 답을 구한다.

x초 후 그림이 아닌 부분의 폭은 $2\times0.5x=x\,(cm)$이므로

$(27-x)(48-x)=760$에서

$x^2-75x+536=0$, $(x-8)(x-67)=0$

$\therefore x=8$ 또는 $x=67$

이때 $0<x<27$이므로 $x=8$

따라서 그림 4개의 넓이의 합이 처음으로 $760\,cm^2$가 되는 것은 8초 후이다.

0920 답 $28\,cm$

처음 종이의 가로의 길이를 $x\,cm$라 하면 세로의 길이는 $(x-10)\,cm$이므로

$4(x-8)(x-10-8)=800$에서

$x^2-26x-56=0$, $(x+2)(x-28)=0$

$\therefore x=-2$ 또는 $x=28$

이때 $x>10$이므로 $x=28$

따라서 처음 종이의 가로의 길이는 $28\,cm$이다.

0921 답 ①

여행 기간을 8월 $(x-1)$일, x일, $(x+1)$일이라 하면

$(x+1)^2=(x-1)^2+x^2-21$에서

$x^2-4x-21=0$, $(x+3)(x-7)=0$

$\therefore x=-3$ 또는 $x=7$

이때 $2\leq x\leq30$이므로 $x=7$

따라서 은하네 가족이 여행을 시작하는 날짜는 8월 6일이다.

0922 답 ①, ④

숲에 있는 전체 원숭이의 수를 x마리라 하면

$x-\left(\dfrac{1}{8}x\right)^2=12$에서 $x^2-64x+768=0$

$(x-16)(x-48)=0$

$\therefore x=16$ 또는 $x=48$

따라서 숲에 있는 전체 원숭이는 16마리 또는 48마리이다.

0923 답 2개

$x^2+2mx+n=0$이 중근을 가지려면

$(2m)^2-4\times1\times n=0$이어야 하므로

$4m^2-4n=0$에서 $m^2=n$ ⋯ (i)

따라서 주사위의 눈의 수 m, n에 대한 순서쌍 $(m,\,n)$은

$(1,\,1)$, $(2,\,4)$의 2개이다. ⋯ (ii)

채점 기준	배점
(i) m, n에 대한 식을 세운 경우	$50\,\%$
(ii) 순서쌍 $(m,\,n)$의 개수를 구한 경우	$50\,\%$

0924 답 $(1+\sqrt{2})\,m$

화단의 반지름의 길이를 $x\,m$라 하면 화단과 지압로의 넓이가 같으므로

$\pi x^2=\pi(x+1)^2-\pi x^2$에서 ⋯ (i)

$x^2-2x-1=0$

근의 공식에 의하여

$x=\dfrac{-(-2)\pm\sqrt{(-2)^2-4\times1\times(-1)}}{2\times1}$

$=1\pm\sqrt{2}$

이때 $x>0$이므로 $x=1+\sqrt{2}$ ⋯ (ii)

따라서 화단의 반지름의 길이는 $(1+\sqrt{2})\,m$이다. ⋯ (iii)

채점 기준	배점
(i) 이차방정식을 세운 경우	$40\,\%$
(ii) 이차방정식을 푼 경우	$40\,\%$
(iii) 화단의 반지름의 길이를 구한 경우	$20\,\%$

IV. 이차함수

09. 이차함수와 그 그래프

: CONCEPT
개념 체크 본문 125, 127쪽

0925 답 (1) × (2) ○ (3) × (4) ○
(3) $y=-2x$이므로 이차함수가 아니다.
(4) $y=x^2+8x+16$이므로 이차함수이다.

0926 답 $y=3x$, 이차함수가 아니다.

0927 답 $y=4\pi x^2$, 이차함수이다.

0928 답 $y=1000x-500$, 이차함수가 아니다.
$y=500(2x-1)$에서 $y=1000x-500$이므로 이차함수가 아니다.

0929 답 -1
$f(0)=0^2+2\times0-1=-1$

0930 답 2
$f(1)=1^2+2\times1-1=2$

0931 답 -1
$f(-2)=(-2)^2+2\times(-2)-1=-1$

0932 답 $-\dfrac{7}{16}$
$f\left(\dfrac{1}{4}\right)=\left(\dfrac{1}{4}\right)^2+2\times\dfrac{1}{4}-1=-\dfrac{7}{16}$

0933 답 아래
0934 답 $(0,0)$
0935 답 $x=0$
0936 답 증가, 감소
0937 답 x축
0938 답 $(0,0)$
0939 답 $x=0$
0940 답 $y=-2x^2$
0941 답 $(0,0)$
0942 답 $x=0$
0943 답 $y=\dfrac{2}{3}x^2$
0944 답 ㄴ, ㄷ
0945 답 ㄹ
0946 답 ㄱ과 ㄴ
0947 답 ㉠
0948 답 ㉣
0949 답 ㉡
0950 답 ㉢
0951 답 $y=-3x^2-2$
0952 답 $y=\dfrac{1}{5}x^2-1$
0953 답 $y=2x^2+\dfrac{4}{3}$
0954 답 $y=-\dfrac{1}{3}x^2+2$
0955 답 $(0,-3),\ x=0$
0956 답 $(0,1),\ x=0$
0957 답 $a>0,\ q<0$
0958 답 $a<0,\ q>0$

0959 답 $y=(x+2)^2$
0960 답 $y=\dfrac{1}{2}(x-3)^2$
0961 답 $y=-2(x-1)^2$
0962 답 $y=-\dfrac{4}{3}\left(x+\dfrac{1}{2}\right)^2$
0963 답 $(-3,0),\ x=-3$
0964 답 $\left(\dfrac{1}{3},0\right),\ x=\dfrac{1}{3}$
0965 답 $a>0,\ p>0$
0966 답 $a<0,\ p<0$
0967 답 $y=\dfrac{5}{2}(x-1)^2-1$
0968 답 $y=3(x-2)^2+4$
0969 답 $y=\dfrac{3}{4}(x+5)^2+2$
0970 답 $y=-(x+4)^2-2$
0971 답 $(1,3),\ x=1$
0972 답 $(5,-1),\ x=5$

: PATTERN
유형 마스터 본문 128~138쪽

0973 답 ③
① $y=x-2 \Rightarrow$ 일차함수
② $y=x^2-(x^2+3)$에서 $y=-3 \Rightarrow$ 이차함수가 아니다.
③ $y=x(x+4)$에서 $y=x^2+4x \Rightarrow$ 이차함수
④ $y=\dfrac{1}{x^2} \Rightarrow$ 이차함수가 아니다.
⑤ $y=x^3+(x-1)^2$에서 $y=x^3+x^2-2x+1$
  $\Rightarrow$ 이차함수가 아니다.
따라서 이차함수인 것은 ③이다.

0974 답 3개
ㄱ. $y=(x+1)^2-2x$에서 $y=x^2+1 \Rightarrow$ 이차함수
ㄴ. $y=\dfrac{3}{x} \Rightarrow$ 이차함수가 아니다.
ㄷ. $x^2-y=0$에서 $y=x^2 \Rightarrow$ 이차함수
ㄹ. $y=-x(x+1)+x^2$에서 $y=-x \Rightarrow$ 이차함수가 아니다.
ㅁ. $y=(2x-1)^2-4x^2$에서 $y=-4x+1 \Rightarrow$ 이차함수가 아니다.
ㅂ. $y=(x-1)(x+1)$에서 $y=x^2-1 \Rightarrow$ 이차함수
따라서 이차함수인 것은 ㄱ, ㄷ, ㅂ의 3개이다.

0975 답 ②
y를 x에 대한 식으로 나타내면
① $y=x^2$
② $y=x^3$
③ $y=x^2$
④ (둘레의 길이)$=2\times\{$(가로의 길이)$+$(세로의 길이)$\}$이므로
  (세로의 길이)$=\dfrac{20}{2}-x=10-x$
  $\therefore y=x(10-x)=-x^2+10x$
⑤ (원기둥의 부피)$=$(밑넓이)$\times$(높이)$=\pi\times x^2\times20$
  $\therefore y=20\pi x^2$
따라서 이차함수가 아닌 것은 ②이다.

0976 답 ③

$y=(2a+1)x^2+3x-5$가 이차함수가 되려면
$2a+1\ne0$이어야 하므로
$a\ne-\dfrac{1}{2}$

따라서 상수 a의 값이 될 수 없는 것은 ③이다.

주어진 함수를 $y=ax^2+bx+c$의 꼴로 정리한 후,
$a\ne0$이 되도록 하는 조건을 구한다.

0977 답 ①

x와 y 사이의 관계를 표로 나타내면 다음과 같다.

x(단계)	1	2	3	…	x
y(개)	$1(=1^2)$	$4(=2^2)$	$9(=3^2)$	…	x^2

따라서 y를 x에 대한 식으로 나타내면 $y=x^2$이고,
y는 x에 대한 이차함수이다.

0978 답 17

$f(-2)=(-2)^2-6\times(-2)+5=21$
$f(3)=3^2-6\times3+5=-4$
$\therefore f(-2)+f(3)=21+(-4)=17$

0979 답 2

$f(1)=-\dfrac{2}{3}\times1^2+4=\dfrac{10}{3}$
$f(-2)=-\dfrac{2}{3}\times(-2)^2+4=\dfrac{4}{3}$
$\therefore f(1)-f(-2)=\dfrac{10}{3}-\dfrac{4}{3}=2$

0980 답 4

$f(-3)=(-3)^2+a\times(-3)+4=1$이므로
$13-3a=1,\ -3a=-12$
$\therefore a=4$

0981 답 0

$f(1)=2$이므로 $1+2a-3=2$에서
$2a=4\quad\therefore a=2$ ⋯ (i)
$\therefore f(x)=x^2+4x-3$
$f(b)=-7$이므로 $b^2+4b-3=-7$에서
$b^2+4b+4=0,\ (b+2)^2=0$
$\therefore b=-2$ ⋯ (ii)
$\therefore a+b=2+(-2)=0$ ⋯ (iii)

채점 기준	배점
(i) a의 값을 구한 경우	40%
(ii) b의 값을 구한 경우	40%
(iii) $a+b$의 값을 구한 경우	20%

0982 답 ③

③ $x=1$일 때, $y=a\times1^2=a$이므로 점 $(1,\ a)$를 지난다.

0983 답 ②, ③

① 꼭짓점의 좌표는 $(0,\ 0)$이다.
④ $x>0$일 때, x의 값이 증가하면 y의 값도 증가한다.
⑤ (x^2의 계수)$=2>0$이므로 아래로 볼록한 포물선이다.
따라서 옳은 것은 ②, ③이다.

0984 답 ㄱ, ㄷ

ㄴ. $y=-3x^2$의 그래프는 위로 볼록하고 $y=\dfrac{1}{3}x^2$의 그래프는 아래
로 볼록하다.

ㄷ. $y=-3x^2$의 그래프는 $x<0$일 때 x의 값이 증가하면 y의 값도
증가하고, $y=\dfrac{1}{3}x^2$의 그래프는 $x<0$일 때 x의 값이 증가하면
y의 값은 감소한다.

ㅁ. $y=-3x^2$의 그래프는 모든 실수 x에 대하여 $y\le0$이고,
$y=\dfrac{1}{3}x^2$의 그래프는 모든 실수 x에 대하여 $y\ge0$이다.
따라서 두 그래프의 공통점은 ㄱ, ㄷ이다.

0985 답 ④

$y=ax^2$에서 a의 절댓값이 클수록 그래프의 폭이 좁아지므로 주어진
이차함수 중 그래프의 폭이 가장 좁은 것은 ④ $y=5x^2$이다.

0986 답 ③, ④

$y=ax^2$의 그래프는 $y=-2x^2$의 그래프와 $y=-\dfrac{2}{3}x^2$의 그래프 사이
에 있으므로
$-2<a<-\dfrac{2}{3}$

따라서 상수 a의 값이 될 수 있는 것은 ③, ④이다.

0987 답 ③

① x^2의 계수가 양수인 것은 ㄴ, ㄷ이므로 아래로 볼록한 그래프는
ㄴ, ㄷ이다.
② x^2의 계수의 절댓값이 가장 작은 것은 ㄷ이므로 그래프의 폭이 가
장 넓은 것은 ㄷ이다.
③ x^2의 계수의 절댓값이 가장 큰 것은 ㄱ이므로 그래프의 폭이 가장
좁은 것은 ㄱ이다.
④ 모든 그래프의 꼭짓점의 좌표는 $(0,\ 0)$이다.
⑤ 모든 그래프의 축의 방정식은 $x=0$이다.
따라서 옳은 것은 ③이다.

0988 답 ②

0989 답 ㄴ과 ㅁ, ㄷ과 ㅂ

$y=ax^2$의 그래프와 $y=-ax^2$의 그래프가 x축에 대하여 서로 대칭
이므로 ㄴ과 ㅁ, ㄷ과 ㅂ이 x축에 대하여 서로 대칭이다.

0990 답 ④, ⑤

$y=2x^2$의 그래프와 x축에 대하여 대칭인 그래프의 식은 $y=-2x^2$이다.
④ $|-2|>\left|-\dfrac{1}{2}\right|$이므로 $y=-\dfrac{1}{2}x^2$의 그래프보다 폭이 좁다.
⑤ 그래프가 제3사분면, 제4사분면을 지난다.

0991 답 4

$y=ax^2$의 그래프가 점 $(-2, 2)$를 지나므로

$2=a\times(-2)^2$ ∴ $a=\dfrac{1}{2}$

즉, $y=\dfrac{1}{2}x^2$의 그래프가 점 $(4, b)$를 지나므로

$b=\dfrac{1}{2}\times4^2=8$

∴ $ab=\dfrac{1}{2}\times8=4$

0992 답 ⑤

$y=ax^2$의 그래프가 점 $(-1, 3)$을 지나므로

$3=a\times(-1)^2$ ∴ $a=3$

즉, $y=3x^2$의 그래프가 점 $(3, b)$를 지나므로

$b=3\times3^2=27$

0993 답 ⑤

⑤ $y=\dfrac{1}{4}x^2$에 점 $(-8, 4)$의 좌표를 대입하면

$4\neq\dfrac{1}{4}\times(-8)^2$

즉, 점 $(-8, 4)$는 $y=\dfrac{1}{4}x^2$의 그래프 위의 점이 아니다.

0994 답 $-\dfrac{2}{3}$

$y=ax^2$의 그래프가 점 $(3, -6)$을 지나므로

$-6=a\times3^2$ ∴ $a=-\dfrac{2}{3}$

0995 답 8

$y=4x^2$의 그래프가 점 $(-1, a)$를 지나므로

$a=4\times(-1)^2=4$

이때 $y=4x^2$의 그래프와 x축에 대하여 대칭인 그래프의 식은

$y=-4x^2$이므로 $b=-4$

∴ $a-b=4-(-4)=8$

0996 답 6

$y=x^2$에 $x=-2$를 대입하면

$y=(-2)^2=4$이므로 A$(-2, 4)$

$y=-\dfrac{1}{2}x^2$에 $x=-2$를 대입하면

$y=-\dfrac{1}{2}\times(-2)^2=-2$이므로 B$(-2, -2)$

∴ $\overline{AB}=4-(-2)=6$

0997 답 $\dfrac{1}{9}$

점 A의 x좌표를 a, 점 B의 x좌표를 b라 하면

A(a, a^2), B(b, b^2), C(b, b^2), D$(a, 4a^2)$

이때 두 점 C, D의 y좌표가 같으므로 $b^2=4a^2$이고,

$a>0$, $b>0$이므로 $b=2a$ ⋯ ㉠

$\overline{AB}=b-a$, $\overline{AD}=4a^2-a^2=3a^2$이고 $\overline{AB}=\overline{AD}$이므로

$b-a=3a^2$

이 식에 ㉠을 대입하면

$2a-a=3a^2$에서 $3a^2-a=0$

$a(3a-1)=0$ ∴ $a=\dfrac{1}{3}$ ($\because a>0$)

∴ $b=2a=2\times\dfrac{1}{3}=\dfrac{2}{3}$

따라서 $\overline{AB}=b-a=\dfrac{2}{3}-\dfrac{1}{3}=\dfrac{1}{3}$이므로 □ABCD의 넓이는

$\dfrac{1}{3}\times\dfrac{1}{3}=\dfrac{1}{9}$

0998 답 $y=\dfrac{3}{2}x^2$

원점을 꼭짓점으로 하는 포물선이므로 구하는 이차함수의 식을 $y=ax^2$으로 놓자.

$y=ax^2$의 그래프가 점 $(2, 6)$을 지나므로

$6=a\times2^2$ ∴ $a=\dfrac{3}{2}$

따라서 구하는 이차함수의 식은 $y=\dfrac{3}{2}x^2$이다.

0999 답 ②

원점을 꼭짓점으로 하는 포물선의 식을 $y=ax^2$으로 놓자.

포물선 $y=ax^2$이 점 $(-2, 8)$을 지나므로

$8=a\times(-2)^2$ ∴ $a=2$

∴ $y=2x^2$

$y=2x^2$에 점 $(k, 16)$의 좌표를 대입하면

$16=2\times k^2$ ∴ $k^2=8$

이때 $k>0$이므로 $k=\sqrt{8}=2\sqrt{2}$

1000 답 ①

$y=f(x)$의 그래프는 원점을 꼭짓점으로 하는 포물선이므로 $y=ax^2$으로 놓자.

$y=ax^2$의 그래프가 점 $\left(\dfrac{1}{2}, -1\right)$을 지나므로

$-1=a\times\left(\dfrac{1}{2}\right)^2$ ∴ $a=-4$

따라서 $f(x)=-4x^2$이므로

$f(-3)=-4\times(-3)^2=-36$

1001 답 $y=\dfrac{1}{4}x^2$

원점을 꼭짓점으로 하는 포물선이므로 구하는 포물선의 식을 $y=ax^2$으로 놓자.

포물선 $y=ax^2$이 점 $(-4, 4)$를 지나므로

$4=a\times(-4)^2$ ∴ $a=\dfrac{1}{4}$

따라서 구하는 포물선의 식은 $y=\dfrac{1}{4}x^2$이다.

1002 답 -6

$y=2x^2$의 그래프를 y축의 방향으로 -6만큼 평행이동한 그래프의 식은

$y=2x^2-6$

즉, $y=2x^2-6$의 그래프의 꼭짓점의 좌표는 $(0, -6)$, 축의 방정식은 $x=0$이므로

$p=0$, $q=-6$, $r=0$

∴ $p+q+r=0+(-6)+0=-6$

1003 답 -1

$y=-\dfrac{3}{2}x^2$의 그래프를 y축의 방향으로 k만큼 평행이동한 그래프의 식은

$y=-\dfrac{3}{2}x^2+k$

즉, $y=-\dfrac{3}{2}x^2+k$의 그래프가 점 $(-2, -7)$을 지나므로

$-7=-\dfrac{3}{2}\times(-2)^2+k$

$-7=-6+k$ $\therefore k=-1$

1004 답 ⑤

$y=\dfrac{1}{3}x^2-2$의 그래프는 꼭짓점의 좌표가 $(0, -2)$이고,

(x^2의 계수)$=\dfrac{1}{3}>0$에서 아래로 볼록한 포물선이므로 그래프로 알맞은 것은 ⑤이다.

1005 답 ③

x^2의 계수가 같은 이차함수의 그래프는 평행이동하여 완전히 포개어진다.

따라서 $y=-\dfrac{1}{4}x^2+1$의 그래프와 평행이동하여 완전히 포개어지는 것은 ③이다.

1006 답 ④

④ $y=-5x^2+2$의 그래프는 오른쪽 그림과 같으므로 그래프가 지나지 않는 사분면은 없다.

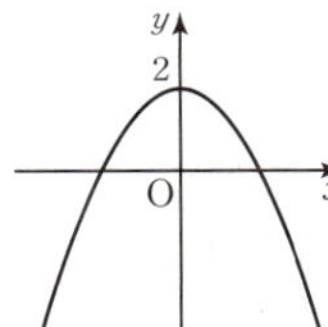

1007 답 ⑺: 지, ⑷: 교

$y=-x^2+3$의 그래프의 축의 방정식은 $x=0$, 꼭짓점의 좌표는 $(0, 3)$이므로 ⑺, ⑷에 알맞은 글자는 각각 지, 교이다.

1008 답 15

$y=-\dfrac{1}{3}x^2+q$의 그래프가 점 $(3, 2)$를 지나므로

$2=-\dfrac{1}{3}\times3^2+q$ $\therefore q=5$

즉, $y=-\dfrac{1}{3}x^2+5$이므로 $A(0, 5)$ $\cdots$ (i)

주어진 두 이차함수의 그래프는 y축에 대하여 각각 대칭이므로 두 점 B, C는 y축에 대하여 서로 대칭이다.

따라서 $\triangle$ABO와 $\triangle$AOC의 넓이가 같으므로 $\cdots$ (ii)

$\square$ABOC$=2\triangle$AOC

$\qquad=2\times\left(\dfrac{1}{2}\times5\times3\right)=15$ $\cdots$ (iii)

채점 기준	배점
(i) 점 A의 좌표를 구한 경우	40 %
(ii) $\triangle$ABO와 $\triangle$AOC의 넓이가 같음을 아는 경우	40 %
(iii) $\square$ABOC의 넓이를 구한 경우	20 %

이차함수의 그래프의 응용

(1) 점 (m, n)이 이차함수 $y=ax^2$의 그래프 위에 있다.
　⇨ $n=am^2$
(2) 이차함수 $y=ax^2$의 그래프는 y축에 대하여 대칭이다.
　⇨ 함숫값(y좌표)이 같은 점은 원점을 제외하고 항상 2개씩이다.

1009 답 ①

1010 답 ㄷ, ㄹ

$y=\dfrac{1}{2}(x-3)^2$의 그래프는

ㄱ. 직선 $x=3$을 축으로 한다.

ㄴ. 점 $(3, 0)$을 꼭짓점으로 한다.

ㄷ. $y=\dfrac{1}{2}(x-3)^2$에 $x=1$, $y=2$를 대입하면

$\quad 2=\dfrac{1}{2}\times(1-3)^2$이므로 점 $(1, 2)$를 지난다.

ㄹ. $y=\dfrac{1}{2}x^2$의 그래프를 x축의 방향으로 3만큼 평행이동한 것이다.

따라서 옳은 것은 ㄷ, ㄹ이다.

1011 답 $y=\dfrac{3}{2}(x+1)^2$

주어진 그래프의 꼭짓점의 좌표가 $(-1, 0)$이고, $y=\dfrac{3}{2}x^2$의 그래프를 평행이동한 것이므로 구하는 식은

$y=\dfrac{3}{2}(x+1)^2$

1012 답 ②

$y=-3x^2$의 그래프를 x축의 방향으로 -4만큼 평행이동한 그래프의 식은

$y=-3(x+4)^2$

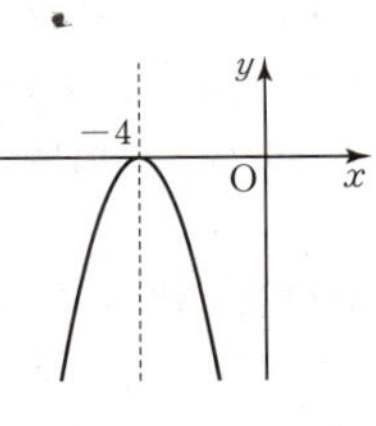

따라서 $y=-3(x+4)^2$의 그래프는 오른쪽 그림과 같으므로 x의 값이 증가할 때, y의 값도 증가하는 x의 값의 범위는 $x<-4$이다.

1013 답 -1

$y=-\dfrac{2}{3}(x-2)^2$의 그래프가 점 $(k, -6)$을 지나므로

$-6=-\dfrac{2}{3}(k-2)^2$에서 $(k-2)^2=9$

$k^2-4k-5=0$, $(k+1)(k-5)=0$

$\therefore k=-1\ (\because k<0)$

1014 답 1

$y=a(x-p)^2$의 그래프의 꼭짓점의 좌표가 $(-2, 0)$이므로

$p=-2$ $\cdots$ (i)

즉, $y=a(x+2)^2$의 그래프가 점 $(0, -4)$를 지나므로

$-4=a\times(0+2)^2$, $-4=4a$

$\therefore a=-1$ $\cdots$ (ii)

$\therefore a-p=-1-(-2)=1$ $\cdots$ (iii)

채점 기준	배점
(i) p의 값을 구한 경우	40 %
(ii) a의 값을 구한 경우	40 %
(iii) $a-p$의 값을 구한 경우	20 %

1015 답 -9

$y=-x^2$의 그래프를 x축의 방향으로 a만큼 평행이동한 그래프의 식은
$$y=-(x-a)^2$$
즉, $y=-(x-a)^2$의 그래프가 점 $(2,\ -4)$를 지나므로
$-4=-(2-a)^2$에서 $a^2-4a=0$
$a(a-4)=0$ $\quad\therefore a=4\ (\because a>0)$
따라서 $y=-(x-4)^2$의 그래프가 점 $(1,\ k)$를 지나므로
$$k=-(1-4)^2=-9$$

1016 답 -7

$y=\dfrac{1}{2}(x+3)^2-4$의 그래프는 $y=\dfrac{1}{2}x^2$의 그래프를 x축의 방향으로
-3만큼, y축의 방향으로 -4만큼 평행이동한 것이므로
$p=-3,\ q=-4$
$\therefore p+q=-3+(-4)=-7$

1017 답 -14

$y=-3x^2$의 그래프를 x축의 방향으로 1만큼, y축의 방향으로 -2만큼
평행이동한 그래프의 식은
$$y=-3(x-1)^2-2$$
즉, $y=-3(x-1)^2-2$의 그래프가 점 $(-1,\ a)$를 지나므로
$$a=-3\times(-1-1)^2-2=-14$$

1018 답 ③

$y=-(x+2)^2+1$의 그래프는 꼭짓점의 좌표가 $(-2,\ 1)$이고, 위로
볼록한 포물선이므로 그래프로 알맞은 것은 ③이다.

1019 답 28

$y=x^2$의 그래프를 x축의 방향으로 m만큼, y축의 방향으로 3만큼
평행이동한 그래프의 식은
$$y=(x-m)^2+3$$
즉, $y=(x-m)^2+3$의 그래프가 점 $(0,\ 7)$을 지나므로
$7=(0-m)^2+3$에서
$m^2=4$ $\quad\therefore m=2\ (\because m>0)$
따라서 $y=(x-2)^2+3$의 그래프가 점 $(-3,\ n)$을 지나므로
$$n=(-3-2)^2+3=28$$

1020 답 ②

이차함수 $y=\dfrac{1}{3}(x+1)^2-4$의 그래프는 오른쪽
그림과 같다.

ㄴ. 꼭짓점의 좌표는 $(-1,\ -4)$이다.

ㄷ. $y=\dfrac{1}{3}(x+1)^2-4$에 $x=0,\ y=-4$를 대입

하면 $-4\neq\dfrac{1}{3}\times(0+1)^2-4$이므로

점 $(0,\ -4)$를 지나지 않는다.

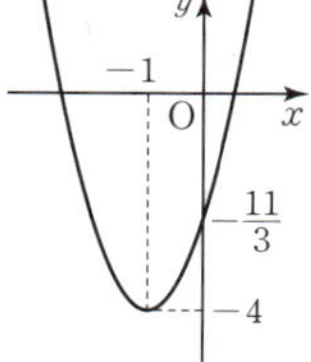

ㄹ. $x<-1$일 때, x의 값이 증가하면 y의 값은 감소한다.
따라서 옳은 것은 ㄱ, ㅁ의 2개이다.

1021 답 ③, ⑤

이차함수 $y=a(x+p)^2+q$의 그래프는
① 꼭짓점의 좌표는 $(-p,\ q)$이다.
② 축의 방정식은 $x=-p$이다.
④ $|a|$의 값이 클수록 그래프의 폭이 좁다.
따라서 옳은 것은 ③, ⑤이다.

1022 답 ②

꼭짓점의 좌표를 각각 구하면 다음과 같다.
① $(-5,\ 0)$ ② $(1,\ -2)$ ③ $(2,\ 4)$
④ $(-1,\ -3)$ ⑤ $(-2,\ 6)$
따라서 꼭짓점이 제4사분면 위에 있는 것은 ②이다.

1023 답 ④

$y=3(x+5)^2-2$의 그래프는 직선 $x=-5$를 축으로 하고, 아래로
볼록하므로 x의 값이 증가할 때, y의 값이 감소하는 x의 값의 범위
는 $x<-5$이다.

1024 답 -7

$y=\dfrac{1}{4}x^2$의 그래프를 x축의 방향으로 -4만큼, y축의 방향으로 1만큼
평행이동한 그래프의 식은
$$y=\dfrac{1}{4}(x+4)^2+1$$
따라서 꼭짓점의 좌표는 $(-4,\ 1)$이고, 직선 $x=-4$에 대하여 대칭
이므로
$p=-4,\ q=1,\ k=-4$
$\therefore p+q+k=-4+1+(-4)=-7$

1025 답 $-\dfrac{11}{4}$

$y=a(x-p)^2+q$의 그래프가 x축과 두 점 $(-3,\ 0)$, $(5,\ 0)$에서 만나
므로 축의 방정식은
$$x=\frac{5+(-3)}{2}=1$$
즉, $p=1$이므로 $y=a(x-1)^2+q$
이때 꼭짓점 $(1,\ q)$가 직선 $y=-4$ 위에 있으므로
$q=-4$
따라서 $y=a(x-1)^2-4$의 그래프가 점 $(5,\ 0)$을 지나므로
$0=a\times(5-1)^2-4$ $\quad\therefore a=\dfrac{1}{4}$
$\therefore a+p+q=\dfrac{1}{4}+1+(-4)$
$$=-\frac{11}{4}$$

1026 답 ③

$y=-(x-1)^2+3$의 그래프를 x축의 방향으로 2만큼, y축의 방향
으로 4만큼 평행이동한 그래프의 식은
$$y=-(x-2-1)^2+3+4$$
$\therefore y=-(x-3)^2+7$

$y=-(x-1)^2+3$의 그래프의 꼭짓점 $(1,\ 3)$을 x축의 방향으로 2만큼, y축의 방향으로 4만큼 평행이동하면 $(1+2,\ 3+4)$, 즉 $(3,\ 7)$로 옮겨지므로 구하는 이차함수의 식은
$$y=-(x-3)^2+7$$

1027 답 ⑤

$y=3(x+1)^2-2$의 그래프를 x축의 방향으로 p만큼, y축의 방향으로 q만큼 평행이동한 그래프의 식은
$$y=3(x-p+1)^2-2+q$$
즉, $y=3(x-p+1)^2-2+q$의 그래프와 $y=3x^2$의 그래프가 일치하므로
$$-p+1=0,\ -2+q=0에서$$
$$p=1,\ q=2$$
$$\therefore p+q=1+2=3$$

1028 답 ①

$y=a(x-6)^2+1$의 그래프를 y축의 방향으로 4만큼 평행이동한 그래프의 식은
$$y=a(x-6)^2+1+4$$
$$\therefore y=a(x-6)^2+5$$
즉, $y=a(x-6)^2+5$의 그래프가 점 $(4,\ 3)$을 지나므로
$$3=a\times(4-6)^2+5$$
$$4a=-2 \quad \therefore a=-\frac{1}{2}$$

1029 답 1

$y=4(x+2k)^2+1$의 그래프를 x축의 방향으로 $3k$만큼, y축의 방향으로 2만큼 평행이동한 그래프의 식은
$$y=4(x-3k+2k)^2+1+2$$
$$\therefore y=4(x-k)^2+3$$
즉, $y=4(x-k)^2+3$의 그래프의 꼭짓점의 좌표는 $(k,\ 3)$이고, 이 점이 직선 $y=-2x+5$ 위에 있으므로
$$3=-2k+5,\ 2k=2 \quad \therefore k=1$$

1030 답 $x<4$

$y=-\dfrac{5}{2}(x-2)^2-1$의 그래프를 x축의 방향으로 2만큼, y축의 방향으로 2만큼 평행이동한 그래프의 식은
$$y=-\frac{5}{2}(x-2-2)^2-1+2$$
$$\therefore y=-\frac{5}{2}(x-4)^2+1$$
즉, $y=-\dfrac{5}{2}(x-4)^2+1$의 그래프는 직선 $x=4$를 축으로 하고, 위로 볼록하므로 x의 값이 증가할 때, y의 값도 증가하는 x의 값의 범위는 $x<4$이다.

1031 답 ②

$y=2(x-1)^2-4$의 그래프를 x축에 대하여 대칭이동한 그래프의 식은
$$-y=2(x-1)^2-4$$
$$\therefore y=-2(x-1)^2+4$$

1032 답 $(3,\ 2)$

$y=4x^2$의 그래프를 x축의 방향으로 -3만큼, y축의 방향으로 2만큼 평행이동한 그래프의 식은
$$y=4(x+3)^2+2$$
즉, $y=4(x+3)^2+2$의 그래프를 y축에 대하여 대칭이동하면
$$y=4(-x+3)^2+2$$
$$\therefore y=4(x-3)^2+2$$
따라서 구하는 꼭짓점의 좌표는 $(3,\ 2)$이다.

1033 답 7

$y=-\dfrac{1}{2}(x+1)^2-5$의 그래프를 x축에 대하여 대칭이동하면
$$-y=-\frac{1}{2}(x+1)^2-5$$
$$\therefore y=\frac{1}{2}(x+1)^2+5$$
이 식에 $x=-3,\ y=k$를 대입하면
$$k=\frac{1}{2}\times(-3+1)^2+5=7$$

1034 답 -6

$y=\dfrac{1}{2}x^2$의 그래프와 모양이 같고, 꼭짓점의 좌표가 $(-4,\ 3)$인 포물선을 그래프로 하는 이차함수의 식은
$$y=\frac{1}{2}(x+4)^2+3$$
따라서 $a=\dfrac{1}{2},\ p=-4,\ q=3$이므로
$$apq=\frac{1}{2}\times(-4)\times3=-6$$

1035 답 ③

$y=a(x-p)^2+q$의 그래프의 꼭짓점의 좌표가 $(2,\ -1)$이므로
$$p=2,\ q=-1$$
$$\therefore y=a(x-2)^2-1$$
즉, $y=a(x-2)^2-1$의 그래프가 점 $(0,\ -5)$를 지나므로
$$-5=a\times(0-2)^2-1$$
$$4a=-4 \quad \therefore a=-1$$
$$\therefore y=-(x-2)^2-1$$
따라서 $a=-1,\ p=2,\ q=-1$이므로
$$a+p+q=-1+2+(-1)=0$$

1036 답 ④

꼭짓점의 좌표가 $(0,\ -4)$이므로 $y=ax^2-4$로 놓자.
즉, $y=ax^2-4$의 그래프가 점 $(-1,\ -2)$를 지나므로
$$-2=a\times(-1)^2-4$$
$$\therefore a=2$$
$$\therefore y=2x^2-4$$
④ $y=2x^2-4$에 $x=2,\ y=6$을 대입하면 $6\neq2\times2^2-4$이므로 점 $(2,\ 6)$은 $y=2x^2-4$의 그래프 위의 점이 아니다.

1037 답 10

꼭짓점의 좌표가 $(0, -2)$이므로 $f(x)=ax^2-2$로 놓자.

즉, $y=ax^2-2$의 그래프가 점 $(-2, 1)$을 지나므로

$1=a\times(-2)^2-2$

$4a=3$ $\quad\therefore a=\dfrac{3}{4}$

따라서 $f(x)=\dfrac{3}{4}x^2-2$이므로

$f(4)=\dfrac{3}{4}\times4^2-2=10$

1038 답 $-2-2\sqrt{2}$

꼭짓점의 좌표가 $(-2, -4)$이므로 $y=a(x+2)^2-4$로 놓자.

$y=a(x+2)^2-4$의 그래프가 점 $(0, -2)$를 지나므로

$-2=a\times(0+2)^2-4$ $\quad\therefore a=\dfrac{1}{2}$

$\therefore y=\dfrac{1}{2}(x+2)^2-4$

$y=\dfrac{1}{2}(x+2)^2-4$의 그래프가 점 $(k, 0)$을 지나므로

$0=\dfrac{1}{2}\times(k+2)^2-4$, $(k+2)^2=8$

$\therefore k+2=\pm2\sqrt{2}$

$\therefore k=-2+2\sqrt{2}$ 또는 $k=-2-2\sqrt{2}$

이때 $k<0$이므로 $k=-2-2\sqrt{2}$

1039 답 $(-4, -1)$

조건 (나), (다)에서 그래프의 식을 $y=-3(x+4)^2+q$로 놓을 수 있다.

조건 (가)에서 $y=-3(x+4)^2+q$의 그래프가 점 $(-3, -4)$를 지나므로

$-4=-3\times(-3+4)^2+q$

$\therefore q=-1$

따라서 그래프의 식은 $y=-3(x+4)^2-1$이므로 구하는 꼭짓점의 좌표는 $(-4, -1)$이다.

1040 답 ④

그래프의 모양이 아래로 볼록하므로

$a>0$

꼭짓점 (p, q)가 제4사분면 위에 있으므로

$p>0$, $q<0$

1041 답 ⑤

$a<0$이므로 그래프의 모양은 위로 볼록하고,

$p<0$, $q>0$이므로 꼭짓점은 제2사분면 위에 있다.

따라서 그래프로 알맞은 것은 ⑤이다.

1042 답 ④

그래프의 모양이 아래로 볼록하므로 $a>0$

꼭짓점 $(0, q)$가 x축보다 아래쪽에 있으므로 $q<0$

③, ④ $a>0$, $q<0$이므로 $a-q>0$, $aq<0$

⑤ $a+q$의 부호는 알 수 없다.

따라서 항상 옳은 것은 ④이다.

1043 답 ③

꼭짓점 $(p, 0)$이 x축 위에 있으면서 y축보다 왼쪽에 있으므로

$p<0$, $q=0$

1044 답 제3사분면, 제4사분면

주어진 일차함수의 그래프에서 $a>0$, $b<0$

즉, $y=bx^2-a$의 그래프는 $b<0$이므로 위로 볼록한 포물선이고, $-a<0$이므로 꼭짓점 $(0, -a)$는 y축 위에 있으면서 x축보다 아래쪽에 있다.

따라서 $y=bx^2-a$의 그래프는 오른쪽 그림과 같이 제3사분면과 제4사분면을 지난다.

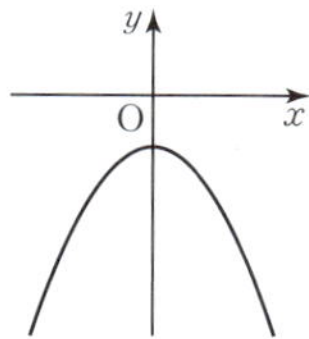

1045 답 ㄱ, ㄷ, ㄹ

$y=a(x-p)^2-q$의 그래프가 제4사분면만 지나지 않으려면 오른쪽 그림과 같아야 하므로

$a>0$, $p<0$, $-q<0$에서

$a>0$, $p<0$, $q>0$

ㄴ. 아래로 볼록한 포물선이다.

따라서 옳은 것은 ㄱ, ㄷ, ㄹ이다.

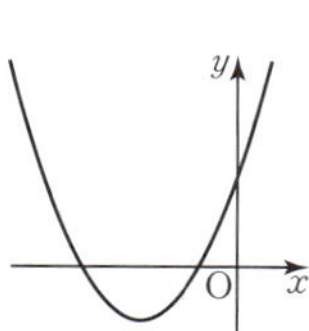

1046 답 ①

ㄱ. $y=x(x-1)$에서 $y=x^2-x$ ⇨ 이차함수

ㄴ. $xy=3000$에서 $y=\dfrac{3000}{x}$ ⇨ 이차함수가 아니다.

ㄷ. $y=\pi\times\left(\dfrac{x}{2}\right)^2$에서 $y=\dfrac{\pi}{4}x^2$ ⇨ 이차함수

ㄹ. $x+y=24$에서 $y=-x+24$ ⇨ 이차함수가 아니다.

ㅁ. $y=\dfrac{10}{x}$ ⇨ 이차함수가 아니다.

따라서 이차함수인 것은 ㄱ, ㄷ이다.

1047 답 -2

$f(-1)=3$이므로 $(-1)^2-4\times(-1)+a=3$

$a+5=3$

$\therefore a=-2$

1048 답 ⑤

$y=-x^2$의 그래프는

① y축에 대하여 대칭이다.

② 꼭짓점의 좌표는 $(0,\,0)$이다.

③ 위로 볼록한 포물선이다.

④ 제3사분면과 제4사분면을 지난다.

따라서 옳은 것은 ⑤이다.

1049 답 440개

x좌표에 따라 점의 개수를 구하면 다음과 같다.

x좌표가 1일 때, 0개

x좌표가 2일 때, $3=2^2-1$(개) ← $(2+1)(2-1)$(개)

x좌표가 3일 때, $8=3^2-1$(개) ← $(3+1)(3-1)$(개)

x좌표가 4일 때, $15=4^2-1$(개) ← $(4+1)(4-1)$(개)

$\qquad\qquad\vdots$

x좌표가 n일 때, n^2-1(개)

따라서 x좌표가 21일 때, 점의 개수는

$21^2-1=(21+1)(21-1)=22\times20=440$(개)

1050 답 ⑤

포물선 ㉠의 식을 $y=bx^2$으로 놓으면 포물선 ㉠이 점 $(2,\,1)$을 지나
므로

$1=b\times2^2 \qquad \therefore b=\dfrac{1}{4}$

$\therefore y=\dfrac{1}{4}x^2$

이때 포물선 ㉡이 포물선 ㉠보다 폭이 좁으므로

$a>\dfrac{1}{4}$

따라서 상수 a의 값이 될 수 없는 것은 ⑤이다.

1051 답 6

$y=2x^2$의 그래프가 점 $(-2,\,a)$를 지나므로

$a=2\times(-2)^2=8$

이때 $y=2x^2$의 그래프와 x축에 대하여 대칭인 그래프의 식은

$y=-2x^2$이므로 $b=-2$

$\therefore a+b=8+(-2)=6$

1052 답 $2\sqrt{2}$

㉠은 아래로 볼록하므로 $y=x^2$, $y=\dfrac{1}{2}x^2$의 그래프 중 하나이고,

폭이 좁은 것이므로 $y=x^2$의 그래프이다.

즉, $y=x^2$의 그래프가 점 $(a,\,8)$을 지나므로

$8=a^2 \qquad \therefore a=\pm2\sqrt{2}$

이때 $a>0$이므로 $a=2\sqrt{2}$

1053 답 $\dfrac{75}{2}$

$\overline{AD}=2$이므로 점 D의 좌표는 $\left(1,\,-\dfrac{1}{2}\right)$

$\overline{DE}=\dfrac{15}{2}$이므로 점 C의 y좌표는 $-\dfrac{1}{2}-\dfrac{15}{2}=-8$이고,

점 C는 $y=-\dfrac{1}{2}x^2$의 그래프 위의 점이므로

$-8=-\dfrac{1}{2}x^2 \qquad \therefore x^2=16$

이때 $x>0$이므로 $x=4$

즉, 점 C의 좌표는 $(4,\,-8)$이므로 $\overline{BC}=8$

$\therefore$ (사다리꼴 ABCD의 넓이)$=\dfrac{1}{2}\times(2+8)\times\dfrac{15}{2}=\dfrac{75}{2}$

1054 답 -8

$y=f(x)$의 그래프는 원점을 꼭짓점으로 하는 포물선이므로 $y=ax^2$
으로 놓자.

$y=ax^2$의 그래프가 점 $(-4,\,-2)$를 지나므로

$-2=a\times(-4)^2 \qquad \therefore a=-\dfrac{1}{8}$

따라서 $f(x)=-\dfrac{1}{8}x^2$이므로

$f(8)=-\dfrac{1}{8}\times8^2=-8$

1055 답 ②

$y=-2x^2$의 그래프를 꼭짓점의 좌표가 $(0,\,5)$가 되도록 평행이동한
그래프의 식은

$y=-2x^2+5$

즉, $y=-2x^2+5$의 그래프가 점 $(-3,\,k)$를 지나므로

$k=-2\times(-3)^2+5=-13$

1056 답 -5

꼭짓점의 좌표가 $(0,\,-5)$이므로 $q=-5$이고, 주어진 그래프의 식을
$y=ax^2-5$로 놓을 수 있다.

즉, $y=ax^2-5$의 그래프가 점 $(3,\,4)$를 지나므로

$4=a\times3^2-5 \qquad \therefore a=1$

$\therefore aq=1\times(-5)=-5$

1057 답 ④

$y=a(x-1)^2$의 그래프가 점 $(0,\,-2)$를 지나므로

$-2=a\times(0-1)^2 \qquad \therefore a=-2$

$\therefore y=-2(x-1)^2$

즉, $y=-2(x-1)^2$의 그래프가 점 $(3,\,k)$를 지나므로

$k=-2\times(3-1)^2=-8$

1058 답 ③

$y=a(x-1)^2$의 그래프가 점 $(2,\,-3)$을 지나므로

$-3=a\times(2-1)^2 \qquad \therefore a=-3$

$\therefore y=-3(x-1)^2$

따라서 $y=-3(x-1)^2$의 그래프는 위로 볼록하고 직선 $x=1$을 축
으로 하므로 $x>1$일 때 x의 값이 증가하면 y의 값은 감소한다.

1059 답 -60

$y=-4x^2$의 그래프를 x축의 방향으로 4만큼, y축의 방향으로 -3만큼 평행이동한 그래프의 식은
$y=-4(x-4)^2-3$
즉, 그래프의 꼭짓점의 좌표가 $(4,\ -3)$이므로
$p=4,\ q=-3$
$y=-4(x-4)^2-3$에 $x=0$을 대입하면
$y=-4\times(0-4)^2-3=-67$
$\therefore r=-67$
$\therefore p-q+r=4-(-3)+(-67)$
$\qquad\qquad =-60$

1060 답 ④

$y=-x^2$의 그래프를 x축의 방향으로 -1만큼, y축의 방향으로 3만큼 평행이동한 그래프의 식은
$y=-(x+1)^2+3$
따라서 그래프의 꼭짓점의 좌표가 $(-1,\ 3)$이고 위로 볼록하므로 그래프로 알맞은 것은 ④이다.

1061 답 ③, ⑤

$y=3(x-1)^2-2$의 그래프는 오른쪽 그림과 같으므로
③ 제3사분면을 지나지 않는다.
⑤ $x>1$일 때, x의 값이 증가하면 y의 값도 증가한다.

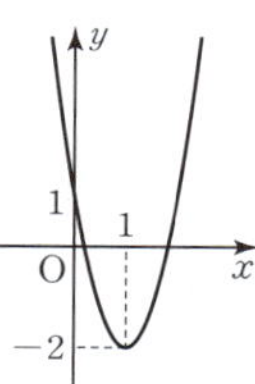

1062 답 $0<a<\dfrac{2}{9}$

$y=a(x+3)^2-2$의 그래프의 꼭짓점의 좌표는 $(-3,\ -2)$이고,
$y=a(x+3)^2-2$에 $x=0$을 대입하면
$y=a\times(0+3)^2-2=9a-2$이므로 그래프는 점 $(0,\ 9a-2)$를 지난다.

따라서 $y=a(x+3)^2-2$의 그래프가 모든 사분면을 지나려면 오른쪽 그림과 같이 $a>0$이고,

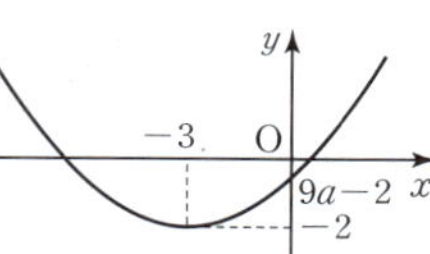

$9a-2<0$에서 $a<\dfrac{2}{9}$이어야 한다.
$\therefore 0<a<\dfrac{2}{9}$

1063 답 3

$y=-(x-2)^2+1$의 그래프를 x축의 방향으로 p만큼, y축의 방향으로 $-p$만큼 평행이동한 그래프의 식은
$y=-(x-2-p)^2+1-p$
즉, $y=-(x-2-p)^2+1-p$의 그래프가 점 $(3,\ -6)$을 지나므로
$-6=-(3-2-p)^2+1-p$에서
$-6=-p^2+p$
$p^2-p-6=0,\ (p+2)(p-3)=0$
$\therefore p=3$ 또는 $p=-2$
이때 $p>0$이므로 $p=3$

1064 답 4

$y=\dfrac{1}{2}(x-2)^2-2$의 그래프는

$y=\dfrac{1}{2}(x-2)^2$의 그래프를 y축의 방향으로 -2만큼 평행이동한 것이므로 오른쪽 그림에서 ㉠ 부분과 ㉡ 부분의 넓이는 서로 같다.

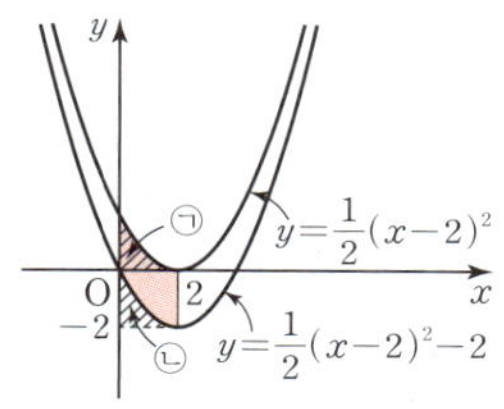

따라서 색칠한 부분의 넓이는
$2\times2=4$

1065 답 ③

$y=2(x-1)^2+4$의 그래프를 x축에 대하여 대칭이동한 그래프의 식은
$-y=2(x-1)^2+4$
$\therefore y=-2(x-1)^2-4$
따라서 $a=-2,\ p=1,\ q=-4$이므로
$a+p+q=-2+1+(-4)=-5$

1066 답 $(0,\ 1)$

꼭짓점의 좌표가 $(2,\ 5)$이므로 $y=a(x-2)^2+5$로 놓자.
$y=a(x-2)^2+5$의 그래프가 점 $(3,\ 4)$를 지나므로
$4=a\times(3-2)^2+5$　　$\therefore a=-1$
$\therefore y=-(x-2)^2+5$
$y=-(x-2)^2+5$에 $x=0$을 대입하면
$y=-(0-2)^2+5=1$
따라서 $y=-(x-2)^2+5$의 그래프가 y축과 만나는 점의 좌표는
$(0,\ 1)$이다.

1067 답 $a<0,\ p>0,\ q>0$

그래프의 모양이 위로 볼록하므로 $a<0$
꼭짓점 $(-p,\ q)$가 제2사분면 위에 있으므로
$-p<0,\ q>0$에서 $p>0,\ q>0$

1068 답 50

점 A의 좌표를 $(m,\ k)$라 하면 $\overline{AB}=5$이므로
점 B의 좌표는 $(m+5,\ k)$　　　　　　　$\cdots$ (i)
이때 두 점 A, B는 각각 $y=2x^2$, $y=\dfrac{1}{2}x^2$의 그래프 위에 있으므로
$k=2m^2$, $k=\dfrac{1}{2}(m+5)^2$에서
$2m^2=\dfrac{1}{2}(m+5)^2$
$4m^2=m^2+10m+25,\ 3m^2-10m-25=0$
$(m-5)(3m+5)=0$　　$\therefore m=5$ 또는 $m=-\dfrac{5}{3}$
이때 $m>0$이므로 $m=5$　　　　　　　　　$\cdots$ (ii)
$\therefore k=2\times5^2=50$　　　　　　　　$\cdots$ (iii)

채점 기준	배점
(i) 두 점 A, B의 x좌표를 각각 문자를 사용하여 나타낸 경우	40 %
(ii) 점 A의 x좌표를 구한 경우	40 %
(iii) k의 값을 구한 경우	20 %

1069 답 $\dfrac{1}{9}$

$y=a(x-6)^2$의 그래프의 꼭짓점의 좌표는 $(6,\ 0)$이므로
$\mathrm{A}(6,\ 0)$이다. $\qquad\qquad\cdots$(i)
이때 그래프의 축의 방정식이 $x=6$이므로
$\overline{\mathrm{BC}}=6+6=12$ $\qquad\qquad\cdots$(ii)
$\triangle\mathrm{ACB}$의 넓이가 24이므로 점 B의 y좌표를 b라 하면
$\dfrac{1}{2}\times\overline{\mathrm{BC}}\times b=24$에서 $\dfrac{1}{2}\times12\times b=24$
$\therefore b=4$ $\quad \therefore \mathrm{B}(0,\ 4)$ $\qquad\qquad\cdots$(iii)
따라서 $y=a(x-6)^2$의 그래프가 점 $(0,\ 4)$를 지나므로
$4=a\times(0-6)^2$ $\quad \therefore a=\dfrac{1}{9}$ $\qquad\cdots$(iv)

채점 기준	배점
(i) 점 A의 좌표를 구한 경우	30 %
(ii) $\overline{\mathrm{BC}}$의 길이를 구한 경우	20 %
(iii) 점 B의 좌표를 구한 경우	20 %
(iv) a의 값을 구한 경우	30 %

1070 답 $\left(-\dfrac{1}{2},\ -2\right)$

$y=4(x-a)^2+b$의 그래프에서
$x<-\dfrac{1}{2}$이면 x의 값이 증가할 때 y의 값은 감소하고,
$x>-\dfrac{1}{2}$이면 x의 값이 증가할 때 y의 값도 증가하므로
직선 $x=-\dfrac{1}{2}$이 그래프의 축이다.
$\therefore a=-\dfrac{1}{2}$ $\qquad\qquad\cdots$(i)
즉, 그래프의 식을 $y=4\left(x+\dfrac{1}{2}\right)^2+b$로 놓자.
$y=4\left(x+\dfrac{1}{2}\right)^2+b$의 그래프가 점 $(-1,\ -1)$을 지나므로
$-1=4\times\left(-1+\dfrac{1}{2}\right)^2+b$
$\therefore b=-2$ $\qquad\qquad\cdots$(ii)
따라서 $y=4\left(x+\dfrac{1}{2}\right)^2-2$이므로 구하는 꼭짓점의 좌표는
$\left(-\dfrac{1}{2},\ -2\right)$이다. $\qquad\qquad\cdots$(iii)

채점 기준	배점
(i) a의 값을 구한 경우	40 %
(ii) b의 값을 구한 경우	40 %
(iii) 꼭짓점의 좌표를 구한 경우	20 %

1071 답 제1사분면, 제2사분면

$y=a(x+p)^2+q$의 그래프가 아래로 볼록하므로 $a>0$
꼭짓점 $(-p,\ q)$가 제1사분면 위에 있으므로
$-p>0,\ q>0$
$\therefore p<0,\ q>0$ $\qquad\qquad\cdots$(i)
즉, $y=p(x-q)^2-a$의 그래프는 $p<0$이므로 위로 볼록한 포물선
이고, $q>0$, $-a<0$이므로 꼭짓점 $(q,\ -a)$는 제4사분면 위에 있
다.

따라서 $y=p(x-q)^2-a$의 그래프는 오른쪽 그림
과 같이 제1사분면과 제2사분면을 지나지 않는다.
$\qquad\qquad\cdots$(ii)

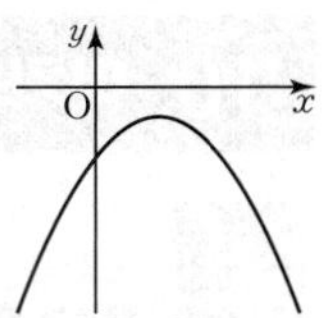

채점 기준	배점
(i) $a,\ p,\ q$의 부호를 각각 구한 경우	40 %
(i) 이차함수 $y=p(x-q)^2-a$의 그래프가 지나지 않는 사분면을 모두 구한 경우	60 %

10. 이차함수 $y=ax^2+bx+c$의 그래프

 **: CONCEPT 개념 체크**

본문 145, 147쪽

1072 답 (가): 2, (나): 1, (다): 1, (라): 3

1073 답 $y=(x-3)^2-9$
$y=x^2-6x$
$=x^2-6x+9-9$
$=(x-3)^2-9$

1074 답 $y=(x+4)^2-7$
$y=x^2+8x+9$
$=(x^2+8x+16-16)+9$
$=(x+4)^2-7$

1075 답 $y=3(x+2)^2-17$
$y=3x^2+12x-5$
$=3(x^2+4x+4-4)-5$
$=3(x+2)^2-17$

1076 답 $y=-2\left(x-\dfrac{5}{2}\right)^2+\dfrac{27}{2}$
$y=-2x^2+10x+1$
$=-2\left(x^2-5x+\dfrac{25}{4}-\dfrac{25}{4}\right)+1$
$=-2\left(x-\dfrac{5}{2}\right)^2+\dfrac{27}{2}$

1077 답 $y=\dfrac{1}{2}(x-5)^2-\dfrac{41}{2}$
$y=\dfrac{1}{2}x^2-5x-8$
$=\dfrac{1}{2}(x^2-10x+25-25)-8$
$=\dfrac{1}{2}(x-5)^2-\dfrac{41}{2}$

1078 답 꼭짓점의 좌표: $(-3, -4)$, 축의 방정식: $x=-3$
$y=x^2+6x+5$
$=(x^2+6x+9-9)+5$
$=(x+3)^2-4$

1079 답 꼭짓점의 좌표: $(-2, -9)$, 축의 방정식: $x=-2$
$y=2x^2+8x-1$
$=2(x^2+4x+4-4)-1$
$=2(x+2)^2-9$

1080 답 꼭짓점의 좌표: $(2, 19)$, 축의 방정식: $x=2$
$y=-3x^2+12x+7$
$=-3(x^2-4x+4-4)+7$
$=-3(x-2)^2+19$

1081 답 꼭짓점의 좌표: $(-1, -1)$, 축의 방정식: $x=-1$
$y=-\dfrac{1}{2}x^2-x-\dfrac{3}{2}$
$=-\dfrac{1}{2}(x^2+2x+1-1)-\dfrac{3}{2}$
$=-\dfrac{1}{2}(x+1)^2-1$

1082 답 x축: $(-3, 0)$, $(-4, 0)$, y축: $(0, 12)$
(i) $y=x^2+7x+12$에 $y=0$을 대입하면 $x^2+7x+12=0$
$(x+3)(x+4)=0$ ∴ $x=-3$ 또는 $x=-4$
따라서 x축과의 교점의 좌표는 $(-3, 0)$, $(-4, 0)$이다.
(ii) $y=x^2+7x+12$에 $x=0$을 대입하면 $y=12$
따라서 y축과의 교점의 좌표는 $(0, 12)$이다.

1083 답 x축: $\left(-\dfrac{5}{2}, 0\right)$, $\left(\dfrac{5}{2}, 0\right)$, y축: $(0, -25)$
(i) $y=4x^2-25$에 $y=0$을 대입하면 $4x^2-25=0$
$(2x+5)(2x-5)=0$ ∴ $x=-\dfrac{5}{2}$ 또는 $x=\dfrac{5}{2}$
따라서 x축과의 교점의 좌표는 $\left(-\dfrac{5}{2}, 0\right)$, $\left(\dfrac{5}{2}, 0\right)$이다.
(ii) $y=4x^2-25$에 $x=0$을 대입하면 $y=-25$
따라서 y축과의 교점의 좌표는 $(0, -25)$이다.

1084 답 x축: $\left(-\dfrac{5}{3}, 0\right)$, $(1, 0)$, y축: $(0, -5)$
(i) $y=3x^2+2x-5$에 $y=0$을 대입하면 $3x^2+2x-5=0$
$(3x+5)(x-1)=0$ ∴ $x=-\dfrac{5}{3}$ 또는 $x=1$
따라서 x축과의 교점의 좌표는 $\left(-\dfrac{5}{3}, 0\right)$, $(1, 0)$이다.
(ii) $y=3x^2+2x-5$에 $x=0$을 대입하면 $y=-5$
따라서 y축과의 교점의 좌표는 $(0, -5)$이다.

1085 답 x축: $\left(-\dfrac{1}{2}, 0\right)$, $(2, 0)$, y축: $(0, 2)$
(i) $y=-2x^2+3x+2$에 $y=0$을 대입하면 $-2x^2+3x+2=0$
$2x^2-3x-2=0$, $(2x+1)(x-2)=0$
∴ $x=-\dfrac{1}{2}$ 또는 $x=2$
따라서 x축과의 교점의 좌표는 $\left(-\dfrac{1}{2}, 0\right)$, $(2, 0)$이다.
(ii) $y=-2x^2+3x+2$에 $x=0$을 대입하면 $y=2$
따라서 y축과의 교점의 좌표는 $(0, 2)$이다.

1086 답 $>$ **1087** 답 $>$

1088 답 $<$ **1089** 답 $<$

1090 답 $>$ **1091** 답 $>$

1092 답 $a>0, b<0, c<0$

1093 답 $a<0, b<0, c>0$

1094 답 $a<0, b>0, c<0$

1095 답 $a>0, b>0, c>0$

1096 답 $y=\dfrac{1}{3}(x+2)^2+5$

구하는 이차함수의 식을 $y=a(x+2)^2+5$로 놓자.

$x=-5$, $y=8$을 대입하면

$8=9a+5$ $\therefore a=\dfrac{1}{3}$

따라서 구하는 이차함수의 식은

$y=\dfrac{1}{3}(x+2)^2+5$

1097 답 $y=-\dfrac{1}{2}(x-4)^2+7$

구하는 이차함수의 식을 $y=a(x-4)^2+7$로 놓자.

$x=2$, $y=5$를 대입하면

$5=4a+7$ $\therefore a=-\dfrac{1}{2}$

따라서 구하는 이차함수의 식은

$y=-\dfrac{1}{2}(x-4)^2+7$

1098 답 $y=(x-3)^2-5$

구하는 이차함수의 식을 $y=a(x-3)^2-5$로 놓자.

$x=0$, $y=4$를 대입하면

$4=9a-5$ $\therefore a=1$

따라서 구하는 이차함수의 식은

$y=(x-3)^2-5$

1099 답 $y=\dfrac{1}{2}(x+1)^2+\dfrac{11}{2}$

구하는 이차함수의 식을 $y=a(x+1)^2+q$로 놓자.

$x=0$, $y=6$을 대입하면 $a+q=6$ $\cdots$ ㉠

$x=2$, $y=10$을 대입하면 $9a+q=10$ $\cdots$ ㉡

㉠, ㉡을 연립하여 풀면 $a=\dfrac{1}{2}$, $q=\dfrac{11}{2}$

따라서 구하는 이차함수의 식은

$y=\dfrac{1}{2}(x+1)^2+\dfrac{11}{2}$

1100 답 $y=-2(x-2)^2+4$

구하는 이차함수의 식을 $y=a(x-2)^2+q$로 놓자.

$x=0$, $y=-4$를 대입하면 $4a+q=-4$ $\cdots$ ㉠

$x=1$, $y=2$를 대입하면 $a+q=2$ $\cdots$ ㉡

㉠, ㉡을 연립하여 풀면 $a=-2$, $q=4$

따라서 구하는 이차함수의 식은

$y=-2(x-2)^2+4$

1101 답 $y=\dfrac{1}{3}(x-3)^2+\dfrac{2}{3}$

구하는 이차함수의 식을 $y=a(x-3)^2+q$로 놓자.

$x=2$, $y=1$을 대입하면 $a+q=1$ $\cdots$ ㉠

$x=5$, $y=2$를 대입하면 $4a+q=2$ $\cdots$ ㉡

㉠, ㉡을 연립하여 풀면 $a=\dfrac{1}{3}$, $q=\dfrac{2}{3}$

따라서 구하는 이차함수의 식은

$y=\dfrac{1}{3}(x-3)^2+\dfrac{2}{3}$

1102 답 $y=2x^2-x+1$

구하는 이차함수의 식을 $y=ax^2+bx+c$로 놓자.

$x=-1$, $y=4$를 대입하면 $a-b+c=4$ $\cdots$ ㉠

$x=0$, $y=1$을 대입하면 $c=1$ $\cdots$ ㉡

$x=1$, $y=2$를 대입하면 $a+b+c=2$ $\cdots$ ㉢

㉠, ㉡, ㉢을 연립하여 풀면 $a=2$, $b=-1$, $c=1$

따라서 구하는 이차함수의 식은

$y=2x^2-x+1$

1103 답 $y=x^2+2x-8$

구하는 이차함수의 식을 $y=ax^2+bx+c$로 놓자.

$x=0$, $y=-8$을 대입하면 $c=-8$ $\cdots$ ㉠

$x=1$, $y=-5$를 대입하면 $a+b+c=-5$ $\cdots$ ㉡

$x=2$, $y=0$을 대입하면 $4a+2b+c=0$ $\cdots$ ㉢

㉠, ㉡, ㉢을 연립하여 풀면

$a=1$, $b=2$, $c=-8$

따라서 구하는 이차함수의 식은

$y=x^2+2x-8$

1104 답 $y=2x^2-4x+5$

구하는 이차함수의 식을 $y=ax^2+bx+c$로 놓자.

$x=-1$, $y=11$을 대입하면 $a-b+c=11$ $\cdots$ ㉠

$x=0$, $y=5$를 대입하면 $c=5$ $\cdots$ ㉡

$x=4$, $y=21$을 대입하면 $16a+4b+c=21$ $\cdots$ ㉢

㉠, ㉡, ㉢을 연립하여 풀면 $a=2$, $b=-4$, $c=5$

따라서 구하는 이차함수의 식은

$y=2x^2-4x+5$

1105 답 $y=2x^2+4x-6$

구하는 이차함수의 식을 $y=a(x+3)(x-1)$로 놓자.

$x=2$, $y=10$을 대입하면 $5a=10$ $\therefore a=2$

따라서 구하는 이차함수의 식은

$y=2(x+3)(x-1)$, 즉 $y=2x^2+4x-6$

1106 답 $y=-3x^2+6x+9$

구하는 이차함수의 식을 $y=a(x+1)(x-3)$으로 놓자.

$x=0$, $y=9$를 대입하면 $-3a=9$ $\therefore a=-3$

따라서 구하는 이차함수의 식은

$y=-3(x+1)(x-3)$, 즉 $y=-3x^2+6x+9$

1107 답 $y=2x^2+6x+4$

구하는 이차함수의 식을 $y=a(x+2)(x+1)$로 놓자.

$x=0$, $y=4$를 대입하면 $2a=4$ $\therefore a=2$

따라서 구하는 이차함수의 식은

$y=2(x+2)(x+1)$, 즉 $y=2x^2+6x+4$

1108 답 $y=x^2-2x+4$

구하는 이차함수의 식을 $y=a(x-1)^2+3$으로 놓자.

그래프가 점 $(0, 4)$를 지나므로 $4=a+3$ $\therefore a=1$

따라서 구하는 이차함수의 식은

$y=(x-1)^2+3$, 즉 $y=x^2-2x+4$

1109 답 $y=-\dfrac{1}{3}x^2+\dfrac{4}{3}x+4$

구하는 이차함수의 식을 $y=a(x-2)^2+q$로 놓자.

$x=6$, $y=0$을 대입하면 $16a+q=0$ $\cdots$ ㉠

$x=0$, $y=4$를 대입하면 $4a+q=4$ $\cdots$ ㉡

㉠, ㉡을 연립하여 풀면 $a=-\dfrac{1}{3}$, $q=\dfrac{16}{3}$

따라서 구하는 이차함수의 식은

$y=-\dfrac{1}{3}(x-2)^2+\dfrac{16}{3}$, 즉 $y=-\dfrac{1}{3}x^2+\dfrac{4}{3}x+4$

1110 답 $y=x^2-2x-3$

구하는 이차함수의 식을 $y=ax^2+bx+c$로 놓자.

$x=-1$, $y=0$을 대입하면 $a-b+c=0$ $\cdots$ ㉠

$x=0$, $y=-3$을 대입하면 $c=-3$ $\cdots$ ㉡

$x=4$, $y=5$를 대입하면 $16a+4b+c=5$ $\cdots$ ㉢

㉠, ㉡, ㉢을 연립하여 풀면 $a=1$, $b=-2$, $c=-3$

따라서 구하는 이차함수의 식은

$y=x^2-2x-3$

1111 답 $y=-x^2-6x-5$

구하는 이차함수의 식을 $y=a(x+5)(x+1)$로 놓자.

$x=-4$, $y=3$을 대입하면 $-3a=3$ $\therefore a=-1$

따라서 구하는 이차함수의 식은

$y=-(x+5)(x+1)$, 즉 $y=-x^2-6x-5$

1112 답 $175\,\mathrm{m}$

$y=60x-5x^2$에 $x=5$를 대입하면

$y=300-125=175$

따라서 5초 후의 공의 높이는 $175\,\mathrm{m}$이다.

1113 답 2초 후 또는 10초 후

$y=60x-5x^2$에 $y=100$을 대입하면 $-5x^2+60x=100$

$5x^2-60x+100=0$, $x^2-12x+20=0$

$(x-2)(x-10)=0$ $\therefore x=2$ 또는 $x=10$

따라서 공의 높이가 $100\,\mathrm{m}$가 되는 것은 공을 던진 지 2초 후 또는 10초 후이다.

1114 답 12초 후

공이 지면에 떨어지면 공의 높이가 $0\,\mathrm{m}$이므로

$y=60x-5x^2$에 $y=0$을 대입하면 $60x-5x^2=0$

$x^2-12x=0$, $x(x-12)=0$ $\therefore x=0$ 또는 $x=12$

이때 $x>0$이므로 $x=12$

따라서 공이 지면에 떨어지는 것은 공을 던진 지 12초 후이다.

1115 답 $y=-x^2+20x$

가로의 길이가 $x\,\mathrm{cm}$이므로 세로의 길이는 $(20-x)\,\mathrm{cm}$이다.

$\therefore y=x(20-x)$, 즉 $y=-x^2+20x$

1116 답 $10\,\mathrm{cm}$

$y=-x^2+20x$에 $y=100$을 대입하면

$100=-x^2+20x$, $(x-10)^2=0$ $\therefore x=10$

따라서 가로의 길이는 $10\,\mathrm{cm}$이다.

P : PATTERN
유형 마스터 본문 148~157쪽

1117 답 2

$y=3x^2-6x+2$

$=3(x^2-2x+1-1)+2$

$=3(x-1)^2-1$

따라서 $p=1$, $q=-1$이므로 $p-q=1-(-1)=2$

1118 답 ①

$y=-\dfrac{1}{2}x^2+2x+1$

$=-\dfrac{1}{2}(x^2-4x+4-4)+1$

$=-\dfrac{1}{2}(x-2)^2+3$

따라서 $a=-\dfrac{1}{2}$, $p=2$, $q=3$이므로

$apq=-\dfrac{1}{2}\times2\times3=-3$

1119 답 ④

④ $y=2(x+1)^2-2+6$

1120 답 0

$y=-2x^2-2x$

$=-2\left(x^2+x+\dfrac{1}{4}-\dfrac{1}{4}\right)$

$=-2\left(x+\dfrac{1}{2}\right)^2+\dfrac{1}{2}$

따라서 $p=-\dfrac{1}{2}$, $q=\dfrac{1}{2}$이므로 $p+q=-\dfrac{1}{2}+\dfrac{1}{2}=0$

1121 답 ④

$y=x^2+4x+q$에서 $y=(x+2)^2+q-4$이므로 그래프의 꼭짓점의 좌표는 $(-2,\ q-4)$이다.

따라서 $p=-2$, $q-4=2$이므로 $q=6$

$\therefore p+q=-2+6=4$

1122 답 $(3,\ 14)$

$y=-x^2+ax+5$의 그래프가 점 $(-1,\ -2)$를 지나므로

$-2=-1-a+5$ $\therefore a=6$

즉, $y=-x^2+6x+5$에서 $y=-(x-3)^2+14$

따라서 그래프의 꼭짓점의 좌표는 $(3,\ 14)$이다.

1123 답 ④

축의 방정식을 각각 구하면

① $x=0$

② $y=x^2-2x+1=(x-1)^2$이므로 $x=1$

③ $x=-\dfrac{1}{2}$

④ $y=\dfrac{1}{3}x^2+2x-1=\dfrac{1}{3}(x+3)^2-4$이므로 $x=-3$

⑤ $y=-x^2+4x-1=-(x-2)^2+3$이므로 $x=2$

따라서 그래프의 축이 가장 왼쪽에 있는 것은 ④이다.

1124 답 -3

$y=\dfrac{1}{2}x^2-2x-k$

$\quad=\dfrac{1}{2}(x^2-4x+4-4)-k$

$\quad=\dfrac{1}{2}(x-2)^2-k-2$

이므로 그래프의 꼭짓점의 좌표는 $(2,\ -k-2)$

이때 꼭짓점이 직선 $y=3x-5$ 위에 있으므로

$-k-2=6-5$

$-k=3\qquad \therefore k=-3$

1125 답 -2

$y=2x^2-4kx+1=2(x-k)^2-2k^2+1$

이므로 그래프의 꼭짓점의 좌표는 $(k,\ -2k^2+1)$ $\quad\cdots$(i)

조건 ㈏에서 꼭짓점의 y좌표가 -7이므로

$-2k^2+1=-7,\ 2k^2=8$

$k^2=4\qquad \therefore k=\pm2$

조건 ㈎에서 꼭짓점이 제3사분면 위에 있으므로 $k<0$

$\therefore k=-2\qquad\qquad\qquad\qquad\cdots$(ii)

채점 기준	배점
(i) 꼭짓점의 좌표를 k를 사용하여 나타낸 경우	40 %
(ii) k의 값을 구한 경우	60 %

1126 답 8

$y=2x^2+7x-4$에 $y=0$을 대입하면 $2x^2+7x-4=0$

$(2x-1)(x+4)=0\qquad \therefore x=\dfrac{1}{2}$ 또는 $x=-4$

$\therefore p=\dfrac{1}{2},\ q=-4$ 또는 $p=-4,\ q=\dfrac{1}{2}$

$y=2x^2+7x-4$에 $x=0$을 대입하면 $y=-4\qquad \therefore r=-4$

$\therefore pqr=\dfrac{1}{2}\times(-4)\times(-4)=8$

1127 답 5

$y=3x^2+3x-18$에 $y=0$을 대입하면 $3x^2+3x-18=0$

$x^2+x-6=0,\ (x-2)(x+3)=0\qquad \therefore x=2$ 또는 $x=-3$

따라서 $\mathrm{A}(2,\ 0),\ \mathrm{B}(-3,\ 0)$ 또는 $\mathrm{A}(-3,\ 0),\ \mathrm{B}(2,\ 0)$이므로

$\overline{\mathrm{AB}}=2-(-3)=5$

1128 답 ②

$y=-x^2-6x+k$의 그래프가 점 $(-3,\ 7)$을 지나므로

$-9+18+k=7,\ 9+k=7\qquad \therefore k=-2$

즉, $y=-x^2-6x-2$에 $x=0$을 대입하면 $y=-2$

따라서 그래프가 y축과 만나는 점의 좌표는 $(0,\ -2)$이다.

1129 답 3

$y=-x^2+2x+k$의 그래프가 점 $(-1,\ 0)$을 지나므로

$0=-1-2+k,\ 0=-3+k\qquad \therefore k=3$

즉, $y=-x^2+2x+3$에 $y=0$을 대입하면

$-x^2+2x+3=0$에서 $x^2-2x-3=0$

$(x+1)(x-3)=0\qquad \therefore x=-1$ 또는 $x=3$

$\therefore a=3\ (\because a>0)$

1130 답 ③

$y=-x^2+2x+3=-(x-1)^2+4$

이므로 그래프의 꼭짓점의 좌표는 $(1,\ 4)$이다.

$y=-x^2+2x+3$에 $x=0$을 대입하면 $y=3$이므로

y축과 만나는 점의 좌표는 $(0,\ 3)$이다.

따라서 이차함수 $y=-x^2+2x+3$의 그래프로 알맞은 것은 ③이다.

1131 답 ②

$y=-\dfrac{1}{3}x^2+2x-2$

$\quad=-\dfrac{1}{3}(x-3)^2+1$

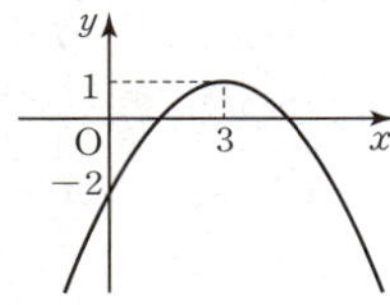

따라서 $y=-\dfrac{1}{3}x^2+2x-2$의 그래프는 오른쪽

그림과 같으므로 제2사분면을 지나지 않는다.

1132 답 ⑤

⑤ $y=-3x^2-4x+2$

$\quad=-3\left(x+\dfrac{2}{3}\right)^2+\dfrac{10}{3}$

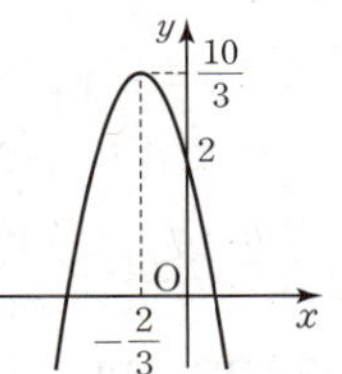

따라서 $y=-3x^2-4x+2$의 그래프는 오른쪽

그림과 같으므로 모든 사분면을 지난다.

참고 주어진 이차함수의 그래프가 지나는 사분면은 각
각 다음과 같다.

① 제1, 2사분면　　② 제1, 2, 3사분면

③ 제3, 4사분면　　④ 제1, 2사분면

1133 답 ②

그래프의 꼭짓점의 좌표를 각각 구하면

① $(0,\ -2)$

② $y=(3x-1)^2$이므로 $\left(\dfrac{1}{3},\ 0\right)$

③ $y=(x-2)^2+7$이므로 $(2,\ 7)$

④ $y=-(x+4)^2+16$이므로 $(-4,\ 16)$

⑤ $y=-\dfrac{1}{2}(x+2)^2+3$이므로 $(-2,\ 3)$

따라서 그래프가 x축과 한 점에서 만나는 것은 ②이다.

1134 답 ㄴ, ㄹ

ㄱ. $y=(x+2)^2+1$

　⇨ 그래프가 아래로 볼록하고 꼭짓점의 y좌표가 0보다 크므로
　　x축과 만나지 않는다.

ㄴ. $y=2\left(x-\dfrac{1}{2}\right)^2-\dfrac{5}{4}$

　⇨ 그래프가 아래로 볼록하고 꼭짓점의 y좌표가 0보다 작으므로
　　x축과 서로 다른 두 점에서 만난다.

ㄷ. $y=-\left(x+\dfrac{3}{2}\right)^2-\dfrac{7}{4}$

　⇨ 그래프가 위로 볼록하고 꼭짓점의 y좌표가 0보다 작으므로
　　x축과 만나지 않는다.

ㄹ. $y=-\dfrac{1}{3}(x-3)^2+2$

　⇨ 그래프가 위로 볼록하고 꼭짓점의 y좌표가 0보다 크므로
　　x축과 서로 다른 두 점에서 만난다.

1135 답 3

$y=2x^2-8x+k+5$
  $=2(x-2)^2+k-3$

이므로 그래프가 x축과 한 점에서 만나려면

$k-3=0$ $\therefore k=3$

1136 답 $k>-1$

$y=-x^2-4x+k-3$
  $=-(x+2)^2+k+1$

이 그래프는 위로 볼록하므로 x축과 서로 다른 두 점에서 만나려면

$k+1>0$ $\therefore k>-1$

1137 답 1

$y=x^2-4x+2=(x-2)^2-2$의 그래프를 x축의 방향으로 p만큼,
y축의 방향으로 q만큼 평행이동한 그래프의 식은

$y=(x-p-2)^2-2+q$

이때 $y=x^2+2x+3=(x+1)^2+2$이므로

$-p-2=1$, $-2+q=2$ $\therefore p=-3$, $q=4$

$\therefore p+q=-3+4=1$

1138 답 -8

$y=-3x^2+6x-4=-3(x-1)^2-1$의 그래프를 x축의 방향으로
-2만큼, y축의 방향으로 5만큼 평행이동한 그래프의 식은

$y=-3(x+2-1)^2-1+5$
  $=-3(x+1)^2+4$
  $=-3x^2-6x+1$

따라서 $a=-3$, $b=-6$, $c=1$이므로

$a+b+c=-3+(-6)+1=-8$

1139 답 ③

$y=x^2+6x+10=(x+3)^2+1$의 그래프를 x축의 방향으로 5만큼,
y축의 방향으로 -4만큼 평행이동한 그래프의 식은

$y=(x-5+3)^2+1-4=(x-2)^2-3$

따라서 그래프의 꼭짓점의 좌표는 $(2, -3)$이므로

$p=2$, $q=-3$

$\therefore p+q=2+(-3)=-1$

1140 답 -10

$y=-\dfrac{1}{3}x^2-2x-1=-\dfrac{1}{3}(x+3)^2+2$의 그래프를 x축의 방향으로
-1만큼 평행이동한 그래프의 식은

$y=-\dfrac{1}{3}(x+1+3)^2+2$

  $=-\dfrac{1}{3}(x+4)^2+2$ ⋯ (i)

이 그래프가 점 $(2, k)$를 지나므로

$k=-\dfrac{1}{3}\times 6^2+2=-10$ ⋯ (ii)

채점 기준	배점
(i) 평행이동한 그래프의 식을 구한 경우	50 %
(ii) k의 값을 구한 경우	50 %

1141 답 $a<-10$

$y=-x^2+8x+a=-(x-4)^2+a+16$의 그래프를 y축의 방향으로
-6만큼 평행이동한 그래프의 식은

$y=-(x-4)^2+a+16-6$
  $=-(x-4)^2+a+10$

이 그래프가 위로 볼록하므로 x축과 만나지 않으려면

$a+10<0$

$\therefore a<-10$

1142 답 ④

$y=-x^2+4x+5$
  $=-(x-2)^2+9$

그래프가 위로 볼록하고, 축의 방정식이 $x=2$이므로 $x>2$일 때,
x의 값이 증가하면 y의 값은 감소한다.

1143 답 $x>1$

$y=5x^2-10x-2$
  $=5(x-1)^2-7$

그래프가 아래로 볼록하고, 축의 방정식이 $x=1$이므로 $x>1$일 때,
x의 값이 증가하면 y의 값도 증가한다.

1144 답 9

$y=3x^2+2ax$의 그래프가 직선 $x=-3$을 기준으로
증가, 감소가 바뀌므로 그래프의 축의 방정식은 $x=-3$이다.
따라서 그래프의 식을 $y=3(x+3)^2+q$로 놓을 수 있고,
이는 $y=3x^2+2ax$와 일치하므로

$3(x+3)^2+q=3x^2+18x+27+q$에서

$18=2a$ $\therefore a=9$

1145 답 ④

$y=-x^2+2x+8$
  $=-(x-1)^2+9$

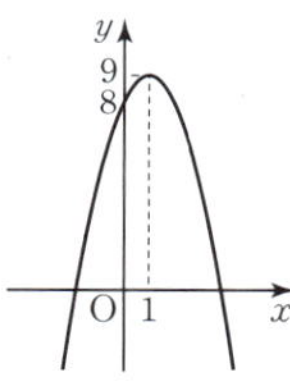

따라서 $y=-x^2+2x+8$의 그래프는 오른쪽 그림
과 같다.

④ 그래프가 모든 사분면을 지난다.

1146 답 ③

$y=\dfrac{1}{2}x^2-2x+1$

  $=\dfrac{1}{2}(x-2)^2-1$

진주: $\dfrac{1}{3}<\dfrac{1}{2}$이므로 $y=\dfrac{1}{2}x^2-2x+1$의 그래프가

  $y=\dfrac{1}{3}x^2$의 그래프보다 폭이 좁다.

동진: 꼭짓점의 좌표는 $(2, -1)$이다.

지수: 그래프가 오른쪽 그림과 같으므로
    제3사분면을 지나지 않는다.

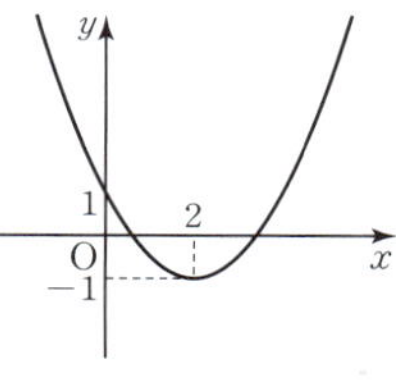

석민: 그래프가 아래로 볼록하고 축의 방정식
    이 $x=2$이므로 $x<2$일 때, x의 값이
    증가하면 y의 값은 감소한다.

따라서 바르게 말한 학생은 진주, 석민이다.

1147 답 ③, ⑤

① $a<0$이면 그래프가 위로 볼록하다.

② 축은 직선 $x=-\dfrac{b}{2a}$이다.

④ 그래프의 모양과 꼭짓점의 위치에 따라 다르다.

따라서 옳은 것은 ③, ⑤이다.

1148 답 27

$y=-x^2+4x+5=-(x-2)^2+9$

이므로 그래프의 꼭짓점의 좌표는 A$(2, 9)$

$y=-x^2+4x+5$에 $y=0$을 대입하면

$0=-x^2+4x+5$

$x^2-4x-5=0$, $(x+1)(x-5)=0$

$\therefore x=-1$ 또는 $x=5$

$\therefore$ B$(-1, 0)$, C$(5, 0)$

$\therefore \triangle ABC=\dfrac{1}{2}\times\{5-(-1)\}\times9=27$

1149 답 24

$y=-x^2-2x+8$에 $y=0$을 대입하면

$0=-x^2-2x+8$

$x^2+2x-8=0$, $(x+4)(x-2)=0$

$\therefore x=-4$ 또는 $x=2$

$\therefore$ A$(-4, 0)$, B$(2, 0)$

$y=-x^2-2x+8$에 $x=0$을 대입하면

$y=8$이므로 C$(0, 8)$

$\therefore \triangle ABC=\dfrac{1}{2}\times\{2-(-4)\}\times8=24$

1150 답 ②

$y=x^2-2x-3=(x-1)^2-4$

이므로 그래프의 꼭짓점의 좌표는

A$(1, -4)$

$y=x^2-2x-3$에 $x=0$을 대입하면

$y=-3$ $\quad\therefore$ B$(0, -3)$

$\therefore \triangle AOB=\dfrac{1}{2}\times3\times1=\dfrac{3}{2}$

1151 답 $\dfrac{15}{2}$

$y=x^2+kx-4$의 그래프가 점 $(4, 0)$을 지나므로

$0=16+4k-4$, $4k=-12$ $\quad\therefore k=-3$

즉, $y=x^2-3x-4$에 $x=0$을 대입하면

$y=-4$ $\quad\therefore$ B$(0, -4)$

$y=x^2-3x-4=\left(x-\dfrac{3}{2}\right)^2-\dfrac{25}{4}$에서

C$\left(\dfrac{3}{2}, -\dfrac{25}{4}\right)$

$\therefore \triangle ABC=\triangle OBC+\triangle OCA-\triangle OBA$

$\qquad=\dfrac{1}{2}\times4\times\dfrac{3}{2}+\dfrac{1}{2}\times4\times\dfrac{25}{4}-\dfrac{1}{2}\times4\times4$

$\qquad=3+\dfrac{25}{2}-8$

$\qquad=\dfrac{15}{2}$

1152 답 1 : 2

$y=-x^2+4x+4$에 $x=0$을 대입하면

$y=4$ $\quad\therefore$ C$(0, 4)$

$y=-x^2+4x+4=-(x-2)^2+8$이므로

P$(2, 8)$

이때 $\triangle ABC$와 $\triangle ABP$의 밑변을 모두 $\overline{AB}$로 정하면 두 삼각형의 밑변의 길이가 같으므로 두 삼각형의 넓이의 비는 높이의 비와 같다.

따라서 두 삼각형의 높이의 비가 $4 : 8=1 : 2$이므로

$\triangle ABC : \triangle ABP=1 : 2$

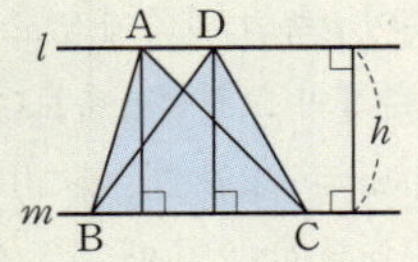

해설 속 칠판 평행선과 삼각형의 넓이

두 직선 l, m이 평행할 때, 두 삼각형 $\triangle ABC$와 $\triangle DBC$는 밑변 BC가 공통이고 높이는 h로 같으므로 두 삼각형의 넓이가 같다.

$\Rightarrow l /\!/ m$이면 $\triangle ABC=\triangle DBC$

1153 답 ①

그래프가 위로 볼록하므로 $a<0$

축이 y축의 왼쪽에 있으므로 $ab>0$에서 $b<0$

y축과의 교점이 x축보다 아래쪽에 있으므로 $c<0$

1154 답 $a>0$, $b<0$, $c<0$

그래프가 아래로 볼록하므로 $a>0$

축이 y축의 오른쪽에 있으므로 $ab<0$에서 $b<0$

y축과의 교점이 x축보다 아래쪽에 있으므로 $c<0$

1155 답 ①

$a>0$, $b>0$일 때, $\dfrac{b}{a}>0$이므로

$-\dfrac{b}{2a}<0$

$a<0$, $b<0$일 때, $\dfrac{b}{a}>0$이므로

$-\dfrac{b}{2a}<0$

따라서 a, b의 부호가 같으면 $-\dfrac{b}{2a}$는 음수이다.

1156 답 제2사분면

$a<0$이므로 그래프는 위로 볼록하고, $c>0$이므로 y축과의 교점이 x축보다 위쪽에 있다.

이때 $ab>0$이므로 축이 y축의 왼쪽에 있으므로 그래프는 오른쪽 그림과 같다.

따라서 꼭짓점은 제2사분면 위에 있다.

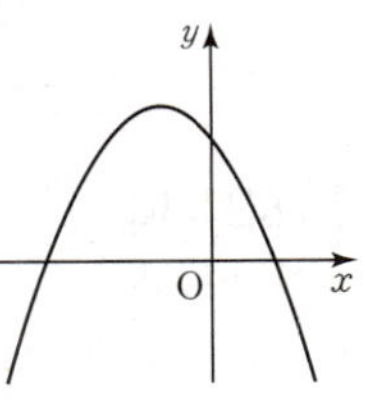

다른 풀이

$y=ax^2+bx+c=a\left(x+\dfrac{b}{2a}\right)^2-\dfrac{b^2-4ac}{4a}$에서

꼭짓점의 좌표는 $\left(-\dfrac{b}{2a}, -\dfrac{b^2-4ac}{4a}\right)$

이때 $a<0$, $b<0$, $c>0$에서 $-\dfrac{b}{2a}<0$, $-\dfrac{b^2-4ac}{4a}>0$이므로

꼭짓점은 제2사분면 위에 있다.

1157 답 ④

$y=ax+b$의 그래프에서 $a<0$, $b<0$
$y=x^2+ax+b$의 그래프는
(x^2의 계수)$=1>0$이므로 아래로 볼록하고,
$a<0$이므로 축은 y축의 오른쪽에 있고, $b<0$
이므로 y축과의 교점은 x축보다 아래쪽에 있다.
따라서 그래프는 오른쪽 그림과 같으므로 꼭
짓점은 제4사분면 위에 있다.

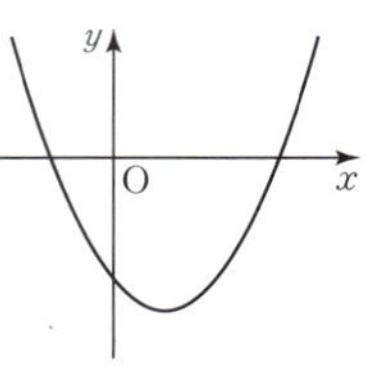

1158 답 ⑤

그래프가 아래로 볼록하므로 $a>0$
축이 y축의 왼쪽에 있으므로 $ab>0$에서 $b>0$
y축과의 교점이 x축보다 아래쪽에 있으므로 $c<0$
④ $x=-2$일 때, $y<0$이므로 $4a-2b+c<0$
⑤ $x=3>2$일 때, $y>0$이므로 $9a+3b+c>0$
따라서 옳은 것은 ⑤이다.

1159 답 ①

꼭짓점의 좌표가 $(-1,\ 3)$이므로 $y=a(x+1)^2+3$으로 놓자.
점 $(0,\ 6)$을 지나므로 $6=a+3$ $\therefore a=3$
즉, $y=3(x+1)^2+3$에서 $y=3x^2+6x+6$
따라서 $a=3$, $b=6$, $c=6$이므로
$a-b-c=3-6-6=-9$

1160 답 4

꼭짓점의 좌표는 $(3,\ -4)$이므로 $y=a(x-3)^2-4$로 놓자.
점 $(4,\ -2)$를 지나므로 $-2=a-4$ $\therefore a=2$
즉, $y=2(x-3)^2-4$에서 $y=2x^2-12x+14$
따라서 $a=2$, $b=-12$, $c=14$이므로
$a+b+c=2+(-12)+14=4$

1161 답 $(0,\ -1)$

꼭짓점의 좌표가 $(2,\ 3)$이므로 $y=a(x-2)^2+3$으로 놓자.
점 $(3,\ 2)$를 지나므로 $2=a+3$ $\therefore a=-1$
즉, $y=-(x-2)^2+3$에서 $y=-x^2+4x-1$ $\cdots$ (i)
$y=-x^2+4x-1$에 $x=0$을 대입하면 $y=-1$
따라서 포물선이 y축과 만나는 점의 좌표는 $(0,\ -1)$이다. $\cdots$ (ii)

채점 기준	배점
(i) 포물선의 식을 구한 경우	60 %
(ii) y축과 만나는 점의 좌표를 구한 경우	40 %

1162 답 $2\sqrt{6}$

꼭짓점의 좌표가 $(0,\ -12)$이므로 $y=ax^2-12$로 놓자.
점 $(-3,\ 6)$을 지나므로
$6=9a-12$, $9a=18$ $\therefore a=2$
즉, $y=2x^2-12$
$y=2x^2-12$에 $y=0$을 대입하면
$2x^2-12=0$, $x^2=6$ $\therefore x=\pm\sqrt{6}$
따라서 포물선이 x축과 만나는 두 점의 좌표는
$A(\sqrt{6},\ 0)$, $B(-\sqrt{6},\ 0)$ 또는 $A(-\sqrt{6},\ 0)$, $B(\sqrt{6},\ 0)$이므로
$\overline{AB}=\sqrt{6}-(-\sqrt{6})=2\sqrt{6}$

1163 답 -2

축의 방정식이 $x=1$이므로 $y=a(x-1)^2+q$로 놓자.
점 $(3,\ 6)$을 지나므로 $4a+q=6$ $\cdots$ ㉠
점 $(0,\ 0)$을 지나므로 $a+q=0$ $\cdots$ ㉡
㉠, ㉡을 연립하여 풀면
$a=2$, $q=-2$
즉, $y=2(x-1)^2-2$에서 $y=2x^2-4x$
따라서 $a=2$, $b=-4$, $c=0$이므로
$a+b-c=2+(-4)+0=-2$

1164 답 -24

축의 방정식이 $x=3$이므로 $y=a(x-3)^2+q$로 놓자.
점 $(-1,\ 15)$를 지나므로 $16a+q=15$ $\cdots$ ㉠
점 $(1,\ -9)$를 지나므로 $4a+q=-9$ $\cdots$ ㉡
㉠, ㉡을 연립하여 풀면
$a=2$, $q=-17$
즉, $y=2(x-3)^2-17$에서 $y=2x^2-12x+1$
따라서 $a=2$, $b=-12$, $c=1$이므로
$abc=2\times(-12)\times1=-24$

1165 답 ③

$y=3x^2+18x+20=3(x+3)^2-7$
이므로 이 그래프의 축의 방정식은 $x=-3$이다.
즉, 구하는 이차함수의 식을 $y=a(x+3)^2+q$로 놓자.
점 $(-2,\ 8)$을 지나므로 $a+q=8$ $\cdots$ ㉠
점 $(0,\ -8)$을 지나므로 $9a+q=-8$ $\cdots$ ㉡
㉠, ㉡을 연립하여 풀면
$a=-2$, $q=10$
따라서 구하는 이차함수의 식은
$y=-2(x+3)^2+10$, 즉 $y=-2x^2-12x-8$

1166 답 $y=-4x^2-8x-6$

조건 ㈐에서 포물선의 축의 방정식이 $x=-1$이므로 구하는 이차함수
의 식을 $y=a(x+1)^2+q$로 놓자.
조건 ㈏, ㈐에서 그래프가 위로 볼록하고 $y=4x^2$의 그래프와 폭이
같으므로 $a=-4$
$\therefore y=-4(x+1)^2+q$
조건 ㈎에서 그래프가 점 $(-2,\ -6)$을 지나므로
$-6=-4+q$ $\therefore q=-2$
따라서 구하는 이차함수의 식은
$y=-4(x+1)^2-2$, 즉 $y=-4x^2-8x-6$

1167 답 ⑤

$y=ax^2+bx+c$에
점 $(0,\ 1)$의 좌표를 대입하면 $c=1$ $\cdots$ ㉠
점 $(1,\ 3)$의 좌표를 대입하면 $a+b+c=3$ $\cdots$ ㉡
점 $(-1,\ -5)$의 좌표를 대입하면 $a-b+c=-5$ $\cdots$ ㉢
㉠, ㉡, ㉢을 연립하여 풀면
$a=-2$, $b=4$, $c=1$
$\therefore \dfrac{b}{ac}=\dfrac{4}{(-2)\times1}=-2$

1168 目 8

$y=ax^2+bx+c$에

점 $(0, 3)$의 좌표를 대입하면 $c=3$ $\cdots$ ㉠

점 $(-3, 0)$의 좌표를 대입하면 $9a-3b+c=0$ $\cdots$ ㉡

점 $(-2, 7)$의 좌표를 대입하면 $4a-2b+c=7$ $\cdots$ ㉢

㉠, ㉡, ㉢을 연립하여 풀면

$a=-3$, $b=-8$, $c=3$

$\therefore a-b+c=-3-(-8)+3=8$

1169 目 $(3, 4)$

포물선의 식을 $y=ax^2+bx+c$로 놓자.

점 $(0, -5)$의 좌표를 대입하면 $c=-5$ $\cdots$ ㉠

점 $(1, 0)$의 좌표를 대입하면 $a+b+c=0$ $\cdots$ ㉡

점 $(4, 3)$의 좌표를 대입하면 $16a+4b+c=3$ $\cdots$ ㉢

㉠, ㉡, ㉢을 연립하여 풀면

$a=-1$, $b=6$, $c=-5$

즉, $y=-x^2+6x-5$

이때 $y=-x^2+6x-5=-(x-3)^2+4$이므로 포물선의 꼭짓점의 좌표는 $(3, 4)$이다.

1170 目 ⑤

$y=ax^2+bx+c$에

점 $(0, -1)$의 좌표를 대입하면 $c=-1$ $\cdots$ ㉠

점 $(10, -1)$의 좌표를 대입하면 $100a+10b+c=-1$ $\cdots$ ㉡

점 $(15, -16)$의 좌표를 대입하면 $225a+15b+c=-16$ $\cdots$ ㉢

㉠, ㉡, ㉢을 연립하여 풀면

$a=-\dfrac{1}{5}$, $b=2$, $c=-1$

다른 풀이

그래프가 두 점 $(0, -1)$, $(10, -1)$을 지나므로 축의 방정식은

$x=\dfrac{10+0}{2}=5$

이차함수의 식을 $y=a(x-5)^2+q$로 놓자.

점 $(0, -1)$의 좌표를 대입하면 $25a+q=-1$ $\cdots$ ㉠

점 $(15, -16)$의 좌표를 대입하면 $100a+q=-16$ $\cdots$ ㉡

㉠, ㉡을 연립하여 풀면

$a=-\dfrac{1}{5}$, $q=4$

따라서 $y=-\dfrac{1}{5}(x-5)^2+4$에서 $y=-\dfrac{1}{5}x^2+2x-1$이므로

$b=2$

1171 目 2

포물선의 식을 $y=ax^2+bx+c$로 놓자.

점 $(-5, 9)$의 좌표를 대입하면 $25a-5b+c=9$ $\cdots$ ㉠

점 $(-3, -3)$의 좌표를 대입하면 $9a-3b+c=-3$ $\cdots$ ㉡

점 $(0, 24)$의 좌표를 대입하면 $c=24$ $\cdots$ ㉢

㉠, ㉡, ㉢을 연립하여 풀면

$a=3$, $b=18$, $c=24$

$\therefore y=3x^2+18x+24$

즉, $y=3x^2+18x+24=3(x+2)(x+4)$이므로

$3(x+2)(x+4)=0$에서

$x=-2$ 또는 $x=-4$

따라서 $A(-2, 0)$, $B(-4, 0)$ 또는 $A(-4, 0)$, $B(-2, 0)$이므로

$\overline{AB}=-2-(-4)=2$

1172 目 $y=-x^2+4x+5$

x축과 두 점 $(-1, 0)$, $(5, 0)$에서 만나므로 구하는 이차함수의 식을 $y=a(x+1)(x-5)$로 놓자.

$y=-x^2+2x+3$의 그래프와 모양이 같으므로

$a=-1$

따라서 구하는 이차함수의 식은

$y=-(x+1)(x-5)$, 즉 $y=-x^2+4x+5$

1173 目 ④

x축과 두 점 $(-4, 0)$, $(2, 0)$에서 만나므로 $y=a(x-2)(x+4)$로 놓자.

그래프가 y축과 점 $(0, 16)$에서 만나므로

$-8a=16$ $\therefore a=-2$

$y=-2(x-2)(x+4)$에서

$y=-2x^2-4x+16$

따라서 $a=-2$, $b=-4$, $c=16$이므로

$a+b+c=-2+(-4)+16=10$

1174 目 4

x축과 두 점 $(-2, 0)$, $(3, 0)$에서 만나므로 $y=a(x+2)(x-3)$으로 놓자.

그래프가 점 $(-1, -12)$를 지나므로

$-4a=-12$ $\therefore a=3$

즉, $y=3(x+2)(x-3)$

$y=3(x+2)(x-3)$의 그래프가 점 $(k, 18)$을 지나므로

$3(k+2)(k-3)=18$, $(k+2)(k-3)=6$

$k^2-k-12=0$, $(k-4)(k+3)=0$

$\therefore k=4$ 또는 $k=-3$

이때 $k>0$이므로 $k=4$

1175 目 $(2, -1)$

x축과 두 점 $(1, 0)$, $(3, 0)$에서 만나므로 $y=a(x-1)(x-3)$으로 놓자.

그래프가 점 $(0, 3)$을 지나므로

$3a=3$ $\therefore a=1$

따라서 $y=(x-1)(x-3)$에서 $y=x^2-4x+3$

이때 $y=x^2-4x+3=(x-2)^2-1$이므로 그래프의 꼭짓점의 좌표는 $(2, -1)$이다.

1176 目 41 m

$y=-5x^2+30x+1$에 $x=2$를 대입하면

$y=-5\times2^2+30\times2+1=41$

따라서 2초 후의 폭죽의 높이는 41 m이다.

1177 답 29

부채꼴의 반지름의 길이가 $x\,\mathrm{cm}$이므로 호의 길이는 $(60-2x)\,\mathrm{cm}$이다.

$$\therefore y=\frac{1}{2}x(60-2x)=-x^2+30x$$

따라서 $a=-1$, $b=30$, $c=0$이므로

$$a+b+c=-1+30+0=29$$

해설 속 칠판 부채꼴의 넓이

반지름의 길이가 r, 부채꼴의 호의 길이가 l일 때, 부채꼴의 넓이를 S라 하면

$$S=\frac{1}{2}lr$$

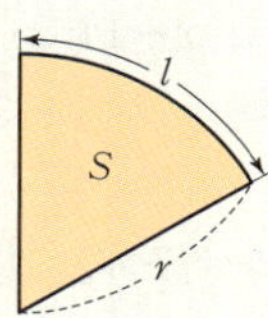

1178 답 64 m

新 유형

접근하기 이동한 거리가 시간의 제곱에 정비례함을 이용하여 x와 y 사이의 관계식을 세운 후, 주어진 그림으로부터 이 식에 대입할 수 있는 x, y의 값을 찾아 본다.

썰매가 x초 동안 움직인 거리를 $y\,\mathrm{m}$라 하면 이동한 거리는 시간의 제곱에 정비례하므로 $y=ax^2$으로 놓자.

썰매가 1초 동안 1 m 이동하였으므로

$$1=a\times 1^2 \qquad \therefore a=1$$
$$\therefore y=x^2$$

이 식에 $x=8$을 대입하면

$$y=8^2=64$$

따라서 썰매가 처음 위치로부터 8초 동안 이동한 거리는 64 m이다.

1179 답 48 J

공의 질량이 $3\,\mathrm{kg}$이므로 $y=\frac{1}{2}mx^2$에 $m=3$을 대입하면

$$y=\frac{3}{2}x^2$$

초속 2 m로 굴러갈 때의 공의 운동 에너지는

$$y=\frac{3}{2}\times 2^2=6\,(\mathrm{J})$$

초속 6 m로 굴러갈 때의 공의 운동 에너지는

$$y=\frac{3}{2}\times 6^2=54\,(\mathrm{J})$$

따라서 구하는 운동 에너지의 차는

$$54-6=48\,(\mathrm{J})$$

1180 답 $y=3x^2+12x+9$, 4분 후

x분 후 직사각형의 가로와 세로의 길이는 각각 $(3+3x)\,\mathrm{cm}$, $(3+x)\,\mathrm{cm}$이므로

$$y=(3+3x)(3+x),\ \ 즉\ y=3x^2+12x+9$$

이 식에 $y=105$를 대입하면

$$105=3x^2+12x+9,\ \ 3x^2+12x-96=0$$
$$x^2+4x-32=0,\ \ (x-4)(x+8)=0$$
$$\therefore x=4\ 또는\ x=-8$$

이때 $x>0$이므로 $x=4$

따라서 직사각형의 넓이가 $105\,\mathrm{cm}^2$가 되는 것은 4분 후이다.

1181 답 3500원

新 유형

접근하기 내린 입장료는 $(5000-100x)$원, 늘어난 입장객의 수는 $(200+10x)$명임을 이용하여 식을 세운다.

$$y=(5000-100x)(200+10x)$$
$$=-1000x^2+30000x+1000000$$

이 식에 $y=1225000$을 대입하면

$$1000x^2-30000x+225000=0$$
$$x^2-30x+225=0$$
$$(x-15)^2=0$$
$$\therefore x=15$$

따라서 구하는 1인당 입장료는

$$5000-100\times 15=3500\,(원)$$

1182 답 12 m

지점 O를 원점으로 하는 좌표평면 위에 포물선이 있다고 하면 꼭짓점의 좌표가 $\mathrm{P}(0,\ 4)$이므로 포물선의 식을 $y=ax^2+4$로 놓자.

포물선이 점 $\mathrm{R}(3,\ 6)$을 지나므로

$$6=9a+4$$
$$\therefore a=\frac{2}{9}$$
$$\therefore y=\frac{2}{9}x^2+4$$

이 식에 $x=6$을 대입하면

$$y=\frac{2}{9}\times 6^2+4=12$$

따라서 지점 S에서 지점 T까지의 높이는 12 m이다.

R : REAL
실전 업 본문 158~161쪽

1183 답 ⑤

$$y=2x^2+8x+7$$
$$=2(x^2+4x)+7$$
$$=2(x^2+4x+\boxed{4}-\boxed{4})+7$$
$$=2(x+\boxed{2})^2-\boxed{1}$$

따라서 □에 들어갈 모든 수의 합은

$$4+4+2+1=11$$

1184 답 ①

$y=3x^2-6x+2=3(x-1)^2-1$의 그래프의 꼭짓점의 좌표는
$(1,\ -1)$이다.

즉, $y=\dfrac{1}{2}x^2+ax+b$의 그래프의 꼭짓점의 좌표도 $(1,\ -1)$이므로

$y=\dfrac{1}{2}(x-1)^2-1=\dfrac{1}{2}x^2-x-\dfrac{1}{2}$

따라서 $a=-1$, $b=-\dfrac{1}{2}$이므로

$a+b=-1+\left(-\dfrac{1}{2}\right)=-\dfrac{3}{2}$

1185 답 -4

$y=-x^2+bx+3$의 그래프의 축의 방정식이 $x=-2$이므로
$y=-(x+2)^2+q$에서
$y=-x^2-4x-4+q$
따라서 $-x^2+bx+3=-x^2-4x-4+q$이므로
$b=-4$

1186 답 -18

$y=-2x^2+x+6$에 $y=0$을 대입하면
$2x^2-x-6=0$, $(x-2)(2x+3)=0$
$\therefore\ x=2$ 또는 $x=-\dfrac{3}{2}$

$\therefore\ p=2,\ q=-\dfrac{3}{2}$ 또는 $p=-\dfrac{3}{2},\ q=2$

$y=-2x^2+x+6$에 $x=0$을 대입하면
$y=6$ $\therefore\ r=6$

$\therefore\ pqr=2\times\left(-\dfrac{3}{2}\right)\times6=-18$

1187 답 ④

$y=x^2-4x+3=(x-2)^2-1$의 그래프의 꼭짓점의 좌표가
$(2,\ -1)$이고 y축과 만나는 점의 좌표는 $(0,\ 3)$이므로 그래프로 알
맞은 것은 ④이다.

1188 답 ③

$y=2x^2-4x-5a+3=2(x-1)^2-5a+1$의 그래프가 x축과 한 점
에서 만나려면
$-5a+1=0$ $\therefore\ a=\dfrac{1}{5}$

1189 답 ③

$y=-\dfrac{1}{2}x^2-2x-3=-\dfrac{1}{2}(x+2)^2-1$의 그래프를 x축의 방향으로

a만큼, y축의 방향으로 b만큼 평행이동한 그래프의 식은

$y=-\dfrac{1}{2}(x-a+2)^2-1+b$

이는 $y=-\dfrac{1}{2}x^2+1$과 일치하므로

$-a+2=0$, $-1+b=1$
$\therefore\ a=2$, $b=2$
$\therefore\ a-b=2-2=0$

1190 답 9

오른쪽 그림과 같이 두 점 A, B에서 x축
에 내린 수선의 발을 각각 C, D라 하자.
$y=-x^2+6x-6=-(x-3)^2+3$
이므로 A$(3,\ 3)$
$y=-x^2+12x-33=-(x-6)^2+3$
이므로 B$(6,\ 3)$

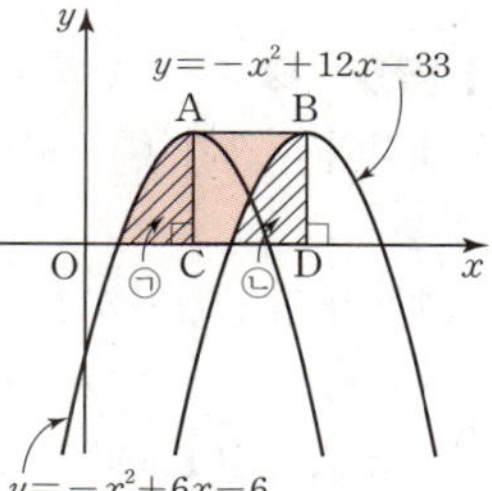

이때 $y=-x^2+12x-33$의 그래프는
$y=-x^2+6x-6$의 그래프를 x축의 방향으로 3만큼 평행이동한 것
과 같으므로 ㉠ 부분과 ㉡ 부분의 넓이는 서로 같다.
따라서 색칠한 부분의 넓이는 □ACDB$=3\times3=9$

1191 답 ⑤

$y=-\dfrac{1}{2}x^2-x-4=-\dfrac{1}{2}(x+1)^2-\dfrac{7}{2}$의 그래프를 x축의 방향으로

k만큼 평행이동한 그래프의 식은

$y=-\dfrac{1}{2}(x-k+1)^2-\dfrac{7}{2}$

이 그래프의 축의 방정식은 $x=k-1$
x의 값이 증가할 때, y의 값도 증가하는 범위가 $x<2$이므로
$k-1=2$ $\therefore\ k=3$

1192 답 ③, ⑤

$y=x^2-4x+5=(x-2)^2+1$
① 아래로 볼록한 포물선이다. ② 축의 방정식은 $x=2$이다.
④ $x>2$이면 x의 값이 증가할 때, y의 값도 증가한다.
따라서 옳은 것은 ③, ⑤이다.

1193 답 $\dfrac{35}{2}$

$y=x^2-3x-4$에 $y=0$을 대입하면 $x^2-3x-4=0$
$(x+1)(x-4)=0$ $\therefore\ x=-1$ 또는 $x=4$
$\therefore$ A$(-1,\ 0)$, B$(4,\ 0)$

또 $y=x^2-3x-4=\left(x-\dfrac{3}{2}\right)^2-\dfrac{25}{4}$이므로 C$\left(\dfrac{3}{2},\ -\dfrac{25}{4}\right)$

$y=x^2-3x-4$에 $x=0$을 대입하면
$y=-4$이므로 D$(0,\ -4)$
따라서 오른쪽 그림에서

$\triangle\text{OAD}=\dfrac{1}{2}\times1\times4=2$

$\triangle\text{ODC}=\dfrac{1}{2}\times4\times\dfrac{3}{2}=3$

$\triangle\text{OCB}=\dfrac{1}{2}\times4\times\dfrac{25}{4}=\dfrac{25}{2}$

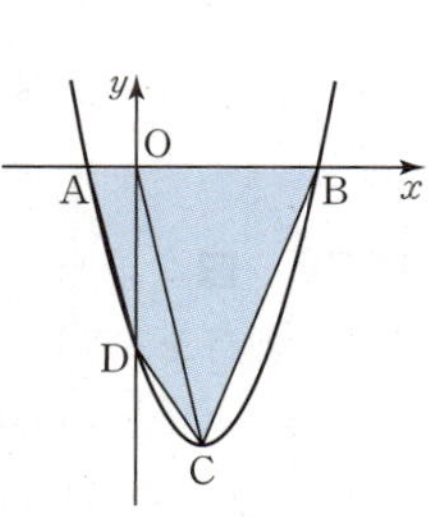

$\therefore$ □ADCB$=\triangle\text{OAD}+\triangle\text{ODC}+\triangle\text{OCB}$

$=2+3+\dfrac{25}{2}=\dfrac{35}{2}$

1194 답 ④

포물선의 모양이 위로 볼록하므로 $a \boxed{<} 0$이다.

축이 y축의 왼쪽에 있으므로 $ab \boxed{>} 0$이다.

그런데 $a<0$이므로 $b \boxed{<} 0$이다.

또 y축과의 교점이 x축보다 위쪽에 있으므로 $c \boxed{>} 0$이다.

1195 답 $a=-1$, $b=6$, $c=-8$

꼭짓점의 좌표가 $(3, 1)$이므로 이차함수의 식을 $y=a(x-3)^2+1$로 놓자.

그래프가 점 $(5, -3)$을 지나므로

$-3=4a+1$ $\therefore a=-1$

따라서 $y=-(x-3)^2+1$에서

$y=-x^2+6x-8$이므로 $b=6$, $c=-8$

1196 답 9

축의 방정식이 $x=-2$이고 x^2의 계수가 -3이므로 이차함수의 식을 $y=-3(x+2)^2+q$로 놓자.

그래프가 점 $(-3, -4)$를 지나므로

$-4=-3+q$ $\therefore q=-1$

즉, $y=-3(x+2)^2-1$에서

$y=-3x^2-12x-13$이므로

$3a=-12$, $b=-13$에서 $a=-4$, $b=-13$

$\therefore a-b=-4-(-13)=9$

1197 답 $y=-x^2-4x+8$

$y=ax^2+bx+c$에

점 $(0, 8)$의 좌표를 대입하면 $c=8$ … ㉠

점 $(-3, 11)$의 좌표를 대입하면 $9a-3b+c=11$ … ㉡

점 $(1, 3)$의 좌표를 대입하면 $a+b+c=3$ … ㉢

㉠, ㉡, ㉢을 연립하여 풀면

$a=-1$, $b=-4$, $c=8$

$\therefore y=-x^2-4x+8$

1198 답 ②

$y=3x^2$의 그래프와 모양이 같고 x축과 두 점 $(1, 0)$, $(-3, 0)$에서 만나는 포물선의 식은

$y=3(x-1)(x+3)$, 즉 $y=3x^2+6x-9$

따라서 $y=3x^2+6x-9=3(x+1)^2-12$의 그래프의 꼭짓점의 좌표는 $(-1, -12)$이므로 $p=-1$, $q=-12$

$\therefore p+q=-1+(-12)=-13$

1199 답 2

조건 ㈏에서 x축과 두 점 $A(-2, 0)$, $B(4, 0)$에서 만나므로

$y=a(x+2)(x-4)$로 놓자.

이때 $y=a(x+2)(x-4)=ax^2-2ax-8a$이므로

$C(0, -8a)$

조건 ㈎에서 그래프가 아래로 볼록하므로 $a>0$ … ㉠

이때 조건 ㈐에서 $\triangle ABC=12$이고, ㉠에서 $-8a<0$이므로

$\dfrac{1}{2} \times \{4-(-2)\} \times 8a=12$

$24a=12$ $\therefore a=\dfrac{1}{2}$

따라서 $y=\dfrac{1}{2}x^2-x-4$이므로

$a=\dfrac{1}{2}$, $b=-1$, $c=-4$

$\therefore abc=\dfrac{1}{2} \times (-1) \times (-4)=2$

1200 답 10.55 m

$y=-5x^2+20x+1.8$에 $x=0.5$를 대입하면

$y=-5 \times 0.5^2+20 \times 0.5+1.8=10.55$

따라서 0.5초 후의 창의 높이는 10.55 m이다.

1201 답 (1) $y=2x^2-20x+100$ (2) 5 cm

(1) $\overline{AC}=x$ cm이므로 $\overline{BC}=(10-x)$ cm이다.

$\therefore y=x^2+(10-x)^2=2x^2-20x+100$

(2) $y=2x^2-20x+100$에 $y=50$을 대입하면

$2x^2-20x+100=50$, $x^2-10x+25=0$

$(x-5)^2=0$ $\therefore x=5$ $\therefore \overline{AC}=5$ cm

1202 답 9

터널 바닥의 중앙을 원점으로 하는 좌표평면 위에 포물선이 있다고 하면 꼭짓점의 좌표가 $(0, 12)$이므로 포물선의 식을 $y=ax^2+12$로 놓을 수 있다.

그래프가 점 $(12, 0)$을 지나므로

$144a+12=0$ $\therefore a=-\dfrac{1}{12}$ $\therefore y=-\dfrac{1}{12}x^2+12$

이 식에 $x=6$, $y=h$를 대입하면

$h=-\dfrac{1}{12} \times 6^2+12=9$

1203 답 $(2, 72)$

$y=-2x^2+8x+k=-2(x-2)^2+8+k$이므로 축의 방정식은 $x=2$이다.   … (i)

두 점 A, B는 직선 $x=2$에 대하여 대칭이고, $\overline{AB}=12$이므로

$A(2-6, 0)$, $B(2+6, 0)$ 또는 $A(2+6, 0)$, $B(2-6, 0)$

$\therefore A(-4, 0)$, $B(8, 0)$ 또는 $A(8, 0)$, $B(-4, 0)$ … (ii)

즉, $y=-2x^2+8x+k$의 그래프가 점 $(-4, 0)$을 지나므로

$0=-32-32+k$ $\therefore k=64$ … (iii)

따라서 $y=-2x^2+8x+64=-2(x-2)^2+72$이므로 꼭짓점의 좌표는 $(2, 72)$이다.   … (iv)

채점 기준	배점
(i) 축의 방정식을 구한 경우	20 %
(ii) 두 점 A, B의 좌표를 각각 구한 경우	40 %
(iii) k의 값을 구한 경우	20 %
(iv) 꼭짓점의 좌표를 구한 경우	20 %

1204   **답** 제4사분면

$(x^2$의 계수$)=1>0$이고, 축이 y축의 왼쪽에 있으므로
$a>0$ $\cdots$ (i)
y축과의 교점이 x축보다 위쪽에 있으므로 $b>0$ $\cdots$ (ii)
따라서 $y=ax+b$의 그래프는 기울기 a가 양수
이므로 오른쪽 위로 향하고, y절편 b가 양수이므
로 y축과의 교점이 x축보다 위쪽에 있으므로 오른
쪽 그림과 같다.

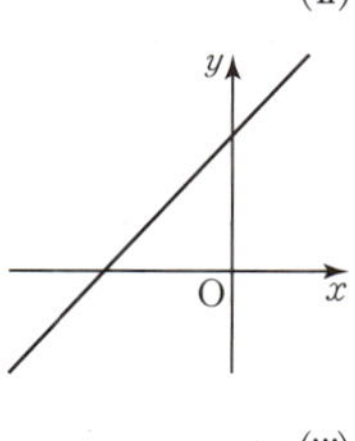

즉, 일차함수 $y=ax+b$의 그래프가 지나지 않
는 사분면은 제4사분면이다. $\cdots$ (iii)

채점 기준	배점
(i) a의 부호를 구한 경우	30 %
(ii) b의 부호를 구한 경우	30 %
(iii) $y=ax+b$의 그래프가 지나지 않는 사분면을 구한 경우	40 %

1205   **답** 11

$y=ax^2+bx+c$에
점 $(0,\ 1)$의 좌표를 대입하면 $c=1$ $\cdots$ ㉠
점 $(-1,\ 2)$의 좌표를 대입하면 $a-b+c=2$ $\cdots$ ㉡
점 $(1,\ 4)$의 좌표를 대입하면 $a+b+c=4$ $\cdots$ ㉢
㉠~㉢을 연립하여 풀면 $a=2,\ b=1,\ c=1$ $\cdots$ (i)

$\therefore\ y=2x^2+x+1$
따라서 $y=2x^2+x+1$의 그래프가 점 $(2,\ k)$를 지나므로
$k=2\times 2^2+2+1=11$ $\cdots$ (ii)

채점 기준	배점
(i) $a,\ b,\ c$의 값을 각각 구한 경우	60 %
(ii) k의 값을 구한 경우	40 %

1206   **답** (1) $y=-8x^2+80x+1600$ (2) 60 cm

(1) 새로 만든 직사각형의 가로의 길이는 $(40+4x)$ cm,
   세로의 길이는 $(40-2x)$ cm이므로 $\cdots$ (i)
   $y=(40+4x)(40-2x)$
   즉, $y=-8x^2+80x+1600$ $\cdots$ (ii)
(2) $y=-8x^2+80x+1600$에 $y=1800$을 대입하면
   $-8x^2+80x+1600=1800$
   $x^2-10x+25=0,\ (x-5)^2=0$ $\therefore\ x=5$
   따라서 구하는 가로의 길이는
   $40+4\times 5=60$ (cm) $\cdots$ (iii)

채점 기준	배점
(i) 새로 만든 직사각형의 가로, 세로의 길이를 각각 구한 경우	20 %
(ii) x와 y 사이의 관계식을 $y=ax^2+bx+c$의 꼴로 나타낸 경우	30 %
(iii) 가로의 길이를 구한 경우	50 %

ME : MO

+ 개념 체크 -
ONCEPT
× 유형 마스터 ÷
ATTERN
√ 실전 업 ≤
EAL
메가스터디
쉽게!
빠르게!
실력UP
문제 기본서
CPR
중학수학
3·1